PC Technique

Linux - Serveurs Intranet et Internet

www.microapp.com

Micro Application

Copyright	© 1999 Data Becker GmbH & co. KG Merowingerstr. 30 40223 Düsseldorf	© 1999 Micro Application 20-22, rue des Petits-Hôtels 75010 Paris

1re édition – Décembre 1999

Auteur Oliver KÜRTEN et Alexander LANGER

Traduction Christophe LEONHARD et Serge SPRINGINSFELD

ISBN : 2-7429-1623-7
Réf. DB : 441479

FRANCE - MICRO APPLICATION
20,22 rue des Petits-Hôtels
75010 PARIS
Tél. : (01) 53 34 20 20 - Fax : (01) 53 34 20 00
http://www.microapp.com
Support technique :
Tél. : (01) 53 34 20 46 - Fax : (01) 53 34 20 00
E-Mail : info-ma@microapp.com

BELGIQUE - EASY COMPUTING
Chaussée d'Alsemberg, 610
1180 BRUXELLES
Tél. : (02) 346 52 52 - Fax : (02) 346 01 20
http://www.easycomputing.com

CANADA - MICRO APPLICATION Inc.
1650 Boulevard Lionel-Bertrand
BOISBRIAND (QUÉBEC) - J7H 1N7
Tél. : (450) 434-4350 - Fax : (450) 434-5634
http://www.microapplication.ca

SUISSE - HELVEDIF SA
19, Chemin du Champ des Filles
CH-1228 PLAN LES OUATES
Tél. : (022) 884 18 08 - Fax. : (022) 884 18 04
http://www.helvedif.ch

MAROC - CONCORDE DISTRIBUTION
8, rue Jalal Eddine Essayouti - Rés. "Le Nil"
Quartier Racine - CASABLANCA
Tél. : 239 36 65 - Fax : 239 28 45

ALGÉRIE - AL-YOUMN (Media Sud)
Bât. 23, N° 25 cité des 1 200 Logements
El khroub W/CONSTANTINE
Tél. - Fax : (04) 96 18 69
e-mail : al-youmn@aristote-centre.com

ILE DE LA RÉUNION - ISYCOM SA SAUVEUR CACOUB
130 Ruelle Virapin
97440 SAINT ANDRE - ILE DE LA RÉUNION
Tél. : 02 62 58 41 00 - Fax : 02 62 58 42 00
Tél. : 01 48 78 12 47 - Fax : 01 40 82 92 34

Avant-propos

Vous en avez des discours vagues et imprécis, vous souhaitez approfondir un sujet : la collection PC Technique correspond à vos attentes ! Destinés à des utilisateurs avertis ou très motivés, les ouvrages proposés sont une mine d'informations très détaillées.

Présentation des matériels, études de cas de figures, connaissances d'initiés avisés, problèmes matériels ou logiciels, solutions pratiques... Ces ouvrages vont droit au but et dévoilent tous les secrets sur un sujet, accompagnés de commentaires précis et passionnants !

Vous découvrirez aussi toutes les nouveautés traitées sous un angle professionnel. Un savoir-faire d'experts qui concerne tant le fond que la forme des informations.

Bref, une collection qui porte bien son nom puisque vous allez au cœur de votre machine et... bien au-delà du sujet !

Au cours de votre lecture, vous rencontrerez les encadrés suivants :

Attention	Mettent l'accent sur un point technique important, qu'il ne faut pas négliger.
Pour ou contre	Résument de manière synthétique les informations les plus importantes.
Check-list	Ces encadrés vous seront d'une grande aide chaque fois que vous rencontrerez un problème.
Astuce	Triées sur le volet, nous les avons pour la plupart testées et vous pouvez les appliquer immédiatement.
Remarque	Fournissent des informations vous permettant d'approfondir vos connaissances.
Internet	Les adresses vous ouvrent la voie de la jungle du Web !
FAQ	Répondent à toutes vos questions.
Renvoi	Font référence à un chapitre où vous trouverez des informations supplémentaires.
Secret	Présentent des astuces souvent non-documentées.
Conseil	Les conseils vous indiquent comment contrôler toutes les situations, même les plus délicates.

Sommaire

Chapitre 1 Fondements : configuration requise pour un serveur 11

1.1 Matériel serveur : configuration requise 12

Tolérance assurée : listes de composants compatibles avec Linux 13

Processeur et mémoire 14

Système de disques durs 15

RAID ne remplace pas la sauvegarde 22

Connexion réseau 23

Système graphique 24

1.2 Packages Linux : distributions du système d'exploitation 24

Distribution Linux SuSE 25

Distribution Linux Red Hat 26

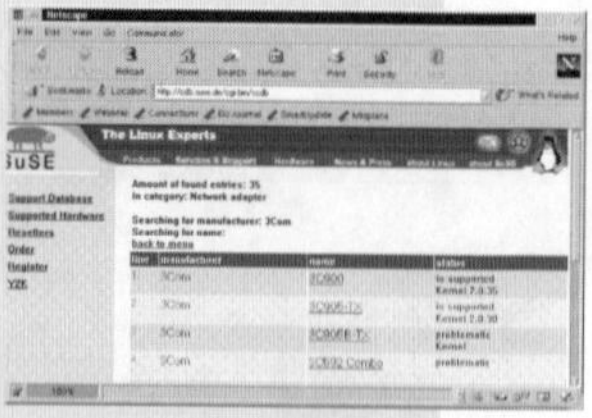

Chapitre 2 Configuration de base du serveur Linux 27

2.1 Configuration de la connexion réseau 28

Intégrer la configuration de la carte réseau au noyau Linux 38

2.2 Samba comme interface entre les systèmes d'exploitation 42

Samba comme contrôleur principal de domaine 51

2.3 Administration TCP/IP du serveur 56

Configuration du service de noms de domaine 56

Configuration des ordinateurs clients du DNS 58

2.4 Configuration réseau dynamique des ordinateurs clients via DHCP 60

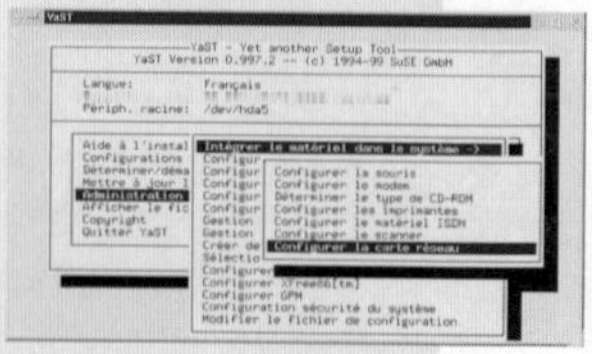

Chapitre 3 Messagerie électronique : serveur de mail sous Linux 65

3.1 Fonctionnement de la messagerie Internet 67

Protocoles SMTP et POP du système de messagerie . 84

Principe du serveur de messagerie hors ligne 88

3.2 Administration du système de messagerie 88

Création des comptes de messagerie 90

Facteur universel : transport du courrier via sendmail .. 92

Facteur privé : récupération du courrier via fetchmail .. 95

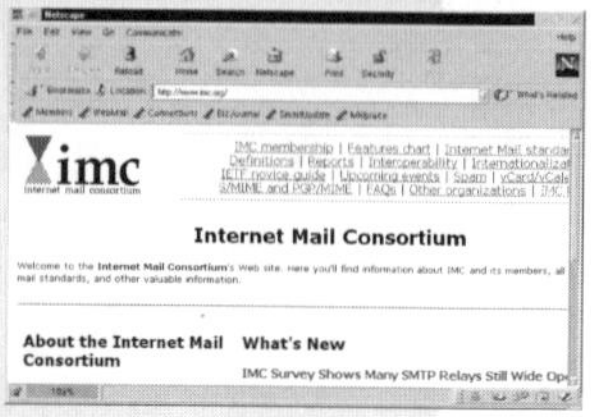

Distribution filtrée : procmail redirige le courrier 96
Poste automatique : expédition et réception automatiques du courrier électronique 98
Configuration des clients 99
Configuration du transport de courrier avec sendmail par IDA/m4 104

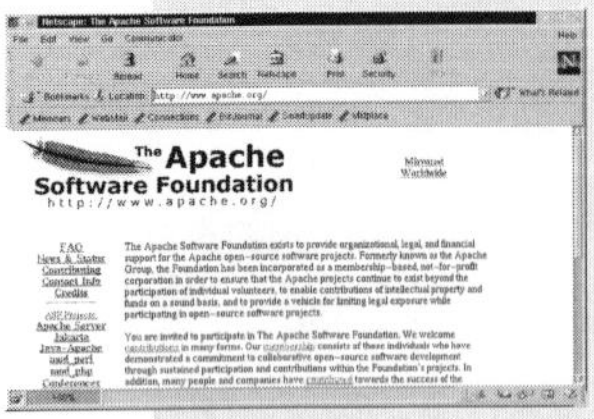

Chapitre 4 **Centre d'informations : serveur web Apache pour l'intranet 117**

4.1 Où trouver le serveur web Apache 118

4.2 Structure et fonctionnement d'Apache 123
Principe de fonctionnement d'Apache 123
Fonctions centrales d'Apache - Grille de référence .. 124
Modules serveur d'Apache : grille de référence 140
Messages d'erreur du serveur 172

4.3 Configuration d'Apache 173
Le système de sources d'Apache 174
Conversion et installation du serveur sous Linux 176
Démarrage et arrêt du serveur 185

4.4 Fichiers de configuration d'Apache 192
Configuration du serveur : pilotage du serveur (httpd.conf) 193
Gestionnaire d'espace : configuration de l'espace web (srm.conf) 194
Contrôle d'accès au serveur (access.conf) 195
Outils de configuration (TkApache, Webmin) 195

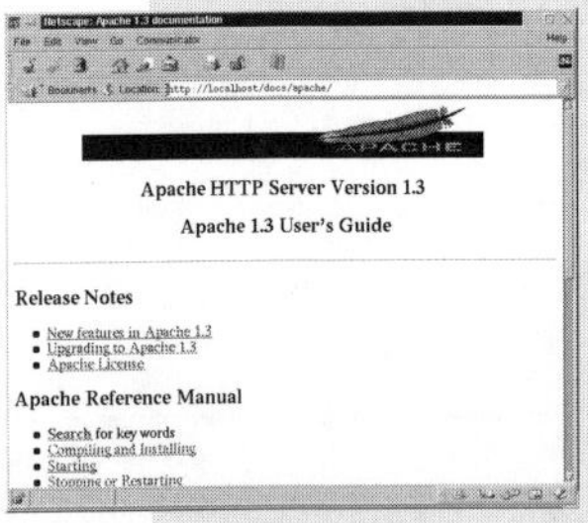

Chapitre 5 **Exploitation d'Apache 199**

5.1 Requêtes bienvenues : Apache comme serveur d'informations public 200
Intégration de la documentation Linux 201
Création d'index de répertoires 202
Messages d'erreur personnalisés 207
Création d'une page d'accueil simple 209

5.2 Le serveur tient sa comptabilité : fichiers de consignation d'Apache 213
Recherche des erreurs et analyse 214
Déterminer l'occupation du serveur 215
Statistiques d'accès avec Webalizer 218

5.3 Interface avec le serveur : Common Gateway Interface 224
Fonctionnement et configuration de CGI 225

	Variables d'environnement du serveur	227
	Programmes CGI simples avec Perl	228
5.4	**Recherches dans l'intranet grâce à Glimpse et Webglimpse**	**234**
	Installation de Glimpse et Webglimpse	234
	Création de bases de données d'indexation avec Webglimpse	240
	Recherches avec WebGlimpse, l'interface WWW de Glimpse	243
5.5	**Accès contrôlé : authentification utilisateur avec Apache**	**246**
	Création de bases de données d'utilisateurs	247
	Création de zones privées dans l'espace web	249
5.6	**Webmin : administration système via une interface WWW**	**251**
	Installation et configuration de Webmin	251
	Configuration d'Apache avec Webmin	254
	Téléchargement de fichiers sur le serveur avec ProFTPD	262
5.7	**Organisation de l'espace web**	**265**
	Accès déviés : alias et redirections	265
	Configuration de serveurs virtuels	268
Chapitre 6	**Administration à distance du serveur sous Windows**	**273**
6.1	**Administration du réseau depuis l'interface Windows**	**274**
6.2	**Accès au serveur sous Windows, via Telnet**	**274**
6.3	**L'interface Linux sous Windows**	**276**
	Téléchargement et installation de X-WinPro	277
	Configuration de X-WinPro sous Windows 95/98	278
	Les principaux composants de X-WinPro	283
Chapitre 7	**Linux pour l'accès à Internet**	**291**
7.1	**Ordinateur individuel et réseau LAN**	**292**
7.2	**Connexion Internet par ligne téléphonique**	**294**
	Connexion "à la demande" ou ligne fixe ?	294
	Connexion classique par modem	298
	Connexion numérique via RNIS	299
7.3	**Connexion à Internet d'un ordinateur individuel**	**299**
	Configuration de la connexion du modem	302

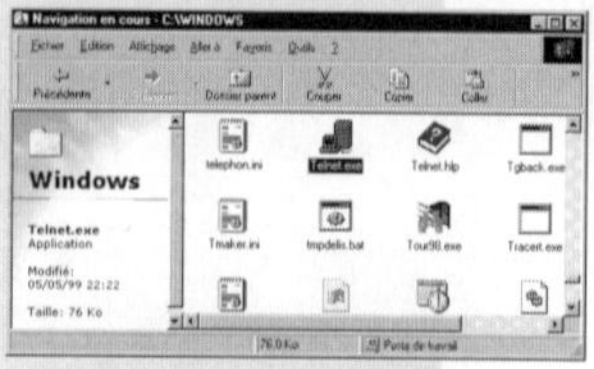

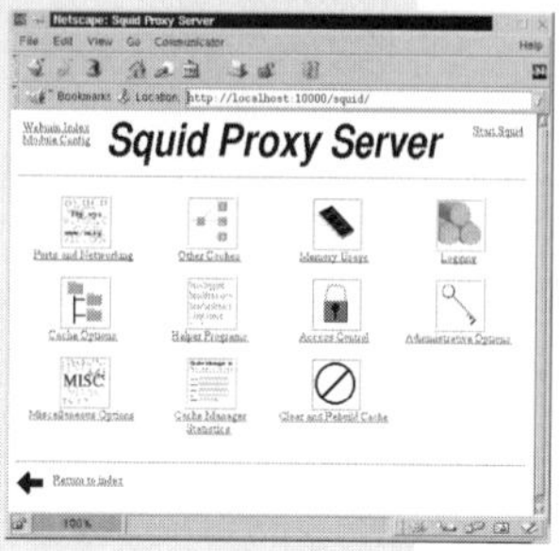

Configuration d'une connexion via RNIS 305

7.4 **TCP/IP - IP série avec PPP** **307**

Implémentation de PPP sous Linux 308

PPP par modem 312

PPP via RNIS 318

Dial-On Demand 330

7.5 **Aménager un serveur de noms** **331**

7.6 **Connecter un réseau local à Internet** **337**

Routage dans des réseaux IP 337

Installer un pare-feu - IP Masquerading 340

7.7 **squid en tant que serveur proxy** **344**

Installation et configuration de squid 345

Configuration de squid avec Webmin 348

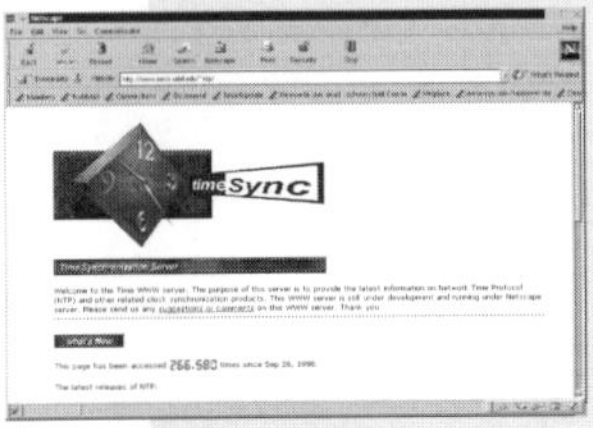

Chapitre 8 Une horloge atomique pour le réseau 351

8.1 Synchronisation de l'heure avec Internet 352

8.2 Installation du time server sous Linux 353

8.3 Configuration des clients pour la synchronisation de l'heure 356

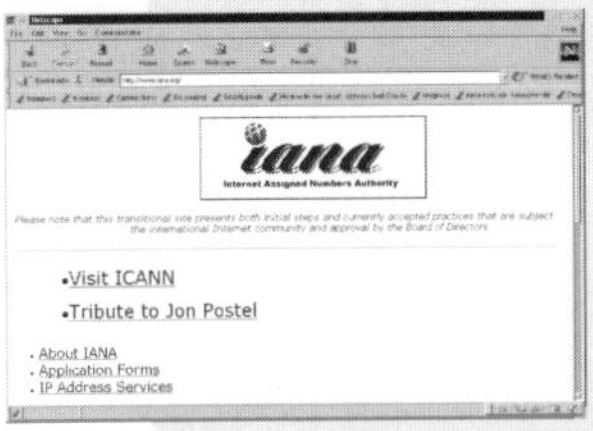

Chapitre 9 TCP/IP dans le réseau Unix 359

9.1 **Protocoles en réseau** **360**

Pourquoi des protocoles ? 360

But de l'architecture TCP/IP 361

9.2 **Présentation des modèles de communication** **362**

9.3 **La famille de protocoles TCP/IP** **366**

IP - L'Internet Protocol 366

Flux de données avec TCP et UDP 370

Contrôle de flux dans le réseau IP avec ICMP 377

Protocoles des services Internet 378

9.4 **Protocoles et adresses Ethernet** **383**

Des frames Ethernet pour le transport de données 384

Résolution d'adresses avec ARP 386

9.5 **Adressage sur les réseaux IP** **387**

Classes de réseaux 388

Adresses IP locales 389

9.6 **Noms de domaines sur Internet (DNS)** **391**

Principes de base de l'attribution des noms 391

En pratique 393

Recherche dans la base de données 393

Serveur de noms en pratique 395
Division en zones 397
Reverse Lookup 399

Chapitre 10 Utilisation de Samba et mise en place d'un serveur Intranet/Internet 401

10.1 SAMBA : Connecter Windows NT/98/95 et Linux en réseau local 402
Précautions à prendre avant d'installer Samba 402
Installation de Samba sous Linux 410
Configuration de Samba sous Linux 411
Partager un disque Linux pour des machines Windows 415
Accéder à un disque Windows depuis une machine Linux 418
Partager une imprimante Linux pour des machines Windows 421
Utiliser une imprimante Windows à partir d'un hôte Linux 423

10.2 Serveur Intranet/Internet 426
Pourquoi un Intranet avec Linux ? 426
Le protocole TCP/IP 426
Bases du routage 429
Installation de Linux en serveur (avec RedHat) 430
Connexion de base à Linux 437
Serveur web Apache, installation, configuration et test 441
Serveur FTP 458
Serveurs de mail 461
Création des comptes utilisateurs 463
De l'Intranet à Internet 484
Partage d'un accès Internet par modem 484
Mise en place d'un Firewall 491
Mise en place d'un serveur Proxy 496
Déposer son nom de domaine sur Internet 502

Chapitre 11 Index 513

Chapitre 1

Fondements : configuration requise pour un serveur

1.1 Matériel serveur : configuration requise 12

1.2 Packages Linux : distributions du système d'exploitation 24

Le rôle du serveur est de tenir à disposition de façon centralisée toutes les données requises par le réseau. La configuration requise pour un serveur se définit assez simplement :

1. Il doit mettre à disposition de grandes quantités d'espace de stockage,
2. il doit permettre un accès rapide aux données et
3. les données doivent être protégées.

La première exigence est assez simple à satisfaire. Des disques durs de grande capacité, dépassant les 20 Go, sont actuellement disponibles. Un disque dur unique suffit alors pour stocker l'ensemble des données d'une entreprise de taille moyenne. Néanmoins, en cas de panne de ce disque, toutes les données seront touchées. Par ailleurs, l'utilisation d'un disque unique pose un problème de vitesse d'accès, qui se trouve forcément réduite si tous les utilisateurs accèdent simultanément à un même disque. Il convient, par conséquent, de s'intéresser de près à la configuration matérielle avant d'installer un serveur. La vitesse et la fiabilité du serveur Linux sont directement conditionnées par celles du matériel utilisé.

1.1 Matériel serveur : configuration requise

Les exigences auxquelles doit faire face un serveur dépendent avant tout des tâches pour lesquelles il est employé. S'il s'agit uniquement d'un serveur d'impression, chargé de centraliser les travaux lancés sur une imprimante, un système dernier cri doté de composants performants n'est pas nécessaire. S'il s'agit, par contre, de mettre en place un serveur de fichiers dans une entreprise, un flux de données élevé constitue la première priorité si vous voulez garantir un débit de données honorable aux clients connectés.

Veillez à tout prix à ce que votre système serveur soit capable d'évoluer au rythme de vos besoins. Aussi, si vous décidez d'utiliser une carte mère d'un certain âge, vous risquez d'atteindre rapidement ses limites en matière de fréquence du processeur ou de quantité de mémoire vive. Si vous avez besoin de performances élevées, il est préférable d'utiliser un système évolutif, auquel vous pourrez ajouter de la RAM, un disque dur et éventuellement un processeur plus rapide, si nécessaire. Nous y reviendrons en détails dans les paragraphes qui suivent.

Le boîtier utilisé pour le serveur est souvent, à tort, considéré comme une question de moindre importance. N'oubliez pas qu'un nombre élevé de composants accroît d'autant la consommation électrique. Un boîtier premier prix doté d'une alimentation trop faible atteint rapidement ses limites. Aussi, nous vous recommandons une alimentation atteignant au moins 250 watts. Si vous utilisez plusieurs disques durs, prévoyez également un boîtier assez grand pour éviter de les monter directement les uns au-dessus des autres.

De nombreux disques durs modernes tournent à 7 200 tours/minute, les disques hautes performances peuvent même atteindre 10 000 tours/minute ou plus. Ces vitesses engendrent des températures très élevées, rendant une bonne ventilation du boîtier absolument nécessaire. Intégrez-y éventuellement un ventilateur supplémentaire. Là aussi, les emplacements nécessaires doivent être prévus dès l'acquisition.

Les modèles de boîtiers "grande tour" constituent une bonne solution, dans la mesure où ils proposent souvent cinq emplacements 5", voire plus. Vous pouvez alors monter vos disques durs de manière à laisser un emplacement libre entre chacun d'eux. Des ventilateurs spéciaux peuvent être montés dans les emplacements vides, si nécessaire. Ces ventilateurs sont vendus dans des carters au format 5", qui évacuent la chaleur par l'avant du boîtier.

Tolérance assurée : listes de composants compatibles avec Linux

Linux est un système d'exploitation capable de prendre en charge quasiment tous les environnements matériels. En voici quelques exemples : ordinateurs 386/486/Pentium avec bus ISA, EISA, PCI ou VLB, ainsi qu'un grand nombre de plates-formes Motorola 68x0. Parallèlement il existe des adaptations de Linux pour ordinateurs Amiga, Atari et VME. Linux prend également en charge les processeurs Alpha de DEC, qui offrent un flux de données particulièrement élevé. Linux fonctionne sur les stations SPARC de Sun, pour l'instant uniquement avec la distribution Red Hat. D'autres adaptations sont à l'étude ou sur le point d'être éditées (architecture PowerPC), PowerMac (Nubus et PCI), Motorola, IBM, MIPS et ARM.

Si vous décidez d'utiliser Linux en guise de système d'exploitation sur votre serveur, consultez à tout prix les listes de compatibilité matérielle des éditeurs des différentes distributions de Linux. Linux prend actuellement en charge la grande majorité des composants matériels, mais les lacunes qui apparaissent de temps à autres peuvent poser de sérieux problèmes d'installation. Simple exemple : la carte RNIS Eicon Diva est prise en charge par Linux, tandis que le modèle Pro du même fabricant n'est pas supporté.

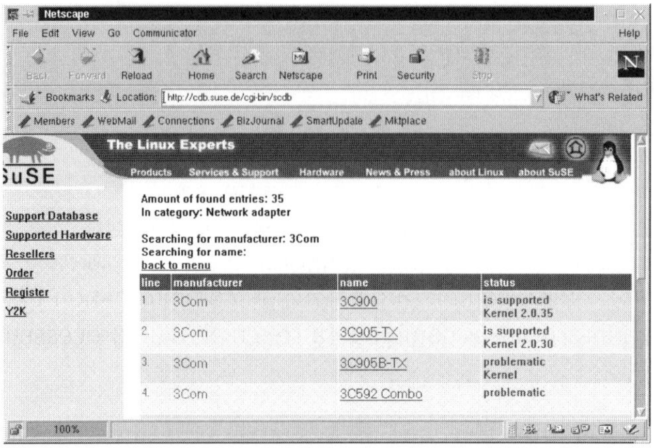

◄ **Fig. 1.1**
La base de données de compatibilité matérielle de SuSE est complète et simple d'utilisation

La liste de compatibilité matérielle de Linux SuSE est disponible sur Internet à l'adresse `http://cdb.suse.de/cdb/D/`.

Ce site vous permet d'effectuer une recherche par fabricant ou de parcourir des groupes de composants matériels précis pour consulter leurs caractéristiques respectives. Si vous utilisez Red Hat, vous trouverez les informations nécessaires à l'adresse `http://www.redhat.com/corp/support/hardware/index.html`.

◄ **Fig. 1.2**
Des listes de composants matériels compatibles sont également disponibles sur Internet pour la distribution Red Hat

Processeur et mémoire

Linux est un système d'exploitation peu exigeant. Théoriquement, vous pouvez l'installer en version monoposte sur un PC doté d'un processeur Intel 386. Néanmoins, pour pleinement exploiter les capacités de Linux, il convient d'utiliser au moins un système 486 ou supérieur, doté de 32 Mo de RAM et de 1 Go de disque dur. En effet, l'installation de la distribution Red Hat, par exemple, nécessite entre 60 et 300 Mo d'espace disque, pour pouvoir être utilisée de façon judicieuse.

À cela s'ajoute bien sûr l'espace nécessaire pour l'installation des applications. Par conséquent, comme pour tout autre système d'exploitation, plus votre système Linux possèdera de mémoire, un processeur rapide et une carte graphique performante, plus les résultats seront à la hauteur. Un poste Linux ordinaire, utilisé comme ordinateur de communication principalement pour l'accès à Internet, s'accommodera très bien d'un processeur 486 et de 16 Mo de RAM.

Linux prenant en charge les systèmes multiprocesseur, vous pouvez utiliser une carte mère biprocesseur. Ces cartes, qui peuvent également être utilisées avec un processeur unique, présentent l'avantage de pouvoir être dotées d'un second processeur si les besoins de traitement s'accroissent. Autre avantage de ce type de cartes mère : la mémoire vive peut elle aussi être augmentée pour des serveurs hautes performances, atteignant fréquemment 256 Mo.

La vigilance est d'ailleurs recommandée pour la RAM : il existe actuellement différents types de RAM, qui se différencient par des formats différents et ne sont pas compatibles entre eux. Si vous savez dès le départ que vous aurez besoin de grandes quantités de mémoire vive, l'achat d'une nouvelle carte mère peut s'avérer être un investissement rapidement amorti. En effet, les barrettes de mémoire de types plus anciens ne se trouvent guère plus qu'en occasion et sont, en raison de leur rareté, souvent plus chères que les nouvelles barrettes de type plus récent, qui sont, en outre, nettement plus rapides et possèdent des temps d'accès largement inférieurs.

Système de disques durs

Les disques durs jouent un rôle essentiel dans les performances générales du serveur. Leur temps d'accès détermine la rapidité à laquelle seront traitées les requêtes des clients. N'oubliez pas que rien n'est plus ennuyeux pour les utilisateurs d'un réseau que des délais de réponse trop lents. Dès le début de ce chapitre, nous avons déjà signalé que la sécurité des données stockées sur un serveur constituait également un point important. Ainsi, il n'est pas forcément judicieux d'utiliser un disque dur de 20 Go, car si ce dernier tombe en panne, vous risquez de perdre une quantité de données inestimable.

Le système d'exploitation Linux est conçu de telle manière qu'il est possible de combiner plusieurs périphériques pour en former un seul. L'utilisateur a l'impression de se trouver dans un sous-répertoire alors qu'en réalité il se trouve sur une unité physique différente, c'est-à-dire sur un autre disque dur. En exploitant intelligemment cette structure du système de fichiers, vous pouvez stocker données utilisateur et données système sur des disques différents. Ainsi, en cas d'incident au niveau du disque dur, vous pourrez limiter les dégâts.

En principe tous les disques durs actuellement commercialisés peuvent être utilisés. Même si vous possédez encore un ancien disque dur IDE, vous pouvez également vous en servir. Les pilotes correspondants font partie du système de base de Linux. Si vous avez besoin de performances élevées, contrôleur et disques durs SCSI sont néanmoins incontournables.

Le SCSI joue un rôle décisif

Le standard SCSI a été introduit il y déjà plus d'une décennie. L'interface SCSI permet de relier divers périphériques à un ordinateur. Les avantages du SCSI sont le taux de transfert élevé, les fonctionnalités multi-tâches, l'extension simple permettant de relier jusqu'à 15 périphériques et la possibilité de transférer directement des données vers la mémoire de l'ordinateur sans utiliser les ressources du processeur, grâce à des contrôleurs spéciaux. Tous ces avantages font du standard SCSI, une interface idéale pour un serveur. L'investissement dans un système SCSI présente en outre l'avantage d'être compatible avec des composants plus anciens. Ainsi, des périphériques SCSI d'un certain âge peuvent généralement être utilisés sans problème avec des contrôleurs plus récents. Il existe actuellement différentes normes SCSI, dont les principales caractéristiques sont résumées dans la tableau ci-après :

▼ **Tab. 1.1** *Caractéristiques des différents standards SCSI*

Standard	Mo/s	Nombre de périphériques gérés	Protocole	Connecteur
SCSI-1	3	7	SCSI-1	50 pin Centronics
SCSI-2	5	7	SCSI-1, SCSI-2	DB-25, 50 pin Centronics
SCSI-2 Fast	10	7	SCSI-1, SCSI2,Fast	50 pin Centronics, 50 pin High Density
SCSI-2 Fast Wide	20	15	SCSI-1, SCSI-2, Fast, Wide	68 pin High Density

Standard	Mo/s	Nombre de périphériques gérés	Protocole	Connecteur
SCSI-3 Ultra	20	7	SCSI-1, SCSI-2, Fast, Ultra	50 pin High Density
SCSI-3 Ultra Wide	40	15	SCSI-1, SCSI-2, Fast, Ultra, Wide	68 pin High Density

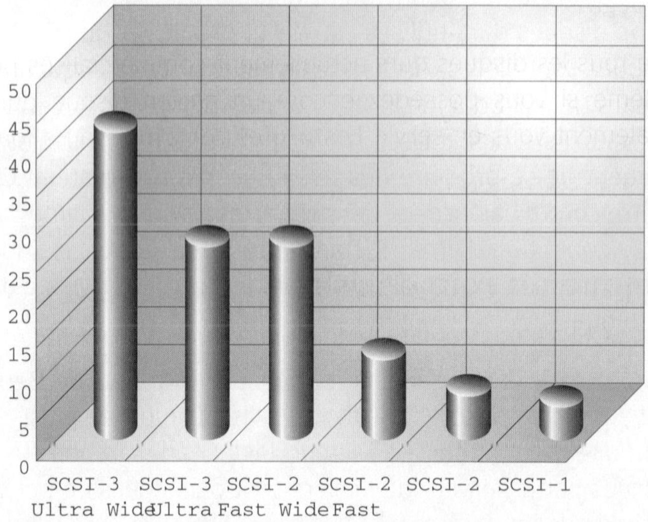

▲ **Fig. 1.3** *Les différents standards SCSI présentent des taux de transfert très variables*

RAID : la solution haut de gamme

Pour les utilisateurs les plus exigeants, nécessitant une combinaison optimale entre une parfaite sécurité des données et un taux de transfert maximal, il convient d'utiliser un système RAID. Nous verrons, plus loin dans ce guide, comment mettre en œuvre RAID sous Linux, aussi nous limiterons-nous ici à une description détaillée des avantages que présente ce système.

En résumé, la technologie RAID (Redundant Array of Inexpensive Disks) doit permettre d'éviter les périodes d'inactivité en cas de crash d'un disque dur. En outre, RAID constitue une protection contre la perte de données.

Dès 1988, David Patterson, Randy Katz et Garth Gibson de l'université de Berkeley, en Californie, se sont intéressés aux moyens d'accélérer l'accès à de grande quantités de données. Pour y parvenir, il ont reliés plusieurs disques durs en parallèle. L'accès parallèle à plusieurs disques a permis de réduire très nettement les temps d'accès aux données. Ce principe vaut toujours à l'heure actuelle. L'économie sur le matériel que ce système permet de réaliser n'est pas son moindre avantage : au lieu de faire l'acquisition d'un disque dur de grande capacité, relativement cher, vous pouvez répartir les données sur plusieurs disques durs de capacité réduite et donc plus abordables.

Cette solution qui se présente, à première vue, comme une méthode de gestion des données rapide et bon marché, possède néanmoins un inconvénient majeur : le risque de panne de disque dur est plus élevé. En effet, plus le nombre de disques durs utilisés est élevé, plus les risques de panne avec l'un des disques sont élevés. Ainsi, si les erreurs disques risquent statistiquement d'apparaître au bout de 5 000 heures d'utilisation, cette valeur est divisée par deux si vous utilisez deux disques durs, c'est-à-dire que des erreurs risquent de se produire dès 2 500 heures d'utilisation. Cet inconvénient doit être contre-balancé, ce qui peut être fait grâce à l'intégration d'une procédure de correction d'erreurs. Dans le cas idéal, toutes les données sont présentes en plusieurs exemplaires sur les disques durs, c'est-à-dire qu'elles sont redondantes.

La solution proposée à ce problème par les universitaires de Berkeley s'intitule RAID. Le principe des Disk Arrays est l'association de plusieurs disques de taille réduite pour créer un lecteur logique de grande capacité. Les données reçues par le serveur de fichiers sont découpées en petits blocs qui sont répartis sur les différents disques durs. En outre, des informations de sécurité redondantes (Parity Data) sont stockées en plus des données ellesmême. En cas de perte de données, les informations manquantes peuvent ainsi être reconstituées. En outre, le stockage simultané des données sur plusieurs disques améliore nettement les temps d'accès.

Optimisation de RAID

Comme vous l'aurez deviné, la création d'informations de sécurité par RAID permet d'améliorer la sécurité du système informatique. Le pilotage séparé des disques durs présente, en outre, l'avantage que le système RAID peut être optimisé pour des utilisations particulières.

Les différentes possibilités de configuration des disques durs sont appelés des niveaux RAID (RAID Level). Les niveaux RAID actuellement utilisés sont 0,1,4 et 5.

RAID Niveau 0

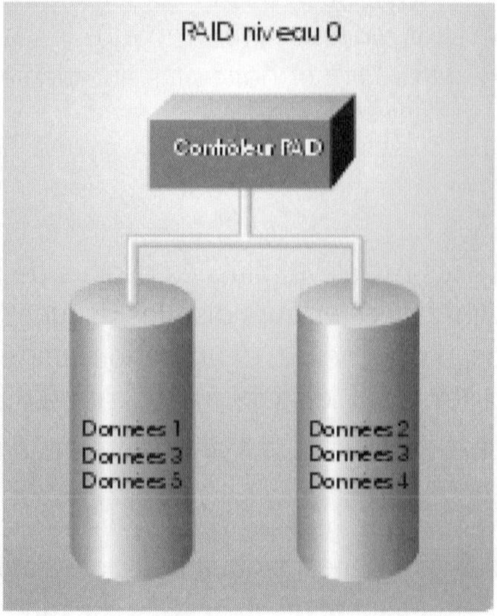

◂ **Fig. 1.4**
Les données sont réparties sur plusieurs disques durs. Avec RAID 0, aucune information de sécurité supplémentaire (Parity Data) n'est créée. Ce niveau offre un taux de transfert très élevé mais aucune protection des données

Avec le niveau RAID 0, les données sont simplement réparties sur plusieurs disques durs. Aucune information de sécurité n'est cependant mémorisée. Ces accès parallèles permettent d'obtenir un taux de transfert élevé, cependant le niveau 0 n'est pas recommandé car il n'offre aucune protection des données.

RAID Niveau 1

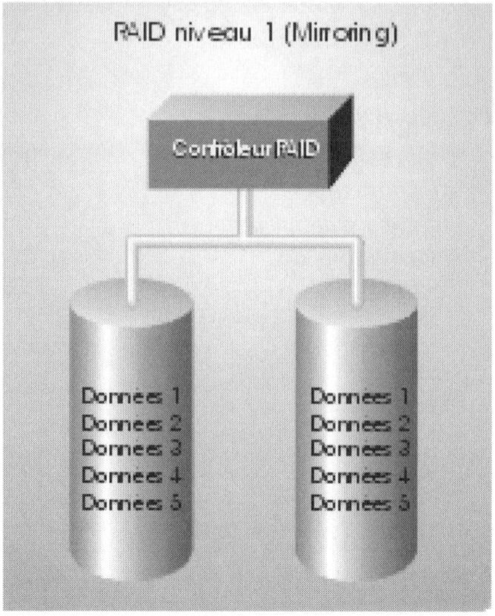

◂ **Fig. 1.5**
Les données sont répliquées sur deux disques durs

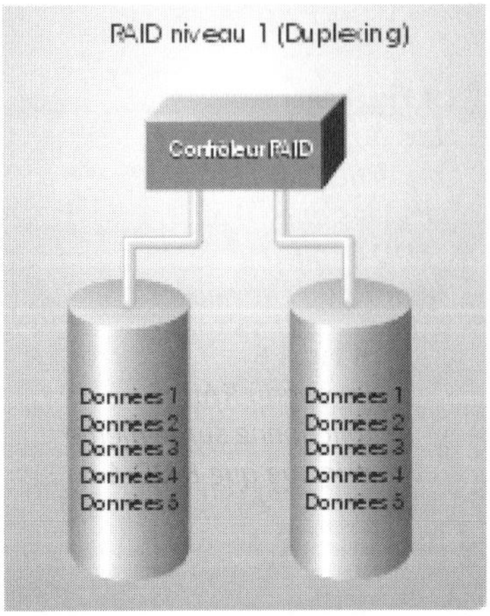

◄ **Fig. 1.6**
Le niveau RAID 1 différencie entre Disk Mirroring et Disk Duplexing

Le RAID 1 crée un effet de miroir des disques durs (Disk Mirroring). Deux options sont possibles : soit les données sont enregistrées, via un canal unique, d'abord sur le disque A, puis sur le disque B. Soit, en mode "dupliqué" (Duplexing), il existe deux canaux. Dans ce cas les données sont enregistrées sur le disque A par l'intermédiaire du premier canal et sur le disque B via le second canal. Si l'un des deux disques tombe en panne, les données peuvent être lues à partir de l'autre disque. Le niveau RAID 1 constitue une des méthodes les plus sûres pour le stockage des données. Le principal inconvénient de ce procédé est néanmoins son prix élevé, puisqu'il faut toujours prévoir une capacité disque double de celle qui est réellement nécessaire pour héberger le volume de données utilisé.

RAID Niveau 4

◄ **Fig. 1.7**
Le niveau RAID 4 s'inspire de RAID 0, auquel il adjoint des informations de sécurité

Le niveau RAID 4 est une combinaison entre le niveau 0 et un lecteur de parité supplémentaire. Le niveau 4 permet donc de garantir un traitement sécurisé de gros volumes de données. L'inconvénient du RAID 4 est l'absence de correction d'erreur, héritée du niveau 0.

RAID Niveau 5

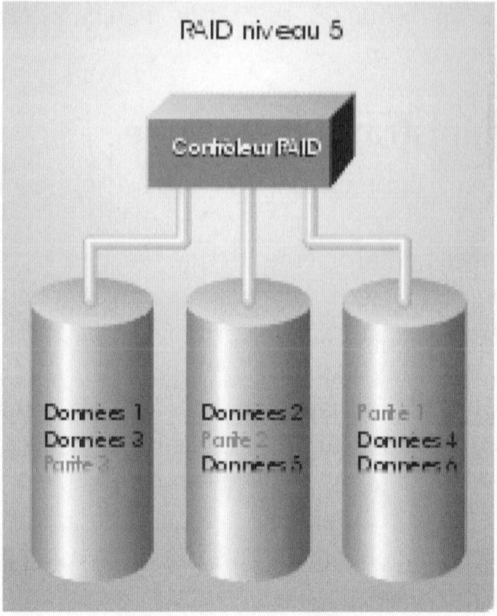

◄ **Fig. 1.8**
Le niveau RAID 5 fonctionne sur le même principe que RAID 4

Le niveau RAID 5, enfin, va encore plus loin. Les informations de parité ne sont plus gérées sur un disque unique, mais réparties sur plusieurs unités. Le RAID 5 est recommandé pour les blocs de données de petite taille et les accès fréquents aux données. Avec RAID niveaux 4 et 5, le rapport prix-performances s'améliore au fur et à mesure que le nombre de disques utilisés augmente. Sachez cependant qu'un disque supplémentaire est toujours requis pour les informations de parité. Une configuration de base nécessite par conséquent trois disques durs au minimum.

Un système bien réglé

Dans un système RAID efficace, la redondance ne se limite pas aux disques durs. Une installation RAID complète comporte également une partie réseau, des ventilateurs, un contrôleur et une alimentation par batterie en cas de coupure de courant. Les fabricants de systèmes RAID de grande taille ont pris le parti de doubler l'ensemble des composants. Ainsi, si un ventilateur tombe, par exemple, en panne, les autres ventilateurs prennent le relais jusqu'à ce que la pièce défectueuse ait été remplacée. Ce principe est valable pour tous les composants du système.

La fonctionnalité Hot Plug des système RAID est particulièrement utile. Grâce à elle, des composants du système peuvent être échangés "à chaud" c'est-à-dire en cours de fonctionnement. Si un disque dur tombe en panne, il peut être retiré et remplacé par un disque dur en état de marche sans perturber le fonctionnement du système.

Soulagez vos administrateurs système

Les administrateurs système apprécieront tout particulièrement RAID. Les systèmes RAID actuels sont conçus de manière à permettre l'expédition d'un messages électronique en cas de problème. De même, il est possible d'informer automatiquement le technicien d'une panne par téléphone. Dans un système informatique classique, la moindre erreur conduit généralement à une paralysie totale de tout le système. Il en est tout autrement avec RAID. Même en cas d'incident sérieux, les données contenues dans la mémoire tampon du contrôleur peuvent être conservées jusqu'à 100 heures grâce aux batteries. La convivialité est aussi au rendez-vous : certains systèmes RAID permettent même le chargement du logiciel du contrôleur via des cartes mémoire pendant le fonctionnement du système. Ainsi une mise à jour ne nécessite pas d'interruption du système. Même si les coûts d'acquisition d'une installation RAID peuvent paraître élevés, les nombreux avantages qu'offre le système rentabilisent rapidement l'investissement.

RAID ne remplace pas la sauvegarde

Le système de stockage des données RAID ne remplace en aucun cas les sauvegardes régulières de l'ensemble des données. Il sert simplement à sécuriser la gestion des données au sein d'un système informatique. En cas d'incendie ou de dégâts des eaux provoquant la destruction physique des disques durs, rien ne permet de récupérer les données. Il en est de même en cas de contamination du système par un virus. De nombreuses entreprises sous-estiment également les risques liés aux erreurs humaines. En effet, une forte proportion des pertes de données est due à des erreurs de manipulation des installations informatiques. Pour toutes ces raisons, la sauvegarde régulière des données est absolument nécessaire, même dans un système RAID.

Il convient, par conséquent, d'intégrer une unité de sauvegarde au système. Les streamers à bandes, qui fonctionnent sur le principe d'un lecteur de cassettes, sont particulièrement sûrs. Les données y sont organisées différemment que sur un disque dur. Les virus sont ainsi dépossédés de leurs points d'attaques habituels. Les streamers DAT sont très performants, cependant il convient de ne pas oublier que la technologie utilisée n'est pas explicitement dédiée à la sauvegarde de données mais aux enregistrements musicaux. Néanmoins, ces unités conviennent parfaitement à un usage informatique.

Connexion réseau

Du côté des cartes réseau, les problèmes sont quasiment inexistants. En tant que variante d'Unix, Linux est un système d'exploitation conçu d'origine pour être utilisé en réseau. Aussi, la prise en charge des cartes réseau courantes a constitué une priorité dès les premiers développements.

Citons avant tout les cartes NE2000 ou compatibles. Ces dernières sont largement suffisantes pour un serveur utilisé à titre privé. Si vous avez besoin de connexions serveur plus rapides, vous devrez utiliser des cartes 100 Mbits. Celles-ci affichent certes un prix plus élevé à l'achat, mais cet inconvénient est très largement compensé par le gain de performances en comparaison aux cartes 10 Mbits.

Naturellement il est également possible d'utiliser, sous Linux, des cartes Plug & Play. Ces dernières ont néanmoins été développées pour Windows et redéfinissent les ressources utilisées à chaque démarrage du serveur. En effet, cette caractéristique, plutôt pratique pour l'utilisateur, pose des problèmes de sécurité au niveau du système d'exploitation. Linux est conçu pour fonctionner avec des composants possédant une adresse système fixe. Si cette dernière est sans cesse redéfinie, des erreurs peuvent se produire. Vérifiez donc que votre carte possède un pilote Linux ou reportez-vous à la description de la procédure d'installation Plug & Play dans le manuel de la carte. Vous y trouverez des mesures et des outils permettant d'éviter dès le départ un certain nombre de problèmes. Comme vous pouvez le constater, cette facilité conçue pour Windows, peut compliquer la tâche avec d'autres systèmes d'exploitation, qui ne la prennent pas en charge. Si vous utilisez exclusivement Linux, vous pouvez vous passer du Plug & Play.

Système graphique

Les serveurs ne requièrent pas un système d'affichage particulièrement performant. Une fois configuré, un serveur peut fonctionner durant des mois sans intervention de l'utilisateur. Nous vous déconseillons néanmoins d'utiliser une carte graphique vraiment âgée qui traînerait au fond d'un tiroir depuis des années.

En effet, si vous désirez administrer votre système sous X Window, vous devrez utiliser une résolution assez élevée pour pouvoir afficher plusieurs fenêtres simultanément. Hors, si vous utilisez un moniteur de grande taille, les cartes graphiques de base auront vite fait d'atteindre leurs limites. La résolution est alors insuffisante et l'affichage trop lent, conduisant à un scintillement désagréable de l'image. Moniteur et carte graphique devraient, tous deux, offrir au minimum une résolution de 1024x768 en 70 Hertz.

1.2 Packages Linux : distributions du système d'exploitation

Bien que Linux soit disponible gratuitement sur Internet, nous vous recommandons d'utiliser une distribution. Celles-ci sont créées par différents éditeurs et réunissent les fichiers essentiels sur plusieurs CD-Rom. Les coûts de téléchargement des fichiers dépasseraient nettement le prix d'achat d'une distribution complète auprès d'un éditeur.

Si vous avez besoin d'informations supplémentaires, les pages web suivantes vous permettront d'accéder à la majorité des rubriques *HowTo* et des pages `man` actuellement disponibles :

▼ **Tab. 1.2** *Listes de sites français consacrés à Linux*

Éditeur	Adresse Internet
SuSE	www.suse.com
Red Hat	www.redhat.com
Linux France	www.linux-france.org
Linux Magazine	www.linuxmag-france.com
Linux Berg	www.linuxberg.com
Linux Start	fr.linuxstart.com
Linux Homepage	www.loria.fr/linux/
Association francophone des utilisateurs de Linux	www.aful.org
Freenix	www.freenix.fr/linux

Distribution Linux SuSE

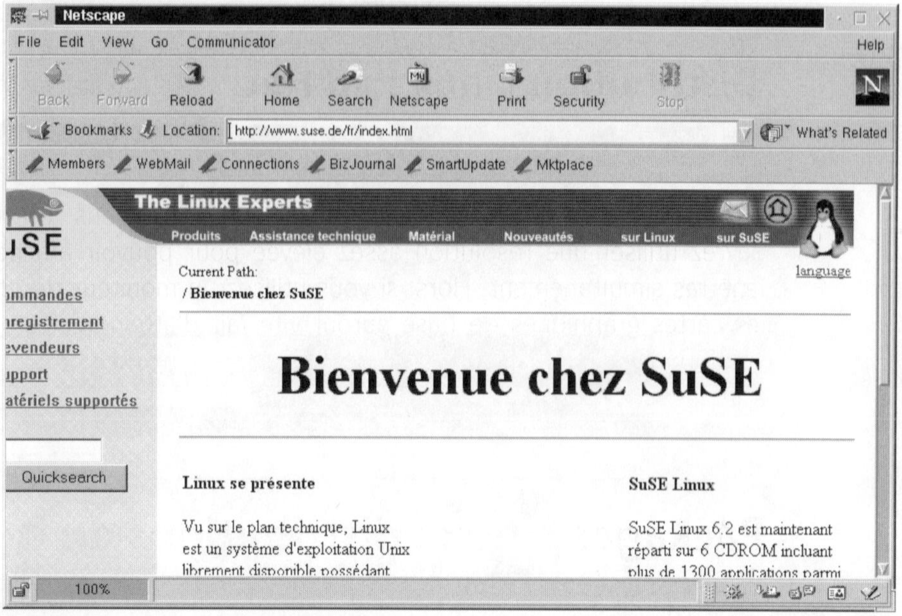

▲ **Fig. 1.9** *La page d'accueil de Linux SuSE*

La version 6.2, qui se compose de six CD-Rom, est proposée à un peu moins de 50 5. Parmi les 1 300 applications fournies, se trouvent de nouveaux packages, comme une version de démonstration de VMware 1.0. VMware permet d'utiliser des applications DOS, FreeBSD, Windows 3.x, 9x et NT 4.0 sous Linux. L'utilitaire gratuit RealPlayer 5.0 est également fourni. StarOffice 5.1 a été mis à jour et WordPerfect 8 Download Edition et Netscape 4.61 ont fait leur apparition.

En première place des clous de la distribution, se trouve KDE 1.1.1 avec 190 packages. La version 2.2.10 du noyau Linux est utilisée. Les performances de ce dernier sont notamment améliorées sous Last. Linux SuSE 6.2 est entièrement basé sur glibc 2.1. Le système X Window fourni est XFree86(TM) 3.3.4, qui assure la prise en charge des cartes et puces graphiques suivantes : S3 Trio3D, Intel i740 (jusqu'ici XFCom), 3Dfx Voodoo Banshee et Voodoo3 (jusqu'ici XFCom), SiS530/620, Trident Blade3D, nVidia Riva TNT2 ainsi que Matrox G400. SuSE emploie la technologie PAM (Plugable Authentification Module) pour l'authentification des utilisateurs. Les administrateurs de réseaux hétérogènes apprécieront tout particulièrement la prise en charge de NIS, NIS+ (avec Secure RPC) et smb, qui simplifie très nettement la gestion des utilisateurs au sein du réseau.

Distribution Linux Red Hat

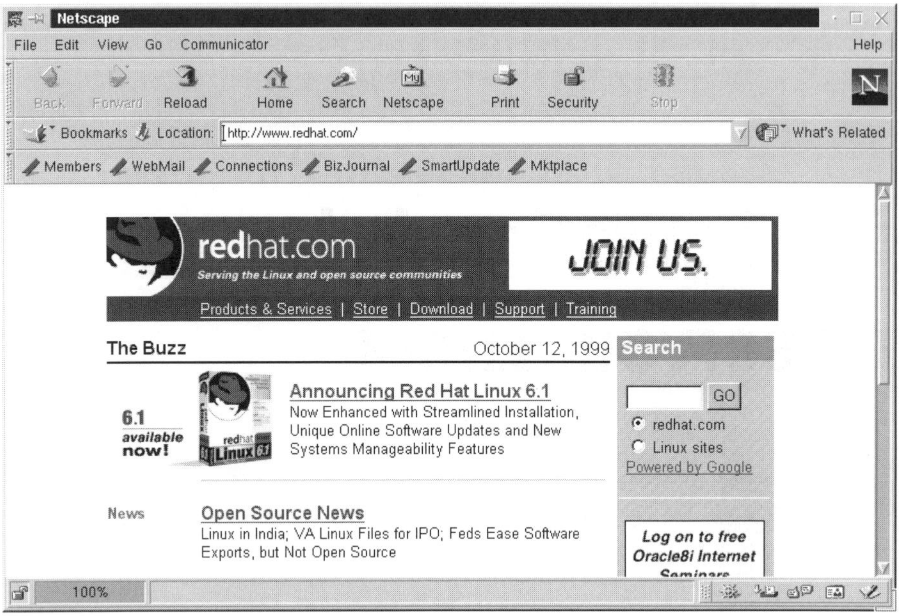

▲ **Fig. 1.10** *La page d'accueil de Red Hat*

Linux Red Hat 6.1 dispose d'un support SMP amélioré, offrant des performances accrues dans les environnements multiprocesseur. L'environnement de bureau GNOME offre une interface utilisateur très conviviale sous Linux. À cela s'ajoutent la prise en charge logicielle de RAID et une version mise à jour de glibc. Cette bibliothèque essentielle permet la prise en charge NIS+ et la conformité au standard POSIX.

Red Hat utilise le compilateur EGCS comme compilateur standard pour une meilleure optimisation sous C++. À l'instar de SuSE 6.2, la dernière version de XFree86 prend également en charge les nouvelles cartes vidéo. Avec Apache, Red Hat propose l'un des serveurs web les plus populaires. L'installation du système peut se faire sur des partitions RAID via HTTP et NIS. La version 2.2.12-20 du noyau est utilisée. Des consoles améliorées offrent un accès simplifié aux lecteurs locaux, tels les lecteurs de disquettes ou de CD-Rom.

Chapitre **2**

Configuration de base du serveur Linux

2.1 Configuration de la connexion réseau 28

2.2 Samba comme interface entre les systèmes d'exploitation 42

2.3 Administration TCP/IP du serveur 56

2.4 Configuration réseau dynamique des ordinateurs clients via DHCP 60

Dans ce chapitre nous verrons comment composer un système serveur doté des éléments essentiels nécessaires à la création d'un réseau. Vous y apprendrez comment configurer votre carte réseau, quel numéros IP vous pouvez utiliser et dans quels fichiers de configuration vous devez les saisir.

Ces informations doivent vous servir de base pour créer votre propre réseau. Chaque réseau a ses particularités, bien qu'ils se ressemblent tous à la base. Sachez d'ores et déjà que la configuration de Linux n'est pas toujours aussi confortable que sous Windows. De nombreuses informations doivent faire l'objet de recherches, par exemple pour connaître les adresses IP des ordinateurs reliés à votre réseau. Le résultat est néanmoins un système serveur stable et rapide, parfaitement adapté au monde de l'entreprise.

Si la configuration de vos connexions réseau ne fonctionne pas du premier coup, cela peut être dû au dysfonctionnement d'un pilote matériel sous Linux. Ainsi, certaines cartes réseaux de 3Com (3c59x) fonctionnent sans problème en 10 Mbit, mais posent problème lorsqu'elles sont utilisées en mode 100 Mbit.

Gardez en tous les cas la notice d'utilisation de vos périphériques matériels à portée de main, vous y trouverez leurs adresses système et des remarques sur la configuration détaillée.

2.1 Configuration de la connexion réseau

La première étape de la configuration réseau consiste à installer la carte réseau. Si vous utilisez SuSE, vous pouvez le faire par l'intermédiaire de YaST. Choisissez **Administration du système/Intégrer le matériel dans le système** puis **Configurer la carte réseau**.

◂ **Fig. 2.1**
Configuration de la carte réseau avec l'utilitaire YaST de SuSE

Dans le masque de saisie qui s'affiche, choisissez le type de réseau. Si vous utilisez une carte Ethernet, saisissez **eth0** ou choisissez l'entrée correspondante dans la liste de sélection accessible par la touche [F3].

Dans *Type de la carte réseau*, sélectionnez le modèle de carte réseau utilisé. Dans notre exemple, il s'agit d'une carte **3Com 3c59x/3c90x**. Vous pouvez ensuite spécifier des *Options pour le chargement du module*. Par exemple, si vous voulez forcer votre carte à fonctionner en mode 100 Mbits en full-duplex, indiquez **options=4 full_duplex=1**. Ces paramètres dépendent de la carte utilisée, pour plus d'informations, consultez les fichiers Readme fournis avec les pilotes de votre carte. Dans un premier temps, il peut être sage d'utiliser les paramètres proposés par défaut par YaST.

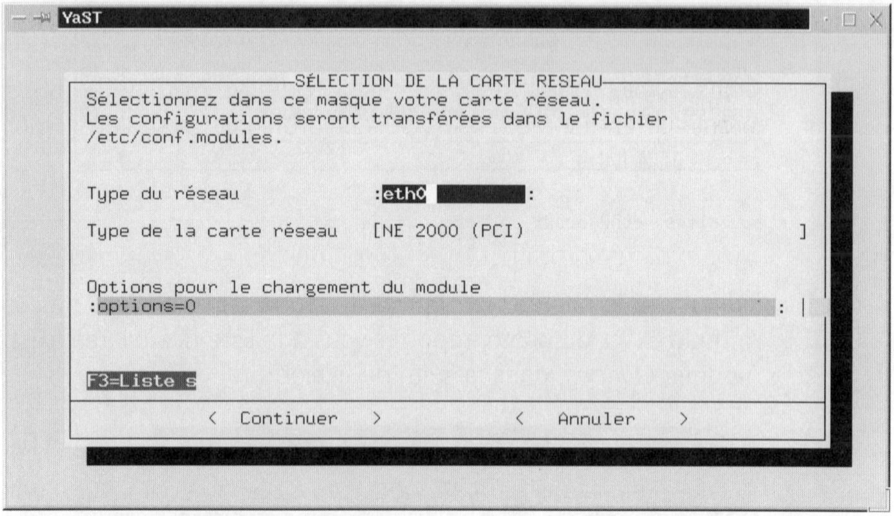

▲ **Fig. 2.2** *Sélection de la carte réseau*

Si vous ne disposez pas de la confortable routine d'installation de SuSE, il vous faut effectuer les modifications ci-dessus manuellement.

Ouvrez le fichier */etc/conf.modules* dans un éditeur (voir fig. 2.3).

Comme vous pouvez le constater dans les premières lignes du fichier, ce dernier contient les entrées d'alias permettant d'affecter les modules aux ports correspondants. La ligne qui nous intéresse est :

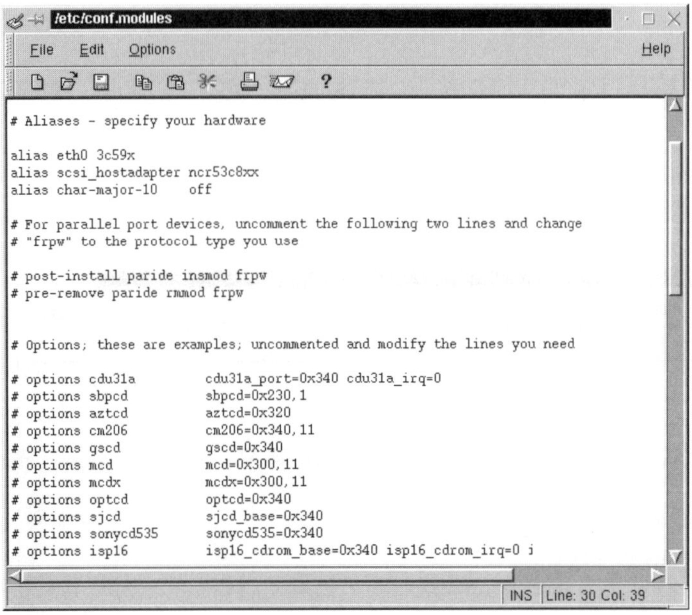


```
# Aliases - specify your hardware

alias eth0 3c59x
alias scsi_hostadapter ncr53c8xx
alias char-major-10    off

# For parallel port devices, uncomment the following two lines and change
# "frpw" to the protocol type you use

# post-install paride insmod frpw
# pre-remove paride rmmod frpw


# Options; these are examples; uncommented and modify the lines you need

# options cdu31a        cdu31a_port=0x340 cdu31a_irq=0
# options sbpcd         sbpcd=0x230,1
# options aztcd         aztcd=0x320
# options cm206         cm206=0x340,11
# options gscd          gscd=0x340
# options mcd           mcd=0x300,11
# options mcdx          mcdx=0x300,11
# options optcd         optcd=0x340
# options sjcd          sjcd_base=0x340
# options sonycd535     sonycd535=0x340
# options isp16         isp16_cdrom_base=0x340 isp16_cdrom_irq=0 i
```

◄ **Fig. 2.3**
Configuration manuelle du réseau

```
alias  eth0 3c59x
```

Indiquez ici le pilote correspondant à votre carte. Si vous ne connaissez pas l'intitulé exact du pilote, reportez-vous à la liste des pilotes existants dans la rubrique *Options*, dans la suite du fichier :

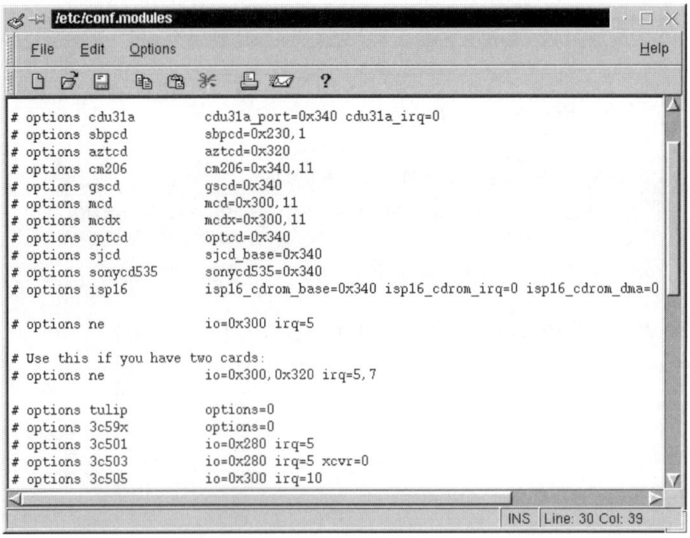


```
# options cdu31a        cdu31a_port=0x340 cdu31a_irq=0
# options sbpcd         sbpcd=0x230,1
# options aztcd         aztcd=0x320
# options cm206         cm206=0x340,11
# options gscd          gscd=0x340
# options mcd           mcd=0x300,11
# options mcdx          mcdx=0x300,11
# options optcd         optcd=0x340
# options sjcd          sjcd_base=0x340
# options sonycd535     sonycd535=0x340
# options isp16         isp16_cdrom_base=0x340 isp16_cdrom_irq=0 isp16_cdrom_dma=0

# options ne            io=0x300 irq=5

# Use this if you have two cards:
# options ne            io=0x300,0x320 irq=5,7

# options tulip         options=0
# options 3c59x         options=0
# options 3c501         io=0x280 irq=5
# options 3c503         io=0x280 irq=5 xcvr=0
# options 3c505         io=0x300 irq=10
```

◄ **Fig. 2.4**
Liste des pilotes

Cette liste des pilotes disponibles et des options correspondantes (par exemple **options hp100 hp100_port=0x380**) équivaut aux options proposées sous YaST. La méthode manuelle vous permet de voir immédiatement les adresses et requêtes d'interruption utilisées par les cartes.

Pour assurer la prise en compte de la carte au redémarrage du système, il convient d'ajouter également une entrée au fichier */etc/rc.config*.

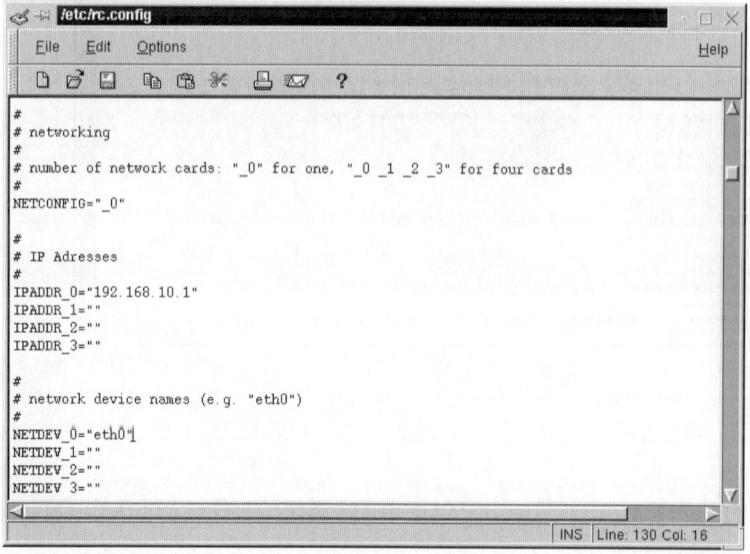

▲ **Fig. 2.5** *Modification du fichier /etc/rc.config*

Si vous utilisez une seule carte réseau, ajoutez la ligne suivante :

```
NETCONFIG=„_0„
```

Chaque carte réseau doit posséder une adresse IP propre qui, conjuguée au masque de sous-réseau, permet de générer l'adresse réseau.

Pour des raisons de performances, les réseaux de grande envergure sont généralement subdivisés en sous-réseaux (subnet). Comme nous l'avons vu, le masque de sous-réseau sert à définir l'appartenance à l'un de ces sous-réseaux. Le masque de sous-réseau revêt donc une importance cruciale pour la communication entre ordinateurs dans un intranet.

Nous allons créer un réseau de classe C, pour lequel on utilise généralement le masque de sous-réseau 255.255.255.0.

Si vous êtes amené à constituer un réseau d'une classe différente, veillez à respecter les plages d'adresses des différents masques de sous-réseaux :

▼ **Tab. 2.1** *Attribution des différentes plages d'adresses*

Plage d'adresse	Masque de sous-réseau	Classe de réseau
1-127	255.0.0.0	Classe A
128-191	255.255.0.0	Classe B
192-	255.255.255.0	Classe C

Nous allons attribuer à notre serveur Linux, l'adresse IP 192.168.10.1. Cela signifie donc qu'il se trouve dans un réseau de classe C avec le masque de sous-réseau 255.255.255.0.

À côté de la vraie adresse IP attribuée à un périphérique physique, il existe également le périphérique loopback (Loopback Device) (lo), qui désigne l'ordinateur lui-même. Les périphériques loopback ne possèdent pas de masque de sous-réseau. Le loopback est une procédure permettant à un ordinateur de communiquer avec lui-même. Cela permet de tester des programmes réseau sans que l'ordinateur soit réellement relié à un réseau. Le périphérique loopback utilise l'adresse IP 127.0.0.1.

Déterminer l'adresse réseau

L'adresse IP et l'adresse réseau sont fréquemment confondues par les utilisateurs. L'adresse réseau est générée par combinaison de l'adresse IP et du masque de sous-réseau par un ET logique.

▼ **Tab. 2.2** *Génération de l'adresse réseau*

Exemple	
Adresse IP	192.168.10.1
&& Masque de sous-réseau	255.255.255.0
= Adresse réseau	192.168.10.0

Déterminer l'adresse de broadcast

L'adresse de broadcast (ou de diffusion), c'est-à-dire l'adresse utilisée pour communiquer avec tous les ordinateurs du réseau est généralement obtenue grâce à une combinaison par OU logique de l'adresse réseau et du masque de réseau inversé.

Exemple : avec le masque de réseau 255.255.255.0, on obtient le résultat suivant :

Génération de l'adresse de broadcast	
! masque inversé	0.0.0.255
|| adresse réseau	192.168.10.0
= adresse de broadcast	192.168.10.255

Jetez à nouveau un coup d'œil au fichier */etc/rc.config*.

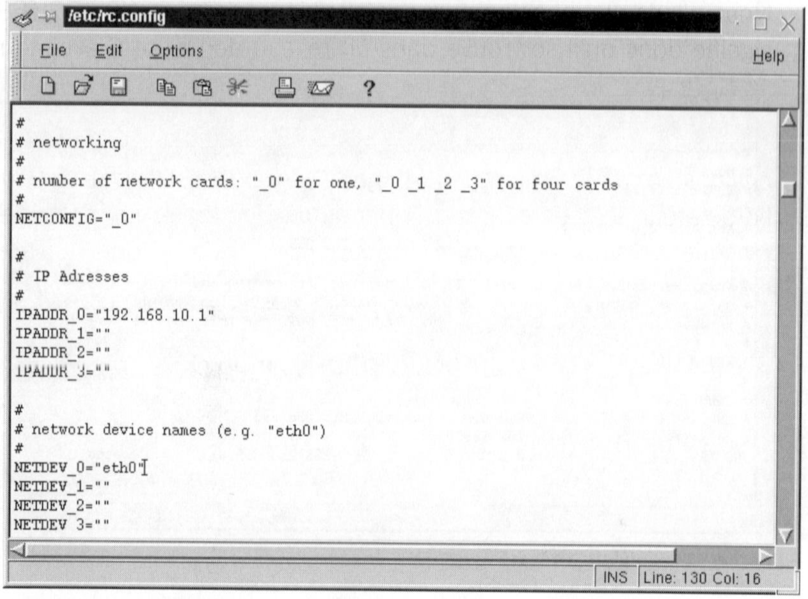

▲ **Fig. 2.6** *Le fichier /etc/rc.config*

Vous y retrouvez les entrées correspondantes. Pour la première carte réseau, saisissez l'adresse IP comme suit :

```
IPADDR_0="192.168.10.1"
```

Ensuite, il ne vous reste plus qu'à spécifier l'entrée du périphérique :

```
NETDEV_0="eth0"
```

Pour vous assurer que le noyau prend en compte l'interface réseau dès le processus d'amorçage du système, ajoutez la ligne suivante :

```
IFCONFIG_0="192.168.10.1 broadcast 192.168.10.255 netmask 255.255.255.0 up"
```

Pour que l'ordinateur sache quel périphérique il doit utiliser pour accéder à une adresse réseau, il convient de mettre à jour le fichier */etc/route.cnf*.

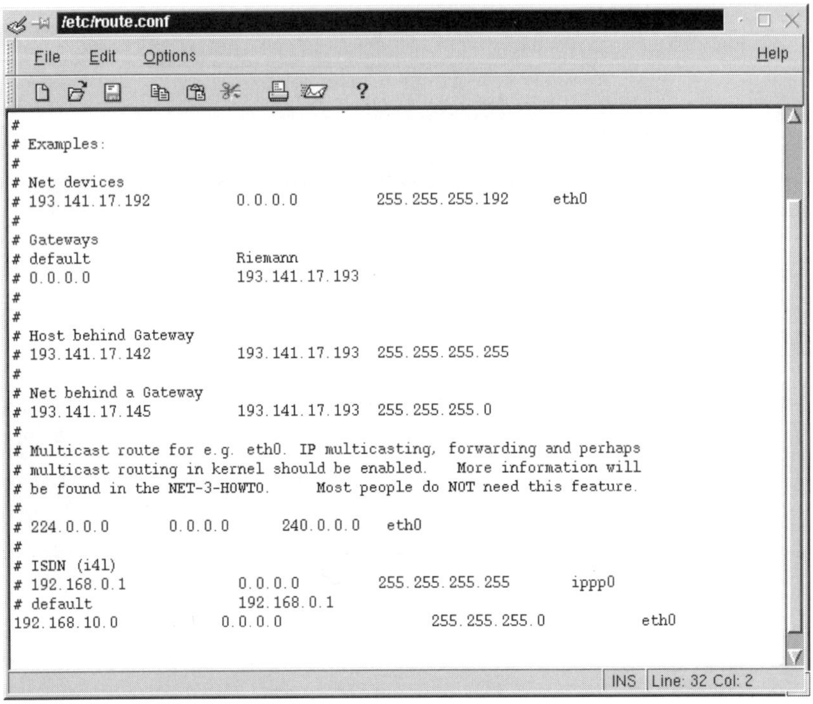


```
#
# Examples:
#
# Net devices
# 193.141.17.192          0.0.0.0          255.255.255.192      eth0
#
# Gateways
# default                 Riemann
# 0.0.0.0                 193.141.17.193
#
#
# Host behind Gateway
# 193.141.17.142          193.141.17.193   255.255.255.255
#
# Net behind a Gateway
# 193.141.17.145          193.141.17.193   255.255.255.0
#
# Multicast route for e.g. eth0. IP multicasting, forwarding and perhaps
# multicast routing in kernel should be enabled.  More information will
# be found in the NET-3-HOWTO.    Most people do NOT need this feature.
#
# 224.0.0.0       0.0.0.0       240.0.0.0    eth0
#
# ISDN (i4l)
# 192.168.0.1             0.0.0.0          255.255.255.255      ippp0
# default                 192.168.0.1
192.168.10.0            0.0.0.0             255.255.255.0          eth0
```

▲ **Fig. 2.7** *Le fichier /etc/route.cnf*

Ne vous laissez pas dérouter par la multitude des configurations exemples proposées par ce fichier. La ligne qui nous intéresse ici est :

```
192.168.10.0 0.0.0.0 255.255.255.0    eth0
```

Cette ligne indique que tous les accès au réseau 192.168.10.0 doivent être dirigés sur l'interface Ethernet (eth0) en utilisant le masque de sous-réseau 255.255.255.0.

Nous vous recommandons de redémarrer Linux à ce stade. Vous pouvez ensuite tester la prise en charge de la carte réseau en tapant la commande `ifconfig` dans une fenêtre de terminal.

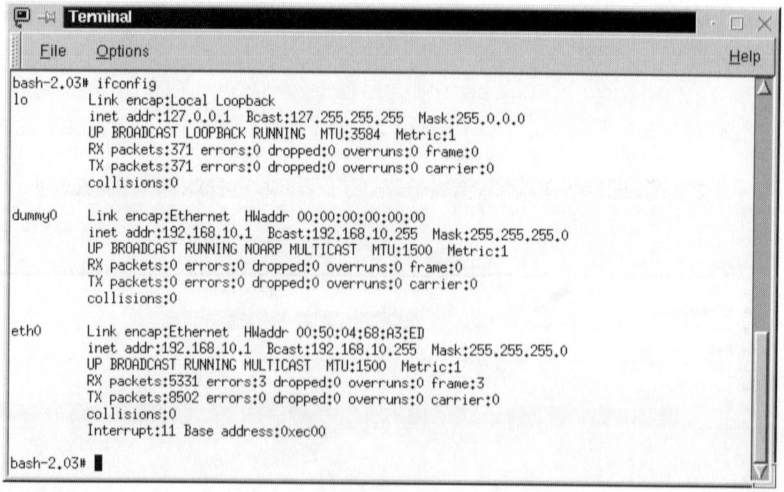

▲ **Fig. 2.8** *Résultat du test avec la commande ifconfig*

À côté du périphérique loopback (`lo`), la liste contient, éventuellement, une interface dummy (**dummy0**). Intéressez-vous tout particulièrement au bloc intitulé `eth0`. Vous pourrez constater qu'un carte Ethernet dotée de l'adresse IP 192.168.10.1 est intégrée au système. Vérifiez que les informations figurant derrière le paramètre `HWaddr` sont correctes, c'est-à-dire qu'elles sont de la forme `00:50:04:68:A3:ED`. Si vous voyez ici `ff:ff:ff:ff:ff:ff` ou `00:00:00:00:00:00`, la configuration de la carte comporte une erreur. Dans ce cas, vérifiez si les paramètres spécifiés sous `Options`, notamment en ce qui concerne l'adresse matérielle (dans notre cas `address:0xec00`) et l'interruption (`Interrupt:11`, dans notre exemple), sont corrects.

Si vous souhaitez également installer un périphérique dummy, donnez la valeur **yes** à la variable `SETUPDUMMYDEV` du fichier */etc/rc.config*.

Attribuer un nom d'ordinateur

Pour pouvoir vous adresser à votre ordinateur par l'intermédiaire d'un nom au lieu de son adresse IP, il vous faut attribuer à votre système un nom de machine et un nom de domaine.

Sous SuSE, vous pouvez lancer YaST et choisir la commande **Administration du système/Configurer le réseau/Changer les noms des machines**. Nous avons appelé notre ordinateur `linux` et utilisé le nom de domaine `mydomain.fr`. Ces informations peuvent être modifiées ultérieurement si nécessaire.

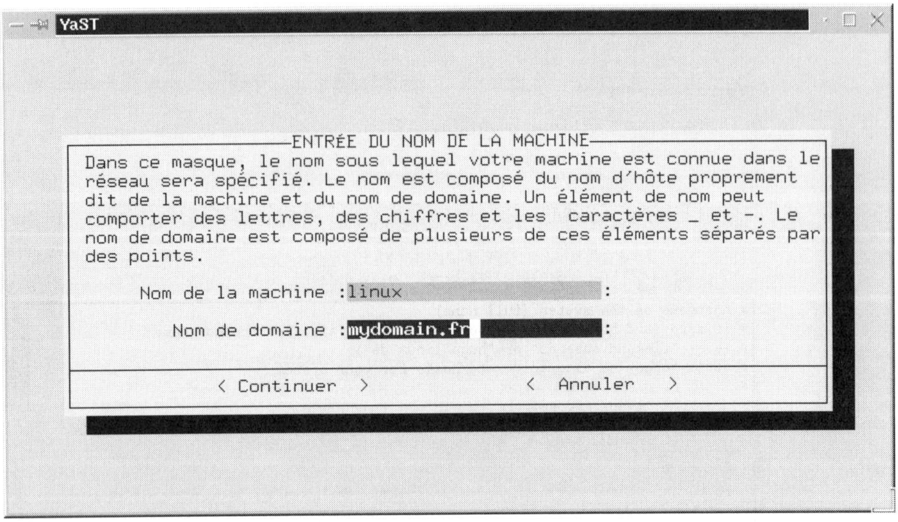

▲ **Fig. 2.9** *Attribution des noms aux ordinateurs avec YaST*

Si vous ne disposez pas de YaST, vous devrez saisir manuellement les entrées correspondantes dans les fichiers de configuration. Ouvrez le fichier */etc/hosts* dans un éditeur et complétez-le comme suit :

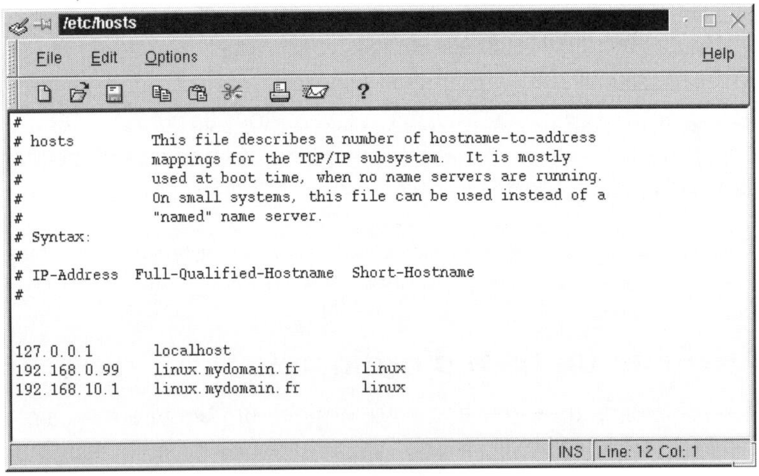

▲ **Fig. 2.10** *Attribution manuelle des nom dans /etc/hosts*

La première ligne correspond au périphérique de loopback, identifié comme `localhost`. La seconde ligne contient les données relatives à notre ordinateur : adresse IP, nom complet et nom de la machine.

Le nom d'hôte doit également être spécifié dans le fichier */etc/rc.config*. Ouvrez le fichier dans un éditeur et modifiez-le comme suit :

```
FQHOSTNAME="linux.mydomain.fr"
```

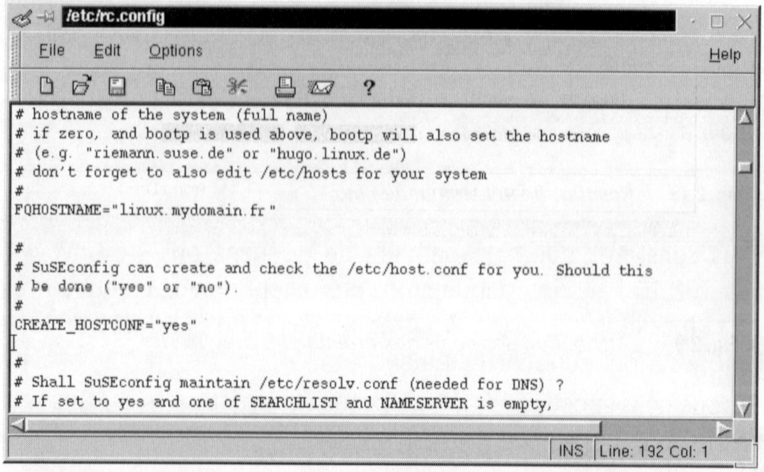

▲ **Fig. 2.11** */etc/rc.config après la modification du nom d'hôte*

Arrivé à ce stade, redémarrez Linux puis vérifiez votre saisie en tapant la commande **`route`** dans une fenêtre de terminal.

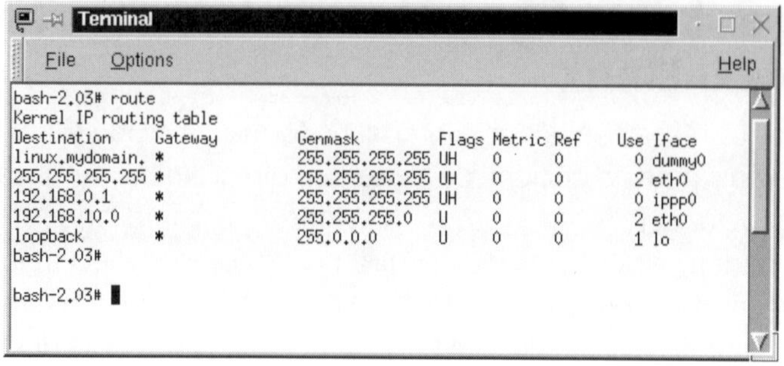

▲ **Fig. 2.12** *Résultat de la commande route*

Le résultat affiché vous permet de vérifier que l'adresse réseau 192.168.10.0 correspond bien au périphérique `eth0`.

Un dernier test vous permet de vérifier le bon fonctionnement du protocole TCP/IP. Saisissez la commande ci-après dans une fenêtre de terminal :

```
ping 192.168.10.1
```

Vous devez obtenir un résultat de la forme suivante :

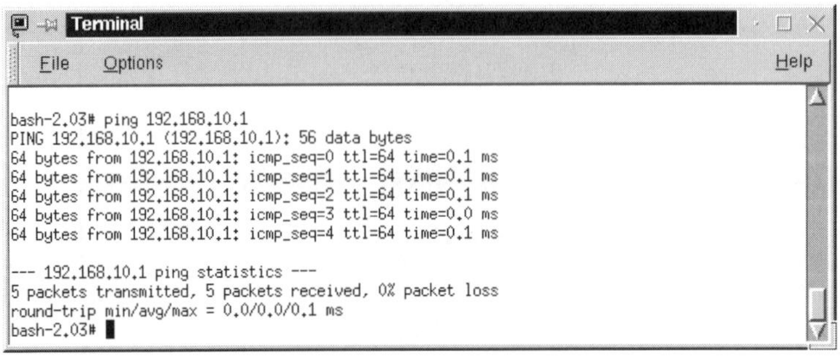

▲ **Fig. 2.13** *Résultat de la commande ping*

Vous constatez que cinq paquets de données ont été envoyés à l'adresse 192.168.10.1 et cinq paquets ont été réceptionnés, ce qui correspond à une perte (packet loss) de 0%. Vous pouvez ainsi être certain que votre ordinateur Linux est configuré correctement.

> **Astuce**
>
> **Interrompre une commande ping**
>
> La commande `ping` ne s'arrête pas automatiquement au bout de cinq requêtes. Utilisez la combinaison de touches Ctrl+C pour l'interrompre.

Intégrer la configuration de la carte réseau au noyau Linux

Si votre carte réseau se laisse piloter sous forme de module sans provoquer d'erreur, vous pouvez décider de l'intégrer directement au noyau Linux. Si vous avez déjà installé un système X Window, la compilation du noyau est particulièrement aisée. Au lieu d'utiliser la traditionnelle commande `make config`, X Window vous permet de définir les paramètres de compilation par l'intermédiaire de menus. Vous avez donc accès à l'ensemble des paramètres à tout moment, puisque leur sélection ne s'effectue pas dans un ordre prédéfini.

Ouvrez une fenêtre de terminal, passez dans le répertoire */usr/src/linux* et saisissez la commande `make xconfig` pour obtenir l'interface suivante :

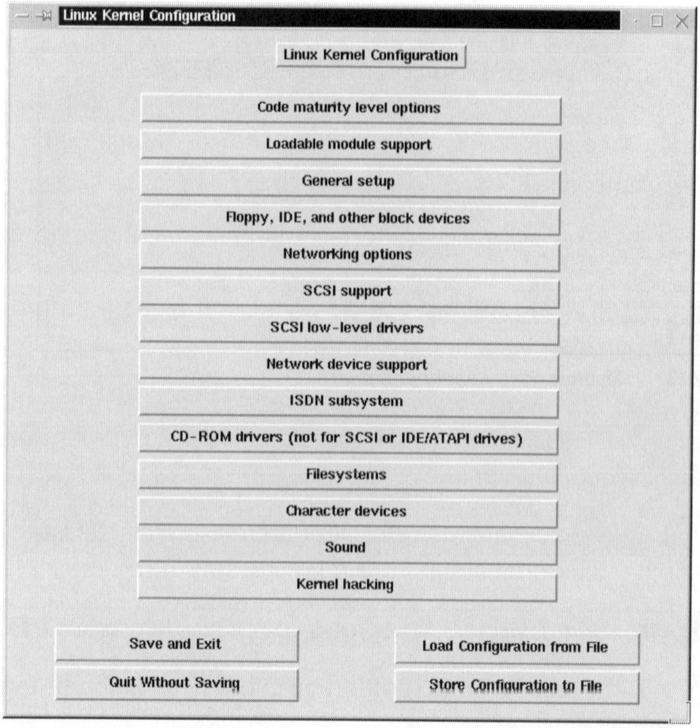

◄ **Fig. 2.14** *Configuration du noyau de Linux*

Lorsque vous cliquez sur le bouton **Network Device Support**, la fenêtre ci-après s'affiche :

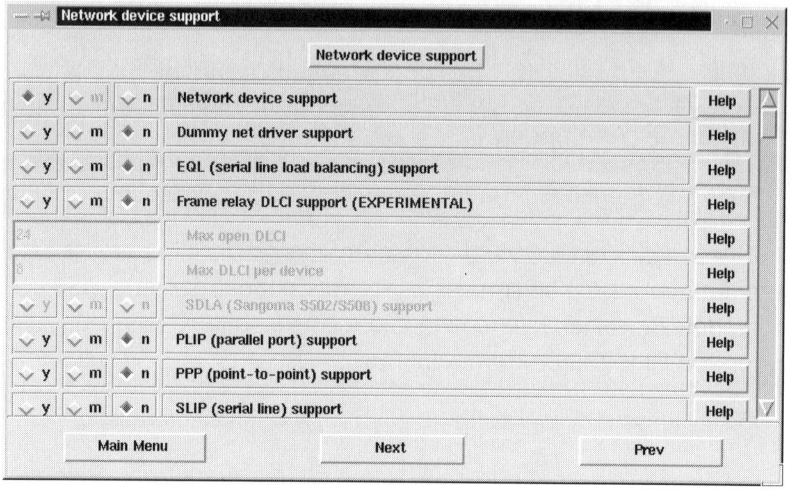

▲ **Fig. 2.15** *Prise en charge des périphériques réseau*

Nous présentons ici uniquement les entrées utiles pour la configuration. Par exemple, les entrées du type *packet radio*, destinées aux radioamateurs, ne sont pas traitées.

Network device support : Gère les fonctionnalités réseau de base, y compris le périphérique loopback.

Dummy net driver support : L'interface dummy fonctionne de façon semblable au périphérique loopback et peut être dotée d'une adresse IP SLIP ou PPP propre. Même en l'absence de connexion réseau, un ordinateur peut ainsi communiquer via sa propre adresse IP.

EQL (serial line load balancing) support : Permet d'établir plusieurs connexions réseau avec un même serveur afin de répartir les flux de données sur les différentes liaisons.

PLIP (parrallel port) support : Permet de créer un mini-réseau via l'interface parallèle de deux ordinateurs à l'aide d'un câble Turbo-Laplink.

PPP (point-to-point) support : Intégration du pilote de protocole Point to Point.

SLIP (serial line) support : Intégration du pilote pour la connexion Internet via un modem analogique.

CSLIP compressed headers : À utiliser uniquement si le poste correspondant utilise également la compression d'en-tête. Avantage : la réduction des informations de gestion permet d'augmenter le débit de données.

Keepalive and linefill : Amélioration de SLIP grâce au contrôle de la qualité des liaisons. À utiliser uniquement si le poste correspondant prend également en charge cette option.

Six bit SLIP encapsulation : Connexion SLIP spéciale à débit limité.

Ethernet (10 or 100Mbit) : Prise en charge des connexions Ethernet. Immédiatement après se trouve la liste des pilotes de cartes. Sélectionnez votre modèle de carte réseau ou le pilote correspondant, que vous avez déterminé lors de l'intégration du module.

PCI Ethernet adapters : Prise en charge des cartes réseau PCI.

Token Ring driver support : Prise en charge des réseau Token Ring.

ARCnet support : Prise en charge des cartes ARCnet. Les deux options suivantes sont utiles, par exemple, pour établir une connexion avec des machines utilisant une ancienne version du protocole ARCnet. Il s'agit, par exemple, des ordinateurs Amiga équipés de AmiTCP (Enable arc0s).

Le bouton **Save and Exit** vous permet de mémoriser votre configuration.

Si vous n'utilisez pas X Window, vous pouvez exécutez la commande `make menuconfig` dans une fenêtre de terminal. Vous obtenez également une interface utilisateur vous permettant de configurer la prise en charge réseau. Sélectionnez l'entrée **Network device support**. Dans le menu qui s'affiche, vous pourrez effectuer le réglage des paramètres comme décrit ci-dessus.

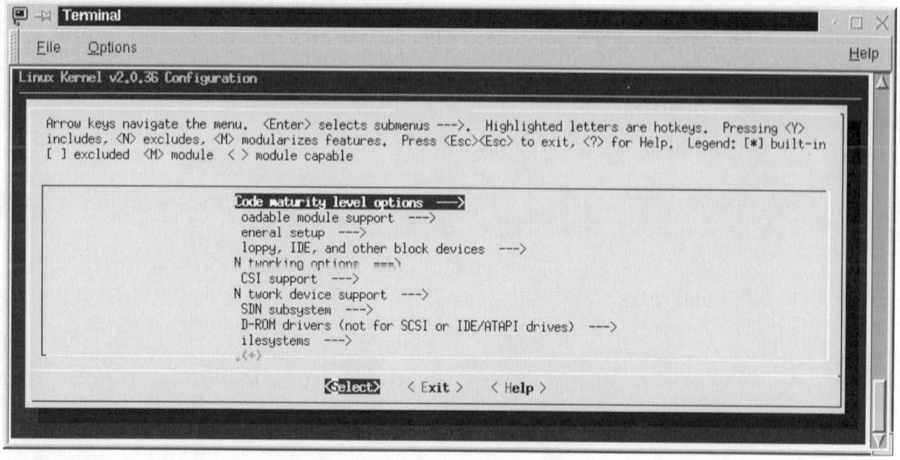

▲ **Fig. 2.16** *Configuration du noyau sans X Window*

La commande **Exit** vous permet de refermer le programme. Si vous répondez **yes** à la demande de confirmation qui s'affiche, la nouvelle configuration du noyau est sauvegardée.

Saisissez ensuite les commandes suivantes en respectant les majuscules/minuscules :

```
make dep
make clean
make bzImage
make modules modules_install
```

Le nouveau noyau, appelé **bzImage**, se trouve à présent dans le répertoire */usr/src/linux/arch/i386/boot*. Copiez-le dans le répertoire */boot* :

```
cp /usr/src/linux/arch/i386/boot/bzImage /boot/vmlinuz
```

Si vous souhaitez travailler avec plusieurs noyaux, vous pouvez ajouter le numéro du noyau au nom du fichier *vmlinuz*. Pour que le nouveau noyau soit pris en compte au prochain démarrage du système, éditez la ligne **image** du fichier */etc/lilo.conf* et indiquez le nom de votre noyau. Dans notre exemple :

```
image=/boot/vmlinuz
```

Exécutez le gestionnaire d'amorçage LILO à l'aide de la ligne de commande suivante :

```
/sbin/lilo
```

Vous obtenez le message suivant :

```
Added XXXX
```

où **XXXX** remplace l'intitulé de votre noyau. Redémarrez votre ordinateur par l'intermédiaire de la commande :

```
shutdown -r now
```

La configuration de la carte réseau est ainsi achevée.

2.2 Samba comme interface entre les systèmes d'exploitation

Maintenant que votre système possède une carte Ethernet en état de marche, plus rien ne s'oppose à la connexion à d'autres ordinateurs de votre LAN. Ce paragraphe explique comment connecter un ordinateur Windows au serveur Linux, afin d'accéder aux répertoires du serveur.

Le programme requis, pour permettre la connexion de clients Windows, s'intitule Samba. Samba fait partie intégrante des grandes distributions et devrait donc figurer parmi les applications livrées avec votre système Linux. Avant de permettre aux clients d'accéder à vos données, il convient de fixer l'adresse IP du poste Windows. Comme nous avons utilisé pour notre serveur l'adresse 192.168.10.1, le plus simple est de donner au client l'adresse 192.168.10.2. Le masque de sous-réseau reste 255.255.255.0.

Vous avez, par ailleurs, besoin d'un utilisateur défini sur le serveur. Cet utilisateur se verra attribuer l'accès à un groupe de travail (workgroup) , comme sous Windows.

Commencez donc par créer un utilisateur exemple. Dans nos exemples, nous utiliserons l'utilisateur *olivier*, auquel nous attribuons également un mot de passe. Sous SuSE, vous pouvez utiliser YaST pour la configuration de l'utilisateur exemple. Le masque correspondant est accessible via **Administration du système/Gestion des utilisateurs**.

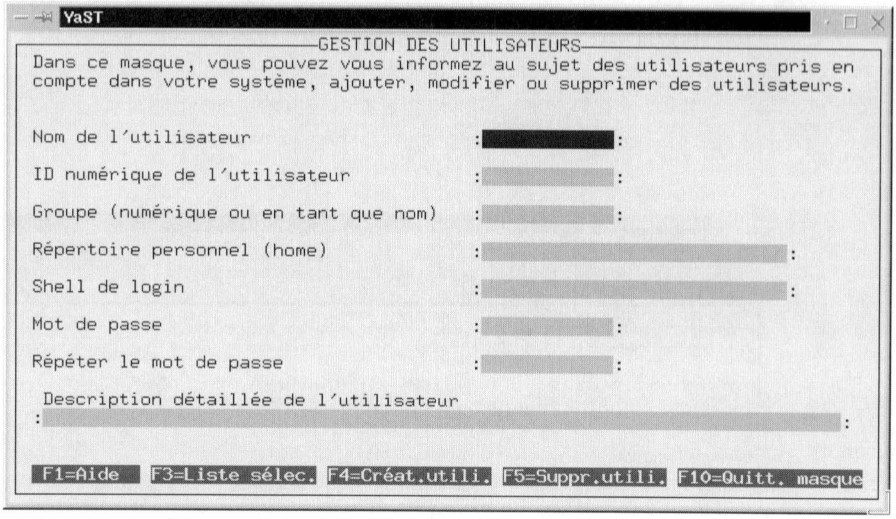

▲ **Fig. 2.17** *Configuration des utilisateurs avec YaST de SuSE*

Sous Red Hat, le programme de gestion des utilisateurs s'intitule `usercfg`. Quel que soit le programme que vous employez, une entrée est ajoutée au fichier */etc/password* et, si l'utilisateur appartient à un groupe, une entrée correspondante est ajoutée au fichier */etc/group*. Pour conclure, l'utilisateur se voit attribuer un répertoire personnel dans lequel sont copiés un certain nombre de fichiers standards.

Pour lancer Samba sous SuSE, éditez le fichier */etc/rc.config*, cherchez l'entrée `START_SMB` et attribuez-lui la valeur `"yes"` :

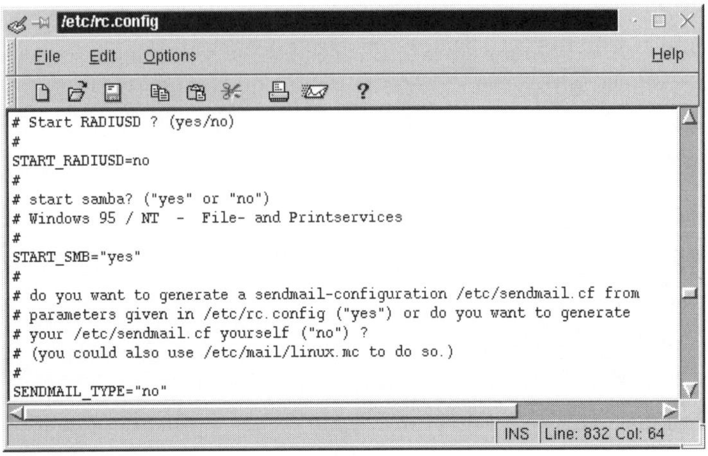

▲ **Fig. 2.18** *Lancer Samba sous SuSE*

Avec d'autres distributions, vous devrez apporter des modifications au fichier */etc/inetd.conf*. Complétez-y les lignes se rapportant à `netbios`.

```
netbios-ssn stream tcp nowait root /usr/sbin/smbd smbd
netbios-ns dgram udp wait root /usr/sbin/nmbd nmbd
```

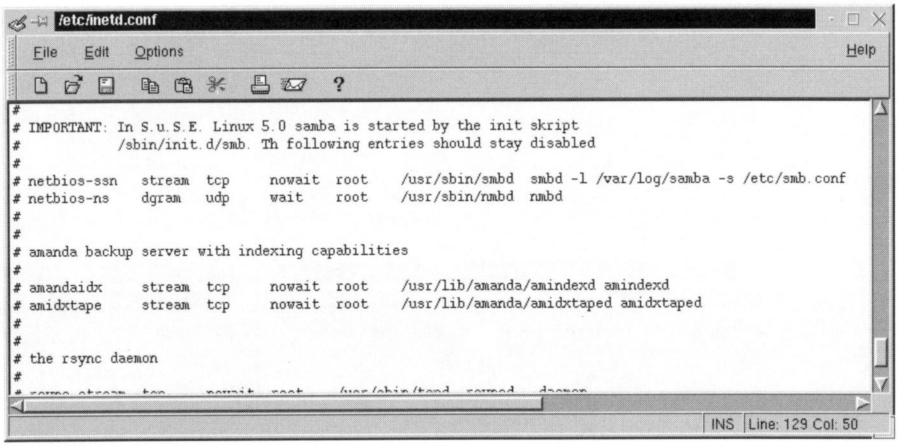

▲ **Fig. 2.19** *Les lignes netbios sont déjà intégrées au fichier /etc/inetd.conf sous forme de commentaires*

Redémarrez ensuite le démon `inetd` avec la commande :

```
kill -HUP 1
```

La configuration proprement dite de Samba est effectuée dans le fichier */etc/smb.conf*. La configuration ci-après, correspondant à notre système, est donnée en guise d'exemple :

```
[global]
   workgroup = travail
   guest account = nobody
   keep alive = 30
   os level = 2
   security = share
   printing = bsd
   printcap name = /etc/printcap
   load printers = yes
   domain logons = no
   encrypt passwords = no
   hosts allow = 192.168.10.0/255.255.255.0
   update encrypted = yes

; Please uncomment the following entry and replace the
; ip number and netmask with the correct numbers for
; your ethernet interface.
  interfaces = 192.168.10.1/255.255.255.0

; If you want Samba to act as a wins server, please set
;'wins support = yes'
   wins support = no

; If you want Samba to use an existing wins server,
; please uncomment the following line and replace
; the dummy with the wins server's ip number.
;   wins server = 192.168.1.1

[homes]
   comment = répertoire maison
   browseable = yes
   read only = no
   create mode = 0750

; The following share gives all users access to the Server's CD drive,
; assuming it is mounted under /cd. To enable this share, please remove
```

```
; the semicolons before the lines
;
; [cdrom]
;   comment = Linux CD-ROM
;   path = /cd
;   read only = yes
;   locking = no

[backup]
   comment = Backup sur sdb
   path = /backup
   writable = true

[printers]
   comment = All Printers
   browseable = no
   printable = yes
   public = no
   read only = yes
   create mode = 0700
   directory = /tmp
```

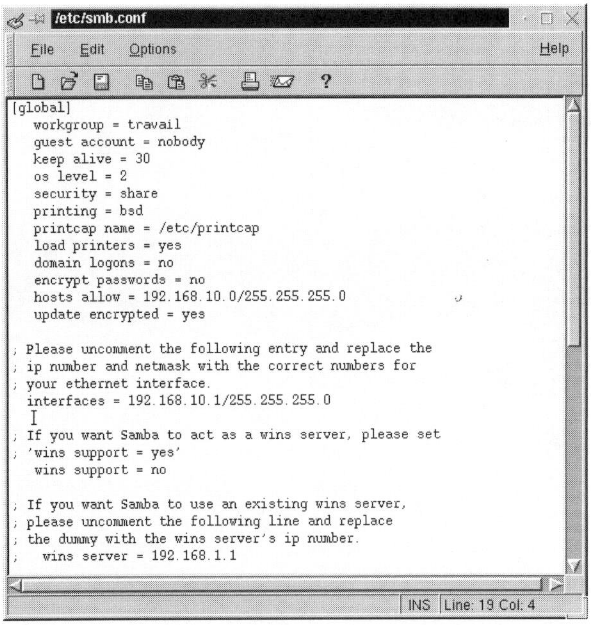

◄ **Fig. 2.20**
/etc/smb.conf avec les valeurs correspondantes

Samba représentant un système très complet, nous nous limiterons ici à la description des entrées essentielles. Si vous avez besoin d'explications supplémentaires, recherchez *smb.conf* dans les pages **man**, vous y trouverez des informations détaillées sur tous les paramètres possibles.

Dans notre cas, il est très important de spécifier le groupe de travail dans lequel le serveur doit apparaître. Nous avons choisi de l'appeler **travail**, tout simplement. Les hôtes du réseau 192.168.10.0 sont donc autorisés à accéder à ce serveur. La ligne où est définie l'interface est une des plus importantes, saisissez-y l'adresse de la carte réseau du serveur :

```
interfaces = 192.168.10.1/255.255.255.0
```

Avec les paramètres par défaut, chaque utilisateur a accès à son répertoire maison (*home*) et aux imprimantes connectées au serveur.

Ainsi s'achève la configuration du serveur. Il vous reste ensuite à configurer le client.

Dans le Panneau de configuration de Windows, double-cliquez sur le module **Réseau**. Cliquez sur **Ajouter** et sélectionnez le *Client pour les réseaux Microsoft*. Par ailleurs, les protocoles TCP/IP et NETBEUI doivent être installés.

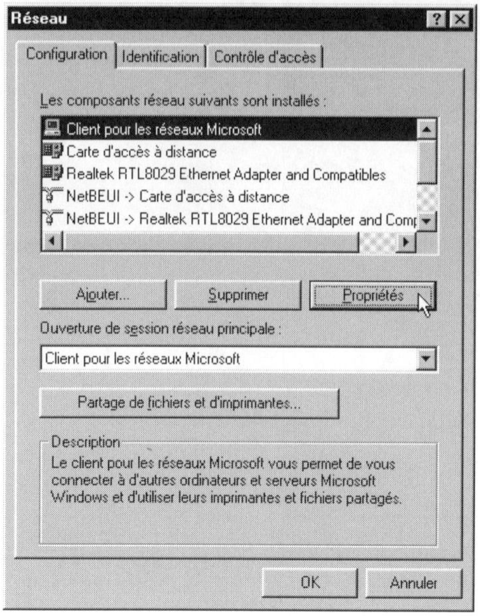

◄ **Fig. 2.21**
Sélectionnez le Client pour les réseaux Microsoft

Dans la liste des composants réseau installés, sélectionnez le *Client pour les réseaux Microsoft* et cliquez sur **Propriétés**. Dans la boîte de dialogue qui s'affiche, activez l'option *Connexion rapide*.

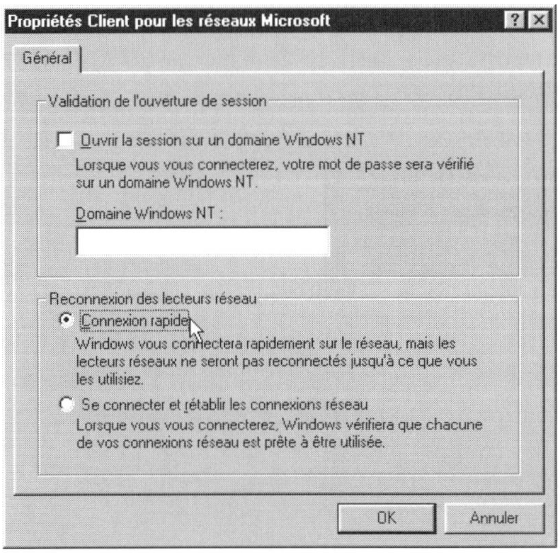

◄ **Fig. 2.22**
Option Connexion rapide

Sélectionnez ensuite le protocole TCP/IP pour votre carte réseau sous Windows. Cliquez sur **Propriétés**, puis activez l'onglet **Adresse IP**.

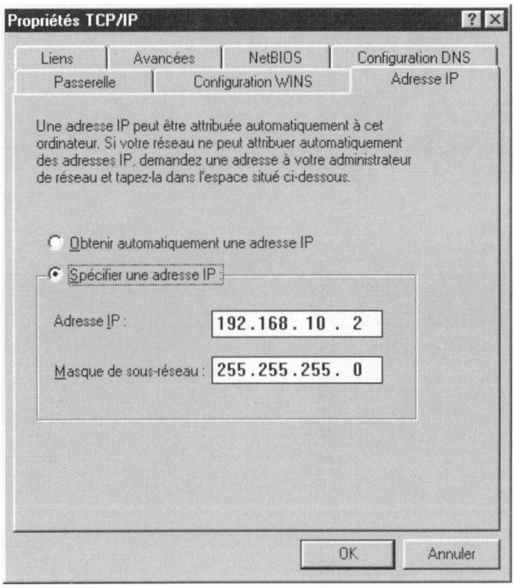

◄ **Fig. 2.23**
Adresse IP

Définissez l'adresse IP du client et le masque de sous-réseau. Utilisez les valeurs 192.168.10.2 et 255.255.255.0. Sous l'onglet **Passerelle**, ajoutez la valeur 192.168.10.1. Confirmez ensuite les boîtes de dialogue successives jusqu'à revenir dans la fenêtre principale **Réseau**. Là, activez l'onglet **Identification**.

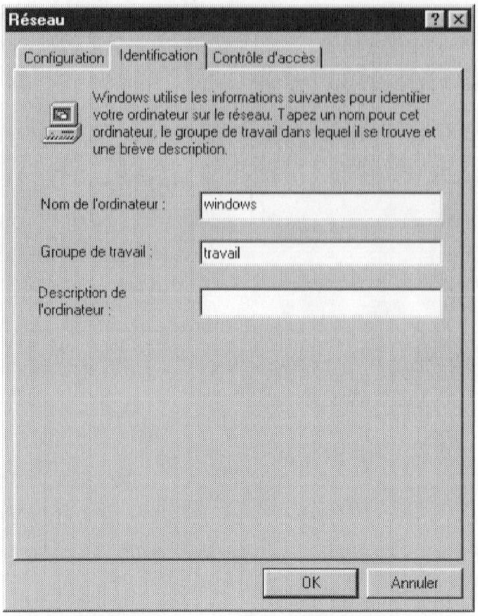

◄ **Fig. 2.24** *Identification*

Spécifiez ici le nom du client, dans notre exemple `windows`, et le groupe de travail que vous avez indiqué dans */etc/smb.conf*, dans notre cas `travail`. Redémarrez Windows et connectez-vous sous le nom d'utilisateur `olivier` avec le mot de passe que vous avez attribué à cet utilisateur sous Linux. Double-cliquez ensuite sur le **Voisinage réseau** pour l'ouvrir.

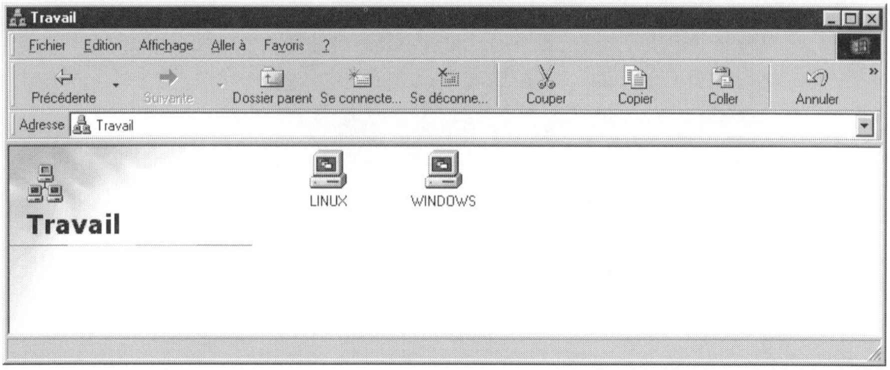

▲ **Fig. 2.25** *Voisinage réseau*

Notre groupe de travail contient à présent deux ordinateurs : *Linux* et *Windows*. Double-cliquez ensuite sur *Linux* pour afficher le contenu du serveur, en l'occurrence les répertoires et imprimantes accessibles par l'utilisateur *olivier* :

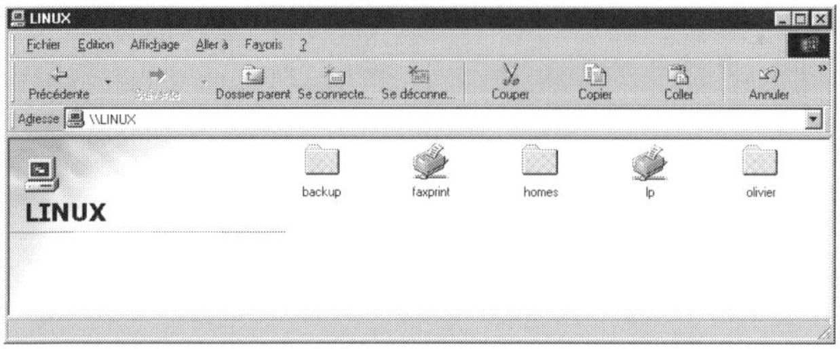

◄ **Fig. 2.26**
Ressources partagées de l'ordinateur Linux

Une astuce supplémentaire pour la détection d'erreurs : si vous n'arrivez pas à vous connecter au serveur, utilisez la commande `ping` à partir de votre poste Windows. Testez d'abord votre propre poste en tapant la commande ci-après dans une fenêtre de commandes DOS :

```
ping 192.168.10.2
```

Si le test réussit, TCP/IP est installé correctement. Vérifiez ensuite la connexion au serveur en tapant :

```
ping 192.168.10.1
```

Si ces deux opérations sont couronnées de succès, le client aussi bien que le serveur sont configurés correctement :

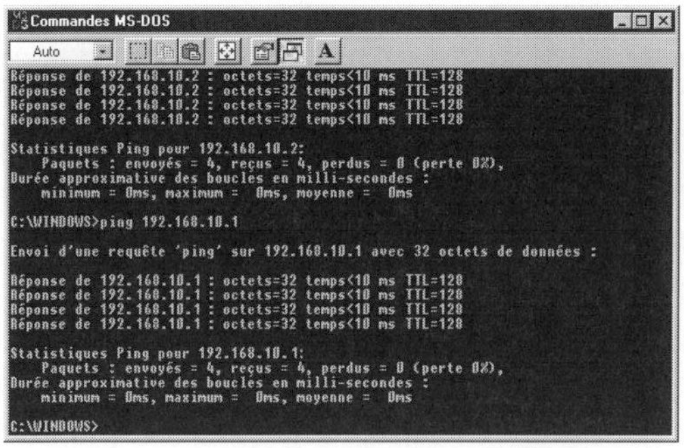

◄ **Fig. 2.27**
Testez votre réseau avec la commande ping

Samba comme contrôleur principal de domaine

Si vous avez installé un réseau composé de plusieurs stations de travail, la gestion des utilisateurs n'est pas une mince affaire. Si un utilisateur d'une station de travail souhaite accéder aux ressources d'une autre station, il doit tout d'abord s'identifier à l'aide d'un mot de passe. Même si un utilisateur désire simplement accéder à un répertoire partagé, il doit disposer d'un compte utilisateur.

Au-delà de deux stations de travail, la gestion des utilisateurs devient rapidement problématique. L'installation d'un contrôleur de domaine peut alors s'avérer d'un grand secours. Le contrôleur de domaine met une base de données des utilisateurs unique à la disposition de tous les clients du réseau.

Le principe de fonctionnement est simple : pour que les clients puissent communiquer librement entre eux, ils sont mis en relation par l'intermédiaire du contrôleur de domaine. Avantage : les nouveaux utilisateurs n'ont besoin de s'enregistrer qu'une seule fois et un mot de passe unique suffit pour l'accès à tous les autres utilisateurs du domaine.

Pour que Samba puisse jouer le rôle de contrôleur primaire de domaine (PDC), il convient de modifier le fichier */etc/smb.conf*. Dans notre exemple, le fichier a la forme suivante :

```
[global]
workgroup = linux
guest account = nobody
keep alive = 30
os level = 2
security = share
printing = bsd
printcap name = /etc/printcap
load printers = yes
domain logons = yes
netbios name = PDC_Linux
server string = Samba Server
encrypt passwords = no
hosts allow = 192.168.10.0/255.255.255.0
update encrypted = yes
interfaces = 192.168.10.1/255.255.255.0
```

```
wins support = no
[homes]
comment = Répertoire maison
browseable = yes
read only = no
create mode = 0750
[backup]
comment = Backup sur sdb
path = /backup
writable = true
[printers]
comment = All Printers
browseable = no
printable = yes
public = no
read only = yes
create mode = 0700
directory = /tmp
```

L'intitulé figurant derrière **workgroup** (**linux**) sera utilisé comme nom du contrôleur de domaine. Nous avons choisi d'appeler notre client **windows**. L'entrée suivante de la rubrique **[global]** joue un rôle essentiel :

```
domain logons = yes
```

C'est elle qui indique à Samba qu'il doit assurer le rôle de PDC. Pour que notre PDC se distingue facilement au sein du réseau, nous lui avons attribué un nom distinct par l'intermédiaire de l'entrée suivante :

```
netbios name = PDC_Linux
```

Derrière l'entrée **server string**, nous avons saisi une description du type de serveur. Nous avons autorisé les utilisateurs du PDC à afficher le voisinage du répertoire maison sur le serveur (**browsable = yes**), nous avons créé un répertoire de backup et nous avons partagé les imprimantes connectées.

Une fois le serveur relancé, vous pouvez tester vos réglages à l'aide de la commande :

```
smbclient -L 192.168.10.1
```

Vous devez obtenir un résultat semblable à ce qui suit :

```
Added interface ip=192.168.10.1
bcast=192.168.10.255 nmask=255.255.255.0
Server time is Fri Oct 15 18:03:25 1999
Timezone is UTC+2.0
Domain=[LINUX] OS=[Unix] Server=[Samba 2.0.5a-12]
security=share

Server=[192] User=[root] Workgroup=[LINUX] Domain=[LINUX]

  Sharename      Type      Comment
  ---------      ----      -------
  backup         Disk      Backup sur sdb
  faxprint       Printer   fax
  homes          Disk      Répertoire maison
  IPC$           IPC       IPC Service (Samba Server)
  lp             Printer
  root           Disk      Répertoire maison

This machine has a browse list:

  Server             Comment
  ---------          -------
  PDC_LINUX          Samba Server

This machine has a workgroup list:

  Workgroup          Master
  ---------          -------
  TRAVAIL            WINDOWS
  LINUX              PDC_LINUX
```

Vous pouvez constater que l'adresse IP de la carte réseau est configurée correctement et que le domaine LINUX et ses ressources partagées existent bien.

Afin de pouvoir connecter notre client Windows au contrôleur de domaine, il faut le spécifier comme membre du domaine. Saisissez pour cela la commande suivante :

```
useradd -s /bin/false WINDOWS$
```

Les paramètres `/bin/false` permettent par la même occasion d'éviter qu'un utilisateur portant le nom `Windows` ne soit créé sous Linux.

La configuration du serveur est ainsi achevée. Il ne vous reste plus qu'à préparer le client à se connecter au domaine. Pour cela, ouvrez le module **Réseau** du Panneau de configuration de Windows et affichez les propriétés du *Client pour les réseaux Microsoft*. Cochez la case *Ouvrir la session sur un domaine Windows NT* et indiquez `linux` dans la zone de texte *Domaine Windows NT*. La configuration du client se résume à ces quelques étapes. Vous pouvez à présent redémarrer le poste client.

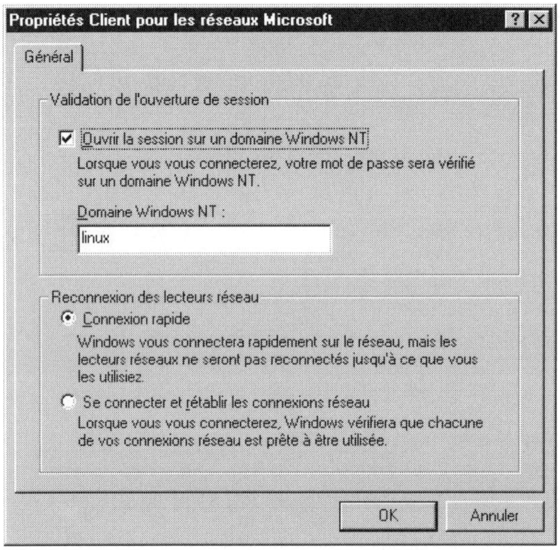

◄ **Fig. 2.28**
Configuration du client Windows pour la connexion au domaine

Après le redémarrage de Windows, vous devez vous identifier dans le domaine. Saisissez un nom d'utilisateur valable et le mot de passe correspondant. Vous constaterez que la ligne *Domaine* s'est ajoutée à la boîte de dialogue de connexion. Indiquez-y `linux`.

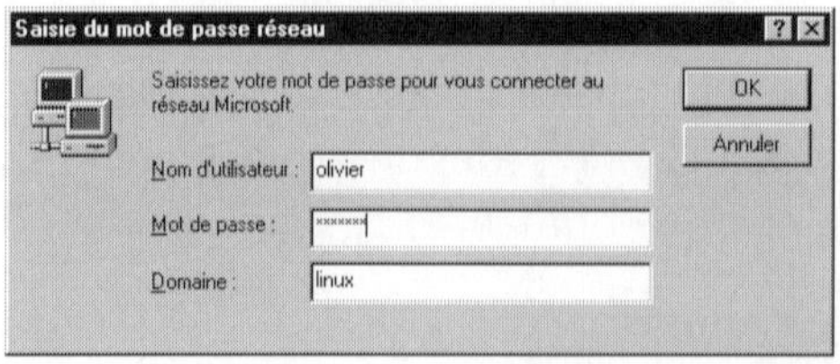

◄ **Fig. 2.29**
Procédure de connexion au domaine

À présent, jetez un coup d'œil au Voisinage réseau de Windows. Choisissez *Réseau global*. Vous devez normalement voir le groupe de travail de Windows et le contrôleur de domaine Linux.

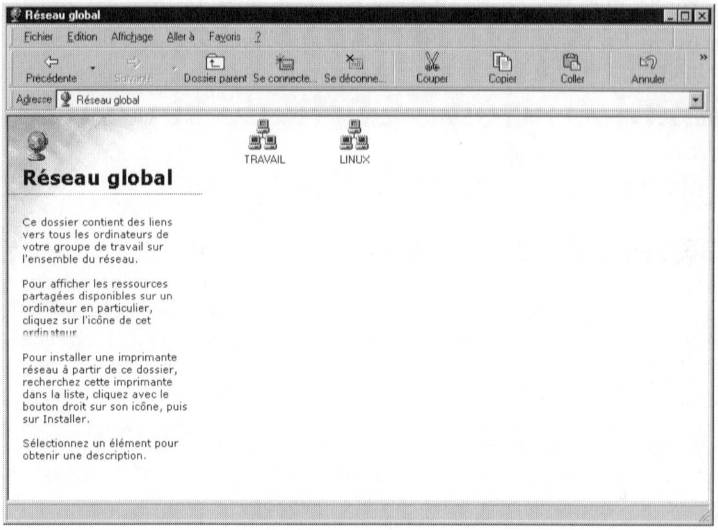

▲ **Fig. 2.30** *Groupe de travail et contrôleur de domaine dans le Voisisnage réseau*

Si vous double-cliquez sur le contrôleur de domaine, vous verrez s'afficher les ressources partagées du serveur PDC_Linux.

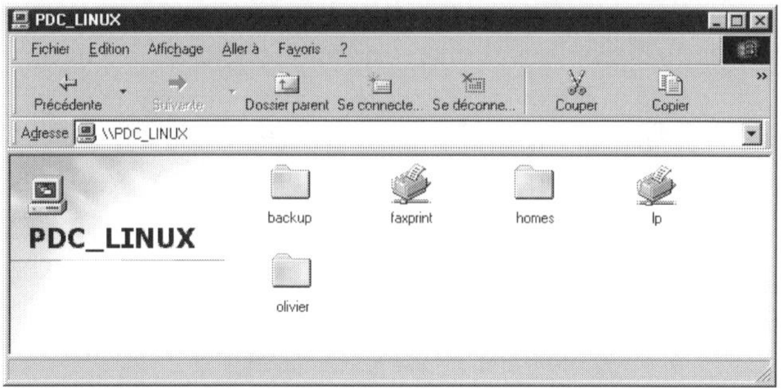

◄ **Fig. 2.31**
Les ressources du domaine

Avant de pouvoir utiliser les ressources, vous devez vous identifier à l'aide de votre mot de passe. Néanmoins, grâce au contrôleur de domaine, la procédure d'identification est unique. Une fois identifié vous bénéficiez d'un accès permanent aux répertoires et/ou imprimantes.

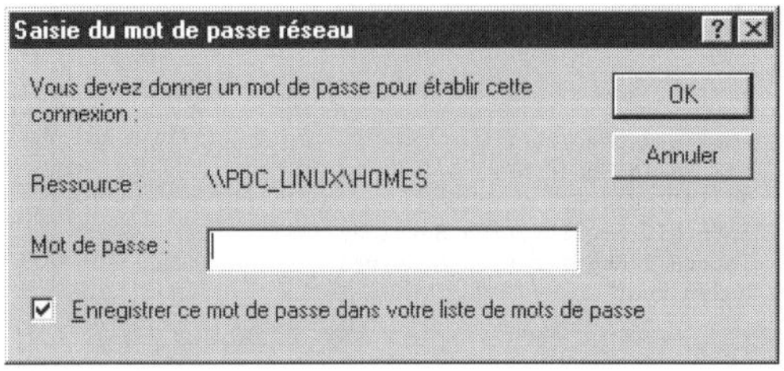

◄ **Fig. 2.32**
Une identification unique est nécessaire pour l'accès aux ressources du domaine

2.3 Administration TCP/IP du serveur

Configuration du service de noms de domaine

Comme nous l'avons vu précédemment, le lancement de `named` (prononcer name-dee) entraîne l'exécution du fichier */etc/named.boot*.

Ce fichier vous permet de définir le serveur de noms principal et le fichier de cache. Téléchargez le fichier *named.cache* du serveur FTP `ftp.rs.internic.net`. Ce fichier contient de nombreux serveurs de noms de domaine, capables de résoudre les adresses pour la connexion Internet (voir fig. 2.33).

Renvoi

Pour de plus amples informations sur la mise en place de la connexion Internet elle-même, consultez le chapitre dédié aux connexions Internet.

Enregistrez le fichier sous */var/named/named.cache*. Ouvrez le fichier */etc/named.boot* dans un éditeur et complétez les entrées correspondant au serveur de noms principal et au fichier de cache. Votre fichier *named.boot* doit ensuite avoir une apparence semblable à l'exemple ci-après :

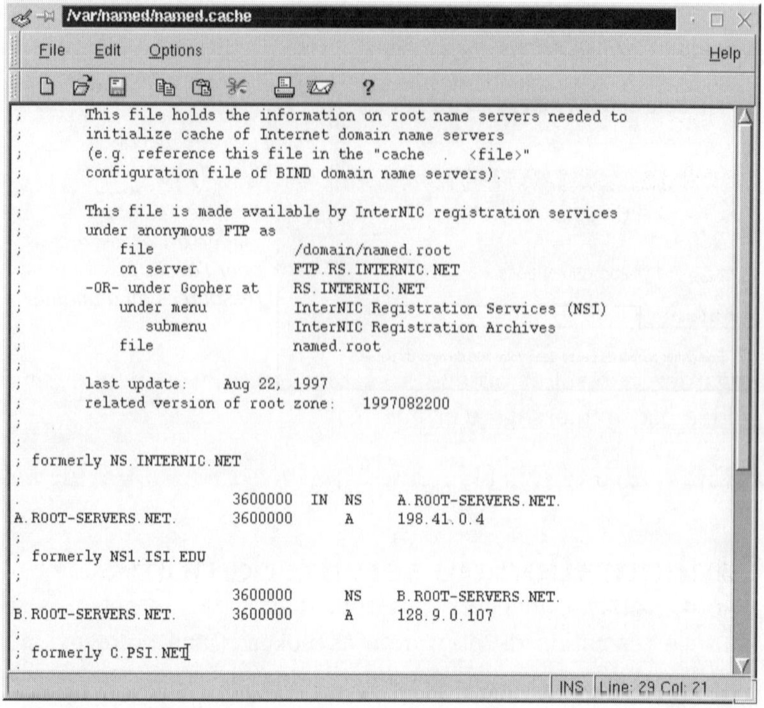

```
/var/named/named.cache
File   Edit   Options                                   Help
;       This file holds the information on root name servers needed to
;       initialize cache of Internet domain name servers
;       (e.g. reference this file in the "cache  .  <file>"
;       configuration file of BIND domain name servers).
;
;       This file is made available by InterNIC registration services
;       under anonymous FTP as
;           file                /domain/named.root
;           on server           FTP.RS.INTERNIC.NET
;       -OR- under Gopher at    RS.INTERNIC.NET
;           under menu          InterNIC Registration Services (NSI)
;              submenu          InterNIC Registration Archives
;           file                named.root
;
;       last update:     Aug 22, 1997
;       related version of root zone:    1997082200
;
;
; formerly NS.INTERNIC.NET
;
.                        3600000  IN  NS    A.ROOT-SERVERS.NET.
A.ROOT-SERVERS.NET.      3600000      A     198.41.0.4
;
; formerly NS1.ISI.EDU
;
.                        3600000      NS    B.ROOT-SERVERS.NET.
B.ROOT-SERVERS.NET.      3600000      A     128.9.0.107
;
; formerly C.PSI.NET
INS  Line: 29 Col: 21
```

▲ **Fig. 2.33** *</etc/named.cache contient de nombreuses entrées de serveurs de noms*

```
directory /var/named

primary      linux.mydomain.fr      named.cache
cache . named.cache
```

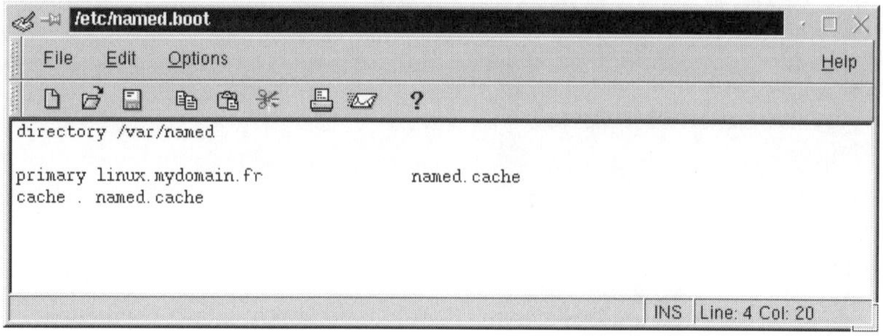

```
/etc/named.boot
File   Edit   Options                                   Help
directory /var/named

primary linux.mydomain.fr                named.cache
cache . named.cache
INS  Line: 4 Col: 20
```

▲ **Fig. 2.34** *Fichier named.boot*

Saisissez ensuite la commande **named** dans une fenêtre de terminal pour démarrer le serveur de noms sur votre système. La commande **nslookup www.microapp.com**, par exemple, vous permet de vérifier que l'instruction

named transmet bien les requêtes de noms aux serveurs de noms du fichier */var/named/named.cache*.

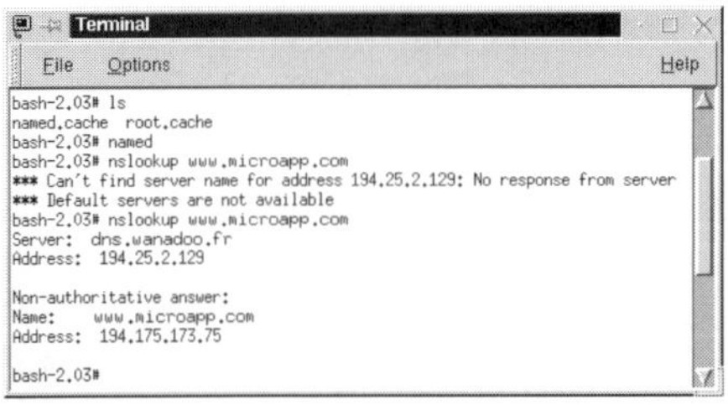

◄ **Fig. 2.35**
Envoi de requêtes de résolution de noms

Regardez le résultat obtenu à l'écran. La première requête **nslookup** s'est soldée par un message d'erreur :

```
*** Default servers are not available
```

Ce type de message indique généralement que la connexion Internet n'a pas pu être établie. Connectez-vous donc d'abord à Internet, puis réessayez une nouvelle résolution de nom avec **nslookup**. Dans notre exemple, l'adresse 194.25.2.129 a été renvoyée correctement.

Configuration des ordinateurs clients du DNS

En guise d'exemple, nous allons connecter un client Windows à un serveur Linux afin d'exécuter la résolution de noms par ce biais. Dans le Panneau de configuration, ouvrez le module **Réseau**.

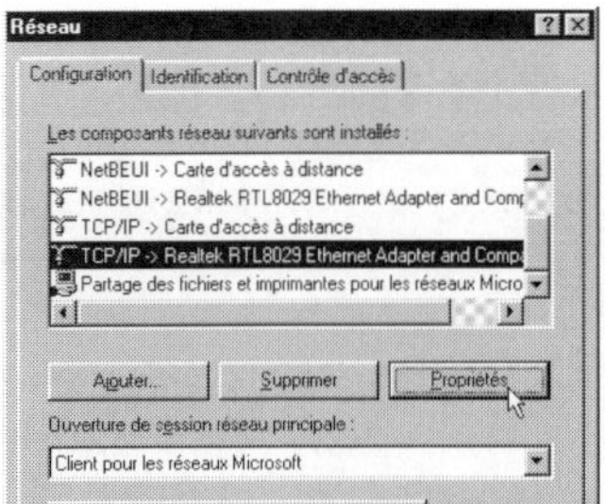

◄ **Fig. 2.36**
Propriétés TCP/IP de la carte réseau

Sélectionnez l'entrée correspondant au protocole TCP/IP pour votre carte réseau, cliquez sur **Propriétés** et activez l'onglet **Configuration DNS**.

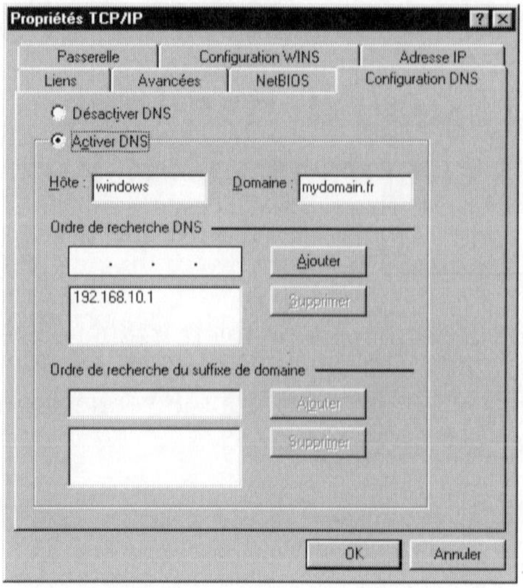

◄ **Fig. 2.37**
Configuration DNS

Dans la case *Hôte*, indiquez le nom de votre ordinateur (dans notre cas `windows`), sous *Domaine* indiquez `mydomain.fr`. Puis, spécifiez le serveur DNS, c'est-à-dire l'adresse du serveur Linux (dans notre exemple 192.168.10.1).

Redémarrez votre poste Windows. Vous pouvez à présent tester si la résolution de noms via le réseau fonctionne bien. Sans établir de connexion Internet sur votre client Windows, ouvrez un navigateur web. L'action en cours est toujours affichée dans la barre d'état du navigateur, vous devez donc y voir apparaître un message indiquant la recherche de l'adresse IP. Saisissez, par exemple, l'adresse `www.microapp.com` et validez. Vérifiez si un message indiquant la recherche puis l'adresse IP correspondante apparaissent dans la barre d'état.

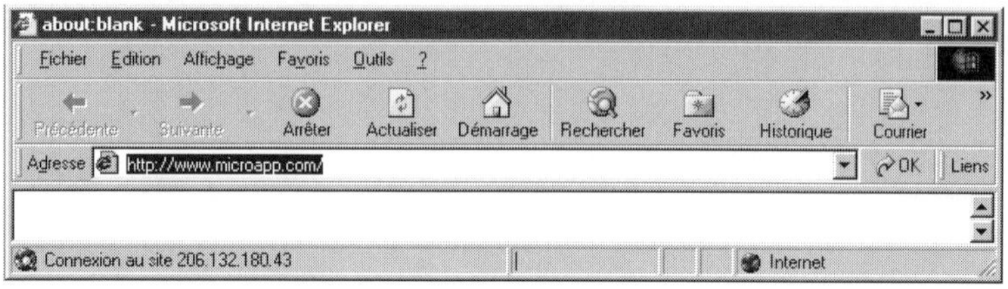

▲ **Fig. 2.38** *Un message indiquant l'adresse IP du site s'affiche dans la barre d'état*

Comme vous pouvez le constater, le navigateur tente de se connecter au site 206.132.180.43. La résolution de l'adresse fonctionne donc correctement, ce qui indique que la configuration du DNS est terminée.

2.4 Configuration réseau dynamique des ordinateurs clients via DHCP

Dans les paragraphes précédents, il était toujours question d'adresses IP "fixes", c'est-à-dire que l'administrateur attribue une adresse IP définie à chaque poste du réseau. La majorité des réseaux disposent d'un nombre d'adresses supérieur au nombre d'ordinateurs connectés. On peut donc parfaitement imaginer un système, où les adresses IP seraient attribuées aux ordinateurs lors de leur connexion au réseau.

Un tel mode de configuration est rendu possible grâce au protocole DHCP (Dynamic Host Configuration Protocol). DHCP exploite les caractéristiques des cartes réseau, qui possèdent un numéro d'identification unique à 6 chiffres. Ainsi, lorsqu'un client se connecte à un serveur DHCP, il lui communique le numéro d'identification de sa carte réseau, qui permet de l'identifier de façon univoque. Le serveur DHCP envoie en retour une adresse IP prise dans un groupe d'adresses actuellement utilisées par aucun autre ordinateur.

En guise d'exemple, nous allons connecter un ordinateur Windows 98 à un serveur DHCP Linux.

Configurez tout d'abord le serveur. Ouvrez le fichier */etc/rc.config* dans un éditeur.

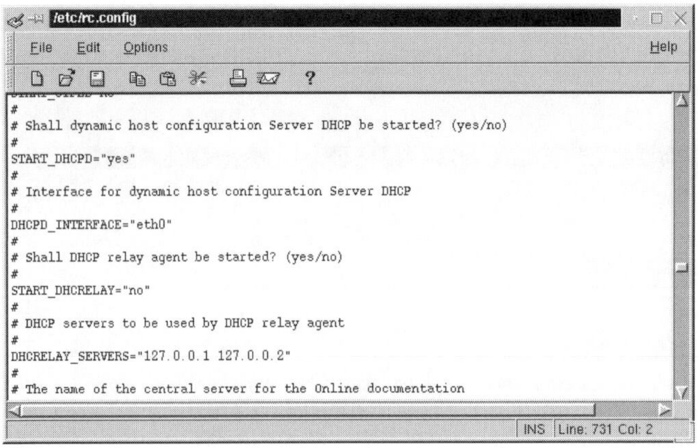

◄ **Fig. 2.39**
Le fichier rc.config

Fixez l'entrée START_DHCPD à "yes", puis spécifiez l'interface reliée à DHCP en fixant DHCPD_INTERFACE à "eth0".

Le démon DHCP est ainsi automatiquement lancé au prochain démarrage de Linux. La configuration de DHCP est effectuée par l'intermédiaire du fichier */etc/dhcpd.conf*. Ouvrez-le dans un éditeur. Dans notre exemple, le fichier a la forme suivante :

```
# dhcpd.conf
#
# Configuration file for ISC dhcpd
#
option domain-name "linux.mydomain.fr";
  subnet 192.168.10.0 netmask 255.255.255.0 {
  range 192.168.10.2 192.168.10.10;
  option routers 192.168.10.1;
  option subnet-mask 255.255.255.0;
  option broadcast-address 192.168.10.255;
  range dynamic-bootp 192.168.10.11 192.168.10.20;
  default-lease-time 600;
  max-lease-time 7200;}
```

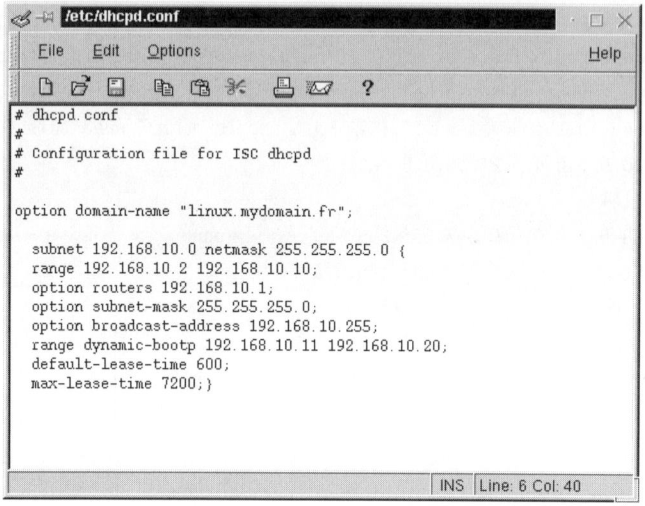

▲ **Fig. 2.40** *Le fichier dhcpd.conf*

Sous option domain-name, indiquez le nom de votre domaine, dans notre cas "linux.mydomain.fr". Le protocole DHCP doit être activé pour le réseau

192.168.10.0. Le mot-clé **range** permet de définir la plage d'adresses IP, pouvant être attribuées aux clients. À côté de **range**, nous vous recommandons de définir également **range dynamic-bootp**, afin d'inclure les clients qui attendent une attribution dynamique de l'adresse IP via BOOTP. Ce fichier contient en outre les adresses de routeur et de broadcast. **lease-time** définit la durée de validité des adresses.

Nous arrivons ainsi au bout de la configuration de notre serveur. Signalons encore, avant de conclure, une erreur très fréquente. Lorsque vous exécutez la commande **dhcpd - f - d**, vous pouvez suivre l'attribution des adresses. Si vous constatez à cette occasion que la requête du client est reçue, mais que le message **sendpkt: Network is unreachable** s'affiche, éditez le fichier */etc/route.conf* et complétez-le comme suit :

```
255.255.255.255 0.0.0.0 255.255.255.255  eth0
```

Intéressez-vous tout particulièrement aux deux avant-dernières lignes :

```
#
# /etc/route.conf
# In this file you can configure your static routing...
# This file is read by /sbin/init.d/route.
# Destination              Dummy/Gateway   Netmask              Device
# Multicast route for e.g. eth0. IP multicasting, forwarding and perhaps
# multicast routing in kernel should be enabled.  More information will
# be found in the NET-3-HOWTO.     Most people do NOT need this feature.
# 224.0.0.0 0.0.0.0 240.0.0.0   eth0
# ISDN (i41)
# 192.168.0.1 0.0.0.0 255.255.255.255       ippp0
# default                  192.168.0.1
192.168.10.0 0.0.0.0 255.255.255.0          eth0
255.255.255.255 0.0.0.0 255.255.255.255        eth0
192.168.0.1 0.0.0.0 255.255.255.255         ippp0
```

Redémarrez Linux. Après avoir ouvert une session, tapez **dhcpd - f - d**. Il ne vous reste ensuite plus qu'à configurer le client Windows. Pour cela, ouvrez le module **Réseau** du Panneau de configuration. Sélectionnez l'entrée correspondant au protocole TCP/IP pour votre carte réseau, cliquez sur **Propriétés** et activez l'onglet **Adresse IP** (voir fig. 2.42).

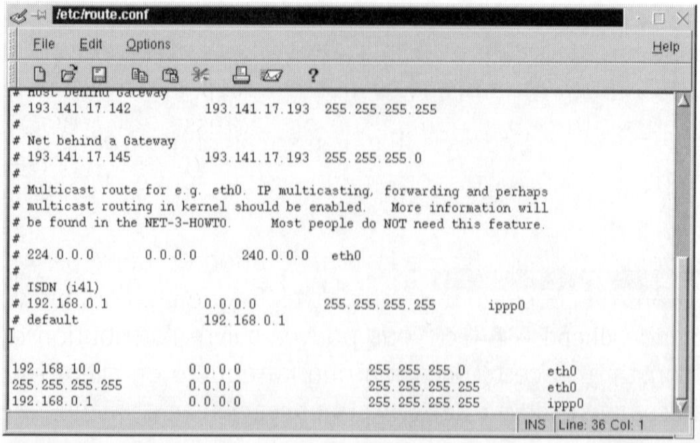

▲ **Fig. 2.41** *Le fichier route.conf*

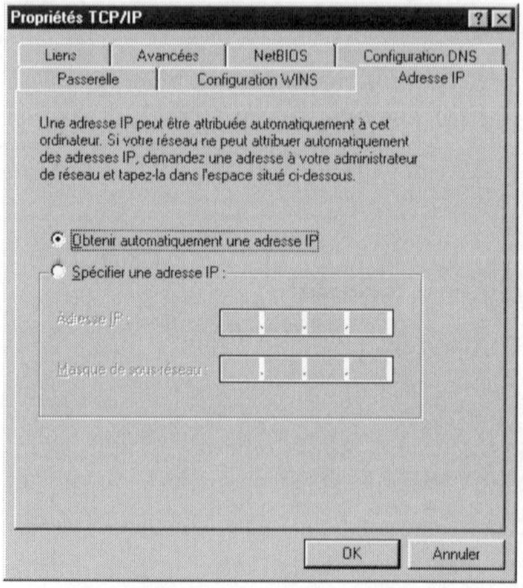

◄ **Fig. 2.42** *Adresse IP*

Activez l'option *Obtenir automatiquement une adresse IP*. Supprimez les éventuelles passerelles de la liste. Votre client est ainsi configuré pour DHCP. Redémarrez votre ordinateur Windows et observez le résultat de la commande **DHCPd** sous Linux, qui doit ressembler à l'illustration ci-après.

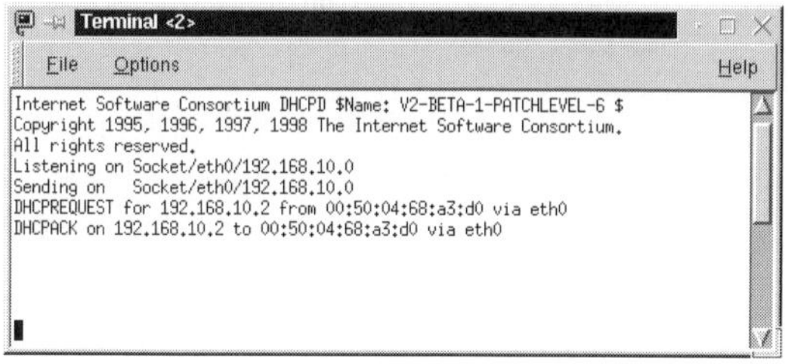

◄ **Fig. 2.43** *Exécution de la commande dhcpd*

Vous pouvez constater qu'il y a eu une requête (DHCPREQUEST) pour une carte réseau identifiée 00:50:04:68:a3:d0 sur eth0. L'adresse IP 192.168.10.2 a été attribuée

Pour vérifiez que cette adresse IP a bien été attribuée à votre poste Windows, lancez l'utilitaire `winipcfg` sous Windows. La boîte de dialogue suivante s'affiche :

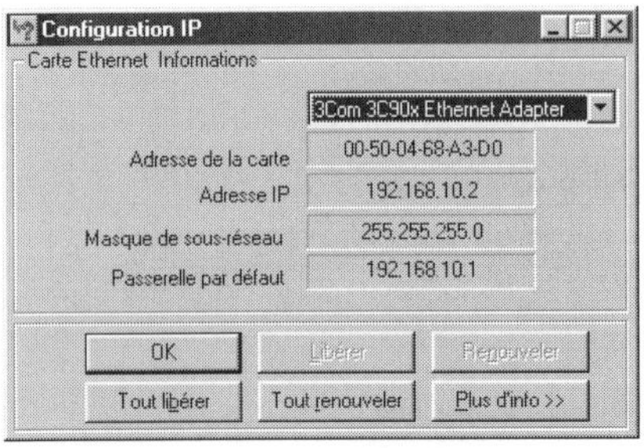

◄ **Fig. 2.44**
L'utilitaire winipcfg

Comme vous le constater, la carte réseau possède réellement l'adresse IP 192.168.10.2. L'attribution a donc bien fonctionné. Lorsque vous cliquez sur **Plus d'info** vous obtenez la boîte de dialogue suivante :

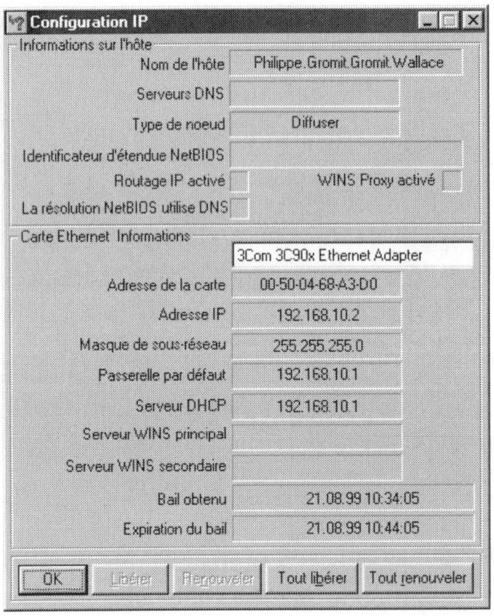

◄ **Fig. 2.45**
Informations détaillées sur la configuration IP

Vous voyez ici la date et l'heure d'attribution de l'adresse IP ainsi que l'adresse du serveur DHCP. Ainsi s'achève la configuration DHCP.

Chapitre 3

Messagerie électronique : serveur de mail sous Linux

3.1	Fonctionnement de la messagerie Internet	67
3.2	Administration du système de messagerie	88

Le courrier électronique (e-mail) fait partie des applications les populaires d'Internet. Les adresses d'e-mail ne sont plus l'apanage des passionnés d'informatique, mais deviennent de plus en plus courantes dans le monde professionnel et privé, où le courrier électronique est utilisé comme un moyen de communication rapide avec les clients ou les proches.

D'après certaines estimations, aux États-Unis, le volume quotidien du courrier électronique dépasse très largement celui du courrier traditionnel. Les avantages sont évidents : les e-mails parviennent à leur destinataire en l'espace de quelques secondes, en outre ils reviennent moins cher et sont de meilleure qualité qu'une télécopie.

La vitesse de transmission des messages électroniques a bouleversé les habitudes dans de nombreuses entreprises. Grâce aux réseaux, les décisions peuvent être prises beaucoup plus rapidement. Il faut néanmoins que les services de messagerie électronique fonctionnent convenablement afin de tirer réellement parti du courrier électronique.

Dans les paragraphes qui suivent, nous vous présentons le fonctionnement de la messagerie Internet et vous montrons comment créer votre propre serveur de messagerie avec Linux.

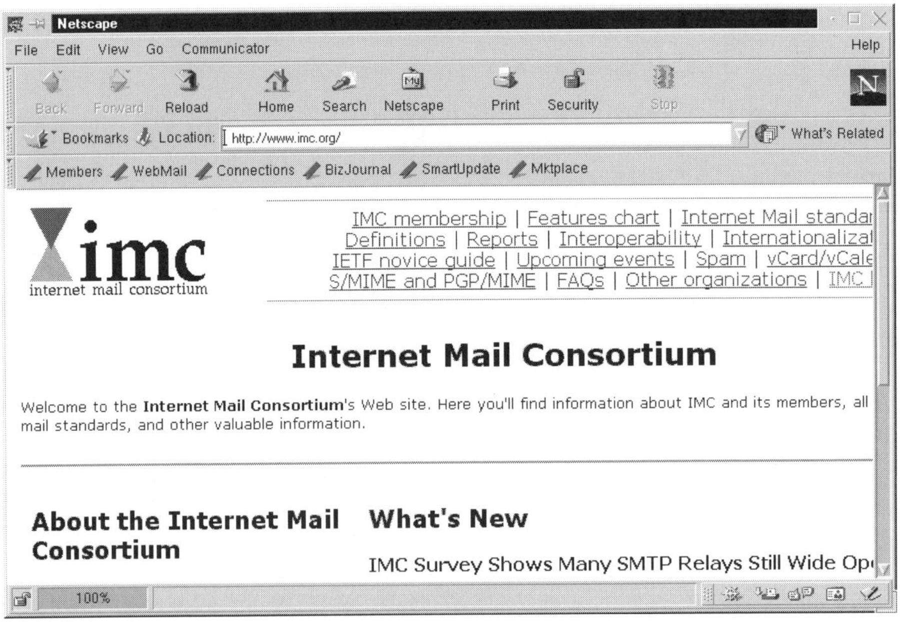

▲ **Fig. 3.1** *L'organisme Internet Mail Consortium travaille à l'amélioration des services de messagerie Internet (www.imc.org)*

3.1 Fonctionnement de la messagerie Internet

Avant même l'apparition du courrier électronique, d'autres moyens d'échange de données électroniques existaient sur Internet. Les exploitants de boîtes postales privées ont traditionnellement offert ce type de service à leurs adhérents. Ceux-ci pouvaient ainsi communiquer avec des membres de leur boîte aux lettres ou de boîtes aux lettres associées. Le minitel offrait déjà, à son heure, ce type de possibilité de communication.

Les réseaux locaux sont également bien adaptés à l'expédition de courrier électronique. Les fabricants de logiciels ont rapidement deviné les avantages que cela présentait et se sont empressés de mettre en œuvre des fonctions permettant l'envoi et la réception d'e-mails. C'est ainsi qu'est né le concept d'informatique de groupe, c'est-à-dire la collaboration entre des personnes qui ne sont pas nécessairement regroupées géographiquement.

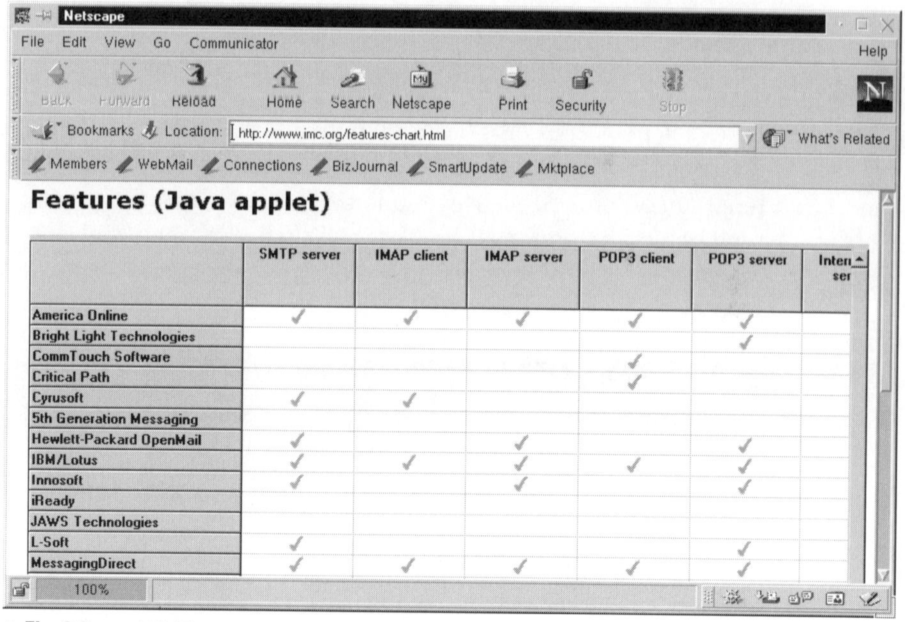

▲ **Fig. 3.2** *L'IMC propose, à l'adresse www.imc.org/features-chart.html, une grille des services offerts par les différents prestataires*

Les fonctionnalités de messagerie électronique sont désormais proposées en standard sur les ordinateurs reliés à Internet. Quiconque, s'abonne actuellement auprès d'un fournisseur d'accès Internet, se voit quasiautomatiquement attribuer une adresse d'e-mail. On distingue divers systèmes de messagerie, pouvant différer très nettement du point de vue technique.

Néanmoins, le principe de fonctionnement est partout le même : les messages sont composés par l'utilisateur à l'aide d'une application spécifique et transmis à un destinataire. Les messages entrants peuvent être récupérés sur le serveur de messagerie afin d'être lus. Ces programmes sont appelés User Agent (UA). Les messages de courrier électronique sont transmis par l'intermédiaire de Mail Transfer Agents (MTA). Les MTA extraient l'adresse du destinataire de l'en-tête (header) du message et transmettent celui-ci au MTA correspondant à l'adresse indiquée. Lorsque le message est reçu par le MTA du destinataire, celui-ci le dépose dans la boîte aux lettres du destinataire. L'UA relève ensuite la boîte aux lettres. Le destinataire peut alors répondre au message reçu, dans ce cas la procédure est répétée en sens inverse.

Structure d'un message électronique

Pour qu'un message électronique puisse parvenir à destination, diverses informations, transmises avec le message, sont nécessaires.

Un e-mail peut ainsi être divisé en deux parties : l'en-tête (header) et le corps du message (body). L'en-tête contient des informations relatives à l'expéditeur, au contenu du message, à la date et à l'heure d'expédition ainsi qu'au type de contenu du message. Les principaux champs sont décrits succinctement dans la suite de ce chapitre. Le body correspond au corps du message, c'est-à-dire au texte lui-même.

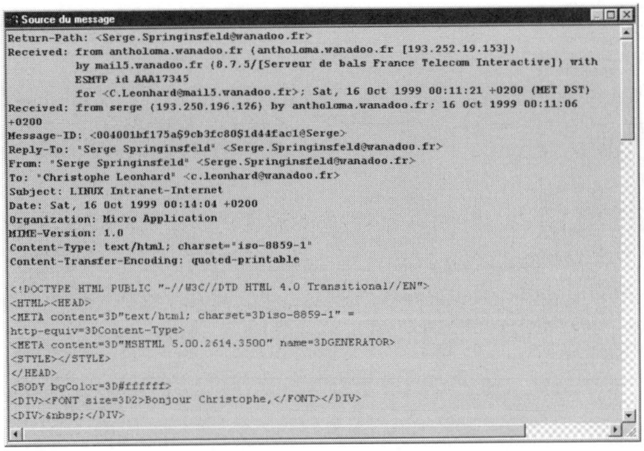
Source du message

```
Return-Path: <Serge.Springinsfeld@wanadoo.fr>
Received: from antholoma.wanadoo.fr (antholoma.wanadoo.fr [193.252.19.153])
          by mail5.wanadoo.fr (8.7.5/[Serveur de bals France Telecom Interactive]) with
          ESMTP id AAA17345
          for <C.Leonhard@mail5.wanadoo.fr>; Sat, 16 Oct 1999 00:11:21 +0200 (MET DST)
Received: from serge (193.250.196.126) by antholoma.wanadoo.fr; 16 Oct 1999 00:11:06
+0200
Message-ID: <004001bf175a$9cb3fc80$1d44fac1@Serge>
Reply-To: "Serge Springinsfeld" <Serge.Springinsfeld@wanadoo.fr>
From: "Serge Springinsfeld" <Serge.Springinsfeld@wanadoo.fr>
To: "Christophe Leonhard" <c.leonhard@wanadoo.fr>
Subject: LINUX Intranet-Internet
Date: Sat, 16 Oct 1999 00:14:04 +0200
Organization: Micro Application
MIME-Version: 1.0
Content-Type: text/html; charset="iso-8859-1"
Content-Transfer-Encoding: quoted-printable

<!DOCTYPE HTML PUBLIC "-//W3C//DTD HTML 4.0 Transitional//EN">
<HTML><HEAD>
<META content=3D"text/html; charset=3Diso-8859-1" =
http-equiv=3DContent-Type>
<META content=3D"MSHTML 5.00.2614.3500" name=3DGENERATOR>
<STYLE></STYLE>
</HEAD>
<BODY bgColor=3D#ffffff>
<DIV><FONT size=3D2>Bonjour Christophe,</FONT></DIV>
<DIV> </DIV>
```

◄ **Fig. 3.3**
Visualisez un message dans un éditeur pour voir les informations de l'en-tête

Ces informations ne permettent pas uniquement au MTA de transmettre l'e-mail au destinataire, il y trouve également d'autres informations, par exemple comment renvoyer le message à l'expéditeur si le destinataire est introuvable. Ceci est important car l'expéditeur est ainsi rapidement informé de toute erreur, par exemple dans une adresse e-mail. Outre le MTA, les informations de l'en-tête peuvent également être exploitées par le UA. Ce dernier peut, par exemple, s'en servir pour trier les mails selon différents critères (date, sujet) et y trouve le type du message dont il a besoin pour l'afficher correctement.

Problèmes entre systèmes

La convergence progressive des système de messagerie électronique sous le toit d'Internet pose inévitablement un certain nombre de problèmes. Par exemple, toutes les adresses e-mail n'ont pas été définies de la même manière. Ainsi, à un compte CompuServe 123456,1234 correspond une adresse de type `123456.1234@compuserve.com`.

Outre ces différences d'adressage, on rencontre fréquemment des problèmes de présentation, notamment en ce qui concerne les caractères accentués, souvent transformés en caractères spéciaux pendant le transfert du message via Internet, ce qui complique leur lecture.

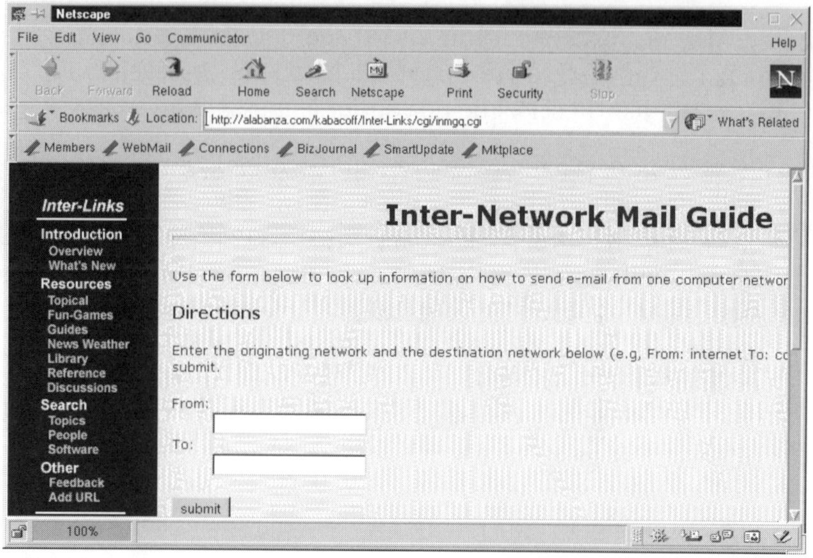

▲ **Fig. 3.4** *Sur le site Inter-Network Mail Guide vous pouvez trouver des renseignements sur la structure des différents systèmes d'e-mail*

De même, des problèmes peuvent se poser avec les contenus multimédia composés d'images ou de sons. Avant d'expédier un message de ce type à un utilisateur d'un réseau Unix, réfléchissez bien aux conséquences : dans le pire des cas, le destinataire ne pourra même pas lire le message, sans compter que la quantité de données supplémentaire n'est pas sans effets sur l'occupation du réseau.

Dans un tout autre domaine, les e-mails servent à gonfler artificiellement les chiffres des utilisateurs. Ainsi, les utilisateurs d'un réseau de boîtes aux lettres électroniques, comme FidoNet, sont parfois assimilés à des utilisateurs Internet, simplement parce qu'ils possèdent une adresse d'e-mail leur permettant d'expédier des messages sur Internet.

Déroulement de la transmission des messages

Le fondement de la transmission du courrier électronique via Internet est le Simple Mail Transfer Protocol (SMTP). Le protocole SMTP fait office d'intermédiaire entre les plates-formes : il est chargé de permettre à deux hôtes, utilisant des systèmes d'exploitation et des clients de messagerie différents, d'échanger des messages.

Le processus de transmission des messages entre l'expéditeur et le destinataire est assez simple :

Le MTA de l'expéditeur transmet d'abord les adresses respectives de l'expéditeur et du destinataire, suivies du corps du message (body), c'est-à-dire de son contenu. Un signal de fin conclut le message.

Le MTA du destinataire confirme la réception du message puis la communication est interrompue. Du point de vue de la sécurité des données, ce processus est extrêmement dangereux. En effet, la communication a lieu au format ASCII, sans le moindre codage. Il est par conséquent possible d'interroger le MTA d'un hôte et de lui transmettre des commandes SMTP sans utiliser une application MTA spécifique. L'interception, ou le piratage, d'e-mails ne sont donc pas très compliqués. Aussi, nous vous recommandons très vivement de toujours expédier les informations confidentielles de votre entreprise sous forme codée.

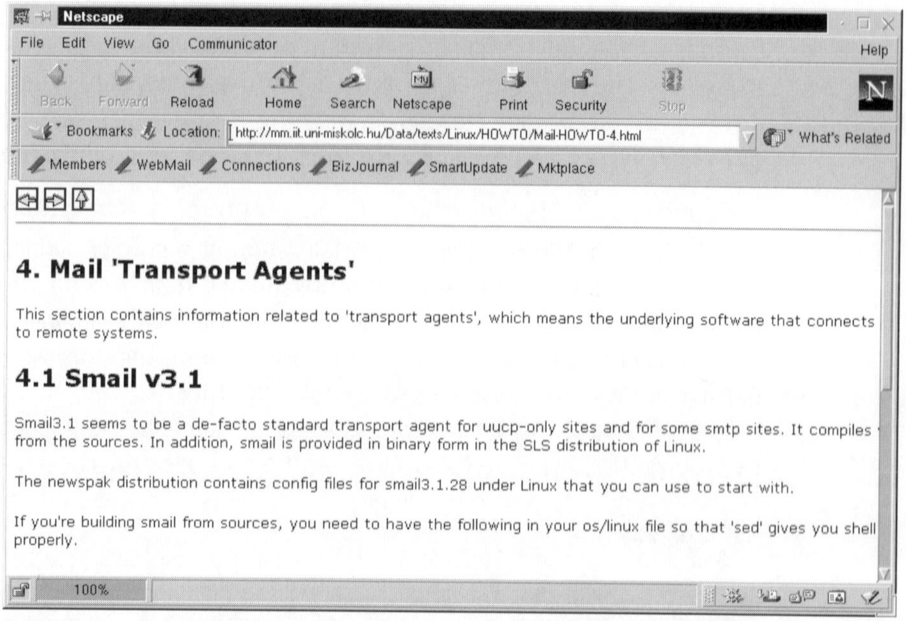

▲ **Fig. 3.5** *Des informations sur les MTA Linux sont disponibles à l'adresse mm.iit.uni-miskolc.hu/Data/texts/Linux/HOWTO/Mail-HOWTO-4.html*

L'exemple ci-dessus, où le MTA de l'expéditeur contacte directement le MTA du destinataire, est purement théorique. En réalité, les processus sont nettement plus complexes sur Internet. Si vous êtes relié à un réseau local ou utilisez la passerelle d'un fournisseur d'accès pour vous connecter à Internet, les voies empruntés par le courrier sont beaucoup plus longues.

Souvent, les hôtes sont configurés de manière à ce que l'un d'eux soit entièrement dédié à la fonction de serveur de messagerie, c'est-à-dire qu'il transmet le courrier du réseau local vers Internet et récupère le nouveau courrier pour le mettre à la disposition des utilisateurs locaux. Dans ce cas, le MTA de l'expéditeur doit recourir à un Domain Name Service (service de noms de domaines) pour connaître l'adresse IP de l'hôte chargé de récupérer les messages pour le compte du destinataire.

Illustrons cette procédure par un exemple pratique : vous souhaitez expédier un e-mail à partir de votre PC à destination d'un ami travaillant dans une autre entreprise. Le UA gère le transfert de votre message au serveur le plus proche du réseau. Celui-ci identifie votre message comme "Internet Mail" et le transmet au serveur de votre réseau local, faisant office de passerelle vers Internet. Le MTA de l'ordinateur servant de passerelle expédie le message au serveur de messagerie de l'entreprise de votre ami via SMTP. Le MTA du serveur de messagerie, à son tour, expédie le message via SMTP au serveur de messagerie du domaine auquel appartient votre ami. C'est là que se trouve la boîtes aux lettres de votre ami, où le message doit être déposé.

Le parcours du message est inscrit dans l'en-tête

Les courriers électroniques ne se résument pas au message affiché par votre programme de messagerie : dans l'en-tête du message, ou le header, se trouvent des informations révélant le chemin emprunté par le message entre l'expéditeur et le destinataire. Comme vous pouvez le constater, les voies de l'Internet semblent impénétrables. Cela peut aussi avoir des avantages : selon des rumeurs assez tenaces, lors de la tentative de coup d'état contre le président Gorbatchev en ex-Union Soviétique, le Web restait le seul moyen de communication avec le bloc occidental. Bien que les révolutionnaires avaient coupé une grande partie des lignes de données, l'échange de mails fonctionnait encore.

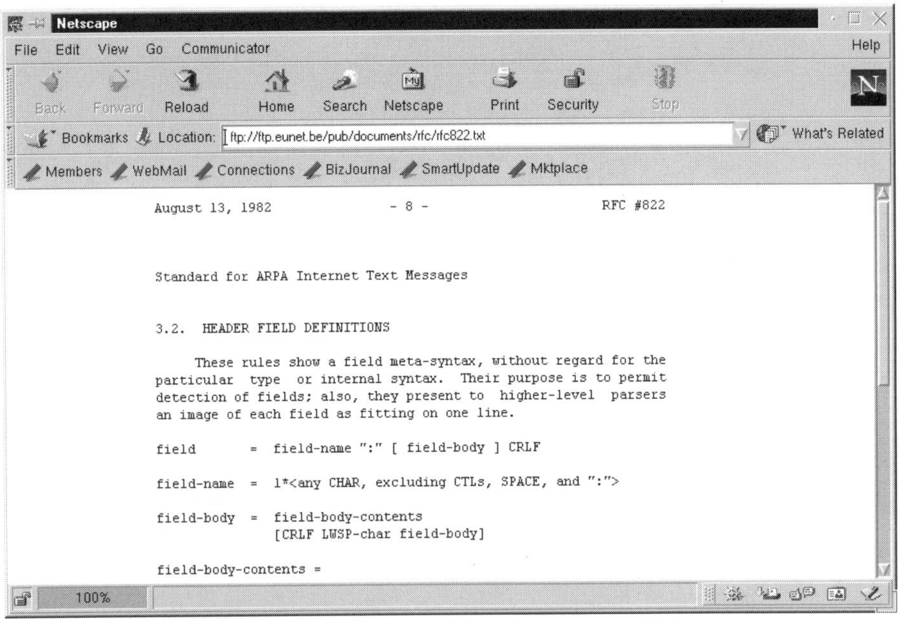

▲ **Fig. 3.6** *La définition officielle des e-mails est accessible à l'adresse ftp://ftp.eunet.be/pub/documents/rfc/rfc822.txt*

Cette absence d'organisation est directement liée à la structure d'Internet : il n'existe aucun élément central, chaque serveur assure indépendamment la transmission des messages. Si sur dix lignes, neuf sont indisponibles, l'unique ligne qui reste suffit à assurer le transport des données.

Le système de distribution du courrier via Internet fonctionne par conséquent de façon totalement différente du système de distribution du courrier traditionnel. Si vous postez, à Paris, une carte postale destinée à une personne habitant Brest, elle suivra un itinéraire bien défini. De la boîte aux lettres, elle ira au bureau de poste correspondant pour être triée puis expédiée par train jusqu'à Brest, où elle sera transférée de la gare au bureau de poste correspondant pour être distribuée par le préposé. Si vous envoyez un e-mail de Paris à Brest, celui-ci peut très bien transiter par les États-Unis, le Japon ou l'Australie, et arriver néanmoins à destination en l'espace de quelques secondes.

En général ce genre de détour passe totalement inaperçu aux yeux de l'utilisateur. Votre programme de messagerie n'affiche pas ce type d'information puisque ce qui vous intéresse avant tout est le contenu du message et non le chemin qu'il a emprunté pour vous parvenir. Néanmoins, ces informations peuvent être très utiles : non seulement pour connaître l'itinéraire des messages mais surtout pour déterminer l'identité de l'expéditeur et du serveur dont proviennent d'éventuels messages indésirables, également appelés messages de spam. Si vous avez effectué des tâches administratives sur votre serveur, les en-têtes peuvent constituer une précieuse source d'information pour la détection d'erreurs.

Exemple d'en-tête de message :

```
X-Envelope-Sender: <echauvet@aol.com>
Received: from imo23.mx.aol.com (imo23.mx.aol.com [198.81.17.67])
   by pop.microapp.com (8.8.8/8.8.7) with ESMTP id MAA01374
   for <info@microapp.com>; Thu, 09 Dec 1999 12:21:50 +0100 (MET)
From: Durand@aol.com
Received: from Durand@aol.com
   by imo23.mx.aol.com (IMOv18.1) id 3FFIa12101
   for <info@microapp.com>; Thu, 09 Dec 1999 06:20:56 -0500 (EST)
Message-ID: <fa2d7bfe.36822398@aol.com>
Date: Thu, 09 Dec 1999 06:20:56 EST
To: info@microapp.com
Mime-Version: 1.0
Subject: Publications du mois de décembre
Content-type: text/plain; charset=US-ASCII
Content-transfer-encoding: 7bit
X-Mailer: AOL 3.0.i for Windows 95 sub 60
```

Dans les paragraphes qui suivent, vous trouverez une description des principales informations d'en-tête.

Received:

Une des principales informations de l'en-tête, figurant dans tout message, est la désignation du dernier serveur ayant retransmis le message au destinataire. Cette information figure dans la rubrique *Received:*. Dans notre exemple, le message provient du serveur `imo23.mx.aol.com`, dont le numéro IP est 198.81.17.67. Le message a été réceptionné par le serveur `pop.microapp.com`.

La date et l'heure de réception sont le jeudi 9 décembre 1999 à 12 heures 21 minutes et 50 secondes. L'heure est indiquée pour le fuseau Europe centrale (MET), qui se situe une heure (`+0100`) avant l'heure GMT (Greenwich Mean Time). L'heure GMT constitue la base pour les indications de temps sur Internet. Le message est adressé au compte `info@microapp.com`. Vous noterez, enfin, le sigle `ESMTP`, qui désigne le protocole utilisé pour l'expédition du message sur Internet. ESMTP signifie Extended Simple Mail Transport Protocol et est une version améliorée du protocole SMTP standard. En effet, ce protocole attribue un numéro d'identification propre à chaque message, dans notre exemple `ID MAA01374`.

Cependant notre message d'exemple a parcouru bien plus de chemin. La seconde indication de type *Received:* montre que le message a transité par un autre serveur. Le message expédié par `echauvet@aol.com` a été reçu par le serveur `imo23.mx.aol.com`. Lorsqu'on s'intéresse aux informations de date et d'heure de ce serveur, on apprend que le message a été expédié le jeudi 9 décembre 1999 à 06 heures 20 minutes et 56 secondes. Cette heure est données en EST, c'est-à-dire Eastern Standard Time. Cette zone du fuseau horaire correspond à la côte est des États-Unis, qui retarde de cinq heures sur l'heure GMT (`-0500`). Ces données vous permettent de calculer le temps qu'a mis le message pour parvenir de l'expéditeur au destinataire : 1 minute et 6 secondes.

Les informations *Received* sont toujours placées en début de message par le serveur correspondant. Vous pouvez ainsi retracer facilement le chemin parcouru par un e-mail.

Message-ID:

Comme nous l'avons déjà vu, les messages ne sont pas transmis directement d'un point A vers un point B. Aussi, pour éviter qu'un message ne se perde, ils sont tous pourvus d'un numéro d'identification, également appelé *Message-ID*.

Le *Message-ID* est attribué par le premier serveur par lequel le message transite, dans notre exemple il s'agit du serveur d'AOL, comme l'indique le numéro `fa2d7bfe.36822398@aol.com`. Ces numéros d'identification sont retenus par les serveurs. Ainsi, en cas de perte d'un message, il est possible de consulter le fichier de consignation du serveur afin de déterminer la cause du problème.

X-Mailer:

La ligne *X-Mailer* indique le programme utilisé pour la rédaction du message. Comme vous pouvez le constater, il s'agit dans notre cas de `AOL 3.0.i for Windows 95` ; `sub 60` est une indication de détail sur la version du programme utilisée. Il peut être utile de connaître l'application utilisée par l'auteur du message, si vous avez des problèmes pour le lire. Si vous le pouvez, utilisez alors le programme indiqué.

Il convient de faire ici une distinction que nous avons occultée jusqu'à présent : dans le contexte d'Internet, le terme de message ne s'applique pas uniquement aux e-mails, mais également aux messages des groupes de discussion. Par conséquent l'en-tête d'un message peut encore comporter d'autres indications. Internet Mail Consortium (IMC), l'organisme responsable de la définition et du respect des directives sur les messages électroniques, autorise également les rubriques suivantes : *Mail-System-Version:*, *Mailer:*, *Originating-Client:*, *X-Mailer*, *X-Newsreader*

Date:, From:, To:

Comme nous l'avons vu plus haut, la date est indiquée dans la ligne *Received:* de l'en-tête. Néanmoins, les informations de cette rubrique sont généralement assez touffues, aussi est-il peut-être un peu plus simple de vous reporter directement à la ligne *Date:*, où sont indiquées la date et l'heure d'expédition du message. *From:* indique les coordonnées de l'expéditeur du message, c'est-à-dire de la personne ayant rédigé son contenu. L'indication *From* nous permet d'entrer pleinement dans les finesses du système. En effet, bien qu'il se différencie uniquement des autres rubriques par l'absence des deux-points, il n'est pas pris en charge officiellement par l'IMC.

From est utilisé par le Berkeley Mailbox Format (MBOX), un système de messagerie sous Unix. D'après les recommandations officielles de l'IMC, la rubrique *From* ne doit pas être utilisée pour déterminer l'expéditeur d'un message ou pour la réexpédition des réponses. En effet, lorsque l'expéditeur diffère de l'auteur du message, les coordonnées de ce dernier peuvent être indiquées dans la rubrique *Sender:*. *To:* contient le nom du destinataire.

Cc:, Bcc:, Subject:

Utilisons, pour décrire ces champs, un nouvel exemple de message :

```
Return-Path: <info@microapp.com>
Received: from  rly-zc01.mx.aol.com (rly-
zc01.mail.aol.com [172.31.33.1]) by air-
zc02.mail.aol.com (v55.5) with SMTP; Sun, 05 Dec 1999 07:11:27 -0500
Received: from post.webmailer.com (stratoweb.webland.com [192.67.198.3])
   by rly-zc01.mx.aol.com (8.8.8/8.8.5/AOL-4.0.0)
   with ESMTP id HAA13124 for <Durand@aol.com>;
   Sun, 05 Dec 1999 07:11:24 -0500 (EST)
Received: from shaun (groh-m254-89.pool.mediaways.net [62.52.254.89])
   by post.webmailer.com (8.8.8/8.8.7) with ESMTP id NAA04455;
   Sun, 05 Dec 1999 13:11:21 +0100 (MET)
Message-ID: <000801be3c92$2050a380$59fe343e@shaun>
From: "Infos" <info@microapp.com>
To: <echauvet@aol.com>
Cc: <echauvet@wanadoo.fr>
Subject: Routage
Date: Sun, 05 Dec 1999 13:09:49 +0100
X-Priority: 3
X-MSMail-Priority: Normal
X-Mailer: Microsoft Outlook Express 5.00.2314.1300
```

Dans ce second exemple d'e-mail, on constate qu'un champ *Cc:* est apparu à côté du destinataire. À l'instar de *To:*, cette rubrique est automatiquement créée lors de la création d'un nouveau message. L'intitulé de cette rubrique remonte à l'époque des machines à écrire, puisqu'il signifie Carbon Copy, c'est-à-dire papier carbone. Cette fonction vous permet ce créer des copies électroniques de votre message. Vous pouvez ainsi expédier, en une seule opération, un même message à plusieurs destinataires.

Lors de la rédaction de notre e-mail, nous avons également rempli un autre champ, qui n'apparaît cependant pas dans l'en-tête. Il s'agit du champ *Ccc:*, c'est-à-dire Copie carbone cachée (ou *Bcc:* pour Blind Carbon Copy, si vous utilisez une version anglaise de votre client e-mail). Cette copie carbone présente l'avantage de masquer le nom des autres destinataires aux yeux du destinataire principal, c'est pour cette raison que ce champ n'apparaît pas dans notre message exemple ci-dessus. Pour permettre au destinataire de reconnaître les messages entre eux sans les ouvrir, vous pouvez saisir un mot clé dans la rubrique *Subject:* de l'en-tête. Dans la majorité des applications de courrier électronique, cette rubrique correspond au champ *Objet*.

Content-Type:, MIME

Comme vous en avez sans doute l'expérience, la majorité des messages ne se bornent pas à du texte pur. Ces derniers peuvent être mis en forme, par exemple en mettant du texte dans une autre couleur, ou des fichiers peuvent être joints au message. Afin d'assurer que les mises en forme s'affichent correctement chez le destinataire, les messages sont codés selon un procédé donné, appelé Multipurpose Internet Mail Extension Standard (*MIME*). Dans notre exemple, on trouve sous *Content-Type:* l'indication `text/plain; charset=US-ASCII`. Cela indique que notre message est constitué de texte simple et que le jeu de caractères utilisé est US-ASCII.

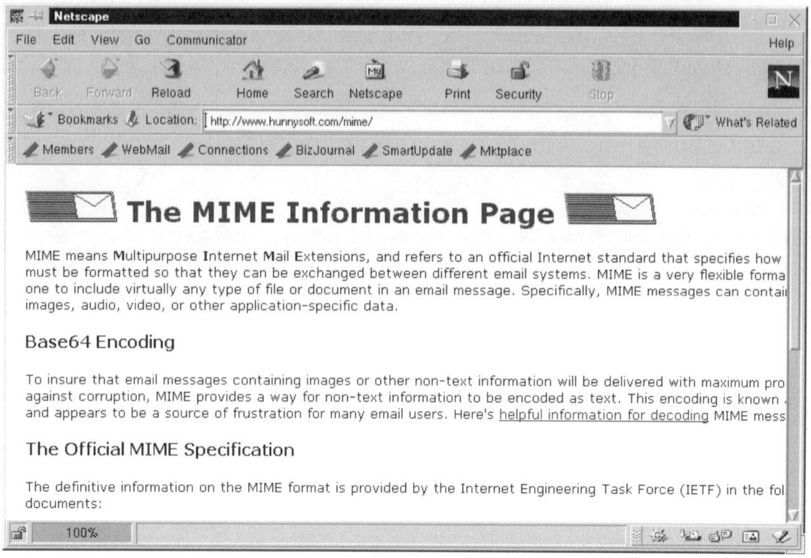

▲ Fig. 3.7 *Des informations détaillées sur MIME sont disponibles sur Internet à l'adresse www.hunnysoft.com/mime/*

La ligne *Content-transfer-encoding:* donne des informations plus détaillées sur le codage du contenu. Dans notre exemple, il s'agit d'un codage `7 bits`. Cette indication est importante pour garantir un affichage correct des caractères chez le destinataire. Ce type d'erreur de conversion peut également se produire lorsque la version MIME utilisée n'est pas prise en charge par l'application du destinataire. C'est pour cela que la version utilisée par l'expéditeur est indiquée dans la rubrique *MIME-Version:*.

X-Priority:

Le second exemple contient une entrée *X-Priority:*, qui est dotée de la valeur 3. Ce champ indique la priorité du message. Cette indication n'a cependant aucune influence sur la vitesse à laquelle le message sera délivré.

Fondamentalement, tout message est transmis aussi vite que possible. Un rôle décisif est joué par la bande passante du réseau, les performances du serveur et l'occupation du réseau. Cette information de l'en-tête n'est donc pas utilisée par le serveur qui transmet le message. Comment pourrait-il connaître la priorité du message d'ailleurs ? Cette entrée est utilisée par les applications de messagerie. Le champ *X-Priority:* peut prendre une valeur entre 1 (priorité maximale) et 5 (priorité minimale). Le chiffre 3 indique par conséquent une priorité normale.

Les champs *Importance:* et *Sensitivity:* de l'en-tête servent également à décrire les propriétés d'un e-mail. *Sensitivity:* indique, par exemple, le niveau de confidentialité d'un message. Ces deux informations sont également utilisées par les clients de courrier électronique. *X-MSMail-Priority:* indique la priorité pour les messageries de type Microsoft Mail System.

Resent

Si vous disposez de plusieurs comptes de messagerie électronique, c'est-à-dire que vous possédez une boîte aux lettres chez plusieurs prestataires, il peut être utile de rediriger les messages vers un serveur central. Une ligne spéciale est réservée à cette option, appelée Forwarding, dans l'en-tête. Le champ correspondant s'intitule *Resent* suivi d'un trait d'union et de la description de l'adresse d'e-mail vers laquelle le message doit être redirigé. Ainsi, on peut trouver des entrées sous la forme `Resent-from:`, `Resent-cc:` ou `Resent-bcc:`.

Newsgroups:

Des entrées d'en-tête supplémentaires existent pour les messages destinés à des groupes de discussion. Dans la rubrique *Newsgroups:* sont indiqués tous les groupes auxquels le message est destiné. Le champ *Approved:* indique le nom du modérateur d'un groupe de discussion. Si cette entrée apparaît dans l'en-tête d'un message, cela signifie que le modérateur doit donner son aval pour que le message puisse être expédié.

Si vous voulez vous abonner à un groupe de discussion, indiquez l'adresse d'e-mail à laquelle on peut s'abonner dans le champ *List-Subscribe:* de l'en-tête. De même, il existe une entrée *List-Unsubscribe:* permettant de mettre fin à un abonnement existant.

Filtrer les messages

Les messages de spam, c'est-à-dire ayant des fins publicitaires ou provenant d'origines douteuses sont particulièrement redoutés. Ils peuvent rapidement submerger votre boîte aux lettres et vous empêcher de vous concentrer sur les messages importants. Il existe pour cela des programmes spécifiques qui sondent l'en-tête des messages à la recherche de contenus précis.

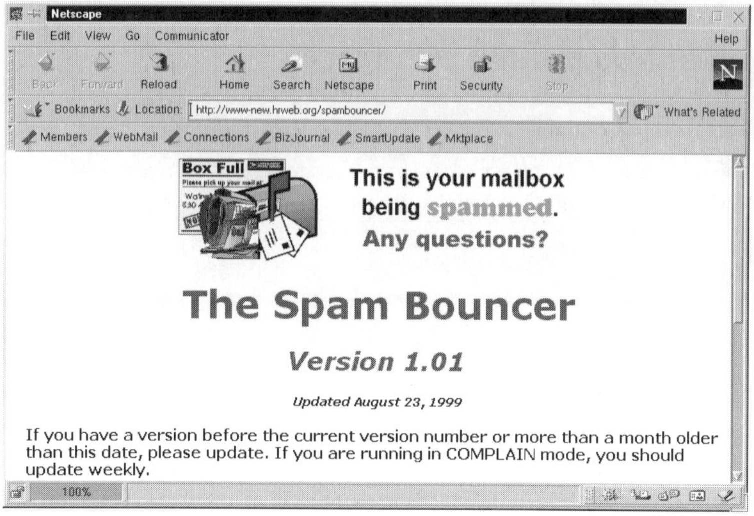

▲ Fig. 3.8 *La page web www-new.hrweb.org/spambouncer/ vous propose des explications détaillées sur la procédure à suivre pour bloquer les messages de spam sous Linux*

Vous pouvez définir vous-même les règles de vérification utilisées, par exemple, en sondant les en-têtes de messages à la recherche de certains mots. Si l'en-tête contient un des mots en question, le message est automatiquement supprimé avant même que vous ne le téléchargiez du serveur avec votre client de courrier électronique.

Règles à respecter pour l'expédition des messages

Pour garantir que vos messages arrivent bien à leur destination, il convient d'observer un certain nombre de règles lors de la saisie des adresses d'e-mail. Un exemple célèbre est celui de CompuServe, dont nous avons déjà parlé précédemment. Les numéros des utilisateurs sont entrecoupés d'une virgule, cependant cette syntaxe est exclusivement valable au sein du réseau CompuServe. Si vous souhaitez joindre un utilisateur de CompuServe via Internet, il vous faut remplacer cette virgule par un point. Ce type de règles existe également pour de nombreux autres prestataires. Pour en savoir plus, consultez le site `http://alabanza.com/kabacoff/Inter-Links/cgi/inmgq.cgi`.

Il vous suffit d'y indiquer le nom du réseau de l'expéditeur et de celui du destinataire, et le programme vous indique la syntaxe à respecter pour l'adresse d'e-mail. Si vous laissez le champ *From* vide et saisissez `Internet` dans le champ *To*, vous obtenez une liste de toutes les règles d'expédition d'e-mail des prestataires référencés.

Suivez vos e-mails à la trace

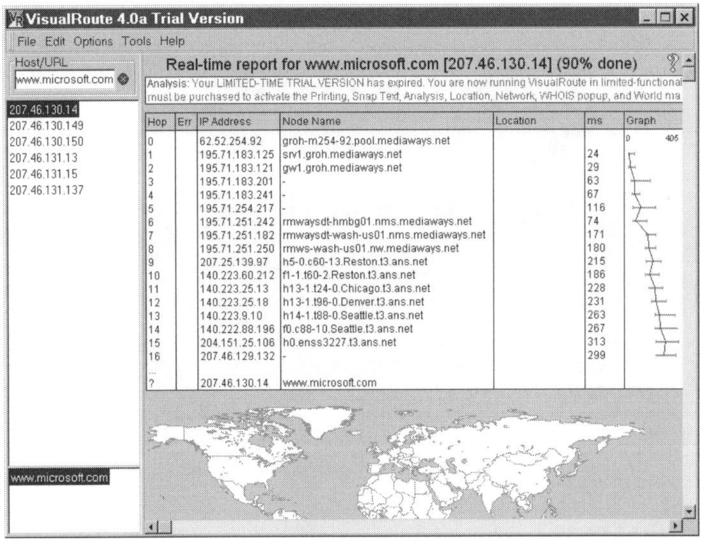

▲ **Fig. 3.9** *Le programme VisualRoute (uniquement disponible en version Windows) indique le chemin suivi par les paquets de données sur Internet*

Si vous disposez d'un client Microsoft Windows, vous pouvez, par exemple, vous servir du programme shareware VisualRoute, pour suivre le chemin parcouru par les e-mails sur Internet. Indiquez simplement l'adresse e-mail correspondante et VisualRoute vous affiche une liste détaillée des serveurs par lesquels le message est passé. La version enregistrée vous propose même un aperçu sur une mappemonde.

En outre, vous pouvez afficher des informations détaillées sur les réseaux utilisés et les personnes responsables, grâce à une base de données WhoIs. Ainsi, si vous recevez des messages indésirables, vous saurez non seulement d'où ils viennent, mais aussi à qui vous adresser. VisualRoute peut être téléchargé sur le site `http://www.visualroute.com/`.

En guise de conclusion nous vous proposons un tableau récapitulatif des principaux champs d'en-tête :

▼ **Tab. 3.1** *Tableau récapitulatif des informations d'en-tête de messages*

Signification	**Entrée d'en-tête**
Contient les informations du champ Mail From dans un environnement SMTP	Return-Path:
Informations sur les serveurs ayant transmis le message	Received:
Liste des serveurs utilisés	Path:
Indication de la version MIME utilisée pour la mise en forme	MIME-Version:
Commandes destinées à l'agent de news	Control:
Si le message ne peut pas être délivré, indiquez ici s'il peut être redirigé	Alternate-Recipient:
Indique si le fichier lié est affiché immédiatement ou s'il est traité comme une pièce jointe	Content-Disposition:
Personne à l'origine du message	From:
Uniquement utilisé par le format MBOX et ne joue aucun rôle dans les messages. Également utilisé dans le Usenet pour la mémorisation du chemin du message	From (sans deux-points)
Nom du modérateur d'un groupe de discussion	Approved:
Expéditeur d'un message, si différent de la personne indiquée dans le champ From:	Sender:
Si un e-mail ne peut pas être renvoyé à l'expéditeur, utilisez X-Sender: au lieu de Sender:.	X-Sender:
Destinataire principal	To:
Carbon Copy : copie conforme du courrier électronique adressée à un autre destinataire	cc:

Signification	Entrée d'en-tête
Blind Carbon Copy : plusieurs destinataires reçoivent une copie du message, sans qu'ils en soient informés respectivement	bcc:
Utilisé dans les messages de Usenet pour indiquer les groupes de discussion dans lesquels le message a été publié	Newsgroups:
Indication de zone pour la publication du message. Il peut s'agir d'une zone géographique (Europe) ou d'une partie du réseau (Usenet)	Distribution:
Numéro de télécopie de l'expéditeur	Fax:, Telefax:
Numéro de téléphone de l'expéditeur	Phone:
Informations concernant l'application utilisée par l'expéditeur pour la rédaction du message	Mail-System-Version:, Mailer:, Originating-Client:, X-Mailer, X-Newsreader
Spécification d'une adresse e-mail pour l'envoi des réponses	Reply-To:
Utilisé dans le Usenet, lorsque toutes les discussions suivantes doivent avoir lieu dans un groupe différent	Followup-To:
L'expéditeur souhaite être informé lorsque le destinataire a traité le message	Disposition-Notification-To
Information sur le destinataire original du message	Original-Recipient
Numéro d'identification univoque du message	Message-ID:
Numéro d'identification univoque du contenu du message	Content-ID:
Sujet du message	In-Reply-To:
E-mail : lien vers d'autres messages sur ce sujet ; Usenet : lien vers des news similaires	References:
Lien vers d'autres articles traitant du même sujet de news	See-Also:
Entraîne la suppression des anciennes versions d'un message	Supersedes:
Numéro univoque qui ne sera pas réattribué, même après la suppression du message	X-UIDL:
Identique à Supersedes:, mais les anciens articles ne sont pas supprimés	Article-Updates:
Lien vers des articles intéressants pour un groupe de discussion précis	Article-Names:
Mots-clés pouvant être stockés dans une base de données	Keywords:
Objet	Subject:
Commentaire sur un message	Comments:
Description concernant une partie précise du message	Content-Description:
Entreprise, à laquelle appartient l'auteur	Organization:

Signification	**Entrée d'en-tête**
Fonction identique à Organization, mais orthographe différente	Organisation:
Résumé d'un article, non affiché par tous les clients. Évitez, par conséquent, d'y saisir des messages importants	Summary:
Suite de caractères servant d'identificateur au contenu d'un message	Content-Identifier:
Date de livraison du message au destinataire	Delivery-Date:
Date, à laquelle le message a été rédigé	Date:
Date d'expiration d'un message	Expires:
Date limite de validité d'un message	Expiry-Date:
Date à laquelle une réponse doit avoir été donnée au message	Reply-By:
Priorité d'un message : haute, normale, basse	Priority:
Priorité : 1-maximale ; 5-minimale. 3 est utilisé comme valeur standard	X-Priority:
Importance du message	Importance:
Niveau de confidentialité du message	Sensitivity:
Si des parties du message manquent	Incomplete-Copy:
Peut contenir des informations concernant la langue	Language:
Identique à Language:	Content-Language:
Utilisé par certaines applications de courrier électronique pour indiquer la taille du message	Content-Length:
Longueur du message	Lines:
Indique si le contenu d'un message peut être converti d'un jeu de caractère à un autre pour corriger l'affichage	Conversion:
Type de contenu du message	Content-Type:
Indique le codage utilisé pour le contenu du message	Content-Transfer-Encoding:
Redirection du message vers un autre compte de messagerie électronique	Resent-From:, Resent-Sender:, Resent-From:, Resent-Date:, Resent-To:, Resent-cc:, Resent-bcc:, Resent-Message-ID:
Somme de contrôle. Permet de vérifier si le contenu d'un message a été modifié	Content-MD5:
Adresse permettant de contracter un abonnement auprès d'un groupe de discussion	List-Subscribe
Adresse permettant de résilier un abonnement auprès d'un groupe de discussion	List-Unsubscribe
Adresse d'e-mail du propriétaire d'une liste de diffusion	List-Owner

Signification	Entrée d'en-tête
Ce champ est utilisé par certains systèmes de messagerie pour indiquer l'état des messages	Status: U : Message non téléchargé ou supprimé R : Message lu ou téléchargé O : Ancien message, mais pas encore supprimé D : Le message doit être supprimé N : Nouveau message
Le message ne doit pas être conservé dans les archives publiques	X-No-Archive: Yes Activez toujours cette option pour les news sensibles

Protocoles SMTP et POP du système de messagerie

SMTP (Simple Mail Transfer Protocol) est devenu le protocole standard utilisé pour le transfert de messages privés sur Internet via TCP/IP. Utilisé depuis un certain temps et de structure assez simple, le protocole SMTP se distingue par sa solidité.

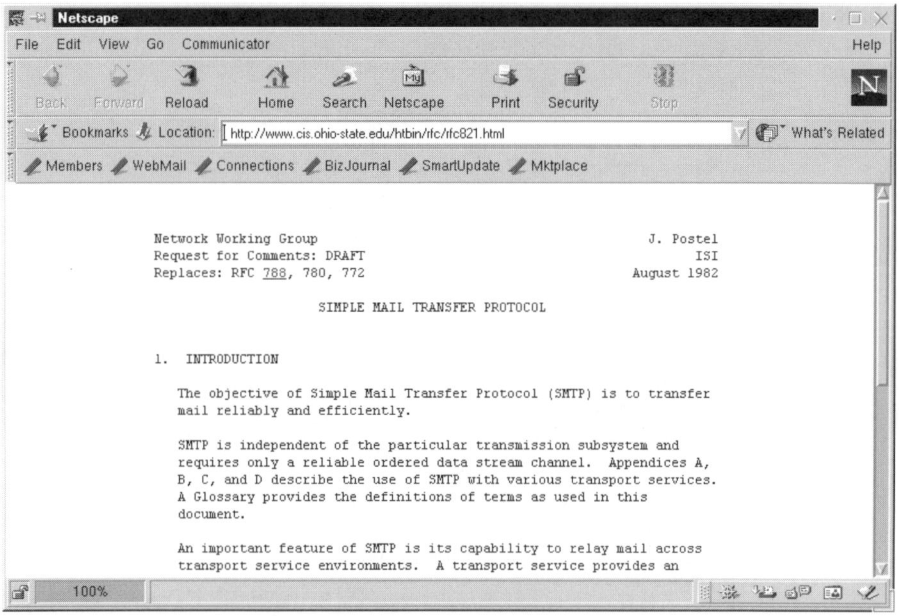

▲ **Fig. 3.10** *Les RFC concernant SMTP sont disponibles sur Internet à l'adresse www.cis.ohio-state.edu/htbin/rfc/rfc821.html*

Des problèmes se posent cependant aujourd'hui car SMTP a uniquement été conçu pour la transmission de caractères ASCII en 7 bits. En outre, SMTP a été développé pour de vraies connexions TCP/IP, c'est-à-dire pour des systèmes reliés à Internet par l'intermédiaire d'une ligne dédiée.

Le protocole SMTP repose sur un modèle de communication selon lequel un client commence par envoyer une requête à un serveur. Le serveur établit alors une connexion avec le client sur la base du protocole SMTP. Cette liaison peut être utilisée dans les deux sens. L'expéditeur envoie des commandes SMTP au destinataire, qui génère des "replies" (réponses) à ces commandes.

Lorsque la connexion entre le client et l'hôte est établie, l'expéditeur du message envoie une commande `MAIL`, qui l'identifie comme expéditeur. Si le destinataire (c'est-à-dire, dans notre cas, le serveur) accepte la commande, il se dit prêt à recevoir des messages et répond par `OK`. Le serveur n'étant pas obligatoirement le destinataire final du message, mais constituant souvent une simple étape intermédiaire, l'expéditeur envoie une commande `RCPT`, indiquant le destinataire réel du message. L'expéditeur peut ensuite transmettre le contenu des messages. Pour terminer la transmission, il envoie un caractère de contrôle spécifique. Le destinataire SMTP confirme la réception du message.

Pour permettre au serveur intermédiaire de transmettre les messages à leur destinataire final, il doit connaître le nom de ce dernier ainsi que le nom de la boîte aux lettres cible. Bien que la casse ne soit pas importante pour les commandes, SMTP garantit que les arguments transmis, tels le nom du destinataire, ne sont pas modifiés. Ceci est important car certains systèmes de boîtes aux lettres différencient entre majuscules et minuscules (voir fig. 3.11).

Le Post Office Protocol (POP) fait partie des protocoles standard permettant à un utilisateur d'Internet d'accéder à un serveur de messagerie. Le protocole POP existe en trois versions :

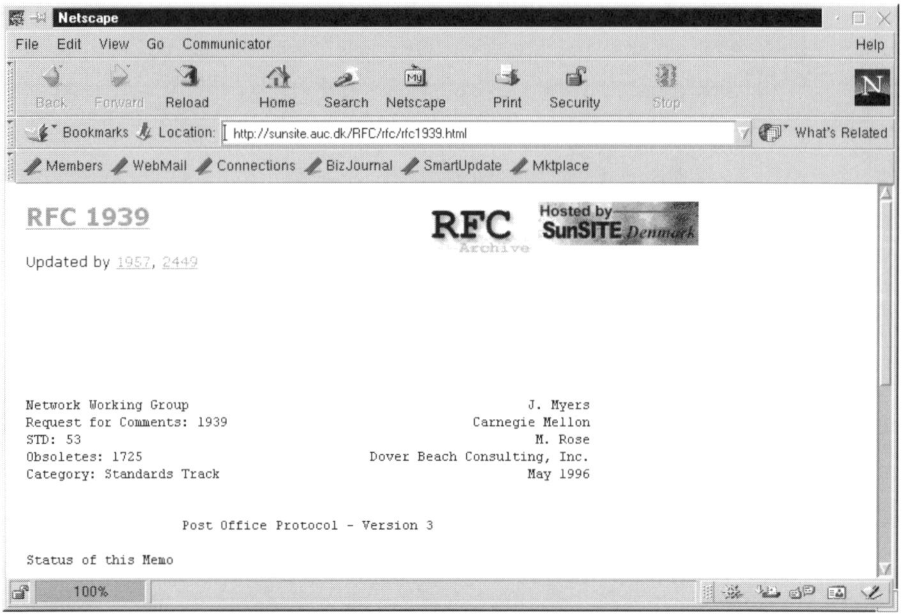

▲ **Fig. 3.11** *Des RFC complémentaires sur POP3 sont disponibles sur Internet à l'adresse sunsite.auc.dk/RFC/rfc/rfc1939.html*

POP (RFC918)

POP permet à un client de récupérer ses messages sur un serveur. Lorsqu'un client envoie une requête à un serveur, ce dernier envoie une réponse et attend d'autres commandes.

POP2 (RFC937)

POP2 est une extension du protocole POP. Les développeurs partent du principe que le réseau comporte un serveur capable de recevoir et de stocker en permanence des messages. Les stations de travail reliées peuvent donc être déconnectées du réseau, puisque les messages peuvent être récupérés ultérieurement.

POP3 (RFC1460)

POP3 est la version actuelle du Post Office Protocol, et comporte encore des améliorations par rapport à la version 2.

Le contact entre le serveur et le client se déroule comme suit :

Après la connexion des deux machines via le port standard 110, le serveur POP3 envoie un message de bienvenue. La connexion entre alors en mode Authorization.

Authorization

```
USER name
PASS string
```

Une fois le nom et le mot de passe de l'utilisateur transmis, la connexion passe en mode Transaction.

Transaction

```
LIST [message]
RETR message
QUIT
```

Update

Après la lecture des messages, la procédure passe en mode Update. Tous les messages sélectionnés pour la suppression peuvent à présent être supprimés.

POP3 accepte les commandes suivantes :

`STAT` : POP3 renvoie une réponse avec des informations sur le compte

`LIST` : POP3 renvoie une réponse avec des informations sur les messages

`RETR` : POP3 renvoie une réponse et les contenus des messages dont les identifications (comparable à un numéro de série) ont été indiquées

`DELE` : POP3 renvoie une réponse et sélectionne pour la suppression le message dont l'identification a été indiquée

`LAST` : POP3 renvoie une réponse et l'identificateur de message comportant le numéro le plus élevé (correspond au message le plus récent)

`NOOP` : POP3 renvoie une réponse et sert simplement à vérifier que la connexion n'est pas interrompue

`RSET` : Les messages sélectionnés pour la suppression sont réactivés et peuvent à nouveau être lus

`QUIT` : Quitte le mode Transaction

Principe du serveur de messagerie hors ligne

Comme son nom l'indique, le serveur de messagerie hors ligne (offline) n'est pas connecté en permanence à Internet. Le courrier est d'abord déposé sur le serveur, à partir duquel il est ensuite expédié au serveur de messagerie du prestataire Internet selon un calendrier défini.

La récupération des nouveaux messages fonctionne de même. Dans notre exemple, nous utilisons **`fetchmail`** pour récupérer le nouveau courrier. **`fetchmail`** ne peut cependant pas retransmettre les messages aux utilisateurs individuels du réseau. C'est donc **`procmail`** qui prend le relais jusqu'à l'utilisateur final.

Les avantages du serveur de messagerie hors ligne sont évidents : il permet des économies considérables sur les frais téléphoniques puisqu'il évite une connexion permanente avec Internet. Néanmoins, ce système comporte également des points négatifs. Par exemple, les messages urgents sont eux aussi expédiés en fonction du calendrier prédéfini. Si vous travaillez selon ce principe, prévenez vos utilisateurs.

Dans notre exemple, nous utiliserons **`cron`** pour récupérer et expédier le courrier à intervalles réguliers. Nous programmerons la procédure à chaque heure pleine entre 9 heures et 18 heures. Bien sûr vous pouvez utiliser les paramètres de votre choix.

3.2 Administration du système de messagerie

`sendmail` fait sans aucun doute partie des principaux MTA (Mail Transfer Agent) actuellement disponibles pour les systèmes informatiques. Le programme tente de répondre à un maximum d'exigences, aussi sa configuration est relativement ardue.

Le principal fichier nécessaire à **`sendmail`** est */etc/sendmail.cf*. C'est là qu'est stockée l'ensemble de la configuration du système. Affichez le fichier dans un éditeur, cela vous permettra de vous rendre compte de la complexité des commandes qu'il contient.

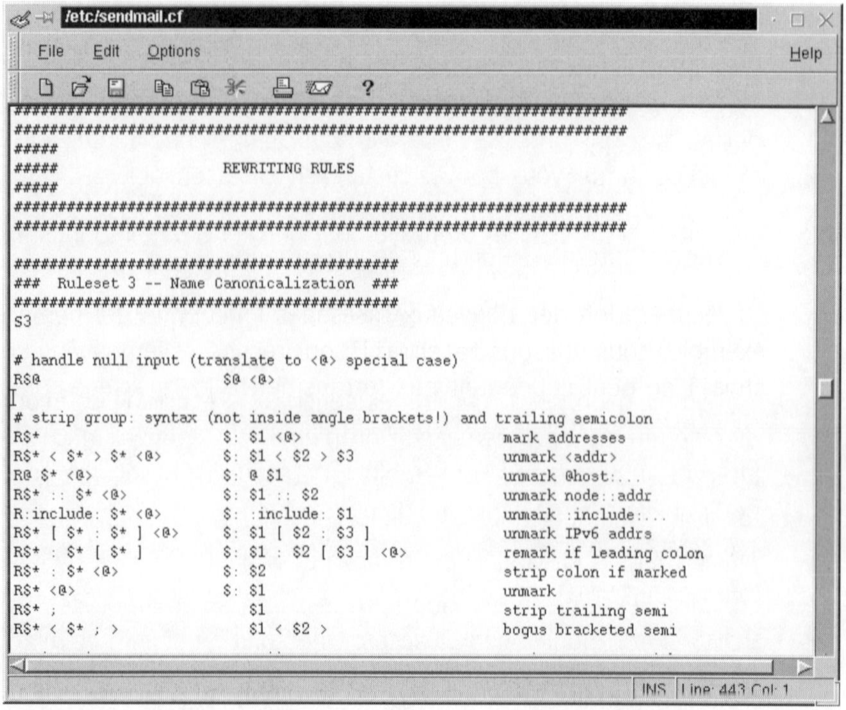

▲ **Fig. 3.12** *Le fichier de configuration de sendmail semble plutôt mystique à première vue*

Par conséquent, `sendmail` est utilisé parallèlement au programme `IDA/m4`, qui propose des macros simplifiées pour la configuration. Notez bien que des modifications manuelles apportées au fichier */etc/sendmail.cf* peut conduire à des difficultés avec le système `sendmail` et, dans le pire des cas, provoquer des défauts de protection permettant à des pirates de pénétrer dans votre système.

Il serait impossible de décrire en détails toutes les finesses de la configuration de `sendmail` dans le cadre de cet ouvrage. Aussi, nous vous présentons ici un exemple pratique, qui doit vous permettre de mettre en place un système de messagerie sur votre serveur.

Dans cet exemple, nous partirons du principe que vous disposez d'un fournisseur d'accès Internet qui gère le courrier électronique de façon centrale. Le serveur Linux sera chargé de l'expédition programmée des messages sortants de votre réseau ainsi que de la récupération du courrier et de sa distribution aux utilisateurs locaux à intervalles réguliers.

Création des comptes de messagerie

Comme vous l'aurez constaté, nous partons du principe que vous possédez un compte utilisateur unique auprès de votre fournisseur d'accès Internet. Ce dernier ne vous propose généralement qu'un seul compte POP3, par l'intermédiaire duquel vous pouvez récupérer votre courrier.

Il s'agit donc de trouver un moyen permettant aux personnes extérieures de transmettre des e-mails directement à chaque utilisateur de votre réseau. Chacun de ces utilisateurs doit par conséquent disposer d'une adresse d'e-mail propre.

La combinaison des programmes `sendmail`, `fetchmail` et `procmail` permet de résoudre assez facilement ce problème. Vous pouvez mettre votre compte Internet au service de l'ensemble du réseau et utiliser une adresse d'e-mail personnelle pour chacun de vos utilisateurs.

Plusieurs possibilités existent pour la mise en œuvre d'un tel système. La condition essentielle est que les messages soient redirigés sur le compte POP3 chez le fournisseur d'accès. Une solution simple et relativement économique de procéder est de passer par l'intermédiaire de votre propre domaine. Des fournisseur d'accès, comme Wanadoo par exemple, vous permettent de définir vos propres règles pour la redirection des messages.

Imaginons, par exemple, que notre réseau comporte trois utilisateurs : Thomas, Joe et Emmanuel. Vous disposez du nom de domaine `Société.com` et le compte POP3 de votre fournisseur d'accès est `mail@fai.com`.

Vous pouvez alors définir les règles suivantes :

1. `Thomas@Société.com` est redirigé sur `mail@fai.com`
2. `Joe@Société.com` est redirigé sur `mail@fai.com`
3. `Emmanuel@Société.com` est redirigé sur `mail@fai.com`

Vous disposez ainsi d'une solution très souple au problème. Grâce à la redirection l'adresse du destinataire final est conservée dans l'en-tête du message.

Cette solution est particulièrement appropriée, si vous disposez déjà d'un nom de domaine propre pour votre entreprise. La redirection des messages n'engendre généralement pas de frais supplémentaires, cela fait partie des services offerts par de nombreux fournisseurs d'accès Internet.

Une autre solution, totalement gratuite, existe : ouvrez des comptes auprès de fournisseurs de messagerie gratuits, et redirigez-les. Néanmoins, trois points sont à prendre en compte si vous optez pour cette solution :

1. Le choix des noms des e-mails est souvent soumis à un certain nombre de restrictions. Plusieurs milliers d'utilisateurs se servant de ce type de services de messagerie gratuits, des noms comme Pierre ne seront sans doute pas autorisés.
2. Les prestataires de ce type de services de messagerie sont généralement financés par la publicité, vous risquez donc de trouver fréquemment des messages publicitaires dans votre boîte aux lettres. Bien sûr, vous avez la possibilité de filtrer ces messages de spam, néanmoins cette solution n'est pas très professionnelle.
3. Si vous choisissez de ne pas utiliser les fonctionnalités de redirection proposées par le fournisseur gratuit et souhaitez accéder directement aux comptes POP3 que vous avez créés, ne négligez pas le facteur temps pour la récupération des messages. Les sites de ces fournisseurs sont généralement très fréquentés, quelle que soit l'heure de la journée, et la connexion via **fetchmail** peut donc durer un certain temps. Si **fetchmail** doit, en outre, accéder à plusieurs comptes simultanément (dans un réseau de 20 utilisateurs, il faudra accéder à 20 comptes), cela peut se ressentir sur la facture téléphonique.

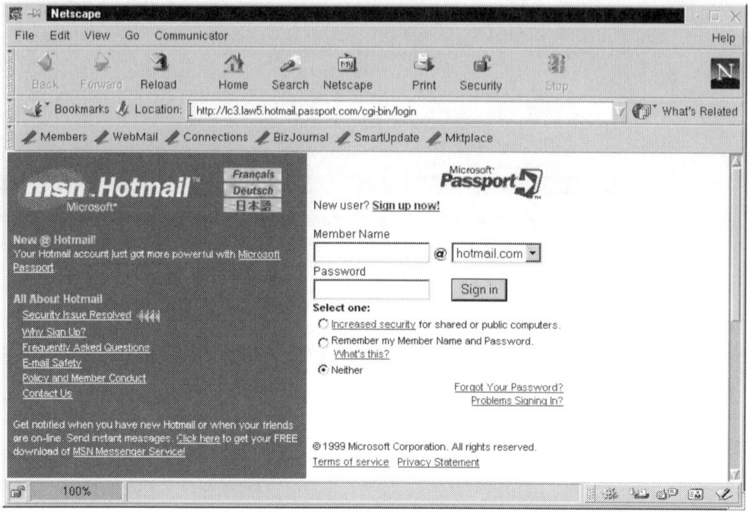

▲ **Fig. 3.13** *Des prestataires gratuits comme Hotmail vous permettent de rediriger les messages électroniques sur le compte de messagerie de votre fournisseur d'accès*

Facteur universel : transport du courrier via sendmail

Linux propose de nombreux programmes pour l'expédition de messages électroniques. `sendmail` ne fait probablement pas partie des plus simples à utiliser, néanmoins il brille par sa souplesse, qui vous permet d'effectuer toutes les opérations que vous voulez, une fois qu'il est installé.

Comme nous l'avons déjà vu plus haut, `sendmail` est piloté par l'intermédiaire du fichier */etc/sendmail.cf*. Si vous utilisez Linux SuSE, vous pouvez vous éviter le travail de configuration de ce fichier. YaST offre une fonction permettant de configurer automatiquement un fichier *sendmail.cf* de base.

Créez donc un fichier *sendmail.cf* de base, que vous adapterez à vos besoins en personnalisant un certain nombre de paramètres.

Lancez YaST et choisissez **Administration du système**, puis **Configurer le réseau**. Ensuite, choisissez **Configurer sendmail** puis **Machine avec connexion temporaire au réseau (modem ou ISDN)**.

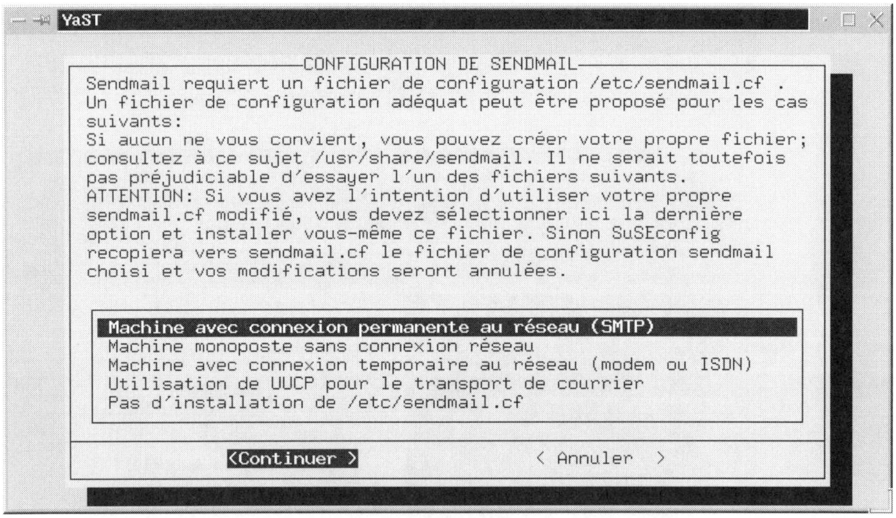

▲ **Fig. 3.14** *YaST permet la création d'un fichier sendmail.cf de base*

Linux crée alors le fichier *sendmail.cf* dans le répertoire */etc*. Chargez le fichier */etc/rc.config* dans un éditeur. Dans la seconde partie de ce fichier vous trouverez les entrées permettant de configurer `sendmail`.

```
SENDMAIL_TYPE=yes
```

```
SENDMAIL_SMARTHOST=smtp:smtp.wanadoo.fr
SENDMAIL_LOCALHOST=localhost 192.168.10.1
SENDMAIL_ARGS=-bd -om
SENDMAIL_EXPENSIVE=yes
SENDMAIL_NOCANONIFY=yes
```

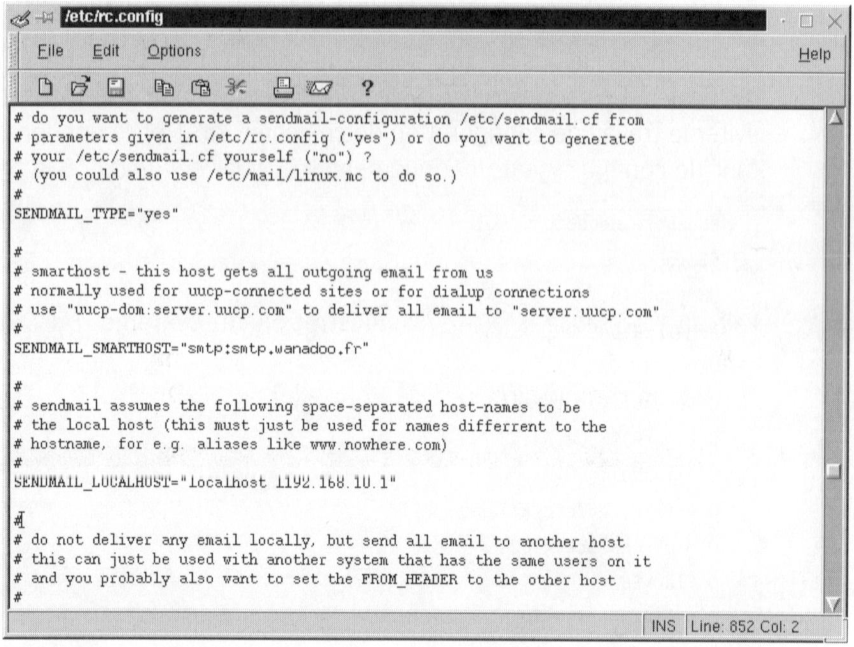

▲ **Fig. 3.15** *Sous SuSE, le fichier /etc/rc.config permet de configurer le fichier /etc/sendmail.cf*

Ainsi s'achève déjà la configuration sous SuSE. Si vous utilisez une autre distribution de Linux, vous trouverez ci-après les principales entrées situées au début de notre fichier *sendmail.cf* de base.

```
##########################################################
#####           SENDMAIL CONFIGURATION FILE
#####
##### built by root@linux on Mon Nov 29 16:21:01 MEST 1999
##### in /
##### using /usr/share/sendmail/ as configuration include directory
#####
##########################################################
Cw localhost linux.mydomain.fr
```

```
V7/Berkeley
Cwlocalhost
CP.
DSsmtp:smtp.wanadoo.fr
CO @ % !
C..
C[[
Kmailertable hash -o /etc/mail/mailertable.db
Kgenerics hash -o /etc/mail/genericstable.db
Kvirtuser hash -o /etc/mail/virtusertable.db
DR
DH
Kdequote dequote
CE root
DMmydomain.fr
DnMAILER-DAEMON
DZ8.8.8
O SevenBitInput=False
O EightBitMode=pass8
O AliasWait=10
O AliasFile=/etc/aliases
O MinFreeBlocks=100
O BlankSub=.
O HoldExpensive=True
O DeliveryMode=background
O TempFileMode=0600
O HelpFile=/usr/lib/sendmail.hf
O SendMimeErrors=True
O ForwardPath=$z/.forward.$w:$z/.forward
O ConnectionCacheSize=2
O ConnectionCacheTimeout=5m
O UseErrorsTo=False
O LogLevel=9
O CheckAliases=False
O OldStyleHeaders=True
O PrivacyOptions=authwarnings,novrfy,noexpn
O PostMasterCopy=Postmaster
O QueueDirectory=/var/spool/mqueue
O Timeout.queuereturn=5d
O Timeout.queuewarn=4h
```

```
O SuperSafe=True
O StatusFile=/var/log/sendmail.st
O DefaultUser=daemon:daemon
O UserDatabaseSpec=/etc/mail/userdb.db
O QueueLA=12
O RefuseLA=18
O SmtpGreetingMessage=$j Sendmail $v/$Z; $b
O UnixFromLine=From $g $d
O OperatorChars=.:%@!^/[]+
```

Facteur privé : récupération du courrier via fetchmail

Une fois les paramètres d'expédition des e-mails définis, il vous reste à configurer la collecte du courrier entrant. Dans notre exemple, nous utilisons `fetchmail`, qui récupère les messages redirigés sur le compte POP3 de notre fournisseur d'accès.

`fetchmail` est configuré par l'intermédiaire du fichier *.fetchmailrc*, placé dans le répertoire maison de l'utilisateur correspondant. Dans notre cas, nous travaillons comme utilisateur *root*, c'est donc dans le répertoire */root* que nous copions le fichier ou que nous le créons à l'aide d'un éditeur.

Le fichier devrait comporter les informations suivantes :

```
server pop.wanadoo.fr
proto pop3
user Thomas@Société.com
pass mot_de_passe
flush
mda /usr/bin/procmail
```

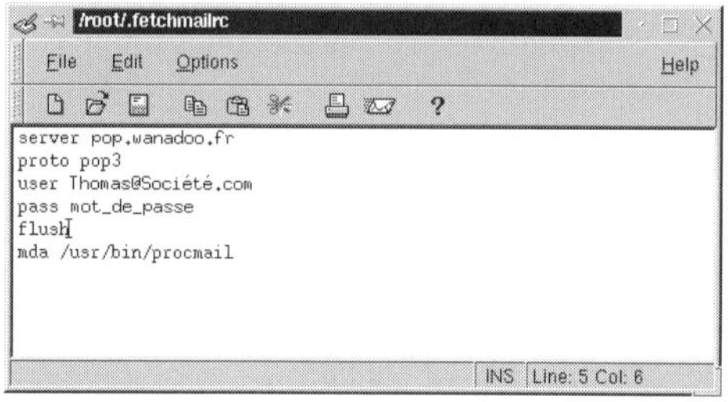

▲ **Fig. 3.16** *Le fichier .fetchmailrc définit les conditions d'accès au serveur POP3*

Dans notre exemple, le compte de messagerie est souscrit auprès de Wanadoo sous le nom d'utilisateur `Thomas@Société.com`. Le mot de passe est requis pour la connexion et le protocole (proto) utilisé est POP3. L'adresse du serveur de messagerie est `pop.wanadoo.fr`. Naturellement, cet exemple peut être transposé sur d'autres fournisseurs d'accès.

Une fois le courrier récupéré, il est transmis au Mail Delivery Agent (MDA). Dans notre cas, cette procédure est effectuée via `procmail`. Le paragraphe ci-après vous indique comment configurer `procmail`.

Il convient, ici, d'attirer votre attention sur une source d'erreur fréquente. Si le programme `fetchmail` se termine en affichant un message d'erreur dès que vous le lancez, vous n'avez probablement pas attribué les droits d'accès nécessaires au fichier *.fetchmailrc*.

Comme vous pouvez le constater dans notre exemple, le mot de passe n'apparaît pas sous forme codée dans le fichier. Il serait donc possible aux autres utilisateurs de détourner votre compte de messagerie. C'est pourquoi, un message d'erreur de `fetchmail` vous rappelle qu'il vous faut protéger ce fichier.

Passez dans le répertoire */root* et saisissez la commande `chmod 600 .fetchmailrc`. Le fichier est ainsi protégé des accès non autorisés et le mot de passe est uniquement accessible à l'utilisateur *root*.

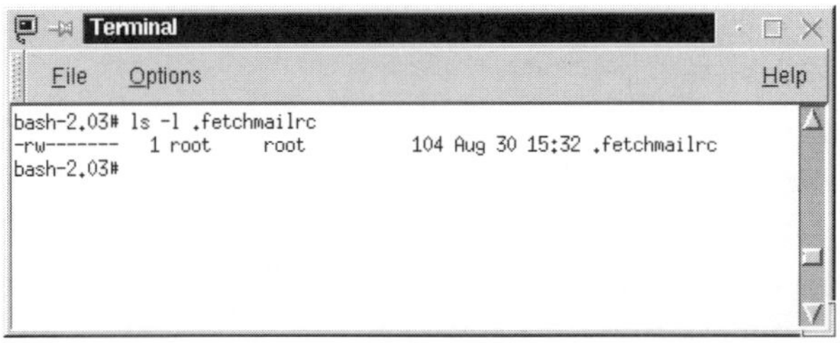

◄ **Fig. 3.17**
Veillez à attribuer les bons droits d'accès au fichier .fetchmailrc afin de protéger votre mot de passe pour l'accès au compte POP3

Distribution filtrée : procmail redirige le courrier

Dans notre exemple, `procmail` gère la distribution du courrier. En outre, il vous permet de définir des options de filtrage, qui vous permettront, par exemple, d'éliminer les messages de spam.

procmail est régi par un fichier de configuration *.procmailrc* placé dans le répertoire maison de l'utilisateur exécutant **procmail**. Dans notre exemple, le fichier se situera donc dans le répertoire */root*.

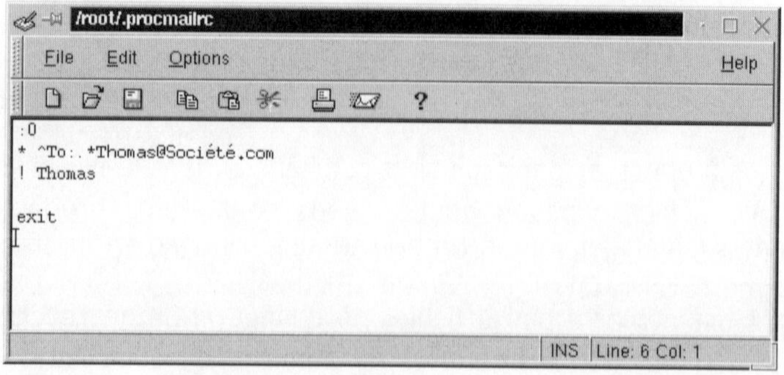

▲ **Fig. 3.18** *Cette version condensée du fichier .procmailrc suffit déjà pour assurer la redirection des e-mails*

Commencez par définir les identités des trois utilisateurs de notre réseau dans le fichier *.procmailrc* :

```
:0
* ^To:.*Thomas@Société.com
! Thomas

:0
* ^To:.*Joe@Société.com
! Joe

:0
* ^To:.*Emmanuel@Société.com
! Emmanuel

exit
```

La commande **exit** marque la fin du fichier *.procmailrc*. Le fichier ci-dessus indique à **procmail** d'analyser tous les messages entrants à la recherche des expressions spécifiées derrière la rubrique *To:*. Les messages sont ensuite redirigés vers les boîtes aux lettres respectives des utilisateurs correspondants conformément aux instructions qui suivent.

Poste automatique : expédition et réception automatiques du courrier électronique

Comme nous utilisons un serveur de messagerie hors ligne, il nous faut à présent automatiser l'expédition et la réception des e-mails. Le démon **cron**, permettant d'effectuer des opérations temporisées, est particulièrement bien adapté à ce genre de tâche.

Les tâches à effectuer par **cron** sont consignées dans le fichier */etc/crontab*. Ouvrez ce fichier dans un éditeur, vous constaterez probablement qu'il contient déjà un certain nombre de tâches administratives.

procmail est démarré par le fichier de configuration de **fetchmail**, il vous suffit donc d'indiquer des horaires de démarrage pour **sendmail** et **fetchmail**. Dans notre exemple, nous demandons à **cron** de traiter les opérations de messagerie à chaque heure pleine entre 9 heures et 18 heures. Ajoutez, pour cela, les lignes suivantes au fichier */etc/crontab*.

```
0 9-18 * * * root /usr/sbin/sendmail -q
0 9-18 * * * root /usr/bin/fetchmail -v --keep
```

> **Renvoi**
> Dans le chapitre consacré à la connexion Internet via un serveur Linux, vous découvrirez une autre possibilité permettant d'automatiser des tâches pour qu'elles s'exécutent lorsqu'une connexion Internet est établie. Dans ce cas, les commandes correspondantes sont intégrées au fichier /etc/ppp/ip-up, ouvert à chaque connexion Internet.

Notez le paramètre **--keep** utilisé dans notre exemple. Celui-ci garantit que les e-mails sont stockés sur le serveur de messagerie et n'en sont pas effacés. Nous vous recommandons d'utiliser ce paramètre jusqu'à ce que votre système fonctionne de façon stable. À ce moment là, vous pourrez vous en passer.

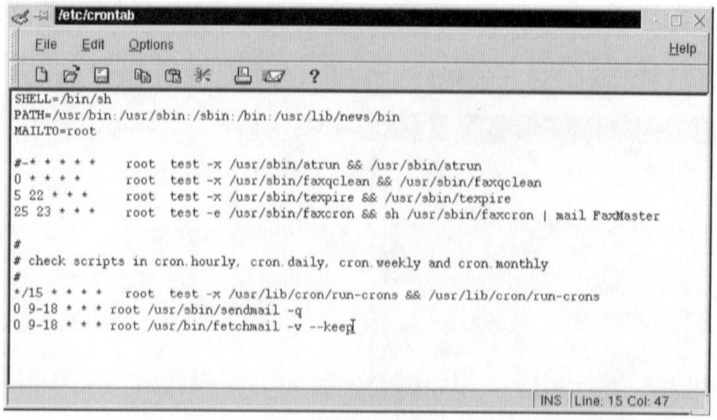

◄ **Fig. 3.19**
Le fichier /etc/crontab contient des commandes pilotant la messagerie électronique

Configuration des clients

Comme précédemment, nous partirons ici du principe qu'un client Windows est relié à votre serveur Linux. En guise d'exemple, nous verrons comment connecter le poste client au serveur et comment configurer la messagerie via Outlook Express, livré en standard avec Windows 98. Cet exemple vous montre comment utiliser les différents paramètres au niveau du client de messagerie, ce qui vous permettra de les adapter facilement à d'autres clients.

Sous Windows, ouvrez le Panneau de configuration et ouvrez le module **Réseau**. Installez le protocole TCP/IP, si nécessaire. Si vous avez reproduit les exemples précédents, ce protocole est déjà installé.

Sélectionnez le *Client pour les réseaux Microsoft* et activez l'option *Connexion rapide*. Sous l'onglet **Identification**, indiquez le nom de l'ordinateur (`windows`) et du groupe de travail (`travail`).

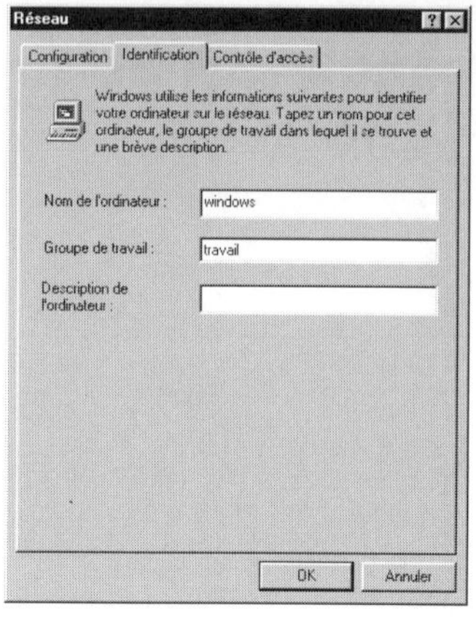

◄ **Fig. 3.20**
Identification du client au sein du réseau

Sous l'onglet **Contrôle d'accès**, activez l'option *Contrôle d'accès au niveau ressource*.

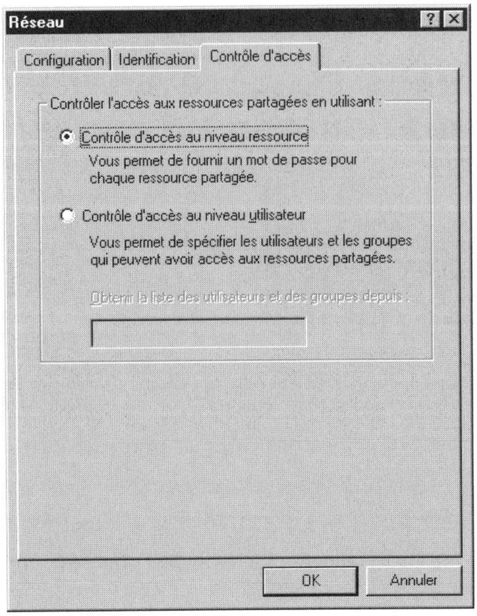

◄ **Fig. 3.21**
Les ressources du serveur sont accessibles par mot de passe

Dans la fenêtre principale du module **Réseau**, sélectionnez l'entrée correspondant au protocole TCP/IP pour votre carte réseau.

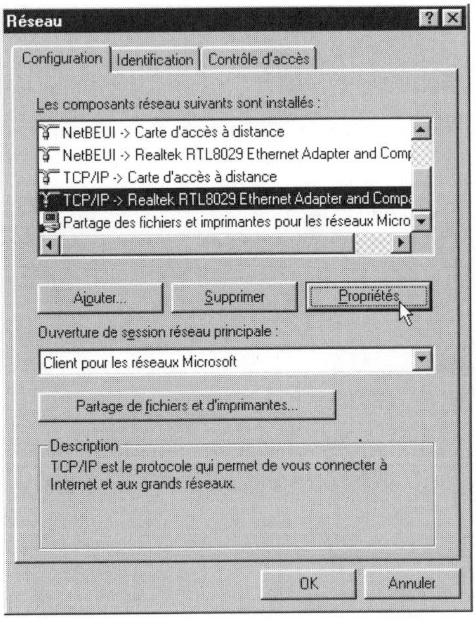

◄ **Fig. 3.22**
Configuration du protocole TCP/IP pour votre carte réseau

Cliquez sur le bouton **Propriétés** et activez l'onglet **Passerelle**. Spécifiez ici l'adresse IP du serveur, dans notre cas 192.168.10.1.

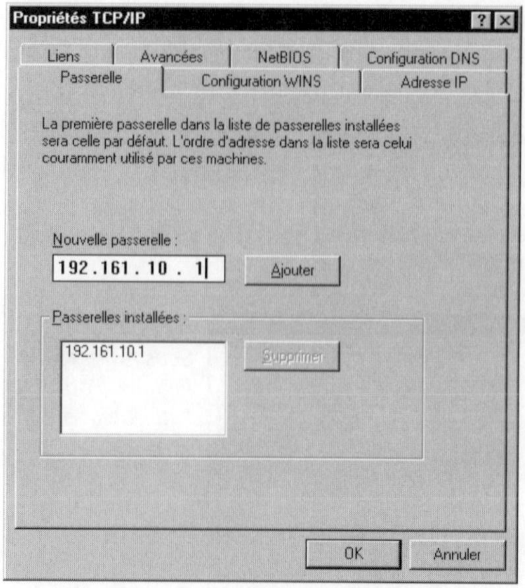

◄ **Fig. 3.23**
Le serveur Linux est indiqué comme passerelle

Sous l'onglet **Configuration DNS**, choisissez *Activer DNS* et indiquez le nom de votre client (`windows`) dans la zone *Hôte* et celui de votre domaine (`mydomain.fr`) dans la zone *Domaine*. Sous *Ordre de recherche DNS*, saisissez l'adresse IP de votre serveur (`192.168.10.1`).

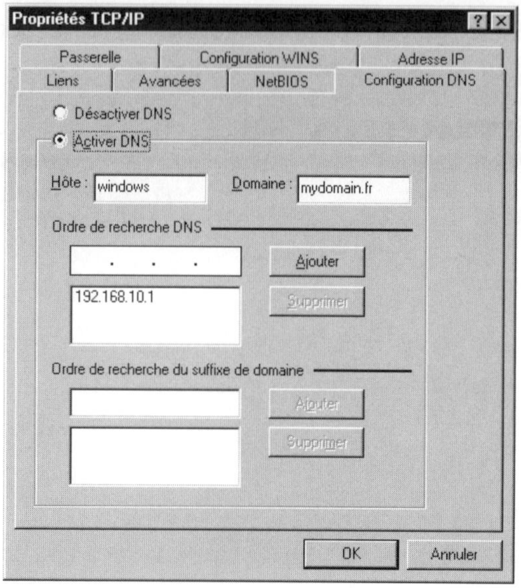

◄ **Fig. 3.24**
Configuration du serveur DNS

Cliquez sur OK pour refermer les boîtes de dialogue en confirmant vos saisies. Windows vous demande ensuite de redémarrer votre ordinateur. Il ne vous reste plus qu'à configurer votre client de messagerie.

Lancez Outlook Express et, dans le menu **Outils**, choisissez **Comptes**. Activez l'onglet **Courrier** et cliquez sur **Ajouter** puis une nouvelle fois sur **Courrier**. Dans l'Assistant qui apparaît, commencez par saisir le nom d'utilisateur de ce compte de messagerie.

Vous êtes ensuite invité à saisir l'adresse d'e-mail à utiliser. Dans notre exemple, il s'agit de `root@linux.mydomain.fr`.

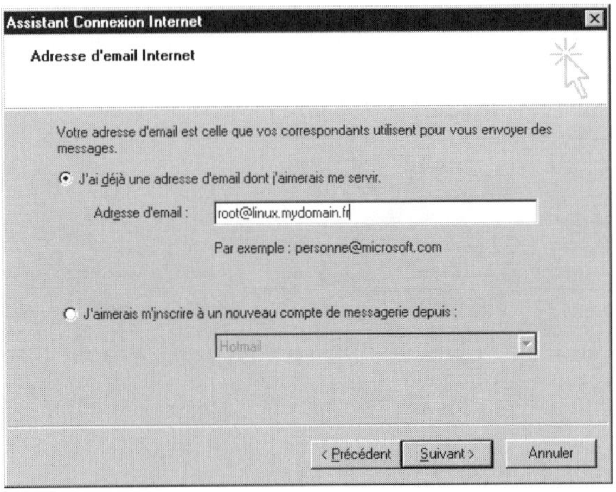

◄ **Fig. 3.25**
Sous Adresse d'e-mail, indiquez l'adresse de l'utilisateur sur le serveur

En guise de serveur de messagerie, indiquez l'adresse de votre serveur Linux, c'est-à-dire ici 192.168.10.1.

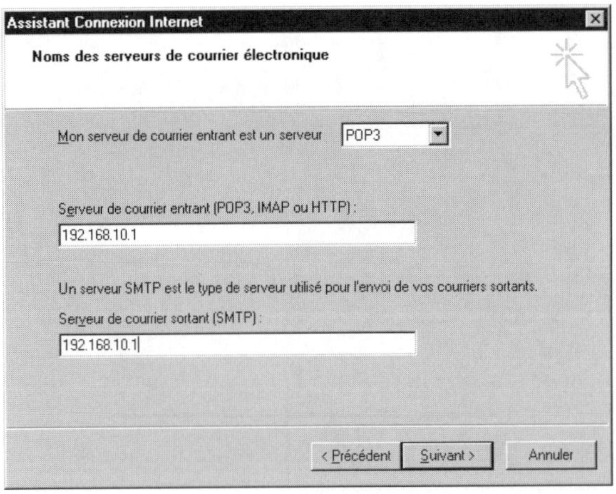

◄ **Fig. 3.26**
Indiquez les adresses des serveurs de courrier entrant et sortant

Enfin, vous devez définir votre compte de messagerie électronique. Sous *Nom du compte*, indiquez le nom de l'utilisateur dont les messages doivent être récupérés. Dans notre exemple, il pourrait s'agir, outre l'utilisateur *root*, de Thomas, Joe ou Emmanuel.

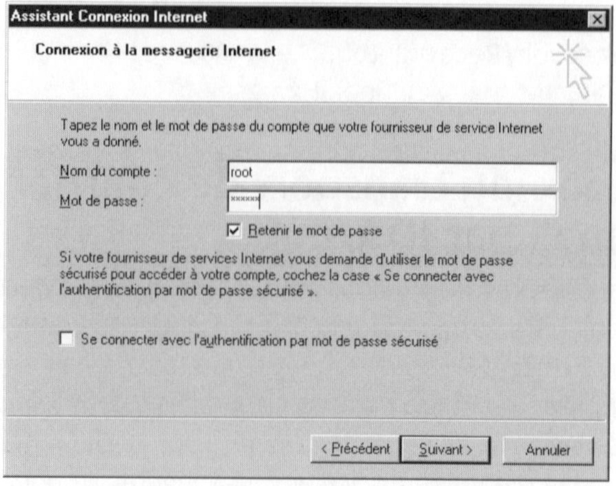

◄ **Fig. 3.27** *Nom et mot de passe du compte utilisateur*

Dans la zone *Mot de passe*, indiquez le mot de passe utilisé pour vous connecter au serveur.

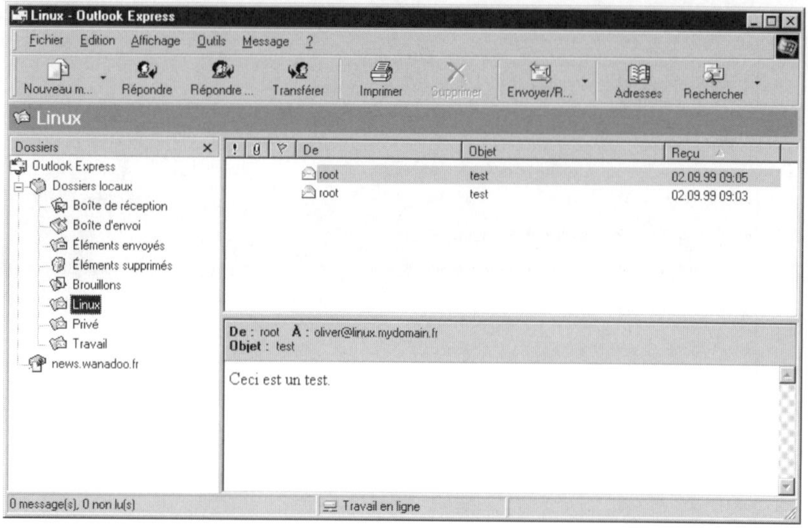

▲ **Fig. 3.28** *Les messages du serveur apparaissent dans Outlook Express sur le poste client*

À présent, vous pouvez tester la configuration. Imaginons que vous avez configuré le poste client Windows pour lire les messages de l'utilisateur

Thomas. Composez un message destiné à Thomas sur le serveur en saisissant la commande `mail Thomas`. Saisissez le titre du message puis rédigez le corps du texte. Pressez les touches Ctrl+D, et saisissez **.** pour marquer la fin de votre message.

Passez sur le poste client et, dans le menu **Outils** d'Outlook Express, choisissez **Envoyer et recevoir/Recevoir tout**. Les messages sont alors récupérés sur le serveur et affichés dans Outlook Express.

Configuration du transport de courrier avec sendmail par IDA/m4

Dans les paragraphes précédents nous vous avons présenté la configuration de base de `sendmail`. Ce dernier offre néanmoins bien plus de possibilités de configuration. Le fichier de configuration *sendmail.cf* ayant une structure relativement complexe, on utilise en règle générale `m4` pour le modifier. Livré en standard avec `sendmail`, `m4` est en fait un macroprocesseur qui compile les paramètres saisis afin d'en faire un fichier de configuration pour `sendmail`.

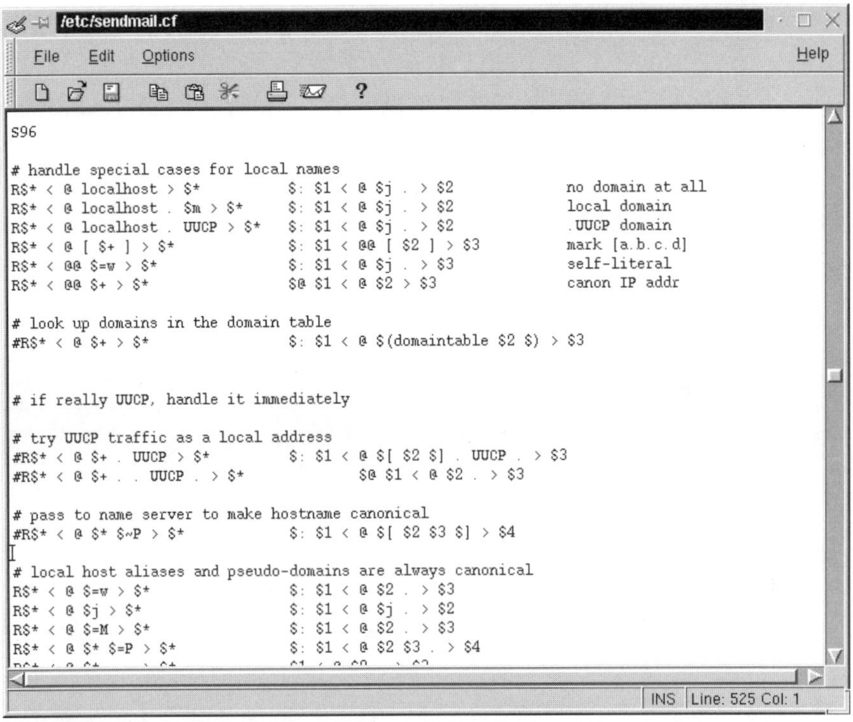

▲ **Fig. 3.29** *La configuration par l'intermédiaire de m4 évite l'édition des fichiers .cf*

Il est important de savoir que **m4** est basé sur le traitement de flux (streams). Ainsi, le flux de données d'un fichier *.mc* peut également contenir des commandes comme **dnl**. La commande **dnl** (delete through newline) a pour effet de supprimer tous les signes situés entre la commande **dnl** et le signe de retour à la ligne suivant. Ceci permet, par exemple, d'éviter les lignes vides dans le fichier cible.

Attention aux commentaires

La commande **define(A,B)** permet d'affecter la valeur B à la macro A. La prudence est de mise car même les commandes situées dans une ligne de commentaire sont exécutées ! Par exemple, si vous insérez une ligne de commentaire du type

```
# and now define a value
```

m4 tente d'exécuter la commande **define**, ce qui provoque un message d'erreur. Pour éviter cela, placez les commandes qui ne doivent pas être exécutées entre guillemets simples (' ').

Le fichier de configuration de **sendmail** étant de taille considérable, nous nous limiterons à un exemple qui en présente les fonctions essentielles. Pour de plus amples informations, nous vous recommandons la lecture des fichiers *Readme* du répertoire *sendmail* (en général */usr/share/sendmail*).

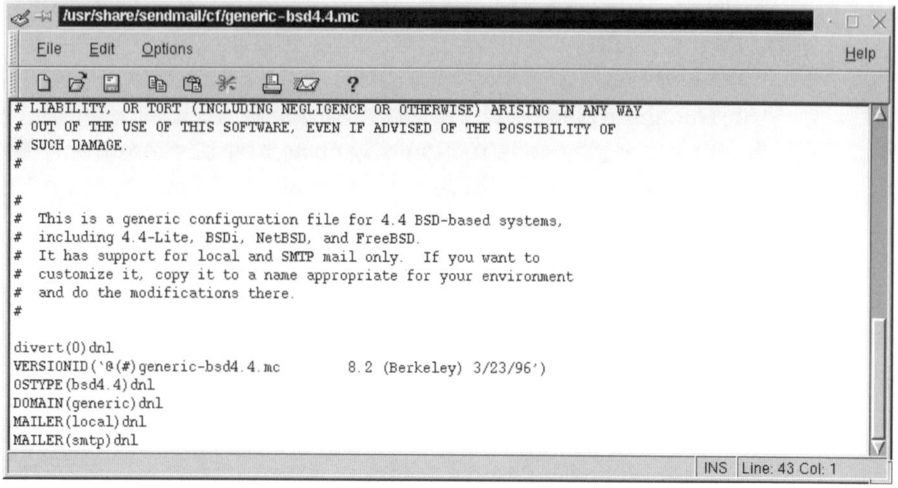

▲ **Fig. 3.30** *Le sous-répertoire /cf contient de nombreux exemples de fichiers de configuration*

Créez tout d'abord un fichier dans lequel vous placerez les commandes nécessaires à la création du fichier *sendmail.cf*. Nommez le fichier *mailserver.mc* et placez-le dans le répertoire */usr/share/sendmail/cf*.

Le fichier devrait contenir les entrées suivantes :

```
divert(-1)dnl
#
#  Ce fichier contient la configuration de mailserver.mydomain.fr
#
divert(0)dnl
VERSIONID('@(#)mailserver.mc      1.0 (mydomain.fr) 11/1/99')
OSTYPE(linux)dnl
DOMAIN(mydomain.fr)dnl
FEATURE(virtusertable, 'dbm /etc/virtusertable')dnl
MAILER(local)dnl
MAILER(smtp)dnl
```

Le fichier contient les instructions suivantes :

divert(-1)dnl

```
#
#  Ce fichier contient la configuration de mailserver.mydomain.fr
#
```

divert(0)dnl

L'instruction **`divert(-1)`** indique à **`m4`** que le texte situé entre cette instruction et la prochaine instruction **`divert`** ne doit pas être traité. Le texte situé entre deux commandes **`divert`** est considéré comme du commentaire, ce qui vous permet d'insérer des remarques dans les fichiers.

VERSIONID('@(#)mailserver.mc 1.0 (mydomain.fr) 11/1/99')

La commande VERSIONID vous permet de générer une ligne supplémentaire dans le fichier *sendmail.cf*. Celle-ci vous permet de définir le numéro de version et la date de création du fichier, qui sont importants pour le suivi des différentes versions.

OSTYPE(linux)dnl

Dans chaque fichier de configuration, il convient d'indiquer le système d'exploitation dans lequel celui-ci doit être exécuté. Les différentes valeurs possibles se trouvent dans le répertoire */usr/share/sendmail/ostype*. Cette commande a pour effet d'intégrer le fichier correspondant. Le fichier *linux.m4* contient, par exemple, les valeurs correspondant aux chemins d'accès aux différents fichiers. Ces valeurs pouvant changer d'un système d'exploitation à un autre, cette précision joue un rôle essentiel.

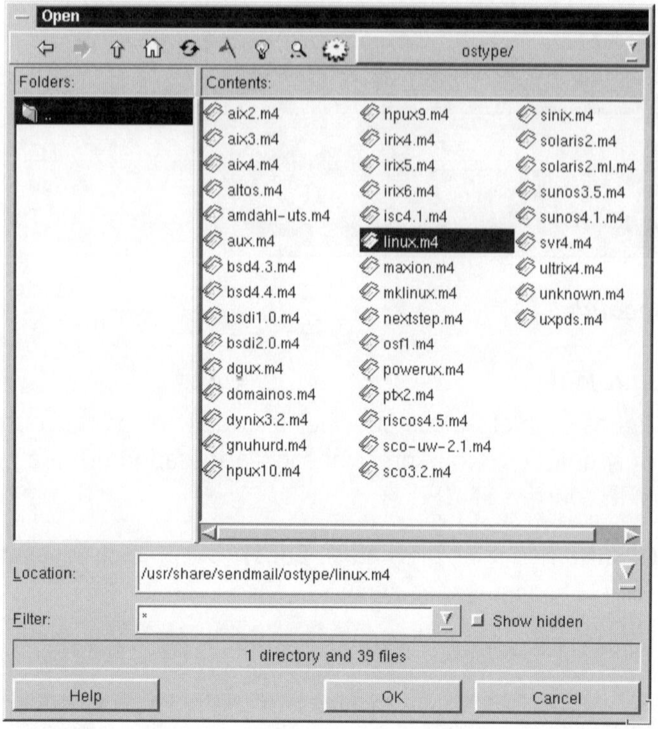

▲ **Fig. 3.31** *Différentes valeurs que peut prendre OSTYPE. Dans notre cas, choisissez linux*

DOMAIN(mydomain.fr)dnl

Tout comme `OSTYPE`, `DOMAIN` est responsable de l'intégration d'un fichier supplémentaire. Les fichiers possibles se trouvent dans le sous-répertoire */domain*. Cette entrée vous permet également de créer votre fichier *mydomain.fr*. Dans ce fichier de domaine, vous pouvez définir des paramètres globaux communs à tous les fichiers *.mc* que vous créez pour votre domaine.

Ce paramètre n'est pas obligatoire. Néanmoins, il est recommandé si vous utilisez plusieurs fichiers de configuration. Nous verrons un exemple dans la suite.

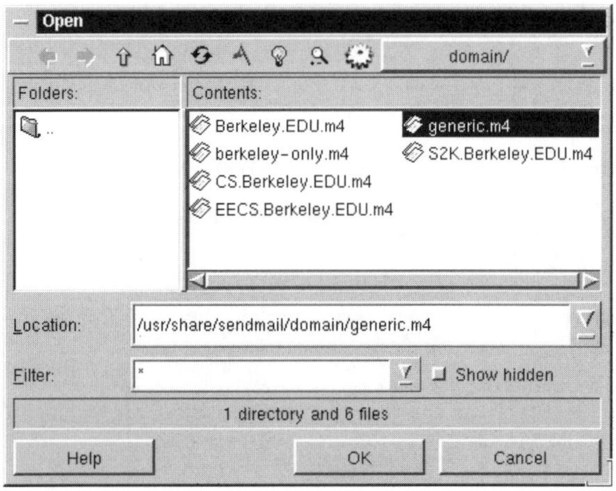

◄ **Fig. 3.32** *Les fichiers du répertoire /domain contiennent des paramètres globaux*

MAILER(local)dnl

MAILER(smtp)dnl

Ces deux lignes permettent de spécifier les applications de courrier électronique (mailer) utilisées. Nous précisons ici l'application utilisée pour le courrier local et le courrier SMTP.

Les valeurs suivantes sont possibles : `local`, `smtp`, `uucp`, `usenet`, `fax`, `pop`, `procmail`, `mail11`, `phquery` et `cyrus`.

Veillez à respecter l'ordre des entrées comme indiqué ci-après :

```
VERSIONID
OSTYPE
DOMAIN
FEATURE
définitions de macros locales
MAILER
LOCAL_RULESET_*
```

Créer un fichier de domaine

Comme nous l'indiquions précédemment, le fichier de domaine contient des paramètres globaux relatifs à la configuration de la messagerie dans notre domaine. Un fichier de domaine classique a la forme indiquée ci-après :

```
divert(-1)dnl
#
#  Ce fichier contient des données de configuration globales
#
divert(0)dnl
VERSIONID('@(#)mydomain.fr.m4 1.0 (mydomain.fr) 5/1/97')
define('confPRIVACY_FLAGS', 'authwarnings,goaway')dnl
FEATURE(use_cw_file)dnl
```

Utiliser FEATURE

Comme vous pouvez le constater dans l'exemple, la macro `FEATURE` est utilisée pour déclencher certaines actions. Nous vous présentons ci-après les paramètres principaux. Le paramètre d'une commande `FEATURE` peut prendre une seule valeur, un second paramètre peut être utilisé en option. Par exemple, `FEATURE(mailertable, dbm /etc/mailertable)` fixe le chemin d'accès à *mailertable* à */etc/mailertable*. Les paramètres suivants sont autorisés :

use_cw_file

Ce paramètre indique à `sendmail` de lire le fichier */etc/sendmail.cw*, dans lequel sont spécifiés des noms optionnels pour l'hôte.

use_ct_file

Indique à `sendmail` de lire le fichier */etc/sendmail.ct*.

redirect

Renvoie tous les messages à l'adresse `Adresse.REDIRECT` avec le commentaire `551 User not local; please try <address>`.

nouucp

Les adresses UUCP ne sont pas traitées de manière spécifique.

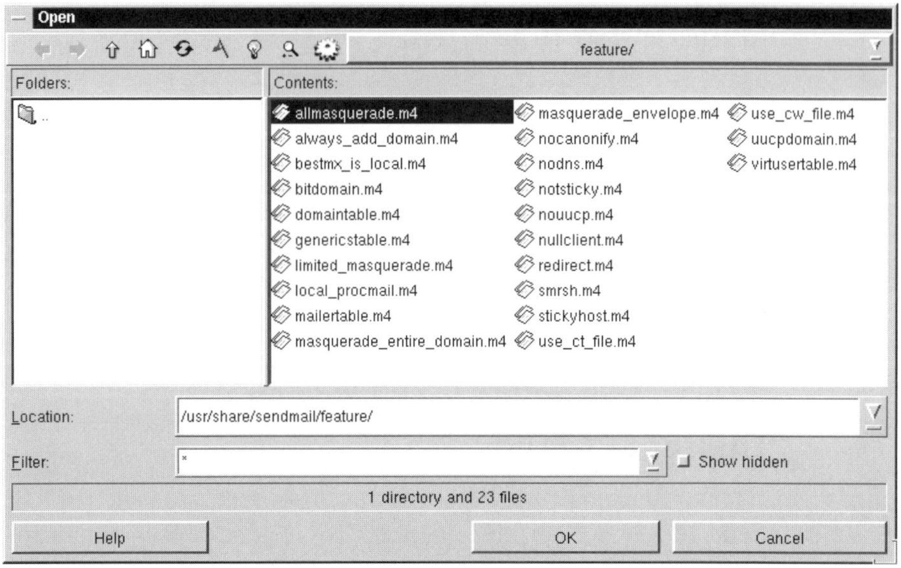

▲ **Fig. 3.33** *Les paramètres possibles pour Feature se trouvent dans le répertoire /feature*

mailertable

Intégration d'une mailertable. Si aucun argument supplémentaire n'est spécifié, la valeur prédéfinie `hash - o /etc/mailertable` est utilisée.

Le tableau doit contenir des Fully Qualified Domain Names, ou des parties de noms de domaines précédés d'un ".". Les paires doivent être de la forme `mailer:domain`, où `mailer` désigne le nom du mailer et `domain` le domaine vers lequel le courrier est redirigé.

virtusertable

Genre d'aliasing, grâce auquel il est possible d'administrer plusieurs domaines virtuels sur un même serveur. Le chemin d'accès par défaut est `hash - o /etc/virtusertable`. Il est possible de le modifier, par exemple à l'aide de la commande `FEATURE(virtusertable, dbm - o /root/virtuser)`.

nodns

Aucun DNS n'existe sur le serveur.

local_procmail

`procmail` doit être utilisé comme mailer local.

Générer un fichier .cf

Vous venez de créer un fichier *mailserver.mc* et, probablement, avez-vous également créé un fichier de domaine, vous pouvez par conséquent générer maintenant le fichier *sendmail.cf* à l'aide de `m4`.

Ouvrez une fenêtre de terminal et passez dans le répertoire */cf* de sendmail, qui doit normalement se trouver sous */usr/share/sendmail/cf*.

Saisissez la commande `m4 ../m4/cf.m4 mailserver.mc > mailserver.cf`.

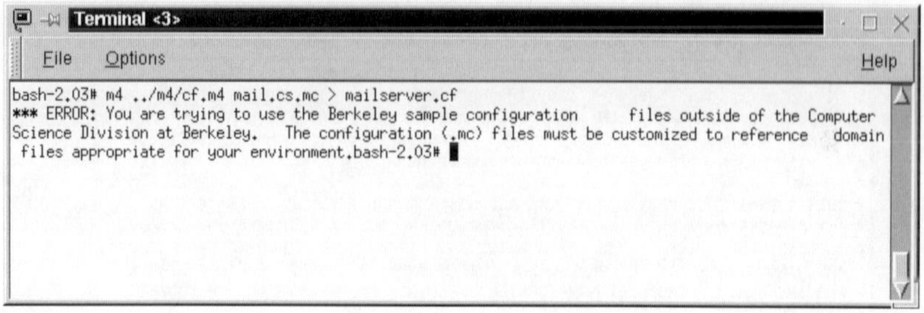

▲ **Fig. 3.34** *Si vous avez utilisé une mauvaise version du système d'exploitation, m4 vous le signale*

Rendez-vous ensuite dans le répertoire contenant le fichier *mailserver.cf* (Pour des raisons de clarté, vous pouvez doter le fichier de sortie d'un chemin d'accès, par exemple */home/Thomas/mailserver.cf*). Vous pouvez à présent tester le fichier en saisissant la commande suivante

```
sendmail -bt -C mailserver.cf.
```

Si le test réussit, copiez le fichier dans le répertoire */etc*.

```
cp mailserver.cf /etc/sendmail.cf
```

Vous avez ainsi mis en place une base à partir de laquelle vous pouvez personnaliser votre configuration. Créez d'abord la base comme nous l'avons décrit, puis modifiez progressivement les valeurs en testant souvent les nouveaux paramètres. En effet, cela vous permettra de réduire les temps de recherche d'éventuelles erreurs.

Tableaux de configuration supplémentaires

Outre les possibilités de configuration décrites jusqu'à présent, `sendmail` permet de modifier le comportement prédéfini du programme par l'intermédiaire de tableaux. Cela permet d'adapter la configuration de `sendmail` à des applications très spécifiques sans modifier pour autant le fichier *sendmail.cf*.

Exemple mailertable

À titre d'exemple, nous nous intéresserons à la mailertable, qui est chargée d'assurer, par exemple, l'utilisation du protocole adéquat pour la redirection de messages vers un hôte.

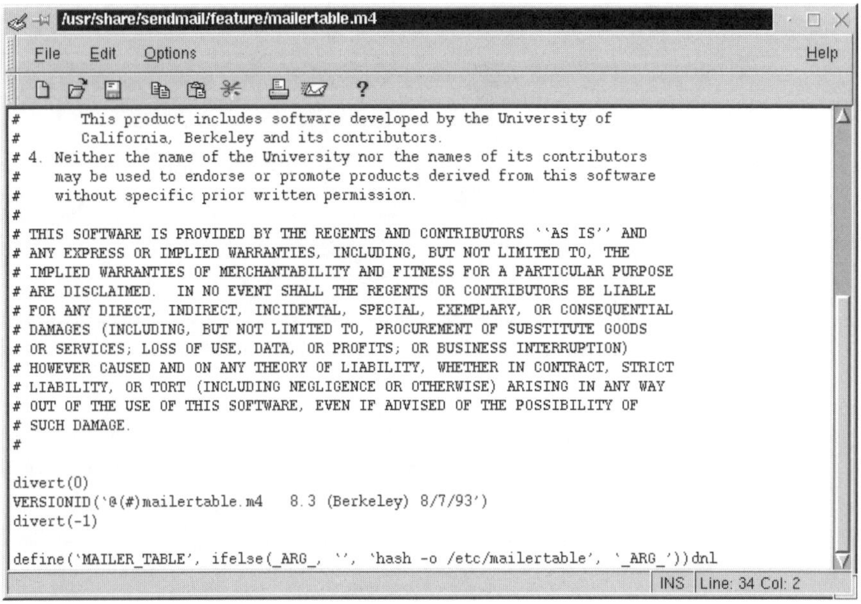

▲ **Fig. 3.35** *Le fichier mailertable.m4, qui se trouve normalement dans le répertoire /etc, contient des paramètres prédéfinis*

Utilisez un éditeur pour saisir les informations de routage sous forme de tableau, par exemple :

```
.mydomain.de          smtp:relay.net.com
uuhost.mydomain.de    uucp:uuhost
```

Ce fichier doit normalement être stocké dans le répertoire */etc* sous le nom *mailertable*. Convertissez ensuite le fichier texte en un format de base de données, par exemple à l'aide de la commande suivante :

```
makemap dbm /etc/mailertable.db < /etc/mailertable
```

Notez bien que sendmail traitera les fichiers de haut en bas. Placez, par conséquent, les règles spécifiques en début de fichier et les règles générales ensuite.

À côté de la mailertable, il existe la uucpxtable (transfert des messages par UUCP), la pathtable (routage via des hôtes distants), les aliases (redirection de messages) ou la virtusertable. Voici encore un exemple :

Grâce aux virtual users (utilisateurs virtuels), vous pouvez rediriger les messages adressés à votre compte POP3 vers un utilisateur du réseau. Pour cela, commencez par créer un tableau à l'aide d'un éditeur :

```
thomas@mydomain.fr      thomasd
joe@mydomain.fr        joe@otherdomain.fr
@mydomain.fr            emmanuel
```

Ces données sont constituées de paires séparées d'une tabulation. La première ligne signifie que les messages adressés à **thomas@mydomain.fr** doivent être redirigés à l'utilisateur ***thomasd*** du réseau. Comme l'indique la seconde ligne, il est également possible de rediriger les messages vers un autre domaine.

La troisième ligne, enfin, signifie que tous les autres messages, c'est-à-dire ceux qui ne correspondent à aucune des règles précédentes (vous retrouvez ici le principe selon lequel les arguments doivent être énumérés du plus spécifique au plus général), doivent être redirigés vers *emmanuel*.

Il vous faut ensuite générer la Virtual User Table à l'aide de la commande ci-après (voir fig. 3.36) :

```
makemap dbm /etc/virtusertable < fichier_source
```

L'extrait de fichier ci-après contient quelques entrées d'exemple, vous montrant comment il est possible d'adapter un système de messagerie à vos besoins personnels. Vous pouvez utiliser ce fichier comme base pour vos propres configurations. Cet exemple vous permet également de constater l'intérêt des tableaux : si vous souhaitez modifier ultérieurement la configuration de votre messagerie, par exemple parce que des utilisateurs ne font plus partie de votre réseau et sont dorénavant joignables sous une adresse d'e-mail différente, il vous suffit de corriger les tableaux et de recréer la base de données à l'aide de **makemap**. Le fichier *sendmail.cf* reste intact, ce qui permet d'éviter un certain nombre d'erreurs.

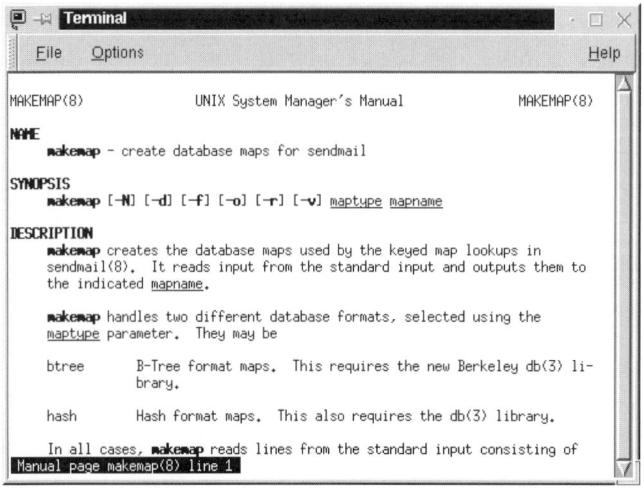

▲ **Fig. 3.36** *La commande makemap permet de créer des bases de données pour sendmail à partir des tableaux créés dans un éditeur de texte*

```
dnl #define(LIBDIR,/usr/local/lib/mail)dnl # Chemin d'accès des fichiers de support
define(LOCAL_MAILER_DEF, mailers.linux)dnl # Mailer local
define(POSTMASTERBOUNCE)dnl # messages refusés renvoyés au postmaster
define(PSEUDODOMAINS, BITNET UUCP)dnl # ne pas utiliser de DNS
dnl # pseudonymes pour la désignation de l'hôte
define(PSEUDONYMS, server.mydomain.fr)
dnl # Nom d'hôte primaire
define(HOSTNAME, linux.mydomain.fr)
dnl # nom UUCP
define(UUCPNAME, linux)dnl
define(UUCPNODES, |uuname|sort|uniq)dnl # nœuds UUCP supplémentaires
define(BANGIMPLIESUUCP)dnl # entrées pour le traitement correct
define(BANGONLYUUCP)dnl #  des messages UUCP
define(RELAY_HOST, my_uucp_neighbor)dnl # Hôte Smart Relay
define(RELAY_MAILER, UUCP-A)dnl # UUCP Relay Mailer
dnl # Tableaux au format dbm
define(ALIASES, LIBDIR/aliases)dnl # Alias système
define(DOMAINTABLE, LIBDIR/domaintable)dnl # Domaines
define(PATHTABLE, LIBDIR/pathtable)dnl # Chemins d'accès
```

```
define(GENERICFROM, LIBDIR/generics)dnl # Adresses From
define(MAILERTABLE, LIBDIR/mailertable)dnl # mailertable
define(UUCPXTABLE, LIBDIR/uucpxtable)dnl # Chemins d'accès aux hôtes UUCP
define(UUCPRELAYS, LIBDIR/uucprelays)dnl # Chemins d'accès aux relais UUCP
```

Au début de ce fichier, le chemin d'accès aux fichiers d'aide est indiqué, le mailer local est défini et le nom d'hôte primaire est fixé à `linux.mydomain.fr`. Puis, suivent des définitions pour le traitement de UUCP. Dans la seconde partie du fichier, sont définis les chemins d'accès aux tableaux à intégrer. Pour modifier rapidement le comportement de **`sendmail`**, remplacez simplement ces tableaux par d'autres. Cette souplesse vous permet d'adapter rapidement **`sendmail`** à de nouvelles conditions de travail, par exemple lorsqu'il faut intégrer de nouveaux utilisateurs ou de nouveaux serveurs au réseau.

Chapitre 4

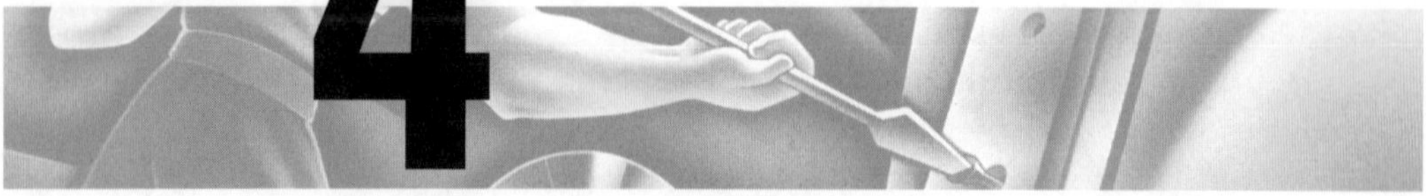

Centre d'informations : serveur web Apache pour l'intranet

4.1	Où trouver le serveur web Apache	118
4.2	Structure et fonctionnement d'Apache	123
4.3	Configuration d'Apache	173
4.4	Fichiers de configuration d'Apache	192

Linux a évolué au cours des dernières années pour devenir un système d'exploitation extrêmement performant et souple. La multitude des applications réseaux proposées n'est pas étrangère au succès de Linux dans le domaine des réseaux, qu'il s'agisse de l'intranet ou d'Internet. La plus célèbre de ces applications est, sans doute, le serveur web Apache (prononcer : êpêtchi). Il s'agit d'une évolution d'une ancienne version du serveur NCSA, avec lequel il a d'ailleurs conservé la compatibilité malgré les améliorations sensibles qui y ont été apportées. Le NCSA, lui, ne s'est pratiquement plus développé depuis.

Le nom du système est le pur reflet de ses origines. En effet, il est formé à la base de code existant (repris de NCSA httpd 1.3 de 1995) et de nombreux patchs (bribes de code supplémentaires corrigeant des erreurs ou ajoutant de nouvelles fonctionnalités). On a donc pris l'habitude de l'appeler "a patchy server" ce qui, par homophonie, a ensuite donné naissance au nom de "Apache server".

Apache est, à l'heure actuelle, le serveur web le plus utilisé de par le monde, puisqu'il détient 56 % des parts du marché d'Internet (source : Netcraft). Il est majoritairement utilisé sous Linux, mais aussi avec d'autres systèmes d'exploitation libres comme FreeBSD et NetBSD, ainsi qu'avec des système UNIX commerciaux, comme Sun Solaris. Les principales raisons de ce succès sont les performances, la stabilité, les possibilités de configuration et, bien sûr, la gratuité de l'application.

Le chapitre suivant est consacré à une description détaillé de ce programme.

4.1 Où trouver le serveur web Apache

Le serveur web Apache fait partie des applications standard de Linux et est considéré comme une "killer application". Ce terme de "killer application" désigne une application qui provoque la migration des utilisateurs vers une application ou un système d'exploitation donné. Apache est également disponible pour Win32 (Microsoft Windows 95/98/NT/2000), néanmoins son utilisation sur ce type de plate-forme est déconseillé par le Apache Group pour des raisons de sécurité. En effet, les systèmes d'exploitation de Microsoft n'offriraient pas une protection suffisante contre les intrusions d'origine interne ou externe.

Apache est livré en standard avec toutes les distributions de Linux. Aussi, vous pouvez commencer votre recherche de l'application sur votre système même. Utilisez l'utilitaire de configuration fourni avec votre distribution de Linux (par exemple YaST pour SuSE ou linuxconf pour Red Hat) pour vérifier si le serveur web est installé sur votre système, et dans l'affirmative quel est son numéro de version. Les explications de cet ouvrage se basant sur la version 1.3.9, vous devriez possédez cette dernière ou une version ultérieure. Si vous utilisez une distribution "mature", fournie avec les sources des applications, vous pouvez vous servir de celles-ci et n'avez donc pas besoin de les télécharger sur Internet.

Avant de nous pencher plus avant sur le fonctionnement d'Apache, nous devons nous assurer que l'application est bien présente sur notre système. Nous vous indiquons ci-après différentes possibilités pour télécharger une version actuelle du serveur web sur Internet. Vous disposez ainsi des sources, ainsi que des fichiers binaires.

On appelle sources ou code source les fichiers rédigés par les programmeurs dans un langage de programmation donné, traités ensuite par un compilateur pour en faire un programme exécutable ou une bibliothèque de programme chargée à la demande.

L'utilisation des sources présente l'avantage de vous permettre de définir vos propres chemins d'accès vers les fichiers de configuration et les données nécessaires à Apache. En outre des modules supplémentaires ne peuvent pas être ajoutés au serveur, si nécessaire. Si (dans un premier temps) vous ne souhaitez pas exploiter ces possibilités, vous pouvez également installer, ou télécharger puis installer, les versions binaires des fichiers. Sachez cependant, dans ce cas, qu'il vous faudra modifier les chemins d'accès des exemples de ce livre en fonction de vos données personnelles. Si vous utilisez la routine d'installation de votre distribution, la liste des fichiers appartenant au paquetage installé devrait vous permettre de déterminer les emplacements cibles des différents fichiers.

Les sources d'Apache sont disponibles en permanence sur le site web officiel : `http://www.apache.org/`.

Il s'agit du serveur web d'Apache Software Foundation, une communauté de programmeurs indépendants travaillant sur Apache et sur des projets connexes.

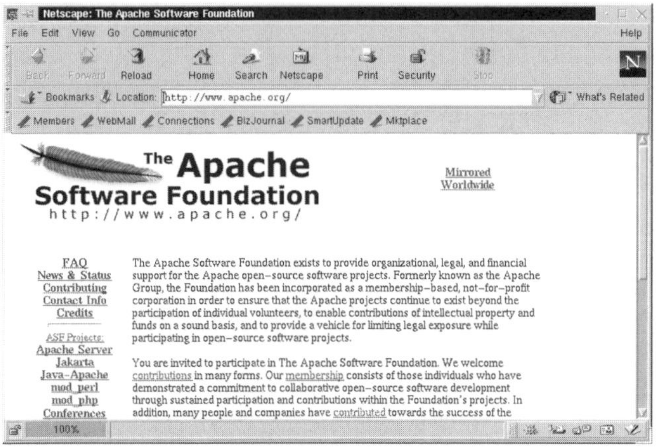

◀ **Fig. 4.1**
La page d'accueil d'Apache Software Foundation sur Internet

Sur ce site, les sources se trouvent dans le répertoire */dist*. Pour garantir un téléchargement le plus rapide possible, jetez un coup d'œil à la page d'accueil d'Apache afin de vérifier s'il n'existe pas un miroir du site plus proche de chez vous. Un clic sur le lien *Apache Server* sur la gauche de la page vous permet d'accéder à la page suivante, la page d'accueil du serveur web Apache, où vous trouverez un lien *Mirrors* vous permettant d'accéder à la liste des serveurs correspondants. Le contenu de ces sites miroirs est identique à celui du serveur original. Les miroirs servent uniquement à proposer des connexions plus rapides si le site d'origine est encombré. Voici deux sites miroirs français officiels :

`http://apache.linuxfr.org/`

`ftp://ftp.lip6.fr/pub/www/apache/dist/`

◀ **Fig. 4.2**
La page d'accueil du serveur web Apache

Rendez-vous sur le site miroir de votre choix et passez dans le sous-répertoire */dist* (l'arborescence des sites est partout identique) ou cliquez sur le lien *Download*. Ce répertoire contient les archives *.tar* des distributions sources dans deux types de formats. L'un compressé à l'aide du programme `compress` et l'autre avec `gzip`. Le format d'archive Z est moins intéressant car, assez ancien, il offre un taux de compression assez faible et est de moins en moins utilisé.

apache_1.3.9.tar.Z : compressé avec `compress`

apache_1.3.9.tar.gz : compressé avec `gzip`

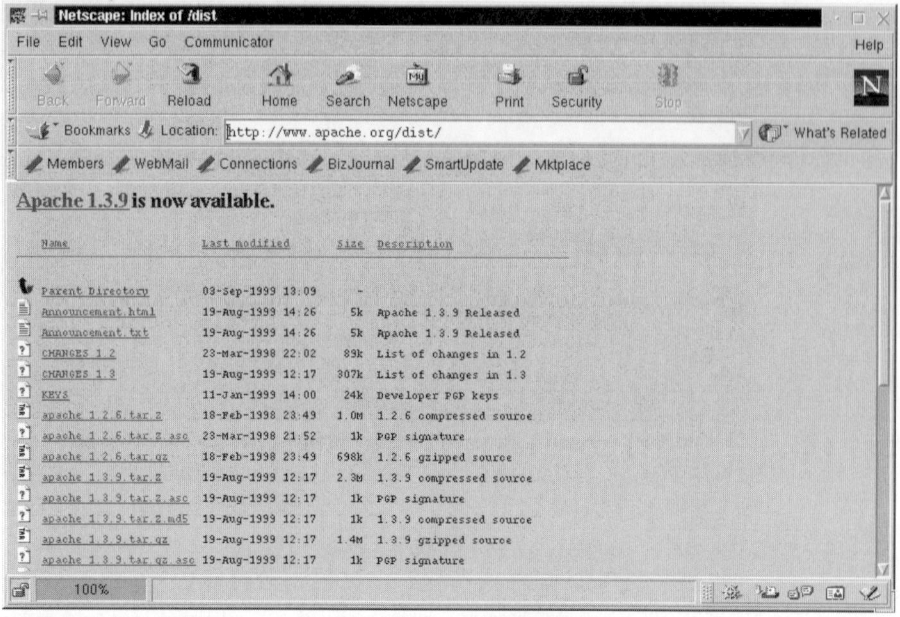

▲ **Fig. 4.3** *Les sources d'Apache dans le répertoire /dist*

Les logiciels libres étant soumis à des modifications et à des développements permanents, le numéro de version peut être différent de celui utilisé ici. Comme vous pouvez le constater, ce numéro de version fait partie intégrante du nom de l'archive. Il suffit de télécharger une seule des archives proposées puisque toutes ont un contenu identique. En règle générale, il est recommandé d'utiliser l'archive compressée avec `gzip` car, en raison de sa taille nettement inférieure, son téléchargement sera sensiblement plus rapide. Par exemple, pour la version 1.3.9, l'archive créée avec `compress` atteint 2 Mo tandis que celle compressée par `gzip` n'affiche que 1,3 Mo.

Outre la distribution source, il est également possible de télécharger les fichiers binaires. Les fichiers binaires sont des sources déjà compilées. Ils sont disponibles pour quasiment toutes les plates-formes existantes et prises en charge mais, comme nous l'avons signalé plus haut, présentent l'inconvénient de ne pas permettre la modification des répertoires cibles et l'installation de patchs, lors de la sortie d'une nouvelle version, contrairement à ce qu'il est de coutume de faire avec les sources. La version source offrant nettement plus de souplesse, c'est elle que nous allons utiliser dans la suite.

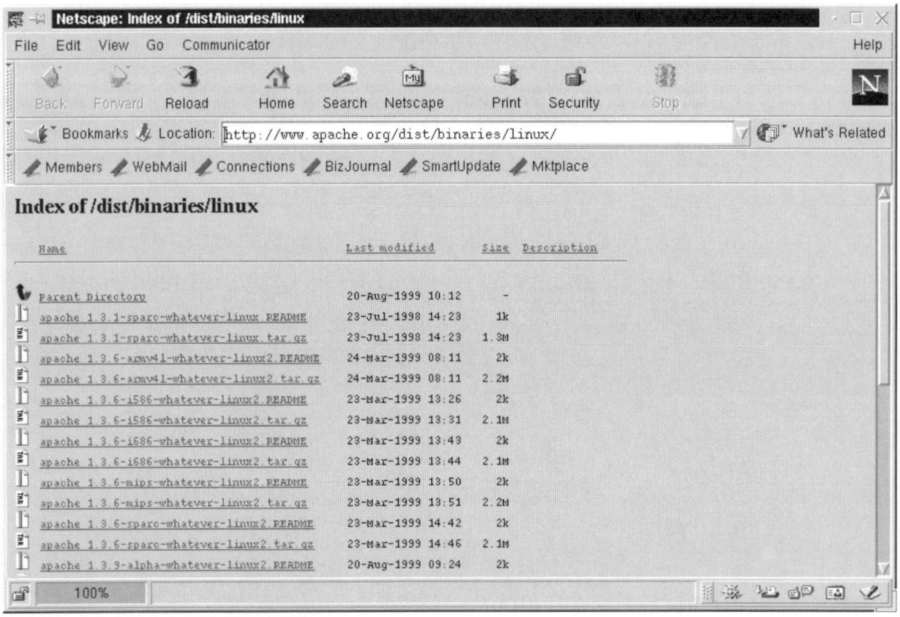

▲ **Fig. 4.4** *Versions binaires du serveur web Apache*

Installez le package source correspondant et rendez-vous dans son répertoire d'installation. Il s'agit toujours d'un sous-répertoire portant le même nom que l'archive (sans l'extension *.tar.Z* ou *.tar.gz*), créé automatiquement lors de la décompression.

Renvoi

> Pour savoir comment procéder ensuite, reportez-vous au paragraphe traitant de l'installation d'Apache dans la suite de ce chapitre.

4.2 Structure et fonctionnement d'Apache

Avant de nous lancer tête baissée dans l'installation et la configuration du serveur web Apache, il convient de se familiariser quelque peu avec l'application. Une connaissance de base des principes de fonctionnement d'Apache peut s'avérer indispensable pour configurer et utiliser le serveur web avec une efficacité optimale.

La diversité des possibilités est telle, qu'il est impossible de toutes les traiter avec des exemples concrets et des textes explicatifs dans le cadre de cet ouvrage. Néanmoins nous nous attacherons à poser les fondements permettant une utilisation efficace de l'application. Pour apprécier toute l'étendue des possibilités qu'offre Apache, il est indispensable d'explorer soi-même les différentes fonctions qu'il propose, en allant bien au-delà de celles que nous présentons ici.

Les communications et les opérations réseau étant rarement exemptes d'erreurs, nous compléterons notre présentation des fonctions et des modules d'Apache par un aperçu des principaux messages d'erreur que vous risquez de rencontrer. Les explications qui les complètent doivent vous permettre de cerner la source des erreurs afin de les résoudre.

Principe de fonctionnement d'Apache

À la base, le serveur web Apache fonctionne d'après un modèle relativement simple. Lorsqu'il est démarré, il parcourt ses fichiers de configuration et s'adapte automatiquement à leurs paramètres. Si l'on se base sur les réglages prédéfinis, il démarre un processus parent sous le compte d'utilisateur *root*. Ce dernier lance, à son tour, quatre autres processus, qui fonctionnent sous l'ID d'utilisateur du processus parent ou sous une autre ID d'utilisateur à définir. Par défaut, le processus parent se met à l'écoute sur le port 80 (le port standard pour http) de l'ordinateur en attente de requêtes, envoyées par l'intermédiaire de ce port. Si une requête est reçue, il donne à un sous-processus (également appelé processus enfant) l'instruction d'y répondre. Ceci se produit sur le même port que celui via lequel les fichiers demandés (pages HTML, images, etc.) sont envoyés et/ou les programmes CGI sont exécutés et leurs sorties retransmises. S'il se trouve dans l'impossibilité de répondre à l'une des requêtes, un message d'erreur correspondant est envoyé en retour.

Un processus enfant est utilisé pour le traitement des requêtes. Dans le cas où tous les processus enfants sont déjà occupés par des requêtes, le processus parent démarre un sous-processus supplémentaire. Un nombre minimum de processus disponibles et un nombre maximum de processus serveurs pouvant être exécutés peuvent être configurés.

En fait, le serveur se borne à transmettre les fichiers et/ou les données demandées à partir de programmes qu'il exécute ou des messages d'erreur correspondants.

Fonctions centrales d'Apache - Grille de référence

Il s'agit des fonctions essentielles du serveur web, utilisables toujours et partout dans les fichiers de configuration, quels que soient les modules installés ou non.

Signalons en guise d'introduction que les chemins d'accès relatifs, c'est-à-dire non précédés du signe /, sont systématiquement interprétés comme des extensions du chemin défini à l'aide de la fonction `ServerRoot`. Seule l'antéposition d'une barre oblique permet l'emploi de chemins d'accès absolus, c'est-à-dire commençant au niveau du répertoire racine /.

Vous trouverez ci-après une liste des fonctions principales d'Apache. Il s'agit d'une grille de référence qui doit vous permettre de vérifier rapidement les caractéristiques d'une fonction en cas de besoin. Si vous souhaitez gagner tout d'abord une vue d'ensemble, vous pouvez les sauter afin d'y revenir ultérieurement au fur et à mesure que les fonctions apparaîtront dans les chapitres qui suivent.

Commençons tout d'abord par une description des termes utilisés dans la grille de référence :

▼ **Tab. 4.1** *Description des termes spécifiques utilisés pour la description des fonctions*

Terme	Description
Syntaxe	Illustre l'utilisation de la fonction au sein du fichier de configuration correspondant.
Réglage par défaut	Indique les paramètres utilisés par le serveur pour la fonction correspondante, si l'administrateur n'en a pas spécifié d'autres.

Terme	Description
Utilisable dans	Indique dans quels cas cette fonction peut être utilisée. Les options possibles sont : Configuration serveur : utilisation limitée aux fichiers httpd.conf, srm.conf et access.conf, ainsi que dans les fichiers de configuration introduits par `Include`, mais pas avec des conteneurs `<VirtualHost>` ou `<Directory>`, ni dans les fichiers .htaccess. `<VirtualHost>`: la fonction peut apparaître au sein d'un fichier de configuration dans un conteneur `<VirtualHost>`. `<Directory>`: la fonction peut apparaître au sein d'un fichier de configuration dans un conteneur `<Directory>`. .htaccess : La fonction peut se trouver dans tout répertoire d'un fichier .htaccess. Selon les paramètres AllowOverride, la fonction risque de ne pas être exécutée.
Override	Indique quelle fonction doit être activée par AllowOverride, pour qu'elle puisse être exécutée dans un fichier .htaccess.

Voici enfin la grille de référence des fonctions principales d'Apache :

▼ **Tab. 4.2** *Les fonctions principales d'Apache*

Fonction	Description
`AccessConfig`	Syntaxe : `AccessConfig fichier` Réglage par défaut : `AccessConfig conf/access.conf` Utilisable dans : Configuration serveur, `<VirtualHost>` Indique l'emplacement du fichier de configuration des accès. L'indication peut se faire par rapport à `ServerRoot` ou sous forme de chemin d'accès absolu en utilisant une barre oblique. La commande suivante désactive l'utilisation du fichier : `AccessConfig /dev/null`
`AccessFileName`	Syntaxe : `AccessFileName fichier fichier ...` Réglage par défaut : `AccessFileName .htaccess` Utilisable dans : Configuration serveur, `<VirtualHost>` Avant que le serveur n'envoie un fichier au client, il recherche le premier fichier de contrôle d'accès dans la liste spécifiée dans chaque répertoire du chemin d'accès du fichier source. Exemple : `AccessFileName .ctrl` Avant d'expédier le fichier /usr/local/www.société.fr/index.html, le serveur recherche les fichiers /.ctrl, /usr/.ctrl, /usr/local/.ctrl et /usr/local/www.société.fr/.ctrl.
`AddModule`	Syntaxe : `AddModule module module ...` Utilisable dans : Configuration serveur Indique quel(s) module(s) doi(ven)t être activé(s) au démarrage du serveur. Il peut s'agir aussi bien de modules compilés dans le serveur que de modules externes. Le module ne doit pas encore être activé. Exemple : `AddModule mod_auth_db mod_auth_dbm` La liste des modules actifs peut être supprimées à l'aide de `ClearModuleList`.

Fonction	Description
AllowOverride	Syntaxe : AllowOverride option option ... Réglage par défaut : AllowOverride All Utilisable dans : <Directory> Indique dans quelle mesure les fichiers .htaccess locaux peuvent écraser les valeurs définies dans les fichiers de contrôle d'accès des répertoires supérieurs. Les options admises sont : All Les fichiers de contrôle d'accès de ce répertoire ne sont soumis à aucune restriction. AuthConfig Permet l'utilisation des fonctions require et de toutes les fonctions Auth. FileInfo Autorise l'utilisation de fonctions de types de documents (AddType, AddEncoding, AddLanguage, etc.). Indexes Permet l'utilisation des fonctions de création d'index (FancyIndexing, AddIcon, AddDescription, etc.). Limit Autorise l'utilisation de allow, deny et order. None Les fichiers de contrôle d'accès ne sont pas pris en compte pour ce répertoire. Options Permet l'utilisation des fonctions Options et XbitHack.
AuthName	Syntaxe : AuthName nom Utilisable dans : <Directory>, .htaccess Override : AuthConfig Cette fonction définit le nom d'une zone d'autorisation pour le répertoire correspondant. Ce nom est transmis au client, pour qu'il sache quel nom d'utilisateur et quel mot de passe il doit utiliser. Si ce nom contient des espaces, il doit être placé entre guillemets. Cette fonction s'utilise en concomitance avec des fonctions comme AuthType, require, AuthUserFile et AuthGroupFile.
AuthType	Syntaxe : AuthType type Utilisable dans : <Directory>, .htaccess Override : AuthConfig Cette fonction définit le type d'authentification à utiliser pour le répertoire correspondant. Pour le moment seuls Basic et Digest sont pris en charge, et Basic constitue l'authentification la plus fréquemment utilisée. Pour fonctionner correctement, cette fonction doit être utilisée parallèlement à des fonctions comme AuthName, require, AuthUserFile et AuthGroupFile.

Fonction	Description

BindAddress	Syntaxe : `BindAddress nom d'hôte`
	Réglage par défaut : `BindAddress *`
	Utilisable dans : Configuration serveur
	Indique sur le port de quelle adresse IP le serveur doit s'attendre à des connexions. Exemple :
	`BindAddress *`
	Le serveur surveille toutes les adresses IP de la machine.
	`BindAddress 192.168.1.97`
	Le serveur surveille uniquement l'adresse IP spécifiée.
	`BindAdress www.mysite.com`
	Le serveur surveille l'adresse correspondant à `www.mysite.com`. Notez que cette fonction ne peut être utilisée qu'une seule fois. Pour bénéficier d'un contrôle plus étendu sur les adresses et les ports, il convient d'utiliser la fonction `Listen`.
	`BindAddress` peut également être utilisé comme alternative à `<VirtualHost>`, en utilisant plusieurs serveurs indépendants, au lieu de `<VirtualHost>`.

ClearModuleList	Syntaxe : `ClearModuleList` Utilisable dans : Configuration serveur Un certain nombre de modules sont activés par défaut au démarrage du serveur. Cette fonction permet de purger cette liste. La commande `AddModule`permet ensuite d'ajouter à cette liste les entrées requises.
ContentDigest	Syntaxe : `ContentDigest on|off` Réglage par défaut : `ContentDigest off` Utilisable dans : Configuration serveur, `<VirtualHost>`, `<Directory>`, .htaccess Override : `Options` Cette fonction permet d'activer la possibilité d'attribuer un en-tête MD5 aux documents (Message Digest 5). MD5 est un algorithme, créant une sorte d'empreinte digitale des données, utilisée pour vérifier si les données ont été modifiées au cours de leur voyage sur les réseaux. L'utilisation de cette option peut poser des problèmes de performances au niveau du serveur, car les sommes de contrôles ne sont pas mémorisées et sont recalculées pour chaque page. Cette fonction ne s'applique qu'aux données centrales, et non à celles des modules (SSI, CGI, ...).
CoreDumpDirectory	Syntaxe : `CoreDumpDirectory répertoire` Réglage par défaut : répertoire identique que pour `ServerRoot` Utilisable dans : Configuration serveur Apache tente normalement d'écrire un fichier Core Dump (fichier de vidage mémoire) dans le répertoire défini par `ServerRoot`. Les utilisateurs normaux n'ayant en règle générale pas accès à ce répertoire en écriture, cette fonction permet de définir un autre emplacement.

Fonction	Description
DefaultType	Syntaxe : `DefaultType type MIME` Réglage par défaut : `DefaultType text/html` Utilisable dans : Configuration serveur, <VirtualHost>, <Directory>, .htaccess Override: FileInfo Il peur arriver que le serveur doive indiquer au client le type de données expédié, si ce dernier n'est pas en mesure de l'identifier tout seul. Pour un répertoire contenant des images JPG, le paramétrage `DefaultType image/jpeg` permettrait de prévenir le cas où l'extension .jpg manque à un fichier.
<Directory>	Syntaxe : <Directory répertoire> ... </Directory> Utilisable dans : Configuration serveur, <VirtualHost> Cette fonction permet de grouper des fonctions, qui s'appliquent uniquement au répertoire spécifié et à ses sous-répertoires. Les caractères *, ? et [ ] peuvent être utilisés pour la spécification des répertoires, tout comme les expressions régulières, auxquels il convient d'antéposer le signe ~. Exemples : <Directory ~ "^/www.mysite.com/lists/.*/[0-9]{4}"> S'applique à tous les répertoires de /www.mysite.com/, dont le nom de compose de quatre chiffres. Il est à noter que depuis la version 1.3 d'Apache, les entrées <Directory> "normales" sont traitées avant celles qui utilisent des expressions régulières. Par ailleurs, sachez que le paramètre par défaut de <Directory /> est `Allow from All`, ce qui a pour conséquence que tous les fichiers présents sur le serveur peuvent être expédiés. Cela constitue une énorme faille dans la sécurité du système, qui doit absolument être contrecarrée à l'aide d'une entrée semblable à ce qui suit : <Directory /> Order Deny, Allow Deny from All </Directory> Les répertoires devant être partagés peuvent être dotés d'une commande spéciale correspondante. Les entrées <Directory> ne peuvent pas être imbriquées et n'ont pas le droit de figurer dans une section <Limit> ou <LimitExcept>.
<DirectoryMatch>	Syntaxe : <DirectoryMatch expression> ... </DirectoryMatch> Utilisable dans : Configuration serveur, <VirtualHost> Cette fonction, semblable à <Directory> remplit la même fonction. Néanmoins, les paramètres de <DirectoryMatch> peuvent uniquement être des expressions régulières, ne nécessitant pas l'antéposition d'un signe ~ mais requérant toutefois l'utilisation de guillemets, comme dans l'exemple de <Directory>.

Fonction	Description
`DocumentRoot`	Syntaxe : `DocumentRoot répertoire/nom de fichier` Réglage par défaut : `DocumentRoot /usr/local/apache/htdocs` Utilisable dans : Configuration serveur, `<VirtualHost>` Cette fonction détermine à quel endroit de l'arborescence Apache commence à lire les fichiers. L'URL demandée est automatiquement complétée en conséquence. Ceci fonctionne uniquement tant qu'il n'y a pas de redirection à l'aide de la commande `Alias`. Exemple : `DocumentRoot /usr/local/www.mysite.com` L'accès à `http://www.mysite.com/index.html` produit l'affichage du document `/usr/local/www.mysite.com/index.html`. Évitez de terminer les spécifications de chemin d'accès par un caractère /, car il semble que le module mod_dir contienne une erreur de programmation, qui risque de poser problème dans ce cas.

`ErrorDocument`	Syntaxe : `ErrorDocument Code d'erreur Document`
	Utilisable dans : Configuration serveur, `<VirtualHost>`, `<Directory>`, .htaccess
	Override : `FileInfo`
	Apache peur réagir de différentes manières en cas de problème ou d'erreur :
	• affichage d'un message d'erreur standard
	• affichage d'un message d'erreur personnalisé
	• redirection vers une adresse locale
	• redirection vers une adresse externe
	La première possibilité est activée par défaut. Cette fonction permet d'activer les trois autres. Exemples :
	`ErrorDocument 400 "Syntax Error in Request`
	`ErrorDocument 401 /errors/get_a_member.html`
	`ErrorDocument 404 http://www.othersite.com/cgi-bin/404.pl`
	Dans le premier cas le message personnalisé est simplement saisi après un signe ". Notez, d'ailleurs que seul un guillemet introductif est nécessaire.
	Le second exemple illustre une redirection vers une adresse interne, où un fichier spécifique est affiché.
	Dans le dernier exemple, la redirection pointe vers une adresse externe, dans ce cas il s'agit d'un script Perl.
	Notez que, pour des raisons liées aux fondements de l'authentification HTTP, `ErrorDocument 401` doit pointer vers une page locale.

`ErrorLog`	Syntaxe : `ErrorLog fichier|syslog[:Facility]` Réglage par défaut : `ErrorLog logs/error_log` Utilisable dans : Configuration serveur, `<VirtualHost>` Cette fonction permet de spécifier un nom et un emplacement pour le stockage du fichier de consignation des erreurs (error log) du serveur. Alternativement, il est possible d'utiliser le démon syslog (`man syslogd(8)`). L'option par défaut est Facility 7. L'option Facility permet de choisir le numéro de Facility à utiliser parmi celles qui sont citées dans syslog(1). Pour des raisons de sécurité, il est recommandé de stocker le fichier de consignation des erreurs dans un endroit, uniquement accessible en écriture par l'utilisateur qui démarre le serveur.

<table>
<tr><th>Fonction</th><th>Description</th></tr>
<tr><td><Files></td><td>Syntaxe : <Files fichier> ... </Files>
Utilisable dans : Configuration serveur, <VirtualHost>, .htaccess
La fonction <Files> offre une extension du contrôle d'accès sur la base de l'extension du fichier. Elle est comparable à <Directory> et <Location> et peut être utilisée au sein d'entrées <Directory>. Comme pour cette dernière, les caractères *, ? et des expressions régulières précédées d'un signe ~ peuvent être employées.
Exemple :
<Files ~ "(gif|jpe?g|png)$">
Cette entrée s'appliquerait à la grande majorité des images utilisées sur Internet.
Notez qu'actuellement, on privilégie la fonction <FilesMatch>.</td></tr>
<tr><td><FilesMatch></td><td>Syntaxe : <FilesMatch expression> ... </FilesMatch>
Utilisable dans : Configuration serveur, <VirtualHost>, .htaccess
Cette fonction est une nouvelle version de <Files>. Au lieu d'un(e) (extension de) fichier, <FilesMatch> utilise une expression régulière non introduite par un signe ~. Exemple :
<FilesMatch "(gif|jpe?g|png)$">
Correspond à l'exemple de <Files>.
<FilesMatch> peut également être utilisé au sein de <Directory>.</td></tr>
<tr><td>Group</td><td>Syntaxe : Group groupe UNIX
Réglage par défaut : Group #-1
Utilisable dans : Configuration serveur, <VirtualHost>
Cette fonction permet de déterminer l'ID de groupe avec laquelle le serveur doit être démarré. Pour des raisons de sécurité, il est déconseillé d'exécuter le serveur en tant qu'utilisateur root. La majorité des administrateurs système exécutent leur serveur sous nobody. Si cette solution ne convient pas ou n'est pas possible, il est recommandé de créer un groupe spécifique à Apache.
Le paramètre Groupe UNIX peut être un nom de groupe ou le numéro correspondant précédé d'un caractère #.
Notez qu'il est important de démarrer le serveur comme utilisateur root pour modifier l'ID de groupe. Si vous le démarrez sous un autre nom d'utilisateur, il reprend l'ID de groupe de celui-ci.</td></tr>
<tr><td>HostNameLookups</td><td>Syntaxe : HostNameLookups on|off|double
Réglage par défaut : HostNameLookups off
Utilisable dans : Configuration serveur, <VirtualHost>, <Directory>
HostNameLookups définit si les adresses IP des clients doivent être résolues afin de stocker les noms des serveurs au lieu des adresses IP dans les fichiers de consignation. Si cette option est souhaitée, elle peut être activée par
HostNameLookups on
Pour s'assurer que l'adresse IP correspond au nom d'hôte et le nom d'hôte à l'adresse IP, il est possible de demander au serveur de vérifier les deux avec l'option
HostNameLookups double</td></tr>
</table>

Fonction	Description
	N'oubliez pas que la résolution des adresses IP prend du temps. Cela ralentit non seulement le transfert de données vers le client, mais occupe également les ressources de l'ordinateur sur lequel le serveur est exécuté. Par conséquent, s'il n'y a pas de raison valable d'activer cette fonction, il vaut mieux s'en passer. L'utilitaire logresolve, qui se trouve dans le répertoire /support, permet de résoudre les adresses IP stockées dans les fichiers de consignation du serveur a posteriori.
IdentityCheck	Syntaxe : `IdentityCheck Bool` Réglage par défaut : `IdentityCheck off` Utilisable dans : Configuration serveur, `<VirtualHost>`, `<Directory>` Lorsque cette fonction est dotée du paramètre on, le processus `identd` fonctionnant coté client doit fournir le nom de l'utilisateur qui a envoyé la requête. Cette information ne fournit absolument aucune garantie et son obtention peut durer un certain temps. Si vous utilisez un firewall, cela peut atteindre 30 secondes. Notamment pour les serveurs connectés à Internet, il est déconseillé d'activer cette fonction.

`<IfDefine>`	Syntaxe : `<IfDefine [!]condition> ... </IfDefine>`
	Utilisable dans : tout
	`<IfDefine>` gère l'exécution conditionnelle d'autres fonctions. Si la condition spécifiée est remplie, les commandes situées dans le bloc `<IfDefine>` sont exécutées. À l'opposé, si la condition est précédée d'un caractère !, les commandes sont uniquement exécutées si la condition n'est pas remplie.
	Les conditions sont des paramètres, transmis dans la ligne de commande sous la forme `httpd - Dparamètre` lors du démarrage d'Apache. Exemple :
	`# httpd - DMD5Digest`
	`<IfDefine MD5Digest>`
	`LoadModule mod_digest libexec/moddigest.so`
	`</IfDefine>`
	Dans cet exemple, la commande `LoadModule` est exécutée car la condition est remplie.
	Les blocs `<IfDefine>` peuvent être imbriqués.

`<IfModule>`	Syntaxe : `<IfModule [!]module> ... </IfModule>`Utilisable dans : tout `<IfModule>` gère l'exécution conditionnelle d'autres fonctions. L'argument à spécifier est un nom de module. Celui-ci doit être indiqué sous forme de nom de fichier pour la compilation (par exemple mod_rewrite.c). La condition est remplie si le module a été compilé. Pour exécuter une commande à condition qu'un module n'est pas compilé, il faut faire précéder le nom du module d'un signe !.
Include	Syntaxe : `Include fichier` Utilisable dans : Configuration serveur Cette fonction permet d'intégrer des fichiers de configuration personnalisés aux fichiers de configuration du serveur.

Fonction	Description
KeepAlive	Syntaxe : KeepAlive on|off Réglage par défaut : KeepAlive on Utilisable dans : Configuration serveur Détermine si le serveur prend en charge les connexions permanentes.
KeepAliveTimeout	Syntaxe : KepAliveTimeout secondes Réglage par défaut : KeepAliveTimeout 15 Utilisable dans : Configuration serveur Indique la durée pendant laquelle le serveur attend entre deux requêtes avant d'interrompre la connexion.
<Limit>	Syntaxe : <Limit méthode méthode ... > ... </Limit> Utilisable dans : tout Cette fonction permet de grouper les fonctions de contrôle d'accès afin de les appliquer à une méthode HTTP donnée. Toutes les fonctions, hormis <Limit> et <Directory>, peuvent être utilisée au sein de <Limit>, néanmoins la plupart ne seront pas concernées. Si une des fonctions de contrôle d'accès est utilisée en dehors d'une section <Limit>, elle s'applique à toutes les méthodes HTTP. Les fonctions les plus fréquemment utilisées sont order, deny, allow et require. Les méthodes sont GET, POST, PUT, DELETE, CONNECT et OPTIONS. Exemple : <Limit GET POST> require valid-user </Limit>
<LimitExcept>	Syntaxe : <LimitExcept méthode méthode ... > ... </LimitExcept> Utilisable dans : tout Equivaut à la fonction <Limit>, mais s'applique à toutes les méthodes HTTP, à l'exception de celles indiquées.
LimitRequestBody	Syntaxe : LimitRequestBody taille Réglage par défaut : LimitRequestBody 0 Utilisable dans : Configuration serveur, <VirtualHost>, <Directory>, .htaccess Cette fonction permet de définir une taille maximale pour le corps (body) des requêtes HTTP. Exprimée en octets, cette taille est un nombre entier situé entre 0 (illimité) et 2147483647 (2 Go).
LimitRequestFields	Syntaxe : LimitRequestFields nombre Réglage par défaut : LimitRequestFields 100 Utilisable dans : Configuration serveur Cette fonction permet de définir le nombre maximal d'en-tête de requête pouvant être contenu dans une requête HTTP pour que celle-ci soit traitée. Ce nombre est un entier situé entre 0 (illimité) et 32767.
LimitRequest Fieldsize	Syntaxe : LimitRequestFieldsize taille Réglage par défaut : LimitRequestFieldsize 8190 Utilisable dans : Configuration serveur Cette fonction permet de réduire la taille des champs des requêtes en-dessous de la limite maximale de 8190 octets.

Fonction	Description
LimitRequestLine	Syntaxe : LimitRequestLine taille Réglage par défaut : LimitRequestLine 8190 Utilisable dans : Configuration serveur Cette fonction permet de réduire la ligne de requête en-dessous de la limite maximale de 8190 octets.
Listen	Syntaxe : Listen [adresse IP:]Numéro de port Utilisable dans : Configuration serveur Normalement, le serveur est à l'écoute sur toutes les adresses IP de l'ordinateur, mais uniquement sur le port indiqué par Port. Listen peut être utilisé à la place des fonctions Port et BindAddress pour écouter sur une combinaison d'adresse et de port précise et peut être exécuté en plusieurs exemplaires pour écouter sur plusieurs combinaisons. Exemples : Listen 80 Listen 8080 Listen 192.168.1.96:80 Listen 192.168.1.89:8080 Dans certains cas, il faudra tout de même utiliser la fonction Port pour vous assurer que les URL générées par Apache et pointant sur le serveur lui-même fonctionnent correctement.
ListenBacklog	Syntaxe : ListenBacklog nombre Réglage par défaut : ListenBacklog 511 Utilisable dans : Configuration serveur Indique le nombre de demandes de connexions pouvant être acceptées.
<Location>	Syntaxe : <Location URL> ... </Location> Utilisable dans : Configuration serveur, <VirtualHost> Cette fonction permet un contrôle d'accès en fonction de l'URL. Pour tous les accès directs sans proxy, les URL devraient être spécifiées sous la forme /répertoire/. Si l'accès se fait par l'intermédiaire d'un proxy, il convient d'indiquer une URL complète du type http://www.myserver.com/data. L'utilisation de * et ? est autorisée dans les URL, de même des expressions régulières précédées du signe ~ peuvent être employées. Cette fonction est, par exemple, utile lorsqu'elle est utilisée avec la fonction SetHandler : <Location /status> SetHandler server-status order deny,allow deny from all allow from .we.are.allowed.com </Location> Ceci autorise uniquement les requêtes d'état à partir d'ordinateurs définis comme sous-domaines de .we.are.allowed.com.
<LocationMatch>	Syntaxe : <LocationMatch expression> ... </LocationMatch> Utilisable dans : Configuration serveur, <VirtualHost> S'utilise comme <Location>. Au lieu d'une chaîne de caractères, on ne peut employer ici qu'une expression régulière, qui ne doit pas être précédée d'un signe ~.

Fonction	Description
LockFile	Syntaxe : LockFile fichier Réglage par défaut : LockFile logs/accept.lock Utilisable dans : Configuration serveur Permet de modifier la position du fichier de verrouillage (lock file). Ceci devrait uniquement être fait si le serveur accède à des répertoires NFS. Le fichier de verrouillage devant se trouver sur un disque dur local, cette option permet de forcer un emplacement, si nécessaire.
LogLevel	Syntaxe : LogLevel niveau Réglage par défaut : LogLevel error Utilisable dans : Configuration serveur, <VirtualHost> Indique le type de messages d'erreur devant être inscrits dans le fichier de consignation des erreurs. Les niveaux disponibles sont : emerg Erreurs forçant le serveur à se terminer. alert Erreurs inattendues pendant l'exécution du programme. Le serveur peut continuer de fonctionner ou non. crit Conditions critiques lors de l'exécution du programme. error Conditions d'erreur lors de l'exécution du programme. warn Avertissements lors de l'exécution. notice Conditions normales pour information. info Affiche des messages d'information. debug Messages de recherche d'erreurs dans le programme. Tous les messages correspondant au niveau spécifié ainsi qu'à tous les niveaux supérieurs sont affichés. Pour détecter les possibilités d'optimisation du serveur en cours de fonctionnement, il est conseillé d'utiliser le niveau info, qui renvoie des informations utiles sur les paramètres du serveur. En utilisation normale, il est recommandé d'exécuter le serveur au moins en niveau crit.
MaxClients	Syntaxe : MaxClients nombre Réglage par défaut : MaxClients 256 Utilisable dans : Configuration serveur Indique le nombre maximum de sous-processus, c'est-à-dire de connexions, simultanés possibles. Pour en autoriser plus de 256, il faut modifier l'entrée HARD_SERVER_LIMIT dans le fichier source httpd.h, puis recompiler et réinstaller le serveur.
MaxKeepAlive Requests	Syntaxe : MaxKeepAliveRequests nombre Réglage par défaut : MaxKeepAliveRequests 100 Utilisable dans : Configuration serveur Si les connexions permanentes sont activées avec KeepAlive On, cette fonction définit le nombre de connexions de ce type autorisé. 0 correspond à un nombre illimité de connexions.

Fonction	Description
MaxRequests PerChild	Syntaxe : MaxRequestsPerChild nombre Réglage par défaut : MaxRequestsPerChild 0 Utilisable dans : Configuration serveur Indique le nombre de requêtes pouvant être traitées simultanément par un sous-processus, avant de se terminer. La valeur par défaut 0 assure qu'il ne se termine pas lui-même. La modification de la valeur prédéfinie permet d'éviter l'occupation inutile de grandes quantités de mémoire, si un manque de mémoire imprévu survient. En outre, la définition d'une durée de vie permet de réduire automatiquement le nombre de processus si l'occupation du système diminue.
MaxSpareServers	Syntaxe : MaxSpareServers nombre Réglage par défaut : MaxSpareServers 10 Utilisable dans : Configuration serveur Cette fonction permet de définir le nombre maximum de processus serveur inactifs. Si ce nombre est dépassé, le processus parent termine les sous-processus superflus.
MinSpareServers	Syntaxe : MinSpareServers nombre Réglage par défaut : MinSpareServers 5 Utilisable dans : Configuration serveur Définit le nombre minimum de processus serveurs inactifs, en attente d'un requête.
NameVirtualHost	Syntaxe : NameVirtualHost adresse[:port] Utilisable dans : Configuration serveur Cette fonction permet la configuration de serveurs virtuels basés noms. Un nom d'hôte peut être indiqué sous adresse, néanmoins une adresse IP est préférable. En option, il est possible d'indiquer un port précis. Exemple : NameVirtualHost 192.168.1.99:8080
Options	Syntaxe : Options [+|-]option [+|-]option ... Réglage par défaut : Options All Utilisable dans : Configuration serveur, <VirtualHost>, <Directory>, .htaccess Override : Options Cette fonction permet l'activation et la désactivation de fonctionnalités spécifiques du serveur web Apache. Les options sont : All Toutes les options sauf MultiViews sont activées. ExecCGI Permet l'exécution de scripts CGI. FollowSymLinks Le serveur suit des liens symboliques dans des répertoires, sauf si vous utilisez <Location>. Le chemin d'accès n'est pas modifié pour pointer vers le nouvel emplacement. Includes Permet l'utilisation de fonctionnalités SSI (Server Side Includes). IncludesNOEXEC Autorise les fonctionnalités SSI, mais pas les commandes CGI #exec et #include.

Fonction	Description

	`Indexes`
	Renvoie une liste mise en forme du contenu d'un répertoire, lorsqu'une URL pointe sur un répertoire dans lequel aucun fichier correspondant à `DirectoryIndex` (index.html et/ou index.htm) n'est présent.
	`MultiViews`
	Autorise des `MultiViews` au contenu modifié.
	`SymLinksIfOwnerMatch`
	Un lien symbolique peut uniquement être suivi si le fichier/le répertoire, sur lequel il pointe et le lien lui-même possèdent la même ID d'utilisateur. Cette option est ignorée au sein de `<Location>`.
	Que les options soient personnalisées ou réglées à leur valeur par défaut, elles peuvent être activées et désactivées à l'aide des signes + et/ou -.

`PidFile`	Syntaxe : `PidFile fichier` Réglage par défaut : `PidFile logs/httpd.pid` Utilisable dans : Configuration serveur Indique l'emplacement le nom du fichier dans lequel est stocké l'ID de processus du serveur en mode autonome.
`Port`	Syntaxe : `Port numéro` Réglage par défaut : `Port 80` Utilisable dans : Configuration serveur Le numéro de port est un nombre entre 0 et 65535, en sachant que certains ports (surtout en deça de 1024) sont réservés pour des protocoles précis. Les informations spécifiées ici sont ignorées si d'autres réglages ont été effectués avec `Listen` ou `BindAdress`. De façon générale, ce paramètre ne s'applique pas non plus aux serveurs virtuels.

`require`	Syntaxe : `require user|group|valid-user nom nom ...`
	Utilisable dans : `<Directory>`, .htaccess
	Override : `AuthConfig`
	Cette fonction définit quels utilisateurs authentifiés sont autorisés à visualiser le contenu du répertoire.
	`require user UID UID ...`
	Seuls les utilisateurs indiqués (spécifiés sous forme de nom ou d'ID utilisateur) ont accès au répertoire.
	`require group groupe groupe ...`
	Seuls les utilisateurs des groupes spécifiés ont accès au répertoire.
	`require valid-user`
	Tous les utilisateurs autorisés ont accès au répertoire.

`ResourceConfig`	Syntaxe : `ResourceConfig fichier` Réglage par défaut : `ResourceConfig conf/srm.conf` Utilisable dans : Configuration serveur, `<VirtualHost>` Indique l'emplacement et le nom du fichier de configuration des ressources. S'il le chemin n'est pas précédé d'une barre oblique (/), il est interprété à partir de `ServerRoot`. La saisie de `ResourceConfig /dev/null` désactive l'intégration de ce fichier.

Fonction	Description
RLimitCPU	Syntaxe : RLimitCPU secondes ou 'max' [secondes ou 'max'] Réglage par défaut : non défini, utilise les paramètres par défaut du système d'exploitation Utilisable dans : Configuration serveur, <VirtualHost> Un ou deux paramètres peuvent être spécifiés. Le première correspond à la Soft Resource Limit et le second à la Resource Limit maximale. Indique en fait combien de secondes d'affilée un sous-processus est autorisé à occuper le processeur.
RLimitMEM	Syntaxe : RLimitMEM nombre ou 'max' [nombre ou 'max'] Réglage par défaut : non défini, utilise les paramètres par défaut du système d'exploitation Utilisable dans : Configuration serveur, <VirtualHost> Un ou deux paramètres peuvent être spécifiés. Le première correspond à la Soft Resource Limit et le second à la Resource Limit maximale. Indique le nombre d'octets qu'un sous-processus unique a le droit d'occuper.
RLimitNPROC	Syntaxe : RLimitNPROC nombre ou 'max' [nombre ou 'max'] Réglage par défaut : non défini, utilise les paramètres par défaut du système d'exploitation Utilisable dans : Configuration serveur, <VirtualHost> Un ou deux paramètres peuvent être spécifiés. Le première correspond à la Soft Resource Limit et le second à la Resource Limit maximale. Indique le nombre de sous-processus pouvant être lancés par le serveur.
Satisfy	Syntaxe : Satisfy any|all Réglage par défaut : Satisfy all Utilisable dans : <Directory>, .htaccess Si l'accès est restreint aussi bien par le nom d'utilisateur et le mot de passe que l'adresse hôte, cette fonction indique si une seule ou les deux conditions doivent être remplies. Exemples : Satisfy any L'accès peut être autorisé par une combinaison nom d'utilisateur/mot de passe ou par l'adresse IP. Satisfy all Les deux conditions doivent être vérifiées pour que l'accès soit autorisé.
ScoreBoardFile	Syntaxe : ScoreBoardFile Fichier Réglage par défaut : ScoreBoardFile logs/apache_status Utilisable dans : Configuration serveur Indique l'emplacement du fichier par l'intermédiaire duquel le serveur communique avec ses sous-processus. Le chemin d'accès du fichier de communication n'est pas requis sur tous les systèmes. En cas de doute, il peut être utile de vérifier si le serveur crée ce fichier.
SendBufferSize	Syntaxe : SendBufferSize octets Utilisable dans : Configuration serveur Cette option permet de déterminer la taille du tampon TCP.

Fonction	Description
`ServerAdmin`	Syntaxe : `ServerAdmin adresse e-mail` Utilisable dans : Configuration serveur, `<VirtualHost>` Permet d'indiquer l'adresse e-mail de la personne responsable du serveur. Cette adresse est incluse dans les messages d'erreurs que le serveur transmet au client. `ServerAdmin webmaster@mydomain.com`
`ServerAlias`	Syntaxe : `ServerAlias hôte1 hôte2 ...` Utilisable dans : `<VirtualHost>` Définit un nom de serveur alternatif pour l'utilisation avec des serveurs virtuels basés sur les noms.
`ServerName`	Syntaxe : `ServerName nom de domaine` Utilisable dans : Configuration serveur, `<VirtualHost>` Permet de définir le nom de serveur du serveur web. Celui-ci est uniquement utilisé pour les redirections et doit être un nom d'hôte complet. Exemple : `ServerName www.mydomain.com`
`ServerPath`	Syntaxe : `ServerPath chemin d'accès` Utilisable dans : `<VirtualHost>` Définit le répertoire pour les hôtes virtuels, auquel il convient d'accéder en cas d'accès à l'hôte virtuel.
`ServerRoot`	Syntaxe : `ServerRoot fichier` Réglage par défaut : `ServerRoot /usr/local/apache` Utilisable dans : Configuration serveur Indique le répertoire où sont stockés tous les fichiers et sous-répertoires (par exemple conf et logs) concernant le serveur.
`ServerSignature`	Syntaxe : `ServerSignature Off|On|Email` Réglage par défaut : `ServerSignature Off` Utilisable dans : Configuration serveur, `<VirtualHost>`, `<Directory>`, .htaccess Cette fonction permet la définition d'un pied de page sur chaque page générée par le serveur (messages d'erreurs, etc.). Cette ligne indique la version et le nom du serveur de `<VirtualHost>`. `EMail` permet, en outre, d'insérer un lien vers l'adresse e-mail de l'administrateur.

`ServerTokens`	Syntaxe : `ServerTokens Minimal|OS|Full`
	Réglage par défaut : `ServerTokens Full`
	Utilisable dans : Configuration serveur
	Détermine le type d'en-tête envoyé en réponse aux requêtes client. Exemples :
	`Minimal`
	Serveur : Apache/1.3.9
	`OS`
	Serveur : Apache/1.3.9 (Unix)
	`Full`
	Serveur : Apache/1.3.9 (Unix) PHP/3.0

Fonction	Description

ServerType	Syntaxe : `ServerType type`
	Réglage par défaut : `ServerType standalone`
	Utilisable dans : Configuration serveur
	Indique de quelle manière le serveur doit être démarré par le système.
	`inetd`
	Le processus système `inetd` démarre le serveur à la demande. Pour cela, une entrée correspondante doit figurer dans /etc/inetd.conf.
	`standalone`
	Le serveur est lancé comme démon et les commandes de démarrage figurent dans les scripts de démarrage système. Notez que le mode `inetd` est déconseillé et doit être évité à tout prix !

StartServers	Syntaxe : `StartServers nombre` Réglage par défaut : `StartServers 5` Utilisable dans : Configuration serveur Indique le nombre de sous-processus lancés au démarrage du serveur en attente de connexions.
TimeOut	Syntaxe : `TimeOut nombre` Réglage par défaut : `TimeOut 300` Utilisable dans : Configuration serveur Indique le délai en secondes, pendant lequel Apache attend une action avant d'interrompre une connexion.

UseCanonicalName	Syntaxe : `UseCanonicalName on|off`
	Réglage par défaut : `UseCanonicalName on`
	Utilisable dans : Configuration serveur, <VirtualHost>, <Directory>, .htaccess
	Override : `Options`
	`on`
	Apache utilise <ServerName> et <Port> pour créer une URL qui le représente.
	`off`
	Apache construit sa propre URL à base de paramètres clients, ce qui est normalement le cas lorsque des serveurs virtuels sont utilisés.

User	Syntaxe : `User ID d'utilisateur Unix` Réglage par défaut : `User #-1` Utilisable dans : Configuration serveur, <VirtualHost> Définit l'ID d'utilisateur par laquelle le serveur répond. Il est possible d'indiquer aussi bien un nom d'utilisateur qu'une ID d'utilisateur numérique. De nombreux administrateurs emploient l'utilisateur nobody.

Fonction	Description
<VirtualHost>	Syntaxe : `<VirtualHost adresse[:port] ... > ... </VirtualHost>` Utilisable dans : Configuration serveur Cette fonctions permet de configurer un serveur virtuel. Pour l'adresse, il est possible d'indiquer aussi bien une adresse IP qu'un nom d'hôte complet. Adresse IP, nom d'hôte ou port doivent néanmoins différer de ceux spécifiés dans la configuration principale. Avec le paramètre spécial `_default_`, le serveur virtuel utilise une adresse libre quelconque, non utilisée par un autre serveur virtuel. Il est recommandé d'utiliser * sous `port` afin de n'en exclure aucun. Notez que `<VirtualHost>` ne modifie pas les adresses sur lesquelles Apache est à l'écoute. Pour les modifier il convient d'utiliser `BindAdress` ou `Listen`.

Modules serveur d'Apache : grille de référence

Après avoir présenté les fonctions principales d'Apache, nous allons nous intéresser à leurs extensions, les modules. Ces derniers constituent en quelque sorte le centre vital du serveur web, dont l'utilisation est quasiment impensable sans ces modules.

Notez bien que les modules qui ne sont plus utilisés avec la version d'Apache présentée ici ou dont l'utilisation est déconseillée n'apparaissent pas dans la grille de référence ci-après, dans la mesure où leurs fonctions ont été reprises par de nouveaux modules !

De même, il convient de préciser que de nombreuses fonctions requièrent des connaissances de base sur l'utilisation du shell système et/ou des expressions régulières. Par ailleurs, on trouve pour un petit nombre de fonctions, un très grand nombre de variables spécifiques. Une description détaillée de toutes ces fonctions et variables dépasserait largement des limites de cet ouvrage et serait en majeure partie probablement peu utile.

Renvoi

> Sachez toutefois, qu'en cas de besoin, vous pouvez recourir à la documentation HTML (fournie et installée en standard avec le serveur web Apache), où toutes les fonctions sont décrites en détails. Pour en savoir plus, reportez-vous au chapitre traitant de l'exploitation d'Apache.

Veuillez trouver ci-après une liste des modules disponibles indiquant également lesquels sont automatiquement compilés avec le serveur. Pour pouvoir utiliser les fonctionnalités d'un module non compilés, il convient de l'activer lors de la configuration des sources, avant l'installation de ces dernières.

Renvoi

Pour de plus amples renseignements, consultez le paragraphe intitulé Configuration d'Apache dans la suite de ce chapitre.

▼ **Tab. 4.3** *Modules Apache*

Module	Compilé	Description
mod_access	+	Contrôle d'accès via l'adresse IP ou le nom d'hôte
mod_actions	+	Scripts CGI
mod_alias	+	Redirection des accès au sein du système de fichiers
mod_asis	+	Prise en charge des fichiers .asis
mod_auth	+	Authentification utilisateur
mod_auth_anon	-	Authentification utilisateur anonyme
mod_auth_db	-	Authentification utilisateur par fichiers DB
mod_auth_dbm	-	Authentification utilisateur par fichiers DBM
mod_autoindex	-	Création automatique d'un index des répertoires
mod_cgi	+	Exécution de scripts CGI
mod_digest	-	Authentification utilisateur avec MD5
mod_dir	+	Manipulation des répertoires
mod_env	+	Traitement de variables d'environnement
mod_expires	-	Génération d'un en-tête `expire`
mod_headers	-	Traitement d'en-tête de réponse http
mod_imap	+	Prise en charge des images interactives
mod_include	+	SSI (Server Side Includes)
mod_info	-	Informations sur les données serveur
mod_log_config	+	Consignation des requêtes
mod_mime	+	Gestion MIME
mod_mime_magic	-	Gestion MIME par le contenu des fichiers
mod_mmap_static	-	Mappage mémoire des fichiers
mod_negotiation	+	Sélection du contenu
mod_proxy	-	Server proxy
mod_rewrite	-	Description d'URL
mod_setenvif	+	Traitement conditionnel de variables d'environnement
mod_so	-	Chargement dynamique de modules
mod_speling	-	Correction d'éventuelles erreurs de frappe dans les URL
mod_status	-	Génération de pages d'état du serveur
mod_userdir	+	Répertoires maisons

Module	Compilé	Description
mod_usertrack	-	Surveillance des utilisateurs par l'intermédiaire de cookies

Le tableau suivant présente les termes utilisés dans la grille de référence des modules serveur :

▼ **Tab. 4.4** *Description des termes spécifiques utilisés pour la description des fonctions*

Terme	Description
Syntaxe	Illustre l'utilisation de la fonction au sein du fichier de configuration correspondant.
Réglage par défaut	Indique les paramètres utilisés par le serveur pour la fonction correspondante, si la fonction n'est pas définie autrement dans les fichiers de configuration.
Utilisable dans	Indique dans quels cas cette fonction peut être utilisée. Les options possibles sont : Configuration serveur : utilisation limitée aux fichiers httpd.conf, srm.conf et access.conf, mais pas avec des conteneurs `<VirtualHost>` ou `<Directory>`, ni dans les fichiers .htaccess. `<VirtualHost>`: la fonction peut apparaître au sein d'un fichier de configuration dans un conteneur `<VirtualHost>`. `<Directory>`: la fonction peut apparaître au sein d'un fichier de configuration dans un conteneur `<Directory>`. .htaccess : La fonction peut se trouver dans tout répertoire d'un fichier .htaccess. Selon les paramètres AllowOverride, la fonction risque de ne pas être exécutée.
Override	Indique quelle fonction doit être activée par AllowOverride, pour qu'elle puisse être exécutée dans un fichier .htaccess.

Nous arrivons à présent à la liste alphabétique des modules serveur accompagnés des fonctions correspondantes. Comme pour la liste des fonctions principales d'Apache, il est de peu d'intérêt de lire ces informations au fil du texte. Il s'agit bien plus d'une grille de référence destinée à une consultation ponctuelle. Néanmoins, si vous le souhaitez, vous pouvez la parcourir telle quelle afin de vous faire une idée de la diversité des fonctions du serveur web, qui dépasse toutefois très largement celles présentées dans cet ouvrage.

mod_access

Ce module établit quels clients ont accès à des répertoires du serveur. Cette décision est prise sur la base de l'adresse IP du client ou de son nom d'hôte.

▼ **Tab. 4.5** *Fonctions de mod_access*

Fonction	Description

`allow`	Syntaxe : `allow from hôte hôte ...`
	Utilisable dans : `<Directory>`, .htaccess
	Override : `Limit`
	Cette fonction détermine quel hôte aura accès à un répertoire donné. `hôte` peut prendre diverses valeurs. la valeur `all` indique que tous les hôtes ont un droit d'accès. La saisie de noms d'hôtes et d'adresses IP est également possible. Tous deux peuvent être spécifiées partiellement pour limiter l'accès aux sous-réseaux. Une autre possibilité consiste à indiquer une paire d'adresses composée de l'adresse IP et du masque réseau. Exemples :
	`allow from mydomain.net`
	`allow from .yourdomain.net`
	`allow from 192.168.3.`
	`allow from 10.1.0.0/255.255.0.0`

`allow`	Syntaxe : `allow from env=variable`
	Utilisable dans : `<Directory>`, .htaccess
	Override : `Limit`
	Cette fonction pilote l'accès à des répertoires en fonction de la présence ou non d'une variable d'environnement. Exemple :
	`BrowserMatch ^Yourdomain/4.2 I_WANT_ACCESS`
	`<Directory /data>`
	`order deny,allow`
	`deny from all`
	`allow from env=I_WANT_ACCESS`
	`</Directory>`

`deny`	Syntaxe : `deny from hôte hôte ...`
	Utilisable dans : `<Directory>`, .htaccess
	Override : `Limit`
	Cette fonction détermine quel hôte aura accès à un répertoire donné. `hôte` peut prendre diverses valeurs, correspondant à celles de `allow`. Exemples :
	`deny from LetMeIn.com`
	`deny from .disturber.org`
	`deny from 192.168.7.`
	`deny from 10.3.0.0/255.255.0.0`

`deny`	Syntaxe : `deny from env=variable`
	Utilisable dans : `<Directory>`, .htaccess
	Override : `Limit`
	Cette fonction pilote l'accès à des répertoires en fonction de la présence ou non d'une variable d'environnement. Exemple :
	`BrowserMatch ^Disturber/3.4 STAY_OUTSIDE`
	`<Directory /data>`
	`order allow,deny`
	`allow from all`
	`deny from env=STAY_OUTSIDE`
	`</Directory>`

Fonction	Description

`order`	Syntaxe : `order succession`
	Réglage par défaut : `order deny,allow`
	Utilisable dans : `<Directory>`, .htaccess
	Override : `Limit`
	Indique dans quel ordre les fonctions `allow` et `deny` sont traitées. Cet ordre peut être :
	`deny,allow`
	Les fonctions `deny` sont traitées avant les fonctions `allow` (valeur possible au démarrage).
	`allow,deny`
	Les fonctions `allow` sont traitées avant les fonctions `deny` (valeur interdite au démarrage).
	`mutual-failure`
	Seuls les hôtes apparaissant dans la liste `allow` et n'apparaissant pas dans la liste `deny` obtiennent un droit d'accès (valeur quelconque au démarrage).
	Exemple :
	`order deny,allow`
	`deny from all`
	`allow from .allowed.user.com`
	Tous les hôtes du domaine `allowed.user.com` bénéficient du droit d'accès, tous les autres non.

mod_actions

Ce module permet de lancer des scripts CGI en fonction du type de fichier demandé.

▼ **Tab. 4.6** *Fonctions de mod_actions*

Fonction	Description
`Action`	Syntaxe : `Action action script CGI` Utilisable dans : Configuration serveur, `<VirtualHost>`, `<Directory>`, .htaccess Override : `FileInfo` Cette fonction démarre le script CGI indiqué lorsque l'action spécifiée est exécutée. L'action peut être soit un handler (valeur numérique) ou un type MIME. L'URL demandée et le chemin d'accès sont transmis à l'aide des variables d'environnement `PATH_INFO` et `PATH_TRANSLATED`.

`Script`	Syntaxe : `Script méthode script CGI`
	Utilisable dans : Configuration serveur, `<VirtualHost>`, `<Directory>`
	Lorsqu'un fichier est demandé par l'intermédiaire de la méthode indiquée, le script CGI spécifié est exécuté. Il peut s'agir des méthodes `GET`, `POST`, `PUT` ou `DELETE`. L'URL demandée et le chemin d'accès sont transmis à l'aide des variables d'environnement `PATH_INFO` et `PATH_TRANSLATED`. Exemples :
	`Script GET /cgi-bin/look`
	`Script DELETE /~homer/delete.cgi`

mod_alias

Ce module permet l'insertion de diverses parties du système de fichiers dans l'arborescence et la redirection d'URL.

▼ Tab. 4.7 *Fonctions de mod_alias*

Fonction	Description
`Alias`	Syntaxe : `Alias URL répertoire/fichier` Utilisable dans : Configuration serveur, `<VirtualHost>` Cette fonction propose des fonctionnalités similaires à celles d'un lien symbolique, permettant d'atteindre des documents en dehors de `ServerRoot`. Les requêtes concernant l'URL sont interprétées comme des requêtes dirigées le répertoire ou le fichier spécifié. Exemple : `Alias /images /pub/images/beer` Dans ce cas, une requête envoyée à `http://homer/images/duff.png` entraînerait un accès à `/pub/images/beer/duff.png`. Notez que la postposition d'une barre oblique (/) au nom du répertoire risque d'entraîner un dysfonctionnement de la redirection si cette barre oblique est manquante. Dans certains cas, il peut également s'avérer nécessaire de créer des blocs `<Directory>` supplémentaires décrivant le répertoire cible du `répertoire/fichier`, car l'aliasing est exécuté avant le traitement des blocs `<Directory>`.
`AliasMatch`	Syntaxe : `AliasMatch expression répertoire/fichier` Utilisable dans : Configuration serveur, `<VirtualHost>` Semblable à la fonction `Alias`, à la différence que la spécification d'une expression régulière est possible ici. Exemple : `AliasMatch ^/icons(.*) /usr/local/apache/icons$1` Tous les accès à /icons sont ainsi redirigés sur /usr/local/apache/icons en associant le contenu de l'expression régulière à `répertoire/fichier` sous forme de variable.

`Redirect`	Syntaxe : `Redirect [état] URL/chemin d'URL`
	Utilisable dans : Configuration serveur, `<VirtualHost>`, `<Directory>`, .htaccess
	Override : `FileInfo`
	Redirige une ancienne URL vers une nouvelle. Exemple :
	`Redirect /homepage http://newhome.com/homepage`
	En cas d'accès à `/homepage/index.html`, le client reçoit l'instruction de charger `http://newhome.com/homepage/index.html`. Notez bien que le chemin d'URL doit toujours être un chemin d'accès absolu. Si aucune valeur n'est spécifiée pour `état`, ce dernier est considéré comme `temporary`. Les options sont :
	`permanent`
	Renvoie `HTTP status 301`, qui indique que la ressource a été déplacée de façon permanente.
	`temp`
	Renvoie `HTTP Status 302`, qui indique qu'il s'agit d'une ressource temporaire.

Fonction	Description
	seeother Renvoie HTTP Status 303, qui indique que la ressource a été remplacée. gone Renvoie HTTP Status 410, qui indique que la ressource a été supprimée de façon définitive. L'option URL ne devrait pas être utilisée avec cet état.
Redirect Match	Syntaxe : RedirectMatch [état] expression URL Utilisable dans : Configuration serveur, <VirtualHost> Override : FileInfo Equivaut à la fonction Redirect, mais fonctionne avec une expression régulière. Exemple : RedirectMatch (.*)gif$ http://newimages.com$1.jpg
Redirect Temp	Syntaxe : RedirectTemp URL/chemin d'URL Utilisable dans : Configuration serveur, <VirtualHost>, <Directory>, .htaccess Override : FileInfo Equivaut à Redirect temp.
Redirect Permanent	Syntaxe : RedirectPermanent URL/chemin d'URL Utilisable dans : Configuration serveur, <VirtualHost>, <Directory>, .htaccess Override : FileInfo Equivaut à Redirect permanent.
ScriptAlias	Syntaxe : ScriptAlias chemin d'URL répertoire/fichier Utilisable dans : Configuration serveur, <VirtualHost> Equivaut à la fonction Alias, mis à part que le répertoire cible est signalé comme contenant des scripts CGI. Exemple : ScriptAlias /cgi/bin/ /usr/local/homer/cgi-bin/
ScriptAlias Match	Syntaxe : ScriptAliasMatch expression répertoire/fichier Utilisable dans : Configuration serveur, <VirtualHost> Equivaut à la fonction ScriptAlias, mais utilise une expression régulière en guise d'argument. Exemple : ScriptAliasMatch ^/cgi-bin(.*) /usr/local/homer/cgi-bin$1

mod_asis

Permet l'expédition de fichiers tels quels, sans leur adjoindre d'en-tête HTTP. Un nouveau type MIME, intitulé *httpd/send-as-is*, est défini pour cela dans un fichier de configuration du serveur :

```
AddType httpd/send-as-is asis
```

Les fichiers portant l'extension *.asis* seront ainsi considérés comme appartenant au niveau type MIME *httpd/send-as-is*. Les contenus de ces fichiers sont alors expédiés directement au client sans être modifiés. Les clients ont néanmoins besoin d'un en-tête HTTP et d'un en-tête Status en annexe. Un code de réponse HTTP composé de trois caractères et suivi d'un message texte devrait être utilisé comme données.

Voici, en guise d'exemple, un fichier dont le contenu est transféré tel quel pour informer le client que le fichier a été redirigé :

```
Status: 301 Nouvelle URL
Location: http://newhome.com/mine/home.html
Content-type: text/html
<HTML>
<HEAD>
<TITLE>Désolé !</TITLE>
</HEAD>
<BODY>
<H1>Ma page d'accueil a déménagé !!</H1>
<H1>La nouvelle adresse est :
<A HREF="http://newhome.com/mine/home.html">Home</A>
</H1>
</BODY>
</HTML>
```

Notez que le serveur ajoute toujours automatiquement les en-têtes `Date` et `Server` aux données envoyées au client, vous n'avez donc pas besoin de le faire.

mod_auth

Ce module permet d'effectuer l'authentification des utilisateurs sur la base de fichiers texte.

▼ **Tab. 4.8** *Fonctions de mod_auth*

Fonction	Description
`AuthGroupFile`	Syntaxe : `AuthGroupFile fichier` Utilisable dans : `<Directory>`, .htaccess Override : `AuthConfig` Cette fonction permet de définir l'emplacement et le nom du fichier texte contenant la liste des groupes d'utilisateurs pour l'authentification. Si le chemin spécifié n'est pas un chemin absolu, il est interprété par rapport à `ServerRoot`. La recherche étant plutôt inefficace dans des fichiers textes de grande taille, il est conseillé d'utiliser plutôt `AuthDBMGroupFile`. Pour des raisons de sécurité, enregistrez le fichier en dehors du chemin d'accès aux documents.

Fonction	Description
AuthUserFile	Syntaxe : AuthUserFile fichier Utilisable dans : <Directory>, .htaccess Override : AuthConfig Cette fonction permet de définir l'emplacement et le nom du fichier texte contenant la liste des utilisateurs et mots de passe pour l'authentification. Si le chemin spécifié n'est pas un chemin absolu, il est interprété par rapport à ServerRoot. La recherche étant plutôt inefficace dans des fichiers textes de grande taille, il est conseillé d'utiliser plutôt AuthDBMUserFile. Pour des raisons de sécurité, enregistrez le fichier en dehors du chemin d'accès aux documents.
Auth Authoritative	Syntaxe : AuthAuthoritative on|off Réglage par défaut : AuthAuthoritative on Utilisable dans : <Directory>, .htaccess Override : AuthConfig Définit à quel niveau ont lieu l'authentification et l'autorisation. Lorsqu'elle est désactivée cette fonction permet la redirection vers d'autres modules,, si l'ID d'utilisateur n'est pas connue.

mod_auth_anon

Ce module indique les hôtes pouvant accéder au serveur sous forme anonyme. Comme pour une connexion FTP anonyme, la connexion standard fonctionne avec l'utilisateur *anonymous* et l'adresse d'e-mail du client en guise de mot de passe. L'utilisation de ce module permet aux utilisateurs d'effectuer un suivi des pages qu'ils ont visitées.

▼ **Tab. 4.9** *Fonctions de mod_auth_anon*

Fonction	Description
Anonymous	Syntaxe : Anonymous utilisateur utilisateur ... Utilisable dans : <Directory>, .htaccess Override : AuthConfig Liste d'ID d'utilisateurs autorisés à un accès sans vérification de mot de passe. Exemple : Anonymous anonymous "Je n\'existe pas" 'invisible' Permet aux utilisateurs "anonymous", "Je n'existe pas" et "invisible" d'accéder au serveur sans vérification de leur mot de passe.
Anonymous_ Authoritative	Syntaxe : Anonymous_Authoritative on|off Réglage par défaut : Anonymous_Authoritative off Utilisable dans : <Directory>, .htaccess Override : AuthConfig Si cette fonction est activée, l'accès n'est pas autorisé si le mot de passe est erroné. Autrement, il est possible de rediriger l'autorisation vers d'autres modules.

Fonction	Description
Anonymous_ LogEmail	Syntaxe : Anonymous_LogEmail Réglage par défaut : Anonymous_LogEmail on Utilisable dans : <Directory>, .htaccess Override : AuthConfig Si cette fonction est activée, elle entraîne l'inscription du mot de passe spécifié dans le fichier de consignation des erreurs.
Anonymous_ MustGiveEmail	Syntaxe : Anonymous_MustGiveEmail Réglage par défaut : Anonymous_MustGiveEmail on Utilisable dans : <Directory>, .htaccess Override : AuthConfig Définit si l'utilisateur doit spécifier une adresse e-mail en guise de mot de passe. On évite ainsi l'utilisation de mots de passe vides.
Anonymous_ NoUserID	Syntaxe : Anonymous_NoUserID Réglage par défaut : Anonymous_NoUserID off Utilisable dans : <Directory>, .htaccess Override : AuthConfig Si cette fonction est activée, les utilisateurs peuvent laisser les champs ID d'utilisateur et mot de passe vides. Cela peut être utile pour les utilisateurs de Microsoft Internet Explorer, qui auront simplement besoin d'appuyer sur Entrée ou de cliquer sur OK.
Anonymous_ VerifyEmail	Syntaxe : Anonymous_VerifyEmail Réglage par défaut : Anonymous_VerifyEmail off Utilisable dans : <Directory>, .htaccess Override : AuthConfig Si cette fonction est activée, il est vérifié si le mot de passe saisi contient au moins les caractères "@" et ".".

mod_auth_db

Autorise l'utilisation de fichiers Berkeley DB pour l'authentification des utilisateurs.

▼ **Tab. 4.10** *Fonctions de mod_auth_db*

Fonction	Description
AuthDB Authoritative	Syntaxe : AuthDBAuthoritative on|off Réglage par défaut : AuthDBAuthoritative on Utilisable dans : <Directory>, .htaccess Override : AuthConfig Si cette fonction est désactivée, l'authentification est redirigée vers d'autres modules en cas d'échec de l'ouverture de session.
AuthDBGroupFile	Syntaxe : AuthDBGroupFile fichier Utilisable dans : <Directory>, .htaccess Override : AuthConfig Définit le fichier DB à utiliser, contenant la liste des groupes d'utilisateurs. fichier requiert ici un chemin d'accès absolu vers le fichier.

Fonction	Description
	Pour des raisons de sécurité, ce fichier ne devrait pas être placé dans le même répertoire que celui qui doit être protégé.
`AuthDBUserFile`	Syntaxe : `AUthDBUserFile fichier` Utilisable dans : `<Directory>`, `.htaccess` Override : `AuthConfig` Définit le fichier DB à utiliser, contenant la liste des utilisateurs. `fichier` requiert ici un chemin d'accès absolu vers le fichier. La remarque concernant la sécurité formulée à propos de `AuthDBGroupFile` vaut également pour cette fonction.

mod_auth_dbm

Autorise l'utilisation de fichiers DBM pour l'authentification des utilisateurs.

▼ **Tab. 4.11** *Fonctions de mod_auth_dbm*

Fonction	Description
`AuthDBM Authoritative`	Syntaxe : `AuthDBMAuthoritative on|off` Réglage par défaut : `AuthDBMAuthoritative on` Utilisable dans : `<Directory>`, .htaccess Override : `AuthConfig` Si cette fonction est désactivée, l'authentification est redirigée vers d'autres modules en cas d'échec de l'ouverture de session.
`AuthDBMGroupFile`	Syntaxe : `AuthDBMGroupFile fichier` Utilisable dans : `<Directory>`, .htaccess Override : `AuthConfig` Définit le fichier DBM à utiliser, contenant la liste des groupes d'utilisateurs. `fichier` requiert ici un chemin d'accès absolu vers le fichier. Pour des raisons de sécurité, ce fichier ne devrait pas être placé dans le même répertoire que celui qui doit être protégé.
`AuthDBMUserFile`	Syntaxe : `AUthDBMUserFile fichier` Utilisable dans : `<Directory>`, .htaccess Override : `AuthConfig` Définit le fichier DBM à utiliser, contenant la liste des utilisateurs. `fichier` requiert ici un chemin d'accès absolu vers le fichier. La remarque concernant la sécurité formulée à propos de `AuthDBGroupFile` vaut également pour cette fonction.

mod_autoindex

Apache propose deux solutions pour l'affichage de l'index d'un répertoire. La première consiste en la définition d'un fichier à afficher, généralement appelé *index.html* ou *index.htm*, à l'aide de la fonction `DirectoryIndex` (`mod_dir`). La seconde possibilité est de laisser Apache afficher un index du contenu du répertoire sous une forme plus ou moins graphique. Ce module comporte des fonctions permettant de définir l'apparence de cet index.

▼ **Tab. 4.12** *Fonctions de mod_autoindex*

Fonction	Description
AddAlt	Syntaxe : AddAlt chaîne de caractères fichier fichier... Utilisable dans : Configuration serveur, <VirtualHost>, <Directory>, .htaccess Override : Indexes Si le client est dans l'incapacité d'afficher l'icône correspondant à un type de fichiers, qui serait normalement affichée dans l'index, ou si l'affichage des images est désactivée, cette fonction permet de définir et d'afficher un texte de substitution. Exemples : AddAlt "Image" .gif .jpg .png AddAlt "Logo" logo.jpg
AddAltByEncoding	Syntaxe : AddAltByEncoding chaîne de caractères type MIME type MIME... Utilisable dans : Configuration serveur, <VirtualHost>, <Directory>, .htaccess Override : Indexes Semblable à AddAlt, mais le texte à afficher dépend du type MIME du fichier à indexer. Exemple : AddAltByEncoding "gzip" x-gzip
AddAltByType	Syntaxe : AddAltByType chaîne de caractères type MIME type MIME... Utilisable dans : Configuration serveur, <VirtualHost>, <Directory>, .htaccess Override : Indexes Semblable à AddAlt, mais le texte à afficher dépend du type de média du fichier à indexer. Exemple : AddAltByType "image" image/gif
AddDescription	Syntaxe : AddDescription chaîne de caractères type MIME type MIME... Utilisable dans : Configuration serveur, <VirtualHost>, <Directory>, .htaccess Override : Indexes Cette fonction permet d'ajouter une description aux fichiers spécifiés. Exemple : AddDescription "fichier gzip" .gz AddDescription "Titi prend son bain." /usr/local/images/titi.jpg Le champ de description accepte 23 caractères. Si IndexOptions SupressSize est activé, il est possible d'en ajouter 7 de plus. Si IndexOptions SupressModified est activé, 19 caractères supplémentaires sont admis.
AddIcon	Syntaxe : AddIcon icône nom nom ... Utilisable dans : Configuration serveur, <VirtualHost>, <Directory>, .htaccess Override : Indexes Cette fonction définit l'icône à utiliser pour les fichiers dont la désignation se termine par nom. icône est une URL relative pointant vers le fichier image correspondant ou a la forme (texte,URL), où texte est un texte de substitution à afficher avec les navigateurs ne prenant pas en charge les images.

<table>
<tr><th>Fonction</th><th>Description</th></tr>
<tr><td></td><td>Pour nom, on peut indiquer ^^DIRECTORY^^ pour les répertoires, ^^BLANKICON^^ pour les lignes vides, .. pour un répertoire parent, une extension de fichier, des caractères spéciaux (*, ?), un nom de fichier partiel ou complet. Exemples :
AddIcon (IMAGE,/icons/graphics.jpg) .gif .jpg .png
AddIcon /icons/html.jpg .html .htm
AddIcon /icons/up.jpg ..
AddIcon /icons/dir.jpg ^^DIRECTORY^^</td></tr>
<tr><td>AddIconByEncoding</td><td>Syntaxe : AddIconByEncoding icône codage MIME codage MIME...
Utilisable dans : Configuration serveur, <VirtualHost>, <Directory>, .htaccess
Override : Indexes
Définit l'icône à afficher en fonction du codage MIME. icône est une URL relative pointant vers le fichier image correspondant ou a la forme (texte,URL), où texte est un texte de substitution à afficher avec les navigateurs ne prenant pas en charge les images. Exemples :
AddIconByEncoding /icons/compress.jpg x-compress
AddIconByEncoding (GZIP,/icons/gzip.jpg) x-gzip</td></tr>
<tr><td>AddIconByType</td><td>Syntaxe : AddIconByType icône type MIME type MIME ...
Utilisable dans : Configuration serveur, <VirtualHost>, <Directory>, .htaccess
Override : Indexes
Définit l'icône à afficher en fonction du type MIME. icône est une URL relative pointant vers le fichier image correspondant ou a la forme (texte,URL), où texte est un texte de substitution à afficher avec les navigateurs ne prenant pas en charge les images. Exemples :
AddIconByType /icons/image.gif image/*
AddIconByType (IMG,/icons/image.gif) image/*</td></tr>
<tr><td>DefaultIcon</td><td>Syntaxe : DefaultIcon URL
Utilisable dans : Configuration serveur, <VirtualHost>, <Directory>, .htaccess
Override : Indexes
Définit l'icône à utiliser avec les fichiers pour lesquels aucune autre icône n'est définie. URL est une URL relative vers l'icône. Exemple :
DefaultIcon /icon/default.gif</td></tr>
<tr><td>FancyIndexing</td><td>Syntaxe : FancyIndexing on|off
Utilisable dans : Configuration serveur, <VirtualHost>, <Directory>, .htaccess
Override : Indexes
Active la création d'index avec affichage du contenu des répertoires et utilisation d'icônes. Les autres fonctions du module permettent de définir la mise en page en détails. Il est recommandé d'utiliser la fonction IndexOptions à la place de FancyIndexing.</td></tr>
</table>

Fonction	Description
`HeaderName`	Syntaxe : `HeaderName fichier` Utilisable dans : Configuration serveur, `<VirtualHost>`, `<Directory>`, .htaccess Override : Indexes Le contenu de `fichier` est affiché au-dessus de l'index. Exemple : `HeaderName Entête` Le serveur recherche le fichier Entete.html afin de l'utiliser comme en-tête d'index. Si le fichier est introuvable, c'est le fichier texte HEADER du répertoire correspondant qui est affiché à sa place.
`IndexIgnore`	Syntaxe : `IndexIgnore fichier fichier ...` Utilisable dans : Configuration serveur, `<VirtualHost>`, `<Directory>`, .htaccess Override : Indexes Cette fonction inhibe l'affichage de `fichier` dans l'index. `fichier` peut être une extension de fichier, un nom de fichier partiel, une expression contenant des caractères spéciaux (*, ?) ou un nom de fichier complet. Plusieurs fonctions IndexIgnore auront pour effet que tous les fichiers spécifiés seront masqués. Les différentes entrées ne s'excluent donc pas mutuellement. Par défaut, cette liste contient le répertoire courant ".". Exemple : `IndexIgnore .htaccess`
`IndexOptions`	Syntaxe : `IndexOptions [+|-]option [+|-]option ...` Utilisable dans : Configuration serveur, `<VirtualHost>`, `<Directory>`, .htaccess Override : Indexes

`IndexOrderDefault`	Syntaxe : `IndexOrderDefault`
	Utilisable dans : Configuration serveur, `<VirtualHost>`, `<Directory>`, .htaccess
	Override : Indexes
	Cette fonction régit l'apparence et le comportement d'un index. Les options peuvent activées et désactivées individuellement à l'aide des signes + et -. Les options sont :
	`FancyIndexing`
	Active la création d'index mis en forme et dotés d'images.
	`IconHeight[=Pixel]`
	Indique la hauteur des icônes à afficher en pixels. Si cette option est spécifiée parallèlement à `IconWidth`, le serveur ajoute les paramètres `WIDTH` et `HEIGHT` à la balise d'image `<img>`, servant à l'affichage des icônes. Le chargement de la page s'en trouve accéléré si les images n'ont pas encore été chargée.
	`IconsAreLinks`
	Ajoute les icônes à la balise d'ancrage `<a>` des répertoires et fichiers.
	`IconWidth[=Pixel]`
	Indique la largeur des icônes à afficher en pixels. Pour plus d'informations, consultez l'option `IconHeight`.
	`NameWidth=[longueur|*]`
	Cette option permet de définir la longueur cible des noms de fichiers en nombre de caractères. Le paramètre * entraîne l'adaptation automatique de la largeur de la colonne au nom de fichier le plus long.

Fonction	Description
	ScanHTMLTitles Si cette option est activée, le serveur utilise le contenu des balises de titre <title> comme description des fichiers HTML dans l'index. Cette fonction requiert des ressources supplémentaire au niveau du processeur et du disque dur. SupressColumnSorting Par défaut, les titres des colonnes sont des liens. Un clic sur un de ces liens permet de trier l'index en fonction du contenu de la colonne correspondante. Cette option permet de désactiver cette fonctionnalité. SuppressDescription Inhibe l'affichage des descriptions dans l'index. SuppressHTMLPreamble Normalement, l'en-tête HTML (<html>,<head>, etc.) d'un fichier doté d'un nom d'en-tête n'est pas affiché dans l'en-tête de l'index. Cette option inhibe ce comportement, de façon à afficher le contenu de l'en-tête HTML. SuppressLastModified Inhibe l'affichage de la date de dernière modification. SupressSize Inhibe l'affichage de la taille des fichiers.
IndexOrderDefault	Syntaxe : IndexOrderDefault Ascending|Descending Name|Date|Size|Description Utilisable dans : Configuration serveur, <VirtualHost>, <Directory>, .htaccess Override : Indexes Si la fonction FancyIndexing est activée, l'index est trié par défaut dans l'ordre ascendant des noms de fichier. Cette option permet de définir une clé primaire selon laquelle le tri doit être effectué. Le premier paramètre indique l'ordre de tri, qui peut être croissant (Ascending) ou décroissant (Descending). Le second paramètre indique le critère selon lequel le tri est effectué (Name, Date, Size ou Description). La clé secondaire est toujours le tri ascendant des noms de fichiers. Si cette option est combinée à SupressColumnSorting, la création de l'index peut être entièrement personnalisée.
ReadmeName	Syntaxe : ReadmeName Utilisable dans : Configuration serveur, <VirtualHost>, <Directory>, .htaccess Override : Indexes Indique le nom du fichier, qui sert de pied de page à l'index. Cette fonction constitue donc en quelque sorte le pendant de HeaderName. Le serveur recherche d'abord fichier.html. S'il ne le trouve pas, il cherche fichier. Exemple : ReadmeName README

mod_cgi

Ce module permet l'exécution de scripts CGI.

> **Renvoi**
> Pour de plus amples renseignements sur les scripts CGI, consultez le paragraphe correspondant dans le chapitre intitulé Exploitation d'Apache.

Par ailleurs, ce module gère également les variables d'environnement correspondantes REMOTE_HOST, REMOTE_IDENT et REMOTE_USER.

▼ **Tab. 4.13** *Fonctions de mod_cgi*

Fonction	Description
ScriptLog	Syntaxe : ScriptLog fichier Utilisable dans : Configuration serveur Définit le nom du fichier de consignation à utiliser. Si aucun fichier n'est spécifié à l'aide de cette fonction, le serveur ne crée pas de fichier de consignation. Dans ce fichier sont consignés les droits de l'utilisateur spécifié. Le répertoire dans lequel ce fichier est stocké doit être accessible en écriture pour ce lecteur afin de permettre la création du fichier. Cette option sert uniquement à détecter des erreurs dans des scripts CGI. Elle n'est pas conçue pour une utilisation permanente sur un serveur en activité.
ScriptLogLength	Syntaxe : ScriptLogLength taille Réglage par défaut : 10385760 Utilisable dans : Configuration serveur Cette fonction permet de définir la taille maximale (en octets) du fichier de consignation. Si cette taille est atteinte, aucune information supplémentaire n'est inscrite dans le fichier.
ScriptLogBuffer	Syntaxe : ScriptLogBuffer taille Réglage par défaut : 1024 Utilisable dans : Configuration serveur La taille des requêtes PUT et POST consignées peut être relativement importante. Pour éviter que le fichier de consignation ne soit saturé trop vite, cette fonction permet d'indiquer une taille maximale (en octets) pour chaque entrée consignée.

mod_digest

Ce module permet l'authentification utilisateur à l'aide de MD5-Digest. Ni Netscape Communicator, ni Internet Explorer ne prennent en charge cette fonctionnalité à l'heure actuelle.

▼ **Tab. 4.14** *Fonction de mod_digest*

Fonction	Description
`AuthDigestFile`	Syntaxe : `AuthDigestFile fichier` Utilisable dans : `<Directory>`, .htaccess Override : `AuthConfig` Indique le fichier, où sont stockés les noms d'utilisateurs et les mots de passe codés pour l'authentification avec Digest. `fichier` doit être un chemin d'accès absolu, y compris le nom de fichier. Les fichiers Digest utilisant un format spécial, il convient d'employer l'utilitaire htdigest, qui se trouve dans le sous-répertoire support d'Apache.

mod_dir

Si des requêtes sont envoyées sans barre oblique en dernière position, celle-ci est ajoutée par ce module afin de permettre le traitement de la requête.

▼ **Tab. 4.15** *Fonction de mod_dir*

Fonction	Description
`DirectoryIndex`	Syntaxe : `DirectoryIndex URL URL ...` Réglage par défaut : `DirectoryIndex index.html` Utilisable dans : Configuration serveur, `<VirtualHost>`, `<Directory>`, .htaccess Override : `Indexes` Cette fonction permet de définir une liste d'URL locales qui sont recherchées lorsque le client envoie une requête vers un répertoire se terminant par /. En règle générale, on indique ici un fichier, néanmoins, il est possible d'en indiquer plusieurs. Le serveur utilise alors le premier qu'il trouve. Si aucune des ressources spécifiées n'existe; le serveur génère et affiche une liste du contenu du répertoire, conformément à ce qui a été défini à l'aide de l'option `Indexes`. Exemple : `DirectoryIndex index.html index.htm index.asp /cgi-bin/index.pl`

mod_env

Autorise la transmission de variables d'environnement vers des scripts CGI et SSI.

▼ **Tab. 4.16** *Fonctions de mod_env*

Fonction	Description
`PassEnv`	Syntaxe : `PassEnv variable variable ...` Utilisable dans : Configuration serveur, `<VirtualHost>` Indique les variables d'environnement du serveur à transmettre aux scripts CGI. Exemple : `PassEnv HOME`

Fonction	Description
SetEnv	Syntaxe : SetEnv variable valeur Utilisable dans : Configuration serveur, <VirtualHost> Définit une variable d'environnement transmise aux scripts CGI. Exemple : SetEnv HOME /home/al
UnsetEnv	Syntaxe : UnsetEnv variable variable ... Utilisable dans : Configuration serveur, <VirtualHost> Supprime une ou plusieurs variables d'environnement de la liste de celles qui doivent être transmises aux scripts CGI. Exemple : UnsetEnv HOME

mod_expires

Ce module permet la création d'en-têtes **Expires**, en fonctions de critères à spécifier.

▼ **Tab. 4.17** *Fonctions de mod_expires*

Fonction	Description
ExpiresActive	Syntaxe : ExpiresActive on|off Réglage par défaut : ExpiresActove off Utilisable dans : Configuration serveur, <VirtualHost>, <Directory>, .htaccess Override : Indexes Active ou désactive la création d'en-têtes Expires.
ExpiresByType	Syntaxe : ExpiresByType type MIME <A|M>secondes Utilisable dans : Configuration serveur, <VirtualHost>, <Directory>, .htaccess Override : Indexes Cette fonction fixe le délai au bout duquel un type MIME n'est plus valable. Exemple : ExpiresByType image/jpg A2592000 ExpiresByType text/html M604800 Le premier exemple indique que les images JPG perdent leur validité un mois après le téléchargement (A ; par exemple dans le cache du client) et doivent être rechargées lors du prochain accès. Le second exemple indique que les fichiers HTML son valables durant une semaine après leur création (M).
ExpiresDefault	Syntaxe : ExpiresDefault <A|M>secondes Utilisable dans : Configuration serveur, <VirtualHost>, <Directory>, .htaccess Override : Indexes Définit une valeur de base pour l'ensemble des données. La spécification se fait sous la même forme qu'avec ExpiresByType.

mod_headers

Permet la création d'en-têtes personnalisées, expédiées avec les documents du serveur.

▼ **Tab. 4.18** *Fonction de mod_headers*

Fonction	Description

`Header`	Syntaxe 1 : `Header [set|append|add] en-tête valeur`
	Syntaxe 2 : `Header unset en-tête`
	Utilisable dans : Configuration serveur, `<VirtualHost>`, access.conf, .htaccess
	`set`
	Définit l'en-tête de retour. Tout en-tête plus ancien portant un nom identique serait remplacé.
	`append`
	L'en-tête est ajouté aux en-têtes existants. Si le nom indiqué correspond à celui d'un en-tête existant, la nouvelle valeur est séparée des anciennes par une virgule.
	`add`
	L'en-tête est ajouté aux en-têtes existants, sans vérifier si des en-têtes portant ce nom existent déjà, ce qui peut conduire à la coexistence de plusieurs en-têtes de nom identique. Pour cette raison, il est généralement préférable d'utiliser `append`.
	`unset`
	S'il existe, l'en-tête est supprimé. S'il existe plusieurs en-têtes de nom identique, le premier d'entre eux est supprimé.
	Si `valeur` contient des espaces, il convient de le placer entre guillemets.

mod_imap

Ce module prend en charge les fichiers *.map* pouvant remplacer la fonctionnalité du programme CGI imagemap. Tous les répertoires et fichiers configurés à l'aide de `AddHandler` et `SetHandler` sont traités.

▼ **Tab. 4.19** *Fonctions de mod_imap*

Fonction	Description
`ImapBase`	Syntaxe : `ImapBase map|referer|URL` Réglage par défaut : `ImapBase http://NOM_SERVEUR/` Utilisable dans : Configuration serveur, `<VirtualHost>`, `<Directory>`, .htaccess Override : `Indexes` Définit le paramètre `base` dans les fichiers Imagemap. Cette valeur est remplacée par les spécifications de `base` dans un fichier Imagemap.

Fonction	Description
ImapDefault	Syntaxe : ImapDefault error|nocontent|map|referer|URL Réglage par défaut : ImageMap nocontent Utilisable dans : Configuration serveur, <VirtualHost>, <Directory>, .htaccess Override : Indexes Définit l'action par défaut des fichiers Imagemap, remplacée par la valeur de la fonction default dans le fichier Imagemap. error Echoue et renvoie l'erreur 500 (voir ci-après). nocontent Renvoie le code 204 et indique au client de conserver la page affichée. map Utilise l'URL du fichier Imagemap. referer Utilise le document, à contenant le lien ou le document Root du serveur, si aucun en-tête Referer n'a été spécifié.
ImapMenu	Syntaxe : ImapMenu none|formatted|semiformatted|unformatted Utilisable dans : Configuration serveur, <VirtualHost>, <Directory>, .htaccess Override : Indexes Définit la procédure à suivre, si un fichier Imagemap a été appelé sans coordonnées valables. none Aucun menu n'est généré et l'action indiquée par ImapDefault est exécutée. formatted Un menu mis en forme contenant une liste des liens possibles est créé. semiformatted Crée un menu contenant les commentaires et les liens possibles du fichier Imagemap. Les lignes vides sont converties en retour à la ligne HTML. Aucun en-tête ou hrule n'est affiché. unformatted Crée un menu sans mise en forme contenant le texte du fichier Imagemap. Cette option est utile lorsque le fichier Imagemap a déjà été créé en HTML.

mod_include

Gère la prise en charge SSI (Server Side Includes).

▼ **Tab. 4.20** *Fonction de mod_include*

Fonction	Description
XBitHack	Syntaxe : XBitHack on|off|full Réglage par défaut : XBitHack off Utilisable dans : Configuration serveur, <VirtualHost>, <Directory>, .htaccess Override : Options Permet de contrôler le traitement des documents HTML normaux et s'applique uniquement au fichiers du type MIME text/html.

Fonction	Description
	on Les fichiers exécutables par l'utilisateur sont traités comme des documents HTML server-parsed (SPML). off Les fichiers exécutables son traités comme des fichiers classiques. full Si l'attribut exécutable est défini pour l'utilisateur et le groupe, la date de la dernière modification du fichier expédié sera la date du fichier. Si cet attribut n'est pas activé, rien n'est expédié. Si cette option est activée, clients et serveur proxy peuvent stocker les résultats de la requête de façon provisoire.

mod_info

Permet l'expédition de liens d'information dans différents documents expédiés par le serveur.

▼ **Tab. 4.21** *Fonction de mod_info*

Fonction	Description
AddModuleInfo	Syntaxe : AddModuleInfo module chaîne de caractères Utilisable dans : Configuration serveur, <VirtualHost> Introduit la chaîne de caractères spécifiée sous forme de lien vers des informations supplémentaires à propos du module indiqué. Exemple : AddModuleInfo mod_include.c 'Cliquez <a href="/docs/mod/mod_include.html">ici</a> pour plus d'informations.'

mod_log_config

Ce module est responsable de la consignation des requêtes clients envoyées au serveur.

▼ **Tab. 4.22** *Fonctions de mod_log_config*

Fonction	Description
CookieLog	Syntaxe : CookieLog fichier Utilisable dans : Configuration serveur, <VirtualHost> Définit le nom du fichier de consignation, où sont stockés les cookies. fichier est indiqué par rapport à ServerRoot. Cette fonction est uniquement disponible pour des raisons de compatibilité mais ne devrait plus être utilisée.

Fonction	Description
CustomLog	Syntaxe : `CustomLog fichier format` Utilisable dans : Configuration serveur, `<VirtualHost>` `fichier` est le fichier où sont inscrites les informations. Vous pouvez utiliser un chemin d'accès complet ou relatif à `ServerRoot`. `format` indique la structure des entrées et correspond exactement aux informations de `LogFormat`. Au lieu de définir un format complet, vous pouvez également utiliser un pseudonyme que vous avez défini à l'aide de `LogFormat`.

CustomLog (conditionnel)	Syntaxe : `CustomLog fichier format env=[!]variable d'environnement`
	Utilisable dans : Configuration serveur, `<VirtualHost>`
	Quasiment identique à `CustomLog`. Néanmoins, dans ce cas, la consignation s'effectue uniquement si la variable d'environnement spécifiée à été transmise avec la requête (ou non, avec le paramètre !). Les modules `mod_setenvif` et/ou `mod_rewrite` permettent de piloter ces variables au niveau de l'accès. Exemple :
	`SetEnvIf Request_URL jpg$ jpg-image`
	`CustomLog jpg-requests.log common env=jpg-image`
	`CustomLog nonjpg-requests.log common env=!jpg-image`
	Ces entrées entraînent la consignation des requêtes adressées à des fichiers JPG dans le fichier jpg-requests.log, et leur non-consignation dans nonjpg-request.log.

LogFormat	Syntaxe : `LogFormat format [pseudonyme]`
	Réglage par défaut : `LogFormat "%h %l %u %t \"%r\" %s %b"`
	Utilisable dans : Configuration serveur, `<VirtualHost>`
	Change le format des entrées dans les fichiers de consignation. Le paramètre `pseudonyme` stocke le format sous le nom spécifié. Cette fonction permet uniquement de définir un format, mais n'entraîne pas automatiquement son application !
	Variables utilisables :
	`%b`
	octets expédiés, en-têtes HTTP exclus
	`%f`
	Nom de fichier
	`%{VARIABLE}e`
	Contenu de la variable d'environnement `VARIABLE`
	`%h`
	hôte à l'origine de la requête
	`%a`
	adresse IP à l'origine de la requête
	`%{VARIABLE}i`
	contenu de `VARIABLE` : lignes d'en-tête dans les requêtes envoyées au serveur
	`%{VARIABLE}n`
	contenu de la note `VARIABLE` d'un autre module
	`%{VARIABLE}o`
	contenu de `VARIABLE` : lignes d'en-tête dans les réponses du serveur
	`%p`
	port du serveur

<table>
<tr><th>Fonction</th><th>Description</th></tr>
<tr><td></td><td>%P
ID de processus du processus enfant traitant la requête
%r
première ligne de la requête
%s
état
%t
temps
%T
durée, en secondes nécessaire au traitement de la requête
%U
URL demandée
%v
nom du serveur correspondant
%V
nom du serveur d'après UseCanonicalName</td></tr>
<tr><td>TransferLog</td><td>Syntaxe : TransferLog fichier
Utilisable dans : Configuration serveur, <VirtualHost>
Indique un fichier de consignation standard, créé en utilisant le format spécifié avec LogFormat. On peut également utiliser pour fichier un signe | suivi d'une commande de terminal, à laquelle les données doivent être transmises. Ce programme est lancé sous le nom de l'utilisateur qui a démarré le serveur. S'il s'agit de root, assurez-vous que le programme correspondant est sécurisé !</td></tr>
</table>

mod_mime

Propose des fonctions permettant l'organisation de différents types MIME sur le serveur.

▼ **Tab. 4.23** *Fonctions de mod_mime*

<table>
<tr><th>Fonction</th><th>Description</th></tr>
<tr><td>AddEncoding</td><td>Syntaxe : AddEncoding codage extension extension ...
Utilisable dans : Configuration serveur, <VirtualHost>, <Directory>, .htaccess
Override : FileInfo
Permet de définir, quels types MIME doivent être associés à quels documents du serveur. Les codages commençant par x correspondent aux types inofficiels. Exemple :
AdEncoding x-gzip gz</td></tr>
<tr><td>AddHandler</td><td>Syntaxe : AddHandler handler extension ...
Utilisable dans : Configuration serveur, <VirtualHost>, <Directory>, .htaccess
Override : FileInfo
Transmet une extension à un handler. Exemple :
AddHandler cgi-script cgi</td></tr>
</table>

Fonction	Description
AddLanguage	Syntaxe : `AddLanguage langue extension ...` Utilisable dans : Configuration serveur, <VirtualHost>, <Directory>, .htaccess Override : `FileInfo` Définit les langues à associer à des extensions de fichier précises. Exemple : `AddLanguage fr .fr`
AddType	Syntaxe : `AddType type MIME extension...` Utilisable dans : Configuration serveur, <VirtualHost>, <Directory>, .htaccess Override : `FileInfo` Met en correspondance un type MIME et une extension de fichier. Exemple : `AddType image/jpg JPG`
Default Language	Syntaxe : `DefaultLanguage Langue` Utilisable dans : Configuration serveur, <VirtualHost>, <Directory>, .htaccess Override : `FileInfo` Définit la langue à utiliser par défaut pour les documents, dont l'extension de fichier n'est pas déjà associée à d'autres langues.
ForceType	Syntaxe : `ForceType type MIME` Utilisable dans : <Directory>, .htaccess Force les fichiers à être expédiés sous forme de type MIME. Exemple : `ForceType image/jpg`
RemoveHandler	Syntaxe : `RemoveHandler extension extension ...` Utilisable dans : <Directory>, .htaccess Supprime tous les handler des fichiers portant les extensions spécifiées. Exemple : `RemoveHandler .html`

SetHandler	Syntaxe : `SetHandler handler`
	Utilisable dans : <Directory>, .htaccess
	Force le traitement des fichiers concernés par `handler`. Les handler sont par exemple :
	`cgi-script`
	Tous les fichiers sont traités comme des scripts CGI.
	`imap-file`
	Tous les fichiers sont traités comme des fichiers Imagemap.
	`send-as-is`
	Tous les fichiers sont envoyés sans insertion d'en-tête supplémentaire.
	`server-info`
	Tous les fichiers sont expédiés avec des informations de configuration du serveur.
	`server-parsed`
	Tous les fichiers sont traités comme des scripts SSI.

TypesConfig	Syntaxe : `TypesConfig fichier` Utilisable dans : Configuration serveur Indique le fichier des types MIME. `fichier` peut être un chemin d'accès absolu ou relatif à `ServerRoot`.

mod_mime_magic

Ce module tente de déterminer le type MIME en analysant les données.

▼ **Tab. 4.24** *Fonction de mod_mime_magic*

Fonction	Description
MimeMagicFile	Syntaxe : MimeMagicFile fichier Utilisable dans : Configuration serveur, <VirtualHost> Indique l'emplacement du fichier contenant des informations sur la structure de différents fichiers (également appelé nombres magiques) permettant de reconnaître le type MIME d'un fichier.

mod_mmap_static

Ce module permet de spécifier des fichiers à charger en mémoire pour un accès plus rapide. Veuillez noter que ce module est à l'état expérimental !

▼ **Tab. 4.25** *Fonctions de mod_mmap_static*

Fonction	Description
MMapFile	Syntaxe : MMapFile fichier ... Utilisable dans : Configuration serveur Charge un ou plusieurs fichiers en mémoire principale au démarrage du serveur. Cette fonction peut uniquement être utilisée conjointement à des fichiers pouvant être traités par les fonctions principales d'Apache.

mod_negotiation

Gère l'échange de contenus entre le serveur et le client.

▼ **Tab. 4.26** *Fonctions de mod_negotiation*

Fonction	Description
CacheNegotiatedDocs	Syntaxe : CacheNegotiatedDocs Utilisable dans : Configuration serveur Si cette fonction est activée, elle permet la mise en mémoire cache des documents échangés sur les serveurs proxy. Cela a uniquement une influence sur les navigateurs utilisant le protocole HTTP/1.0. HTTP/1.1 propose des mécanismes plus performants, sur lesquels cela n'a pas d'effet.
LanguagePriority	Syntaxe : LanguagePriority langue ... Utilisable dans : Configuration serveur, <VirtualHost>, <Directory>, .htaccess Définit l'ordre de priorité des langues, si ce réglage n'a pas été effectué chez le client. Exemple : LanguagePriority fr en it

mod_proxy

Ce module permet d'intégrer la fonctionnalité de serveur proxy HTTP 1.0 au serveur web Apache.

▼ **Tab. 4.27** *Fonctions de mod_proxy*

<table>
<tr><th>Fonction</th><th>Description</th></tr>
<tr><td>ProxyRequests</td><td>Syntaxe : ProxyRequests on|off
Réglage par défaut : ProxyRequests off
Utilisable dans : Configuration serveur, <VirtualHost>
Active ou désactive la fonctionnalité proxy d'Apache.</td></tr>
<tr><td>ProxyRemote</td><td>Syntaxe : ProxyRemote URL serveur
Utilisable dans : Configuration serveur, <VirtualHost>
Définit des serveurs proxy supplémentaires. URL peut être un schéma d'URL (ftp, http, etc.) ou une partie d'une URL complète devant être redirigée vers un serveur proxy. serveur devrait indiquer une adresse de serveur complète. Le signe * indique que tous les accès doivent être redirigés. Exemple :
ProxyRemote ftp http://ftpproxy.goodguy.com:8080
ProxyRemote * http://superproxy.goodgal.com:8080
ProxyRemote http://busy.myserver.com
http://proxy.myserver.com:8080</td></tr>
<tr><td>ProxyPass</td><td>Syntaxe : ProxyPass chemin URL
Utilisable dans : Configuration serveur, <VirtualHost>
Cette fonction permet d'intégrer d'autres serveurs à un serveur local. Dans ce cas, le serveur local ne fait pas réellement office de proxy, mais fonctionne plutôt comme miroir. chemin correspond au nom d'un chemin d'accès local virtuel et URL est l'URL de l'autre serveur. Exemple :
ProxyPass /home/al http://www.super-serveur.fr/al
Les accès à /home/al sur le serveur local sont redirigés sur http://www.super-serveur.fr/al sous forme d'accès proxy.</td></tr>
<tr><td>ProxyPassReverse</td><td>Syntaxe : ProxyPassReverse chemin URL
Utilisable dans : Configuration serveur, <VirtualHost>
Gère les redirections par ProxyPass. Si le serveur sur lequel renvoie ProxyPass est également redirigé, cette option permet d'intégrer l'adresse finale dans celle qu'a demandée le client à l'origine. Exemple :
Le serveur local est http://magasin.fr/ :
ProxyPass /ordinateur http://mirror.commerce.fr/
ProxyPassReverse /ordinateur http://mirror.commerce.fr/
Si l'adresse http://magasin.fr/ordinateur/index.html est demandée, elle est redirigée sur http://mirror.commerce.fr/index.html. C'est le résultat de la fonction ProxyPass. Grâce à la fonction ProxyPassReverse, une redirection interne de http://mirror.commerce.fr/index.html sur http://mirror.commerce.fr/mirror/index.html apparaît chez le client sous l'adresse http://magasin.fr/mirror/index.html.</td></tr>
<tr><td>ProxyBlock</td><td>Syntaxe : ProxyBlock mot|hôte|liste de domaines
Utilisable dans : Configuration serveur , <VirtualHost></td></tr>
</table>

Fonction	Description
AllowCONNECT	Syntaxe : `AllowCONNECT liste de ports` Réglage par défaut : `AllowCONNECT 443 563` Utilisable dans : Configuration serveur, `<VirtualHost>` Indique une liste de numéros de port, auxquels les méthodes CONNECT du proxy peuvent accéder. Cette fonction est activée par défaut pour les ports 443 (https) et 563 (snews).
ProxyReceive BufferSize	Syntaxe : `ProxyReceiveBufferSize octets` Utilisable dans : Configuration serveur, `<VirtualHost>` Afin d'augmenter le débit de données, cette fonction offre la possibilité de redéfinir la taille de la mémoire tampon réseau pour les requêtes http et FTP. La taille du tampon doit être fixée au-delà de 512 octets ou à 0 pour prendre en charge les réglages par défaut du système d'exploitation.

NoProxy	Syntaxe : `NoProxy domaine|sous-réseau|adresse IP|nom d'hôte`
	Utilisable dans : Configuration serveur, `<VirtualHost>`
	Indique une liste de serveurs accessibles directement et non par l'intermédiaire du proxy indiqué.
	`domaine`
	est un nom de domaine du type `.monserveur.fr`. Les hôtes de ce domaine contournent le proxy lorsqu'ils traitent des requêtes.
	`sous-réseau`
	Un sous-réseau comme, par exemple `192.168` voire `192.168.0.0` ou `192.168.174.0/21`, capable de contourner le proxy.
	`adresse IP`
	Une adresse IP capable de contourner le serveur.
	`nom d'hôte`
	Un nom d'hôte complet, comme `www.monserveur.fr`, capable de contourner le proxy.

ProxyDomain	Syntaxe : `ProxyDomain domaine` Utilisable dans : Configuration serveur, `<VirtualHost>` Indique le domaine par défaut du serveur proxy. Exemple : `ProxyDomain .monserveur.fr`
CacheRoot	Syntaxe : `CacheRoot répertoire` Utilisable dans : Configuration serveur, `<VirtualHost>` Indique le nom du répertoire, dans lequel Apache doit stocker les fichiers mis en mémoire cache. Ce répertoire doit être accessible en écriture pour l'utilisateur spécifié à l'aide de la fonction `User`.
CacheSize	Syntaxe : `CacheSize taille` Réglage par défaut : `CacheSize 5` Utilisable dans : Configuration serveur, `<VirtualHost>` Spécifie la taille de la mémoire cache en kilo-octets.
CacheMaxExpire	Syntaxe : `CacheMaxExpire durée` Réglage par défaut : `CacheMaxExpire 24` Utilisable dans : Configuration serveur, `<VirtualHost>` Les données pouvant être mises en mémoire ne sont pas vérifiées sur le serveur d'origine pendant `durée` heures. Les données peuvent donc dater au maximum de `durée` heures. Ce délai est respecté même si les fichiers eux mêmes contiennent une date de validité.

Fonction	Description
CacheDefault Expire	Syntaxe : CacheDefaultExpire durée Réglage par défaut : CacheDefaultExpire 1 Utilisable dans : Configuration serveur, <VirtualHost> Si le protocole utilisé ne prend pas en charge les délais de validité, cette durée est utilisée comme période de validité.
CacheLastModified Factor	Syntaxe : CachelastModifiedFactor facteur Réglage par défaut : CacheLastModifiedFactor 0.1 Utilisable dans : Configuration serveur, <VirtualHost> Si le serveur http d'origine n'a pas indiqué de délai de validité, la formule suivante est utilisée : validité = durée depuis la dernière modification * facteur . Si le résultat de ce calcul est supérieur au délai indiqué par CacheMaxExpire, c'est ce dernier qui est utilisé.
CacheGcInterval	Syntaxe : CacheGcInterval durée Utilisable dans : Configuration serveur, <VirtualHost> Vérifie le cache toutes les durée heures et supprime les fichiers faisant dépasser la taille du cache de la valeur spécifiée par CacheSize. Il est possible d'indiquer ici des nombres décimaux. Si cette fonction n'est pas utilisée, le cache ne cesse de s'agrandir jusqu'à saturation du support de données. Exemple : CacheGcInterval 0.75
CacheDirLevels	Syntaxe : CacheDirLevels niveaux Réglage par défaut : CacheDirLevels 3 Utilisable dans : Configuration serveur, <VirtualHost> Définit le nombre de niveaux de répertoires disponibles au sein du répertoire servant de cache.
CacheDirLength	Syntaxe : CacheDirLength longueur Réglage par défaut : CacheDirLength 1 Utilisable dans : Configuration serveur, <VirtualHost> Définit le nombre de caractères que peuvent prendre les noms des sous-répertoires du cache.
CacheForce Completion	Syntaxe : CacheForceCompletion taux Réglage par défaut : CacheForceCompletion 90 Utilisable dans : Configuration serveur, <VirtualHost> Si un transfert vers la mémoire cache est interrompu alors qu'au moins taux pour cent du transfert étaient déjà effectués, il est achevé en interne pour permettre ultérieurement un transfert du document à partir du cache.
NoCache	Syntaxe : NoCache mot|hôte|domaine Utilisable dans : Configuration serveur, <VirtualHost> Indique une liste de serveurs non mis en mémoire cache. mot est un mot devant figurer dans le titre du document pour que celui-ci ne soit pas mis en mémoire cache. Exemple : NoCache société pas-pour-moi.fr

mod_rewrite

Les fonctions de ce module permettent de contourner les URL demandées dès la requête.

▼ **Tab. 4.28** *Fonctions de mod_rewrite*

Fonction	Description
RewriteEngine	Syntaxe : Rewrite Engine on|off Réglage par défaut : RewriteEngine off Utilisable dans : Configuration serveur, <VirtualHost>, <Directory>, .htaccess Override : FileInfo Cette fonction permet d'activer ou de désactiver le contournement des URL.
RewriteOptions	Syntaxe : RewriteOptions option Utilisable dans : Configuration serveur, <VirtualHost>, <Directory>, .htaccess Override : FileInfo Permet de définir des options spéciales. Pour l'instant, option peut uniquement prendre la valeur suivante : inherit Assure que la configuration du répertoire supérieur ou du serveur principal, s'il s'agit d'une section <VirtualHost>, est également reprise.
RewriteLog	Syntaxe : RewriteLog fichier Utilisable dans : Configuration serveur, <VirtualHost> Override : FileInfo Définit le nom du fichier de consignation pour ce module.
RewriteLogLevel	Syntaxe : RewriteLogLevel niveau Réglage par défaut : RewriteLogLevel 0 Utilisable dans : Configuration serveur, <VirtualHost> Override : FileInfo Définit l'étendue des informations à consigner. Les niveaux s'échelonnent de 0 (aucune consignation) à 9 (tout est consigné). Utilisez uniquement cette fonction pour la détection d'erreurs car elle peut ralentir très fortement le serveur.
RewriteLock	Syntaxe : RewriteLock fichier Utilisable dans : Configuration serveur, <VirtualHost> Override : FileInfo Définit le nom d'un fichier de verrouillage pour la synchronisation, nécessaire à la communication avec des programmes de RewriteMap.
RewriteMap	Syntaxe : RewriteMap nom_map type_map:source_map Utilisable dans : Configuration serveur, <VirtualHost> Override : FileInfo Cette fonction est trop complexe pour être abordée en détail dans ce tableau. Pour en savoir plus, consultez la documentation HTML fournie avec Apache.
RewriteBase	Syntaxe : RewriteBase URL de base Réglage par défaut : chemin d'accès physique Utilisable dans : <Directory>, .htaccess Override : FileInfo Les accès à l'URL de base sont redirigés en interne vers le répertoire spécifié sous <Directory> ou celui où est stocké le fichier .htaccess.

Fonction	Description
RewriteCond	Syntaxe : RewriteCond chaîne_test modèle_conditionnel Utilisable dans : Configuration serveur, <VirtualHost>, <Directory>, .htaccess Override : FileInfo Cette fonction est trop complexe pour être abordée en détail dans ce tableau. Pour en savoir plus, consultez la documentation HTML fournie avec Apache.
RewriteRule	Syntaxe : RewriteRule modèle remplacement Utilisable dans : Configuration serveur, <VirtualHost>, <Directory>, .htaccess Override : FileInfo Cette fonction est trop complexe pour être abordée en détail dans ce tableau. Pour en savoir plus, consultez la documentation HTML fournie avec Apache.

mod_setenvif

Permet la définition conditionnelle de variables d'environnement.

▼ **Tab. 4.29** *Fonctions de mod_setenvif*

Fonction	Description
BrowserMatch	Syntaxe : BrowserMatch expression variable d'environnement[=valeur] ... Utilisable dans : Configuration serveur Définit des variables en fonction du champ d'en-tête de requête http User Agent. expression est une expression régulière. Exemples : BrowserMatch "^Mozilla/[2-4] compatible" frames java BrowserMatch MSIE microsoft !variable d'environnement supprime la variable spécifiée.
BrowserMatch NoCase	Syntaxe : BrowserMatchNoCase expression variable d'environnement[=valeur] ... Utilisable dans : Configuration serveur Equivaut à BrowserMatch mais ne fait pas la différence entre majuscules et minuscules.
SetEnvIf	Syntaxe : SetEnvIf attribut expression variable d'environnement[=valeur] ... Utilisable dans : Configuration serveur Définit des variables en fonction d'attributs pouvant figurer dans de nombreux en-têtes http. Ces attributs sont : Remote_Host Nom d'hôte du client (si disponible). Remote_Addr Adresse IP du client. Remote_User Nom d'utilisateur authentifié (si disponible). Request_Method Nom de la méthode utilisée (GET, POST, etc.)

Fonction	Description
	Request_URL La partie de l'URL se trouvant derrière l'information hôte. Referer URL de la page dont provient l'accès (si disponible).
SetEnvIfNoCase	Syntaxe : SetEnvIfNoCase attribut expression variable d'environnement[=valeur] ... Utilisable dans : Configuration serveur Equivaut à SetEnvIf mais ne fait pas la différence entre majuscules et minuscules.

mod_so

Permet le chargement de modules serveur pendant que ce dernier est en fonctionnement.

▼ **Tab. 4.30** *Fonctions de mod_so*

Fonction	Description
LoadFile	Syntaxe : LoadFile fichier fichier ... Utilisable dans : Configuration serveur Intègre les fichiers objets ou bibliothèques spécifiés, lorsque le serveur est démarré ou redémarré.
LoadModule	Syntaxe : LoadModule module fichier Utilisable dans : Configuration serveur Ajoute le fichier objet ou le fichier de bibliothèque fichier au serveur et l'insère sous la forme du module module dans la liste des modules actifs. Exemple : LoadModule status_module modules/mod_status.so

mod_speling

Tente, apparemment, de corriger les URL mal orthographiées.

▼ **Tab. 4.31** *Fonction de mod_speling*

Fonction	Description
CheckSpelling	Syntaxe : CheckSpelling on|off Réglage par défaut : CheckSpelling off Utilisable dans : Configuration serveur, <VirtualHost>, <Directory>, .htaccess Override : Options Active ou désactive la fonction du module.

mod_status

Fournit à l'administrateur des informations sur les performances du serveur. Parmi ces informations on trouve :

- Le nombre de sous-processus traitant des requêtes.

- Le nombre de sous-processus en attente.
- L'état de chaque sous-processus, contenant le nombre de requêtes traitées et le nombre absolu d'octets envoyés.
- Le nombre de requêtes et d'octets envoyés.
- Les heures auxquelles le serveur a été démarré et/ou redémarré, ainsi que la durée totale de fonctionnement.
- Des valeurs moyennes sur le nombre de requêtes par seconde, d'octets envoyés par seconde et d'octets par requête.
- La durée d'occupation du processeur en pourcentage et en valeur absolue des sous-processus en cours.
- Les hôtes et requêtes actuellement en cours de traitement.

▼ **Tab. 4.32** *Fonction de mod_status*

Fonction	Description
`ExtendedStatus`	Syntaxe : `ExtendedStatus on|off` Réglage par défaut : `ExtendedStatus off` Utilisable dans : Configuration serveur Active ou désactive l'affichage d'informations d'état étendues pour chaque requête.

mod_userdir

Prend en charge des répertoires spécifiques aux utilisateurs.

▼ **Tab. 4.33** *Fonction de mod_userdir*

Fonction	Description

`UserDir`	Syntaxe : `UserDir répertoire/fichier`
	Réglage par défaut : `UserDir public_html`
	Utilisable dans : Configuration serveur, `<VirtualHost>`
	Définit le répertoire réel dans le répertoire maison d'un utilisateur, auquel sont transmis les accès en cas de requête concernant un document d'un utilisateur.
	`répertoire/fichier` peut être :
	• Le nom d'un répertoire ou un modèle. (voir plus loin)
	• Le mot clé `disabled`. Désactive cette fonctionnalité pour tous les utilisateurs, sauf ceux pour qui elle est explicitement activée via `enabled`.
	• `disabled` suivi d'une liste d'utilisateurs séparés par des espaces. Ces utilisateurs ne bénéficient pas de cette fonctionnalité, même s'ils sont dotés du paramètre `enabled` ailleurs.
	- `enabled` suivi d'une liste d'utilisateurs séparés par des espaces, pour lesquels cette fonctionnalité est activé, sauf s'ils sont spécifiés comme `disabled` par ailleurs.
	Exemples :
	`UserDir enabled alexandre martin`
	`UserDir disabled marie jean`

mod_usertrack

Permet le "contrôle" et la consignation des activités utilisateur par l'intermédiaire de cookies.

▼ **Tab. 4.34** *Fonctions de mod_usertrack*

Fonction	Description
`CookieExpires`	Syntaxe : `CookieExpires durée` Utilisable dans : Configuration serveur, `<VirtualHost>` Définit la durée de validité des cookies générés. `durée` peut être une indication en secondes ou sous la forme `"3 semaines 6 jours 20 heures"`. Si cette fonction n'est pas utilisée, les cookies sont uniquement valables pour la durée de la session en cours.
`CookieTracking`	Syntaxe : `CookieTracking on|off` Utilisable dans : Configuration serveur, `<VirtualHost>`, `<Directory>`, .htaccess Override : `FileInfo` Active ou désactive l'envoie de cookies destiné à surveiller l'utilisateur.

Messages d'erreur du serveur

En ce qui concerne les messages d'erreur du serveur, nous nous limiterons à une liste des messages d'erreur HTTP. En effet, les messages du fichier de consignation des erreurs d'Apache, sont assez clairs pour se passer de tout commentaire.

Les messages listés ci-dessous sont ceux qui risquent d'apparaître dans le navigateur web du client.

▼ **Tab. 4.35** *Messages d'erreur HTTP*

Erreur	Description
400 Bad Request	La requête contient une erreur de syntaxe.
401 Unauthorized	L'utilisateur n'est pas autorisé à accéder aux données demandées.
402 Payment Required	Pas encore utilisé. Peut être utilisé dans un futur assez proche pour indiquer que l'accès au contenu d'une page est payant.
403 Forbidden	L'accès a été refusé pour des raisons que le serveur ne souhaite pas communiquer.
404 Not Found	Le document demandé n'existe pas.
405 Method Not Allowed	La méthode HTTP utilisée n'est pas autorisée pour le document demandé.
406 Not Acceptable	Le document demandé existe, mais la requête a été présentée sous une forme non acceptée.

Erreur	Description
407 Proxy Authentication Required	Le serveur proxy doit autoriser la requête avant de la transmettre.
408 Request Time-out	Le serveur a interrompu la connexion car le client n'a pas réussi à envoyer une requête complète dans le délai qui lui était imparti.
409 Conflict	Indique un conflit avec une autre requête ou avec la configuration serveur. Des informations supplémentaires accompagnent généralement avec le message d'erreur.
410 Gone	L'adresse demandée n'existe plus et ne sera plus disponible à l'avenir.
411 Length Required	Le serveur n'accepte pas la requête si elle n'est pas accompagnée d'une entrée d'en-tête Content Length.
412 Precondition Failed	Les conditions d'un ou plusieurs header If de la requête ont donné un résultat négatif (false).
413 Request Entity Too Large	Le serveur refuse de répondre à la requête car une information d'entité est trop grande.
414 Request-URL Too Long	L'URL demandée est trop longue.
415 Unsupported Media Type	L'entité de la requête est dans un format non pris en charge.
416 Request Range Not Satisfiable	Le serveur a détecté un header Range contenant des données non valables.
417 Expectation Failed	La condition d'un header Expect n'a pas pu être remplie.
500 Internal Server Error	Une partie du serveur (par exemple un programme CGI) a provoqué une erreur ou comporte une erreur de configuration.
501 Not Implemented	Le client a demandé une action, non prise en charge par le serveur.
502 Bad Gateway	Le serveur ou le proxy a obtenu des réponses non valables de la part d'un autre serveur ou proxy.
503 Service Unavailable	Le service demandé est momentanément indisponible, mais sera a nouveau disponible à l'avenir.
504 Gateway Time-out	Equivaut à l'erreur 408, à la différence que le dépassement de délai a été provoqué, ici, par un proxy ou une passerelle.
505 Version Not Supported	Le serveur ne prend pas en charge la version de HTTP utilisée dans la requête.

4.3 Configuration d'Apache

Les exemples présentés ci-après sont basés sur la version 1.3.9 du serveur web Apache. Ce dernier fait partie intégrante de toutes les distributions de Linux, avec un numéro de version susceptible de varier selon la distribution utilisée. Si vous projetez d'utiliser cette application, il est recommandé de vérifier la version fournie avec votre distribution. Le programme de configuration correspondant (par exemple YaST avec SuSE ou linuxconf avec Red Hat) vous indiquera le numéro de version recherché. Si le serveur web Apache n'est pas encore installé, vous pouvez en profiter pour le faire. Si vous possédez une version antérieure à celle décrite ici, il vaut mieux ne pas l'installer voire la désinstaller. Dans le cas contraire, les procédures et descriptions données ici risquent de ne pas correspondre. Si vous utilisez déjà la dernière version d'Apache, vous pouvez sauter le paragraphe qui suit. Sinon, il vous faudra récupérer la dernière version sur Internet. La procédure à suivre pour ce faire est décrite dans la section ci-après.

Si vous utilisez la version binaire fournie avec votre distribution, notez qu'il n'est pas possible de modifier les chemins d'accès de l'installation. Ces derniers sont fixés par la distribution. Par ailleurs, il vous sera impossible d'ajouter des modules supplémentaires ou de mettre à jour le programme vers une version ultérieure.

Le système de sources d'Apache

Une fois que les sources actuelles sont sur votre disque dur, il vous reste à les décompresser. Pour cela, utilisez l'une des commandes ci-après :

```
# zcat apache_1.3.9.tar.Z | tar xf -
```

ou

```
# zcat apache_1.3.9.tar.gz | tar xf -
```

Une fois la commande saisie, la décompression de l'archive peut durer un certain temps avant que l'invite système ne réapparaisse. Si vous souhaitez connaître les fichiers et répertoires créés lors de la décompression, utilisez l'option **xvf** au lieu de **xf** afin d'afficher les fichiers et répertoires au fur et à mesure qu'ils sont décompressés. Une fois cette opération achevée, vous disposez d'un nouveau sous-répertoire *./apache_1.3.9*, automatiquement créé lors de la décompression.

```
# ls
apache_1.3.9.tar.gz     apache_1.3.9
```

apache_1.3.9 est le sous-répertoire contenant l'ensemble de l'arborescence des fichiers source (source tree). Il contient en outre les routines de configuration et d'installation, ainsi que la documentation actuelle d'Apache au format HTML. Rendez-vous dans ce sous-répertoire et affichez son contenu :

```
# ls
ABOUT_APACHE      README             config.layout
Announcement      README.NT          configure
INSTALL           README.configure   htdocs
KEYS              WARNING-NT.txt     icons
LICENSE           cgi-bin            logs
Makefile.tmpl     conf               src
```

À condition de posséder des connaissances suffisantes en anglais, il peut être utile de s'intéresser d'un peu plus près à certains de ces fichiers. Les plus intéressants sont ceux dont le nom est écrit en majuscules ou dont le nom commence par une majuscule. Le tableau ci-après vous présente brièvement les plus importants :

▼ **Tab. 4.36** *Fichiers importants du répertoire principal de l'arborescence des fichiers source d'Apache*

Fichier	Description
Announcement	Contient des informations sur les nouveautés de la version par rapport aux versions précédentes et les adresses Internet où ces versions et les textes d'aide correspondants sont disponibles.
README	Vue d'ensemble des fichiers du répertoire principal et de leur contenu et fonctions.
README.configure	Informations sur le script `configure` et ses options. Ce script, ses fonctions et ses options sont détaillés dans la suite de cet ouvrage.
INSTALL	Ce fichier contient une description détaillée de la procédure de configuration et d'installation du package ainsi que des informations complémentaires pour l'installation sur des systèmes cibles exotiques.

▼ **Tab. 4.37** *Les sous-répertoire de l'arborescence source d'Apache*

Répertoire	Contenu
cgi-bin	Contient deux fichiers. Lors de l'installation d'Apache, une fois la compilation achevée, ce sous-répertoire est copié dans le répertoire Home du serveur web où il tient lieu d'emplacement de stockage des scripts CGI.

Répertoire	Contenu
conf	Contient les fichiers de configuration standard de la distribution source, installés automatiquement lors de l'installation pour permettre le démarrage du serveur web avec une configuration standard. Il sert alors de serveur pour la consultation de la documentation HTML, dont nous avons déjà parlé.
htdocs	Sous ./htdocs/manual/index.html se trouve le «Apache 1.3 User's Guide», c'est-à-dire la documentation complète d'Apache au format HTML. Celle-ci contient les «Release Notes», qui présentent les nouvelles fonctionnalités de la version, donnent des conseils sur la mise à jour à partir d'une version précédente et contiennent les conditions de licence. On y trouve également le «Apache Reference Manual», qui décrit Apache de l'installation à l'API Apache (interface de programmation de modules Apache), en passant par la configuration, la manipulation et les fonctionnalités. Enfin, le «User's Guide» propose un point «Other Notes», qui regroupe entre autres une «FAQ» (Frequently Asked Questions = foire aux questions) à propos du serveur web Apache, des conseils généraux sur les performances, la sécurité et les systèmes d'exploitation spéciaux, ainsi que des problèmes connus avec certains clients web.
icons	Contient une série de fichiers image simples pouvant être utilisés pour vos pages HTML ou à titre interne, par exemple pour l'affichage de l'index des répertoires.
src	Ce répertoire constitue le cœur de la distribution. On y trouve des modèles de fichiers make, qui sont des fichiers de configuration du programme `make`, un utilitaire permettant la compilation et l'installation automatisées d'un package, formé de nombreux fichiers individuels. Les fichiers make (fichiers texte portant le nom Makefile) sont créés à partir de modèles par le script `configure`, présenté plus haut. En outre, ce répertoire contient un certain nombre de descriptions, qui ne sont réellement intéressantes que pour les utilisateurs avancés de `make`, souhaitant corriger manuellement des problèmes de compilation. Les sous-répertoires de ./src contiennent un certain nombre d'utilitaires permettant, par exemple, d'automatiser les procédures de copie et de configuration lors de l'installation, des fichiers de header (reconnaissables à l'extension .h) contenant des fonctions prédéfinies pour les fichiers source C (reconnaissables à l'extension .c), des fichiers de contrôle pour Microsoft Development Studio (reconnaissables à l'extension .dsp) permettant d'utiliser également ces sources sous Windows (ce qui est toutefois déconseillé pour des raisons de sécurité), des fichiers source spéciaux pour l'adaptation aux système cibles pris en charge (BS2000, OS/2, UNIX, Win32, etc.), les sources des modules Apache fournis ainsi que les célèbres page de `man` pour systèmes UNIX.

Conversion et installation du serveur sous Linux

Après avoir pris connaissance de l'organisation de l'arborescence des fichiers source d'Apache, le moment est venu de convertir les sources et de les installer. Si vous aviez déjà installé le serveur web Apache livré avec votre distribution, supprimez-le avant de commencer afin d'éviter tout problème dû à des fichiers en double exemplaire. Revenons au répertoire principal des sources Apache.

La procédure standard pour la configuration et l'installation est relativement simple et largement suffisante pour un premier contact ou un test du serveur web Apache. Une fois que vous aurez un peu plus d'expérience avec Apache et/ou des besoins spécifiques, vous pourrez être amené à modifier certains paramètres. Nous vous présentons donc ici la procédure standard :

```
# ./configure --prefix=CHEMIN
# make
# make install
# CHEMIN/bin/apachectl start
```

`CHEMIN` est une chaîne de caractère à spécifier, par exemple */usr/local/apache*, indiquant dans quel répertoire Apache doit être installé. Si nous utilisons **`configure`** sans options, */usr/local/apache* est utilisé comme répertoire d'installation par défaut, car c'est l'emplacement le plus fréquemment utilisé pour le stockage des applications non nécessaires au fonctionnement du système d'exploitation de base. Si vous souhaitez, par exemple, installer Apache sur une partition séparée, cette option vous le permet. Utilisez ensuite `ln - s` pour créer un lien symbolique de cette partition vers */usr/local/apache*.

Pour que ces étapes puissent s'exécuter convenablement, un compilateur C compatible ANSI-C doit être installé, car les sources sont rédigées dans le langage de programmation C, par exemple `gcc`, `egcs` ou `pgcc`. Pour le vérifier, utilisez la commande suivante :

```
# gcc
```

1. `gcc: No input files`
2. `bash: gcc: command not found`

Si vous obtenez un résultat similaire à la solution 1 vous pouvez poursuivre. Si votre résultat ressemble plutôt à la ligne 2, cela indique qu'aucun compilateur C n'est installé sur votre système. Dans ce cas, il convient d'en installer un (à l'aide de YaST sous SuSE ou linuxconf sous Red Hat).

Une seconde condition est requise : le programme **make** doit être installé sur votre système. Comme pour **gcc**, vous pouvez le vérifier comme suit :

```
# make
```

1. `make: *** No targets. Stop.`
2. `bash: make: command not found`

Là aussi, si vous obtenez un résultat de type 1, tout va bien, tandis qu'avec un message de type 2, il vous faut installer le programme **make**.

Si vous avez déjà une certain expérience de la compilation et de l'installation de distributions sources récupérées sur Internet, vous avez peut-être déjà utilisé le script **configure**. Contrairement, à ce que l'on pourrait penser, il est inutile d'installer le package *autoconf* pour cela. La configuration d'Apache se base sur un script, qui s'utilise comme un "vrai" script **configure**, mais ne se base pas sur *autoconf*.

La présence d'un interpréteur Perl 5 est optionnelle. Il est requis pour exécuter des scripts CGI, qui sont écrits en standard en Perl (dans ce cas, quasiment tous les langages de programmation peuvent être utilisés). Pour vérifier la version de Perl présente sur votre configuration, procédez comme suit :

```
# perl -version
```

Vous obtenez un message semblable à l'un des deux qui suivent :

```
This is perl, version 5.005_02 built for i586-linux
Copyright 1987-1998, Larry Wall
Perl may be copied only under the terms of either the Artistic License or the
GNU General Public License, which may be found in the Perl 5.0 source kit.
Complete documentation for Perl, including FAQ lists, should be found
on this system using'man perl' or'perldoc perl'.  If you have access to
the Internet, point your browser at http://www.perl.com/, the Perl Home Page.
```

ou

```
bash: perl: command not found
```

Si vous obtenez un message semblable au premier avec un numéro de version supérieur ou égal à 5, vous pouvez utiliser la version de Perl installée sur votre système. Avec un message du second type, il vous faudra installer Perl pour pouvoir exécuter des scripts CGI. Perl est également fourni en standard avec toutes les distributions Linux. Si vous disposez d'une version antérieure à la version 5, vous pouvez en télécharger une plus récente sur le site **http://www.perl.com/**. La décompression des sources Perl fonctionne de façon similaire à celles d'Apache. Là aussi, un sous-répertoire portant le même nom que l'archive est créé. Rendez-vous dans ce nouveau sous-répertoire et saisissez la commande suivante :

```
# ./configure
# ./make
# ./make install
```

Notez que l'installation d'*autoconf* est requise avec ce paquetage ! Par ailleurs, il convient de posséder des droits d'utilisateur *root* pour l'installation. Ouvrez donc une session sous le nom d'utilisateur *root*, ou utilisez la commande **su** pour vous muter en utilisateur *root*.

L'ensemble des tâches de configuration précédant la compilation peut être réalisé par le script **configure**. Il ne nous reste alors plus qu'à spécifier nos paramètres de personnalisation, dont voici un exemple :

```
# CC=«gcc» OPTIM=«-02» \
./configure --prefix=/usr/local/apache \
--enable-module=rewrite -enable-shared=rewrite \
--enable-module=proxy -enable-shared=proxy
```

La première ligne indique que le programme **gcc** doit être utilisé comme compilateur, et qu'il est lancé avec l'option **-02**. Ceci est réalisé par la définition des variables d'environnement **CC** et **OPTIM** en leur attribuant les valeurs correspondantes : **CC=«gcc»** et **OPTIM=«-02»**. **-02** correspond au niveau d'optimisation du compilateur. Le niveau utilisé ici est le compromis habituel entre optimisation de la vitesse et stabilité du résultat de la compilation. La seconde ligne sert à démarrer **configure**, qui lit et traite les variables **CC** et **OPTIM**. L'option **prefix** indique à **configure** qu'Apache doit être installé dans le répertoire */usr/local/apache*, qui sera créé automatiquement s'il n'existe pas encore.

La troisième ligne indique que le module `mod_rewrite` doit être compilé avec l'option `shared`. Celle-ci indique que le module peut être chargé par le serveur Apache en cours de fonctionnement, ce qui permet d'économiser la mémoire vive tant que le module n'est pas requis.

La dernière ligne, enfin, fait de même pour le module `mod_proxy`. Lors de la saisie des modules dans les options du script `configure`, le préfixe `mod_` des modules est omis. Comme ce préfixe fait partie des conventions de nommage des modules Apache, il est considéré comme existant.

Astuce

Optimisation des programmes

L'option `-m486` indique au compilateur d'optimiser le programme pour un processeur compatible Intel 486. Si l'on utilise `egcs` au lieu de `gcc` (`egcs` peut également être lancé par la commande `gcc`. Pour en savoir plus, tapez `gcc --version`.), on peut également utiliser les options `-mpentium` (pour les processeurs compatibles Pentium) ou `-mpentiumpro` (pour les processeurs compatibles Intel Pentium Pro et/ou Pentium II). Le résultat de ce type de compilation peut néanmoins être utilisé sur tous types d'ordinateurs, 386 y compris. Ces optimisations peuvent très nettement accélérer les exécutions sur les ordinateurs correspondants. Pour de plus amples informations à ce sujet, consultez les explications relatives au compilateur.

Les sources Apache sont fournies avec toute une série de modules, dont chacun constitue un ensemble de fonctions portant sur un point précis, permettant d'ajouter diverses fonctionnalités au serveur "de base». En règle générale, il n'est pas nécessaire de spécifier les modules lors de la configuration des sources, sauf s'il s'agit de modules ne faisant pas partie de la distribution source, téléchargés sur le serveur Internet d'Apache. L'autre exception concerne les modules non activés par défaut qui doivent être compilés et installés. Dans la suite, nous nous limiterons aux modules qui ont été intégrés à la distribution source officielle en raison de leur stabilité et de leur utilité.

Toute une série de variables d'environnement et d'options existent pour le pilotage du script `configure`. Il est à noter que la définition des variables et le lancement de `configure` (ainsi que le réglage d'options éventuelles) doit avoir lieu dans une même ligne de commande, qui peut être répartie sur plusieurs lignes écran par l'utilisation de barre obliques inverses (\) comme dans l'exemple ci-dessus. La syntaxe générale est :

```
CLEF=VALEUR ./configure [OPTION(S)]
```

Ceci fonctionne uniquement tant que le shell utilisé est compatible avec Bourne Shell, ce qui est le cas pour **sh**, **bash**, **bash2** (le shell standard sous Linux) et **ksh**. Avec d'autres shell, il convient de procéder comme suit :

```
env CLEF=VALEUR ./configure [OPTION(S)]
```

si le système prend en charge la commande **env**. Sinon, vous pouvez utiliser :

```
setenv CLEF=VALEUR ./configure [OPTION(S)]
```

si vous utiliser une variante du shell C (par exemple **csh** ou **tcsh**). Vous n'aurez normalement besoin d'aucune autre variable d'environnement que celles que nous avons présentées plus haut.

▼ **Tab. 4.38** *Options du script configure*

Option	Description
`--help`	Affiche une liste des variables d'environnement et options pouvant être utilisées. En outre, les modules disponibles et leur état actuel est affiché.
`--quiet`	Aucun message n'est affiché pendant l'exécution.
`--verbose`	De nombreux messages détaillés sont affichés pendant l'exécution.
`--with-layout[FICHIER:]ID`	Cette option permet l'utilisation d'une structure de répertoires prédéfinie, dans laquelle les différents fichiers et répertoires sont copiés. La sous-option FICHIER doit uniquement être spécifiée si ./config.layout n'est pas utilisé. `ID` correspond à l'intitulé de l'une des structures. De plus amples informations à ce sujet sont données après ce tableau.
`--show-layout`	Affiche la structure précédemment sélectionnée avec `--with-layout` et devant être utilisée pour l'installation. Les structures sont stockées dans le fichier ./config.layout. Si aucune structure n'est indiquée, la structure «Apache» est utilisée par défaut. Le résultat pouvant couvrir plusieurs écrans, utilisez le paramètre indiqué ci-dessous pour le visualiser à votre rythme : `# ./configure --show-layout | more`

Option	Description
--add-module=FICHIER	Utilisez cette option pour copier un fichier source de module dans le répertoire ./src/modules/extra et insérer une entrée correspondante dans le fichier de configuration. FICHIER doit être un chemin d'accès vers à un fichier source C situé en dehors de l'arborescence source d'Apache, par exemple ../modules/quelconque/mod_quelconque.c. Le module est ainsi ajouté et activé en même temps. Cela est uniquement nécessaire si vous utilisez des modules ne faisant pas partie des sources d'Apache.
--activate-module=FICHIER	Cette option permet d'activer un module déjà présent dans ./src/modules mais désactivé par défaut. Cette option peut également servir à activer des modules composés de plus d'un fichier source C, comme par exemple mod_php3. Copiez pour cela les fichiers concernés dans ./src/modules et lancez ./configure avec cette option et le nom correspondant dans FICHIER.
--enable-module=NOM	Active un module, possédant déjà une entrée valable dans ./src/Configuration.tmpl. Avec ./configure - help, les noms de modules corrects sont affichés avec leurs valeurs par défaut (yes = activé, no = désactivé). Pour NOM, utilisez le nom du module sans le préfixe mod_ ! Utilisez all comme NOM pour activer tous les modules. Une liste complète des modules avec leurs valeurs par défaut, se trouve dans le fichier ./Install.
--disable-module=NOM	Désactive un module. La syntaxe est identique que pour --enable-module.
--enable-shared=NOM	Utilisez cette option pour un module NOM, afin de permettre le chargement dynamique de ce module (comme indiqué dans ./src/Configuration.tmpl). Pour obtenir les valeurs par défaut, utilisez ./configure --help (yes = activé, no = désactivé).
--disable-shared=NOM	Désactive le chargement dynamique du module NOM. C'est le réglage par défaut de tous les modules.
--with-perl=FICHIER	Si vous avez installé plusieurs versions d'un interpréteur Perl sur votre système, indiquez celui que vous désirez utiliser en FICHIER.

Intéressons-nous à présent à la structure des répertoires. Comme nous l'indiquions précédemment, sauf indication contraire, Apache installe l'ensemble de ses fichiers dans le répertoire */usr/local/apache*. Cela présente l'avantage de regrouper tous les fichiers relatifs à Apache dans un répertoire précis du système, cependant cette façon de procéder présente également des inconvénients. Il arrive souvent, que l'on souhaite regrouper tous les fichiers de configuration du système dans le répertoire */etc*, les fichier PID (c'est-à-dire les fichiers contenant des informations d'identification d'un processus) dans */var/run*, les fichiers exécutables dans */usr/bin* et */usr/sbin* et les pages man dans */usr/man*. Pour procéder ainsi, il vous faut ajouter une structure (un layout) au fichier *./config.layout*. Ouvrez ce fichier à l'aide d'un éditeur de textes et ajoutez-y la section **<Layout>** suivante :

```
<Layout OwnLayout>
    prefix:          /usr
    exec_prefix: $prefix
    bindir: $exec_prefix/bin
    sbindir: $exec_prefix/sbin
    libexecdir: $exec_prefix/libexec/apache
    mandir: $prefix/man
    sysconfdir:      /etc/httpd
    datadir:         /usr/local/httpd
    includedir: $prefix/include
    localstatedir:   /var
    runtimedir: $localstatedir/run
    logfiledir: $localstatedir/log/httpd
    proxycachedir: $localstatedir/proxy
</Layout>
```

Astuce

Rien n'est figé

Les informations spécifiées dans une section <Layout> sont utilisées pour définir le lieu de stockage de tous les fichiers lors de l'installation par défaut. Ces emplacements pouvant être spécifiés au lancement d'Apache, différentes configurations peuvent être utilisées. Si une version suffisamment récente d'Apache est fournie avec votre distribution, vous pouvez donc l'utiliser tout de même, à condition de savoir où sont stockés quels fichiers.

Lorsque vous exécutez ensuite `./configure` avec l'option `--with-layout=OwnLayout`, les fichiers exécutables sont placés dans */usr/bin* et */usr/sbin*, les fichiers de configuration dans le répertoire */etc/httpd*, toutes les données personnelles (pages web, scripts CGI, images) dans */usr/local/httpd*, les fichiers *run* dans */var/run* et les fichiers de consignation dans */var/log/httpd*. Cela correspond en gros aux réglages de la plupart des distributions courantes. Dans la suite de l'ouvrage, nous partirons du principe que vous avez utilisé cette structure. Bien sûr, vous pouvez parfaitement utiliser une structure différente si vous le souhaitez. L'exécution du script `configure` devrait renvoyer un résultat semblable à celui-ci :

```
# ./configure --with-layout=OwnLayout
Configuring for Apache, Version 1.3.9
+ using installation path layout: OwnLayout (config.layout)
Creating Makefile
Creating Configuration.apaci in src
Creating Makefile in src
+ configured for Linux platform
+ setting C compiler to gcc
+ setting C pre-processor to gcc -E
+ checking for system header files
+ adding selected modules
+ doing sanity check on compiler and options
Creating Makefile in src/support
Creating Makefile in src/main
Creating Makefile in src/ap
Creating Makefile in src/regex
Creating Makefile in src/os/unix
Creating Makefile in src/modules/standard
```

Une fois toutes les opérations de configuration achevées, nous pouvons à présent lancer le compilateur afin qu'il convertisse les sources :

```
# make
```

En fonction des performances de votre système, la procédure de conversion peut durer de quelques secondes à plusieurs minutes. Au fur et à mesure de l'exécution, le système affiche les fichiers en cours de conversion.

Il ne vous reste ensuite plus qu'à installer l'ensemble des fichiers à l'aide de la commande :

```
# make install
```

Comme indiqué précédemment, il faut avoir ouvert une session comme utilisateur *root* pour pouvoir accomplir cette opération. Identifiez-vous donc comme utilisateur *root* si nécessaire, ou utilisez la commande `su` pour obtenir les droits correspondants.

Démarrage et arrêt du serveur

Une fois votre serveur web Apache préconfiguré et installé, le moment est venu de lui donner vie. Le fichier exécutable d'Apache se nomme *httpd* (hypertext transfer protocol daemon). Un démon (daemon, en anglais) est un programme UNIX qui, lorsqu'il est lancé, reste inactif à l'arrière-plan du système, en attente de requêtes externes adressées à ce programme afin de les traiter.

Veuillez noter qu'il est indispensable d'ouvrir une session en tant qu'utilisateur *root* afin de pouvoir reproduire les exemples de cette section. En effet, un utilisateur "normal" ne dispose pas des droits requis pour démarrer le serveur. Nous partirons du principe, dans la suite, que vous disposez des droits nécessaires.

Pour lancer **httpd**, il suffit de l'exécuter. Vous pourrez ensuite vérifier que les entrées suivantes sont lancées avec succès.

```
# /usr/sbin/httpd
# ps ax
```

Après la saisie de la seconde commande, une liste des processus en cours d'exécution dans le système défile à l'écran. En bout de liste, vous devriez voir des entrées semblables à celles ci-après :

```
200 ?  S     0:00 /usr/sbin/httpd
201 ?  S     0:00 /usr/sbin/httpd
202 ?  S     0:00 /usr/sbin/httpd
203 ?  S     0:00 /usr/sbin/httpd
204 ?  S     0:00 /usr/sbin/httpd
```

La dernière partie de l'affichage est similaire à l'exemple ci-dessus. Dans notre cas, cela indique que cinq démons **httpd** sont lancés sur notre système. Le nombre de démons lancés par défaut dépend de votre configuration. Au démarrage, Apache parcourt ses fichiers de configuration, stockés dans */etc/httpd*, dans lesquels il est indiqué qu'au minimum cinq démons doivent toujours être lancés.

> **Renvoi** Pour en savoir plus à ce sujet, consultez le paragraphe intitulé Fichiers de configuration d'Apache dans la suite de ce chapitre.

Apache permet également la spécification de diverses options au démarrage.

▼ **Tab. 4.39** *Options de démarrage d'Apache*

Option	Description
`-d répertoire`	Indique le répertoire racine à utiliser. Cette option permet par conséquent de spécifier un autre répertoire que celui qui est prévu d'origine par Apache Group, c'est-à-dire /usr/local/apache. Cette option est utile pour exécuter plusieurs serveurs utilisant des fichiers de configuration différents su un même système et/ou pour offrir différents sites web.
`-D paramètre`	Définit un nom pour les directives `<IfDefine>`.
`-f fichier`	Indique le chemin d'accès et le fichier de configuration à utiliser (en règle générale httpd.conf).
`-C "directive"`	Traite la directive, avant le chargement des fichiers de configuration.
`-c "directive"`	Traite la directive, après le chargement des fichiers de configuration.
`-L`	Affiche une liste des commandes de configuration disponibles et se termine.
`-l`	Affiche une liste des modules compilés avec le serveur et se termine.
`-S`	Affiche les paramètres actuels pour `vhost`.
`-t`	Teste la syntaxe des fichiers de configuration et se termine.
`-v`	Affiche la version et la date de la compilation et se termine.
`-V`	Affiche les paramètres de compilation et se termine.
`-X`	Mode Débogage à processus unique. Dans ce mode, un seul processus `httpd` est lancé à la fois. Ce mode est destiné à la détection d'erreurs (de bugs) et devrait être réservé à cet usage. En effet, il peut induire des chutes de performances assez conséquentes.
`-h`	Affiche les options de démarrage disponibles. Apache étant soumis à des modifications permanentes, il peut arriver que de nouvelles options apparaissent ou que d'anciennes soient supprimées.

Si tout a fonctionné comme prévu, vous pouvez à présent accéder à votre propre serveur par l'intermédiaire d'un navigateur web. Lancez votre navigateur et recherchez l'adresse `http://localhost` ou `http://127.0.0.1`. Si vous avez configuré votre système convenablement, vous pouvez également accéder à votre serveur à partir d'autres postes du réseau en spécifiant son adresse IP de l'intranet dans un navigateur. Vous devriez voir apparaître l'écran d'accueil d'Apache, qui vous félicite de la réussite de l'installation.

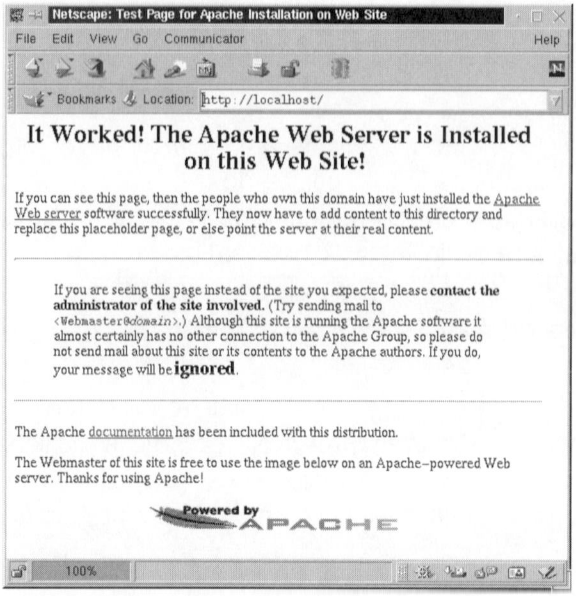

◄ **Fig. 4.5**
Le message de félicitations de votre serveur web lors du premier accès

Un clic sur le lien *documentation* vous permet d'accéder à la documentation en ligne du serveur web.

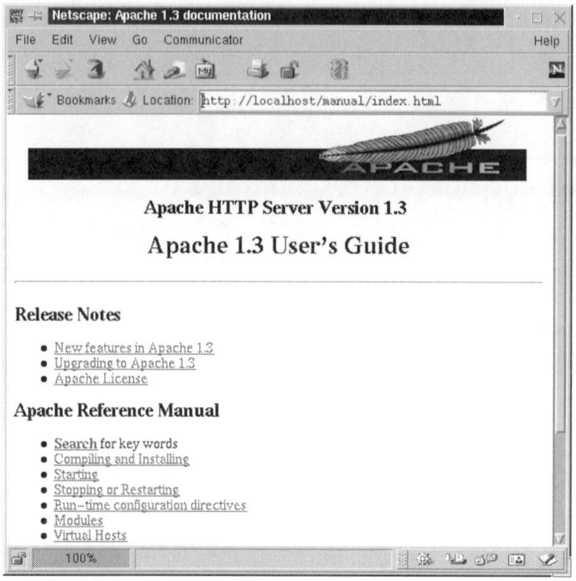

◄ **Fig. 4.6**
L'écran principal de la documentation en ligne

Pour arrêter Apache, il n'est pas nécessaire de mettre fin aux démons un à un. La commande ci-après, recherche le numéro du processus parent dans le fichier PID.

```
# kill -TERM 'cat /var/run/httpd.pid'
```

C'est le seul processus que nous avons lancé directement. Tous les autres sont des processus enfants lancés par ce dernier. La commande ci-dessus termine le processus parent, ce qui entraîne la fin de tous les processus enfants dépendants. Si, au lieu de cela, nous utilisons la commande suivante :

```
# kill -HUP 'cat /var/run/httpd.pid'
```

nous indiquons au processus parent qu'il doit se terminer (ainsi que tous ses processus enfants) et redémarrer après avoir rechargé les fichiers de configuration. Cela est toujours nécessaire lorsque des modifications ont été apportées à la configuration. Enfin, avec la commande suivante :

```
# kill -USR1 'cat /var/run/httpd.pid'
```

le processus parent indique aux processus enfants de redémarrer lorsqu'ils auront achevé le traitement de la requête en cours ou immédiatement s'ils sont momentanément inactifs. Cette commande garantit qu'en usage quotidien du serveur, les requêtes en cours de traitement ne sont pas brutalement interrompues en cas de changement au niveau de l'exploitation.

Astuce

Apache possède des facettes multiples

Les nombreuses possibilités qu'offre Apache et que nous découvrirons encore dans la suite de l'ouvrage laissent tout de même une place à la méthode traditionnelle de démarrer, d'arrêter ou de redémarrer un serveur. Comme il est possible d'exécuter différents serveurs `httpd` avec différentes configurations, il peut s'avérer utile de savoir, par exemple, comment arrêter un serveur précis.

À la longue, cette procédure devient quelque peu laborieuse. C'est pourquoi les programmeurs ont créé un petit utilitaire appelé **apachectl** (Apache Control). Ce dernier automatise les saisies ci-dessus et permet ainsi d'économiser un temps considérable. La commande

```
# /usr/sbin/apachectl start
```

permet de lancer le processus parent, tandis que

```
# /usr/sbin/apachectl stop
```

permet à nouveau d'y mettre fin et

```
# /usr/sbin/apachectl restart
```

entraîne un nouveau chargement de la configuration. Les autres options de `apachectl` sont détaillées dans le tableau ci-après :

▼ **Tab. 4.40** *Options de apachectl*

Option	Description
`start`	Démarre `httpd`.
`stop`	Arrêt `httpd`.
`restart`	Redémarre `httpd` en lui envoyant le signal `SIGHUP` ou démarre `httpd` si ce dernier n'est pas encore lancé.
`fullstatus`	Affiche un écran d'état complet. Cette option requiert que `lynx` (un navigateur web basé texte) soit installé et que le module `mod_status` soit activé.
`status`	Affiche un bref écran d'état. Cette option requiert que `lynx` (un navigateur web basé texte) soit installé et que le module `mod_status` soit activé.
`graceful`	Envoie le signal `SIGUSR1` à `httpd`. Le processus parent demande alors à ses sous-processus de se terminer dès qu'ils ont achevé le traitement des requêtes en cours. Puis, le processus parent démarre de nouveaux processus enfants après avoir rechargé les fichiers de configurations. Si `httpd` n'est pas encore lancé, il est démarré avec cette option.
`configtest`	Teste la syntaxe des fichiers de configuration.
`help`	Affiche une liste des options de démarrage disponibles accompagnées d'une brève description.

Pour un serveur, il est naturellement assez peu pratique de devoir lancer manuellement un service à chaque démarrage. En outre, des erreurs dans le système de fichiers peuvent se produire si l'on arrête le serveur sans avoir mis fin à tous les services auparavant (bien que ce risque soit assez improbable dans la mesure où le système indique à tous les processus de se terminer lorsque le serveur est arrêté). Pour automatiser ces deux opérations, il est possible de créer un script */sbin/init.d/apache.own* en tant qu'utilisateur *root*.

Vous pouvez utiliser un éditeur de texte quelconque pour cela, par exemple **vi**, que vous pouvez démarrer simplement en tapant :

```
vi [chemin d'accès]nom de fichier
```

Pour enregistrer, pivoter **vi** en mode Commande en appuyant sur Échap puis sauvegardez en pressant w. q vous permet de quitter l'éditeur.

```
#!/bin/sh
#/sbin/init.d/apache.own
# Script pour l'automatisation du démarrage et de l'arrêt du
# serveur web Apache au démarrage et l'arrêt du système
if test -f /var/run/httpd.pid ; then
    echo "Termine le serveur web Apache..."
    /usr/sbin/apachectl stop
    exit 0
fi
if test -e /var/run/httpd.pid; then :
else
    echo "Démarre le serveur web Apache..."
    /usr/sbin/apachectl start
fi
exit 0
```

Lorsqu'il est lancé, se script démarre Apache (à condition qu'il soit présent dans */usr/sbin*) s'il ne l'est pas encore (au démarrage du système) et y met fin, s'il fonctionne (à l'arrêt du système). Pour nous assurer que ce script est bien exécuté au démarrage et à l'arrêt du système, nous le copions dans le répertoire */sbin/init.d* puis saisissons les commandes ci-après :

```
# chmod +x /sbin/init.d/apache.own
# ln -s /sbin/init.d/apache.own /sbin/init.d/rc2.d/K20apache.own
# ln -s /sbin/init.d/apache.own /sbin/init.d/rc2.d/S20apache.own
# ln -s /sbin/init.d/apache.own /sbin/init.d/rc3.d/K20apache.own
# ln -s /sbin/init.d/apache.own /sbin/init.d/rc3.d/S20apache.own
```

Selon la distribution utilisée, il vous faudra utiliser le répertoire */etc/rc.d/init.d* au lieu de */sbin/init.d*. Les liens symboliques ci-dessus garantissent qu'au démarrage et à l'arrêt du serveur, les scripts correspondants sont exécutés dans les deux modes multiutilisateur (init 2 et init 3). Notez qu'un même numéro peut être attribué plusieurs fois. Aussi, ne soyez pas surpris si plusieurs services utilisent déjà le numéro 20.

Remarque

Scripts de démarrage et d'arrêt automatiques des distributions

La question "Comment démarrer et arrêter mon(mes) serveur(s) web avec mon système ?" existe au moins depuis que le serveur lui-même existe et se pose sous cette forme pour chaque service fonctionnant de façon permanente à l'arrière-plan.

En général, cela fonctionne toujours de la même manière en collaboration étroite avec le programme `/sbin/init`. Ce dernier est lancé au démarrage du système dès que le noyau est chargé, qu'il a vérifié les partitions et qu'il a monté le système de fichiers racine. À partir de ce moment, `init` prend le contrôle du système et lance les différents services configurés. Il ouvre pour cela le programme `/sbin/init.d/rc` (les chemins d'accès utilisés dans votre distribution peuvent différer de ceux sui sont décrits ici). Ce dernier démarre alors les scripts de démarrage correspondants au runlevel adéquat (transmis à `init` sous forme de paramètre ; pour plus de détails, voir "`man init`"). Si le système est arrêté ou le runlevel modifié, les scripts d'arrêt correspondants sont exécutés et, le cas échéant, les scripts de démarrage du nouveau runlevel. Si vous observez les commandes ci-dessus, vous reconnaîtrez le runlevel correspondant au nom du répertoire (*rc2.d* pour le runlevel 2 (multiutilisateur avec réseau et standard) et *rc3.d* pour le runlevel 3 (multiutilisateur avec réseau et Xdm)), les scripts de démarrage au 'S' (de l'anglais start) qui les introduit et les scripts d'arrêt au 'K' (de l'anglais kill) initial. Pour éviter des problèmes dus à des interdépendances entre programmes, un chiffre supplémentaire est intégré au nom pour indiquer dans quel ordre les scripts doivent être exécutés. Cela a lieu dans l'ordre croissant des numéros.

Ce n'est pas plus mystérieux que cela. Chaque distribution possède ses propres scripts pour piloter les services. Aucune distribution n'échappe à cette règle. Si un service doit être démarré en même temps que le système, il suffit de l'indiquer à l'aide du programme de configuration de la distribution correspondante. Les scripts de démarrage et d'arrêt utilisent généralement des variables stockées dans */etc/rc.config* par les programmes de configuration. Si vous trouvez le script correspondant, vous pouvez l'éditer si nécessaire, par exemple pour démarrer plusieurs serveurs web Apache avec des répertoires racines et des configurations différents.

> **Remarque**
>
> Dans la majorité des distributions, les liens se situent dans */etc/rcX.d/*, avec SuSE dans */sbin/init.d/rcX.d/*. Les scripts `sysinit` sont stockés dans */etc/init.d/rcS*, */etc/init.d/rc.sysinit*, */etc/rc.d/rc.sysinit* ou */sbin/init.d/boot*. Les scripts rc se trouvent dans */etc/init.d/rc*, */etc/rc.d/rc* ou */sbin/init.d/rc*.

4.4 Fichiers de configuration d'Apache

Après ce tour d'horizon des fonctions servant à la configuration d'Apache, le moment est venu de vous présenter les fichiers dans lesquels ces fonctions peuvent être utilisées.

Les trois fichiers de configuration *httpd.conf*, *srm.conf* et *access.conf* sont chargés, dans cet ordre, au démarrage du serveur. En fait, seul *httpd.conf* est systématiquement chargé. En effet, les fonctions **`ResourceConfig`** et **`AccessConfig`** utilisées dans ce fichier permettent de désactiver l'utilisation de *srm.conf* et *access.conf*, qui ne sont alors pas chargés. Ceci peut être nécessaire pour des raisons de compatibilité.

Si vous avez lu les deux chapitres précédents, vous aurez probablement noté qu'aucune remarque particulière n'a été faite sur l'emplacement ou devaient figurer les différentes fonctions. En réalité, toutes les fonctions peuvent être utilisées dans n'importe lequel des fichiers de configuration du serveur. Par conséquent, rien ne vous oblige à utiliser les fichiers de configuration conformément à leur prédéfinition. Vous pouvez même créer vos propres fichiers de configuration du serveur et les intégrer à l'un des fichiers originaux à l'aide de la fonction `Include`.

Pour des raisons de compatibilité avec les versions précédentes (les anciennes configurations doivent fonctionner sur des serveurs plus récents) les fichiers *srm.conf* et *access.conf* continuent d'être proposés comme solution de configuration. Apache Group conseille néanmoins d'effectuer tous les réglages dans *httpd.conf* afin d'éviter les confusions. Nous suivrons ce conseil pour la suite de notre ouvrage.

Pour conclure cette section, nous vous présenterons brièvement quelques outils de configuration permettant de réaliser un certain nombre de travaux de configuration du serveur par l'intermédiaire d'interfaces graphiques, vous déchargeant ainsi de toute une série de laborieux réglages de routine.

Configuration du serveur : pilotage du serveur (httpd.conf)

Le fichier *httpd.conf* contient par défaut les fonctions de configuration régissant le comportement de base du démon `http`. On y trouve, par exemple, les liaisons vers des adresses IP et des ports, les nombres maximum et minimum de processus serveur disponibles et le nombre maximum de requêtes pouvant être traitées simultanément.

Voici, en guise d'exemple, un extrait d'un fichier *httpd.conf* :

```
[...]
#
# Server-pool size regulation.  Rather than making you guess how many
# server processes you need, Apache dynamically adapts to the load it
# sees --- that is, it tries to maintain enough server processes to
# handle the current load, plus a few spare servers to handle transient
# load spikes (e.g., multiple simultaneous requests from a single
# Netscape browser).
#
# It does this by periodically checking how many servers are waiting
# for a request.  If there are fewer than MinSpareServers, it creates
# a new spare.  If there are more than MaxSpareServers, some of the
# spares die off.  The default values are probably OK for most sites.
#
MinSpareServers 5
MaxSpareServers 10
#
# Number of servers to start initially --- should be a reasonable ballpark
# figure.
#
StartServers 5
#
# Limit on total number of servers running, i.e., limit on the number
# of clients who can simultaneously connect --- if this limit is ever
# reached, clients will be LOCKED OUT, so it should NOT BE SET TOO LOW.
# It is intended mainly as a brake to keep a runaway server from taking
# the system with it as it spirals down...
#
MaxClients 150
```

```
#
# MaxRequestsPerChild: the number of requests each child process is
# allowed to process before the child dies.  The child will exit so
# as to avoid problems after prolonged use when Apache (and maybe the
# libraries it uses) leak memory or other resources.  On most systems, this
# isn't really needed, but a few (such as Solaris) do have notable leaks
# in the libraries.
#
MaxRequestsPerChild 30
#
# Listen: Allows you to bind Apache to specific IP addresses and/or
# ports, in addition to the default. See also the <VirtualHost>
# directive.
#
#Listen 3000
#Listen 12.34.56.78:80
#
# BindAddress: You can support virtual hosts with this option. This directive
# is used to tell the server which IP address to listen to. It can either
# contain "*", an IP address, or a fully qualified Internet domain name.
# See also the <VirtualHost> and Listen directives.
#
#BindAddress *
[...]
```

Comme vous pouvez le constater, ce fichier de configuration ne contient pas uniquement les fonctions, mais se constitue en grande partie de commentaires expliquant les principes des fonctions et fournissant des exemples sur leur utilisation. Les commentaires sont introduits par le caractère # et vont de ce signe à la fin de la ligne.

Gestionnaire d'espace : configuration de l'espace web (srm.conf)

Le fichier *srm.conf* est chargé immédiatement après *httpd.conf*, sauf si cela a été désactivé par la fonction `ResourceConfig`, qui indique normalement l'emplacement de ce fichier.

À l'origine, ce fichier contenait tous les réglages permettant d'affecter les répertoires de documents aux différents serveurs (y compris virtuels) et gérait l'initialisation de ces serveurs. Cependant, comme nous l'indiquions en introduction, cette répartition des fonctions ne vaut plus dans les distributions actuelles de Linux.

Contrôle d'accès au serveur (access.conf)

access.conf est le dernier des trois fichiers de configuration à être chargé, à condition qu'il n'ait pas été désactivé par `AccessConfig`. Sinon, la fonction `AccessConfig` indique le chemin d'accès à ce fichier dans *httpd.conf*.

Dans d'anciennes versions du serveur web Apache, ce fichier contenait les fonctions définissant les méthodes d'accès aux différents serveurs (y compris virtuels). Il régissait qui avait accès à quelles ressources et à partir d'où, ainsi que la manière par laquelle les utilisateurs étaient authentifiés. La même remarque que pour *srm.conf* est valable pour ce fichier : il est conseillé de ne plus l'utiliser et de placer l'ensemble des fonctions dans *httpd.conf*.

Outils de configuration (TkApache, Webmin)

En ce qui concerne la configuration, Apache ne diffère guère de la grande majorité des programmes Unix, c'est-à-dire qu'il fonctionne avec des fichiers de configuration au format texte, pouvant être ouverts et modifiés avec un éditeur de texte quelconque.

Pour les programmeurs de l'application cela présente l'avantage de leur permettre de concentrer leurs efforts sur les fonctionnalités, sans devoir créer un utilitaire spécifique destiné à la configuration.

Pour les utilisateurs novices d'un système Unix cela peu paraître particulièrement laborieux, notamment s'ils ont l'habitude de programmes de configuration comme sous Novell ou d'une interface graphique de type Windows. C'est essentiellement pour eux, que l'on trouve des utilitaires destinés à Unix, ainsi qu'à Linux, permettant de configurer divers programmes ou d'administrer des systèmes ou des réseaux complets via une interface graphique. Nous vous présentons ci-après deux exemples d'utilitaires gratuits, qui ne sont d'ailleurs pas réservés à la configuration d'Apache.

Le premier exemple est TkApache, que vous pouvez télécharger à l'adresse `http://eunuchs.org/linux/TkApache`. Il s'agit d'un programme Perl utilisant une bibliothèque Wrapper afin de proposer une interface graphique sous X via le langage de scripts Tcl et son associé Tk.

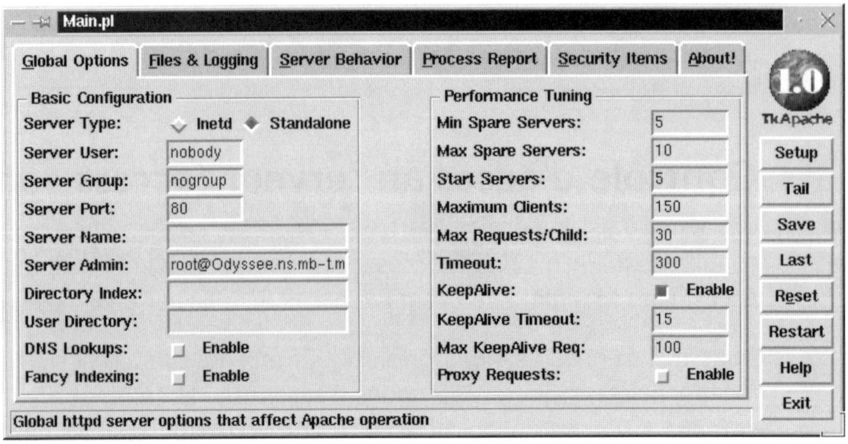

▲ **Fig. 4.7** *TkApache en action*

TkApache est un outil pratique regroupant de nombreuses fonctions dans une interface peu encombrante. Néanmoins TkApache ne couvre qu'une partie des innombrables fonctions d'Apache et offre par conséquent des possibilités de configuration assez limitées. Toutefois, le programme mérite d'être cité.

Un inconvénient majeur de ce programme est qu'il fonctionne uniquement sous X, or X ne fait pas forcément partie de l'installation standard d'un serveur, qui peut être exécuté sans X afin d'économiser ses ressources et d'accroître ses performances. Néanmoins, il convient généralement d'installer X afin de pouvoir le lancer en cas de besoin.

Une autre solution consiste à accéder au serveur via le client X d'un autre ordinateur, ce qui occupera néanmoins une partie des ressources du serveur (de façon durable) pour X, alors qu'il vaut peut être mieux les réserver aux applications du serveur.

Nous allons, à présent, anticiper quelque peu sur la suite de l'ouvrage en vous présentant brièvement Webmin.

Renvoi

> Un paragraphe complet est consacré à Webmin dans le chapitre intitulé Exploitation d'Apache.

Signalons simplement ici, qu'il s'agit d'un ensemble de programmes permettant la configuration de toutes les applications serveur classiques d'un système Unix via une interface WWW. Protégé par mot de passe, il peut être exécuté sur le serveur lui même ou sur tout autre ordinateur du réseau offrant des fonctionnalités web.

Webmin permet une configuration nettement plus détaillée que TkApache. Le programme ne se veut aucunement exhaustif, mais suffit dans la majorité des cas à réaliser tous les réglages nécessaires.

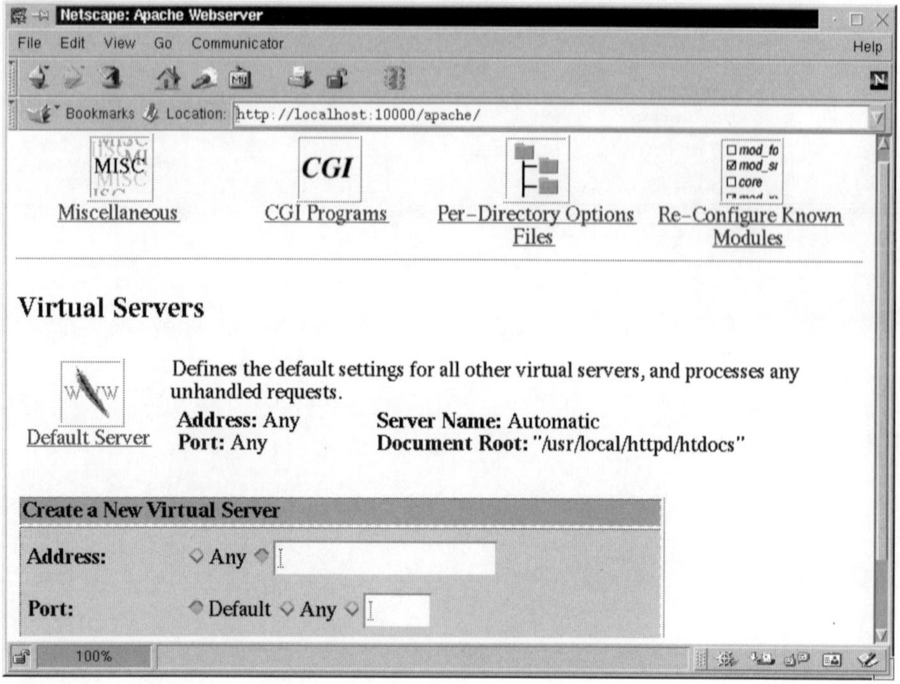

▲ **Fig. 4.8** *Configuration d'Apache avec Webmin*

Chapitre 5

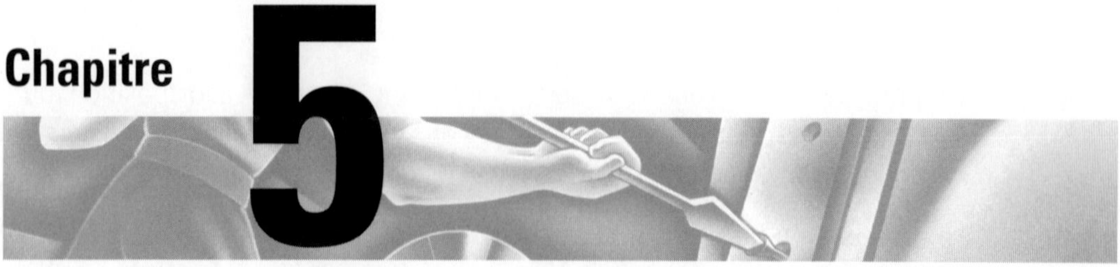

Exploitation d'Apache

5.1	Requêtes bienvenues : Apache comme serveur d'informations public	200
5.2	Le serveur tient sa comptabilité : fichiers de consignation d'Apache	213
5.3	Interface avec le serveur : Common Gateway Interface	224
5.4	Recherches dans l'intranet grâce à Glimpse et Webglimpse	234
5.5	Accès contrôlé : authentification utilisateur avec Apache	246
5.6	Webmin : administration système via une interface WWW	251
5.7	Organisation de l'espace web	265

En principe, un serveur web sert simplement à mettre à disposition ou à transmettre les informations demandées au sein d'un réseau. Il peut s'agir, par exemple, de documentation. C'est le cas que nous traiterons dans la suite.

Le serveur web ne sert pas exclusivement pour des documents accessibles à tous, il sait également coordonner des groupes de travail. Ainsi, certaines parties d'un serveur web peuvent être affectées à des groupes de travail précis, dont les membres seront les seuls à y avoir accès pour stocker ou lire des données.

Lorsque le serveur est relié à Internet, il offre l'inestimable avantage de rendre ces données accessibles depuis tout point du globe. Ainsi, où qu'il se trouve chacun peut se renseigner sur l'état actuel des choses et communiquer ses propres travaux aux autres utilisateurs.

Dans cette optique, la réglementation des accès, l'authentification, dont nous verrons les fonctions dans les exemples à venir, est essentielle. Elle est très importante pour protéger les données sensibles d'accès non autorisé.

Pour les grandes quantités de données, la situation peut devenir difficile à contrôler. Une recherche parmi les documents individuels prendrait un temps énorme et est quasiment impossible. C'est pourquoi il existe des moteurs de recherche, offrant à l'utilisateur une interface par l'intermédiaire de laquelle il peut rechercher des termes précis. C'est ce que nous verrons à l'aide des outils Glimpse et WebGlimpse.

Enfin, nous verrons comment exploiter les fichiers de consignation et effectuer la configuration à l'aide de Webmin.

5.1 Requêtes bienvenues : Apache comme serveur d'informations public

Nous allons voir à présent les domaines d'applications les plus courants du serveur web Apache. Nous commencerons par la documentation Linux, que nous allons mettre à disposition sur le réseau. Pour ne pas nous limiter aux documents HTML et aux images, nous verrons également comment créer des index de répertoires et des documents de message d'erreur.

Intégration de la documentation Linux

Comme nous l'avons déjà indiqué à plusieurs reprises, la documentation fournie avec Apache au format HTML est installée par défaut avec le serveur web Apache. Le fichier *htdocs/index.html* est préconfiguré comme page d'accueil du nouveau serveur. Le lien *documentation* qui se trouve sur cette page, vous permet d'accéder à la page principale de la documentation *htdocs/manual/index.html*.

Il peut être utile d'avoir cette documentation toujours à portée de main. Cependant, nous n'utiliserons pas la page d'accueil proposée en standard, mais créerons une page personnalisée.

Pour organiser votre arborescence et prévoir le cas où vous souhaiteriez ajouter d'autres documentations ultérieurement, créez un nouveau sous-répertoire et copiez-y le manuel d'Apache.

Rendez-vous, pour cela, dans le répertoire *htdocs* et procédez comme suit :

```
# mkdir docs
# mv manual docs/apache
```

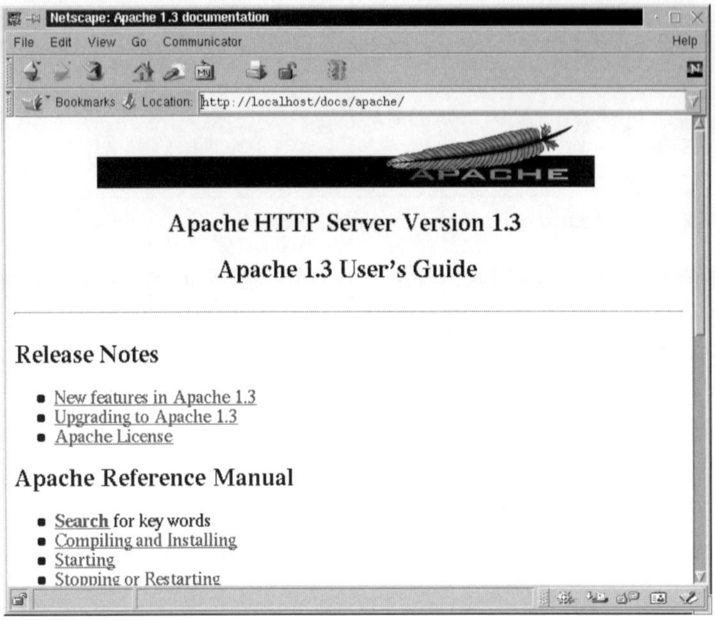

▲ **Fig. 5.1** *La documentation d'Apache à son nouvel emplacement*

Supprimez ensuite l'écran d'accueil et l'image correspondante. Rendez-vous, pour cela, dans le répertoire *htdocs* et procédez comme suit :

```
# rm index.html
# rm apache_pb.gif
```

La documentation HTML se trouve à présent dans le sous-répertoire *apache* du répertoire *docs* créé précédemment. Si vous le souhaitez vous pouvez placer dans ce dernier d'autres documentations, afin de les rendre accessibles sur le réseau. Nous avons supprimé la page d'accueil originale car nous souhaitons la remplacer par une page personnalisée. Dorénavant, si vous demandez l'URL `http://localhost/`, vous obtenez le résultat suivant :

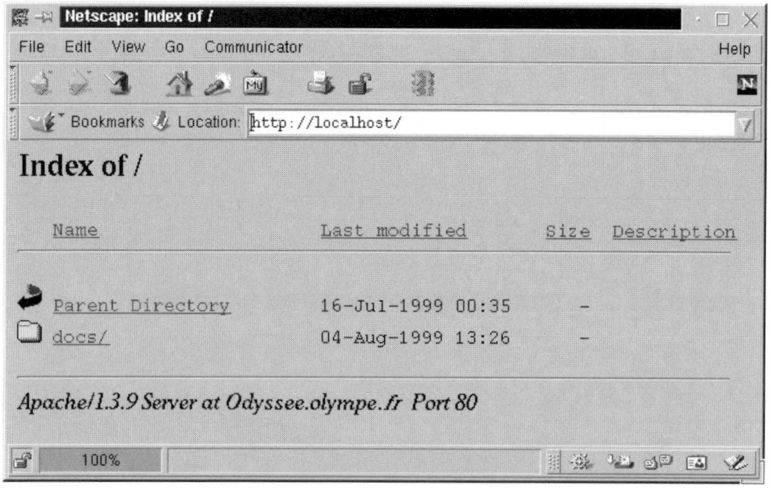

▲ **Fig. 5.2** *La page d'accueil après les modifications*

Comme nous n'avons pas modifié la configuration, `ServerRoot` est toujours fixé à *htdocs*. Cependant, ce répertoire ne contient plus de fichier *index.html*, qui devrait normalement être affiché. Au lieu de cela, le contenu du répertoire est affiché, ce qui nous permet de nous déplacer dans l'arborescence. En cliquant sur *docs/* puis sur *apache/*, on accède au répertoire *htdocs/docs/apache*, où le fichier *index.html* est automatiquement affiché.

Création d'index de répertoires

L'illustration précédente montre justement un index de répertoire. En effet, le serveur est préconfiguré de manière à afficher automatiquement un fichier *index.html* dans le répertoire sélectionné. Vous remarquerez à ce propose qu'un accès à l'URL **http://localhost** est converti en interne à **http://localhost/**, ce qui correspond à un accès au répertoire spécifié par **DocumentRoot**. Il en est de même en cas d'accès à **http://localhost/docs**, qui est complété de manière identique si aucun fichier *docs* n'est trouvé. S'il n'existe pas de fichier *index.html* dans le répertoire, il est possible d'afficher un sommaire du répertoire, également appelé index, sous forme de liste triée. Dans ce cas, Apache exploite cette fonction comme vous l'avez vu dans le paragraphe précédent.

L'indexation des répertoires est gérée par le module **mod_autoindex**. Ses fonctions offrent de nombreuses variantes pour la configuration des index.

Dans notre cas, l'abondance de détails du fichier *httpd.conf* est plus gênante qu'utile. Les innombrables commentaires et les fonctions, dont nous ignorons tout pour l'instant, ne facilitent pas le premier contact avec ce fichier. Une solution pour contourner ce problème consiste à se créer un fichier *httpd.conf* personnel.

Créez une copie de sauvegarde du fichier *httpd.conf* original, par exemple en le renommant en *httpd.conf.orig*, puis, à l'aide d'un éditeur de texte de votre choix, créez un nouveau fichier *httpd.conf* avec le contenu suivant :

```
#
# Commençons par les paramètres de base.
#
User nobody
Group nogroup
DocumentRoot /usr/local/httpd/htdocs
#
# Pour des raisons de sécurité, nous restons
# assez restrictif pour l'instant.
#
<Directory /usr/local/httpd/htdocs>
  Options FollowSymLinks Indexes
  AllowOverride None
</Directory>
#
# Nous fournissons les icônes requises.
#
Alias /icons/ "/usr/local/httpd/icons/"
```

```
<Directory "/usr/local/httpd/icons">
  Options MultiViews
  AllowOverride None
  Order allow,deny
  Allow from all
</Directory>
#
# Puis choisissons le format souhaité
# pour notre index.
#
<Directory /usr/local/httpd/htdocs>
  IndexOptions FancyIndexing
  DefaultIcon /icons/burst.gif
</Directory>
```

Dans la première section de ce fichier de configuration, nous indiquons sous quel utilisateur de quel groupe le serveur est démarré. Cet aspect sécuritaire est très important. Évitez d'utiliser Apache avec les droits d'un utilisateur privilégié afin de limiter au maximum les dégâts en cas d'attaque par un hacker, en réduisant ses possibilités au minimum. Nous définissons également */usr/local/httpd/htdocs* comme répertoire `DocumentRoot`. C'est donc lui qui sera utilisé comme répertoire de démarrage pour les accès au serveur. Tous les fichiers devant être mis à disposition par Apache devront par conséquent se trouver dans ce répertoire ou un répertoire subordonné. Ces fichiers peuvent y figurer physiquement ou simplement sous forme de lien symbolique.

Ceci est possible car, dans la section `<Directory>` située immédiatement après, nous indiquons que le serveur doit suivre les liens symboliques pour le répertoire `DocumentRoot`. Cela permet, par exemple, de stocker des données destinées à être mises à disposition en dehors de l'arborescence de `DocumentRoot`. Dans cette section, nous activons également la génération automatique d'index. Enfin, la fonction `AllowOverride None` désactive le traitement d'éventuels fichiers *.htaccess*.

La section suivante du fichier de configuration autorise l'accès aux fichiers image stockés dans */usr/local/httpd/icons* en cas de requête envoyée au répertoire de documents *icons*. L'accès aux fichiers qu'il contient est autorisé pour tout le monde dans ce cas.

Renvoi

Ce procédé, appelé aliasing, est décrit en détails dans le paragraphe intitulé Organisation de l'espace web dans la suite de ce chapitre.

La dernière section de notre fichier *httpd.conf* personnalisé gère la mise en forme des index créés pour **DocumentRoot** et définit le fichier image */icons/burst.gif* comme icône standard pour les fichiers (et répertoires) trouvés.

Si à la commande **# apachectl configtest** vous obtenez le résultat **Syntax OK**, vous pouvez être assuré de ne pas avoir commis d'erreur. Avec la commande ci-dessus Apache teste le(s) fichier(s) de configuration et signale d'éventuelles erreurs. Si aucune erreur n'est décelée, vous obtenez le message indiqué ci-dessus, sinon vérifiez votre fichier de configuration à la recherche d'éventuelles erreurs de frappe.

La commande **# apachectl graceful** vous permet de redémarrer le serveur. Lorsque vous accédez ensuite à **http://localhost**, vous récoltez les fruits de votre labeur.

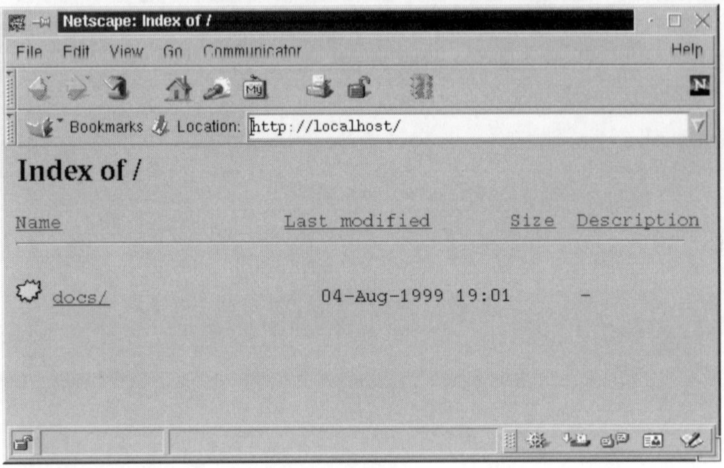

▲ **Fig. 5.3** *Premier index personnalisé*

L'index ainsi obtenu n'est cependant ni riche en informations, ni très convivial. Si **http://localhost** contenait plusieurs fichiers et/ou répertoires, chaque entrée posséderait la même icône. Ce défaut de présentation se résout assez facilement. Il suffit de remplacer l'entrée :

```
DefaultIcon /icons/burst.gif
```

par

```
DefaultIcon /icons/generic.gif
```

puis d'ajouter la ligne suivante :

```
AddIcon (DIR,/icons/folder.gif) ^^DIRECTORY^^
```

L'icône par défaut est alors */icons/generic.gif*, tandis que la fonction supplémentaire ajoutée active l'utilisation du fichier image */icons/folder.gif* pour les répertoires, ce qui nous permet de distinguer les répertoires des fichiers au sein de l'index. Pour vérifier le fonctionnement des nouveaux réglages, créez simplement quelques fichiers vides dans les répertoires. Utilisez pour cela la commande `touch <nom_de_fichier>`. Vérifiez à nouveau la syntaxe de votre configuration et redémarrez le serveur. Le nouvel index pourrait, par exemple, avoir l'apparence suivante :

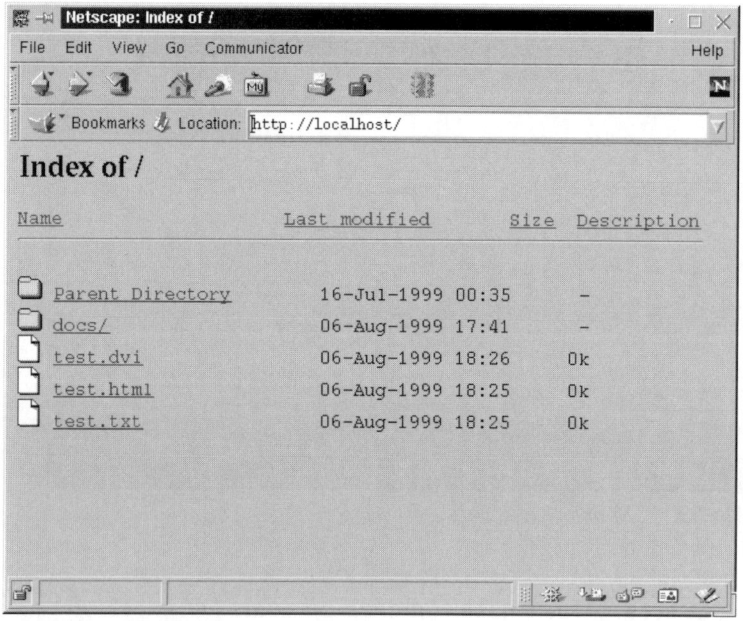

▲ **Fig. 5.4** *Index étendu*

Le serveur web Apache offre d'innombrables possibilités pour la mise en forme des index de répertoires. Si vous ajoutez l'option `IconsAreLinks` à la fonction **IndexOptions**, vous pouvez également cliquez sur les icônes pour accéder à un répertoire ou lancer le téléchargement d'un fichier.

> **Renvoi** — Pour une liste détaillée des fonctions de création d'index, reportez-vous à la description du module **mod_autoindex** dans le chapitre intitulé Centre d'informations : serveur web Apache pour l'intranet.

Citons encore une fonction importante dans ce contexte. Comme nous l'avons vu précédemment, lors de l'accès à un répertoire, le fichier *index.html* est affiché par défaut, s'il existe. Il s'agit du réglage par défaut de la fonction **DirectoryIndex** du module **mod_dir**. Il arrive fréquemment, que l'on utilise à la place un fichier intitulé *index.htm.* pour assurer également l'affichage automatique de ce dernier, vous pouvez ajouter la fonction suivante à la configuration de votre serveur :

```
DirectoryIndex index.html index.htm
```

Messages d'erreur personnalisés

Jusqu'à présent nous nous sommes contentés d'accéder à des répertoires. Le serveur affichait par conséquent le fichier du répertoire correspondant spécifié par la fonction **DirectoryIndex**, ou bien, si ce dernier était introuvable, un index du contenu de ce répertoire.

Que se passe-t-il, cependant, si le répertoire demandé ne contient pas de fichier *index.html* et la configuration ne prévoit pas la création d'un index ? Dans ce cas, Apache affiche un message d'erreur. Le plus connu de ce messages est sans doute celui portant le code 404.

> **Renvoi** — Les messages d'erreurs sont présentés dans le chapitre intitulé Centre d'informations : serveur web Apache pour l'intranet.

Peut-être avez-vous constaté qu'un même message d'erreur n'a pas toujours la même apparence, mais peut revêtir des formes différentes selon le serveur qui l'envoie, même si l'application serveur à l'origine du message est la même.

Dans la grille de référence des fonctions d'Apache de cet ouvrage, nous avons présenté la fonction **ErrorDocument**, qui permet d'affecter un message d'erreur personnalisé au code HTTP de votre choix. Il peut s'agir d'un simple texte accompagnant le message d'erreur standard ou bien d'une page HTML spécialement créée.

En règle générale, il n'est pas nécessaire de définir ses propres messages d'erreur. Toutefois, pour des raisons d'image de marque d'un site web, il peut être souhaitable de donner un aspect identique à toutes les pages du site, messages d'erreur y compris, afin de leur conférer une sorte d'identité à laquelle l'utilisateur pourra les reconnaître et donc savoir en permanence où il se trouve. En outre, il peut arriver, lors d'accès externes, que la page demandée n'existe pas. Pour permettre néanmoins à l'utilisateur de visiter le restant du site, on peut lui indiquer dans le message d'erreur sur quel site il se trouve et, dans le cas d'un message d'erreur généré automatiquement, lui proposer un lien permettant d'accéder à la page d'accueil de ce site, où il trouvera peut-être une fonction lui permettant d'effectuer une recherche sur le contenu du site. Exemples de messages d'erreur personnalisés :

```
ErrorDocument 404 "Document not found at specified address. Error 404"
ErrorDocument 403 /errors/403.html
```

Dans le premier cas, l'apparition de l'erreur entraîne l'affichage d'une page contenant le texte spécifié. Dans le second cas, la page HTML indiquée est affichée. Nous reviendrons à cette solution ultérieurement.

Insérez, pour l'instant, la première ligne à votre fichier *httpd.conf* et redémarrez le serveur. Lorsque nous essayons de charger dans notre navigateur web l'URL `http://localhost/nothere.html`, par exemple, nous obtenons le résultat suivant :

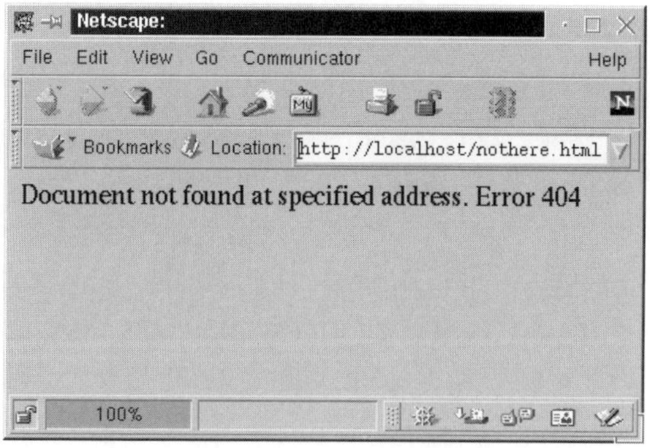

◄ Fig. 5.5
Notre message d'erreur personnalisé

Création d'une page d'accueil simple

Après avoir supprimé la page d'accueil standard de notre serveur, nous avons commencé par créer un index. Voyons à présent comment procéder pour créer une page web personnalisée simple.

Si vous disposez déjà d'une certaine expérience dans ce domaine, vous pouvez allègrement sauter cette partie et passer directement à la suite. Pour tous les autres, nous avons fait notre possible pour ne pas vous submerger de HTML. Aussi nous n'allons pas créer cette page en saisissant directement le code HTML correspondant dans un fichier texte, mais en nous servant d'un utilitaire, comme il en existe de très nombreux aussi bien sous Windows que sous Linux.

Nous avons choisi d'utiliser Netscape Communicator, parce qu'il fait partie de la majorité des distributions standard. En même temps, il constitue quasiment le seul navigateur web graphique répandu sous Linux et fournit tout ce dont vous avez besoin. Le package de Netscape Communicator comporte un programme nommé Composer. Pour l'utiliser, lancez simplement Communicator et cliquez sur la commande **Composer** du menu **Communicator**, pressez les touche Alt+3 ou cliquez sur l'icône correspondante dans la barre d'outils. Netscape Composer est lancé.

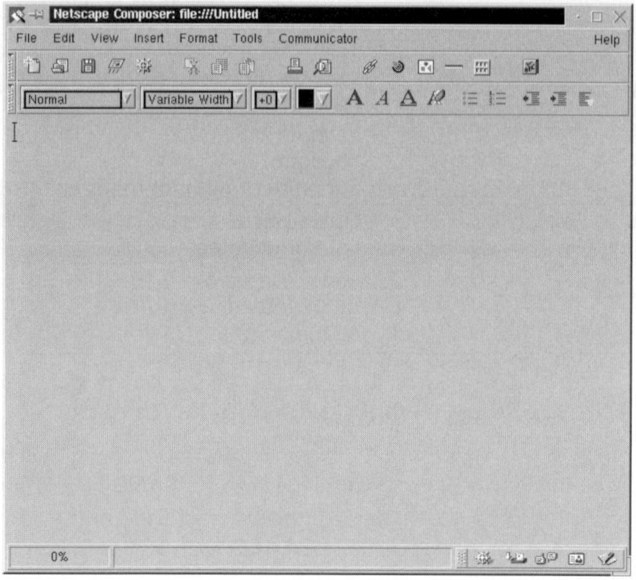

◄ **Fig. 5.6**
L'écran de démarrage de Netscape Composer

Le programme s'utilise exactement comme un traitement de texte. Dans la barre de boutons inférieure, Composer propose divers styles, polices, tailles et attributs de caractères, ainsi que les traditionnels boutons servant à l'alignement du texte et à la création de listes numérotées ou à puces.

▼ **Tab. 5.1** *Boutons de barre d'outils de Netscape Composer*

Boutons	Fonction
	Nouveau document Ouvrir document Enregistrer document
	Publier document Afficher dans le navigateur
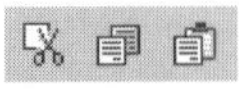	Couper Copier Coller
	Imprimer Rechercher
	Insérer/créer lien hypertexte Insérer cible Insérer image Insérer ligne horizontale Insérer/créer tableau
	Vérifier l'orthographe
	Format de paragraphe Type de police Taille de caractères Couleur du texte
	Gras Italique Souligné Supprimer toutes les mises en forme
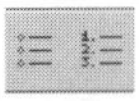	Liste à puces Liste numérotée
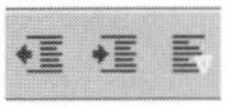	Réduire le retrait Augmenter le retrait Alignement

La barre d'outils supérieure comporte les traditionnelles fonctions standard permettant de créer un nouveau fichier, d'ouvrir et d'enregistrer des fichiers et de les prévisualiser dans un navigateur. On y trouve également les fonctions Couper, Copier et Coller ainsi que Imprimer et Rechercher. Plus à droite, on trouve une série de fonctions spécifiques au format HTML permettant d'insérer des liens, des ancres, des images, des lignes horizontales et des tableaux. Enfin, un bouton permet de vérifier la syntaxe de la page créée.

À présent, passons à la pratique en nous lançant dans la création de notre page d'accueil : commencez par créer le titre en sélectionnant le style de paragraphe *Heading 1* dans la liste déroulante *Paragraph Style*. Cette option correspond au plus grand format de titre prédéfini en HTML. Cliquez ensuite sur le bouton **Alignment** (alignement) sur la droite. Parmi les options proposées, choisissez l'icône permettant de centrer le texte puis saisissez `My first Homepage`. Appuyez sur [Entrée] et cliquez sur le bouton permettant d'insérer une ligne horizontale. Celle-ci servira ensuite de séparation entre le titre et le corps de la page. Vous devriez obtenir un résultat semblable à celui-ci :

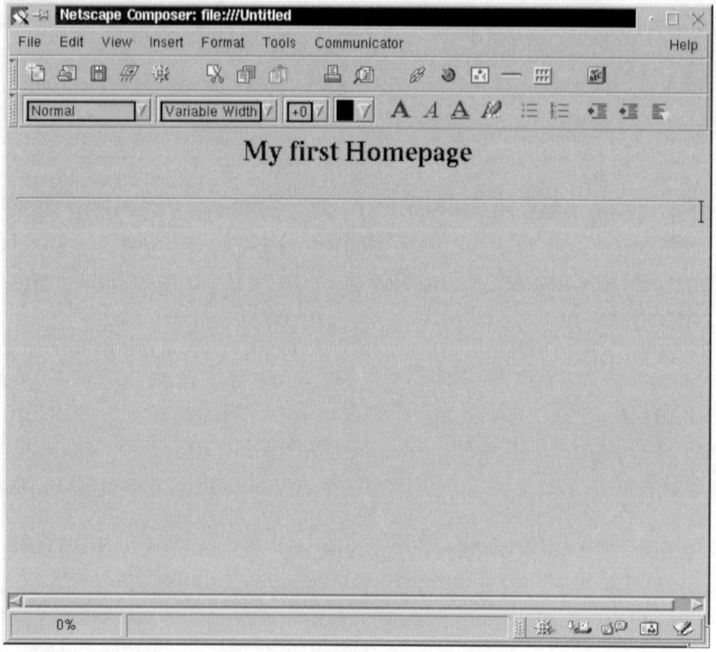

▲ **Fig. 5.7** *La page personnalisée en pleine création*

Entre-temps, il peut arriver que la boîte de dialogue ci-après apparaisse :

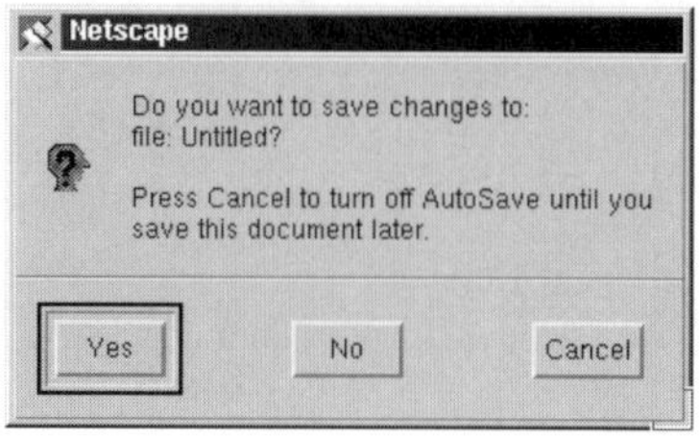

◄ **Fig. 5.8**
Pensez à sauvegarder votre nouveau document

Cliquez sur **No** et enregistrez la page sous */usr/local/httpd/htdocs/index.html*. Si vous ne travaillez pas comme utilisateur *root* (ce qui devrait être le cas, lorsque vous n'effectuez pas d'opération nécessitant les droits de l'utilisateur *root*), enregistrez provisoirement la page à un autre endroit et copiez-la à l'emplacement adéquat ultérieurement, lorsque vous aurez ouvert une session en tant qu'utilisateur *root*.

Astuce

Il vaut mieux prévenir que guérir

Hormis pour les tâches d'installation, il convient, en principe, de ne jamais travailler en tant qu'utilisateur *root*, mais sous une identité utilisateur à laquelle vous attribuez des droits spéciaux, comme le déplacement de fichiers dans ce cas précis. Vous êtes ainsi assuré de ne jamais commettre d'erreur grave sur votre système par mégarde.

Le but de cette page est avant tout de fournir au visiteur la possibilité de se faire une idée des informations disponibles sur le site et d'y accéder. Pour l'instant, notre offre se limite à la documentation d'Apache, que nous allons donc proposer ici.

Cliquez sur le bouton **Bullet List** (liste à puces). À l'endroit où se trouvait le curseur, apparaît un point, derrière lequel vous pouvez saisir un texte. Une simple pression sur [Entrée] vous permet d'ajouter une nouvelle entrée à la liste. Saisissez, par exemple, l'intitulé `Apache Webserver Documentation`.

Sélectionnez ensuite ce texte et cliquez sur le bouton **Insert or Make Link** (insérer ou créer un lien). Indiquez le chemin d'accès */docs/apache/index.html* dans la boîte de dialogue qui s'affiche, puis cliquez sur OK.

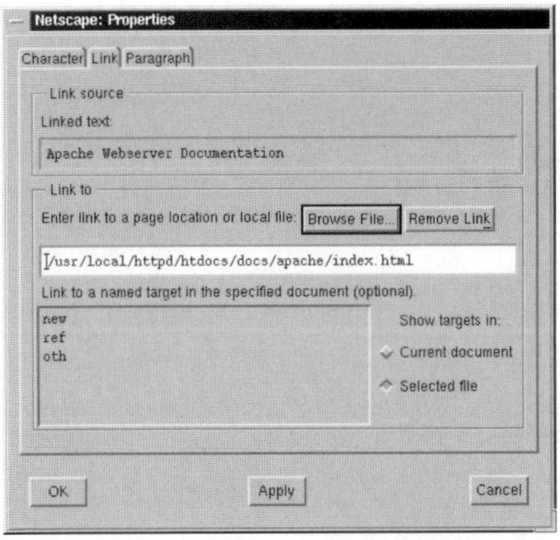

◄ **Fig. 5.9**
Boîte de dialogue de création d'un lien

Insérez, à présent, une nouvelle ligne horizontale après la liste puis, à l'aide du bouton **Insert Image**, insérez le fichier */icons/apache_pb.gif*.

Vous pouvez ensuite cliquer sur le bouton **View in Browser** pour avoir un aperçu de votre page dans un navigateur web. Enregistrez le fichier et copiez-le dans */usr/local/httpd/htdocs* (si nécessaire).

Lorsque vous accédez à présent à `http://localhost`, vous obtenez le résultat suivant :

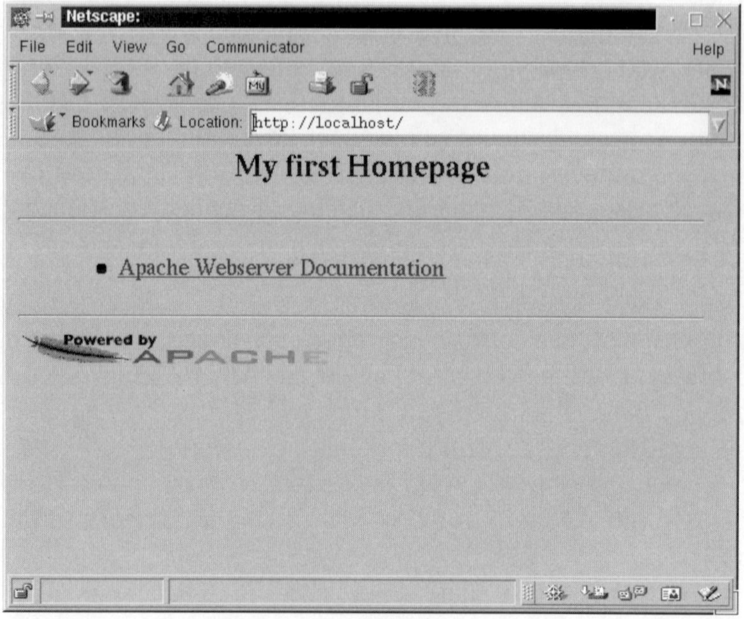

▲ **Fig. 5.10** *Votre première page est en ligne*

5.2 Le serveur tient sa comptabilité : fichiers de consignation d'Apache

Les fichiers de consignation jouent un rôle particulier pour les applications serveur. S'il est configuré en conséquence, le serveur y enregistre des informations sur son état, c'est-à-dire les messages de démarrage et d'arrêt ainsi que les messages d'erreur. En outre, il est possible de retenir qui a accédé à quelle ressource et à quel moment ou a tenté de le faire.

L'analyse de ces fichiers permet de détecter d'éventuelles erreurs dans la configuration ou dans les pages, ainsi que de créer des statistiques sur les accès. De là peut se déduire le taux d'occupation du serveur qui permet de déterminer si le système est configuré de manière optimale et d'anticiper le renouvellement du parc des serveurs.

Il peut être utile d'intégrer également à votre page d'accueil les différentes facettes du serveur abordées dans la suite de ce chapitre, si vous souhaitez mettre à la disposition de tous les informations correspondantes.

Recherche des erreurs et analyse

Si des événements inattendus se produisent pendant l'utilisation du serveur, cela peut être un symptôme d'erreur au niveau du serveur. Il convient, dans ce cas, de se pencher d'un peu plus près sur le fichier de consignation des erreurs. Si vos utilisateurs se plaignent de subitement ne plus pouvoir accéder à vos données, vous risquez fort d'y trouver un `access denied`. Probablement avez vous commis une erreur de configuration en définissant les droits d'accès ou avez-vous commis une erreur de frappe dans l'emplacement des fichiers de mots de passe.

Le problème est que notre configuration serveur actuelle n'utilise pas de fichier de consignation des erreurs ! Par défaut, Apache tente de créer un fichier *error_log* dans le sous-répertoire *logs* du répertoire définit par `ServerRoot`. Malheureusement, la valeur par défaut de ServerRoot est */usr/local/apache*. Pour créer un fichier *error_log*, créez tout d'abord un répertoire */usr/local/httpd/logs* puis, éditez *httpd.conf* pour y ajouter les lignes suivantes :

```
ServerRoot /usr/local/httpd
ErrorLog logs/error_log
LogLevel info
```

Ainsi, dès le prochain démarrage du serveur, Apache tiendra un fichier de consignation des erreurs où il inscrira de nombreuses informations importantes. Ceci se ressent néanmoins sur les performances du serveur. Par conséquent, lorsque tout fonctionne comme prévu, il est recommandé de réduire le niveau de consignation à l'aide de la fonction `LogLevel error`, ce qui correspond au réglage par défaut. En mode de consignation détaillé, vous obtenez des messages du type "Server seems busy, (you may need to increase StartServers, or Min/MaxSpareServers)...", vous indiquant que le serveur est saturé et qu'il convient donc d'augmenter les valeurs de `StartServers`, `MinSpareServers` ou `MaxSpareServers` dans *httpd.conf*.

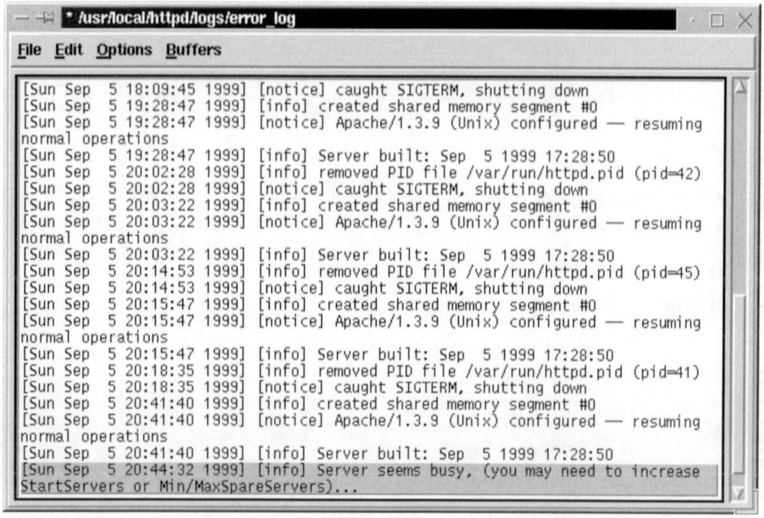

▲ **Fig. 5.11** *Exemple de fichier de consignation des erreurs*

Malheureusement, il n'existe pas de liste des messages possibles, grâce à laquelle on pourrait créer une grille des sources d'erreur et des solutions correspondantes. La seule solution est de traduire les entrées du fichier afin d'en déduire les causes d'erreur.

Par chance, les programmeurs, qui sont généralement eux-mêmes utilisateurs d'Apache, on conçu le serveur de façon à ce qu'il renvoie un maximum d'informations et de messages de tous types.

Déterminer l'occupation du serveur

Aussi importante que soit la détection, et la résolution, des erreurs, on arrive généralement à un point ou le serveur fonctionne sans entraves.

Le moment vient alors de déterminer le taux d'occupation du serveur afin de prévenir d'éventuels goulots d'étranglement. Si le serveur n'est plus en mesure de répondre aux requêtes parce qu'il est saturé, il est temps de modifier la configuration.

Cependant, si le système sur lequel le serveur fonctionne a atteint le maximum de ses capacités, l'optimisation de la configuration ne sera pas d'un grand secours. Il est alors généralement plus simple et plus rapide de songer à un renouvellement ou à une extension de la plate-forme matérielle.

Avant tout, il convient cependant de vérifier l'occupation du serveur. C'est dans ce but que les programmeurs Apache ont conçu le module `mod_status`. Pour vous en servir, ajoutez les lignes ci-après à votre fichier *httpd.conf*.

```
#
# Configuration de messages d'état du serveur.
#
ExtendedStatus On
<Location /status>
  order deny,allow
  deny from all
  allow from 127.0.0.1
  SetHandler server-status
</Location>
```

Ceci permet l'accès à **`status`** sur la machine, et uniquement celle-ci, où fonctionne le serveur. Si vous désirez accéder à ce service à partir d'une adresse IP différente, indiquez celle-ci à l'aide de **`allow from`**.

Lorsque vous accédez à **`http://localhost/status`** depuis votre navigateur, vous obtenez un document généré par le serveur qui a à peu près la forme suivante :

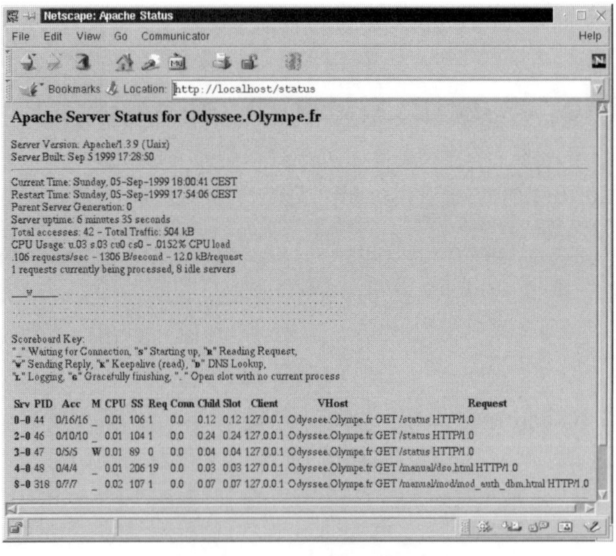

◄ Fig. 5.12
Informations de la page d'état conformément aux paramètres de mod_status

Cette page contient quasiment toutes les informations utiles disponibles sur le serveur et le système en cours de fonctionnement. Dans la mesure où le navigateur prend en charge cette fonctionnalité, il est possible de mettre à jour les informations de cette page à intervalles réguliers. Netscape Navigator prend en charge cette fonction, qui s'active comme suit :

```
http://localhost/status?refresh=.5
```

Cette ligne demande une mise à jour de la page d'état toutes les 0,5 secondes.

À coté des statistiques sur l'occupation du système et le transfert de données par Apache, cette page contient une représentation du fichier appelé "scoreboard". Chaque signe y correspond à un processus serveur potentiel, qui pourrait traiter une requête. Le nombre de ces "slots" dépend directement de la configuration du serveur. Chacun de ces slots peut revêtir différents états, représentés par des lettres. Pour une meilleure interprétation de ces informations, reportez-vous au tableau suivant :

▼ **Tab. 5.2** *Informations de la page d'état*

Donnée	Description
Server Version	Nom et numéro de version du programme serveur et du système d'exploitation utilisés.
Server Built	Date et heure de compilation du serveur.
Current Time	Date et heure de création de la page d'état.
Restart Time	Date et heure du dernier démarrage ou redémarrage du serveur.
Parent Server Generation	Nombre de générations serveur parent.
Server Uptime	Durée de fonctionnement du serveur.
Total accesses	Nombre total d'accès au cours du Server Uptime.
Total Traffic	Quantité totale de données transférées au cours du Server Uptime.
CPU Usage	Durée totale d'occupation du microprocesseur (CPU) par le serveur (u = user, s = system).
CPU load	Taux d'occupation actuel du système.
requests/sec	Nombre moyen de requêtes par seconde.
B/second	Nombre moyen d'octets transmis par seconde.
B/request	Nombre moyen d'octets transmis par requête.
requests currently being processed	Nombre de requêtes en cours de traitement.
idle servers	Processus serveur inactifs.
"_"	En attente de connexion.
"S"	Démarrage en cours.

Donnée	Description
"R"	Lecture de la requête.
"W"	Envoi de réponse.
"K"	Processus resté actif après le traitement d'un requête.
"D"	Recherche le DNS.
"L"	Ajoute une entrée à un fichier de consignation.
"G"	Se termine "en douceur".
"."	Slot non utilisé.
Srv	Numéro du processus enfant - génération.
PID	Numéro d'identification du processus.
Acc	Nombre d'accès pour une session / un processus enfant / un slot
M	Mode de fonctionnement.
CPU	Utilisation du processeur en secondes.
SS	Secondes écoulées depuis la dernière requête.
Req	Millisecondes nécessaires au traitement de la dernière requête.
Conn	Quantité de données en kilo-octets transférées pour cette connexion.
Child	Quantité de données en mégaoctets transmise par ce processus enfant.
Slot	Quantité totale de données en mégaoctets transmise par ce slot.

Utilisez les informations ce cette page afin de déterminer si la configuration d'Apache doit être adaptée aux requêtes des utilisateurs. Si les optimisations effectuées ne permettent pas d'atteindre le but escompté, il convient de vérifier la cause exacte de l'occupation du serveur. Si la même machine est utilisée à d'autre fins que le traitement des requêtes Apache, il convient peut-être d'optimiser d'autres services pour obtenir l'effet souhaité, ou bien d'autres services devront être transférés sur des serveurs différents. Peut-être est-il simplement temps de renouveler la machine ou de lui donner une nouvelle jeunesse. L'ajout de mémoire vive, notamment, peut accomplir de vrais miracles. Une nécessité, dont l'opportunité est à vérifier de temps à autre.

Statistiques d'accès avec Webalizer

Le serveur web Apache peut également tenir un fichier de consignation des accès. Le serveur inscrit dans ce fichier qui a accédé à quoi et à quel moment. En raison de sa taille, ce type de fichier peut difficilement être analysé manuellement. L'outil Webalizer, distribué gratuitement, se charge d'analyser ces fichiers de configuration et de créer des statistiques détaillées sur l'utilisation des vos pages. Ses informations vous permettront de connaître les pages les plus fréquemment demandées, ce qui peut être utile au concepteur du site. Ce dernier peut se servir de ces chiffres pour évaluer l'efficacité de l'organisation des pages ou si la navigation peut être rendue plus simple et plus intuitive.

Pour activer la consignation des transferts, ajoutez la ligne ci-après au fichier *httpd.conf*.

```
TransferLog logs/access_log
```

Une fois redémarré, le serveur consigne dans le fichier *logs/access_log*, qui accède à quelles données à quel moment, la quantité de données demandée et les éventuels messages d'erreur du serveur. Ces informations constituent la base nécessaire pour créer des statistiques d'accès à l'aide de l'utilitaire Webalizer. Les sources de Webalizer sont disponibles à l'adresse **http://www.mrunix.net/webalizer/download.html** où vous pouvez les télécharger sous forme de fichier *.tgz*. La bibliothèque graphique GD, également requise, peut aussi être téléchargée sur ce site. Cette dernière est nécessaire pour permettre à Webalizer présenter ses statistiques sous forme graphique dans les pages HTMLqu'il génère. Téléchargez donc également le fichier **http://www.mrunix.net/webalizer/gd1.3.tar.Z**.

Il est possible que le nom de ce fichier soit légèrement différent si une nouvelle version est parue depuis la publication de cet ouvrage. Si le téléchargement n'est pas possible directement sous la forme indiquée, utilisez le lien vers la bibliothèque GD situé sur la page de Webalizer.

Décompressez les sources de Webalizer et de la bibliothèque graphique, puis déplacez le répertoire *gd1.3* vers le répertoire contenant les sources de Webalizer, après l'avoir renommé en *gd*. Placez-vous dans le répertoire *gd* et saisissez la commande suivante :

```
# make
```

La bibliothèque graphique est alors compilée. Passez dans le répertoire supérieur, c'est-à-dire le répertoire principal des sources de Webalizer, puis saisissez les commandes ci-après :

```
# ./configure
```

```
# make
# make install
```

La compilation et l'installation de Webalizer sont ainsi achevées. Vous pouvez alors lancer la création de statistiques d'accès à l'aide de la commande

```
# webalizer /usr/local/httpd/logs/access_log
```

Pour éviter de devoir saisir systématiquement cette commande manuellement, vous pouvez automatiser son lancement à heure fixe avec `cron`.

`cron` est un programme capable de démarrer les applications de votre choix à intervalles réguliers ou à une heure définie. Installez ce programme, si ne c'est pas encore fait, et, à l'aide de l'utilitaire de configuration de votre distribution, configurez-le de manière à ce qu'il soit lancé à chaque démarrage du système. N'importe quel utilisateur peut utiliser `cron`, il lui suffit pour cela d'éditer son fichier *crontab* à l'aide de la commande

```
# crontab -e
```

et d'y apporter les réglages appropriés. Notez, cependant, que l'utilisateur faisant les modifications doit être autorisé à exécuter l'application qu'il souhaite programmer. Dans *crontab*, la commande

```
SHELL=/bin/sh
```

vous permet d'indiquer que l'exécution doit s'effectuer dans le shell correspondant. L'entrée

```
MAILTO=al
```

permet d'indiquer que les résultats de l'exécution de l'application programmée doivent être expédiés à l'utilisateur *al* sous forme de courrier électronique. L'exécution est, par exemple, commandée par une ligne du type :

```
10 4 * * webalizer /usr/local/httpd/logs/access_log
```

dont les entrées sont séparées par des tabulations. Cette entrée pilote le démarrage quotidien de Webalizer à 4 heures et 10 minutes. Pour enregistrer vos modifications, appuyez sur [Échap] puis sur [+] [w]. Les touches [+] [q] vous permettent de quitter à nouveau le mode d'édition. Pour de plus amples informations sur *crontab*, tapez la commande :

```
# man 5 crontab
```

Au démarrage de Webalizer, ce dernier crée le répertoire */usr/local/httpd/webalizer*, si nécessaire. Notre configuration serveur actuelle nous permet sans problème d'accéder à `http://localhost/webalizer` pour afficher les dernières statistiques.

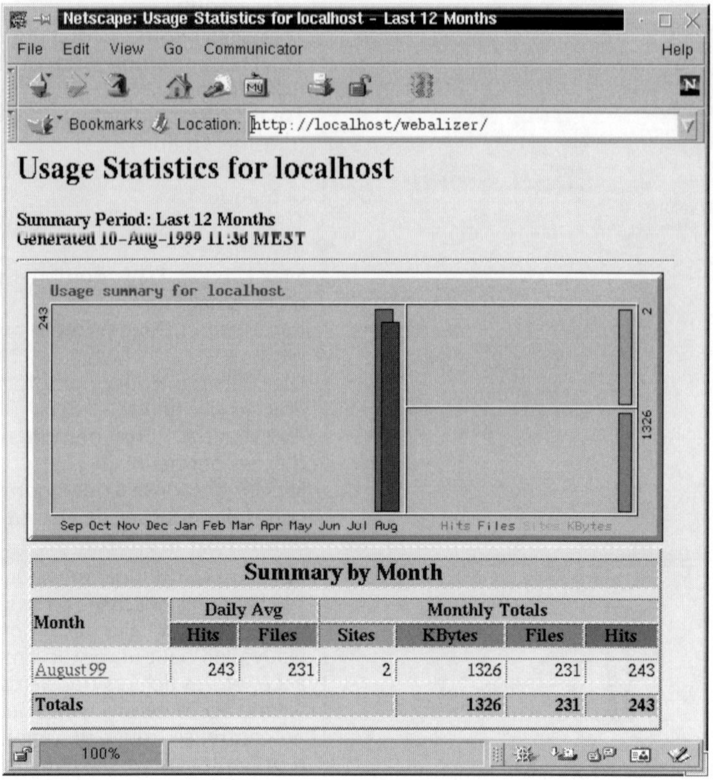

▲ **Fig. 5.13** *La page de démarrage des statistiques de Webalizer*

Par défaut, la page d'accueil présente les statistiques d'accès pour les mois écoulés. Outre une représentation graphique de ces statistiques, vous y trouvez les chiffres essentiels de la période concernée. Pour chaque mois, sont affichés les nombres moyens d'accès quotidiens et de fichiers transférés. À côté sont affichés le nombre mensuel de sites visités, de kilo-octets et de fichiers transférés et d'accès enregistrés.

Pour obtenir des chiffres plus détaillés, il suffit de cliquer sur le mois correspondant pour afficher des statistiques plus étendues, décrites dans le tableau ci-après. Les chiffres affichés pour l'instant ne sont pas encore très intéressants, ce qui est normal puisque notre site existe depuis peu et n'a pas encore été rendu public.

▼ **Tab. 5.3** *Statistiques détaillées de Webalizer*

<table>
<tr><th>Statistiques</th><th>Description</th></tr>
<tr><td>

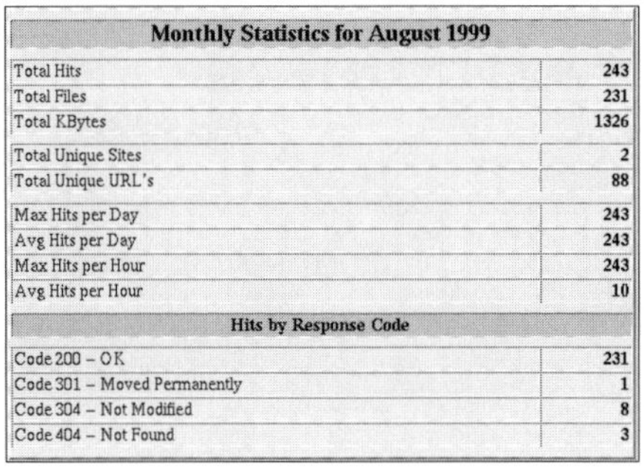

Monthly Statistics for August 1999	
Total Hits	243
Total Files	231
Total KBytes	1326
Total Unique Sites	2
Total Unique URL's	88
Max Hits per Day	243
Avg Hits per Day	243
Max Hits per Hour	243
Avg Hits per Hour	10
Hits by Response Code	
Code 200 - OK	231
Code 301 - Moved Permanently	1
Code 304 - Not Modified	8
Code 404 - Not Found	3

</td><td>Statistiques détaillées pour le mois d'août 1999
Total Hits : nombre total des accès
Total Files : nombre total de fichiers transférés
Total KBytes : volume de données global transmis en Ko
Total Unique Sites : nombre de sites demandés
Total Unique URL's : nombre d'URL demandées
Max Hits per Day : nombre maximum d'accès par jour
Avg Hits per Day : nombre moyen d'accès par jour
Max Hits per Hour : nombre maximum d'accès par heure
Avg Hits per Hour : nombre moyen d'accès par heure
Hits by Response Code : nombre de codes de réponses de chaque type délivrés par le serveur.</td></tr>
<tr><td>

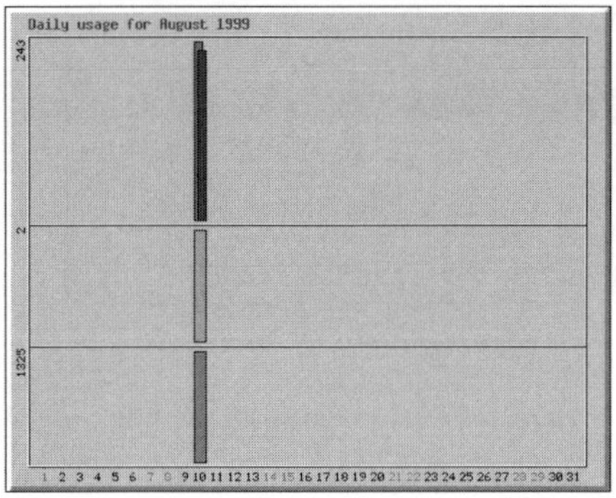

</td><td>Statistiques quotidiennes pour un mois. Sur l'axe des abscisses on trouve les jours du mois et sur l'axe des ordonnées on trouve, en haut un histogramme des accès et des fichiers transférés. Le nombre total d'accès est affiché en haut à gauche. Au centre, se trouve un graphique représentant les sites demandés sur le serveur. Le nombre total est affiché en haut à gauche.
Enfin, tout en bas, se trouve un histogramme représentant la quantité de données transférées chaque jour en kilo-octets. Le total est affiché en haut à gauche.</td></tr>
</table>

Statistiques	Description
Daily Statistics for August 1999 (tableau ci-dessous)	On trouve ensuite un tableau de valeurs correspondant au graphiques précédents, dans lequel sont indiquées les valeurs quotidiennes du mois sélectionné ainsi qu'un pourcentage indiquant la proportion représentée par chaque jour dans les totaux mensuels.
Hourly usage for August 1999 (graphique ci-dessous)	Statistiques sur les accès et les fichiers transférés au cours du mois, en fonction de leur répartition horaire.
Hourly Statistics for August 1999 (tableau ci-dessous)	Tableau de valeurs correspondant au graphique précédent.
Top 2 of 2 Total Sites (tableau ci-dessous)	Liste décroissante des adresses les plus demandées du serveur accompagnées de leurs statistiques. 192.168.0.210 correspond à l'adresse réseau de notre machine au sein de notre intranet.

Daily Statistics for August 1999

Day	Hits		Files		Sites		KBytes	
1	0	0.00%	0	0.00%	0	0.00%	0	0.00%
2	0	0.00%	0	0.00%	0	0.00%	0	0.00%
3	0	0.00%	0	0.00%	0	0.00%	0	0.00%
4	0	0.00%	0	0.00%	0	0.00%	0	0.00%
5	0	0.00%	0	0.00%	0	0.00%	0	0.00%
6	0	0.00%	0	0.00%	0	0.00%	0	0.00%
7	0	0.00%	0	0.00%	0	0.00%	0	0.00%
8	0	0.00%	0	0.00%	0	0.00%	0	0.00%
9	0	0.00%	0	0.00%	0	0.00%	0	0.00%
10	243	100.00%	231	100.00%	2	100.00%	1325	100.00%

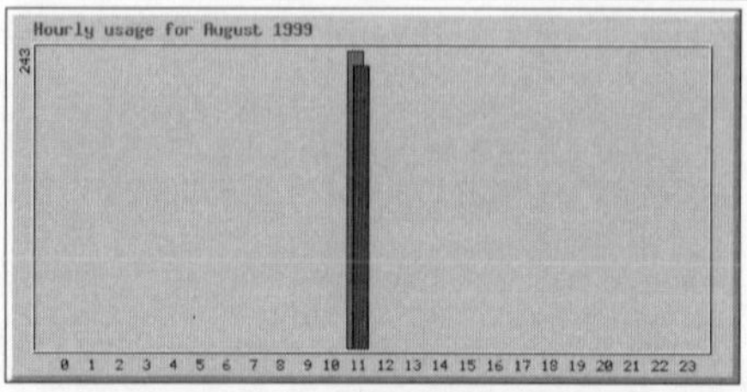

Hourly Statistics for August 1999

Hour	Hits			Files			KBytes		
	Avg	Total		Avg	Total		Avg	Total	
0	0	0	0.00%	0	0	0.00%	0	0	0.00%
1	0	0	0.00%	0	0	0.00%	0	0	0.00%
2	0	0	0.00%	0	0	0.00%	0	0	0.00%
3	0	0	0.00%	0	0	0.00%	0	0	0.00%
4	0	0	0.00%	0	0	0.00%	0	0	0.00%
5	0	0	0.00%	0	0	0.00%	0	0	0.00%
6	0	0	0.00%	0	0	0.00%	0	0	0.00%
7	0	0	0.00%	0	0	0.00%	0	0	0.00%
8	0	0	0.00%	0	0	0.00%	0	0	0.00%
9	0	0	0.00%	0	0	0.00%	0	0	0.00%
10	0	0	0.00%	0	0	0.00%	0	0	0.00%
11	243	243	100.00%	231	231	100.00%	1325	1325	100.00%
12	0	0	0.00%	0	0	0.00%	0	0	0.00%
13	0	0	0.00%	0	0	0.00%	0	0	0.00%
14	0	0	0.00%	0	0	0.00%	0	0	0.00%
15	0	0	0.00%	0	0	0.00%	0	0	0.00%
16	0	0	0.00%	0	0	0.00%	0	0	0.00%
17	0	0	0.00%	0	0	0.00%	0	0	0.00%
18	0	0	0.00%	0	0	0.00%	0	0	0.00%
19	0	0	0.00%	0	0	0.00%	0	0	0.00%
20	0	0	0.00%	0	0	0.00%	0	0	0.00%
21	0	0	0.00%	0	0	0.00%	0	0	0.00%
22	0	0	0.00%	0	0	0.00%	0	0	0.00%
23	0	0	0.00%	0	0	0.00%	0	0	0.00%

Top 2 of 2 Total Sites

#	Hits		Files		KBytes		Hostname
1	237	97.53%	225	97.40%	1278	96.44%	127.0.0.1
2	6	2.47%	6	2.60%	47	3.56%	192.168.0.210

Statistiques	Description
(voir tableau ci-dessous)	Top 30 des URL demandées, triées dans l'ordre décroissant des accès.

Top 30 of 88 Total URL's

#	Hits		KBytes		URL
1	150	61.73%	469	35.43%	/status
2	2	0.82%	0	0.03%	/cgi-bin/hello.world2
3	2	0.82%	0	0.05%	/cgi-bin/hello.user
4	1	0.41%	7	0.57%	/docs/apache/misc/howto.html
5	1	0.41%	3	0.30%	/docs/apache/mod/mod_log_referer.html
6	1	0.41%	6	0.52%	/docs/apache/mod/mod_auth.html
7	1	0.41%	8	0.61%	/docs/apache/stopping.html
8	1	0.41%	5	0.38%	/docs/apache/mod/mod_mmap_static.html
9	1	0.41%	5	0.40%	/docs/apache/mod/mod_dll.html
10	1	0.41%	4	0.31%	/docs/apache/mod/mod_userdir.html
11	1	0.41%	14	1.10%	/docs/apache/mod/mod_include.html
12	1	0.41%	8	0.64%	/docs/apache/mod/mod_access.html
13	1	0.41%	3	0.29%	/docs/apache/mod/mod_headers.html
14	1	0.41%	0	0.00%	/docs/apache/images/
15	1	0.41%	8	0.66%	/docs/apache/mod/mod_unique_id.html
16	1	0.41%	13	0.98%	/docs/apache/misc/known_client_problems.html
17	1	0.41%	38	2.89%	/docs/apache/mod/mod_proxy.html
18	1	0.41%	0	0.01%	/cgi-bin/hello.world1
19	1	0.41%	5	0.44%	/docs/apache/mod/mod_so.html
20	1	0.41%	4	0.37%	/docs/apache/mod/
21	1	0.41%	7	0.60%	/docs/apache/invoking.html
22	1	0.41%	2	0.22%	/docs/apache/mod/mod_isapi.html
23	1	0.41%	0	0.06%	/cgi-bin/printenv
24	1	0.41%	4	0.34%	/docs/apache/mod/mod_cern_meta.html
25	1	0.41%	3	0.30%	/docs/apache/mod/mod_log_common.html
26	1	0.41%	4	0.34%	/docs/apache/mod/mod_status.html
27	1	0.41%	13	1.01%	/docs/apache/upgrading_to_1_3.html
28	1	0.41%	15	1.15%	/docs/apache/misc/fin_wait_2.html
29	1	0.41%	0	0.00%	/docs/apache/mod/core.html
30	1	0.41%	3	0.26%	/docs/apache/mod/mod_info.html

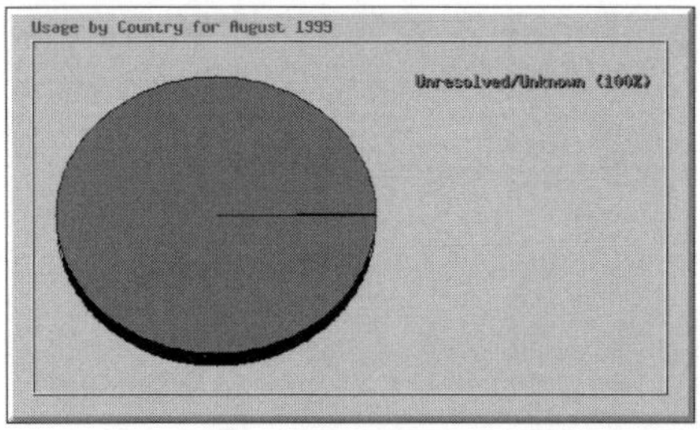

Graphique représentant les pays d'origine des requêtes.

Top 1 of 1 Total Countries

#	Hits		Files		KBytes		Country
1	243	100.00%	231	100.00%	1326	100.00%	Unresolved/Unknown

Tableau de valeurs correspondant au graphique précédent. Pour obtenir des informations utiles pour ces statistiques, il convient de demander la résolution des adresses IP contenues dans le fichier de consignation. Pour cela, on peut utiliser, par exemple, l'utilitaire `logresolve` fourni avec Apache.

5.3 Interface avec le serveur : Common Gateway Interface

CGI est une technique permettant la création de pages web interactives à l'aide de scripts correspondants ou de programmes CGI. Les programmes

CGI peuvent être employés dans divers buts. Il peut s'agir de moteurs de recherche, de jeux, de livres d'or, etc.

Les programmes CGI sont des applications quelconques pouvant être exécutés sur le système serveur. Le langage de programmation n'est ici qu'un moyen de parvenir à ses fins. Perl est le langage standard utilisé pour la création de programmes CGI (également appelés "servlet" depuis peu), en raison de ses fonctionnalités particulièrement développées dans le domaine du traitement des chaînes de caractères, la gestion des expressions régulières et la variété de ses possibilités d'utilisation. Il s'agit en fait d'un interpréteur, c'est-à-dire qu'à chaque exécution, il traite les lignes du code source du programme les unes après les autres, au fur et à mesure qu'il les parcourt. Si Perl conserve sa position prédominante dans ce domaine (les langages comme Java et Python gagnent progressivement en importance, et C/C++ est également utilisé), cela est dû à sa souplesse et à ses qualités quasiment inépuisables dans le domaine du traitement des chaînes de caractères, particulièrement essentiel dans ce type d'applications.

Notre objet n'est pas de vous expliquer en détails la création de programmes CGI avec Perl. Aussi, nous limiterons-nous à vous expliciter l'intégration de CGI au serveur web Apache et à vous présenter quelques exemples de programmes CGI en Perl.

Fonctionnement et configuration de CGI

CGI permet la communication entre le serveur web et d'autres clients. Si un client demande l'URL d'un programme CGI à traiter, le serveur lance le programme avec les paramètres correspondants et renvoie les résultats de l'exécution au client, qui les affiche. Les paramètres nécessaires à l'exécution peuvent être communiqués au serveur par le client, par exemple les données saisies par l'utilisateur dans un formulaire HTML.

Les programme CGI sont stockés par défaut dans un répertoire appelé *cgi-bin*. Pour des raisons de sécurité, ce répertoire ne devrait pas être placé parmi les répertoires de documents. Cela permet de protéger les scripts d'éventuels accès en écriture par des personnes qui pourraient exploiter à mauvais escient des lacunes dans la sécurité de ces scripts. La règle est donc de se protéger en rendant ces programmes invisibles.

Pour communiquer avec un programme CGI, le serveur utilise certaines variables d'environnement, que vous pouvez définir si vous le souhaitez.

> **Renvoi**
> Pour en savoir plus à ce sujet, consultez la section Variables d'environnement du serveur, dans la suite de ce chapitre.

Pour accéder à ces programmes, nous utilisons la fonction **ScriptAlias** comme suit :

```
ScriptAlias /cgi-bin /usr/local/httpd/cgi-bin
```

Le répertoire */usr/local/httpd/cgi-bin* est alors mappé à la position *ServerRoot/cgi-bin*. En cas d'accès à un fichier de ce répertoire, le fichier n'est pas transmis mais simplement exécuté. Les résultats de ce programme sont récupérés par le serveur et transmis au client.

Il vous faut, par ailleurs, ajouter les lignes ci-après à votre fichier *httpd.conf* :

```
#
# Activation de l'exécution de scripts CGI
#
<Directory /usr/local/httpd/cgi-bin>
  AllowOverride None
  Options None
  Order allow,deny
  Allow from all
</Directory>
```

Grâce à cette entrée, tout client peut envoyer une requête de script CGI. Si vous souhaitez utiliser un répertoire *cgi-bin* dans **DocumentRoot**, vous devrez configurer le traitement des contenus comme des scripts CGI en ajoutant **SetHandler cgi-script** dans l'entrée **<Directory>** correspondante ou dans le fichier *.htaccess* afin de garantir un traitement des contenus du répertoire semblable à celui de **ScriptAlias**. Par ailleurs, vous devrez ajouter **Options ExecCGI** à *httpd.conf* pour activer l'exécution de CGI, ce qui est normalement le cas.

Une alternative, si vous désirez stocker vos scripts et vos autres fichiers dans le même répertoire, vous pouvez également ajouter **AddHandler cgi-script cgi**, ce qui entraîne le traitement de tous les fichiers portant l'extension *.cgi* sous forme de scripts CGI.

La détection des erreurs au sein des scripts CGI peut être simplifiée en créant un fichier de consignation spécifique utilisé parallèlement à l'exécution des scripts. Par défaut, ce genre d'opération n'est pas consigné. Ajoutez la fonction `ScriptLog logs/cgi_log` à un fichier de configuration du serveur pour activer la consignation dans le fichier *cgi_log* du répertoire *ServerRoot/logs*.

Il est recommandé de désactiver à nouveau cette consignation dès que les scripts fonctionnent sans erreur, car elle risque de gaspiller inutilement des ressources système qui feront défaut pour d'autres services.

Pour de plus amples informations sur les différentes fonctions, reportez-vous à la documentation sur le module `mod_cgi`.

Variables d'environnement du serveur

Comme nous l'indiquions précédemment, le serveur communique avec les programmes CGI par l'intermédiaire de variables d'environnement. Ces dernières contiennent diverses informations sur le client et le serveur, ainsi que les paramètres que le client souhaite transmettre au programme CGI.

CGI permet la lecture de ces variables et le traitement des informations qu'elles contiennent. Le tableau ci-après vous propose une liste des variables d'environnement du serveur utilisées pour le traitement de programmes CGI.

▼ **Tab. 5.4** *Variables d'environnement CGI*

Variable d'environnement	Information stockée
AUTH_TYPE	Méthode d'authentification utilisée pour identifier l'utilisateur. Voir REMOTE_IDENTet REMOTE_USER.
CONTENT_LENGTH	Longueur de la requête (en caractères) soumise au programme CGI par une saisie standard.
CONTENT_TYPE	Type de données de la requête, par exemple `text/html`.
DOCUMENT_ROOT	Correspond au contenu du répertoire spécifié par `DocumentRoot`.
GATEWAY_INTERFACE	Numéro de révision de l'interface CGI utilisée par le serveur.
HTTP_ACCEPT	Liste des types de données acceptés par le client.
HTTP_COOKIE	Liste des cookies définis pour l'URL.
HTTP_FROM	Adresse e-mail de l'utilisateur à l'origine de la requête (utilisé rarement).
HTTP_REFERER	L'URL vers laquelle pointait le client avant d'appeler le script.

Variable d'environnement	Information stockée
PATH_INFO	Informations supplémentaires sur le chemin d'accès transmises au programme CGI.
PATH_TRANSLATED	Version convertie du chemin d'accès transmis par PATH_INFO.
QUERY_STRING	Données de la requête transmises au programme. Elles sont simplement attachées à l'URL, dont elles sont séparées par un ?.
REMOTE_ADDR	Adresse IP de la machine à l'origine de la requête.
REMOTE_HOST	Nom d'hôte de la machine à l'origine de la requête.
REMOTE_USER	Nom authentifié de l'utilisateur à l'origine de la requête.
REQUEST_METHOD	Méthode HTTP utilisée pour envoyer la requête, par exemple GET ou POST.
SCRIPT_NAME	Chemin d'accès virtuel du programme CGO exécuté.
SERVER_NAME	Nom d'hôte ou adresse IP du serveur.
SERVER_PORT	Numéro du port utilisé par le serveur.
SERVER_PROTOCOL	Nom et numéro de révision du protocole d'information utilisé pour l'envoi de la requête.
SERVER_SOFTWARE	Nom et numéro de révision du logiciel serveur chargé de traiter la requête.

Outre les variables d'environnement présentées ici, vous pouvez créer vos propres variables afin de les transmettre aux programmes CGI. Pour en savoir plus, consultez les informations sur le module `mod_env`.

Programmes CGI simples avec Perl

À présent que nous savons de quelle manière intégrer des programmes CGI à notre serveur, comment ils fonctionnent et quelles variables d'environnement ils contrôlent, le moment est venu de mettre tout ceci en pratique.

Nous nous limiterons, dans nos exemples, à l'implémentation du langage de scripts Perl. C'est le langage le plus populaire dans le domaine de CGI, bien que ce type de programme pourrait également être rédigé en Java, Python, C/C++ ou presque tous les autres langages de programmation. La flexibilité de Perl et ses avantages notables dans le domaine du traitement des chaîne de caractères en ont quasiment fait un standard pour les programme CGI.

Perl étant installé en standard sur tous les systèmes Linux (vérifiez cela, si vous n'en êtes pas certain et installez Perl si nécessaire) et constituant le langage le mieux documenté avec des sources disponibles sur Internet, nous nous limiterons à ce langage dans nos exemples. Une autre raison du succès de Perl, est le module **cgi.pm**, qui fait partie du package de base de l'interpréteur. Il s'agit d'une bibliothèque orientée objet contenant de nombreuses fonctions spécifiques aux exigences des programmes CGI. Ne vous laissez pas effrayer par le terme "orienté objet" ! Perl peut s'utiliser aussi bien en mode "classique" fonctionnel qu'en mode orienté objet. En outre, les deux méthodes sont simples à apprendre.

Pour la suite, nous partirons du principe que vous avez créé un répertoire ou un alias *cgi-bin* sur votre serveur, comme décrit précédemment, dans lequel vous pourrez placer les exemples qui suivent. Par ailleurs, n'oubliez pas que le serveur doit être en mesure d'exécuter les programmes, ce que vous pouvez assurer à l'aide de la commande suivante :

```
chmod +x <nom_de_fichier>
```

Pour vérifier d'emblée si votre serveur est bien configuré, vous pouvez lancer l'un des scripts fournis par le serveur web Apache. Par exemple, le programme **printenv** qui se trouve déjà dans *cgi-bin*. Rendez-le exécutable et accédez à **http://localhost/cgi-bin/printenv**. Vous devez normalement obtenir dans la fenêtre du navigateur la liste des variables d'environnement que nous avons vues précédemment suivies des valeurs correspondantes.

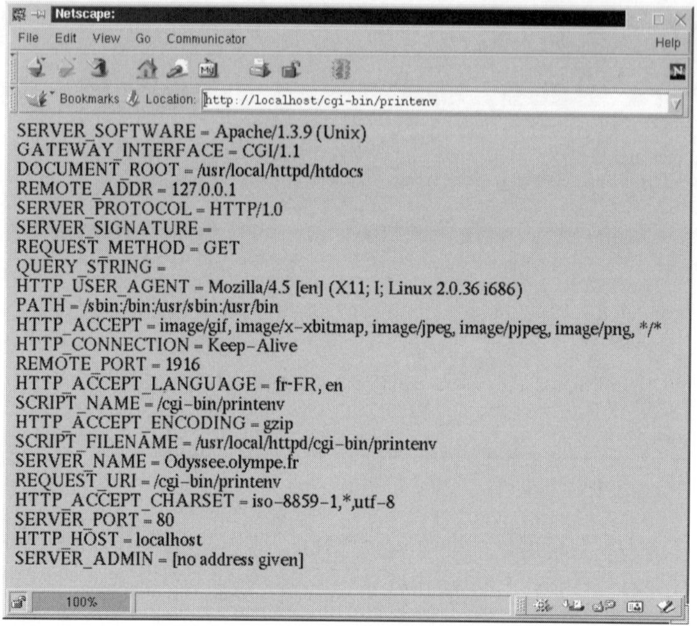

◄ **Fig. 5.14**
Résultat du script printenv

Pour notre premier programme, nous avons choisi un grand classique : "Hello World!"

```
#!/usr/bin/perl -w
# hello.world1 - notre premier script CGI
print "Content-Type: text/plain\n\n";
print "Hello World!\n";
print "This is just an example, showing CGI output as plain text.";
```

Dans ce petit programme, les sorties sont générées par la commande `print`. Elles sont ensuite envoyées du serveur au client, qui les interprète en fonction de leur contenu. La première ligne a toute son importance. Bien qu'il s'agisse d'un commentaire, le système l'interprète comme devant utiliser le programme `/usr/bin/perl` avec l'option `-w`. La première vraie ligne de programme indique au client que les contenus qui vont suivrent se composent de texte pur. Les deux dernière lignes indiquent le texte à afficher et le paramètre `\n` assure l'insertion d'un retour à la ligne.

Enregistrez ce programme sous le nom **hello.world1** dans *cgi-bin* et chargez l'adresse **http://localhost/cgi-bin/hello.world1** dans votre navigateur. Vous devez obtenir un affichage semblable à ce qui suit.

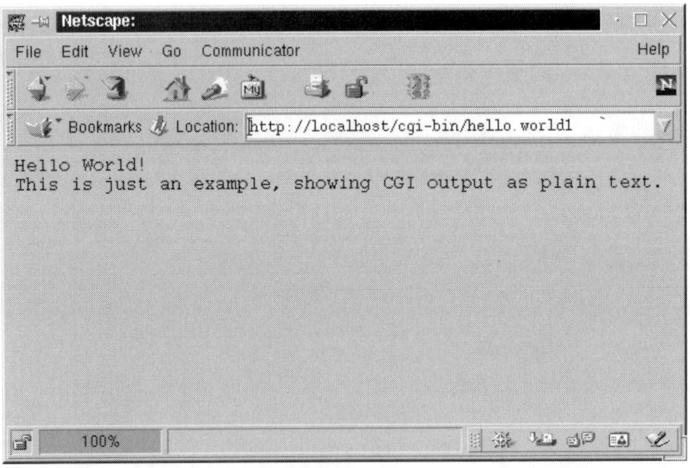

▲ **Fig. 5.15** *Notre premier programme CGI*

Comme vous pouvez le constater par l'intermédiaire des indications de `Content-Type`, il s'agit ici de texte pur. Le texte s'affiche exactement comme s'il s'agissait d'un fichier texte. Cette solution est généralement suffisante pour de nombreuses applications, néanmoins il en existe diverses autres.

Dans l'exemple suivant nous allons utiliser le module **cgi.pm** de l'interpréteur Perl, afin de générer une page HTML par l'intermédiaire de notre script.

```
#!/usr/bin/perl -w
# hello.world2 - notre premier script CGI avec création d'une page HTML
# grâce au moduel cgi.pm de Perl
use CGI qw(:standard);
print header(), start_html("Hello World!"), h1("Hello World!");
print p("This is just another test, showing CGI output as HTML.");
print end_html();
```

La ligne **use CGI qw(:standard);** indique à Perl de mettre à disposition les méthodes standard du module **CGI.pm**. Ensuite suivent quelques entrées utilisant ces méthodes. Nous créons d'abord un header HTML indiquant au client que du code HTML va suivre. Puis, nous lui transmettons le titre de la page à créer et lui indiquons de le mettre en forme comme titre de type 1. Puis nous spécifions un texte HTML normal et terminons.

Comme pour le premier exemple, enregistrez ce script en le baptisant *hello.world2* et rendez-le exécutable en procédant comme indiqué précédemment. Lorsque vous y accédez via votre navigateur web, vous obtenez le résultat suivant :

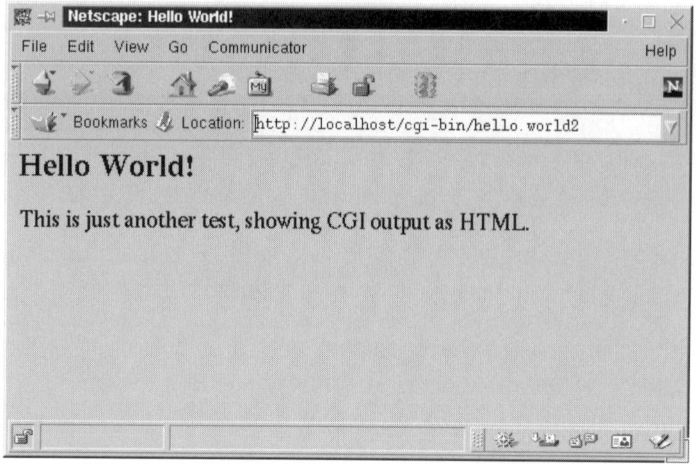

▲ **Fig. 5.16** *Notre premier programme CGI en version HTML avec cgi.pm*

Notre troisième, et dernier, exemple correspond à l'un des usages les plus fréquents des scripts CGI : le traitement des informations saisies dans un formulaire HTML. Nous utilisons pour cela un seul script CGI prenant en charge aussi bien la création de la page HTML que le traitement des données saisies.

```
#!/usr/bin/perl -w
# hello.user - script CGI générant des formulaires HTML
# et traitant les saisies
use CGI qw(:standard);
print header(), start_html("Hello User"), h1("Hello User");
if (param()){
   my $name = param("name");
   my $gender = param("gender");
   my $age = param("age");
   print p("Hello, user $name, you are $gender and $age years old.");
}else{
   print hr();
   print start_form();
   print p("What's your name? ", textfield("name"));
   print p("What gender: ", popup_menu("gender",['female','male']));
   print p("How old are you? (years) ", textfield("age"));
   print p(submit("submit"), reset("clear"));
   print end_form(), hr();
}
print end_html();
```

Ce script affiche en fait, outre le texte ordinaire, un formulaire HTML et analyse les données saisies lorsque l'utilisateur clique sur le bouton **Submit**. Cela démontre bien la capacité des scripts CGI à analyser les données saisies par l'utilisateur et à créer des contenus web de façon dynamique.

Une fois ce script enregistré et rendu exécutable, nous pouvons y accéder et obtenir le résultat suivant dans notre navigateur : (voir fig. 5.17)

Une fois les zones de saisie renseignées et après pression du bouton **Submit**, on obtient un résultat de ce type : (voir fig. 5.18)

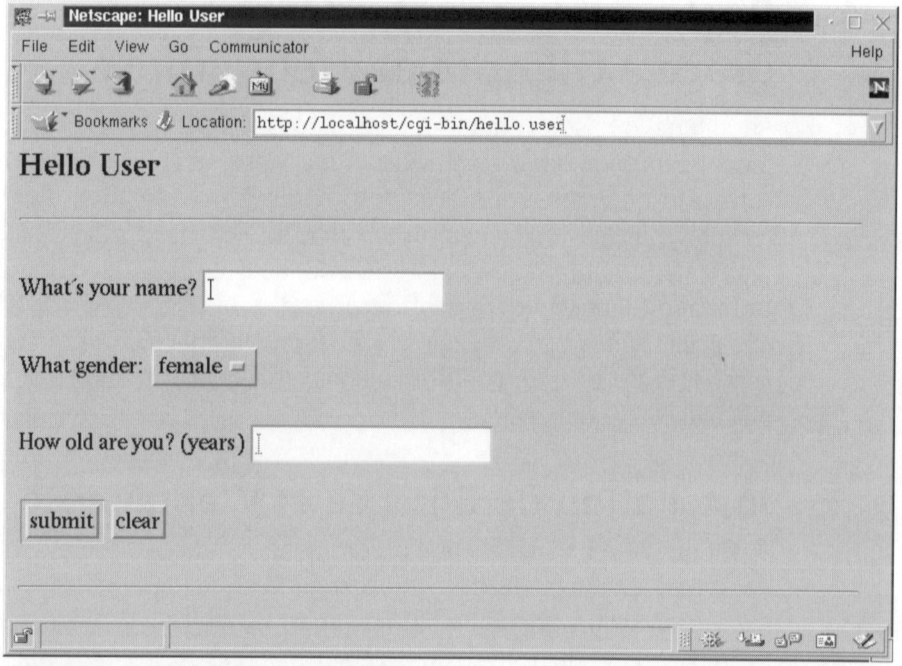

▲ **Fig. 5.17** *Notre premier script interactif...*

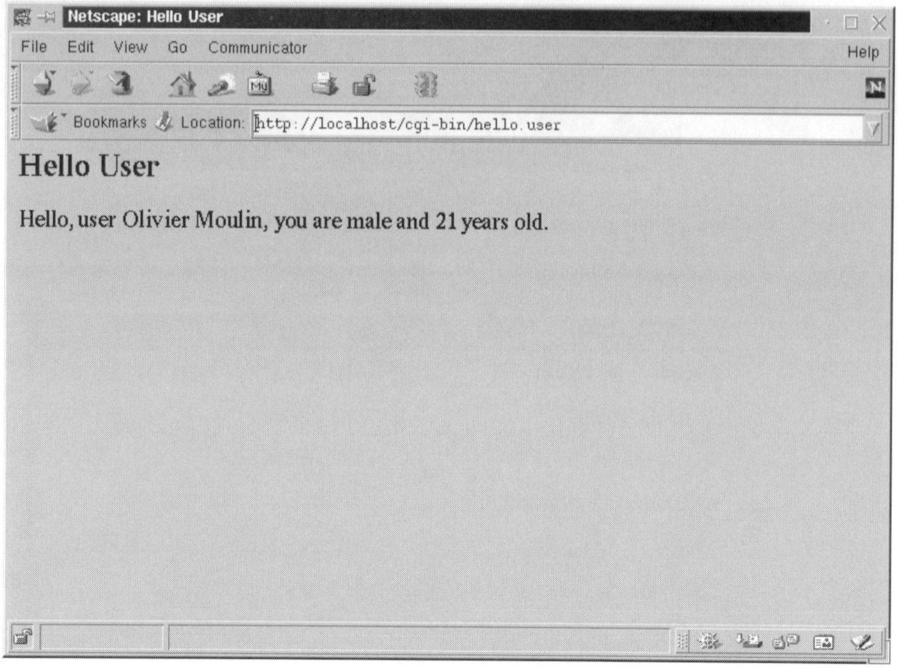

▲ **Fig. 5.18** *Les données du formulaire analysées par le script CGI*

5.4 Recherches dans l'intranet grâce à Glimpse et Webglimpse

Aussi futée que soit l'organisation des données sur le serveur web, il arrivera toujours un moment où la navigation par liens ne suffit plus ou devient trop complexe pour atteindre la page recherchée. L'intégration d'un moteur de recherche au serveur constitue un moyen élégant et efficace de parcourir rapidement de grandes quantités de données en fonction de critères précis. L'utilitaire Glimpse, qui permet de créer des bases de données d'indexation, et son interface web Webglimpse, qui permet d'effectuer des recherches dans ces bases de données constituent une excellente solution pour mettre en place un service de ce type.

Installation de Glimpse et Webglimpse

Avant de passer à l'installation proprement dite de Glimpse et Webglimpse, il nous faut une fois de plus télécharger d'abord les sources sur Internet. L'adresse `http://webglimpse.net` nous conduit à la page web de Webglimpse, où nous trouvons des versions actuelles des deux packages.

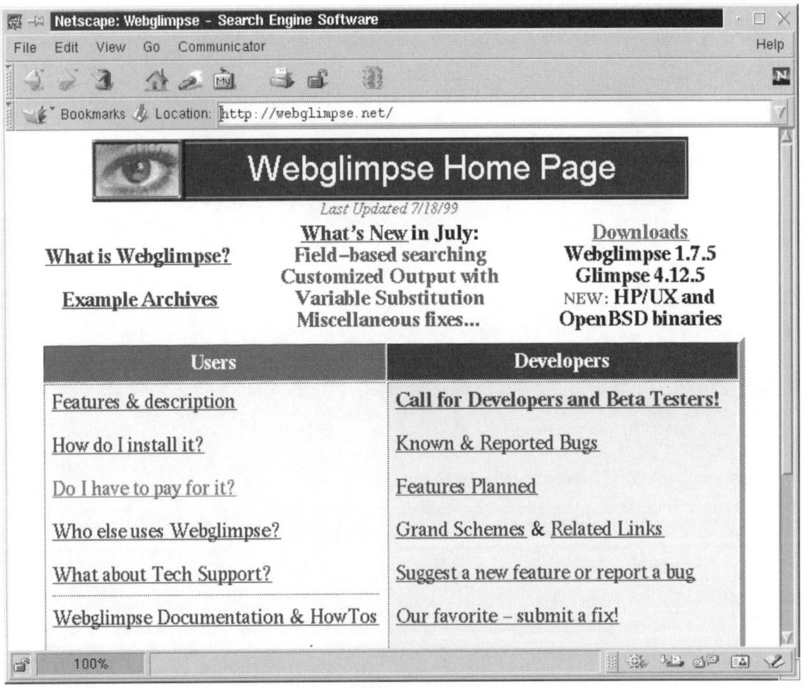

▲ **Fig. 5.19** *La page d'accueil de Glimpse/WebGlimpse*

Dans ce cas, le téléchargement est quelque peu plus complexe que ce que nous avons vu précédemment. Ces deux programmes ne sont pas distribués gratuitement, c'est-à-dire qu'il ne sont pas soumis à la licence GPL ou une licence de ce type. Il s'agit de programmes commerciaux, dont l'utilisation est uniquement gratuite pour les structures éducatives et les organismes gouvernementaux américains. Tous les autres utilisateurs, doivent s'acquitter de droits de licence plus ou moins élevés selon l'utilisation qu'ils font des logiciels. Pour connaître le montant des licences, cliquez sur le lien *Do I have to pay for it?* de la page d'accueil. Sur la page qui s'affiche, vous trouverez un tableau vous indiquant le prix en fonction de la catégorie d'utilisateurs dans laquelle vous vous situez.

Pour nos exemples, cependant, il ne vous en coûtera rien d'utiliser ces applications. En effet, les programmes peuvent être testés gratuitement durant une période de 30 jours, au bout de laquelle l'utilisateur a le choix entre renoncer à utiliser le programme ou s'acquitter du montant de la licence pour pouvoir continuer de s'en servir.

Pour l'instant, cliquez sur le lien *Download* ou *Downloads*. Sur la page qui apparaît, vous ne pouvez pas télécharger directement les archives de votre choix par un simple clic sur le lien correspondant. Si vous essayez de le faire, il vous sera demandé d'indiquer un nom d'utilisateur et un mot de passe. En effet, seuls les utilisateurs enregistrés sont autorisés à télécharger depuis ce site.

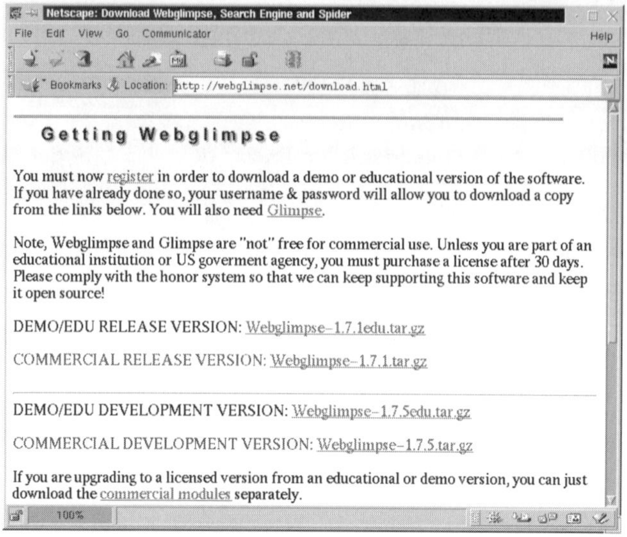

◄ Fig. 5.20
La page de téléchargement de Glimpse/WebGlimpse

Cliquez sur le lien *Register* et remplissez le formulaire qui s'affiche. Expédiez-le à l'aide du bouton **Send Request** et vous recevrez un e-mail sous deux jours maximum (en règle générale, quelques minutes suffisent) vous indiquant un nom d'utilisateur et un mot de passe à utiliser pour le téléchargement.

Le tableau ci-après explique les informations à spécifier dans le formulaire. Les champs signalés par un astérisque (*) sont à remplir obligatoirement, les utilisateurs peuvent remplir les autres champs s'ils le souhaitent.

▼ **Tab. 5.5** *Champs du formulaire d'enregistrement*

Information	Description
Educational institution US Government agency All others - 30 day demo	Activez le bouton radio correspondant à votre situation pour indiquer si vous souhaitez utiliser les applications à des fins éducatives, pour un organisme gouvernemental des États-Unis ou dans un autre but. Dans ce dernier cas, vous êtes autorisé à utiliser le logiciel durant 30 jours, après quoi il vous faudra soit payer la licence, soit cesser de vous en servir. Un message e-mail vous sera expédié pour vous en informer lorsque la période arrivera à échéance.
Organization Name	Nom de l'organisme, de l'institution ou de la société
Contact	Nom de la personne responsable
Address	Adresse
City	Ville
State	État (États-Unis uniquement)
Zip	Code postal
Country	Pays
Phone	Téléphone
FAX	Télécopie
E-mail adress	Adresse d'e-mail
Username prefix	Indiquez ici un préfixe de trois lettres qui sera placé devant le nom d'utilisateur qui vous sera attribué.
Password requested	Définissez un mot de passe.
Check to receive notices of new releases	Activez cette case si vous désirez être informé des nouvelles versions à l'avenir.
Check to join mailing list for discussion of bugs & future developments	Activez cette case pour recevoir les messages de la liste de diffusion, servant à discuter des erreurs dans le programme et des développements futurs.
Comments/questions	Commentaires ou questions que vous souhaitez adresser au responsable du site.

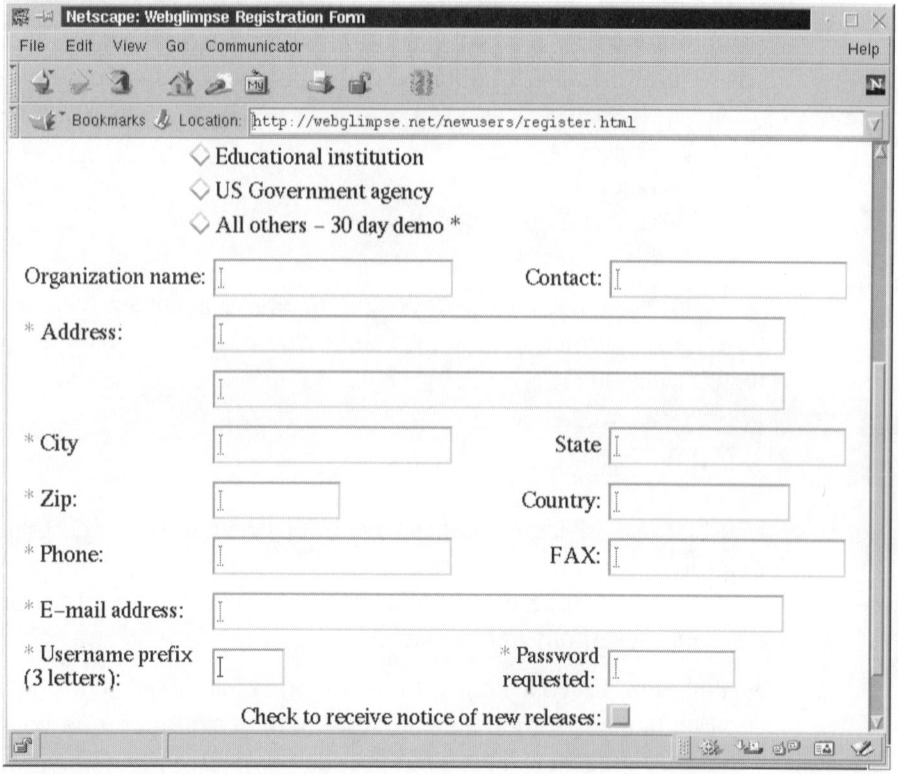

▲ **Fig. 5.21** *Formulaire d'enregistrement*

Utilisez le nom d'utilisateur et le mot de passe qui vous sont fournis pour télécharger Webglimpse et Glimpse. Ceci fait, vous pouvez passer directement à leur installation.

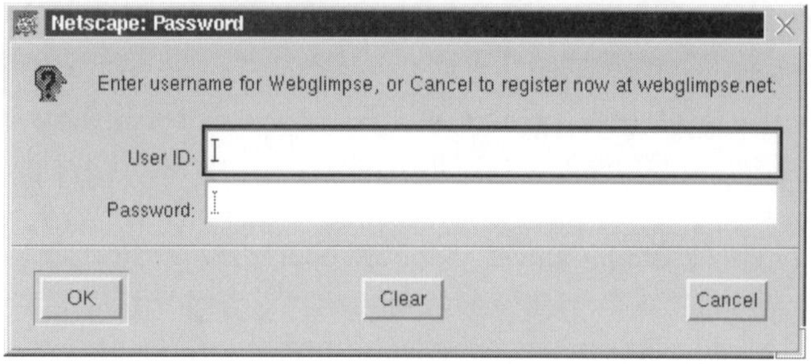

▲ **Fig. 5.22** *Une boîte de dialogue vous demande de vous identifier avant de vous autoriser à effectuer tout téléchargement*

Décompressez les archives et placez-vous dans le sous-répertoire indiqué de l'arborescence de Glimpse. Exécutez les commandes ci-après pour configurer, convertir et installer les sources correspondant au système utilisé :

```
# ./configure
# ./make
# ./make install
```

Décompressez ensuite l'archive contenant Webglimpse, placez-vous dans le répertoire automatiquement créé lors de la décompression et tapez la commande suivante :

```
# ./wginstall
```

Une boîte de dialogue s'affiche pour vous demander un certain nombre de précisions sur votre système nécessaires à la configuration de Webglimpse. Toutes ces interrogations s'affichant (comme d'habitude) en anglais, nous vous les présentons une à une ci-après :

- What OS are you running (must be one of linux osf sunos solaris)?[linux]:
  Vous demande d'indiquer le système d'exploitation que vous utilisez en vous proposant quatre solutions. Le paramètre par défaut est *linux*. Pour accepter ce dernier, appuyez simplement sur [Entrée].
- Path to Perl:[/usr/bin/perl]:
  Demande l'emplacement de l'interpréteur Perl. Le paramètre par défaut */usr/bin/perl* peut être validé tel quel si vous ne l'avez pas modifié manuellement par ailleurs.
- I cannot find glimpse! Where is it?[]:
  Si ce message s'affiche, `wginstall` ne trouve pas le programme `glimpse`. Ce dernier devrait se trouver, comme décrit ci-dessus, dans le répertoire */usr/local/bin*. Indiquez ce chemin d'accès et pressez [Entrée].
- Webglimpse Home Directory:[/usr/local/webglimpse]:
  Demande le répertoire de base de Webglimpse, dans lequel ce dernier doit être installé. Vous pouvez accepter le paramètre par défaut.
- Full path to HTTP server config file:[/usr/local/etc/httpd/conf/httpd.conf]:
  Demande l'emplacement du fichier *httpd.conf*. Indiquez le répertoire correspondant, dans notre cas */etc/httpd/httpd.conf*.

- Please enter the domain name for this server:[Odyssee]:
  Demande le nom de domaine de l'ordinateur. La valeur déterminée par **wginstall** peut être validée telle quelle.
- What port is the server running on?[80]:
  Demande le numéro du port pour lequel le serveur web est configuré. Vous pouvez valider la valeur par défaut, c'est-à-dire le port 80.
- Which directory should I copy the WebGlimpse cgi-bin scripts to?(...)[/usr/local/httpd/cgi-bin]:
  Demande dans quel répertoire doivent être installés les scripts CGI fournis avec le programme. Si le paramètre proposé par défaut correspond à votre configuration, comme dans notre cas, vous pouvez l'accepter.
- What is the script alias for /usr/local/httpd/cgi-bin?[/cgi-bin/]:
  Demande l'alias du répertoire contenant les scripts CGI spécifié dans *httpd.conf* par la fonction **ScriptAlias**. La valeur par défaut, */cgi-bin/*, correspondant à notre configuration, nous pouvons l'accepter telle quelle.
- Vous trouverez ensuite une liste des paramètres sélectionnés. S'ils sont exacts, vous pouvez les valider en appuyant sur [Entrée]. Pour annuler, pressez les touches [Ctrl]+[C].
- Use the new html2txt.pl program?[y]:
  Demande si la nouvelle version du script Perl **html2txt** doit être utilisée. Cette dernière est légèrement moins rapide que l'ancienne version, mais, contrairement à celle-ci, elle prend en charge les accents. Acceptez donc les réglages par défaut.
- Confirmez simplement les messages qui suivent en appuyant sur [Entrée].
- Enter directory or URL to index, return to quit:[]:
  Vous demande de spécifier un emplacement ou une URL, pour lequel un index doit être créé. Si vous ne souhaitez pas le faire, pressez simplement [Entrée]. Procédez ainsi et reportez-vous à la suite pour voir comment créer un index.

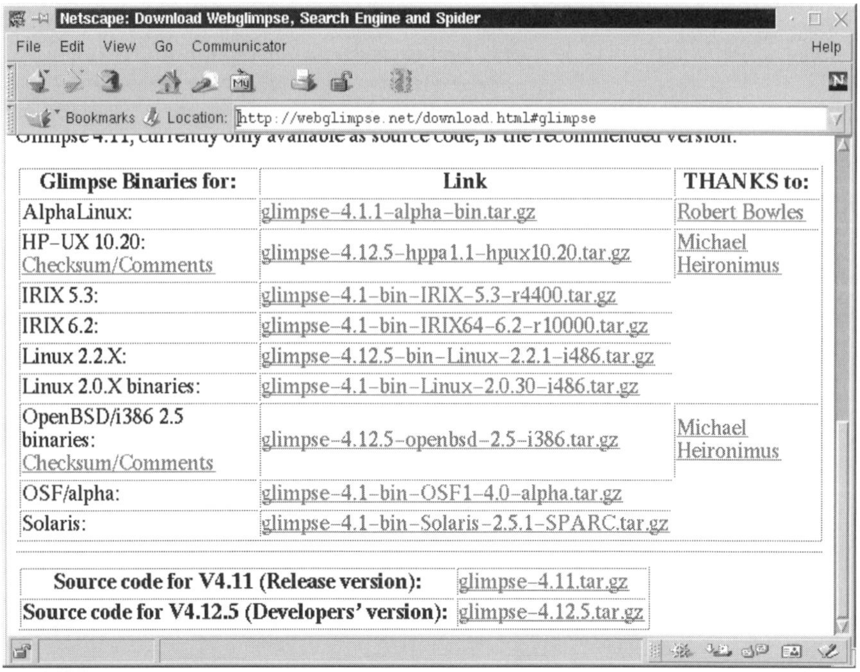

▲ **Fig. 5.23** *Liens permettant de télécharger les fichiers binaires et les sources de Glimpse*

Création de bases de données d'indexation avec Webglimpse

Pour créer un index du mini-site web que vous venez de créer, passez dans le répertoire */usr/local/webglimpse* et exécutez la commande suivante :

```
# ./confarc
```

Les éléments de la boîte de dialogue qui apparaît sont décrits ci-après :

- Directory where the index and other WebGlimpse generated files will reside [/usr/local/webglimpse]:
  Indiquez ici le répertoire où Webglimpse doit stocker les fichiers générés. Afin de rassembler tous les documents web dans le même répertoire, indiquez ici */usr/local/httpd/htdocs/webglimpse*. Il vous faudra cependant créer d'abord ce répertoire manuellement, car WebGlimpse ne s'en charge pas.
- Archive Title[WebGlimpse Search]:
  Vous pouvez indiquez ici un titre qui apparaîtra dans le masque de

recherche. Choisissez par exemple "Recherche WebGlimpse" ou acceptez le titre proposé par défaut.

- Index by Directory, or Traverse URLs. Press ? for more information.(D/T)[T]:
  Vous pouvez déterminer ici la manière dont l'index doit être créé. Si vous choisissez `D` (Directory), le répertoire spécifié est analysé avec tous ses sous-répertoires. Si vous optez pour `T` (Traverse URLs), l'analyse porte sur les fichiers du répertoire spécifié ainsi que tous les fichiers vers lesquels pointent des liens.
  L'option à choisir ici dépend de la structure de votre site. S'il contient de nombreuses pages web indépendantes les unes des autres, sans liens entre les pages, il convient de choisir *Directory*.
  Dans notre exemple, cependant, l'option par défaut, *Traverse*, est suffisante.
- Do you allow traversal of remote pages? (Y/N)[N]:
  Demande s'il faut également suivre les liens pointant vers des fichiers non situés sur votre propre serveur. Cette option est uniquement intéressante si les données correspondantes sont accessibles par l'intermédiaire d'une connexion Internet ou stockées sur d'autres serveurs du réseau. Pour notre exemple, vous pouvez choisir l'option par défaut.
- Number of allowed hops from each root URL[2]:
  Indique le nombre maximum de pas autorisés pour atteindre une page à partir de l'URL de base. Si vous possédez un site complexe basé sur plusieurs niveaux imbriqués, vous devrez augmenter cette valeur en conséquence.
- maximal number of local pages[99999]:
  Indique le nombre maximum de pages locales traitées.
- Define a neighborhood by the following number of hops from each page[1]:
  WebGlimpse permet des recherches dans l'ensemble de l'index ainsi que dans le voisinage (en anglais, neighborhood). La valeur spécifiée ici indique jusqu'à combien de pas vous désirez inclure le voisinage de votre page.
- **NOTE** Saying 'yes' to the following question will add a neighborhood search box to the bottom of each page, you can safely remove all the boxes with rmarc.
  Add search boxes to pages? (Y/N) [n] (y/n):
  Demande si chaque page inclue dans l'index doit être pourvue d'un cadre de recherche en bas de page. Ces cadres peuvent à nouveau être supprimés grâce au programme `rmarc`.

- Now you will need to enter the URL(s) of the file(s) you would like to traverse.
  URL:[http://www.your.server.name.here/path/to/directory]:
  Indiquez ici l'URL en aval de laquelle vous souhaitez créer l'index. Pour l'exemple, indiquez **http://localhost/**.
- Next URL (return to exit):
  Demande une autre URL. Appuyez simplement sur Entrée pour annuler.

Tous les fichiers nécessaires sont ensuite copiés.

- Would you like to build the archive now? (Y/N)[Y]:
  Vous demande de confirmer la création de l'archive d'index. Lorsque vous appuyez sur Entrée, s'affiche une liste des fichiers intégrés à l'index ainsi que des informations sur l'ensemble des données parcourues et le nombre de fichiers indexés.

Une fois l'index créé, il vous suffit de saisir la commande :

```
# ./wgreindex
```

dans le répertoire */usr/local/webglimpse* pour le mettre à jour. Bien sûr, vous pouvez également intégrer l'entrée :

```
/usr/local/webglimpse/wgreindex -q
```

dans le fichier *crontab* d'un utilisateur possédant des droits suffisants afin de mettre à jour l'index de façon régulière et automatique. C'est ce que montre l'exemple suivant.

Ouvrez une session comme utilisateur *root* et tapez la commande :

```
# crontab -e
```

pour éditer *crontab*, le fichier de contrôle de **cron**. Effectuez ensuite les saisies conforme à l'illustration ci-après : (voir fig. 5.24)

Cette entrée indique à **cron** d'exécuter **/usr/local/webglimpse/wgreindex** dans le shell **/bin/sh** chaque jour à 4 heures 15 minutes et de transmettre le résultat à l'utilisateur *webmaster* par e-mail. Assurez-vous que **cron** est installé et fonctionne bien sur votre système à l'aide de l'utilitaire de configuration de votre distribution, si vous n'en êtes pas certain.

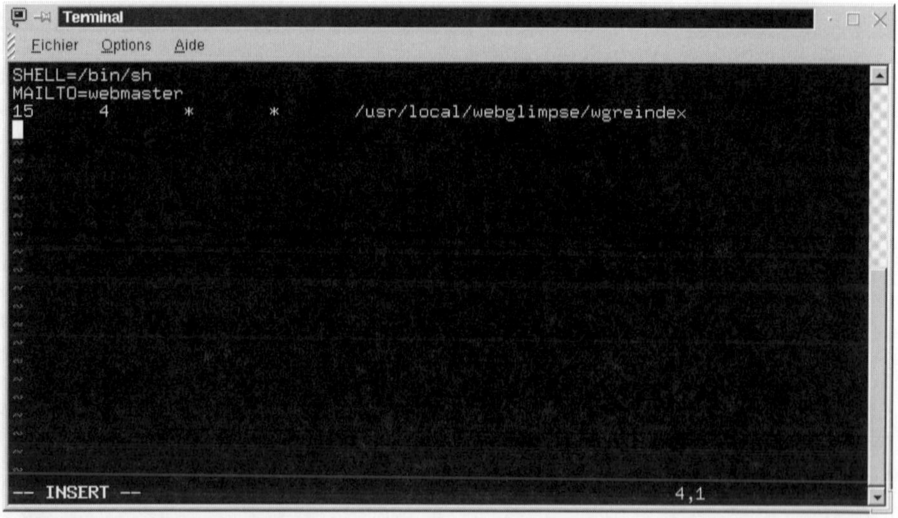

▲ **Fig. 5.24** *édition de crontab*

Les paramètres de la ligne inférieure sont séparés les uns des autres par une tabulation. Pour obtenir de plus amples renseignements sur l'utilisation de `cron`, tapez la commande

```
# man 5 crontab
```

Recherches avec WebGlimpse, l'interface WWW de Glimpse

Saisissez l'entrée ci-dessous dans votre fichier *httpd.conf* et relancez le serveur.

```
#
# Intégration de WebGlimpse
#
<Directory /usr/local/httpd/htdocs/webglimpse>
  order allow,deny
  allow from all
</Directory>
```

Lorsque vous accédez à l'URL *http://localhost/webglimpse/wgindex.html*, le masque de recherche de WebGlimpse s'affiche.

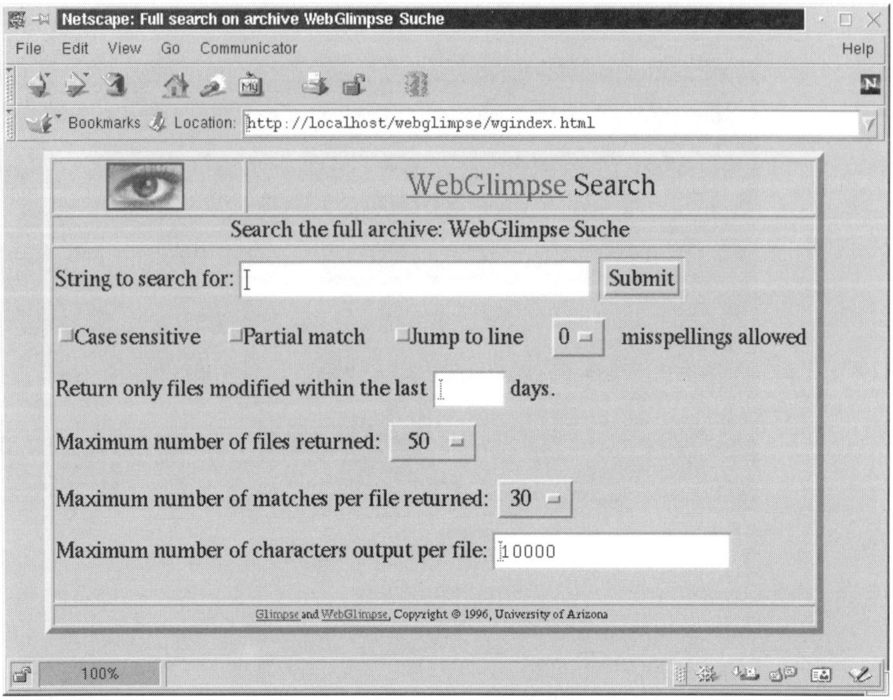

▲ **Fig. 5.25** *Masque de recherche principal de WebGlimpse*

Le tableau ci-après décrit les différentes fonctions proposées par le masque.

▼ **Tab. 5.6** *Fonctions du masque de recherche de WebGlimpse*

Fonction	Description
String to search for	Indiquez ici la chaîne de caractères qui doit être recherchée et cliquez sur le bouton Submit pour lancer la recherche.
Case sensitive	Cochez cette case pour activer la différenciation entre majuscules et minuscules.
Partial match	Si cette option est activée, WebGlimpse affiche également les résultats, où la chaîne de caractères recherchée est contenue d'une chaîne plus grande.
Jump to line	Lorsque vous activez cette option, un clic sur le lien vers une page de la liste des résultats n'affiche pas seulement la page en question, mais se positionne directement à l'endroit où se trouve l'objet de la recherche.
Misspelling allowed	Indique le nombre de lettres pouvant différer entre la chaîne recherchée et les résultats trouvés.
Return only files modified within the last ____ days.	Indiquez un nombre de jours, si vous désirez limiter la recherche aux X jours précédents.

Fonction	Description
Maximum number of files returned	Nombre maximum de pages affichées contenant au moins une occurrence de la chaîne de caractères recherchée.
Maximum number of matches per file returned	Les résultats sont affichés dans leur contexte. La valeur indiquée ici définit le nombre d'occurrences maximum pouvant être affiché pour un même fichier.
Maximum number of characters output per file	Nombre maximum de caractères affichés par fichier.

En lançant une recherche sur le terme "directory", où tous les autres paramètres sont laissés à leur valeur par défaut, on obtient le résultat suivant :

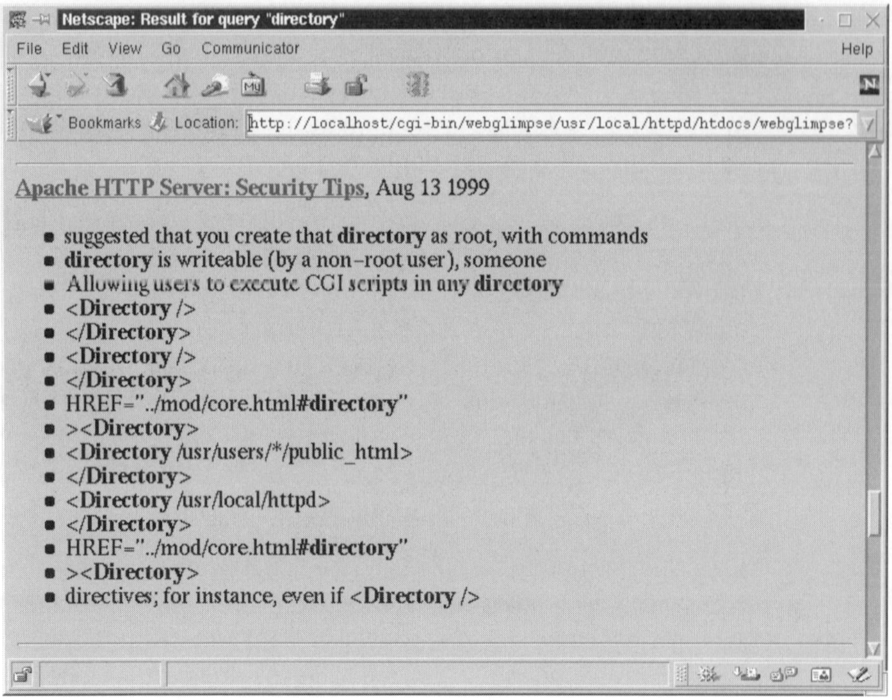

▲ **Fig. 5.26** *Recherche du terme "directory" dans Webglimpse*

Comme vous pouvez le constater, WebGlimpse affiche, pour chaque page trouvée, un lien vers cette page avec son nom et la date. En-dessous, se trouve une liste de toutes les occurrences de la chaîne recherchée sur cette page, où le terme recherché est affiché en gras.

5.5 Accès contrôlé : authentification utilisateur avec Apache

Dans la section précédente, vous avez découvert ce qu'était l'authentification lorsque vous avez dû indiquer un nom d'utilisateur et un mot de passe avant de pouvoir télécharger Glimpse et WebGlimpse.

Dans ce cas, la communication du mot de passe par e-mail garantissait que seul la personne ayant commandé le programme et étant accessible sous cette adresse d'e-mail était autorisé à télécharger le fichier. Ce procédé permet également de recontacter la personne concernée lorsque le délai d'utilisation est écoulé.

De façon générale, l'authentification sert donc à vérifier qu'un utilisateur est autorisé à accéder aux données qu'il demande, afin de protéger ces dernières de l'accès par des personnes non autorisées dans le but d'éviter, par exemple, des accès illégaux aux données d'une entreprise.

L'objet de cette section est de vous indiquer comment une authentification peut être mise en place au niveau du serveur. Il s'agit en fait d'un processus relativement simple, amorcé par un client qui demande à accéder à des données protégées sur le serveur. Ce dernier demande alors l'indication d'un nom d'utilisateur et du mot de passe correspondant. Une fois que le client a renvoyé ces informations, le serveur vérifie si le nom d'utilisateur spécifié existe dans les fichiers correspondants et, si c'est le cas, si le mot de passe indiqué est exact. À ce moment, et à ce moment seulement, le client est autorisé à accéder aux données demandées.

La spécification du nom d'utilisateur et du mot de passe n'est normalement nécessaire qu'une seule fois. Lorsque le serveur envoie le code 401 (autorisation requise) au client, il envoie également le nom de la zone (ou realm, en anglais) correspondante. C'est ainsi que l'on appelle une zone définie d'accès restreint. Si l'utilisateur a déjà accédé à cette zone auparavant avec le même navigateur, celui-ci a mémorisé les informations d'accès à cette zone et les envoie au serveur. Ces informations sont uniquement redemandées à l'utilisateur si elles sont introuvables ou erronées.

Cette procédure serait tout à fait sûre si la transmission des informations d'accès était codée, ce qui n'est malheureusement pas le cas. Apache prend bien en charge l'authentification Digest, mais aucun navigateur ne la prend actuellement en charge (l'authentification Digest assure un transfert des informations d'accès sous forme codée et non en texte clair comme c'est le cas actuellement). Pour cette raison, nous ne traiterons pas cette solution dans la suite. Les fonctions correspondantes sont néanmoins décrite avec le module mod_digest.

Création de bases de données d'utilisateurs

Au niveau du serveur, il existe deux possibilités de stocker les données nécessaires à l'authentification. D'un côté, il peut stocker noms d'utilisateurs et mots de passe par paires. Il suffit pour cela d'un simple fichier texte. En cas de requête, le serveur cherche alors l'entrée correspondant au nom d'utilisateur indiqué et, s'il la trouve, vérifie le mot de passe correspondant. Avec ce principe, les mots de passe sont stockés dans le fichier texte sous forme codée.

L'autre solution consiste à stocker ces données dans une base de données. Les deux solutions permettent la création de groupes, composés d'une liste d'utilisateurs à définir. Par exemple, si votre société comporte plusieurs groupes d'utilisateurs, travaillant sur un même projet ou devant accéder aux mêmes données pour d'autres raisons, la répartition de ces utilisateurs en groupes constitue sans aucun doute la solution la plus pratique.

En règle générale, il convient d'utiliser un format de base de données pour le stockage de ce type d'informations car le traitement de fichiers textes volumineux est plus lent que l'utilisation de base de données. Dans le sous-répertoire *src/support*, vous trouverez pour cela l'utilitaire **dbmmanage**. Copiez-le dans */usr/local/bin* et rendez-le exécutable. Éditez-le et modifier la première ligne de

```
#!/usr/local/bin/perl
```

en

```
#!/usr/bin/perl
```

afin de permettre son exécution. Vous pouvez ensuite utiliser **dbmmanage** pour traiter les fichiers de base de données pour Apache. La syntaxe de ce programme est

```
dbmmanage fichier commande nom d'utilisateur
```

Le tableau suivant récapitule les différentes commandes pouvant être utilisées.

▼ **Tab. 5.7** *Commandes de dbmmanage*

Commande	Description
`add`	Ajoute un nom d'utilisateur à un groupe. Exemple : `# dbmmanage group add alex admin` Ajoute l'utilisateur alex au groupe admin du fichier de groupe group.

`adduser`	Ajoute un utilisateur.
	Exemple :
	`# dbmmanage user adduser olivier`
	`New password:moulin`
	`Re-type new password:moulin`
	`User olivier added with password encrypted to SLyHWNw7ybfwM`
	Ajoute l'utilisateur olivier avec le mot de passe moulin au fichier d'utilisateurs user.

`check`	Vérifie si l'utilisateur existe dans le fichier d'utilisateurs et si le mot de passe spécifié est correct.
	Exemple :
	`# dbmmanage user check alex`
	`Enter password:martin`
	`password ok`

`delete`	Supprime une entrée d'utilisateur d'un fichier de base de données. Exemple : `# dbmmanage user delete alex` Supprime l'utilisateur alex du fichier user.
`import`	Récupère des entrées de la forme nom d'utilisateur:mot de passe saisies via STDIN et les ajoute au fichier spécifié. Les mots de passe doivent déjà être codés à ce moment-là. Exemple : `# dbmmanage user import < to.add.user` Ajoute les entrées sous `to.add.user` dans le fichier user.

`update`	Semblable à la commande `adduser`, à la différence que l'utilisateur existe déjà dans le fichier.
	Exemple :
	`# dbmmanage user update alex`
	`New password:moulin`
	`Re-type new password:moulin`
	`User alex updated with password encrypted to SLyHWNw7ybfwM`

`view`	Affiche le contenu d'un fichier de base de données.
	Exemple :
	`# dbmmanage group view`
	`alex:admin`
	`olivier:admin`
	Affiche la liste de tous les utilisateurs du fichier de groupe group et le groupe auquel ils appartiennent. L'exemple ci-dessus indique que les utilisateurs alex et olivier font partie du groupe admin.

Pour des raisons de sécurité, nous vous déconseillons fortement de stocker les fichiers d'utilisateurs et de groupes sous **DocumentRoot**. Créez plutôt un répertoire spécifique dans */usr/local/httpd*, pour y stocker ces données.

La commande ci-après vous permet de créer un fichier */usr/local/httpd/users* et d'y ajouter l'utilisateur *alex*, pour qui vous êtes immédiatement invité à spécifier un mot de passe.

```
# dbmmanage /usr/local/httpd/users adduser alex
New password:martin
Re-type new password:martin
User alex added with password encrypted to Q.02seB439f3A
```

La commande :

```
# dbmmanage /usr/local/httpd/group add alex admin
```

vous permet ensuite d'ajouter l'utilisateur *alex* au groupe *admin* dans le fichier */usr/local/httpd/group*. Le fichier ainsi que le groupe sont créés automatiquement, s'ils n'existent pas.

Créez de même un utilisateur *olivier* avec le mot de passe *moulin* et ajoutez-le également au groupe *admin*.

Création de zones privées dans l'espace web

La création de zones privées, c'est-à-dire protégées, au sein de l'espace web est assez aisée. Tout répertoire situé sous **ServerRoot** peut être protégé par l'intermédiaire d'une entrée **Directory** (ou **Location**), contenant les fonctions nécessaires pour forcer l'authentification.

Nous venons de créer deux utilisateurs que nous avons ajoutés au groupe *admin*. Si nous souhaitons réserver l'accès à **http://localhost/status** aux utilisateurs de ce groupe, il nous suffit de créer un répertoire */usr/local/httpd/auth/admin* et d'y placer les fichiers *group* et *user* correspondants.

Auparavant, il nous faut reconvertir le serveur car le module **mod_auth_db** nécessaire n'est pas automatiquement compilé avec. Configurez pour cela les sources comme suit :

```
# ./configure --enable-module=auth_db --with-layout=OwnLayout
```

avant de lancer

```
# make
# make install
```

et de redémarrez le serveur via

```
# apachectl stop
# apachectl start
```

À présent, il nous reste à modifier le paragraphe suivant dans *httpd.conf* :

```
#
# Mise en place de messages d'état
#
ExtendedStatus On
<Location /status>
  order deny,allow
  allow from 127.0.0.1
  deny from all
  SetHandler server-status
</Location>
```

comme suit :

```
#
# Mise en place de messages d'état
# et protection contre les accès non autorisés
#
ExtendedStatus On
<Location /status>
  AuthType Basic
  AuthName status
  AuthDBUserFile /usr/local/httpd/auth/admin/user
  AuthDBGroupFile /usr/local/httpd/auth/admin/group
  require group admin
  SetHandler server-status
</Location>
```

L'accès à */status* est ainsi limité aux utilisateurs spécifiés dans les fichiers d'utilisateurs et de groupes, qui sont eux-mêmes soumis à une procédure d'authentification. Il va de soi, que les fichiers et les entrées correspondants doivent être créés comme indiqué précédemment.

`AuthType` est une fonction de base du serveur. La méthode Digest n'étant prise en charge par aucun navigateur client, Basic est la seule méthode d'authentification pouvant actuellement être utilisée. `AuthName`, également une fonction de base, permet d'attribuer un nom à la zone (ou realm) correspondante. La fonction `require`, enfin, définit plus précisément quels utilisateurs sont autorisés à accéder aux données, sous réserve d'une authentification réussie, c'est-à-dire ceux qui font partie du groupe *admin*.

Ces exemples permettent de mieux comprendre les options décrites dans la grille de référence fournie dans ce guide.

Renvoi

> Pour des informations détaillées sur ces options, consultez le tableau de référence dans le chapitre intitulé Centre d'informations : serveur web Apache dans l'intranet.

5.6 Webmin : administration système via une interface WWW

Depuis l'origine, la configuration des services UNIX s'est faite par l'intermédiaire de fichiers texte édités par l'administrateur. C'est de cette façon aussi que nous avons procédé jusqu'à présent. Cependant, comme vous avez pu vous en apercevoir précédemment déjà, il existe actuellement d'autres solutions. Des interfaces graphiques, facilitant l'administration de diverses manières, font progressivement leur apparition. Grâce à une interface web, ils permettent d'accéder à la configuration du système à partir de n'importe quel ordinateur du réseau possédant un navigateur web.

Webmin propose justement un outil de ce type pouvant quasiment être utilisé pour la configuration de tous les services Unix.

Installation et configuration de Webmin

La version courante de l'utilitaire d'administration Webmin peut être téléchargée à l'adresse `http://webmin.com/webmin/`. Au moment de la rédaction de cet ouvrage, la plus actuelle est la version 0.73. C'est sur celle-ci que nous nous baserons pour la description de l'installation et de la configuration. Si une nouvelle version est apparue depuis, la façon de procéder ne devrait pas avoir subi de changements importants.

Décompressez le fichier source *webmin-0.73.tar.gz*. Le sous-répertoire *webmin-0.73* ainsi créé servira à l'avenir de lieu de stockage pour les données Webmin. Selon l'endroit où vous avez décompressé l'archive, il peut être judicieux de déplacer ce répertoire à un autre endroit. Pour la suite, nous partirons du principe que vous avez déplacé le répertoire *webmin-0.73* dans */usr/local/webmin*.

Placez-vous dans ce répertoire et exécutez le script d'installation :

```
# ./setup.sh
```

Sur les écrans successifs qui s'affichent, vous êtes amené à définir un certain nombre de paramètres.

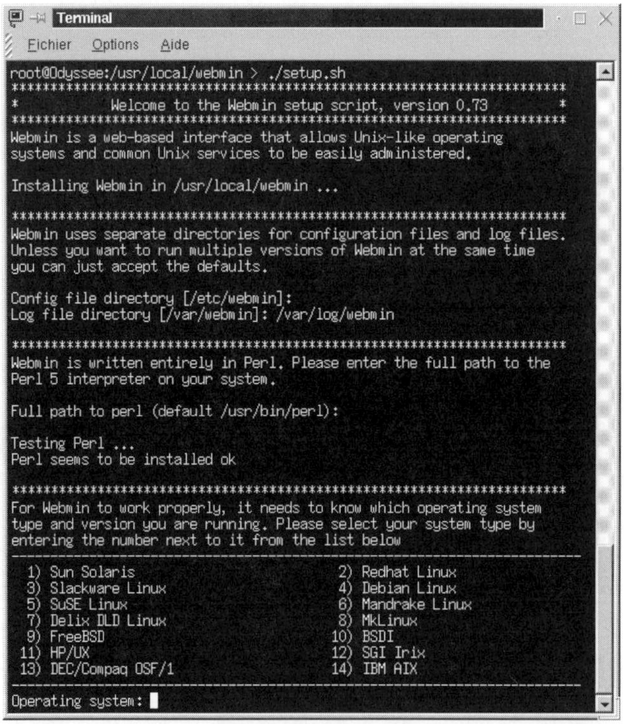

◄ Fig. 5.27
Le script d'installation de Webmin

Pour ces réglages, Webmin utilise aussi bien des réglages prédéfinis que des valeurs qu'il a extraites du système. Les valeurs par défaut sont toujours placées entre crochets. Il vous suffit d'appuyer sur [Entrée] pour les accepter. Voici une liste des principaux paramètres que vous êtes amené à définir :

- Config file directory [/etc/webmin]:
  Demande le répertoire, dans lequel les fichiers de configuration doivent être stockés. Acceptez la valeur par défaut */etc/webmin* en pressant [Entrée].
- Log file directory [/var/webmin]:
  Demande le répertoire pour le stockage du fichier de consignation de Webmin. Acceptez la valeur par défaut */var/webmin* en pressant [Entrée].
- Full path to perl (default /usr/bin/perl):
  Demande le chemin d'accès complet vers l'interpréteur Perl. La valeur par défaut */usr/bin/perl* peut être acceptée dans la majorité des cas.
- Operating System:
  Vous demande de spécifier le numéro correspondant au système d'exploitation utilisé dans la liste proposée. Le cas échéant, un sous-menu vous demandera de préciser la version exacte. Choisissez celle qui correspond le mieux à votre système.
- Web server port (default 10000):
  Demande le numéro du port par l'intermédiaire duquel Webmin est interrogé. La valeur par défaut, 10000, devrait être disponible si vous ne l'utilisez pas pour une autre application, vous pouvez donc l'accepter. Webmin a besoin de ce paramètre car il utilise un serveur web propre qui, à l'instar d'Apache, a besoin d'un port sur lequel il peut se mettre à l'écoute.
- Login name (default admin):
  Nom à utiliser pour ouvrir une session avec Webmin. La valeur par défaut, *admin* pour l'administrateur, peut être acceptée telle quelle. L'utilisateur indiqué ici ne doit pas forcément être connu du système lui-même.
- Login password:
  Saisissez un mot de passe correspondant en prenant bien garde de ne pas commettre d'erreur de frappe car Webmin ne demande pas confirmation du mot de passe lors de la définition ! En cas d'erreur, vous ne pourrez plus ouvrir Webmin et serez obligé de le réinstaller.
- Web server hostname (default Odyssee):
  Le serveur propose le nom d'hôte de l'ordinateur comme nom d'hôte à

utiliser. Vous pouvez accepter ce paramètre tel quel. Bien sûr, vous pourrez toujours accéder à l'ordinateur par l'intermédiaire son adresse IP ou `localhost`.

- Start Webmin at boot time (y/n):
  Demande si Webmin doit être lancé automatiquement à chaque démarrage. Répondez affirmativement en pressant la touche [Y].

Configuration d'Apache avec Webmin

À présent, lorsque nous essayons d'accéder à `http://localhost:10000` dans notre navigateur web, nous obtenons tout d'abord une boîte de dialogue d'authentification.

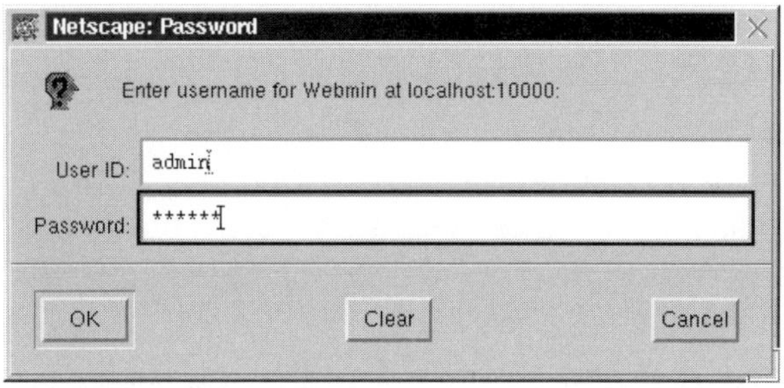

◄ **Fig. 5.28** *Demande d'authentification lors de l'accès à Webmin*

Une fois que vous avez saisi les informations d'utilisateur et de mot de passe, la fenêtre du navigateur affiche une liste de services sous la forme d'icônes accompagnées d'un intitulé décrivant l'élément pouvant être configuré par cet intermédiaire. Dans l'illustration suivante, vous remarquerez que Webmin a été configuré pour SuSE Linux 6.1 bien que nous utilisions la version 6.2, plus récente. En fait, la version 0.73 de Webmin est sortie peu de temps avant SuSE 6.2. Dans la pratique, nous n'avons cependant constaté aucune limite au niveau de l'utilisation des outils (voir fig. 5.29).

En seconde position, se trouve le serveur web Apache. Un clic sur ce lien, nous amène à la rubrique de Webmin permettant de configurer Apache (voir fig. 5.30).

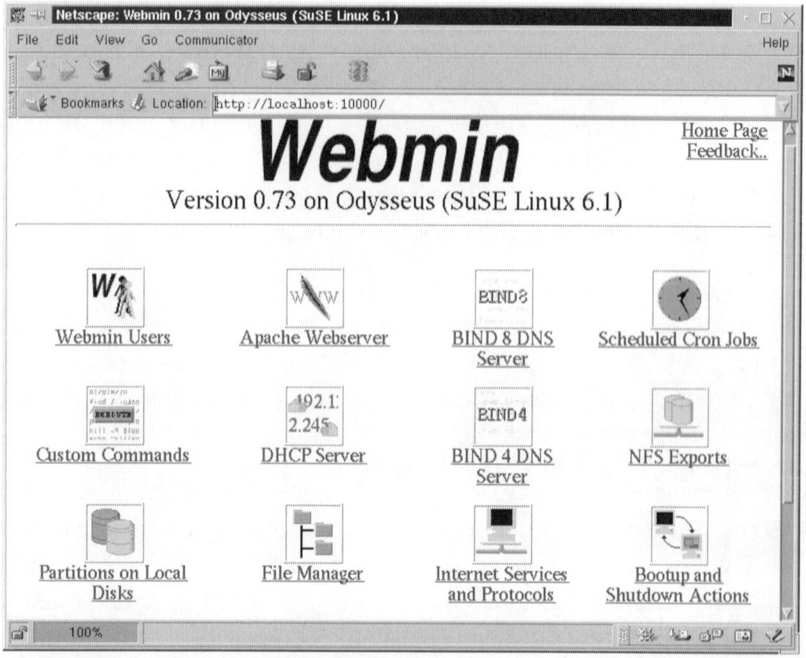

▲ **Fig. 5.29** *La page d'accueil de Webmin*

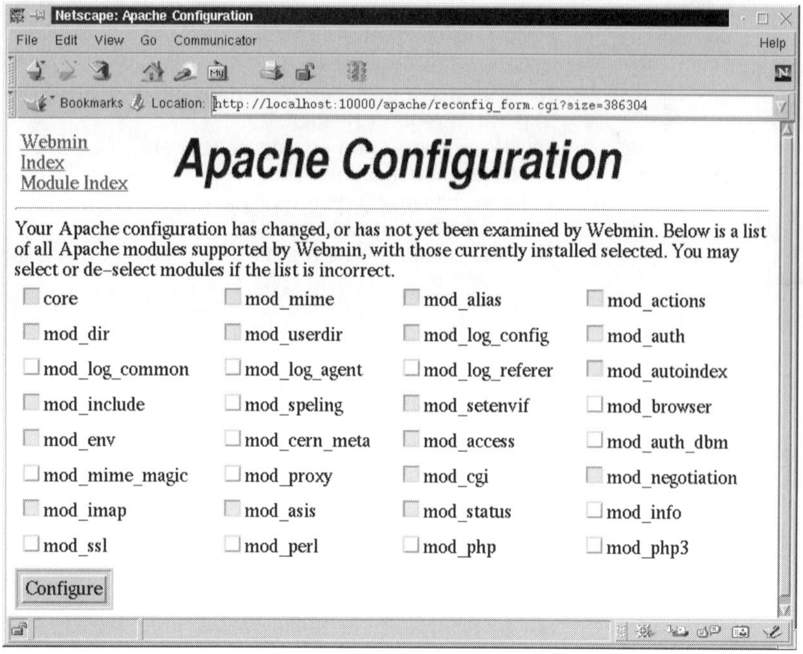

▲ **Fig. 5.30** *Configuration d'Apache sous Webmin*

Au premier démarrage et après chaque modification du serveur, s'affiche cette liste des modules pouvant être configurés via Webmin. Les modules détectés sur le serveur sont activés dans la liste. Si vous regardez la liste d'un peu plus près, vous constaterez que le module `mod_auth_db`, que nous avons intégré précédemment, n'apparaît pas dans la liste. Cela indique simplement que Webmin n'est pas encore tout à fait au point au niveau de la configuration d'Apache, ce qui ne tardera cependant sans doute pas à s'arranger dans un futur proche.

Si vous parlez couramment l'anglais, ne vous laissez pas dérouter par Webmin. Les auteurs ont en effet pris quelques libertés avec la syntaxe, oubliant un mot de temps en temps, tandis que d'autres sont superflus !

Cliquez sur **Configure** pour permettre à Webmin d'analyser les paramètres d'Apache. Vous arrivez ensuite à la page de configuration principale d'Apache. Dans sa partie supérieure, *Global Configuration*, vous verrez une série d'icônes et d'intitulés correspondant à des paramètres serveur, que vous pouvez modifier dans les pages suivantes. Ces réglages correspondent à des paramètres généraux du programme serveur.

▼ **Tab. 5.8** *Fonctions de configuration de Webmin pour Apache*

Lien	Fonctions correspondantes
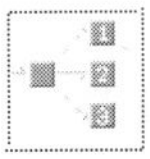 Processes and Limits	Maximum headers in request: Nombre maximum d'en-têtes dans une requête. Maximum request header size: Taille maximum d'un en-tête de requête. Maximum request line size: Taille maximum d'une requête. Maximum concurrent requests: Nombre maximum de requêtes de même contenu à traiter. Maximum requests per server process: Nombre maximum de requêtes pouvant être traitées simultanément par un processus serveur. Maximum spare server processes: Nombre maximum de processus serveur inactifs. Minimum spare server processes: Nombre minimum de processus serveur inactifs. Initial server processes: Nombre de processus serveurs lancés au démarrage. Display extendes status information: Affichage étendu des messages d'état.

Lien	Fonctions correspondantes
 Networking and Addresses	Listen on adresses and ports: Adresses et ports sur lesquels le serveur est en attente de connexion. Multiple requests per connection: Autorisation de requêtes multiples par connexion ? Keep-alive timeout: Durée pendant laquelle la connexion est conservée après le traitement de la dernière requête. Listen queue length: Longueur de la file d'attente des requêtes. Adresses for name virtual servers: Adresses IP pour serveurs virtuels basés sur les noms. TCP send buffer size: Taille du tampon d'expédition des paquets TCP. Request timeout: Nombre de secondes au cours desquelles une requête doit être achevée, sous peine d'être annulée.
 Apache Modules	Permet d'activer ou de désactiver des modules serveurs.
 MIME Types	Liste des types MIME pris en charge, qui peuvent être édités, créés ou supprimés ici.
 Miscellaneous	Core dump directory: Le cas échéant, un fichier Core-Dump est placé dans ce répertoire. Ce dernier doit être accessible en écriture par l'utilisateur qui a démarré le serveur, ce qui n'est généralement pas le cas avec `ServerRoot`. Modifiez donc la spécification de répertoire en conséquence. Server lock file: Nom et emplacement du fichier de verrouillage d'Apache. Server PID file: Nom et emplacement du fichier PID d'Apache. Shared memory scoreboard file: Sans effet sous Linux, où ce fichier n'est pas utilisé. Server HTTP header: Indique les informations contenues dans les en-têtes expédiées par le serveur. Server execution: Définit le mode d'exécution du serveur.
 CGI Programs	CGI script log: Nom et emplacement du fichier de consignation CGI. Maximum CGI log size: Taille maximum du fichier de consignation CGI. Variables set based on browser type: Variables définies en fonction du type de navigateur. Variables set based on request headers: Variables définies en fonction des en-têtes de requêtes.

Lien	Fonctions correspondantes
 Per-Directory Options Files	Création et édition de fichiers de configuration dépendants du répertoire (normalement .htaccess).
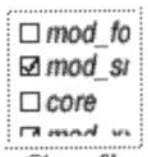 Re-Configure Known Modules	Permet d'accéder à la page qui s'affiche au premier démarrage de la configuration d'Apache avec Webmin. Les modules Apache pris en charge par Webmin peuvent être activés ou désactivés individuellement.
 Edit Defined Parameters	Permet de transmettre à Apache des paramètres de démarrage, qui doivent normalement être spécifiés à l'aide de l'option `-D`.

Dans la partie inférieure de la page de démarrage, *Virtual Servers*, se trouvent les serveurs virtuels actifs sous Apache, que nous décrirons en détails dans la suite de l'ouvrage. Cette partie comporte également le *Default Server*, c'est-à-dire le serveur standard que nous avons utilisé jusqu'à présent.

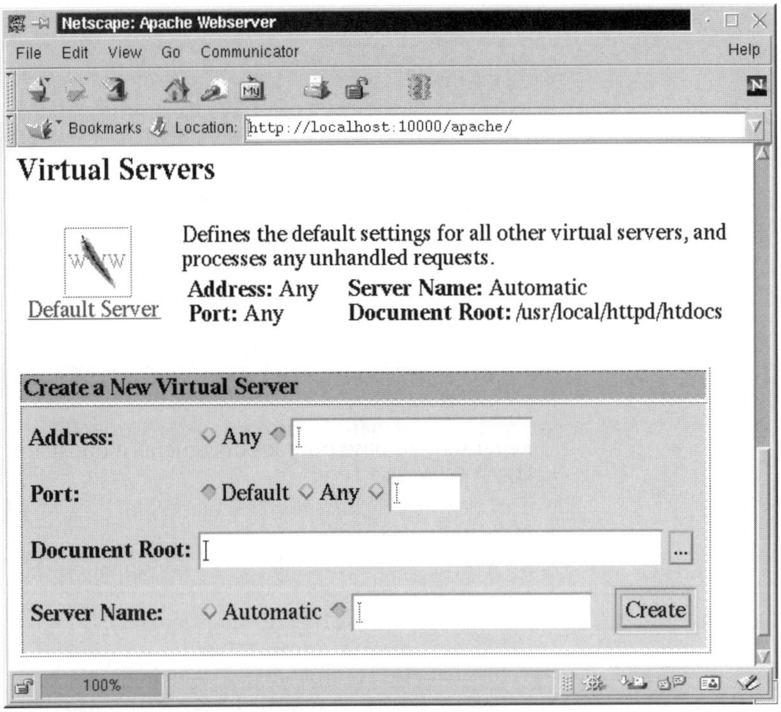

▲ **Fig. 5.31** *Paramètres relatifs aux serveurs virtuels et au serveur par défaut*

Un clic sur *Default Server* vous permet d'accéder à un sous-menu à partir duquel vous pouvez ensuite accéder aux différents paramètres. Ne vous laissez pas déconcerter par le nombre de menus. Une fois que vous en aurez pris l'habitude, la configuration à l'aide de Webmin sera un jeu d'enfant.

Dans la partie supérieure, *Virtual Server Options*, est affiché le nom du serveur virtuel que vous configurez. Dans notre exemple, il est indiqué pour l'instant *For default server*, ce qui indique qu'il s'agit des paramètres du serveur standard.

▼ Tab. 5.9 *Possibilités de configuration de Webmin pour serveurs standards et hôtes virtuels*

Lien	Fonctions correspondantes
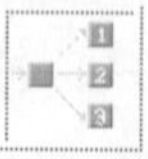 Processes and Limits	Maximum request body size: Taille maximum du contenu d'une requête.
 Networking and Addresses	Lookup hostnames: Les noms d'hôtes doivent-ils être résolus par DNS ? Do RFC1413 user lookups: L'utilisateur doit-il être testé selon RFC1413 ? Server admin email address: Adresse d'e-mail de l'administrateur serveur. Alternate virtual server names: Noms alternatifs pour le serveur virtuel. Server hostname: Nom d'hôte du système serveur. Use hostname supplied by browser: Utiliser le nom d'hôte délivré par le serveur ?
 Log Files	Error log file: Nom et emplacement du fichier de consignation des erreurs. Default log format: Format de consignation utilisé par défaut. Access log files: Nom et emplacement du fichier de consignation des accès.
 Document Options	Document directory: Répertoire de base pour les documents à transférer. User WWW directory: Indique quels utilisateurs ont accès à quels répertoires ou lesquels sont refusés. Per directory options file: Nom des fichiers de configuration par répertoire. Directory options: Options du répertoire correspondant. Generate MD5 digest: Activer l'authentification Digest ?

Lien	Fonctions correspondantes
	Virtual server path: Chemin d'accès du serveur virtuel. Error message footer Indications à afficher après les messages d'erreur. Default base for imagemaps: Réglage par défaut des Imagemaps. Default action for imagemaps: Action par défaut des Imagemaps. Action on incorrect use of imagemaps: Comment le serveur doit-il réagir en cas d'usage incorrect des Imagemaps ?
 MIME Types	Extra MIME types: Types MIME supplémentaires. Content Encodings: Choix du codage du contenu. Content handlers: Création de handler supplémentaire pour des extensions précises. Content languages: Langues prises en charge pour les contenus. Default MIME type: Type MIME par défaut. Language priority for multiviews: Définit la priorité des langues pour multiviews.
 Error Handling	Custom error response: Permet la définition de messages ou de pages d'erreur pour des codes d'erreur précis.
 Users and Groups	Run as Unix user: Sous quel utilisateur le serveur doit-il être exécuté ? Run as Unix group: Sous quel groupe le serveur doit-il être exécuté ?
 Aliases and Redirects	Document directory aliases: Définit des alias pour les répertoires. Regexp document directory aliases: Comme précédent, mais requiert une expression régulière. URL redirects: Permet la redirection d'URL. Regexp URL redirects: Comme précédent, mais requiert une expression régulière. Permanent URL redirects: Crée des redirections permanentes d'URL. Temporary URL redirects: Crée des redirections temporaires d'URL.

Lien	Fonctions correspondantes
CGI CGI Programs	CGI directory aliases: Définit des alias pour les scripts CGI. Regexp CGI directory aliases: Comme précédent, mais requiert une expression régulière. Handler or MIME type CGI actions: Transmet des handler ou des types MIME précis à un script CGI à spécifier. HTTP method CGI actions: Permet le traitement de méthodes HTTPà définir par des scripts CGI à définir. Environment variables for CGI scripts: Variables pour scripts CGI.
Directory Indexing	Directory index options: Options pour la création d'index de répertoires. Directory index files: Fichiers à afficher dans l'index. Files to ignore in directory index: Fichiers à ne pas afficher dans l'index. Directory index default icons: Icône par défaut pour l'affichage dans les index. Directory index header file: Fichier à afficher en guise d'en-tête de l'index. Directory index footer file: Fichier à afficher en guise de pied de page de l'index. Sort directory index by: Clé et ordre de tri de l'index. Directory index icons: Attribution d'icônes et de textes de remplacement aux différents fichiers. Directory index ALT tags: Texte de remplacement pour différents fichiers. Directory index descriptions: Descriptions de différents fichiers dans l'index.
AddType Alias /foo SetHandle <Director Show Directives	Présente les fonctions utilisées pour la configuration serveur. Les fonctions supérieures peuvent être éditées directement par un simple clic.

Dans la partie inférieure, *Per-Directory Configuration*, se trouvent les paramètres actuels des entrées `<Directory>`, `<Location>` et `<Files>` du fichier *httpd.conf*. Un clic sur le lien correspondant vous permet d'accéder à un sous-menu, où tous les réglages effectués s'appliquent exclusivement à l'entrée sélectionnée. *Create Per-Directory, Files or Location Options* vous permet de créer une nouvelle entrée.

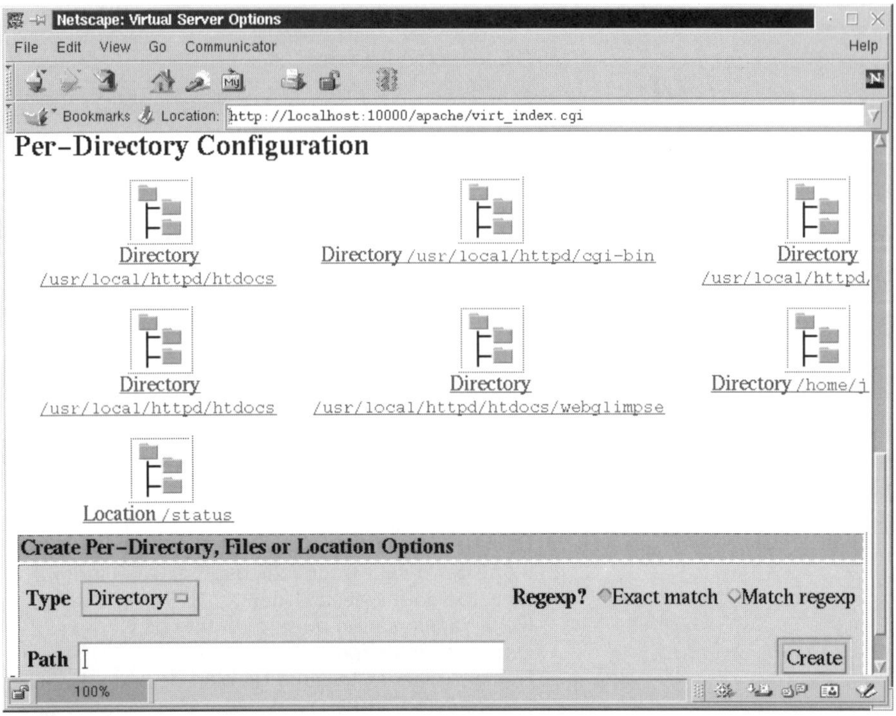

▲ **Fig. 5.32** *Configuration des paramètres de répertoires individuels avec Webmin*

Téléchargement de fichiers sur le serveur avec ProFTPD

Il reste une question que nous n'avons pas encore abordée jusqu'à présent : comment placer des données sur le serveur ? Pour l'administrateur système cela ne pose pas de problème particulier. Cependant, si plusieurs personnes doivent y avoir accès, les choses se compliquent. La dernière chose à faire est de communiquer le mot de passe *root* aux autres utilisateurs, vous perdriez ainsi toute sécurité sur votre système. En outre, cela ne résoudrait pas le problème car le serveur réseau fonctionne généralement de manière plus ou moins cachée et se trouve dans une pièce séparée dont l'accès est restreint.

Il est nettement plus élégant d'utiliser le réseau existant pour transférer des données sur le serveur. Cela présente également l'avantage que les utilisateurs et groupes de travail de notre exemple peuvent placer eux-mêmes leurs données sur le serveur.

Le procédé le plus couramment utilisé pour placer des données sur un serveur web fonctionne via le protocole FTP (File Transfer Protocol). Nous verrons ci-après comment créer et configurer rapidement un serveur FTP de manière à donner aux utilisateurs connus du système accès à leur répertoire maison.

Le nombre de produits serveur est très étendu. Les deux plus courants sont WU-FTPD et ProFTPD. Ce dernier a obtenu notre préférence car WU-FTPD souffre encore d'une configuration relativement complexe et d'importantes lacunes au niveau de la sécurité. C'est pour cette raison que ProFTPD s'est progressivement imposé comme le standard, position qu'il a conservée jusqu'à aujourd'hui.

ProFTPD devrait être livré en standard avec toutes les distributions. Si c'est votre cas, le moment est venu de l'installer après avoir désinstallé tous les autres démons FTP, éventuellement installés sur votre système. Si vous ne disposez pas de ProFTPD, vous pouvez télécharger la dernière version à l'adresse **http://www.proftpd.org** sous forme de version binaire.

Un serveur FTP ne doit pas forcément fonctionner en permanence au sein du système, en règle générale il est lancé par **inetd** lorsqu'une requête est reçue sur le port correspondant. Pour activer ce principe de fonctionnement avec ProFTPD, ajoutez la ligne suivante au fichier */etc/inetd.conf* :

```
ftp   stream   tcp   nowait   root   /usr/sbin/tcpd   proftpd
```

en séparant les entrées successives par des tabulations. Après le redémarrage, cette ligne assure le lancement automatique de ProFTPD, dès que nécessaire. Bien sûr, il faut pour cela que le démon **inetd** soit lancé au démarrage du système, ce qui est le cas en règle générale. Vérifiez cela par l'intermédiaire de l'utilitaire de configuration de votre distribution et, si nécessaire, activez la fonction correspondante dans les paramètres réseau.

Intéressons-nous à présent de plus près à la configuration de ProFTPD, qui se pilote entièrement par l'intermédiaire du fichier */etc/proftpd.conf*. Renommez le fichier *proftpd.conf* existant en *proftpd.conf.orig*. Jetez-y éventuellement un coup d'œil afin de vous faire une idée des possibilités de configuration qui existent. Vous constaterez des similitudes avec la configuration d'Apache. De plus amples informations à ce sujet sont disponibles sur le site web ou dans la documentation fournie sous */usr/doc/packages/proftpd*.

Créez un nouveau fichier de configuration comme suit et enregistrez-le sous */etc/proftpd.conf*. Ce fichier permet la connexion des utilisateurs système à leur répertoire maison après avoir saisi leur mot de passe.

```
# nom du serveur pour l'accès
ServerName      "FTP Test"
# le serveur est lancé via
ServerType      inetd
# adresse d'e-mail de l'administrateur responsable
ServerAdmin      ftpadm@localhost

# umask standard interdisant la création de nouveaux
# répertoires et fichires par n'importe qui.
# Choisissez la valeur 002, pour donner des droits
# d'écriture aux utilisateurs d'un même groupe
Umask     022

# nombre maximum de connexions simultanées
MaxClients     20

# Définition d'un utilisateur et d'un groupe sous lesquels
# le serveur fonctionne normalement
User     nobody
Group     nogroup

# Les fichiers doivent pouvoir être écrasés
<Directory />
  AllowOverwrite on
</Directory>
```

Au début de ce fichier sont définis le nom du serveur ainsi que la manière dont il doit être lancé, en l'occurrence par **inetd** lorsque ses services sont requis. Nous indiquons ensuite l'adresse d'e-mail de l'administrateur. **umask 022** indique que seul l'utilisateur ayant créé un répertoire ou un fichier est autorisé à les modifier. **umask 002** permet d'étendre ces droits à tous les utilisateurs appartenant au même groupe. **MaxClients** définit ensuite le nombre maximum d'utilisateurs autorisés à se connecter simultanément et

User et Group indiquent les droits d'utilisateur et de groupe avec lesquels le serveur doit démarrer. Enfin, nous indiquons que les fichiers peuvent être écrasés.

Dans la section suivante, nous verrons comment intégrer les fichiers des répertoires maison au serveur web.

5.7 Organisation de l'espace web

L'organisation des informations proposées est au moins aussi importante que leur préparation. Plus la quantité de données proposées est importante, plus il est difficile de s'y retrouver. Un moteur de recherche, comme celui que nous avons décrit précédemment, constitue une solution pour faciliter la recherche par mots-clés mais est plutôt utile à ceux qui s'intéressent aux contenus.

Une extension de l'offre, en profondeur ou en largeur, peut facilement nécessiter une réorganisation des contenus. Ceci nécessite généralement une modification de nombreux liens dans les pages existantes, ce qui représente une quantité de travail assez conséquente. Si, en outre, les divers contenus sont fournis et utilisés par des personnes différentes ou si l'on n'utilise pas uniquement des répertoires locaux, mais aussi sur d'autres serveurs, l'utilisation d'alias peut s'avérer être d'un grand secours.

Cette encapsulation peut aller encore plus loin grâce à l'utilisation de serveurs virtuels. Si une entreprise se constitue de divers services ou filiales indépendants, il est logique que leurs données respectives soient stockées sur des serveurs différents. Cependant, cela ne signifie pas forcément qu'il s'agit de systèmes serveurs, c'est-à-dire d'ordinateurs, différents. Il suffit généralement d'installer des serveurs virtuels. De l'extérieur, ils se présentent différemment, mais les requêtes sont traitées par un seul et même système serveur.

Accès déviés : alias et redirections

L'utilisation d'alias ne vous est pas inconnue, puisque vous y avez déjà eu affaire dans le paragraphe traitant des scripts CGI. Nous y avions utilisé la fonction ScriptAlias pour créer un répertoire virtuel et la ligne

```
ScriptAlias /cgi-bin /usr/local/httpd/cgi-bin
```

assurait que le répertoire physique */usr/local/httpd/cgi-bin* était également accessible sous le nom */cgi-bin*. La chaîne de caractères "/cgi-bin" est remplacée en interne par "/usr/local/httpd/cgi-bin". Ceci permettait de stocker le répertoire contenant les programmes CGI en dehors de l'arborescence des documents HTML, afin de le protéger d'accès non autorisés.

Cette utilisation avec CGI constitue en fait un cas particulier pour la mise en place d'un alias. Il existe une version plus générale, pouvant être utilisée pour tous les documents "ordinaires" et leurs répertoires. Il s'agit de la fonction **Alias** qui, à l'instar de **ScriptAlias**, offre la possibilité de permettre l'accès à des documents stockés en dehors de **ServerRoot**.

Prenons la situation suivante en guise d'exemple : les membres du groupe de travail *pr* (pour public relations) stockent leurs fichiers de travail dans leurs répertoires maisons respectifs accessibles, par l'intermédiaire d'alias, dans le sous-répertoire */workgroups/pr* du serveur. Pour cela, créez un groupe d'utilisateurs *pr* et attribuez-lui les différents utilisateurs de ce groupe. Dans **DocumentRoot**, créez le répertoire */workgroups* et son sous-répertoire */pr*. Si, après la création du groupe *pr*, vous créez un utilisateur *jsmith* dans ce groupe, vous pourrez activer l'alias correspondant comme suit :

```
Alias /workgroups/pr/jsmith /home/jsmith
<Directory /home/jsmith>
  Options Indexes
  AllowOverride None
  order allow,deny
  allow from all
</Directory>
```

Lorsque nous essayons d'accéder à ce répertoire, nous obtenons l'index du répertoire maison (voir fig. 5.33).

Vous devez normalement disposer des informations nécessaires, pour modifier la présentation de cet index, par exemple en rendant invisibles les fichiers qui sont normalement masqués (c'est-à-dire ceux qui sont introduits par **.**). Vous pouvez également donner à tous les utilisateurs du groupe *pr* accès en lecture aux répertoires des autres membres du groupe.

La situation décrite dans l'exemple ci-dessus est très fréquente. Aussi, le serveur web Apache dispose d'une fonction spéciale permettant d'obtenir directement le même résultat que ci-dessus avec la commande **Alias**, c'est-à-dire la redirection des accès vers le répertoire maison d'un utilisateur. La fonction **UserDir**, dont il est question ici, est néanmoins limitée au niveau des possibilités d'accès. La fonction

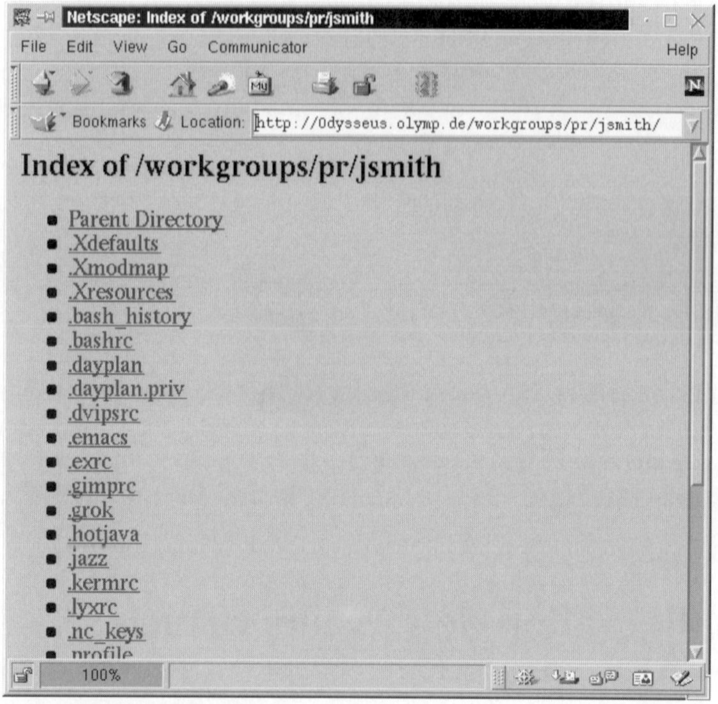

▲ **Fig. 5.33** *Après la mise en place de l'alias, le répertoire maison de l'utilisateur devient accessible*

```
UserDir /home
```

permet de traiter les accès du type **http://www.server.com/~jsmith/wedding/pictures.html** comme des requêtes dirigées vers le répertoire */home/jsmith/wedding/pictures.html*. Par ailleurs, la fonction

```
UserDir /home/*/private
```

interpréterait la requête comme dirigée vers */home/jsmith/private/wedding/pictures.html*. Cette fonction peut également servir à activer ou à désactiver les caractéristiques d'alias pour des utilisateurs donnés. En règle générale, il convient d'intégrer la ligne

```
UserDir disabled root
```

dans sa configuration, pour éviter tout accès non autorisé. Si, au lieu de l'option **disabled**, vous utilisez **enabled**, vous activez en fait la caractéristique donnée pour le ou les utilisateur(s) spécifiés. Au lieu d'un chemin d'accès local, il est également possible de spécifier une URL avec **UserDir**. Cette dernière est interprétée de la même manière que dans les exemples ci-dessus.

Une autre solution offerte par Apache, est la redirection à l'aide de la fonction **Redirect**.

```
Redirect /private http://www.another-server.com
```

indique au client de demander l'URL **http://www.another-server.com** lorsqu'il accède au répertoire */private*. La différence fondamentale entre **Alias** et **Redirect** est qu'avec **Redirect** l'URL est modifiée dans le navigateur à l'origine de la requête conformément aux indications de la fonction **Redirect**.

Configuration de serveurs virtuels

Nous arrivons, enfin, à la possibilité de mettre en place des serveurs virtuels. Ces derniers peuvent être configurés de différentes façons. Dans les intranets, on utilise généralement les hôtes virtuels basés noms. Plusieurs noms d'hôtes se partagent alors un même numéro IP. Pour permettre cela, il doit soit s'agir de serveurs enregistrés, soit, s'ils ne sont accessibles via Internet, ils doivent être simulés par des entrées dans le fichier */etc/hosts*. Si votre intranet possède son propre serveur DNS, vous avez également la possibilité de lui laisser gérer les correspondances entre noms de serveurs et adresses IP. Prenons le fichier *httpd.conf* suivant en guise d'exemple :

```
User nobody
Group nogroup

NameVirtualHost 192.168.0.210
<VitualHost work.testvirtual.com>
  ServerName work.testvirtual.com
  DocumentRoot /usr/local/httpd/htdocs/workgroups
  ErrorLog /usr/local/httpd/logs/error_log.work
```

```
  TransferLog /usr/local/httpd/logs/access.work
</VirtualHost>

<VirtualHost docs.testvirtual.com>
  ServerName docs.testvirtual.com
  DocumentRoot /usr/local/httpd/htdocs/docs
  ErrorLog /usr/local/httpd/logs/error_log.docs
  TransferLog /usr/local/httpd/logs/access_log.docs
<VirtualHost>
```

La spécification du nom du serveur dans la section **<VirtualHost>**, permet à Apache d'attribuer les différentes entrées au même numéro IP. Des noms différents ayant été sélectionnés, il distingue entre les deux commandes et met ainsi deux serveurs différents à disposition. La spécification du nom du serveur avec **ServerName** garantit que le nom indiqué est renvoyé au client.

Une autre possibilité pour la configuration de serveurs virtuels est l'utilisation d'hôtes virtuels basés IP. C'est probablement la méthode la plus fréquemment employée, consistant à attribuer un nom propre basé sur une adresse IP propre à chaque serveur virtuel. Si vous modifiez l'exemple précédent pour l'adapter à cette solution, vous obtenez la configuration suivante :

```
User nobody
Group nogroup

<VitualHost 192.168.0.210>
  ServerName www.testvirtual-work.com
  DocumentRoot /usr/local/httpd/htdocs/workgroups
  ErrorLog /usr/local/httpd/logs/error_log.testvirtual-work
  TransferLog /usr/local/httpd/logs/access.testvirtual-work
</VirtualHost>

<VirtualHost 192.168.0.211>
  ServerName www.testvirtual-docs.com
  DocumentRoot /usr/local/httpd/htdocs/docs
  ErrorLog /usr/local/httpd/logs/error_log.testvirtual-docs
  TransferLog /usr/local/httpd/logs/access_log.testvirtual-docs
<VirtualHost>
```

Dans cet exemple, les deux serveurs virtuels sont accessibles via une adresse IP propre. Néanmoins, pour y accéder via le nom de serveur spécifié, il est impératif de les enregistrer tous deux auprès de l'InterNIC, par exemple. Lorsque vous demandez l'enregistrement d'un nom de serveur auprès de cet organisme, une adresse IP vous est attribuée. Si vous avez déjà réservé des adresses IP, dont vous payez la location, il vous faudra communiquer à l'organisme correspondant quels noms de serveurs doivent être affiliés à quels numéros IP. Une fois votre demande traitée, votre serveur sera accessible sur Internet sous son nom.

Dans un intranet utilisant des adresses IP internes, le serveur peut être rendu accessibles par l'intermédiaire de son nom en spécifiant les noms de serveur et les adresses IP correspondantes dans le fichier */etc/hosts* des machines Unix. Une autre solution consiste à utiliser un serveur DNS interne, mais cette méthode est nettement plus dispendieuse.

La dernière possibilité, enfin, est une variante des serveurs virtuels basés sur les adresses IP, puisqu'il s'agit de serveurs virtuels basés sur les ports. Prenons l'exemple suivant :

```
User nobody
Group nogroup

Listen 80
Listen 8080
<VitualHost 192.168.0.210:80>
  ServerName www.testvirtual.com
  DocumentRoot /usr/local/httpd/htdocs
  ErrorLog /usr/local/httpd/logs/error_log.testvirtual
  TransferLog /usr/local/httpd/logs/access.testvirtual
</VirtualHost>

<VirtualHost 192.168.0.210:8080>
  ServerName docs.testvirtual.com
  DocumentRoot /usr/local/httpd/htdocs/docs
  ErrorLog /usr/local/httpd/logs/error_log.docs.testvirtual
  TransferLog /usr/local/httpd/logs/access_log.docs.testvirtual
<VirtualHost>
```

Dans ce cas, tous les serveurs partagent la même adresse IP. Le serveur `docs.virtual.com` n'est pas accessible directement. Pour l'atteindre, il faut accéder à `www.testvirtual.com:8080`, tandis que l'accès normal à `www.testvirtual.com` utilise le port 80, correspondant au premier serveur virtuel.

Chapitre 6

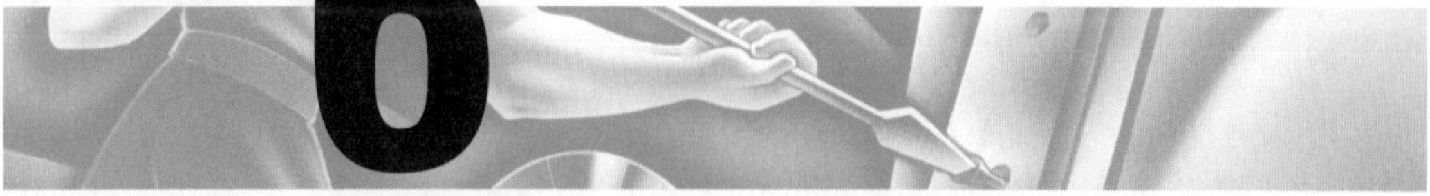

Administration à distance du serveur sous Windows

6.1	Administration du réseau depuis l'interface Windows	274
6.2	Accès au serveur sous Windows, via Telnet	274
6.3	L'interface Linux sous Windows	276

En raison de sa stabilité et de ses remarquables performances, Linux peut parfaitement être utilisé aussi comme serveur dans un réseau Windows. La rencontre des mondes Unix et Windows causera cependant nécessairement quelques soucis à l'administrateur du système. Il a besoin d'accéder au serveur Linux lorsqu'il est appelé à intervenir en cas de problèmes du système ou s'il doit créer de nouveaux utilisateurs.

6.1 Administration du réseau depuis l'interface Windows

Dans ce chapitre, nous vous montrons deux façons d'utiliser Windows en tant que poste de travail pour l'administrateur. Vous pouvez utiliser le protocole Telnet qui autorise une émulation de terminal ou l'interface Linux X-Window, les deux sous Microsoft Windows. Un serveur X est requis à cet effet. Nous utilisons à titre d'exemple X-WinPro, un serveur X que vous pouvez obtenir en version de démonstration sur Internet.

Vous faites ainsi d'une pierre deux coups : vous utilisez à votre poste de travail habituel les programmes standard sous Windows sans pour autant renoncer aux avantages de Linux en tant que système d'exploitation de serveur de réseau.

6.2 Accès au serveur sous Windows, via Telnet

Le programme Telnet constitue la façon la plus simple d'accès à un serveur Linux depuis Windows. Ce programme émule un terminal, c'est-à-dire la sortie sous forme de texte des programmes qui s'exécutent sur le serveur.

Du côté du client, le programme Telnet utilise le protocole Telnet. Telnet ne prend en charge ni l'affichage dans des fenêtres, ni l'utilisation de la souris. Même si cela peut sembler être un handicap de prime abord, Telnet convient parfaitement pour l'administration à distance de Linux. Les principales commandes du système Linux ne nécessitent en effet aucune interface graphique particulière et l'émulation de terminal est par conséquent parfaitement adaptée à cette tâche.

La vitesse d'accès au serveur est également très élevée du fait qu'il n'y a pas de données graphiques à transmettre. Bien qu'il soit en réalité un programme universel, Telnet ne semble pas bénéficier d'une considération particulière de la part des développeurs du système d'exploitation de Microsoft ; le programme n'est en effet pas accessible directement par le menu **Démarrer**. Vous le trouverez caché dans le dossier Windows.

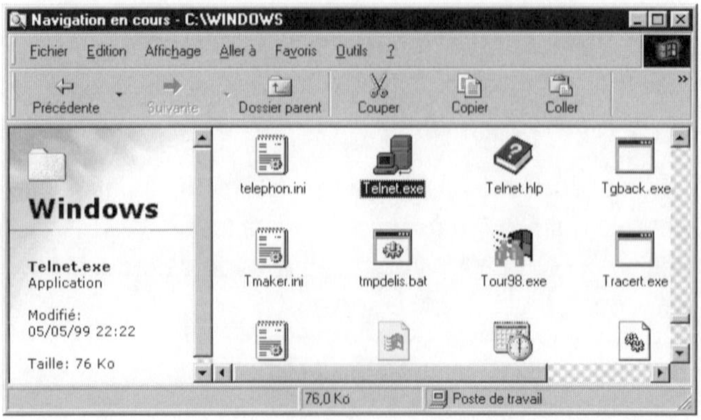

◄ **Fig. 6.1**
Telnet se cache dans le dossier Windows

Commencez par créer un raccourci sur le bureau afin de disposer d'un accès rapide au programme par la suite. Démarrez le programme par un double clic. Choisissez la commande **Connexion/Système distant**. L'adresse de l'hôte s'inscrit dans la boîte de dialogue, en l'occurrence `192.168.10.1`.

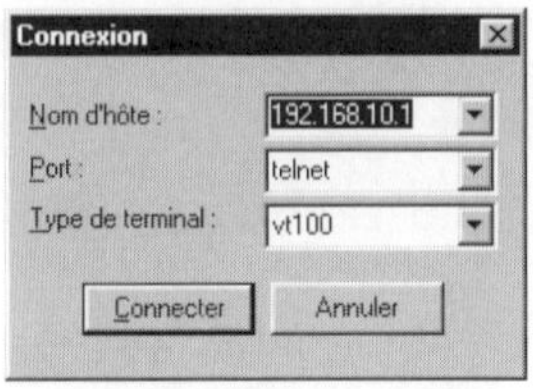

◄ **Fig. 6.2**
Les paramètres de base de la connexion dans le programme Telnet

Conservez les autres paramètres et cliquez sur **Connecter**. Votre système Linux se manifeste alors et vous demande de vous connecter.

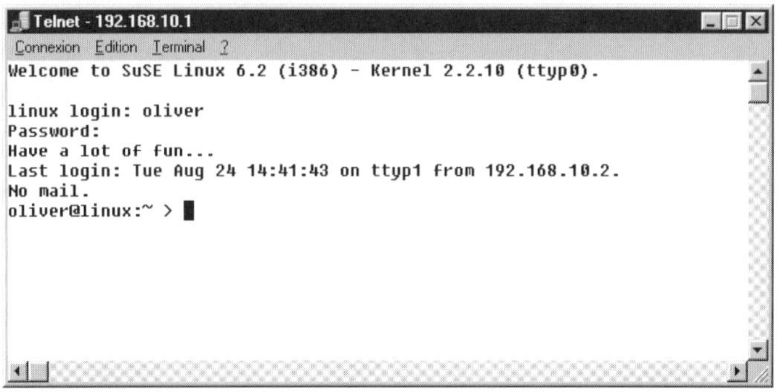

◄ **Fig. 6.3**
Linux se manifeste dans la fenêtre de Telnet

Connectez-vous sous Linux avec un nom d'utilisateur valide. L'accès en tant qu'utilisateur root peut être interdit. Dans ce cas, modifiez vos droits d'accès avec la commande

```
su -l root
```

Entrez le mot de passe de root ; vous êtes maintenant habilité à effectuer toute l'administration depuis Windows.

Il y a cependant une difficulté que nous devons vous signaler. Si vous démarrez par exemple le programme d'installation YaST sous Linux, vous pouvez accéder aux commandes du menu à l'aide des touches de direction si vous travaillez directement à votre serveur.

En revanche, si vous lancez ce même programme depuis Telnet, il se peut qu'il se referme dès la première frappe de touche. Dans ce cas, choisissez la commande **Terminal/Préférences** et activez l'option *Flèches VT100*.

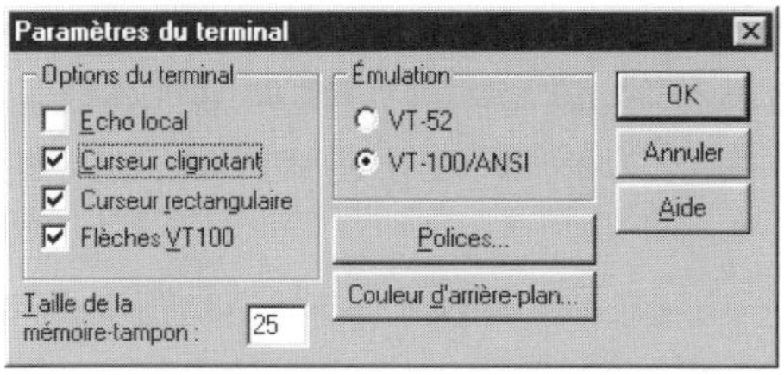

◄ **Fig. 6.4**
Activez l'option Flèches VT100 pour pouvoir contrôler les programmes à l'aide des touches de direction

Vous ne devriez alors plus éprouver de difficultés pour choisir les commandes de menus. Voici cependant encore deux recommandations :

1. Si vous ne savez pas quelle émulation de terminal choisir, optez pour *VT-100/ANSI*.
2. Augmentez la taille de la mémoire tampon. Les dernières lignes de texte saisies y sont enregistrées et cela vous permet de remonter à un plus grand nombre de commandes à l'aide des touches de direction.

6.3 L'interface Linux sous Windows

Ainsi que nous l'avons annoncé au début de ce chapitre, Windows peut aussi assumer la fonction de serveur X, en plus de l'administration en mode texte pur. Vous pouvez ainsi afficher sous Windows les écrans du système

X-Window, ce qui autorise l'accès à tous les programmes Linux depuis le système d'exploitation Microsoft.

Il existe plusieurs de ces programmes serveurs X. Nous vous présentons ici X-WinPro, un paquetage très complet contenant également des programmes tels que Telnet et FTP. Un des grands avantages de X-WinPro est qu'il est disponible en tant que version de démonstration, utilisable sans aucune limite, si ce n'est qu'elle doit être redémarrée au bout de trente minutes de fonctionnement. La version commerciale du programme est disponible au prix maximum de 119 dollars.

Téléchargement et installation de X-WinPro

Vous trouverez X-WinPro sur le site `www.labf.com`. Rendez-vous dans la zone de téléchargement et choisissez le bouton **32 bits**. Indiquez votre nom ainsi que votre adresse d'e-mail et lancez le téléchargement. La taille du fichier est de 6,5 Mo environ. Au moment où ce livre est envoyé à l'impression, la dernière version disponible est la 5.1.2.

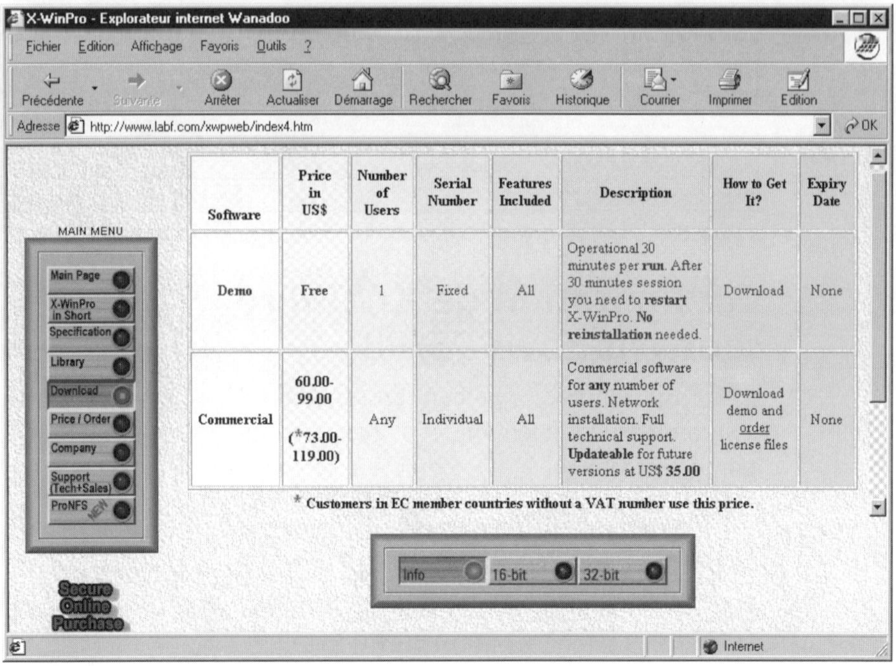

▲ **Fig. 6.5** *La version de démonstration est disponible en 16 bits et en 32 bits, tout comme la version commerciale*

Installez le programme comme vous en avez l'habitude sous Windows. Avant de lancer X-WinPro, consultez la page d'accueil de `www.labf.com` pour savoir si une mise à jour est disponible. Si c'est le cas, téléchargez cette mise à jour et remplacez les fichiers originaux par les plus récents.

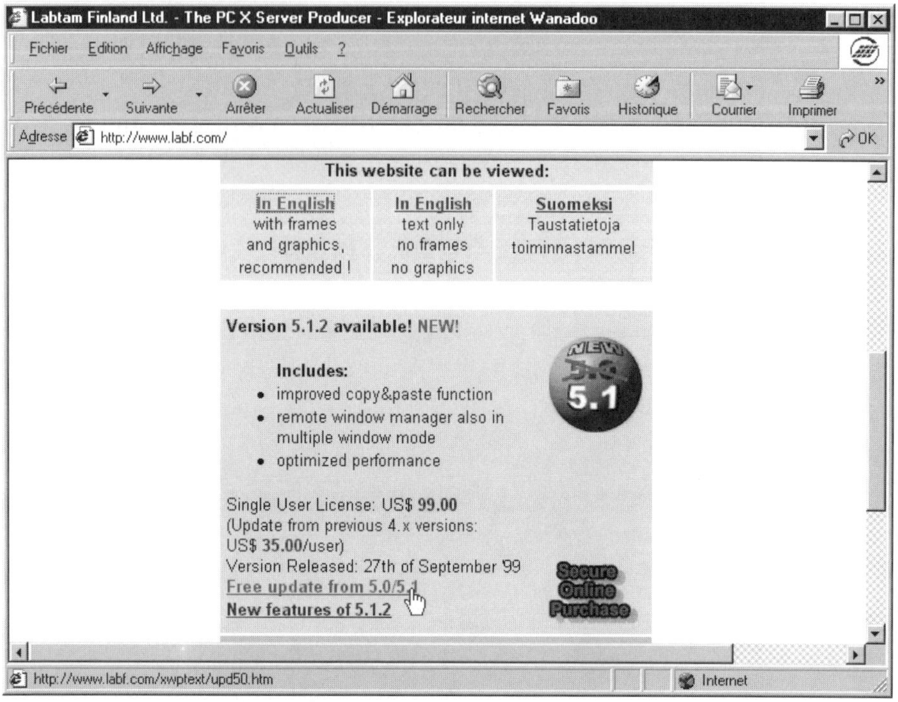

▲ **Fig. 6.6** *Recherchez régulièrement les mises à jour de X-WinPro*

Configuration de X-WinPro sous Windows 95/98

X-WinPro n'est pas seulement un serveur X. Vous y trouverez également des programmes complémentaires, par exemple pour le pilotage d'une imprimante réseau.

Avant de nous intéresser à ces composants complémentaires, voyons d'abord comment configurer le serveur X. Vous avez la possibilité de travailler en mode plein écran, c'est-à-dire comme vous en avez l'habitude sous Linux, ou d'ouvrir une fenêtre pour chaque programme.

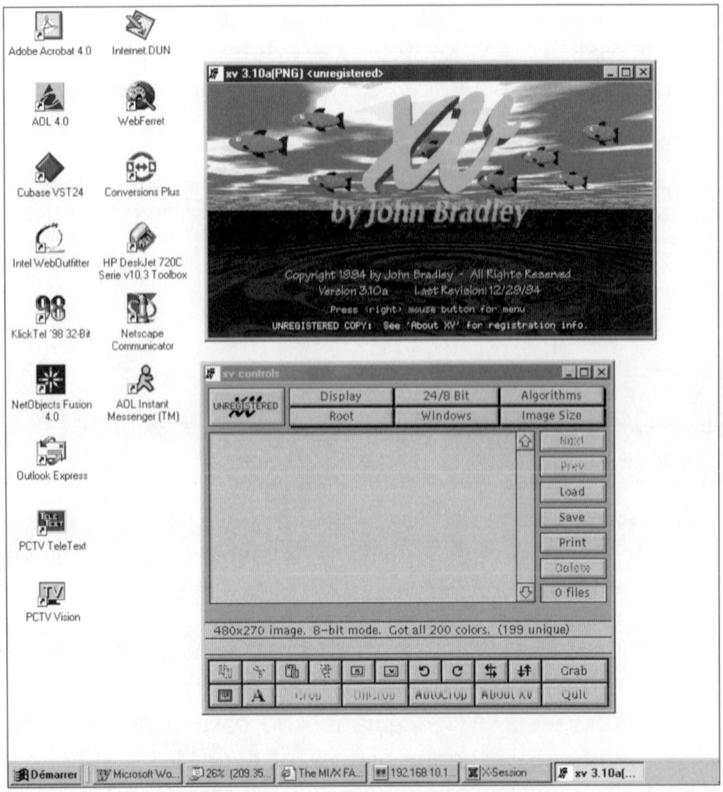

▲ **Fig. 6.7** *Des programmes Linux et Windows cohabitent sur une même interface utilisateur*

Lancez tout d'abord le programme ComSetup depuis le dossier programme de X-WinPro. Ce module de programme permet de définir quelle bibliothèque Winsock et quel fichier hôte doivent être utilisés pour la communication.

◄ **Fig. 6.8**
Cliquez sur le bouton Refresh pour connaître votre adresse IP

Par défaut, c'est le fichier hôte du dossier Windows et le fichier *wsock32.dll* qui sont sélectionnés. Si plusieurs adresses IP sont attribuées à votre ordinateur, vous pouvez déterminer, dans cette fenêtre, laquelle de ces adresses doit être utilisée. En cas de doute, sélectionnez l'option *Ask to Choose* et faites votre choix dans la boîte de dialogue **Select IP address**.

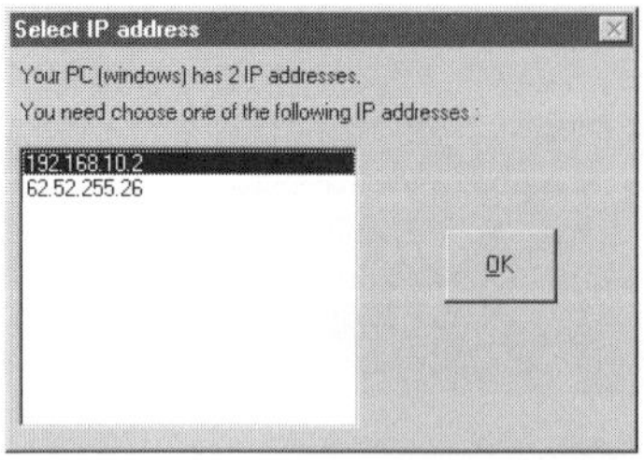

◄ **Fig. 6.9**
Cette fenêtre s'affiche lorsque plusieurs adresses IP sont attribuées à l'ordinateur

Cliquez sur le bouton **Refresh**. Vous devriez voir s'afficher l'adresse IP de votre ordinateur ainsi que le nom de l'hôte.

Activez à présent le module de programme XSettings. Vous pouvez y indiquer quel type de clavier doit être utilisé et la manière dont les fenêtres doivent s'afficher sur l'interface Windows.

Nous allons mettre au point un exemple dans lequel tous les programmes X-Window seront affichés dans leur propre fenêtre. Vous aurez peu de modifications à apporter à la configuration de base dans XSettings. Le fichier *rgb.txt* devrait être sélectionné par défaut pour la définition des valeurs de couleurs. Sélectionnez l'option *french.kmf French Keyboard* dans la liste déroulante *Keyboard File List*. Assurez-vous aussi que l'option *Multiple* est sélectionnée dans la zone de liste *Window Mode List*.

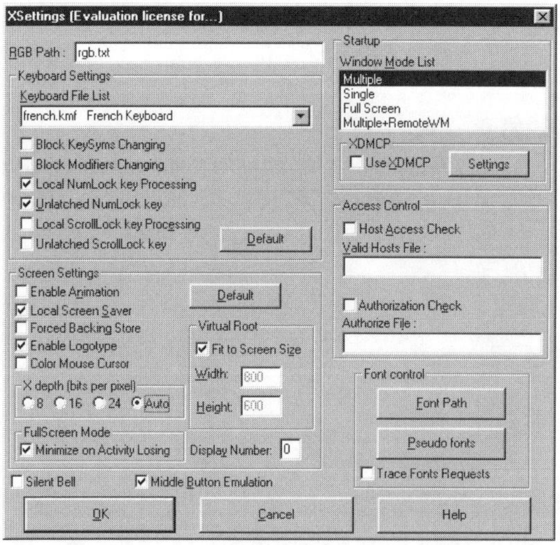

◄ **Fig. 6.10**
Dans la boîte de dialogue XSettings, vous pouvez déterminer le comportement du serveur X

Validez avec OK et lancez ensuite le module de programme XSession. Ceci correspond au démarrage sous Windows du serveur X proprement dit. Notez bien que la version de démonstration ne fonctionne que durant 30 minutes, après quoi vous devez à nouveau relancer le serveur X.

Le serveur X étant en train de s'exécuter à l'arrière-plan, vous devez établir une connexion avec le serveur Linux. Dans notre exemple, nous utilisons le programme Telnet qui est d'ailleurs fourni avec X-WinPro. Démarrez par conséquent le module Telnet du paquet de programmes X-WinPro.

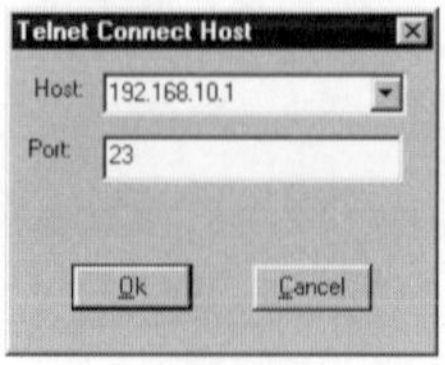

◄ **Fig. 6.11**
Mise en place d'une connexion au serveur via Telnet

Indiquez d'abord le numéro IP de l'hôte. Dans notre exemple, c'est le numéro 192.168.10.1. Laissez l'adresse de port à la valeur standard 23. Avant de vous connecter, sélectionnez le paramétrage correct pour le clavier dans Telnet. En effet, si vous avez par exemple utilisé le caractère "a" dans votre mot de passe (qui ne s'affiche pas à l'écran lorsque vous le tapez), vous risquez d'obtenir un message d'erreur, les caractères "a" et "q" étant inversés sur le clavier américain.

Choisissez à cet effet la commande **Options/Keyboard Mapping**. Dans la boîte de dialogue correspondante, cliquez sur le bouton **Load** et sélectionnez le fichier *French.kmf*. Ce dernier devrait figurer dans la boîte de dialogue de sélection de fichier. Ne vous inquiétez pas si la représentation du clavier ne change pas.

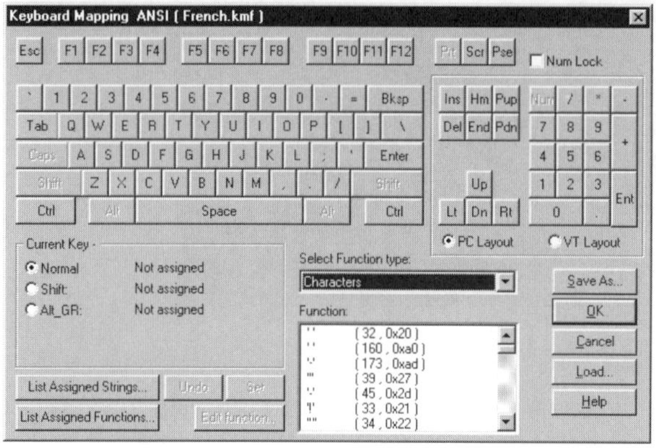

◄ **Fig. 6.12**
Le clavier français a été choisi mais le "a" et le "q" ne sont pas retournés à leur place pour autant

Après avoir établi la liaison, connectez-vous en tant qu'utilisateur sous Linux. Attribuez-vous ensuite les droits de l'utilisateur root avec la commande

```
su -l root
```

Vous devez à présent dire à Linux que tous les affichages qui ont normalement lieu sur le serveur doivent être redirigés vers l'ordinateur Windows. Entrez à cet effet la commande suivante :

```
export DISPLAY=192.168.10.2:0.0
```

ou

```
setenv DISPLAY 192.168.10.2:0.0
```

L'une des deux commandes donnera le résultat escompté sur votre PC, en fonction de la version de Linux que vous employez.

Tapez la commande suivante en guise de test :

```
xv&
```

Vous devriez alors voir s'afficher sur votre moniteur sous Windows l'écran de démarrage du programme de visualisation d'images xv.

◄ **Fig. 6.13**
Le programme Linux xv s'affiche dans une fenêtre sous Microsoft Windows

La configuration est terminée. Vous avez à présent la possibilité de démarrer tous les programmes X-Window depuis Microsoft Windows. Si vous travaillez avec KDE sous Linux, vous pouvez par exemple également démarrer l'éditeur de texte kedit avec la commande `kedit&` et modifier les fichiers de configuration de Linux dans le répertoire */etc*.

Les principaux composants de X-WinPro

Voici maintenant les principaux composants du paquet X-WinPro. Parmi eux figure le programme FTP qui vous permet d'échanger des fichiers entre le PC Windows et le serveur Linux. Cela peut être utile si vous utilisez le PC Windows pour télécharger de nouveaux programmes Linux ou des mises à jour et si vous voulez ensuite les transférer sur le serveur.

FTP

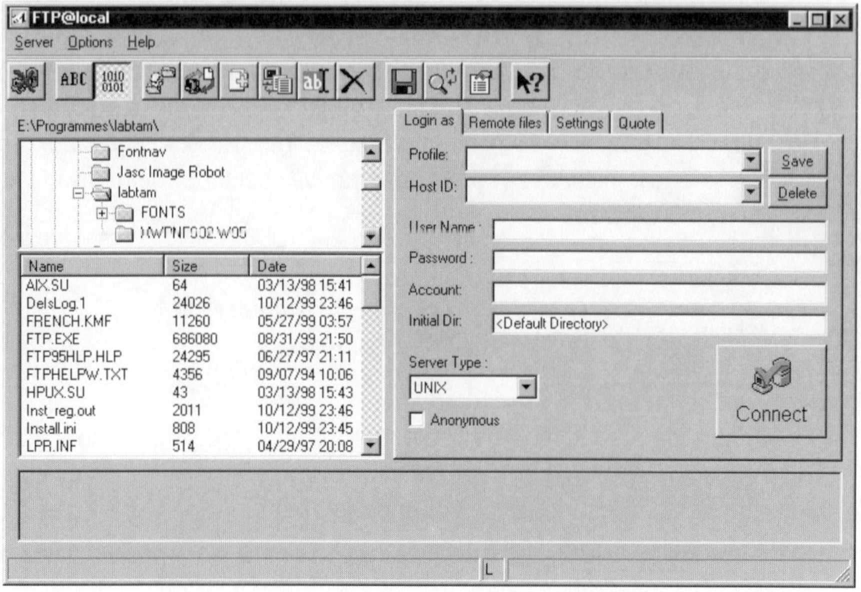

▲ **Fig. 6.14** *L'interface utilisateur du programme FTP intégré*

Démarrez le programme FTP depuis le groupe de programmes de X-WinPro. Dans la partie supérieure gauche de la fenêtre s'affiche la structure des répertoires (on les appelle des dossiers sous Windows) de l'ordinateur local. En bas à gauche s'affichent les fichiers contenus dans le dossier ouvert.

Activez l'onglet **Login as** dans la partie droite de la fenêtre. Indiquez votre nom d'utilisateur Linux dans la zone de saisie *User Name* puis le mot de passe sous *Password*. Conservez l'option *UNIX* dans la liste déroulante *Server*

Type. Sous *Host ID*, indiquez l'adresse IP du serveur, dans notre exemple **192.168.10.1**. Cliquez sur le bouton **Connect**. L'onglet **Remote files** s'active alors dans la partie droite de la fenêtre et affiche le contenu du répertoire *home* de l'utilisateur tel qu'il se présente sur le serveur.

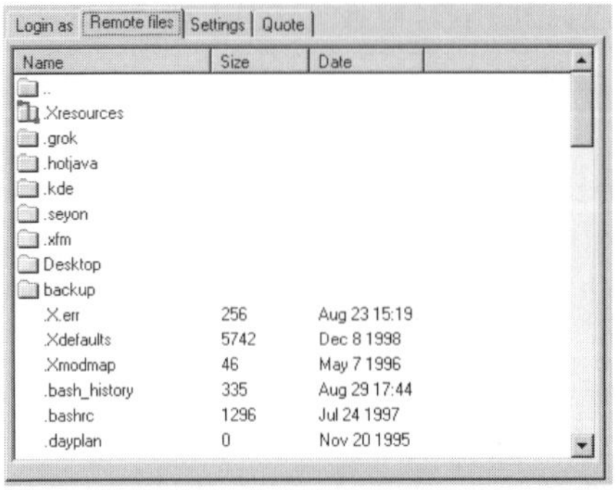

◀ **Fig. 6.15**
Les fichiers du serveur s'affichent sous l'onglet Remote files

Le protocole de transfert de fichiers utilisé par le programme FTP prend en charge deux modes de transfert : *Binary* et *ASCII*. L'option *ASCII* convient pour le transfert de fichiers de texte pur tandis que *Binary* sert pour le transfert de fichiers binaires. Vous pouvez sélectionner le mode adéquat dans le menu **Options**.

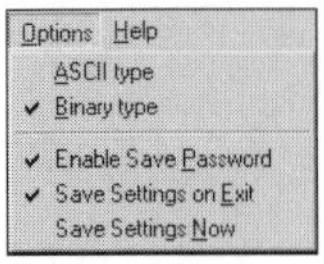

◀ **Fig. 6.16**
Dans le menu Options, vous pouvez définir le mode de transfert

Pour copier des fichiers, sélectionnez les répertoires souhaités sur le PC Windows comme sur le serveur puis faites glisser le fichier à copier vers le dossier de destination, à l'aide de la souris.

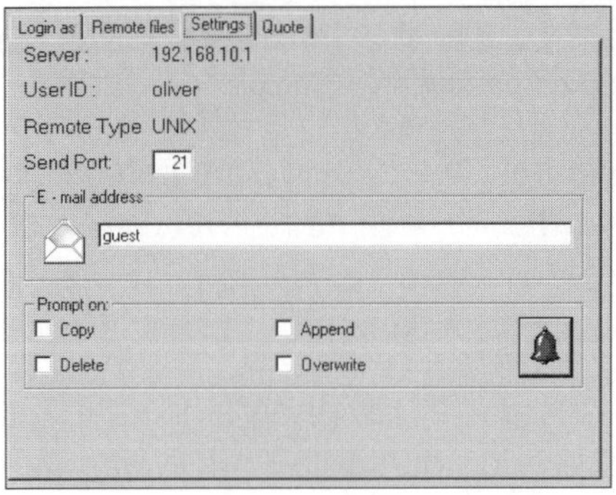

◀ **Fig. 6.17**
Sur l'onglet Settings, vous pouvez définir des paramètres de sécurité

Pour des raisons de sécurité, il est conseillé de demander au programme FTP d'afficher un message au moins lors de la suppression de fichiers. Activez à cet effet l'onglet **Settings**. Vous pouvez y vérifier d'abord les paramètres du programme FTP. En haut s'affichent l'adresse IP du serveur, votre nom d'utilisateur ainsi que le type de serveur. Le port standard pour FTP est le port 21. Vous ne devriez normalement pas le modifier.

Dans la partie inférieure se trouvent les options de sécurité. Sélectionnez les actions pour lesquelles vous souhaitez obtenir un message d'avertissement. Cochez par exemple *Delete* et *Overwrite* afin d'éviter que des fichiers ne soient supprimés ou écrasés par mégarde.

Activez finalement le dernier onglet, **Quote**.

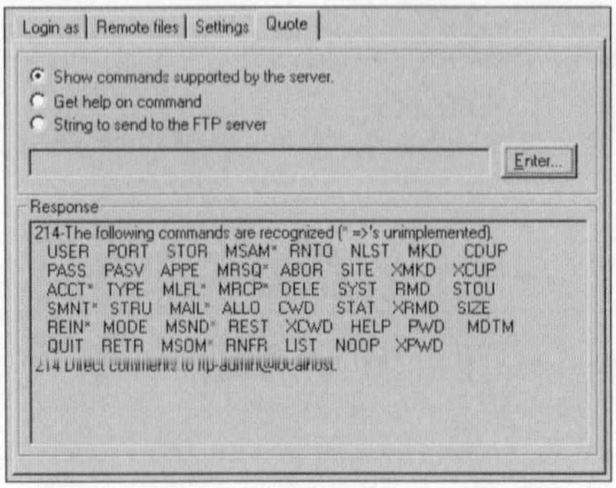

◄ Fig. 6.18
Les commandes disponibles du serveur sont listées sous l'onglet Quote

Activez l'option *Show commands supported by the server* puis cliquez sur **Enter**. Vous obtenez ainsi la liste des commandes que vous pouvez exécuter sur le serveur. Pour connaître la syntaxe d'une de ces commandes, sélectionnez l'option *Get help on command*, entrez le nom de la commande et cliquez sur **Enter**. La syntaxe de la commande en question vous est alors indiquée.

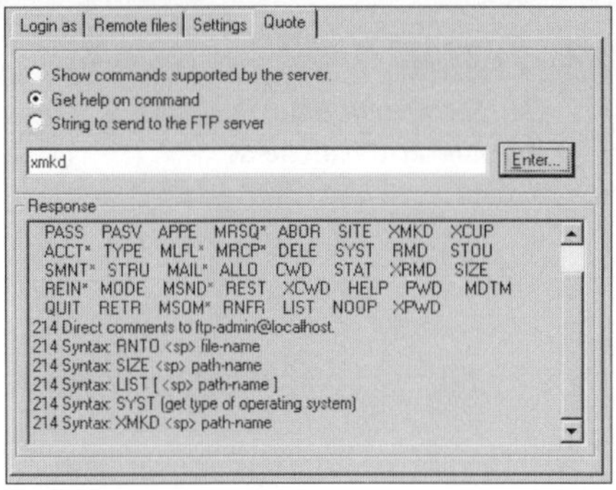

◄ Fig. 6.19
Sur demande, le serveur fournit une brève aide à propos de la syntaxe des commandes

Inutile de quitter le programme FTP si vous voulez changer d'utilisateur durant une session FTP. Activez simplement l'onglet **Login as**. Vous ne pouvez plus spécifier l'hôte comme pour une première connexion mais vous pouvez toujours indiquer un nouveau nom d'utilisateur et le mot de passe correspondant et établir une nouvelle connexion en cliquant sur **Change User**.

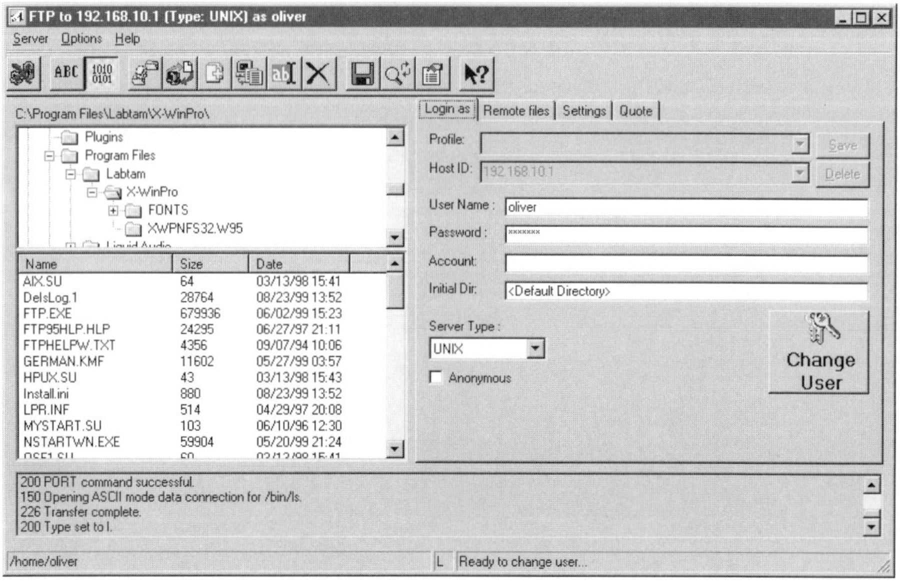

▲ **Fig. 6.20** *Vous pouvez connecter un autre utilisateur sans redémarrer le programme, en cliquant sur Change User*

TFTP

TFTP offre une autre possibilité de transférer des données. Il se base sur Trivial File Transfer Protocol, une variante simplifiée du protocole FTP. Démarrez d'abord le programme TFTP à partir du groupe de programmes X-WinPro.

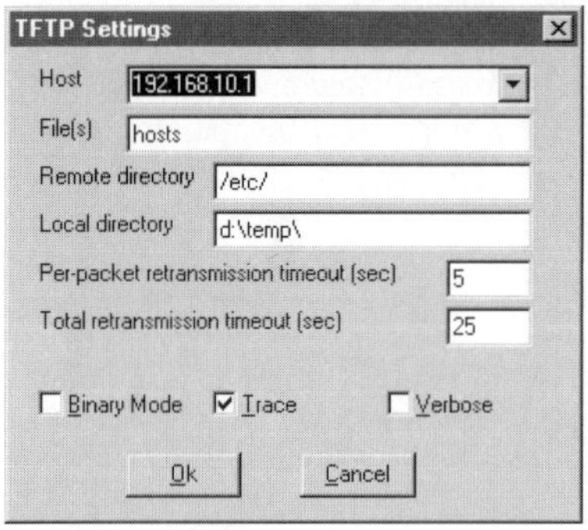

◄ **Fig. 6.21**
TFTP convient pour transférer des fichiers isolés

Indiquez l'adresse IP de l'hôte dans les paramétrages. Dans la zone de saisie *Files*, vous pouvez indiquer le fichier à transférer, ou la liste des fichiers séparés par des espaces. La zone de saisie *Remote directory* contient le nom de répertoire de l'hôte tandis que la zone de saisie *Local directory* contient un nom de dossier du PC Windows. Activez l'option *Trace* afin de pouvoir suivre le transfert des fichiers.

Avec **GetFiles** et **PutFiles** vous pouvez respectivement récupérer des fichiers sur le serveur et en envoyer.

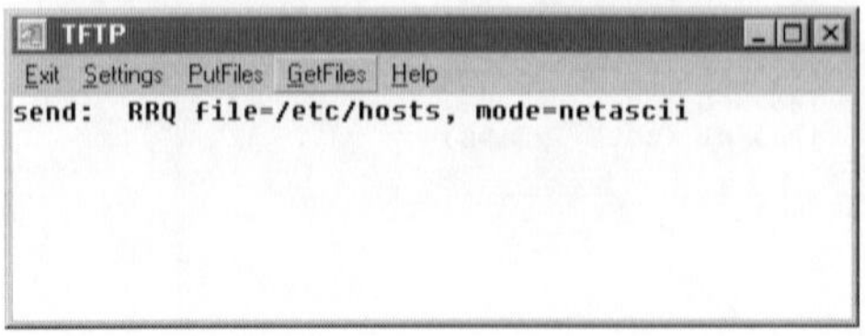

◄ **Fig. 6.22**
Le programme affiche le fichier à transférer

Si un message d'erreur tel que *Can't open remote file* s'affiche, vous devriez vérifier que vous disposez du droit d'accès en lecture pour le fichier en question. Notez que vous pouvez ouvrir plusieurs sessions TFTP en même temps. TFTP est pratique lorsqu'il s'agit d'échanger souvent les mêmes fichiers entre le PC Windows et le serveur.

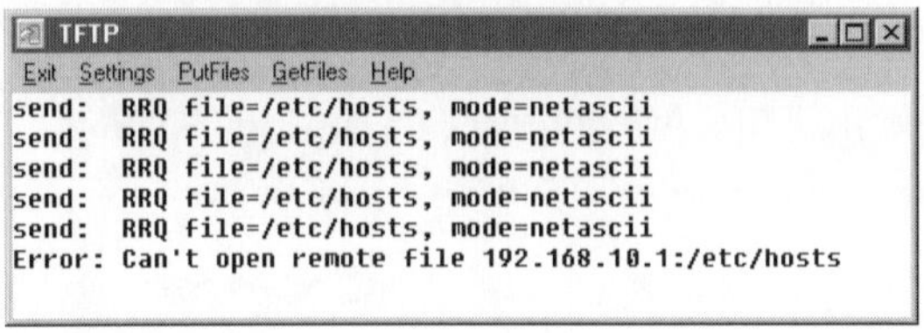

◄ **Fig. 6.23**
Le transfert est interrompu et un message d'erreur s'affiche si vous ne disposez pas du droit d'accès en lecture/écriture

Ping

Ping a la même finalité que son équivalent sous Windows mais la version X-WinPro est un peu plus confortable. Le programme teste si le destinataire sur le réseau réagit. Démarrez Ping à partir du groupe de programmes de X-WinPro.

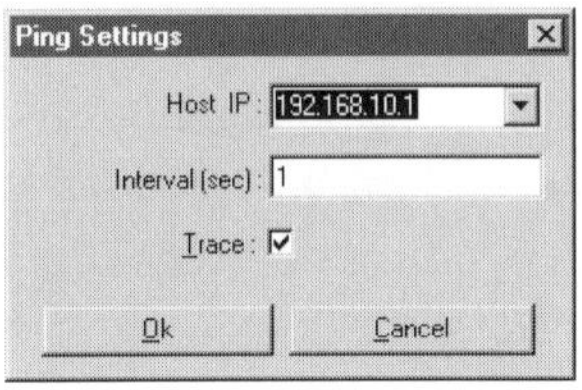

◄ **Fig. 6.24**
Les paramètres de connexion dans Ping

Indiquez le numéro IP du serveur Linux dans la zone de saisie *Host IP*. Le paramètre *Interval (sec)* permet d'indiquer à quelle fréquence (en secondes) Ping doit envoyer des données à l'hôte. Si vous activez la case à cocher *Trace*, vous pouvez suivre le cheminement des paquets de données à l'écran.

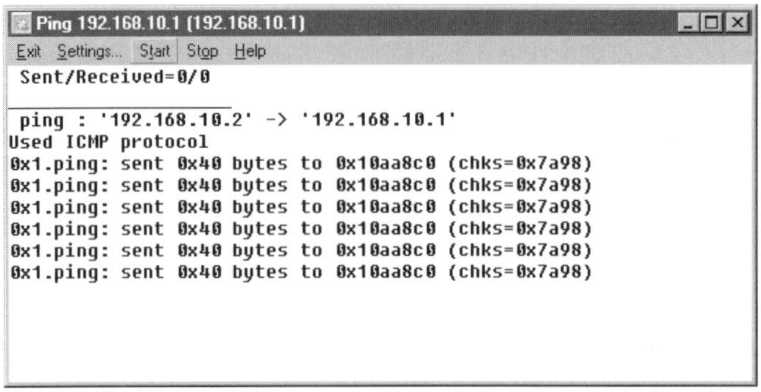

▲ **Fig. 6.25** *Ping envoie en permanence des paquets de données de 192.168.10.2 vers 198.168.10.1*

L'envoi des données peut être démarré avec la commande **Start** et arrêté avec **Stop**.

LPD

LPD est un serveur d'impression pour le réseau autorisant l'accès à une imprimante locale via TCP/IP. Au démarrage de LPD s'affiche une fenêtre listant toutes les imprimantes disponibles sous Windows.

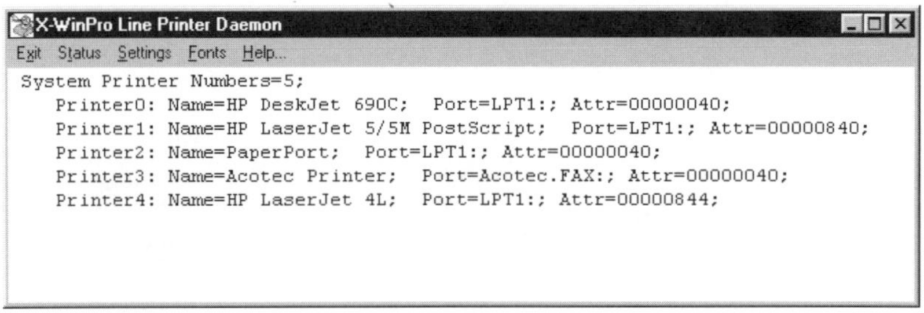

▲ **Fig. 6.26** *LPD vous indique quelles imprimantes sont disponibles*

Choisissez la commande **Settings** pour paramétrer LPD. Cliquez sur **Add** pour partager une des imprimantes disponibles. Dans la zone de saisie *Queue directory*, indiquez le dossier du PC Windows qui sera utilisé pour stocker les travaux d'impression. Dans la rubrique *User Access*, vous pouvez définir les droits des utilisateurs du réseau.

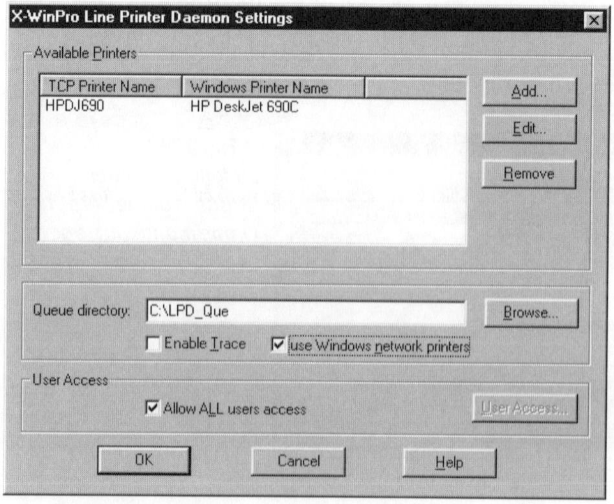

◄ **Fig. 6.27**
HPDJ690 est le nom TCP/IP pour la Deskjet 690 installée sous Windows

Lorsque vous cliquez sur **Add** pour créer une nouvelle imprimante, vous obtenez la liste des toutes celles qui ne sont pas encore partagées. Sélectionnez-en une et donnez-lui un nom TCP/IP unique. C'est sous ce nom qu'elle apparaîtra par la suite dans la liste des imprimantes disponibles.

Si votre réseau comprend de nombreux utilisateurs, vous pouvez activer l'impression de bannières. Avant chaque impression est alors imprimée une page décrivant le travail suivant et indiquant notamment qui est son auteur.

La valeur Bypass peut être utilisée pour envoyer des caractères spéciaux à l'imprimante. LPD analyse alors le flux de données et lorsqu'il détecte le caractère inscrit sous *Bypass character/s*, les deux caractères suivants sont envoyés à l'imprimante sous forme de valeurs hexadécimales.

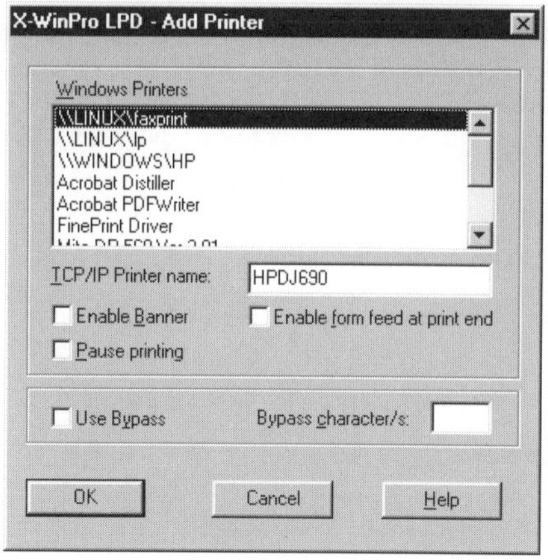

◄ **Fig. 6.28**
LPD permet également d'ajouter des imprimantes installées en réseau sur le serveur Linux

Dans la fenêtre principale, la commande **Status** permet de vérifier que le partage a été correctement enregistré avec le nom TCP/IP spécifié et que l'imprimante est disponible.

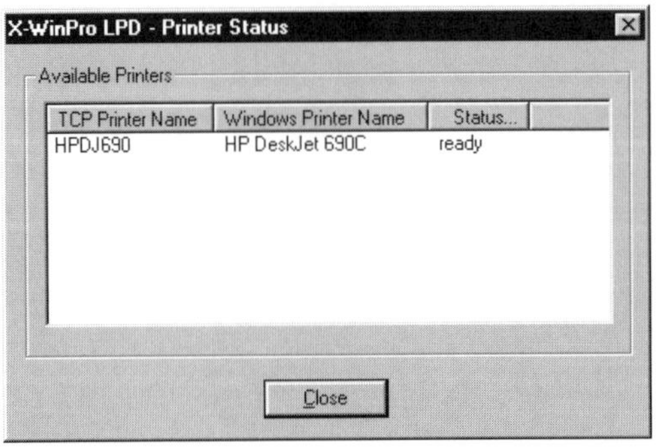

◄ **Fig. 6.29**
La fenêtre Printer Status indique l'état de l'imprimante partagée

Chapitre 7

Linux pour l'accès à Internet

7.1	Ordinateur individuel et réseau LAN	292
7.2	Connexion Internet par ligne téléphonique	294
7.3	Connexion à Internet d'un ordinateur individuel	299
7.4	TCP/IP - IP série avec PPP	307
7.5	Aménager un serveur de noms	331
7.6	Connecter un réseau local à Internet	337
7.7	squid en tant que serveur proxy	344

Le boom de l'Internet ne se dément pas et de plus en plus de réseaux d'entreprises se connectent au grand réseau planétaire afin de profiter de ses nombreuses possibilités.

Mais comment réaliser la connexion et comment transposer cette réalisation sous Linux ? Vous avez le choix entre une connexion "à la demande" nécessitant la composition d'un numéro de téléphone, ou une connexion permanente. Dans le premier cas, une distinction est faite également selon que la liaison est analogique ou numérique. Elle peut éventuellement aussi être établie automatiquement.

Outre les alternatives possibles pour la connexion, nous nous intéresserons également à quelques aspects pratiques dans ce chapitre. Il sera notamment question de la conversion d'adresse IP locales pour l'Internet, de la détermination d'adresses IP à partir de noms de domaine à l'aide d'un serveur DNS propre et de la mise en cache d'accès Internet.

7.1 Ordinateur individuel et réseau LAN

D'un point de vue matériel, les conditions requises pour une connexion Internet sont identiques pour un ordinateur individuel et pour un réseau, exception faite, pour ce dernier, d'une interface réseau supplémentaire au niveau du serveur. Pour un ordinateur individuel, la situation est très simple : l'utilisateur le choix entre une connexion manuelle ou automatique. Les probabilités qu'un ordinateur individuel soit connecté en permanence via une ligne fixe sont quasi nulles et nous ne tiendrons donc pas compte de cette éventualité. Dans le cas d'une connexion manuelle, l'utilisateur exécute un script et lorsque la liaison est établie, il peut profiter des services du fournisseur d'accès et des possibilités d'Internet.

La déconnexion s'effectuera à nouveau manuellement, ou automatiquement après que sera écoulé un certain délai durant lequel aucune requête n'aura été envoyée vers l'extérieur. Sur un ordinateur individuel, le (petit) problème qui peut se poser concerne l'attribution du droit d'établir une liaison Internet à un utilisateur qui ne dispose que des droits normaux. Les droits de l'utilisateur root sont en effet nécessaires pour cette opération.

Pour un réseau, une telle procédure est totalement exclue, essentiellement pour des raisons de sécurité mais aussi pour des raisons pratiques car l'utilisateur devrait dans ce cas se connecter au routeur via Telnet, pour démarrer un tel script. La question est donc de savoir comment le routeur peut comprendre qu'un utilisateur veut aller sur Internet. C'est relativement facile à mettre en œuvre, le routeur ayant pour consigne de mettre une liaison en place lorsqu'un accès est demandé qui ne renvoie pas à une adresse IP interne ou qui ne peut être résolu au moyen d'un éventuel DNS. La requête est donc dirigée vers l'extérieur dans ce cas.

Il convient ensuite de se demander quels utilisateurs de l'intranet ont le droit d'aller sur Internet. Peut-être voulez-vous accorder ce droit à un certain groupe d'utilisateurs seulement ? C'est possible en excluant globalement de l'accès toutes les adresses IP internes et en n'autorisant cet accès que pour certaines adresses.

Dans le cas d'une liaison Internet par un réseau, il convient également de tenir compte du degré de saturation possible de la connexion. S'il est prévisible que la ligne sera surchargée aux heures de pointe, il convient de se demander s'il ne serait pas judicieux de placer un cache entre le réseau local et Internet et d'y stocker les accès aux pages régulièrement visitées. Cela soulagerait la connexion et accélérerait les accès.

Dans le cas d'une liaison par ligne permanente, il faut également penser à la sécurité du réseau interne. Il est nécessaire pour cela d'aménager un pare-feu (firewall) qui a pour fonction de masquer vers l'extérieur la structure du réseau local. Dans Linux, cette fonctionnalité s'appelle Masquerading. Elle permet l'accès simultané à Internet de tous les clients internes et ce en utilisant une seule adresse IP vers l'extérieur. Accessoirement, cela vous dispense de demander à votre fournisseur d'accès de libérer des adresses réseau supplémentaires pour l'accès externe et vous réalisez ainsi une petite économie.

Il convient ensuite de réfléchir également à la manière dont on informera le routeur sur les requêtes interne qu'il doit diriger vers l'extérieur.

D'un point de vue administratif, la connexion à Internet de tout un réseau pose par conséquent des problèmes bien plus importants que celle d'un système individuel. Dans les sections suivantes, nous vous donnons des informations importantes sur les deux variantes et nous vous aidons à configurer les accès Internet aussi bien pour des ordinateurs individuels que pour des réseaux. Vous trouverez ainsi des solutions pratiques aux problèmes que vous risquez éventuellement de rencontrer.

7.2 Connexion Internet par ligne téléphonique

Le temps est révolu où l'on devait passer par un coupleur acoustique pour réaliser un transfert de données à distance. Les taux de transfert de 2 400 bits par seconde (bps) appartiennent définitivement au passé. La technique informatique a fort heureusement fait d'énormes progrès, y compris dans le domaine télématique. En même temps que grandissait le réseau s'accroissaient également les quantités de données à transmettre. Il était par conséquent nécessaire de faire circuler ces données de plus en plus vite. À l'heure actuelle, les possibilités de connecter un ordinateur à Internet sont multiples. Le coupleur acoustique a été remplacé par le modem analogique, le taux de transfert ayant été entre-temps multiplié par 24. Il semblerait cependant que l'on ait atteint les limites de la transmission analogique. Pour des raisons techniques, il n'est guère possible de faire circuler davantage de données en même temps. Lentement mais sûrement, le réseau numérique (RNIS = Réseau numérique à intégration de services ou, en anglais ISDN = Integrated Service Digital Network) prend le dessus. Il permet de transférer 64 000 bps dans les deux directions, le double si l'on combine les deux canaux. Ce réseau offre également de nombreux services complémentaires.

Si cela ne suffit toujours pas pour transmettre les volumes de données à traiter, il reste la solution de la ligne fixe. D'autres évolutions techniques sont actuellement à l'étude mais cela devrait durer quelques années encore avant qu'elles soient suffisamment au point pour être proposées au grand public. Aucune de ces solutions n'approche toutefois les performances d'une ligne fixe dont le taux de transfert se situe habituellement entre 64 kbs et 2 Mbs, dans certains cas exceptionnels même 100 Mbs.

Connexion "à la demande" ou ligne fixe ?

Les deux principales possibilités de connecter un ordinateur ou un réseau à Internet sont la connexion à la demande ou la ligne fixe. Cette dernière constitue une connexion permanente à Internet. Les accès à Internet sont toujours transmis directement et le routeur (l'ordinateur faisant office d'intermédiaire entre deux réseaux, en l'occurrence l'intranet et Internet) est en permanence accessible depuis l'extérieur.

Une ligne fixe permet par conséquent d'installer et de maintenir son propre serveur, voire un parc entier de serveurs. Les services peuvent être très variés. Nous avons déjà évoqué les serveurs web et FTP. Vous pourriez également imaginer un serveur de messagerie. À partir d'un certain stade, cela suppose bien évidemment quelques exigences en ce qui concerne les ressources matérielles et humaines.

Le principal avantage de cette solution est la disponibilité permanente du serveur à des fins administratives. Vous n'êtes pas tributaire d'un tiers, ce qui peut cependant avoir des avantages et des inconvénients, en fonction du degré de compétence des administrateurs responsables.

Les taux de transfert disponibles pour une ligne fixe sont très variables et les tarifs sont en conséquence. Cela commence à 64 kbs, ce qui équivaut à une ligne numérique avec un seul canal disponible. Le niveau suivant est une ligne à 128 kbs dont le prix n'est généralement pas beaucoup plus élevé que pour la première variante. Votre opérateur téléphonique saura vous renseigner sur les différentes solutions envisageables dans votre cas ainsi que sur les prix. On ne devrait guère dépasser la limite de 2 Mbs vers le haut de manière générale. Il existe cependant une possibilité de connexion à 10 Mbs, voire davantage. En raison de leur coût, ces débits sont cependant réservés à de très grandes entreprises ou à des fournisseurs d'accès. Une connexion aux taux de transfert habituellement proposés aux particuliers suffit largement dans bien des cas.

Outre la connexion fixe, vous pouvez également recourir à une connexion normale, que vous établissez juste au moment où vous en avez besoin et pour une certaine durée. Cette connexion peut être analogique ou numérique. Cette solution est bien moins coûteuse à l'usage. Le routeur peut être configuré de manière à établir une connexion à intervalles réguliers afin de récupérer des courriers ou des news. Il peut aussi être paramétré de sorte qu'il n'établisse une connexion que lorsque les requêtes visent des ressources qui ne se trouvent pas dans le réseau local.

Que vous optiez pour une connexion classique ou permanente, vous devez avoir recours aux services d'un fournisseur d'accès. C'est lui qui vous connectera effectivement à Internet. Sans lui, vous disposerez d'une ligne mais pas de la communication. Le fournisseur d'accès se charge de transmettre les requêtes provenant d'Internet ou destinées à l'Internet. Si vous avez choisi une connexion classique, il mettra en outre à votre disposition un compte de messagerie.

Les tarifs varient assez fortement d'un fournisseur d'accès à un autre, en fonction de la nature et de la somme des services proposés. Pour une connexion fixe, les frais dépendent généralement de la vitesse de la ligne ainsi que du volume de données véhiculées. Des frais supplémentaires sont alors calculés en fonction justement de la quantité de données. Le coût augmente également lorsque le fournisseur met à disposition de l'espace pour vos propres pages web. Les mêmes règles s'appliquent pour une connexion classique, une différence étant cependant faite selon que vous vous annoncez comme un particulier ou comme une entreprise. Il convient de vérifier soigneusement la proposition qui vous est faite car la plupart des fournisseurs d'accès refusent qu'une ligne classique soit utilisée par plus d'un ordinateur, comme ce serait le cas avec un intranet. Si vous souhaitez utiliser une adresse différente pour chaque ordinateur devant accéder à Internet, vous devez demander à votre fournisseur d'accès de vous attribuer une zone d'adresses, ce qui occasionnera également des frais supplémentaires, en fonction de la taille de cette zone. Si vous envisagez d'utiliser par la suite le procédé de l'IP Masquerading déjà évoqué précédemment, afin de vous connecter toujours avec une seule adresse IP, assurez-vous que votre fournisseur vous y autorise.

Le choix d'une connexion classique ou fixe dépend finalement de l'usage que vous prévoyez de faire de votre ligne. Si vous envisagez de mettre votre propre serveur web sur Internet, vous devez opter pour une ligne fixe dimensionnée en conséquence. Si ce n'est pas le cas, le choix dépendra du comportement des ordinateurs (ou de leurs utilisateurs) auxquels vous voulez accorder un accès à Internet. Le dernier critère mais non le moindre est le coût, eu égard au budget dont vous disposez.

Les frais concernant l'équipement matériel ne sont à supporter qu'une seule fois. Pour une connexion classique, vous avez le choix entre une solution interne ou externe. Dans le premier cas, il s'agit de cartes modem ou RNIS. Les deux existent pour le bus ISA ou PCI. Préférez la version PCI car le bus ISA ne sera probablement plus pris en charge dans un proche avenir. Vous pourrez ainsi à coup sûr réutiliser votre carte si vous changez de serveur. En ce qui concerne les cartes RNIS, vous avez le choix entre des cartes passives et actives. Ces dernières possèdent leur propre processeur qui se charge de la communication et elles peuvent ainsi soulager le processeur principal du système. Les cartes passives, en revanche, laissent au processeur principal le soin de s'occuper de la communication, par l'intermédiaire de logiciels spéciaux. Si vous prévoyez que le processeur de votre système sera moyennement ou fortement sollicité et si vous voulez garantir en permanence le meilleur débit possible avec votre carte RNIS, vous devriez envisager l'achat d'une carte active. Celle-ci coûte toutefois nettement plus cher qu'une carte passive. Les modems ou adaptateurs RNIS externes sont le plus souvent des périphériques qui se branchent sur le port série de l'ordinateur.

Ces appareils sont pilotés à l'aide du jeu de commandes AT commun à tous les modems. Ces commandes varient quelque peu sur les adaptateurs RNIS. Pour plus de détails, reportez-vous à la documentation de votre matériel. Il n'est pas nécessaire d'utiliser un logiciel spécial pour le modem RNIS car du point de vue du système, il est accessible de la même manière qu'un modem analogique. Le taux de transfert maximal d'un port série étant de 115 200 bps, vous ne pouvez exploiter pleinement les possibilités d'un modem RNIS. En effet, lorsque la compression de données est activée, vous ne pouvez transférer plus de 115 200 bps vers l'ordinateur. L'utilisation simultanée des deux canaux RNIS qui autoriserait un taux de transfert de 128 000 bps n'est donc pas pleinement exploitable.

Pour ce qui concerne la prise en charge des ports USB, signalons simplement qu'elle est encore en cours de développement et qu'elle est encore assez rudimentaire. Le noyau Linux 2.4 est annoncé pour l'hiver 1999. Il proposera une prise en charge du port USB. Il ne nous est pas possible de juger du résultat à l'heure où nous travaillons à cet ouvrage. Sachez simplement que pour le moment, les périphériques USB ne sont pas encore adaptés pour une utilisation sur un serveur Linux.

Pour une ligne fixe, vous devez acheter ou louer un périphérique appelé routeur. La location peut faire partie des services offerts par le fournisseur d'accès. Cet appareil se charge de transmettre à une interface réseau courante (BNC ou RJ45) les signaux provenant de la connexion fixe et de convertir les protocoles correspondants. Les fourchettes de performances de ces périphériques sont très larges. Les plus simples se chargent uniquement de la conversion. En complément, vous pouvez bénéficier de certains services tels qu'un pare-feu intégré, l'enregistrement et l'exploitation des informations relatives aux comptes (quel transfert de données a été initié par chaque adresse IP, quelle a été la durée de la connexion, etc.). La configuration s'effectue habituellement par le biais d'une interface web. Selon les caractéristiques qu'il offre, un tel routeur peut devenir la partie la plus chère du réseau et malgré l'interface web, sa configuration relève d'un autre monde dont la littérature spécialisée pourrait à elle seule remplir quelques étagères. Si vous n'êtes pas expert en la matière et si vous souhaitez contenir les coûts au niveau le plus bas possible, profitez de la souplesse et de la transparence d'un système Linux. Procurez-vous dans ce cas un modèle de routeur simple et laissez le serveur Linux se charger des autres fonctions.

Connexion classique par modem

Le mode d'accès à Internet le plus utilisé et par conséquent le plus connu est la connexion par l'intermédiaire d'un modem analogique. Peu importe que vous choisissiez une version interne ou externe, Linux prend les deux types en charge. Vérifiez simplement qu'il ne s'agit pas d'un modèle du type Winmodem car la version actuelle du noyau ne sait pas encore gérer ce genre de matériel. Consultez également la liste des périphériques pris en charge. Elle est jointe à votre distribution.

Le branchement du modem ne pose généralement aucun problème. Les versions internes doivent être insérées dans un connecteur d'extension (slot) disponible tandis que les modèles externes doivent être branchés d'une part sur un port série de l'ordinateur et d'autre part sur une prise de courant. Le taux de transfert de données pouvant être atteint avec un modem analogique est de 56 000 bps en réception. En émission, le taux maximal est de 33 600 bps. Il s'agit de la vitesse de l'interface avec le réseau analogique, c'est-à-dire avec le fournisseur d'accès. Les données sont compressées à la fois par le modem et par le fournisseur d'accès. Le taux de transfert effectif peut par conséquent être supérieur aux valeurs annoncées. Cela dépend de la manière dont les données peuvent être compressées. Le taux de compression est très élevé avec des pages HTML et des textes alors qu'il est quasiment nul avec des fichiers déjà compressés. La quantité de données transmises est limitée par l'interface série elle-même. Son débit maximal est de 115 200 bps.

Comparée à une connexion RNIS, la variante utilisant un modem offre un taux de transfert moins élevé, la vitesse étant même divisée par deux lors des envois de données en direction d'Internet. Les coûts de la communication téléphonique étant calculés de la même manière dans les deux cas, la variante modem est plus onéreuse de ce point de vue. Ajoutez à cela le temps nécessaire au handshake, c'est-à-dire à l'échange de données entre votre modem et l'autre bout de la ligne, par lequel les deux parties se mettent d'accord sur la vitesse de ligne et le taux de compression. Cette procédure nécessite entre 5 à 10 secondes à chaque connexion. Une connexion RNIS est en revanche disponible au bout de deux à trois secondes généralement.

Autre inconvénient du modem : les connexions doivent être établies manuellement tandis qu'avec une liaison RNIS, elle peut être réalisée automatiquement dès que des requêtes se référant à des cibles extérieures au réseau local sont formulées. Cette possibilité est décrite en détail dans une des sections suivantes.

Connexion numérique via RNIS

La connexion à Internet via RNIS prend de plus en plus d'importance. Si vous utilisez un adaptateur RNIS externe, il vous suffit de le brancher sur un port série disponible. S'il s'agit d'une carte interne, il sera accessible comme un simple modem mais avec son taux de transfert sera de 64 000 bps. C'est en effet le débit autorisé par un canal RNIS. Si les données sont compressées, le taux de transfert effectif peut être bien plus élevé. Le volume de données transmis est toutefois limité par le débit de l'interface série qui est de 115 200 bps au maximum. En raison de cette contrainte, il n'est pas possible de profiter pleinement de l'agrégation des deux canaux pour doubler le taux de transfert.

Les cartes RNIS normales sont simplement insérées dans un connecteur d'extension libre. Elles autorisent généralement l'agrégation des deux canaux et donc le doublement du taux de transfert. Cela n'est toutefois possible que si le fournisseur d'accès prend cette possibilité en charge.

7.3 Connexion à Internet d'un ordinateur individuel

Avant d'aller sur Internet, il vous faut configurer le noyau de Linux. Il faut, pour cela, que vous ayez installé les sources d'un noyau relativement récent. Déterminez, si nécessaire, la version du noyau contenu dans votre distribution. Vous trouverez la version la plus récente à l'adresse ci-après :

```
http://www.kernel.org
```

Vous trouverez une liste de sites miroirs (plus de 80) sur `http:/www.kernel.org/mirrors`. Ces serveurs hébergent les mêmes fichiers que le serveur d'origine et ils servent simplement à le soulager lorsque le trafic devient trop important. La version actuelle du noyau est la 2.2.13 mais cela change assez rapidement. Si vous utilisez une version ancienne, il se peut que vous n'arriviez pas à faire fonctionner un noyau de la série 2.2.x. Celui-ci exige en effet des versions récentes de différents paquetages de programmes et de bibliothèques. Dans ce cas, plutôt que de passer vos nuits à télécharger les paquetages en question, mieux vaut se procurer une nouvelle distribution.

Tous ceux qui utilisent une distribution SuSE ont en outre la possibilité de télécharger un noyau récent sur un des serveurs de la société SuSE, par exemple :

```
http://www.suse.com
```

Les noyaux de la distribution SuSE contiennent bien le noyau officiel correspondant au numéro de version mais ils comportent également quelques adaptations spécifiques au système SuSE ainsi que des pilotes supplémentaires, notamment pour des cartes RNIS. C'est grâce à une de ces adaptations que le noyau compilé est à présent enregistré (depuis la version SuSE 6.2) dans le répertoire */boot* et non plus dans le répertoire root */*.

Si vous utilisez le noyau original avec la distribution SuSE, à l'issue de la compilation et de l'installation vous devez copier les fichiers */vmlinuz* et */boot.map* dans le répertoire */boot*. Dans YaSt, avec la commande **Administration du système/Configuration du noyau et amorçage/Configurer LILO**, vous devez ensuite réinstaller le gestionnaire d'amorçage LILO. Il n'est pas nécessaire de créer une nouvelle configuration ou de modifier l'ancienne. Parcourez les différents menus et laissez-les générer un nouveau fichier *lilo.conf* afin que le nouveau noyau soit intégré dans la configuration du gestionnaire d'amorçage.

Pour configurer le noyau, rendez-vous dans le répertoire */usr/src/linux*. Vous vous trouvez ainsi dans le répertoire racine de l'arborescence des sources du noyau. Pour configurer le noyau dans une interface texte, tapez la commande :

```
# make menuconfig
```

Si vous vous trouvez dans une interface graphique X et travaillez dans une fenêtre de terminal, vous pouvez démarrer l'interface de configuration graphique avec la commande

```
# make xconfig
```

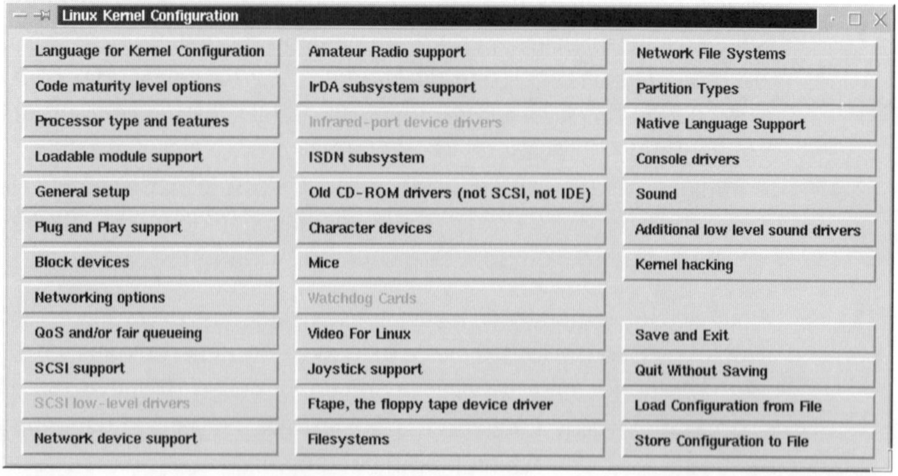

▲ **Fig. 7.1** *Le menu principal de la configuration du noyau, dans l'interface graphique activée avec make xconfig*

Vous pouvez effectuer ici les configurations que nous vous expliquons dans les deux sections qui suivent. Lorsque ce travail de configuration est terminé, quittez l'interface texte avec `Exit` et répondez par `Yes` à la question demandant si la nouvelle configuration du noyau doit être enregistrée. Vous pouvez quitter l'interface de configuration graphique avec la commande **Save and Exit**. Le fichier de configuration est alors enregistré. Vous vous retrouvez ensuite au niveau de la ligne de commande et vous pouvez créer un nouveau noyau avec la commande

```
make dep clean modules modules_install bzImage bzlilo
```

Selon la configuration et le matériel dont vous disposez, cette opération peut durer quelques minutes. Avec cette commande, le système vérifie d'abord les dépendances et détermine quelle partie du code source doit être compilée. Les reliquats des anciennes procédures de compilation sont supprimés, ce qui force la nouvelle compilation des anciennes parties du noyau. C'est nécessaire en cas de changement de configuration car seules sont traduites les parties dans lesquelles ont été effectuées des modifications. De nombreuses parties dépendant les unes des autres, cela peut être une source de problème si tous les restes des précédentes compilations n'ont pas été supprimés au préalable. Les parties du noyau désignées comme devant être des modules sont ensuite compilées. Ces modules pourront être chargés et déchargés dans le système manuellement (à l'aide des commandes `insmod` et rmmod) ou automatiquement par le noyau lorsqu'il en a besoin. Les modules sont ensuite installés. Ceux d'une version de noyau 2.2.10 aboutissent par exemple dans le répertoire */lib/modules/2.2.10*. L'avant-dernière étape est la compilation du noyau proprement dit. Celui-ci est finalement intégré dans la configuration du gestionnaire d'amorçage LILO. Les remarques faites précédemment s'appliquent pour ce qui concerne le déplacement du fichier du noyau proprement dit dans / ou */boot* ainsi que pour la configuration de LILO en utilisant un noyau SuSE et/ou une distribution SuSE.

Pour activer le nouveau noyau, il est nécessaire de redémarrer le système. Nous vous conseillons à cette occasion de générer dans LILO une entrée permettant de démarrer avec le précédent noyau. Si une erreur empêchant le démarrage avec le nouveau noyau s'est glissée dans la configuration, il vous restera ainsi toujours une possibilité d'accéder au système avec le précédent et de vérifier la configuration.

Configuration de la connexion du modem

Si vous employez un modem externe, il est nécessaire d'activer l'option **Standard/generic serial support** dans la section **Character devices** de la configuration du noyau. Vous indiquez ainsi que le noyau doit être complété avec des fonctions destinées au travail avec l'interface série. C'est indispensable pour pouvoir accéder aux interfaces série et par voie de conséquence aux périphériques qui y sont connectés. Vous avez le choix entre une compilation directement dans le noyau ou la création d'un module qui sera uniquement chargé en cas de besoin. La pratique montre que la compilation dans le noyau est préférable, la solution du module ayant causé quelques problèmes.

Certaines fonctionnalités peuvent en effet être compilées en tant que modules mais il arrive qu'elles ne puissent être utilisées en tant que tels car elles doivent être intégrées dans le noyau au moment du démarrage. L'évolution du noyau étant très rapide, il se peut que ce problème soit déjà résolu au moment où vous lisez ces lignes. Toujours est-il que l'utilisation de modules est surtout une affaire de goût. Linus Torvald lui-même a déclaré ne pas être favorable à un noyau modulaire. Par ailleurs, les modules permettent d'activer et de désactiver des fonctions manuellement, en cours de session.

Il vous appartient par conséquent de choisir si vous préférez compiler la prise en charge de l'interface série en tant que module ou directement dans le noyau. Si l'utilisation en tant que noyau devait causer des problèmes (le modem ne s'initialise pas lorsque vous tentez d'établir une connexion et il n'est visiblement pas accessible), compilez la fonction dans le noyau et refaites un nouvel essai.

Si, au lieu d'un port série normal tel qu'on le trouve sur n'importe quelle carte mère, vous utilisez une carte d'interface, vous pouvez également activer la prise en charge dans cette même boîte de dialogue. Pour la suite de nos explications, nous considérerons toutefois le cas le plus fréquent, c'est-à-dire le port série standard. Il n'y a aucune différence en ce qui concerne la mise en œuvre du modem.

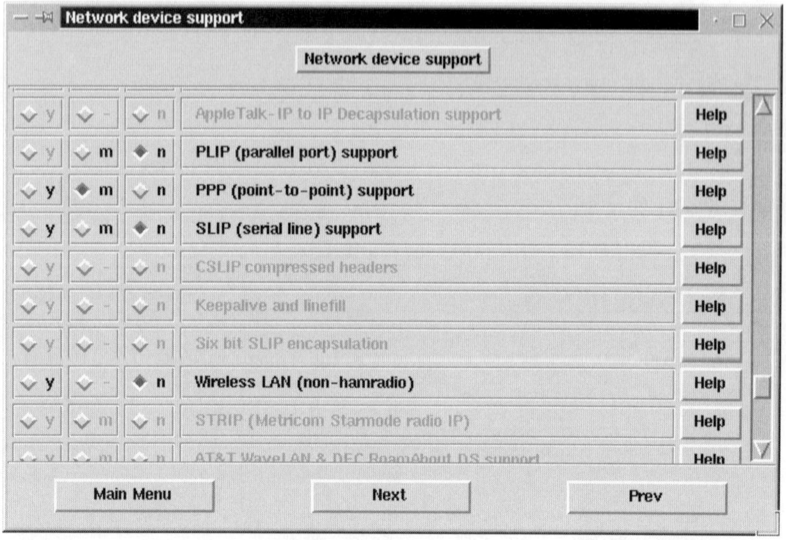

▲ **Fig. 7.2** *La section Character devices de la configuration du noyau*

Après la configuration et le redémarrage de l'ordinateur, les deux interfaces série standard sont accessibles sous les noms de périphériques */dev/ttyS0* et */dev/ttyS1* correspondant respectivement au premier et au second port série. Elles portent également les noms */dev/cua0* et */dev/cua1*. Le nom de périphérique *cua* désigne la liaison en sortie tandis que le nom *ttyS* désigne la liaison en entrée.

Par conséquent, si la souris est branchée sur le premier port série */dev/ttyS0*, le modem sera connecté au deuxième port série */dev/cua1*.Vous n'avez plus de soucis à vous faire concernant la configuration des ports série. Les différentes distributions démarrent automatiquement le programme setserial à chaque démarrage, par exemple avec les options `/dev/ttyS0 auto_irq skip_test autoconfig`. Ce programme permet de lire et de définir les paramètres des ports série. Pour obtenir des informations sur la configuration courante de ces interfaces, tapez la commande

```
# setserial -ga /dev/cua0 /dev/cua1
```

Vous obtenez alors la vitesse du port en question en bps, le type de composant UART (la puce qui contrôle l'interface série), les interruptions (IRQ) ainsi que les adresses d'entrée/sortie. Les autres informations ne présentent pas d'intérêt pour nous. Si vous obtenez une réponse de ce type pour un périphérique,

```
Device or resource busy
```

cela signifie que le fichier est en cours d'utilisation, par exemple par la souris série.

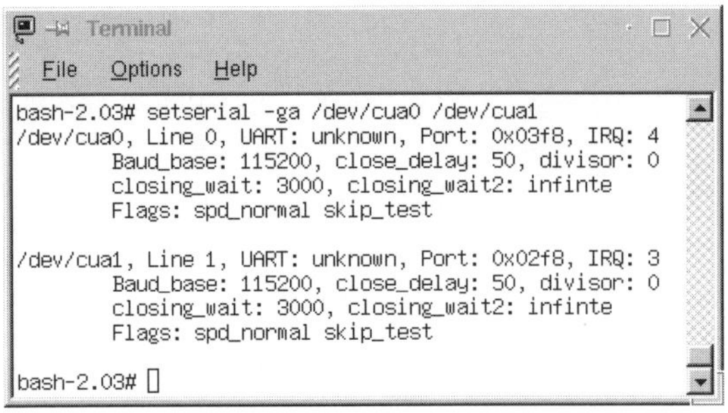

◄ **Fig. 7.3**
La commande setserial permet d'afficher la configuration des ports série

Certaines distributions créent également les fichiers de périphériques */dev/modem* et */dev/mouse*. Ceux-ci sont alors affectés à un des fichiers de périphérique des ports série par le programme de configuration de la distribution en question.

Revenons à présent à notre modem. Pour pouvoir l'utiliser, il faut procéder à une autre configuration dans le noyau. Dans la section **Network device support** de la configuration du noyau, vous devez activer la prise en charge du protocole PPP par le noyau. Le démon PPP se basera par la suite sur ce protocole pour composer le numéro du fournisseur d'accès par l'intermédiaire du modem et établir une liaison.

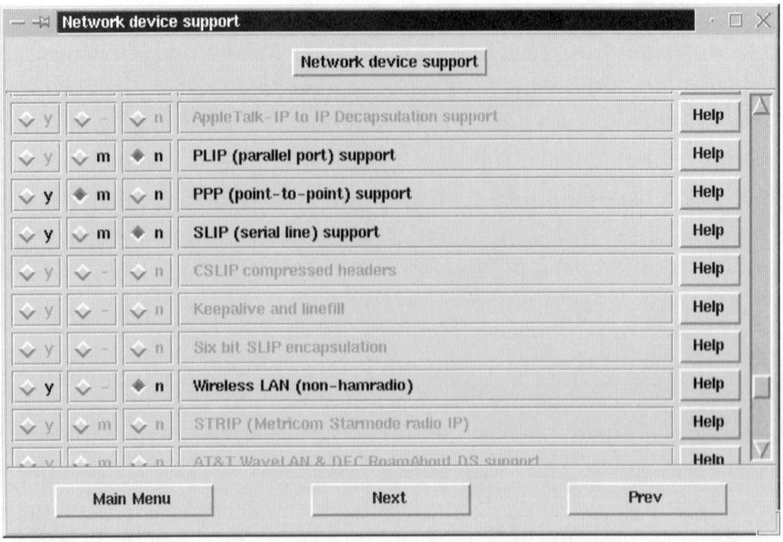

▲ **Fig. 7.4** *Définissez ici la prise en charge du protocole PPP*

Lors de la compilation en tant que module de la prise en charge PPP, pensez également à activer, dans la section **Loadable module support**, les options *Enable loadable module support* et *Kernel module loader support*. C'est nécessaire pour que soit activée l'utilisation de modules et pour que ceux-ci soient automatiquement chargés par le noyau dès qu'ils sont requis.

C'est important pour que le noyau soit préparé à utiliser des fonctions mises à disposition dans les modules. La deuxième option incite le noyau, lorsque lui-même ne peut traiter une requête, à rechercher lequel des modules disponibles peut traiter cette demande. Si un tel module est trouvé, il est chargé et la fonction correspondante est exécutée. Si le module n'est plus requis, il est à nouveau retiré de la mémoire vive.

Si vous travaillez avec une carte modem, celle-ci est traitée comme une interface série et un fichier de périphérique correspondant nommé */dev/cua3* est mis à disposition. La configuration du noyau est la même que pour un modem externe.

Configuration d'une connexion via RNIS

Si vous utilisez un modem RNIS externe branché sur un porté série, vous pouvez procéder comme indiqué dans les sections précédentes et traiter le périphérique comme un modem analogique. Le texte ci-après ne vous intéressera que si vous utilisez une carte RNIS interne.

La configuration de la liaison RNIS nécessite également quelques paramétrages dans le noyau, plus précisément dans la section **ISDN subsystem**. Activez cette commande. Vous avez à nouveau le choix entre une compilation en tant que module ou directement dans le noyau. Notez que les distributions SuSE récentes sont configurées pour l'utilisation de modules du noyau. Ce n'est pas une obligation mais c'est recommandé pour ces systèmes car il arrivera, par exemple, que le paquetage i4l (ISDN for Linux) tente de charger les modules du noyau *isdn.o* et *hisax.o* et qu'il affiche un message d'erreur faute d'avoir trouvé les modules en question.

Activez en outre l'option *Support synchronous PPP*. Il s'agit du protocole standard utilisé par les deux protagonistes lors de la communication. Vous devrez éventuellement modifier ces paramètres si votre fournisseur d'accès utilise un autre protocole ou ne prend pas en charge certains points, par exemple *Use VJ-compression with synchronous PPP*. Cette fonction contrôle la compression des paquets de données. Elle est normalement prise en charge de manière standard à l'heure actuelle et elle devrait être activée systématiquement pour augmenter le taux de transfert des données. Désactivez les options suivantes, jusqu'à *ISDN diversion services support* inclus. La prise en charge du protocole de ligne utilisé est également nécessaire. Entrent en ligne de compte 1TR6 ou EURO/DSS1. Le prestataire avec lequel vous avez signé le contrat pour la mise à disposition de la ligne peut vous fournir l'information nécessaire. Il se peut que la documentation fasse état du protocole Euro-ISDN, alias DSS1, alors qu'en réalité c'est le protocole plus ancien 1TR6 qui est utilisé. Si l'accès est impossible à établir, vous pourrez peut-être vous tirer d'affaire en changeant cette option dans la configuration du noyau. Vient ensuite la prise en charge du point de vue matériel du chipset utilisé par la carte RNIS. Activez l'option correspondante. Si vous utilisez une carte passive avec un chipset Siemens (c'est le plus répandu sur les cartes RNIS passives), activez l'option *HiSax SiemensChipSet driver support* ainsi que l'option correspondant à la carte utilisée (voir fig. 7.5).

Pour la compilation de la prise en charge RNIS en tant que module, pensez à activer les options *Enable loadable module support* et *Kernel module loader support* dans la section **Loadable module support**, afin d'activer l'utilisation des modules et de faire en sorte que ceux-ci soient automatiquement chargés par le noyau chaque fois que nécessaire.

▲ **Fig. 7.5** *Paramétrage de la carte RNIS dans la configuration du noyau*

7.4 TCP/IP - IP série avec PPP

Le protocole PPP (Point-to-Point Protocol) s'est imposé comme standard sous Linux pour les connexions classiques. Comme son nom l'indique, il s'agit d'un protocole établissant une liaison d'un point avec un autre en vue du transport de paquets TCP/IP. PPP est devenu un standard et constitue souvent l'unique moyen d'entrer en communication avec un fournisseur d'accès. Lors de l'établissement de la liaison, les deux interlocuteurs "négocient" différents paramètres du protocole. Le serveur communique au client son adresse IP et lui affecte en même temps sa propre adresse IP. On appelle cela l'attribution dynamique d'adresse IP.

Nous allons ici vous présenter PPP à partir du programme pppd qui fait partie de Linux. Vous apprendrez à configurer et à établir des liaisons avec un autre poste à l'aide de PPP. Nous nous intéresserons aussi bien à l'utilisation de PPP avec un modem analogique ou numérique qu'avec une carte RNIS. Pour terminer, nous vous montrons comment configurer votre système Linux de manière à ce qu'il établisse automatiquement la connexion si nécessaire. Cette fonctionnalité est particulièrement intéressante lorsqu'un serveur fait office de routeur par rapport à l'extérieur.

Implémentation de PPP sous Linux

PPP fait partie de toutes les versions récentes de Linux, et même des moins récentes. Vous trouverez la dernière version à l'adresse web suivante d'où vous pouvez télécharger l'archive la plus récente :

```
ftp://cs.anu.edu.au/pub/software/ppp/
```

Décompressez-la avec la commande

```
# zcat Archiv.tar.gz / tar xvf -
```

Rendez-vous ensuite dans le répertoire décompressé et installez le paquetage avec la commande

```
# ./configure
# make
# make install
```

Vous vous demandez peut-être pourquoi installer encore un paquetage PPP alors que vous venez de compiler la prise en charge de PPP dans le noyau. La réponse est simple. La fonctionnalité du PPP standard se décompose en deux parties. La partie dite low-level est constituée par le pilote HLDC (High Level Data Link) et fait partie du noyau. Il s'agit d'un protocole élémentaire de transfert de données. Les différents protocoles qui composent PPP proprement dit, à savoir LCP, IPCP, UPAP et CHAP, sont contrôlés par le démon PPP (pppd). C'est lui que vous venez de décompresser et d'installer. Ce paquetage comprend en outre un programme nommé chat permettant d'enter en communication avec un autre ordinateur.

La partie contenue dans le noyau a pour rôle de vérifier la validité des paquets de données HLDC au moyen d'une somme de contrôle et de les transmettre ensuite à la pile TCP/IP. chat se charge de l'initialisation du matériel, de l'établissement d'une liaison avec le système destinataire et de la connexion à ce système. Ce n'est que lorsque cette connexion est en place que peut débuter le transfert des données proprement dit. Les données sont transportées à l'aide des protocoles PPP dont le contrôle est assuré par pppd.

Avant de nous intéresser à la configuration de l'accès PPP, nous devons procéder à quelques paramétrages réseau fondamentaux sur notre système. Les informations nécessaires vous sont en principe communiquées par votre fournisseur d'accès. Vous devez tout d'abord savoir quels serveurs DNS sont utilisés. DNS (Domain Name Service) est nécessaire pour convertir en adresses IP exploitables par l'ordinateur les noms utilisés pour désigner les serveurs sur Internet. Ces adresses sont également utiles au protocole de communication TCP/IP. Les serveurs DNS contiennent les listes de tous les serveurs déclarés ainsi que les adresses IP correspondantes. Comme ils ne sont accessibles que par leurs propres adresses IP tant que vous n'avez pas accès à un serveur DNS, vous avez évidemment besoin de connaître ces numéros et éventuellement aussi les noms.

Le fichier */etc/resolv.conf* contient à cet effet les indications suivantes :

```
#
# /etc/resolv.conf
#
search ns1.provider.net ns2.provider.net
nameserver 193.174.70.1
nameserver 193.174.70.2
```

Il s'agit des serveurs DNS à rechercher. La première adresse IP correspond au premier serveur, la deuxième au second. L'indication des noms de serveurs ainsi que d'un second serveur est facultative. Il constitue une solution de secours pour le cas où le premier serveur est indisponible ou saturé.

De nombreux fournisseurs font à présent le choix d'attribuer de manière dynamique les adresses de leurs serveurs de noms. Si vous êtes dans ce cas, c'est-à-dire si votre fournisseur d'accès ne vous a pas communiqué les adresses de ses serveurs de noms, entrez l'adresse 0.0.0.0 sur la ligne `nameserver`.

Le fichier */etc/host.conf* devrait en outre contenir les lignes suivantes :

```
order hosts,bind
multi on
```

De cette manière, les adresses IP des serveurs de noms sont d'abord cherchées dans le fichier */etc/hosts*. L'accès à un des serveurs de noms configurés n'a lieu que si cette première recherche échoue.

Les explications données dans les sections suivantes supposent que ces configurations de base ont été effectuées. Certaines distributions offrent la possibilité de procéder à ces paramétrages dans leurs programmes de configuration. C'est le cas de YaSt dans la distribution SuSE et de netconf, qui est un composant de linuxconf, dans Red Hat. Notez bien que dans la distribution SuSE, YaSt ne semble pas tolérer que l'on modifie ces fichiers manuellement. Cela signifie que lors de modifications ultérieures à partir de YaSt, cet utilitaire ne procède pas aux changements directement dans les fichiers existants mais dans des copies qu'il enregistre sous le même nom mais avec l'extension complémentaire *.SuSE*.

D'autres fichiers peuvent être importants pour contrôler pppd. Avant d'utiliser les paramètres d'ip-up, il tente de lire le fichier */etc/ppp/options* dans lequel vous pouvez inscrire toutes sortes d'options dont la validité est alors globale. Un fichier *.ppprc* est ensuite recherché dans le répertoire home de l'utilisateur ayant lancé le programme. Ce fichier peut contenir le même genre d'options. Ensuite seulement les options d'ip-up sont utilisées ou demandées de manière interactive à la console si elles ne sont pas indiquées. C'est utile si vous voulez autoriser plusieurs utilisateurs du système à se connecter vers l'extérieur tout en limitant les accès à des points où ils sont en mesure de s'identifier.

▼ **Tab. 7.1** *Les options de pppd*

Option	Description
`auth`	Demande à l'ordinateur appelé de n'autoriser que des accès authentifiés au moyen de PAP ou CHAP.
`crtscts`	Active l'utilisation du contrôle de flux matériel (RTS/CTS) du port série. C'est la solution habituellement employée car elle est plus rapide que Xon/Xoff.
`xonxoff`	Active le contrôle de flux logiciel (Xon/Xoff) du port série.
`local`	Désactive l'utilisation des lignes de contrôle du modem.

Option	Description
defaultroute	Ajoute à la table de routage du système une entrée dans laquelle le serveur est désigné comme routeur par défaut. Cette entrée est à nouveau effacée lorsque la connexion est arrêtée.
lock	Garantit que lorsque pppd est en cours d'exécution, lui seul a accès au port série.
modem	Active l'utilisation des lignes de contrôle du modem.
mru <nombre>	Détermine la taille maximale (en octets) d'un paquet envoyé par le serveur. La valeur par défaut est mru 1500.
mtu <nombre>	Détermine la taille maximale (en octets) d'un paquet à envoyer. La valeur par défaut est mtu 1500.
netmask <numéro IP>	Détermine le masque de réseau sous forme de numéro IP, par exemple 255.255.255.0.
noipdefault	Demande au serveur d'attribuer une adresse IP au client.
silent	pppd attend que le serveur se manifeste, au lieu de se terminer, et n'envoie aucun paquet LCP auparavant.
-detach	Empêche que pppd se transforme en processus de fond.
+pap	Force le serveur à s'authentifier lui-même à l'aide de PAP. Ceci ne fonctionne pas dans le cadre d'une connexion standard avec un fournisseur d'accès.
-pap	Décline l'authentification par PAP.
+chap	Force le serveur à s'authentifier lui-même à l'aide de CHAP. Ceci ne fonctionne pas dans le cadre d'une connexion standard avec un fournisseur d'accès.
debug	pppd communique davantage d'informations au démon syslog qui les enregistre dans le fichier /var/log/messages. Cela facilite la recherche d'erreurs.
domain <domaine>	Attache le nom de domaine spécifié au nom d'hôte du client à des fins d'authentification.
name <nom>	Définit un nom pour le système local. En cas d'authentification avec PAP ou CHAP, celui-ci doit correspondre au nom d'utilisateur attribué par le fournisseur d'accès.
user <utilisateur>	Définit le nom d'utilisateur pour une authentification avec PAP. N'utilisez pas cette option en même temps que l'option name.
usehostname	Le nom d'hôte du système lui-même est utilisé comme nom de système pour l'authentification.
remotename <nom>	Définit le nom de serveur attendu à des fins d'authentification.
login	La base de données des utilisateurs du système est utilisée pour authentifier le serveur.

Normalement, seul l'utilisateur root a le droit d'exécuter pppd et chat. Les commandes suivantes permettent également à d'autres utilisateurs d'établir de telles liaisons :

```
# chmod u+s /usr/sbin/pppd
# chmod u+s /usr/sbin/chat
```

PPP par modem

Nous décrivons ci-après la configuration manuelle d'un accès par modem, peu importe qu'il soit analogique ou numérique (RNIS). Cette opération est le plus souvent inutile à l'heure actuelle car la plupart des distributeurs fournissent avec leurs produits des programmes spéciaux permettant de configurer très facilement les accès Internet dans une interface graphique. Dans la distribution SuSE, c'est possible grâce à YaSt et au paquetage wvdial intégré qui doit être installé. Dans Red Hat, c'est netconf, un composant de linuxconf, qui est prévu à cet effet. Si vous travaillez avec KDE, vous pouvez vous servir du paquetage kppp pour réaliser un accès à Internet au moyen de PPP. Toutes ces possibilités sont parfaitement décrites dans les manuels des distributions correspondantes.

Nous vous présentons néanmoins la configuration manuelle des accès Internet par l'intermédiaire d'un modem et de PPP, pour vous donner l'occasion d'en bien comprendre le principe et aussi pour vous permettre de trouver et de corriger des erreurs qui pourraient se glisser dans les configurations réalisées à l'aide des outils graphiques.

Les fichiers du répertoire */etc/ppp* concernent la configuration de la liaison PPP. Pour établir une connexion, vous pouvez enregistrer un shell script, que vous pouvez appeler ip-up, par exemple, et qui pourrait se présenter ainsi :

```
#!/bin/sh
#
# /etc/ppp/ip-up
#
localip=0.0.0.0
remoteip=

device=/dev/modem

pppflags="115200 modem crtscts debug defaultroute"

/usr/sbin/pppd lock connect \
   '/usr/sbin/chat -v -f /etc/ppp/ppp.chat' \
 $device $pppflags $localip:$remoteip
```

Ce listing doit être rendu exécutable avec la commande

```
# chmod +x ip-up
```

Ce script crée d'abord les variables **localip**, **remoteip** et **device** qui serviront plus tard de paramètre de lancement du programme chat. L'instruction **localip=0.0.0.0** indique que le client demande au serveur de lui attribuer une adresse IP. Si votre fournisseur d'accès vous a communiqué une adresse IP bien précise, indiquez cette adresse. Il en va de même avec l'adresse du serveur par le fait que l'adresse IP est omise pour la variable **remoteip**. La variable **device** indique par quel fichier de périphérique le programme chat tentera d'accéder au modem. Si votre distribution n'a pas créé */dev/modem* correctement, indiquez ici le fichier de périphérique */dev/cua* correspondant au port série sur lequel vous avez branché le modem. La variable **pppflags** contient différentes paramètres tels que la vitesse de l'interface série, le type du périphérique, l'utilisation du contrôle de flux matériel, l'enregistrement de nombreuses informations de débogage dans */var/log/messages* pour faciliter la recherche d'erreurs ainsi que l'utilisation des informations de routage par défaut.

Pour une meilleure lisibilité, l'instruction suivante est répartie sur trois lignes dans ce script. Elle démarre pppd en utilisant le programme auxiliaire chat qui lit le fichier de contrôle */etc/ppp/ppp.chat* et utilise les paramètres mentionnés.

Le fichier */etc/ppp/ppp.chat* est le fichier de contrôle du programme chat. Il peut se présenter ainsi, par exemple :

```
TIMEOUT 10
ABORT "NO CARRIER"
ABORT BUSY
ABORT "NO DIALTONE"
ABORT ERROR
"" +++ATZ
OK ATDT0123456789
CONNECT ""
ogin: NOM
assword: PASSWORD
```

La première ligne définit le délai au bout duquel la communication sera interrompue si aucune réponse ne provient de l'autre bout de la ligne. Les deux lignes suivantes inscrivent le message NO CARRIER dans */var/log/messages* et raccrochent si le signal indiquant la disponibilité de la ligne n'est pas reçu. Les deux lignes suivantes font de même si aucune tonalité ne se fait entendre. La sixième ligne active la configuration de base du modem ainsi que le mode commande. Si le modem répond par OK à cette séquence, le numéro figurant derrière la commande ATDT est appelé. Remplacez ce numéro par celui de votre fournisseur d'accès. Si une communication est établie, le modem envoie le message CONNECT et le processus de connexion commence. Le serveur envoie `ogin:` et le client répond en envoyant son nom d'utilisateur. Remplacez `NOM` par le nom d'utilisateur qui vous a été attribué. Le serveur envoie ensuite `assword:` et le client répond en envoyant son mot de passe. Remplacez également `PASSWORD` par votre mot de passe. Notez que ce script ne doit contenir ni commentaires, ni lignes vides, ni espace au début d'une ligne.

En exécutant ce script, vous pouvez créer une connexion PPP avec votre fournisseur d'accès. Vous pouvez vous déconnecter à l'aide du script ip-down suivant :

```
#!/bin/sh
#
#/etc/ppp/ip-down
#
kill 'cat /var/run/ppp0.pid'
```

Le script doit être rendu exécutable à l'aide de la commande

```
# chmod +x ip-down
```

Le démon pppd laisse son identification de processus (PID) dans le fichier */var/run/ppp0.pid*. Le processus peut par conséquent être arrêté par ce script qui lit le numéro enregistré dans le fichier en question et qui le transmet à la commande `kill`.

Pour une telle communication, le fichier */etc/ppp/options* devrait contenir les entrées suivantes (reportez-vous également au tableau au début de cette section) :

```
#
# /etc/ppp/options
#
-detach
modem
lock
crtscts
defaultroute
mtu 552
mru 552
```

Le script ip-up reproduit ici ne fonctionnera probablement pas tel quel chez vous. En effet, les lignes de */etc/ppp/ppp.chat* dans lesquelles doivent être indiqués le nom d'utilisateur et le mot de passe doivent figurer dans le script exactement telles que le serveur les demande. Cela dépend donc des messages avec lesquels le serveur demande le nom d'utilisateur et le mot de passe. Pour déterminer quels sont ces messages, vous devez établir manuellement une liaison PPP avec le serveur, à l'aide d'un programme de terminal. Préparez le nécessaire pour prendre des notes et utilisez par exemple minicom sur la console ou seyon sous X. Appelez votre fournisseur d'accès en tapant par exemple la commande **ATDT** suivie du numéro de téléphone ou de manière interactive avec les menus, en créant le cas échéant un nouveau profil. Notez précisément chaque caractère envoyé par le serveur et ceux que vous tapez en réponse. Ceci n'est nécessaire que pour les deux lignes mentionnées précédemment. Si la connexion s'est effectuée correctement, vous obtenez un message du type **Entering PPP Mode** qui vous confirmera que la liaison a pu être établie. Quittez ensuite le programme que vous utilisez, ce qui mettra en même temps fin à la liaison, et adaptez le script chat en fonction des notes que vous avez prises.

Le script ainsi modifié vous permettra de créer une liaison PPP en exécutant ip-up. La déconnexion se fera ensuite avec ip-down.

Outre cette méthode directe, il existe deux autres possibilités d'accès via PP et un modem. Il s'agit des deux méthodes d'authentification PAP (Password Authentication Protocol) et CHAP (CHallenge Handshake Authentication Protocol). Pour les deux, les deux dernière lignes dans */etc/ppp/ppp.chat* sont superflues. PAP fonctionne comme dans le cas d'une connexion normale dans laquelle le mot de passe est transmis de manière codée ou non. Dans le cas du procédé CHAP, le serveur envoie au client une chaîne de caractères aléatoire contenant le nom d'hôte du serveur. Le client recherche un mot de passe pour ce nom d'hôte, l'attache avec la première chaîne de caractères, code le résultat et le renvoie au serveur. Le même calcul est alors effectué de son côté. La liaison est conservée si les deux résultats sont identiques. Ce processus se répète à intervalles réguliers pendant toute la durée de la connexion.

Par défaut, pppd travaille sans authentification. Celle-ci n'est utilisée que lorsque le serveur l'exige. Une authentification par CHAP est tentée tout d'abord. Si elle n'aboutit pas, par exemple parce qu'il n'existe pas de configuration correspondante, c'est une authentification par PAP qui est effectuée.

Si la connexion à votre fournisseur d'accès exige CHAP, vous pouvez la rendre possible en inscrivant l'entrée suivante dans le fichier */etc/ppp/options* :

```
auth
```

Vous avez également besoin du fichier */etc/ppp/chap-secrets*. Celui-ci fait partie de l'environnement de pppd, mais sans aucune entrée. Il peut se présenter ainsi :

```
#
# /usr/ppp/chap-secrets
# Secrets for authentication using CHAP
#
# client      server      secret      IP addresses
"mon.serveur.societe"      mon.fournisseur.net      "Laisse-moi entrer "
```

La première entrée représente le nom d'hôte complet de votre propre ordinateur, la deuxième correspond au serveur du fournisseur (cela peut aussi être * si vous voulez envoyer les mêmes données à tous les fournisseurs éventuels) et la troisième contient le mot de passe. Les guillemets ne font pas partie des noms ou du mot de passe mais ils doivent être indiqués. Le quatrième champ est vide dans cet exemple. Cela permet au client d'obtenir un accès sous n'importe quelle adresse IP. Vous pouvez également indiquer ici une ou plusieurs adresses IP ou noms d'hôtes pouvant être résolus, sous lesquels un accès peut être obtenu.

Consultez également le fichier */etc/HOSTNAME* pour déterminer sous quel nom d'hôte s'identifie votre système. Si au lieu du nom complet `mon.ser-`

veur.societe vous ne trouvez que le simple nom **mon**, vous devez ajouter les lignes complémentaires suivantes :

```
usehostname
domain serveur.societe
```

Si votre fournisseur d'accès utilise PAP pour l'authentification, un fichier */etc/ppp/pap-secrets* doit être disponible. Un tel fichier est fourni avec pppd à titre d'exemple. Toutes ses entrées sont des commentaires.

```
#
# /etc/ppp/pap-secrets
#
# Secrets for authentication using PAP
# client   server   secret   IP addresses

# OUTBOUND CONNECTIONS
# Here you should add your userid password to connect to your providers via
# pap. The * means that the password is to be used for ANY host you connect
# to. Thus you do not have to worry about the foreign machine name. Just
# replace password with your password.
# If you have different providers with different passwords then you better
# remove the following line.
#hostname   *   password

# INBOUND CONNECTIONS
#client      hostname   <password>   192.168.1.1

# If you add "auth login -chap +pap" to /etc/mgetty+sendfax/login.config,
# all users in /etc/passwd can use their password for pap-authentication.
#
# Every regular user can use PPP and has to use passwords from /etc/passwd
#*   hostname   ""
# UserIDs that cannot use PPP at all. Check your /etc/passwd and add any
# other accounts that should not be able to use pppd! Replace hostname
# with your local hostname.
#guest      hostname    "*"   -
#master      hostname    "*"   -
#root      hostname    "*"   -
```

```
#support   hostname   "*"   -
#stats      hostname   "*"   -
"itsme"   dialin.my-provider.net   "donttell"
```

Le nom d'utilisateur **itsme** est contenu dans ce fichier. Les guillemets ne sont pas interprétés comme faisant partie du nom d'utilisateur mais permettent, le cas échéant, de saisir un nom contenant des espaces. Il arrive également que la demande d'authentification du fournisseur d'accès soit refusée par votre propre ordinateur lorsque ces guillemets ne sont pas utilisés, peu importe que votre nom d'utilisateur se compose d'un ou de plusieurs mots. La deuxième entrée vous est communiquée par votre fournisseur d'accès. Si ce n'est pas le cas, vous pouvez indiquer *, auquel cas tous les fournisseurs éventuels reçoivent les mêmes données de votre part. Le mot de passe vous est également communiqué par le fournisseur d'accès. C'est la troisième entrée de la ligne. La remarque faite pour le nom d'utilisateur à propos des guillemets s'applique également pour le mot de passe. Comme nous n'avons indiqué aucune adresse IP comme quatrième entrée, nous pouvons nous connecter sous n'importe quelle adresse auprès de notre fournisseur d'accès. C'est nécessaire en cas d'attribution dynamique d'adresse IP. Si votre fournisseur d'accès vous a attribué une adresse IP fixe, indiquez-la à cet endroit.

L'entrée utilisée pour le client ainsi que l'indication du nom de serveur doivent être mentionnées dans le fichier */etc/ppp/options* avec les lignes

```
user itsme
remotename dialin.my-provider.net
```

PPP via RNIS

Nous décrivons à présent l'utilisation de PPP avec des cartes RNIS internes. Si vous avez opté pour un modem RNIS externe branché sur un port série, reportez-vous à la section précédente. Linux ne fait en effet aucune différence, que vous ayez branché un modem analogique ou numérique.

Pour la prise en charge logicielle des adaptateurs RNIS internes, vous devez recourir au paquetage isdn4linux, en abrégé i4l, que vous trouverez sur

```
ftp://ftp.suse.com/pub/isdn4linux/
```

ou

```
ftp://ftp.franken.de/pub/isdn4linux/
```

Il fait également partie de la composition standard de toute distribution Linux. Si vous n'avez pas encore installé ce paquetage, faites-le maintenant.

Lors de votre recherche de la version la plus récente, vous trouverez à l'adresse ci-dessus des répertoires tels que *./v2.1*. Ils indiquent la version du paquetage qu'ils contiennent. Rendez-vous dans le répertoire correspondant au plus grand numéro de version. Vous y trouverez des paquetages du type *isdn4k-utils-3.0.tar.gz* contenant le code source de tous les programmes nécessaires. Décompressez l'archive, rendez-vous dans le répertoire décompressé puis compilez et installez ces programmes avec les commandes

```
# make
# make install
```

Vous trouverez, ci-dessous, une liste de toutes les cartes RNIS prises en charge. Cette liste évolue très rapidement et le fait que votre matériel n'y figure pas ne signifie pas nécessairement qu'elle ne peut pas être prise en charge. La liste la plus récente des cartes prises en charge se trouve dans les fichiers README dans */usr/src/linux/Documentation*.

Tout est à présent réuni pour effectuer la configuration de l'adaptateur RNIS. Si vous utilisez une distribution SuSE ou Red Hat, vous pouvez profiter des menus de YaSt ou netcfg pour configurer votre accès Internet via RNIS avec tout le confort de l'interface graphique. Vous trouverez tous les détails de la procédure et toutes les explications dans le manuel correspondant.

Si vous voulez ou devez configurer votre accès manuellement, lisez ce qui suit. Si vous avez installé le paquetage i4l de votre distribution, désactivez, dans le programme de configuration de la distribution, le lancement automatique de i4l au démarrage du système.

Occupons-nous tout d'abord de la journalisation des accès au matériel RNIS et de l'utilisation de i4l. Ce n'est pas obligatoire mais cela peut être très utile lors de la recherche d'erreurs. En effet, tout ne fonctionne pas toujours exactement comme on le prévoit. *isdnlog* est utilisé pour cela. Vous pouvez le configurer à l'aide du fichier *isdn.conf* qui se trouve dans le répertoire */etc/isdn* ou */etc/config/isdnlog*, selon la distribution. À l'issue de l'installation, ce fichier se présente par exemple de la manière suivante :

```
##########################################################################
#
# File /etc/config/isdnlog/isdn.conf generated by isdnlog 2.6.1
  on Sun Oct 20 21:49:10 1996
#
##########################################################################

[GLOBAL]
COUNTRYPREFIX=+
AREAPREFIX=0
COUNTRYCODE=0033
AREACODE=836

[ISDNLOG]
ILABEL = %b %e %T %ICall to tei %t from %N2 on %n2
OLABEL = %b %e %T %Itei %t calling %N2 with %n2
CHARGEMAX = 1000.00
```

Ce fichier peut avoir un contenu différent chez vous car chaque distribution le présente autrement mais les options sont bien entendu les mêmes. La section **[GLOBAL]** contient le paramètre **COUNTRYPREFIX** que vous n'avez normalement pas à modifier. Il s'agit du caractère à utiliser avant de composer le préfixe national indiqué par le paramètre **COUNTRYCODE**. Le paramètre **AREAPREFIX** se charge de composer le zéro en tête du préfixe local. **AREACODE** contient le préfixe local proprement dit, sans le zéro en tête.

Dans la section **[ISDNLOG]** est défini le format Log. Il détermine sous quelle forme sont construites les entrées de la connexion. Vous pouvez sans problème conserver les paramètres par défaut. Le paramètre **CHARGEMAX** indique le nombre maximal d'unités téléphoniques "consommables" par jour. Lorsque cette valeur est atteinte, une nouvelle connexion est impossible le même jour. Cette fonctionnalité est peu sûre et mieux vaut ne pas vous y fier. Indiquez donc une valeur aussi élevée que possible afin d'éviter tout problème.

Voici maintenant la liste des cartes prises en charge par des pilotes HiSax. Le pilote HiSax a déjà été évoqué brièvement à propos de la configuration RNIS du noyau. Il s'agit de la prise en charge de toutes les cartes avec chipset Siemens, ce chipset constituant quasiment un standard dans le monde RNIS, à l'heure actuelle.

- Teles 8.0/16.0/16.3 et cartes compatibles

- Teles 16.3c
- Teles S0/PCMCIA
- Teles PCI
- Teles S0Box
- Creatix S0Box
- Creatix PnP S0
- Compaq ISDN S0 ISA card
- AVM A1 (Fritz, Teledat 150)
- AVM Fritz PCMCIA
- AVM Fritz PnP
- AVM Fritz PCI
- ELSA Microlink PCC-16, PCF, PCF-Pro, PCC-8
- ELSA Quickstep 1000
- ELSA Quickstep 1000PCI
- ELSA Quickstep 3000 (mêmes paramétrages que pour QS1000)
- ELSA Quickstep 3000PCI
- ELSA PCMCIA
- ITK ix1 micro Rev.2
- Eicon.Diehl Diva 2.0 ISA and PCI (pas la version PRO)
- Eicon.Diehl Diva 2.01 ISA and PCI
- Eicon.Diehl Diva Piccola
- ASUSCOM NETWORK INC. ISDNLink 128K PC Adapter (avec numéro de commande I-IN100-ST-D)
- Dynalink IS64PH (Version OEM d'ASUSCOM NETWORK INC. ISDNLink 128K)
- PCBIT-DP (Version OEM d'ASUSCOM NETWORK INC. ISDNLink)
- HFC-2BS0 based cards (TeleInt SA1)
- Sedlbauer Speed Card (Speed Win, Teledat 100, PCI, Fax+)
- Sedlbauer Speed Star/Speed Star2 (PCMCIA)
- Sedlbauer ISDN-Controller PC/104
- USR Sportster internal TA (compatible avec Stollmann tina-pp V3)
- Carte ISA MIC 16 de ith Kommunikationstechnik GmbH
- Carte Traverse Technologie NETjet PCI S0
- Dr. Neuhaus Niccy PnP/PCI
- Siemens I-Surf
- ACER P10

- HST Saphir
- Berkom Telekom A4T
- Scitel Quadro
- Cartes Gazel ISDN
- Cartes basées sur HFC-PCI
- PCF, PCF-Pro : pour ces cartes, seule la partie RNIS est prise en charge
- PCC-8 : non testée
- Teles PCMCIA : en cours d'expérimentation
- Teles 16.3c : en cours d'expérimentation
- Teles PCI : en cours d'expérimentation
- Teles S0Box : en cours d'expérimentation
- Eicon.Diehl Diva U : non testée

Vous êtes chanceux si vous utilisez une carte PCI. Dans ce cas, vous n'avez à vous soucier de rien lors du chargement du module correspondant, ces cartes étant configurées automatiquement. Les seuls paramètres requis sont le numéro du type de carte ainsi que le protocole à utiliser. Il en va autrement avec les cartes ISA. Comme au bon vieux temps du DOS, il y a quelques paramètres à passer au module lors du chargement de celui-ci. Ceci ne doit cependant pas être fait chaque fois manuellement. Dans la configuration du noyau, nous avons défini qu'il doit charger lui-même, chaque fois qu'il en a besoin, les fonctions compilées en tant que modules. Pour qu'il sache quels paramètres employer, ceux-ci ont été enregistrés dans le fichier */etc/conf.modules*, fichier qui sera lu chaque fois que nécessaire.

Les paramètres en question sont le canal d'interruption (IRQ), le port d'entrée/sortie (port I/O), l'adresse de base en mémoire, le protocole du canal D à employer ainsi qu'une chaîne de caractères d'identification. Vous trouverez ces données dans la documentation de votre carte.

Pour les cartes PCI tout comme pour les cartes ISA, vous devez indiquer le type de la carte (voir liste) ainsi que le protocole à employer.

Le tableau ci-après contient la liste des paramètres et leur description.

▼ **Tab. 7.2** *Abréviations utilisées pour le passage des paramètres*

Abréviation	Description
io	Adresse de base du tampon utilisé pour les entrées et sorties de la carte (adresse I/O)

Abréviation	Description
irq	Interruption utilisée par la carte (IRQ)
membase	Adresse de la plage mémoire
type	Type de la carte utilisée
protocol	Protocole du canal D (1 = TR6, 2 = EDSS1 (EURO), 3 = ligne permanente)
id	Chaîne de caractères d'identification pour l'accès des programmes de configuration au pilote.

Voici maintenant un tableau contenant la liste des cartes avec leur type ainsi que les paramètres requis pour chacune.

▼ **Tab. 7.3** *Les cartes prises en charge par HiSax*

Type	Carte	Paramètres
1	Teles 16.0	type, protocol, irq, mem, io
2	Teles 8.0	type, protocol, irq, mem
3	Teles 16.3	type, protocol, irq, io
4	Creatix/Teles PnP	type, protocol, irq, io0 (ISAC), io1 (HSCX)
5	AVM A1 (Fritz!)	type, protocol, irq, io
6	Elsa PCC/PCF Karten	type, protocol
7	Elsa Quickstep 1000	type, protocol, irq, io
8	Teles 16.3 PCMCIA	type, protocol, irq, io
9	ITK ix1-micro Rev. 2	type, protocol, irq, io
10	ELSA PCMCIA	type, protocol, irq, io
11	Eicon Diehl Diva ISA PnP	type, protocol, irq, io
11	Eicon.Diehl Diva PCI	type, protocol
12	Asus COM ISDNLink	type, protocol, irq, io
13	HFC-2BS0 basierte Karten	type, protocol, irq, io
14	Teles 16.3c PnP	type, protocol, irq, io
15	Sedlbauer Speed Card	type, protocol, irq, io
15	Sedlbauer PC/104	type, protocol, irq, io
15	Sedlbauer Speed PCI	type, protocol
16	USR Sportster internal	type, protocol, irq, io
17	MIC	type, protocol, irq, io
18	Elsa Quickstep 1000PCI	type, protocol
19	Compaq ISDN S0 ISA	type, protocol, io0, io1, io
20	NETjet PCI	type, protocol
21	Teles PCI	type, protocol
22	Sedlbauer SpeedStar PCMCIA	type, protocol, irq, io
24	Dr. Neuhaus Niccy PnP	type, protocol, irq, io0, io1
24	Dr. Neuhaus Niccy PCI	type, protocol
25	Teles SoBox	type, protocol, irq, io

Type	Carte	Paramètres
26	AVM A1 PCMCIA (Fritz!)	type, protocol, irq, io
27	AVM PnP (Fritz!PnP)	type, protocol, irq, io
27	AVM PCI (Fritz!PCI)	type, protocol
28	Sedlbauer Speed Fax+	type, protocol, irq, io
29	Siemens I-Surf	type, protocol, irq, io, membase
30	Acer P10	type, protocol, irq, io
31	HST Saphir	type, protocol, irq, io
32	Telekom A4T	type, protocol
33	Scitel Quadro	type, protocol
34	Gazel ISDN ISA	type, protocol, irq, io
34	Gazel ISDN PCI	type, protocol
35	HFC 2BDS0 PCI	type, protocol

Pour automatiser le passage des paramètres au module, vous pouvez ajouter par exemple une ligne de ce type :

```
options hisax type=5 protocol=2 io=0x240 irq=10 id=Fritz
```

Elle demande au noyau de configurer une carte Fritz (ISA) pour le protocole EDSS1 avec le port d'entrée/sortie 240 et l'interruption 10, lors du chargement du module hisax.

Adaptez cette ligne aux paramètres de votre carte RNIS puis poursuivons la configuration.

Venons-en maintenant au programme isdnctrl (contrôle ISDN). Il est nécessaire pour disposer d'une interface réseau RNIS avant même l'activation d'ipppd (le démon PPP ISDN, l'équivalent de PPP dans la précédente section). En effet, contrairement à pppd, ipppd ne génère pas cette interface de lui-même lors de son activation.

Vous pouvez écrire à cet effet un shell script que vous nommerez *isdn-up* et que vous enregistrerez dans */etc/ppp*. Pour pouvoir le démarrer par la suite, vous devez le rendre exécutable avant de l'enregistrer, avec `chmod +x`. Ce script se présente de la façon suivante :

```
#!/bin/sh
# /etc/ppp/isdn-up
#
# Définition de périphérique
```

```
isdnctrl addif ippp0

# Votre propre numéro de téléphone
isdnctrl eaz ippp0 0123456789

# Numéro à composer
isdnctrl addphone ippp0 0234567891

# Numéros autorisés à appeler (tous dans un premier temps)
isdnctrl addphone ippp0 in

# N'autoriser les appels que par des numéros explicitement désignés
isdnctrl secure ippp0 on

# Protocole à utiliser pour layer (couche) 2
# (x75i, x75ui, x75bui ou hdlc)
isdnctrl l2 prot ippp0 hdlc

# Protocole à utiliser pour layer (couche) 3
isdnctrl l3 prot ippp0 trans

# Protocole à utiliser, englobant les autres protocoles
# (cisco h, rawip ou syncppp)
isdnctrl encap ippp0 syncppp

# Délai (en secondes) sans transfert de données à l'issue duquel
# la communication est interrompue (60)
isdnctrl huptimeout ippp0 60

# Nombre maximal d'essais de composition du numéro (5)
isdnctrl dialmax ippp0 5

# Coupler PPP avec le périphérique
isdnctrl pppbind ippp0 0

# Configuration IP,
# équivaut à la configuration d'une carte réseau "normale".
# Utilisation d'adresses n'ayant rien à voir avec des adresses locales !
# Si attribution d'adresses statique, remplacer ces adresses
# par celles qui vous ont été attribuées.
```

```
ifconfig ippp0 192.168.0.99 pointtopoint 192.168.0.1

# Connexion établie ? Si oui, le signaler.
isdnctrl verbose 3
```

Ce script donne tout d'abord l'instruction d'aménager le fichier de périphérique *ippp0*. Celui-ci a été créé lors de l'installation d'i4l. Nous indiquons ensuite notre propre numéro de téléphone puis celui du fournisseur d'accès. Avec les deux entrées suivantes, nous décidons que seuls les appels provenant de certains numéros spécifiés doivent être acceptés. Par exemple, l'instruction

```
isdnctrl addphone ippp0 in 0312345678
```

permet de faire en sorte que seul le numéro 0312345678 a le droit de se connecter. Cela n'a cependant aucune utilité dans notre cas puisque nous ne faisons pas office de serveur de numérotation.

Les deux lignes suivantes définissent les protocoles de niveau 2 et 3. Nous avons opté ici pour la combinaison qui est de loin la plus répandue et vous n'avez normalement rien à y changer. Si cela devait néanmoins être le cas, c'est votre fournisseur d'accès qui vous en informerait et qui vous donnerait les renseignements nécessaires.

Nous indiquons ensuite que nous voulons être reliés à notre correspondant par syncppp. C'est également le mode le plus courant. Puis nous stipulons que nous voulons être déconnectés automatiquement après 60 secondes d'inactivité et que nous voulons faire cinq essais de numérotation consécutifs pour entrer en communication avec le correspondant. Si le cinquième essai n'aboutit pas davantage que les précédents, nous devons recommencer le processus de connexion.

Avec l'instruction suivante, nous attachons PPP à l'interface ippp0. Dans l'avant-dernière instruction, nous utilisons ifconfig, le programme standard de configuration du réseau, qui devrait de toute manière être déjà installé sur votre système. Il nous sert à définir pour l'interface ippp0 que l'adresse locale est 192.168.0.99, celle du correspondant 192.168.0.1 et qu'il s'agit d'une liaison de poste à poste, comme il se doit pour PPP. Ces adresses IP doivent être indiquées mais elles n'ont en réalité aucune importance car votre fournisseur d'accès vous attribuera de toute manière une adresse dynamique et la sienne sera sûrement différente de celle qui est indiquée. Ces adresses ne sont donc que des "leurres" pour que la syntaxe soit complète. La dernière instruction active la journalisation dans */var/log/messages*.

La suppression du périphérique ippp0 et de la configuration réseau correspondante s'effectue simplement avec le script */etc/ppp/isdn-down* reproduit ci-après et que vous devez rendre exécutable avec **chmod +x**.

```
#!/bin/sh
# /etc/ppp/isdn-down
#
ifconfig ippp0 down
isdnctrl delif ippp0
```

La partie RNIS étant entièrement configurée, nous pouvons à présent nous consacrer à PPP avec RNIS tout comme nous l'avons fait dans la section précédente avec PPP par modem. Un démon PPP spécial est contenu dans le paquetage i4l à cet effet. Il s'appelle ipppd. La configuration de l'accès à l'aide de pppd et ipppd est identique dans une très large mesure.

Renvoi

> Nous vous renvoyons par conséquent à la liste de la précédente section pour ce qui concerne la description des différents paramètres.

Le fichier de configuration global d'ipppd est */etc/ppp/ioptions*. Il est richement documenté à l'issue de l'installation. Nous vous présentons ici un fichier que vous pouvez utiliser comme modèle et dans lequel nous avons supprimé bon nombre de commentaires du fichier original, pour davantage de clarté. Vous pouvez renommer l'original en *ioptions.orig* pour le conserver et le remplacer par le fichier *ioptions* ci-après :

```
#
# /etc/ppp/ioptions
#
# Utiliser le périphérique créé avec /etc/ppp/isdn-up
/dev/ippp0

# Indication de l'adresse IP locale et de l'adresse du fournisseur d'accès
# sous la forme IP locale:IP fournisseur. Si adresse 0.0.0.0 ou omise
# utilisation d'une adresse attribuée de manière dynamique.
```

```
0.0.0.0:

# Nom d'utilisateur pour la connexion chez le fournisseur d'accès.
user "mon-nom-d_utilisateur"

# Nom de l'hôte du fournisseur d'accès (pour PAP)
remotename "dialin.provider.net"

# Nom d'utilisateur pour votre propre système (uniquement pour CHAP)
# name my_system_name

# Acceptation d'adresse IP du fournisseur.
# Utilisation en cas d'attribution d'adresses dynamique.
ipcp-accept-local
ipcp-accept-remote
noipdefault

# Tentative d'obtenir l'adresse IP du périphérique.
# À n'utiliser que si vous avez une adresse statique.
#useifip

# Désactiver la compression
-vj
-vjccomp
-ac
-pc
-bsdcomp

# Taille maximale (en octets) d'un paquet en réception
mru 1524

# Taille maximale (en octets) d'un paquet en émission
mtu 1500
```

Ce script, tout comme */etc/ppp/options* pour les connexions par modem, sert à définir différents paramètres de l'accès RNIS, notamment notre nom d'utilisateur pour l'authentification.

Pour des connexions RNIS, seuls PAP ou CHAP peuvent être utilisés pour l'authentification. Vous ne pouvez utiliser un script chat comme pour un modem dans ce cas. Les mêmes types de fichiers sont utilisés, en fonction du type d'authentification, que pour une connexion par modem. Il s'agit des fichiers */etc/ppp/pap-secrets* et */etc/ppp/chap-secrets* que l'on emploie respectivement pour l'authentification à l'aide de PAP et de CHAP.

Renvoi

Pour des explications détaillées sur ces deux fichiers, reportez-vous aux informations données dans la précédente section.

La connexion peut être établie avec les commandes suivantes :

```
# /etc/ppp/isdn-up
# /usr/sbin/ipppd pidfile /var/run/ipppd.pid
```

Pour vous déconnecter, tapez la commande :

```
# kill 'cat /var/run/ipppd.pid?'
```

Il serait assez fastidieux de devoir taper toutes ces commandes à chaque connexion et déconnexion. C'est pourquoi nous vous proposons d'écrire un script que vous nommerez */usr/local/bin/isdn-connect* et que vous rendrez exécutable avec la commande **chmod +x**. Il pourrait se présenter ainsi, par exemple :

```
#
# /usr/local/bin/isdn-connect
#
case "$1" in
   start)
      echo "Connexion RNIS en cours."
      /etc/ppp/isdn-up
      /usr/sbin/ipppd pidfile /var/run/ipppd.pid &
;;
stop)
      echo "Déconnexion RNIS en cours."
   kill 'cat /var/run/ipppd.pid'
   /etc/ppp/isdn-down
;;
```

Les commandes

```
# isdn-connect start
```

et

```
# isdn-connect stop
```

permettent alors de créer une connexion ou de vous déconnecter.

Dial-On Demand

Nous vous l'avons déjà expliqué : ipppd équivaut, par son principe, à pppd, son homologue pour les connexions à l'aide d'un modem. ipppd apporte cependant une innovation dans la mesure où il prend en charge la connexion automatique avec le fournisseur d'accès Internet aussitôt que des paquets sont envoyés à un ordinateur qui ne se trouve pas dans le réseau local. Cette fonctionnalité s'appelle Dial-On Demand. Elle s'active en ajoutant la ligne suivante dans le fichier */etc/ppp/isdn-up* décrit précédemment :

```
isdnctrl dialmode ippp0 auto
```

Le fichier */usr/local/bin/isdn-connect* n'est plus nécessaire alors pour réaliser une connexion. La déconnexion aussi se fait automatiquement à l'issue du délai de non activité que nous avons fixé à 60 secondes dans notre exemple.

Ce fichier de démarrage nous servait cependant aussi à lancer */etc/ppp/isdn-up* et nous devons par conséquent le lancer à partir d'un autre endroit approprié. Exécuter ce script manuellement serait absurde car cela ôterait tout son intérêt à la connexion automatique. Le plus logique est d'exécuter */etc/ppp/isdn-up* automatiquement au démarrage du système. Ajoutez à cet effet la ligne

```
/etc/ppp/isdn-up
```

dans le fichier */sbin/init.d/boot.local*.

Dorénavant, lorsque vous démarrerez votre ordinateur, il vous suffira d'ouvrir par exemple votre navigateur et de l'aiguiller vers une adresse externe. La connexion RNIS sera alors automatiquement réalisée et les données seront transmises en conséquence.

Pour arrêter cette fonctionnalité momentanément au cours d'une session, tapez la commande

```
# isdnctrl dialmode ippp0 manual
```

Cela peut être utile si votre connexion RNIS ou votre réseau n'est pas configuré correctement et si la connexion est créée à chaque activité sur le réseau. Vous risqueriez en effet d'avoir un malaise en découvrant votre prochaine facture de téléphone !

C'est la raison pour laquelle nous vous recommandons d'observer attentivement votre serveur pendant un certain temps, afin de vous assurer qu'il ne réalise la connexion que lorsque c'est effectivement nécessaire. Vous pouvez étudier à cet effet les inscriptions qui sont faites par isdnlog dans le fichier */var/log/messages*. Mais vous pouvez également utiliser le programme xisdnload qui fait partie de toutes les distributions récentes. Il indique si une connexion est en cours et si oui, depuis combien de temps, le débit instantané, ainsi que la quantité totale de données déjà transférées. L'activité de la ligne est également représentée sous forme de graphique.

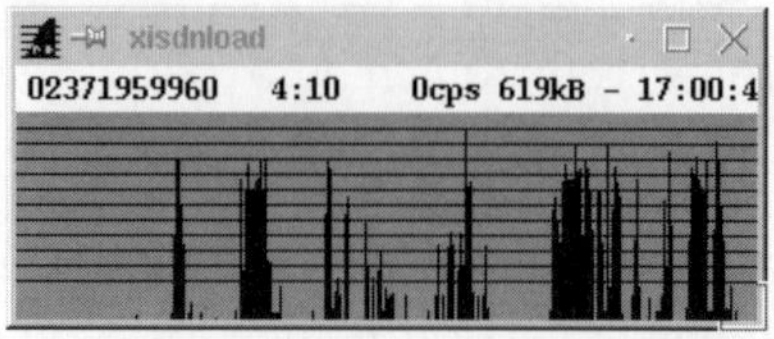

◄ **Fig. 7.6**
Affichage de l'activité de la connexion RNIS par xisdnload

7.5 Aménager un serveur de noms

Si votre accès à Internet ne vous est pas facturé forfaitairement mais en fonction de certains volumes de données, vous vous demandez probablement comment faire pour réduire ce volume de données. Si, en plus, vous payez également en fonction du temps passé en ligne, vous chercherez logiquement aussi à réduire les temps de connexion. Une astuce simple permet de faire d'une pierre deux coups.

La solution s'appelle "Caching-Only Nameserver". Un serveur de noms reçoit normalement des requêtes contenant des noms d'hôtes. Il recherche chaque nom d'hôte dans sa base de données afin de déterminer l'adresse IP correspondante. S'il trouve le nom en question il renvoie l'adresse IP, sinon, il transmet la demande à un autre serveur de noms qui y répondra, soit par une adresse IP, soit par un message d'erreur.

Comment tirer parti de cela pour réduire les volumes de données et les durées de connexion ? La configuration d'un serveur de noms est très complexe. En revanche, cela devient très simple si nous décidons d'utiliser un serveur de noms en tant que Caching-Only Nameserver. Sa fonction consiste alors à recevoir les requêtes telles que mentionnées précédemment. S'il ne peut la résoudre lui-même, il la transmet à un autre serveur de noms. Si celui-ci lui renvoie une adresse IP, le Caching-Only Nameserver la mémorise dans sa propre base de données. À la prochaine requête concernant le même nom, il renverra l'adresse IP directement depuis son cache.

Chacun fréquentant un certain nombre de serveurs web, souvent d'ailleurs les mêmes, on peut ainsi économiser un certain volume de données transférées et gagner un peu de temps, si les résolutions de noms d'hôtes sont disponibles en cache. Configurons par conséquent les clients de notre réseau local afin qu'ils utilisent notre serveur comme serveur DNS. Nous ne réaliserons aucune économie dans un premier temps car pour chaque requête, il devra consulter le serveur DNS défini sur son système, c'est-à-dire celui du fournisseur d'accès Internet. Des gains seront réalisés dès que le même nom d'hôte sera demandé pour la deuxième fois car l'adresse IP sera alors disponible directement sur notre serveur, qui n'aura par conséquent pas besoin de transmettre la demande.

Le programme standard servant à implémenter un tel serveur de noms s'appelle bind. Il existe actuellement la version 8 mais on trouve généralement encore la version 4 qui était son prédécesseur direct. Peu importe laquelle des deux vous utilisez en définitive. La différence se situe au niveau des fichiers de configuration. Nous vous les fournissons pour les deux versions du programme. bind est une application standard d'un système Linux et fait partie de l'inventaire de toutes les distributions. Comme la version utilisée n'a aucune importance, vous n'avez donc pas à vous soucier de la recherche et du téléchargement des sources de la version la plus récente, ni de leur configuration et de leur compilation. Si toutefois cela vous intéresse, sachez que vous trouverez la dernière version à l'adresse `http://www.isc.org`.

Si nécessaire, installez bind et utilisez le programme de configuration de votre distribution pour faire en sorte qu'il soit lancé dès le démarrage du système. Dans la distribution SuSE, c'est la variable `START_DNS=` qui contrôle cela, dans le fichier */etc/rc.config*. Donnez à cette variable la valeur **YES** après avoir installé le programme.

Pour configurer bind dans la version 8, nous utilisons le fichier */etc/named-.conf* avec le contenu suivant :

```
options {
   directory "/usr/local/named";
};

zone "0.0.127.in-addr.arpa" {
   type master;
   file "db.127.0.0";
};

zone "." {
   type hint;
   file "named.root";
};
```

Pour configurer la version 4, nous utilisons le fichier */etc/named.boot* :

```
directory /usr/local/named;
primary   0.0.127.in-addr.arpa      db.127.0.0
cache   .               db.cache
```

Nous demandons à bind de se servir des fichiers *db.127.0.0* et *named.root*, dans le répertoire */usr/local/named*, pour la suite de la configuration. Ces fichiers doivent être créés. Le premier, */usr/local/named/db.127.0.0*, aura le contenu ci-après :

```
0.0.127.in-addr.arpa. IN SOA ns.my-server.net. root.my-server.net. (
            1 ; Numéro série
            10800 ; Mise à jour
            3600 ; Nouvel essai
            604800 ; Éliminer
            86400 ) ; TTL-Minimum

0.0.127.in-addr.arpa. IN NS ns.my-server.net.
```

```
1.0.0.127.in-addr.arpa. IN PTR localhost.
```

Quelques paramètres doivent être adaptés dans ce fichier. À la place de **ns.my-server.net** (à deux endroits dans le listing), vous devez indiquer le nom d'hôte complet de votre nouveau serveur de noms. Vient ensuite l'adresse d'e-mail **root.my-server.net** du responsable, adresse dans laquelle le caractère @ est remplacé par un point.

Les valeurs entre parenthèses représentent divers paramètres que vous pouvez modifier. Ne changez pas le numéro de série. Les valeurs suivantes sont exprimées en secondes mais vous pouvez également les indiquer en heures, en jours ou en semaines en les inscrivant directement derrière un H, un D ou un W. Le paramètre **Mise à jour** détermine le délai au bout duquel la validité des données enregistrées doit être vérifiée. **Nouvel essai** détermine le délai avant une nouvelle tentative de connexion lorsque la précédente a échoué. L'option **Éliminer**, quant à elle, indique le délai après lequel les données enregistrées doivent être considérées comme périmées et effacées. **TTL-Minimum**, finalement, indique pendant combien de temps les autres serveurs sont autorisés à utiliser les informations obtenues par ce serveur, avant qu'elles ne soient mises à jour.

Le fichier */usr/local/named/named.root* se présente de la manière suivante. N'ayez crainte, vous n'aurez pas besoin de le retaper.

```
;       This file holds the information on root name servers needed to
;       initialize cache of Internet domain name servers
;       (e.g. reference this file in the "cache  .  <file>"
;       configuration file of BIND domain name servers).
;
;       This file is made available by InterNIC registration services
;       under anonymous FTP as
;           file                /domain/named.root
;           on server           FTP.RS.INTERNIC.NET
;       -OR- under Gopher at    RS.INTERNIC.NET
;           under menu          InterNIC Registration Services (NSI)
;              submenu          InterNIC Registration Archives
;           file                named.root
;
;       last update:    Aug 22, 1997
;       related version of root zone:   1997082200
```

```
;
;
; formerly NS.INTERNIC.NET
;
.                       3600000  IN  NS    A.ROOT-SERVERS.NET.
A.ROOT-SERVERS.NET.     3600000      A     198.41.0.4
;
; formerly NS1.ISI.EDU
;
.                       3600000      NS    B.ROOT-SERVERS.NET.
B.ROOT-SERVERS.NET.     3600000      A     128.9.0.107
;
; formerly C.PSI.NET
;
.                       3600000      NS    C.ROOT-SERVERS.NET.
C.ROOT-SERVERS.NET.     3600000      A     192.33.4.12
;
; formerly TERP.UMD.EDU
;
.                       3600000      NS    D.ROOT-SERVERS.NET.
D.ROOT-SERVERS.NET.     3600000      A     128.8.10.90
;
; formerly NS.NASA.GOV
;
.                       3600000      NS    E.ROOT-SERVERS.NET.
E.ROOT-SERVERS.NET.     3600000      A     192.203.230.10
;
; formerly NS.ISC.ORG
;
.                       3600000      NS    F.ROOT-SERVERS.NET.
F.ROOT-SERVERS.NET.     3600000      A     192.5.5.241
;
; formerly NS.NIC.DDN.MIL
;
.                       3600000      NS    G.ROOT-SERVERS.NET.
G.ROOT-SERVERS.NET.     3600000      A     192.112.36.4
;
; formerly AOS.ARL.ARMY.MIL
;
.                       3600000      NS    H.ROOT-SERVERS.NET.
```

```
H.ROOT-SERVERS.NET.      3600000     A     128.63.2.53
;
; formerly NIC.NORDU.NET
;
.                        3600000     NS    I.ROOT-SERVERS.NET.
I.ROOT-SERVERS.NET.      3600000     A     192.36.148.17
;
; temporarily housed at NSI (InterNIC)
;
.                        3600000     NS    J.ROOT-SERVERS.NET.
J.ROOT-SERVERS.NET.      3600000     A     198.41.0.10
;
; housed in LINX, operated by RIPE NCC
;
.                        3600000     NS    K.ROOT-SERVERS.NET.
K.ROOT-SERVERS.NET.      3600000     A     193.0.14.129
;
; temporarily housed at ISI (IANA)
;
.                        3600000     NS    L.ROOT-SERVERS.NET.
L.ROOT-SERVERS.NET.      3600000     A     198.32.64.12
;
; housed in Japan, operated by WIDE
;
.                        3600000     NS    M.ROOT-SERVERS.NET.
M.ROOT-SERVERS.NET.      3600000     A     202.12.27.33
; End of File
```

Ce fichier contient les informations sur les Root Namerservers. Dans la hiérarchie des serveurs de noms, ils constituent la racine. Ils contiennent toutes les informations les plus récentes sur tous les noms de domaines attribués sur Internet et sur les adresses IP correspondantes. Ces serveurs subissent parfois des changements et vous devriez par conséquent vous procurer régulièrement une version à jour du fichier. Vous pouvez obtenir la mouture la plus récente sur Internet, à l'adresse

```
ftp://ftp.rs.internic.net/domain/
```

Téléchargez le fichier *named.root* et copiez-le dans le répertoire */usr/local/named*.

Il nous reste à contrôler, sur notre serveur, si les entrées correspondant aux serveurs DNS du fournisseur d'accès dans */etc/reslov.conf* sont correctes. Les entrées DNS des clients doivent ensuite être remplacées par l'adresse IP de notre serveur et notre système Caching-Only Nameserver est opérationnel.

7.6 Connecter un réseau local à Internet

La connexion à Internet d'un ordinateur isolé est assez facile à configurer et sa mise en œuvre est relativement simple, qu'elle soit manuelle ou par Dial-on-Demand. Soit nous créons nous-mêmes la connexion et y mettons fin lorsque nous n'en avons plus besoin, soit le système remarque que nous voulons accéder à Internet et nous relie automatiquement puis nous déconnecte à nouveau, après un certain délai d'inactivité.

Les choses se compliquent en revanche quelque peu lorsqu'il s'agit de relier un réseau, c'est-à-dire un intranet, de manière à mettre à la disposition de tous les clients de cet intranet un accès commun à Internet.

Le routeur doit faire en sorte que les données arrivent à destination lors de la communication entre le réseau interne et Internet. À cet effet, il doit être capable de convertir les adresses IP internes de l'intranet en une adresse IP qui lui a été communiquée par le fournisseur d'accès Internet. Pour ce processus appelé NAT (Network Address Translation), on utilise dans Linux le principe de l'IP Masquerading.

Routage dans des réseaux IP

Un routeur est un périphérique reliant plusieurs réseaux entre eux. Il possède donc au minimum deux interfaces réseau, chacune étant reliée au réseau correspondant. Si des données doivent être échangées entre ces deux réseaux, il lui appartient de prendre connaissance de la requête et de faire transiter les paquets de données vers le réseau destinataire. Il en va de même pour les paquets en réception. Dans un réseau, seuls les ordinateurs appartenant à la même partie du réseau peuvent communiquer entre eux car c'est la condition pour qu'ils puissent déterminer l'adresse matérielle de la carte réseau du destinataire à l'aide de ARP (Address Resolution Protocol = protocole de résolution d'adresses). Cette adresse est indispensable pour tous les protocoles réseaux si l'on veut que les données soient envoyées précisément à l'endroit voulu.

Pour connecter votre réseau à Internet, vous avez besoin d'un routeur qui dispose d'une interface avec les autres ordinateurs du réseau en même temps qu'avec l'Internet. La nature de cette interface réseau n'a aucune importance en ce qui concerne le routage. Notre tâche est simplifiée par le fait que nous n'utilisons pas des routeurs devant se mettre d'accord, par des protocoles spéciaux, pour savoir quels paquets envoyer, comment et vers quelle destination. Nous disposons schématiquement de deux interfaces réseau entre lesquelles doivent être transférées des données et les deux ont un fonctionnement basé sur IP.

La fonctionnalité réseau en tant que telle ne nécessite aucune configuration supplémentaire au niveau du noyau. Elle est disponible et opérationnelle si la prise en charge standard du réseau est installée. Depuis la série 2.2 du noyau, c'est-à-dire depuis fin janvier 1999, il suffit que cette fonction soit activée dans le répertoire */proc*, avec la commande suivante :

```
# echo "1" /proc/sys/net/ipv4/ip forward
```

Si vous travaillez avec des adresses IP dynamiques pour l'accès à Internet, vous devez également entrer la commande suivante :

```
# echo "1" /proc/sys/net/ipv4/ip dynaddr
```

Cela dépend de la manière dont votre fournisseur d'accès Internet attribue l'adresse IP : soit il vous affecte une adresse fixe une fois pour toutes, soit cette adresse est affectée de manière dynamique, lors de chaque connexion. Pour que vous ne soyez pas obligé de taper ces commandes manuellement à chaque démarrage du système, vous pouvez les faire exécuter automatiquement en les intégrant dans le fichier */sbin/init.d/boot.local*.

Il faut ensuite modifier la table de routage. C'est elle qui indique vers quelle interface doit être dirigé tel ou tel paquet de données. Cette modification peut être effectuée de deux façons différentes. Soit vous utilisez les commandes route pour un routage statique, soit vous vous servez de routed, un démon spécialement conçu à cet effet. Pour des réseaux de taille limitée pour lesquels il s'agit là du seul et unique accès à Internet, la pratique a démontré que le routage statique est la meilleure solution.

Le contenu de la table de routage peut être affiché à tout moment avec la commande

```
# netstat -rn
```

La plupart des distributions génèrent le routage statique de manière centrale, au moyen d'un fichier, et nous pouvons donc ajouter ici les entrées supplémentaires dont nous avons besoin. Dans la distribution SuSE, il s'agit du fichier */etc/route.conf*. Il est lu au démarrage du système afin de générer les routages statiques. C'est particulièrement important si une des interfaces réseau fonctionne avec des adresses IP dynamiques. Si vous accédez par exemple à Internet via un modem et si celui-ci a été configuré en tant que périphérique ppp0, il est indispensable pour une liaison par l'intermédiaire de ce périphérique que l'adresse du correspondant ait été définie comme Default-Gateway afin que les paquets qui lui sont destinés transitent bien par l'interface ppp0.

L'entrée de routage correspondant à l'adresse IP attribuée de manière dynamique lors de la connexion est définie automatiquement par pppd dès que la liaison est établie, si vous utilisez l'option **default** lors de l'appel de pppd. Celui-ci complète par conséquent de lui-même la table de routage.

Voici un exemple de fichier */etc/route.conf*, pour un ordinateur connecté au réseau interne par une carte réseau etho et pour une liaison vers l'extérieur réalisée à l'aide du fichier de périphérique ppp0 :

```
#
# /etc/route.conf
#
# In this file you can configure your static
# routing...
#
# This file is read by /sbin/init.d/route.
#
#
# Destination   Dummy/Gateway   Netmask      Device
192.168.1.0 0.0.0.0 255.255.255.0   eth0
0.0.0.0 195.32.47.13 0.0.0.0       ppp0
```

Cet exemple doit être adapté à votre situation. Dans ce cas, nous sommes partis d'un réseau de classe C autorisant des adresses internes entre 192.168.1.1 à 192.168.1.254. Adressez-vous à votre fournisseur d'accès Internet pour obtenir l'adresse du portail (gateway).

Installer un pare-feu - IP Masquerading

Les adresses réseau des ordinateurs qui se trouvent dans l'intranet n'ont aucune importance tant qu'ils ne sont pas amenés à faire fonction de serveur pour l'Internet. Ils peuvent par conséquent se contenter d'adresses IP d'après la norme RFC 1597 pour des réseaux privés.

▼ **Tab. 7.4** *Classes de réseaux d'après la norme RFC 1597*

Classe de réseau	Masque de réseau	Plage d'adresses
A	255.0.0.0	10.0.0.0 - 10.255.255.255
B	255.255.0.0	172.16.0.0 - 172.31.255.255
C	255.255.255.0	192.168.0.0 - 192.168.255.255

Ces plages d'adresses peuvent être utilisées librement tant qu'il n'y a pas de connexion à Internet. Lorsque vous souhaitez utiliser ces plages d'adresses tout en permettant à des ordinateurs possédant ces adresses d'accéder à Internet, le routeur doit transformer les adresses IP internes en une adresse externe unique et faire suivre à l'adresse IP interne concernée les paquets de données obtenus en guise de réponse. Ce procédé s'appelle NAT (Network Address Translation). Sous Linux, le terme consacré est IP Masquerading, et il s'agit en réalité d'une sous-fonction de la fonction pare-feu du noyau de Linux.

Un pare-feu (firewall) sert à protéger un réseau interne contre les accès non autorisés venant de l'extérieur. Ce n'est pas ce que nous faisons ici mais c'est chose courante que de se servir de la sous-fonction de Masquerading pour réaliser la conversion des adresses réseau internes vers une adresse externe et réciproquement.

Une fois de plus, la fonctionnalité se trouve pour partie dans le noyau et pour partie dans un programme externe, en l'occurrence ipchains. Ce dernier fait partie de la distribution standard mais doit éventuellement être installé.

Si vous recherchez une version récente ou des informations plus complètes, vous trouverez les deux à l'adresse ci-après :

```
http://www.rustcorp.com/linux/ipchains
```

Il s'agit d'une évolution du programme ipfwadm qui ne peut plus être utilisé avec les noyaux de la série 2.2. Le programme pilote la fonctionnalité pare-feu du noyau. Il doit toutefois être compilé dans le noyau au moyen de la procédure décrite dans une section précédente.

Dans la section **Networking options** de la configuration du noyau, sous **TCP/IP-networking**, vous devez activer les options *IP: forwarding/gatewaying*, *Network firewalls*, *IP: firewalling*, *IP: masquerading* et *IP: always defragment*. Le noyau doit ensuite être compilé et installé entièrement.

Si vous utilisez une distribution SuSE, vous êtes (une fois de plus !) tiré d'affaire et vous n'avez pas à vous soucier de ce qui suit. SuSE a en effet intégré dans le fichier central de configuration les variables `MSQ_START`, `MSQ_DEV`, `MSQ_NETWORKS` et `MSQ_MODULES`. Pour que la fonction de Masquerading soit automatiquement activée au prochain démarrage du système, donnez à la première variable la valeur **yes**, indiquez à la seconde le périphérique par lequel s'effectue l'accès au fournisseur d'accès Internet (par exemple ppp0 ou ippp0) et à la troisième l'adresse du réseau interne (sous la forme adresse IP/masque de sous-réseau). Consultez votre documentation ou adressez-vous à votre distributeur pour savoir si votre distribution prend la même fonctionnalité en charge.

Comme l'indique le nom ipchains, les règles de filtrage des paquets sont définies au moyen de chaînes. Les chaînes de règles concernent chaque fois un type de paquet de données Il existe trois règles.

▼ **Tab. 7.5** *Types de chaînes d'ipchains*

Type de chaîne	Description
input	S'applique à tous les paquets aboutissant dans le pare-feu
output	S'applique à tous les paquets sortant du pare-feu
forward	S'applique à tous les paquets transitant par le pare-feu par l'intermédiaire de la fonction de routage

Il s'agit ici de groupes de règles prédéfinis traités les uns après les autres. L'ordre de traitement est important car toutes les règles suivantes sont ignorées aussitôt que l'une d'elles a pu être appliquée.

Chacune de ces chaînes est dotée d'une sécurité qui est exécutée si aucune des règles contenues dans la chaîne n'a pu être appliquée. Cette sécurité est toujours constituée d'une action. Les chaînes peuvent également être accompagnées d'options afin d'ajouter, de supprimer ou de modifier des règles.

▼ **Tab. 7.6** *Options des chaînes ipchains*

Option	Description
-A <C>	La règle R est ajoutée à la chaîne C.
-D <C> <N>	La règle numéro N de la chaîne C est supprimée.
-R <C> <N>	La règle numéro N de la chaîne C est remplacée par la règle R.
-I <C> <N>	La règle R est insérée devant la règle numéro N.
-F <C>	Toutes les règles de la chaîne C sont supprimées.
-P <C> <ACTION>	Définition de l'action par défaut pour la chaîne C.

Si une règle peut être appliquée à un paquet de données, l'action correspondante est exécutée. Elle décrit ce qui doit advenir du paquet en question.

▼ **Tab. 7.7** *Actions de ipchains*

Action	Description
ACCEPT	Le paquet est autorisé à passer.
DENY	Le paquet est arrêté.
MASQ	Le paquet est autorisé à passer mais masqué.
REDIRECT	Le paquet est dirigé vers un port réseau local. Uniquement pour les règles input.
REJECT	Le paquet est arrêté. L'expéditeur reçoit un message par le protocole ICM.
RETURN	Le paquet est renvoyé si aucune des règles définies ne correspond.
Sans action	Le paquet de données est contrôlé avec la règle suivante

D'autres options concernent l'origine et l'action d'un paquet de données, ainsi que l'interface utilisée.

▼ **Tab. 7.8** *Options de direction de ipchains*

Option	Description
-d <adresse cible>	Adresse IP cible du paquet.
-i <interface>	Interface de périphérique par laquelle le paquet doit être dirigé (par exemple eth0, ppp0).
-j <action>	Indique l'action à exécuter si la règle peut être appliquée.
-p <protocole>	Protocole utilisé. Les valeurs possibles sont : tcp, udp et icmp.
-s <adresse source>	Adresse IP source du paquet.

Examinons de plus près quelques exemples de configuration afin de voir toutes ces options à l'œuvre. Dans cet exemple, nous utilisons l'adresse 192.168.1.1 pour le serveur, c'est-à-dire pour le pare-feu et le routeur. L'adresse 195.32.47.69 est celle de ppp0 que nous supposons statique dans ce cas. L'adresse 195.32.47.3 représente le fournisseur d'accès Internet (et éventuellement aussi son proxy HTML et son serveur DNS). Vous devrez bien entendu remplacer ces valeurs par celles qui vous auront été communiquées par votre fournisseur d'accès. Nous ne pouvons malheureusement pas donner une recette valable pour tout le monde de manière générale.

```
/sbin/ipchains -F output
/sbin/ipchains -P output DENY
/sbin/ipchains -A output -s 195.32.47.69/32 1024:65536 -d 195.32.47.3/32 53 -
j ACCEPT
```

Toutes les règles output éventuellement existantes sont d'abord supprimées. Les accès sont ensuite bloqués si aucune règle n'est applicable. La troisième ligne permet de diriger les requêtes par l'adresse de l'interface ppp0 et les ports 1 024 à 65 336 vers le port 53 du fournisseur d'accès. Il s'agit du port pour les requêtes DNS. Le paramètre /32 concerne le type de l'adresse. /32 est utilisé pour des liaisons PPP, /24 pour une adresse dans un réseau de classe C, /16 pour un réseau de classe B et /8 pou un réseau de classe A.

Dans l'exemple suivant, nous supprimons d'abord toutes les règles input, définissons comme action par défaut le refus de tous les paquets et indiquons finalement que les réponse provenant de notre fournisseur d'accès par le port 53 doivent être autorisées à passer par les ports 1 024 à 65 536 de notre interface ppp0 :

```
/sbin/ipchains -F input
/sbin/ipchains -P input DENY
/sbin/ipchains -A input -s 195.32.47.3/32 53 -d 195.32.47.69/32 1024:65536 -
j ACCEPT
```

Pour terminer, nous nous occupons du masquage de nos adresses IP internes et définissons que les ordinateurs du réseau interne ne peuvent accéder qu'au routeur du fournisseur d'accès :

```
/sbin/ipchains -F forward
/sbin/ipchains -P forward DENY
/sbin/ipchains -A forward -s 192.168.1.0/24 -d 195.32.47.3/32 -i ppp0 -j MASQ
```

Si vous souhaitez qu'un de vos ordinateurs, par exemple 192.168.1.2 puisse accéder à tout Internet depuis le réseau interne et qu'il ne soit pas seulement redirigé vers les services mis à disposition via proxy par votre fournisseur d'accès, ajoutez la ligne ci-après en avant-dernière (!) position dans le script :

```
/sbin/ipchains -A forward -s 192.168.0.2/32 -d 0/0 -i ppp0 -j MASQ
```

La ligne doit figurer en avant-dernière position car les chaînes sont prises en compte du haut vers le bas. Si elle se trouvait à la fin du fichier, l'accès de l'ordinateur interne aurait déjà été restreint au serveur du fournisseur d'accès, comme tous les autres ordinateurs internes.

Pour que ces instructions soient exécutées automatiquement à chaque démarrage du système, enregistrez-les dans un fichier que vous aurez rendu exécutable avec **chmod +x** puis inscrivez ce fichier dans */sbin/init.d/boot.local*.

Malheureusement, Masquerading a un petit inconvénient : tous les accès à des ordinateurs internes aboutissent à présent à une requête sur la ligne sortante. Pour éviter cela, utilisez un serveur DNS interne ou inscrivez tous les ordinateurs avec leur nom et leur adresse IP dans le fichier */etc/hosts* du serveur. Avec la commande suivante intégrée dans le fichier */etc/host/conf*, vous définissez en outre que les adresses IP pour un nom d'ordinateur doivent d'abord être cherchées dans le fichier */etc/hosts* avant que ne se fasse l'accès à un serveur DNS :

```
order hosts,bind
```

Si vous avez adapté ces exemples à votre situation et à vos propres exigences, vous ne devriez avoir aucun problème pour activer également l'IP Masquerading sur votre système.

7.7 squid en tant que serveur proxy

Lorsque les accès à votre serveur web se multiplient, que ce soit de l'intérieur, depuis votre intranet ou de l'extérieur, il arrive souvent que le système soit surchargé et qu'il fasse attendre ses clients. Cela nuit à la productivité de votre installation mais risque également de décourager d'éventuels clients intéressés par l'offre que vous présentez sur Internet.

La première solution à laquelle on songe généralement dans ce cas est d'augmenter la capacité des lignes et du serveur. Les coûts étant toutefois relativement élevés par rapport aux gains escomptés, on s'est alors tourné vers l'idée du cache. Lorsque des collaborateurs de l'entreprise ont besoin d'effectuer des recherches sur Internet, il est fort probable qu'ils se rendent très souvent sur les mêmes sites et qu'ils consultent régulièrement les mêmes pages. Les contenus de ces pages ne changeant pas tous les jours, l'idée fut de ne pas se servir simplement des données ainsi transmises uniquement pour les afficher une seule et unique fois, mais de les enregistrer afin de pouvoir les proposer directement et très rapidement si elles sont demandées à nouveau. C'est le principe du cache tel que nous vous l'avons déjà expliqué pour le Caching-only Namerserver. Un tel serveur est appelé proxy et il peut soulager considérablement votre réseau.

Installation et configuration de squid

Linux offre ce service avec le programme squid, un représentant standard de la corporation des serveurs proxy. Ce programme fait partie de toutes les distributions récentes. Vous pouvez également vous le procurer sur le site ci-après :

```
http://squid.nlanr.net
```

Installez le programme et vérifiez à l'aide du programme de configuration de votre distribution qu'il est aussi lancé automatiquement au démarrage du système. Il devrait normalement être configuré automatiquement en conséquence lors de l'installation. Dans la distribution SuSE, c'est la variable `START_SQUID=` qui est prévue à cet effet dans le fichier */etc/rc.config*. Donnez-lui la valeur **yes** à l'issue de l'installation.

Le programme squid fonctionne de manière parfaitement transparente pour l'utilisateur si vous avez effectué les paramétrages nécessaires pour l'utilisation d'un serveur proxy dans votre navigateur. Tous les accès au réseau s'effectuent alors par l'intermédiaire du proxy. Il contacte le serveur demandé et fournit les données au client. Il enregistre en même temps ces données sur son disque dur de manière à pouvoir les servir immédiatement au client si celui-ci les demande une nouvelle fois par la suite. Le programme peut mettre en cache les données demandées par les protocoles http, ssl, ftp, gopher et wais.

La mise en cache n'est cependant pas intéressante pour toutes les données. Cela n'a aucun intérêt de mettre en cache les sorties des scripts CGI, par exemple, car celles-ci changent de manière dynamique. La mise en cache de serveurs changeant leur contenu quotidiennement n'a aucun sens non plus. C'est le cas des sites tenus par les organes de presse ou les télévisions, par exemple. Vous pouvez configurer squid à cet égard.

La taille du cache à utiliser sur le disque dur peut également être paramétrée, de même que le délai à l'issue duquel des données sont considérées comme périmées et doivent être supprimées.

Par défaut, squid s'installe dans le répertoire */usr/local/squid* dans lequel il crée les sous-répertoires *./bin*, *./cache*, *./etc* et *./logs*. Cette structure de répertoire peut varier quelque peu en fonction de la distribution utilisée et vous trouverez peut-être les données mises en cache dans */var/squid/cache*. Le seul fichier de configuration de squid est *squid.conf*, dans le répertoire */etc*.

Pour un réseau interne de classe C dans lequel le serveur a l'adresse 192.168.1.1 et dans lequel le masque de réseau est 255.255.255.0, nous créons le fichier */etc/squid.conf* suivant :

```
#
# /etc/squid.conf
#

# Port du serveur proxy
http_port 3128

# Port pour l'accès à d'autres serveurs proxy (par exemple celui
du fournisseur d'accès)
icp_port 3130

# Chaînes de caractères contenues dans des URL, empêchant la mise en cache
acl QUERY urlpath_regex cgi-bin \?
no_cache deny QUERY

# Taille de mémoire vive utilisée pour la mise en cache
cache_mem  8 MB

# À partir de quel pourcentage d'occupation vider le cache ?
```

```
# Jusqu'à quel pourcentage ?
cache_swap_low  90
cache_swap_high 95

# Taille maximale des fichiers à mettre en cache
maximum_object_size 4096 KB

# Répertoire du cache, espace disque alloué,
# nombre de sous-répertoires de premier et de deuxième niveau
cache_dir /var/squid/cache 100 16 256

# Localisation et nom du fichier journal
cache_access_log /var/log/squid.access.log

# Localisation et nom du fichier d'identification du processus
pid_filename /var/log/run/squid.pid

# Suppression de toutes les entrées plus anciennes que :
# (possibilité d'indication de mois (month), semaines (week), jours (day)
und heures (hour))
reference_age 1 month
```

Ce serveur proxy est accessible pour tous les clients sur 192.168.1.1:3128. C'est le paramétrage que les clients doivent définir dans la configuration proxy de leur navigateur et c'est également le paramétrage par défaut de squid. Pour des raisons historiques, de nombreux serveurs proxy sont accessibles sur le port 8080. Vous pouvez bien entendu aussi configurer squid pour l'utilisation de ce port. Le choix de l'une ou de l'autre de ces deux possibilités n'est qu'une simple affaire de goût et n'a aucune influence sur la fonctionnalité du programme.

Le proxy est configuré de manière à ne pas mettre en cache les URL contenant la chaîne de caractères `cgi-bin` ou le caractère `?` utilisés pour passer des paramètres à des programmes CGI. Le serveur utilise 8 Mo de mémoire vive pour la mise en cache rapide. Si l'espace disque est occupé à 95 %, des entrées sont effacées en commençant par celles qui n'ont pas été consultées depuis longtemps, et ce jusqu'à ce que l'espace disque ne soit plus occupé que jusqu'à 90 %. La taille maximale des fichiers à mettre en cache est de 4 Mo et 100 Mo sont mis à disposition sur le disque dur à cet effet. Dans le répertoire cache du serveur proxy sont créés 16 sous-répertoires dont chacun peut à son tour contenir 256 sous-répertoires. Cela permet un traitement plus rapide que l'accumulation de plusieurs milliers de fichiers dans un même répertoire. Les accès au proxy sont consignés dans le fichier */var/log/squid.access.log* tandis que le fichier PID *squid.id* est créé dans */var/log/run*. Pour finir, il est décidé que toutes les entrées plus anciennes que 1 mois doivent être effacées.

Cette configuration exemple constitue tout ce dont vous avez besoin pour un proxy simple. Vous trouverez davantage d'informations dans le fichier *squid-.conf* qui est installé en même temps que le programme et qui contient toutes les options possibles avec une documentation très complète.

Configuration de squid avec Webmin

Le serveur web squid fait partie des applications qui peuvent aussi être configurées avec l'utilitaire de configuration web Webmin. Vous l'avez découvert en relation avec le serveur web Apache. L'installation et la configuration ont été expliquées à cette occasion.

Si vous vous connectez dans Webmin par l'intermédiaire de votre navigateur web, en adressant le port 10000 (ou un autre port configuré par vos soins) de votre serveur, vous trouverez dans la partie inférieure de la page d'accueil l'icône *Squid Proxy Server*.

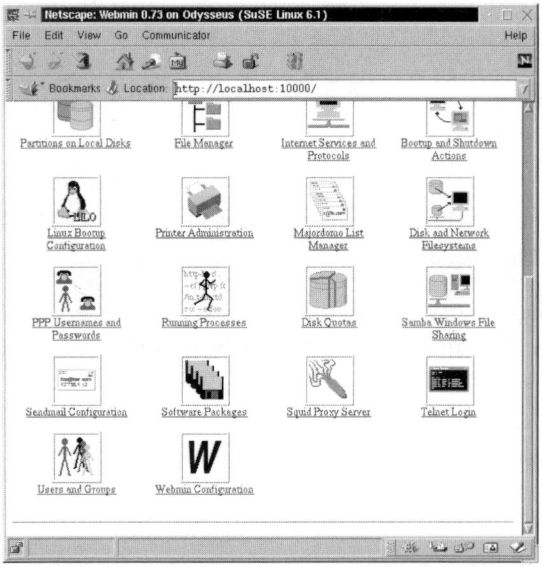

◄ **Fig. 7.7**
Squid dans la page principale du programme de configuration Webmin

Cliquez sur cette icône pour aboutir dans l'écran principal de Webmin pour squid.

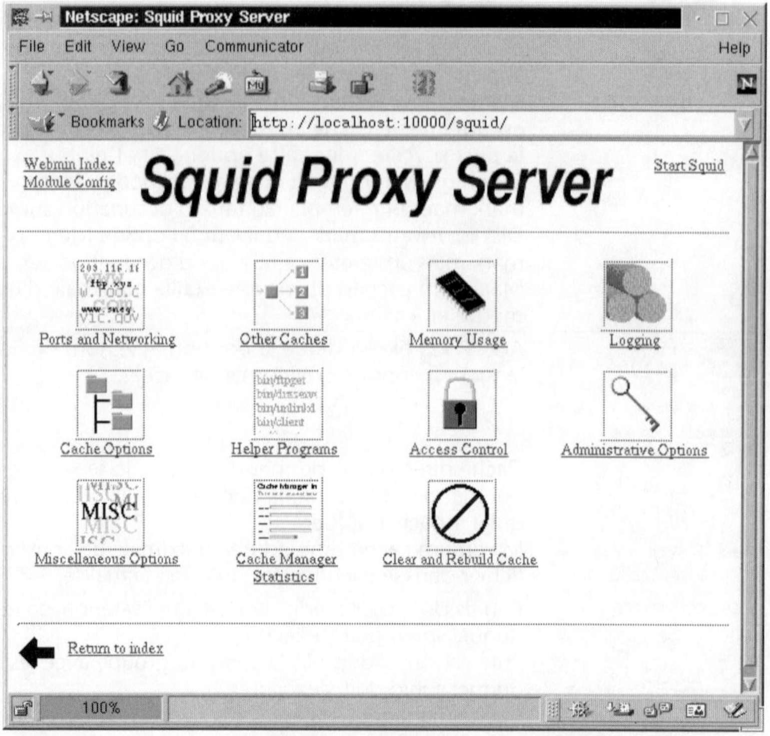

▲ **Fig. 7.8** *Page principale de la configuration de squid dans Webmin*

À chaque icône correspond un menu de configuration. Le tableau ci-après présente les points les plus importants ainsi que les options qu'ils permettent de paramétrer.

▼ **Tab. 7.9** *Les options de configuration les plus importantes de squid*

Menus	Options de configuration
 Ports and Networking	Proxy port : indique par quel port réseau squid est accessible. ICP port : port par lequel sont transmises les requêtes à d'éventuels autres serveurs proxy.
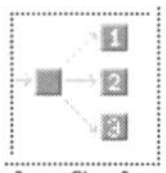 Other Caches	Directly fetch URLs containing : permet d'indiquer des chaînes de caractères devant être contenues dans des URL à ne pas mettre en cache. Add another cache : possibilité de définition d'un autre cache proxy, au-dessus ou au-dessous du serveur proxy courant. Cela permet de créer une arborescence de proxy hiérarchisée.

Menus	Options de configuration
 Memory Usage	Memory usage limit : quantité maximale de mémoire vive à utiliser pour le cache. Memory high-water mark : à partir de quel taux d'occupation de la mémoire vive consacrée au cache les entrées les plus anciennes doivent-elles être effacées ? Memory low-water mark : lorsque la valeur high-water mark est atteinte, le cache en mémoire vive est vidé jusqu'à ce que le taux spécifié pour cette option soit atteint Disk high-water mark : équivaut à l'option Memory high-water mark mais en référence au taux d'occupation sur le disque. Disk low-water mark : équivaut à l'option Memory low-water mark mais en référence au taux d'occupation sur le disque. Maximum cached object size : taille maximale d'un fichier à mettre en cache.
 Logging	Access log file : indique la position et le nom du fichier dans lequel est consigné le journal des accès.
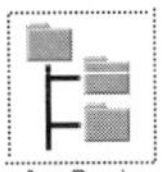 Cache Options	Cache directories : permet d'indiquer le répertoire à utiliser pour la mise en cache, le nombre d'entrées de répertoire ainsi que l'espace à utiliser. Maximum cache time : durée maximale de conservation d'un fichier dans le cache avant qu'il soit actualisé.
 Administrative Options	Run as Unix user : indication de l'utilisateur avec les droits duquel squid doit s'exécuter. Run as Unix group : indication du groupe avec les droits duquel squid doit s'exécuter. Cache manager email address : adresse d'e-mail de l'administrateur

Chapitre 8

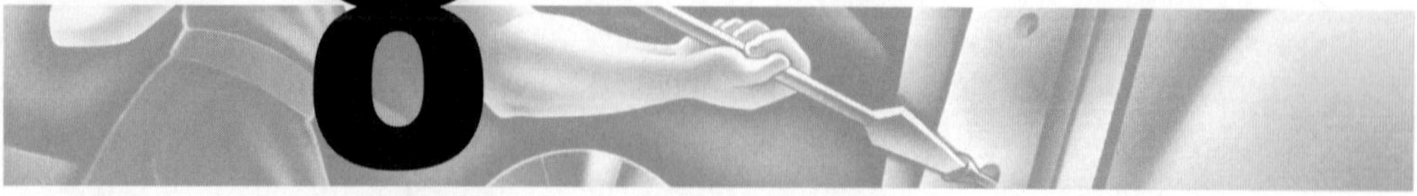

Une horloge atomique pour le réseau

8.1	Synchronisation de l'heure avec Internet	352
8.2	Installation du time server sous Linux	353
8.3	Configuration des clients pour la synchronisation de l'heure	356

Linux fait partie des systèmes d'exploitation qui tiennent une comptabilité précise de tous les événements. L'heure à laquelle un fichier a été ouvert est consignée au même titre que l'accès au système de tel ou tel utilisateur. Le système dispose en outre, avec des programmes tels que cron, d'automatismes pilotés par l'horloge. Si l'heure du serveur n'est pas juste, les services demandés, par exemple la lecture à un moment précis du courrier électronique, ne peuvent pas être effectués exactement au moment voulu.

Les horloges internes des PC n'étant pas des modèles de précision, il est judicieux de faire en sorte que l'heure du serveur soit réglée automatiquement. Fort heureusement, il existe sur Internet de nombreux serveurs reliés à des horloges atomiques et qui disposent ainsi en permanence de l'heure exacte. Ces serveurs étant accessibles au public, nous en profitons pour y lire l'heure et régler l'horloge de notre serveur dans un premier temps puis celle des clients par la suite.

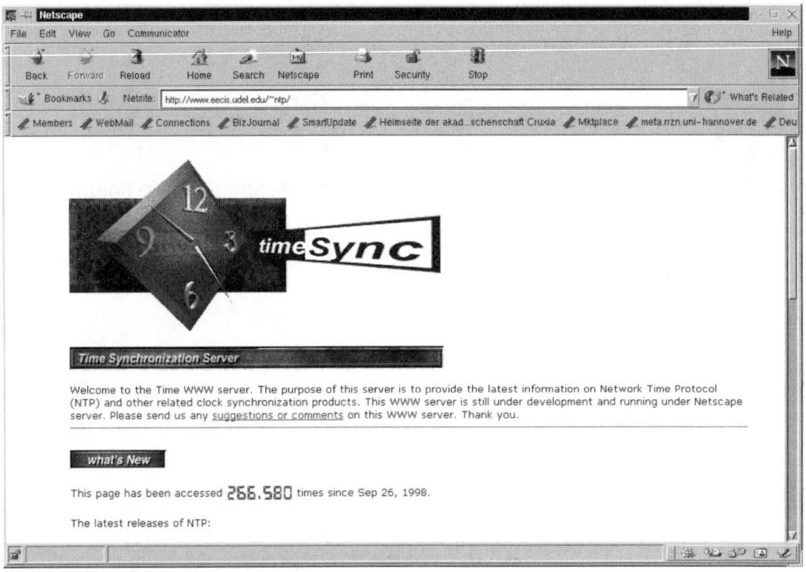

▲ **Fig. 8.1** *Vous trouverez des informations sur la synchronisation de l'horloge sur Internet, à l'adresse www.eecis.udel.edu/~ntp/*

8.1 Synchronisation de l'heure avec Internet

Si vous souhaitez simplement corriger l'heure occasionnellement, utilisez la commande suivante pendant que vous êtes en train de naviguer sur Internet :

```
/usr/sbin/netdate -v canon.inria.fr
```

La synchronisation automatique de l'heure avec Internet a cependant un inconvénient de taille : elle ne peut avoir lieu que si vous êtes connecté à Internet. La connexion permanente n'est de loin pas encore généralisée. Il vous faut donc trouver un autre moyen de réaliser cette synchronisation régulièrement, sans vous connecter spécifiquement pour cela. La meilleure idée est dans ce cas de coupler la synchronisation à chaque connexion.

Modifiez à cet effet le fichier *ip-up* qui se trouve dans le répertoire */etc/ppp*. Ce fichier est exécuté automatiquement au démarrage du navigateur. Chargez-le dans un éditeur.

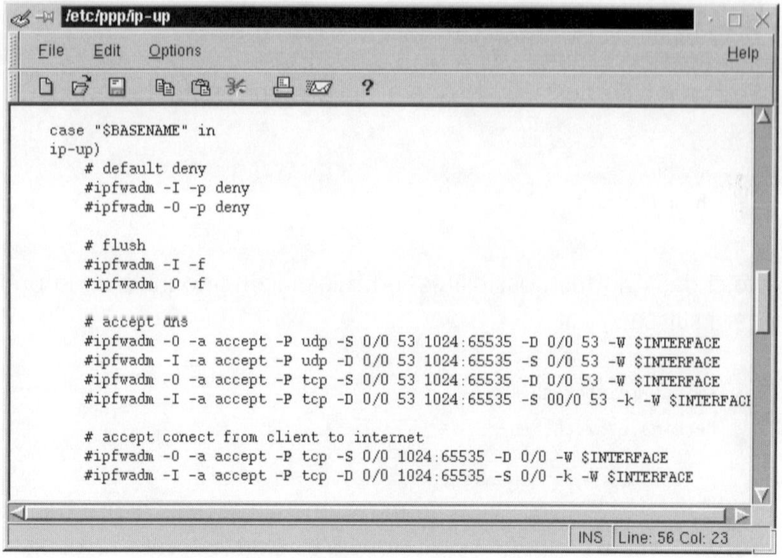

▲ **Fig. 8.2** *Le fichier ip-up est exécuté à chaque démarrage du navigateur et convient par conséquent parfaitement pour une implémentation de la synchronisation de l'heure*

8.2 Installation du time server sous Linux

Recherchez, dans le fichier */etc/ppp/ip-up*, la partie utilisée lors du démarrage de la liaison RNIS. Elle commence par ces lignes :

```
case "$BASENAME" in
ip-up)
```

Ajoutez, après ces lignes, les commandes chargées de la synchronisation horaire :

```
/usr/sbin/netdate -v canon.inria.fr
/sbin/clock -w
```

Puis vient la suite du fichier. La commande déterminante dans ces lignes est **netdate**. Elle récupère l'heure exacte auprès du time server qui est, en l'occurrence, celui de l'INRIA à Rocquencourt :

```
canon.inria.fr
```

Vous pourriez aussi opter pour celui de l'université de Rennes dont l'adresse est :

```
chronos.cru.fr
```

Voici deux autres possibilités, pour les inconditionnels de la précision horlogère suisse :

```
swisstime.ethz.ch
bernina.ethz.ch
```

Netdate fixe l'heure système mais ne change pas l'heure dans le CMOS de l'ordinateur. L'heure ne serait donc plus exacte si vous arrêtiez le serveur. La commande **clock** est utilisée pour que ceci n'arrive pas. Elle fait en sorte que le serveur stocke également l'heure exacte du point de vue matériel. Si vous avez sélectionné GMT comme zone horaire, vous devriez utiliser la commande

```
/sbin/clock -wu
```

Le serveur étant à présent à l'heure exacte, nous devons le configurer de sorte qu'il puisse à son tour faire office de time server. Éditez à cet effet le fichier */etc/inetd.conf*. Quatre lignes doivent y être ajoutées. Vous pouvez éventuellement faire l'économie de la saisie correspondante si les lignes en question sont déjà prévues dans le fichier. Dans ce cas, il vous suffit d'effacer les caractères # qui transforment ces lignes en commentaires :

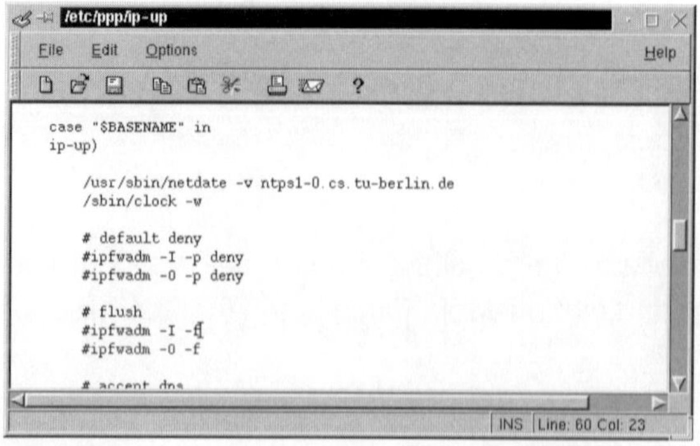

▲ **Fig. 8.3** *Le fichier /etc/ppp/ip-up complété*

```
daytime stream tcp nowait root internal
daytime dgram udp wait root internal
time stream tcp nowait root internal
time dgram udp wait root internal
```

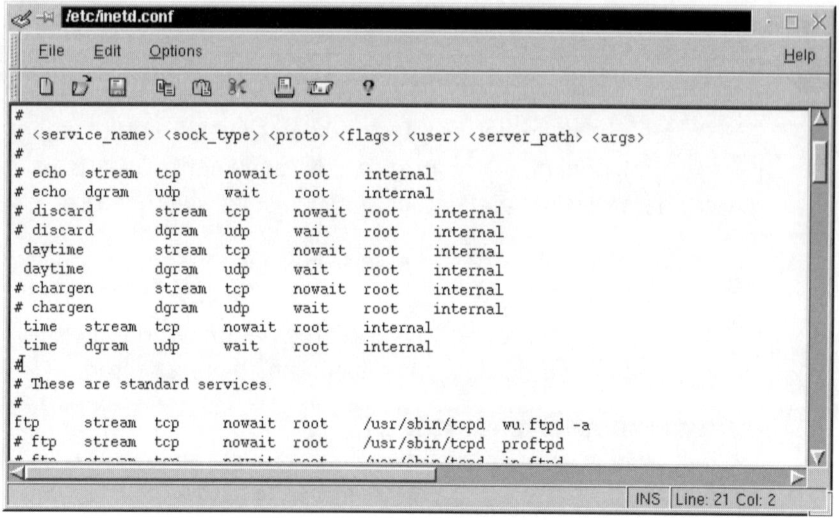

▲ **Fig. 8.4** *Dans /etc/inetd.conf, vous définissez le comportement du time server vis à vis des clients*

Vous donnez ainsi aux clients la possibilité d'utiliser le serveur Linux en tant que time server et d'y demander l'heure.

8.3 Configuration des clients pour la synchronisation de l'heure

Windows

Si vous utilisez Windows comme client, vous pouvez recourir à un utilitaire fourni avec le système d'exploitation. Ouvrez une fenêtre MS-DOS et tapez la commande

```
c:\windows\net time \\LINUX /set /yes
```

ou créez sur le bureau un raccourci vers le programme Net.exe qui se trouve dans le dossier Windows. Cliquez ensuite sur ce raccourci avec le bouton droit de la souris et choisissez la commande **Propriétés** dans le menu contextuel. Entrez la chaîne de caractères suivante comme paramètres à la suite du contenu de la zone de saisie *Ligne de commande* :

```
time \\LINUX /set /yes
```

LINUX désigne ici le serveur Linux. Vous devez éventuellement adapter ce nom en fonction de votre propre environnement réseau. Vous n'avez pas d'autre paramétrage à effectuer si vous voulez suivre le processus à l'écran.

Nous vous recommandons toutefois de sélectionner l'option *Réduite* dans la liste déroulante *Exécuter* et d'activer la case à cocher *Fermer en quittant*. Dans ce cas, la synchronisation s'effectue par un double clic sur l'icône placée sur le bureau et se déroule sans aucun affichage à l'écran.

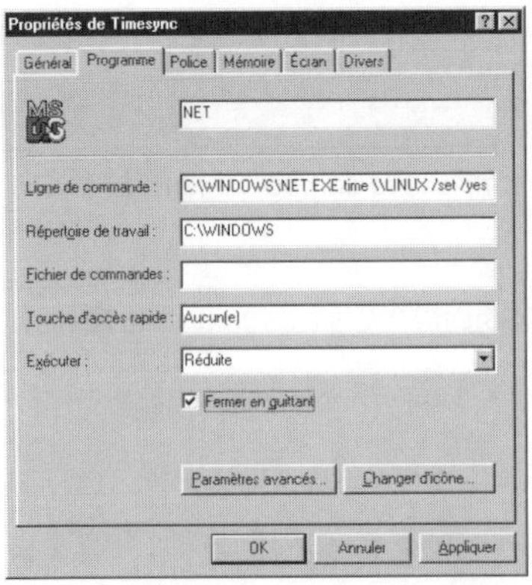

◄ **Fig. 8.5**
Le programme Net.exe permet de synchroniser l'heure avec le serveur

Si votre client Windows est relié en permanence avec le serveur, vous pouvez déplacer le raccourci dans le dossier *Démarrage* de Windows. L'heure est alors synchronisée avec le serveur lors de chaque démarrage du système sur l'ordinateur client.

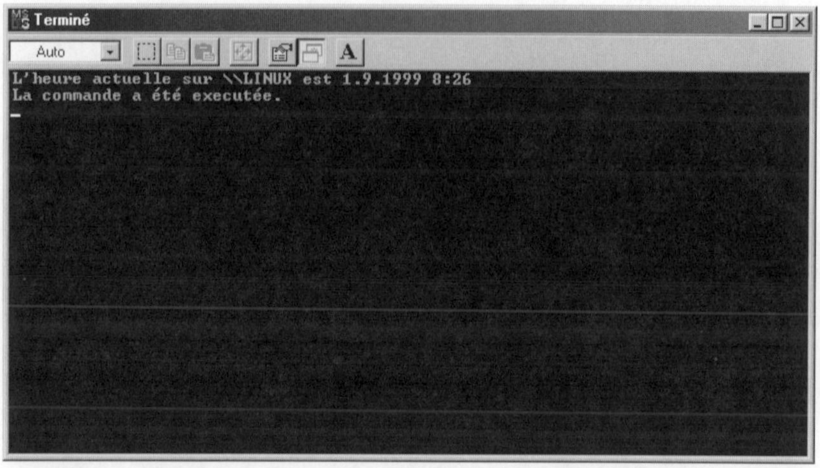

▲ **Fig. 8.6** *Vous pouvez afficher le contenu de la fenêtre MS-DOS pour contrôler le résultat*

Linux

La synchronisation de l'heure d'un client Linux s'effectue de la même manière que la synchronisation du serveur sur Internet.

Entrez les commandes

```
/usr/sbin/netdate -v 192.168.10.1
/sbin/clock -w
```

L'adresse IP est celle de votre serveur.

Chapitre 9

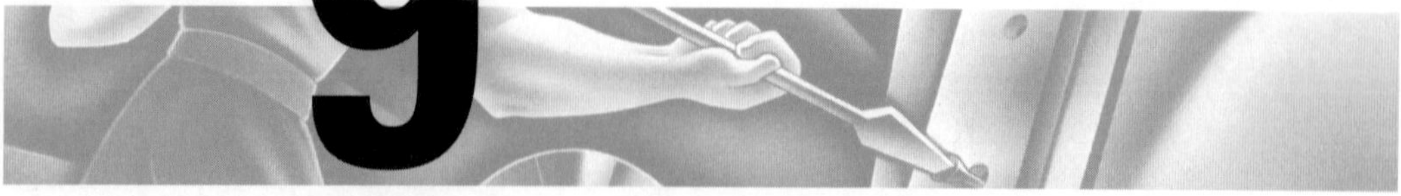

TCP/IP dans le réseau Unix

9.1	Protocoles en réseau	360
9.2	Présentation des modèles de communication	362
9.3	La famille de protocoles TCP/IP	366
9.4	Protocoles et adresses Ethernet	383
9.5	Adressage sur les réseaux IP	387
9.6	Noms de domaines sur Internet (DNS)	391

Si vous devez créer des réseaux sous Linux ou Unix ou si vous devez en assurer la maintenance, vous êtes obligatoirement confronté à TCP/IP. Cette notion est bien souvent mise à toutes les sauces alors que peu d'utilisateurs connaissent le rôle que jouent réellement ces "Transmission Control Protocol" et "Internet Protocol". Il est vrai que cette ignorance n'est pas rédhibitoire lorsqu'il s'agit de mettre un réseau sur pieds. Il n'en est cependant pas moins vrai aussi qu'une bonne connaissance des processus utilisés pour le pilotage de votre réseau vous permettront d'intervenir bien plus rapidement et plus efficacement en cas de problème.

Avant d'installer un serveur Internet ou intranet sous Linux, familiarisez-vous donc avec les protocoles sur lesquels se baseront tous les échanges à l'intérieur de ce réseau. Nous vous expliquons tout d'abord les notions de base indispensables à propos de la famille de protocoles TCP/IP afin qu'après la lecture de ce livre, vous soyez en mesure de résoudre seul et sans autre aide les éventuels conflits que vous pouvez rencontrer dans le cadre de la maintenance du serveur.

9.1 Protocoles en réseau

Pourquoi des protocoles ?

La signification d'un protocole est souvent mal comprise. Les protocoles ne sont rien d'autre que des règles régissant l'échange de données entre les partenaires impliqués dans une communication.

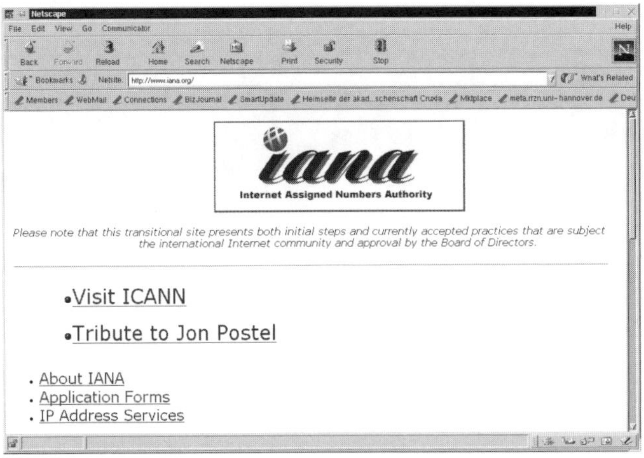

◄ **Fig. 9.1**
L'Internet Assigned Numbers Authority (IANA, ww.iana.org) contrôle l'attribution des adresses sur Internet

Le protocole définit un standard grâce auquel des ordinateurs de type très différents savent sous quelle forme ils vont recevoir des données et sous quelle forme ils doivent les envoyer. TCP/IP est un des standards les plus répandus. C'est l'institut de recherche Defense Advanced Research Projects Agency (DARPA) du ministère américain de la défense qui est à l'origine de son développement.

But de l'architecture TCP/IP

Le but du développement de TCP/IP était de mettre au point, pour l'Arpanet, un protocole de communication fiable en définissant et en implémentant une famille de protocoles. TCP/IP devint rapidement le protocole standard dans le réseau DARPA. Celui-ci était constitué d'une multitude de réseaux, parmi lesquels Arpanet, le National Science Foundation Network (NFSnet), le Military Network (MILNET) et quantités de réseaux d'universités, d'instituts de recherche et d'organismes militaires.

Dans la terminologie TCP/IP, on appelle Internetwork un réseau reliant différents petits réseaux. C'est de cette appellation qu'est dérivé le terme Internet qui désigne à l'heure actuelle un nombre incalculable de serveurs et quelques millions d'utilisateurs.

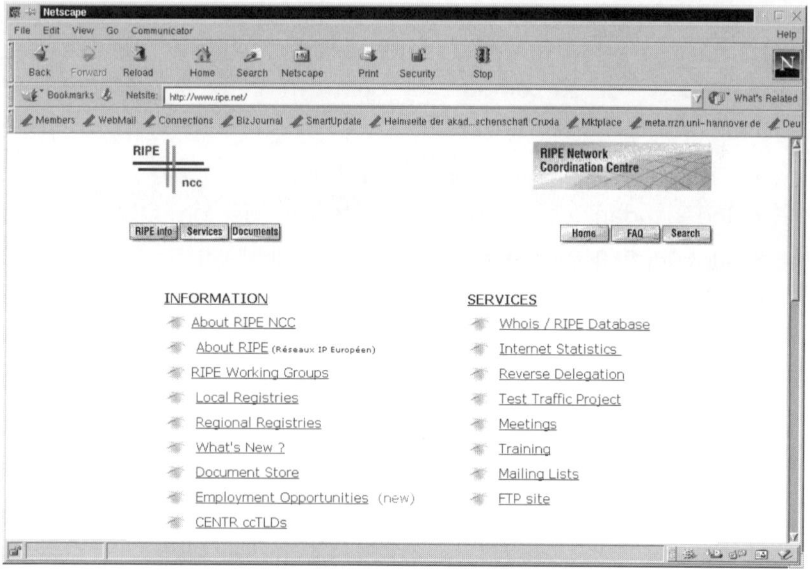

▲ **Fig. 9.2** *Le Ripe Network Coordination Centre fait office de bureau régional pour les affaires relatives à l'Internet en Europe*

Le succès fulgurant d'Internet est également une des causes principales de la généralisation de TCP/IP. Cette famille de protocoles étant prise en charge par pratiquement tous les systèmes d'exploitation, elle est devenue le standard des protocoles réseau.

Vous avez peut-être noté que l'expression "famille de protocoles" a été utilisée plusieurs fois déjà depuis le début de ce chapitre. En effet, TCP/IP ne se limite pas à un seul protocole mais en englobe toute une série :

- IP : l'Internet Protocol est un protocole du niveau de liaison. Il régule la transmission de données entre les ordinateurs hôtes.
- TCP : le Transport Control Protocol se situe au niveau du transport. Il transfère les données entre les applications.
- UDP : l'User Datagram Protocol se situe également au niveau du transport. UDP a une structure plus simple que TCP et se charge également du transfert de données entre les applications.
- ICPM : l'Internet Control Message Protocol est responsable de la transmission des messages d'erreur et du traitement des erreurs par les logiciels réseau.

Le modèle TCP/IP a été nommé d'après les deux protocoles les plus importants, TCP et IP. Son développement est antérieur à celui du modèle OSI que nous vous présentons de manière détaillée dans la section suivante et qui a bénéficié, pour sa mise au point, de l'expérience accumulée avec TCP/IP. Le modèle TCP/IP se compose de quatre niveaux et présente les caractéristiques principales suivantes :

- Protocoles d'application standardisés
- Indépendance vis à vis de l'architecture des ordinateurs hôtes
- Indépendance vis à vis de la technologie réseau employée
- Possibilités de liaison universelles sur l'ensemble du réseau

9.2 Présentation des modèles de communication

Le modèle de référence OSI se compose de sept couches. Chacune met certains services à la disposition de celle qui est située au niveau directement supérieur. Le modèle OSI décrit les tâches dévolues à chaque couche. La base des protocoles TCP/IP est ancrée dans le modèle à 7 couches Open Systems Connectivity (OSI). Ce modèle est un standard défini par l'International

Organization for Standardisation (ISO). Il décrit la transmission de données entre différents systèmes.

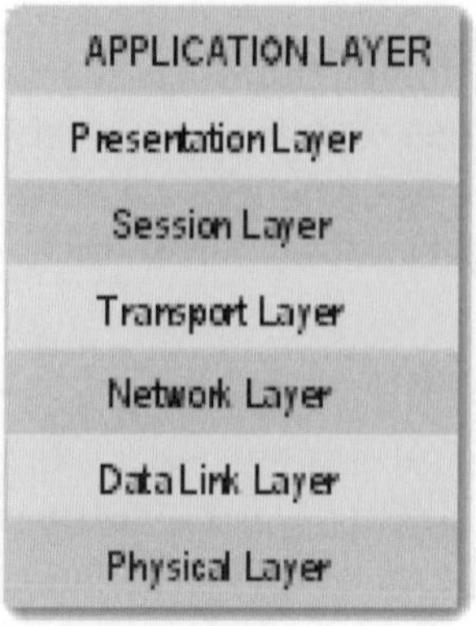

◄ **Fig. 9.3**
Représentation schématique du modèle OSI

Voici les tâches des différentes couches du modèles OSI :

Application Layer / Couche application

La couche application contient les protocoles nécessaires à l'exécution des applications. C'est sur cette couche que se trouvent par exemple des protocoles pour les services FTP ou Telnet.

Presentation Layer / Couche présentation

C'est sur cette couche qu'est régie la présentation des données dans une forme standardisée. Vous avez probablement déjà été confronté au problème de l'échange de données entre différents systèmes informatiques, notamment lors de l'échange de fichiers de texte. Vous savez que des textes ASCII peuvent être codés de différentes manières et que vous pouvez éventuellement perdre les accentués ou certains caractères spéciaux lors du passage d'un système à un autre. Pour éviter cela, la couche présentation emploie un codage standardisé pour les données échangées.

Session Layer / Couche session

La couche session gère l'échange des données sur la connexion. Il est possible de faire une comparaison avec les communications radio : lorsque la communication ne peut se faire que dans un sens à la fois, celui qui parle ponctue la fin de sa transmission par une formule consacrée, par exemple "à vous" ou "roger". La couche session remplit un rôle analogue. Elle détermine à quel moment chaque hôte peut envoyer des données.

Transport Layer / Couche transport

La couche transport règle le transport des données ente l'expéditeur et le destinataire en contrôlant leur flux. Elle a également pour charge de garantir leur contenu. TCP fait partie des protocoles de la couche transport.

Network Layer / Couche réseau

La couche réseau prend en charge l'optimisation des chemins de transmission entre les ordinateurs distants. Elle masque le détail de la transmission des données vis à vis des couches situées au-dessus d'elle. C'est la couche réseau qui choisit les itinéraires pour les paquets de données. Le protocole IP fait partie de cette couche.

Data Link Layer / Couche liaison

La couche liaison assure la fiabilité de la transmission des données par la couche physique vers la couche réseau. L'expéditeur divise les données en frames qui sont ensuite envoyés en ordre séquentiel au destinataire. Celui-ci renvoie des frames confirmant la bonne réception des données. Le protocole Point-to-Point Protocol fait partie de cette couche.

Physical Layer / Niveau physique

La couche physique définit les propriétés physiques du support de données. Dans le cas d'un câble en cuivre, par exemple, les méthodes de transmission sont différentes de celles utilisées sur une liaison par fibre optique. Selon la qualité du support, les vitesses de transmission sont naturellement très variables (voir fig. 9.4).

TCP/IP simplifie ce modèle de communication. Au lieu de sept couches, il n'en utilise que quatre mais celles-ci présentent toutes les caractéristiques du modèle OSI (voir fig. 9.5).

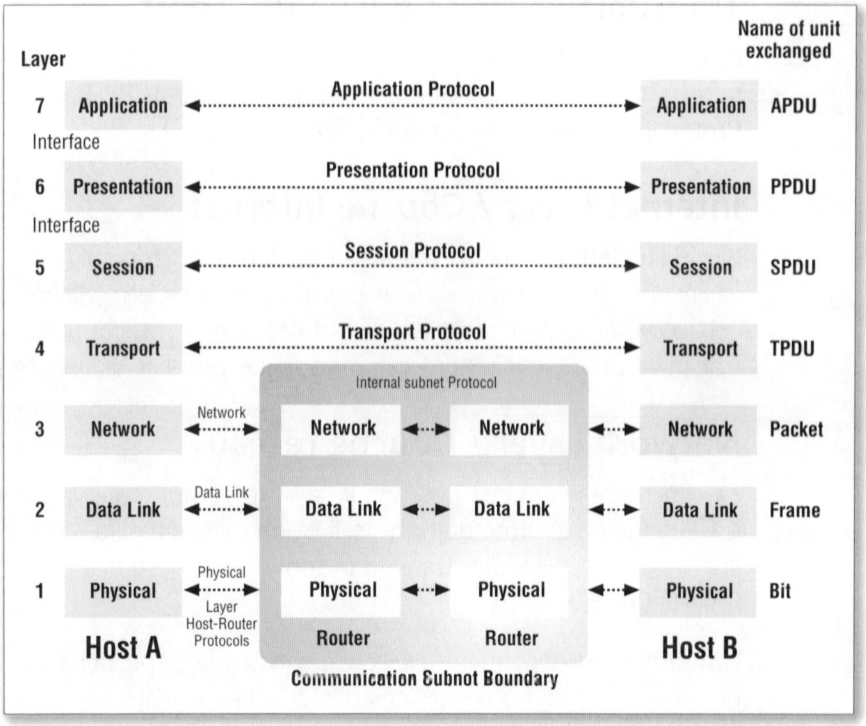

▲ **Fig. 9.4** *Représentation schématique détaillée du modèle de référence OSI*

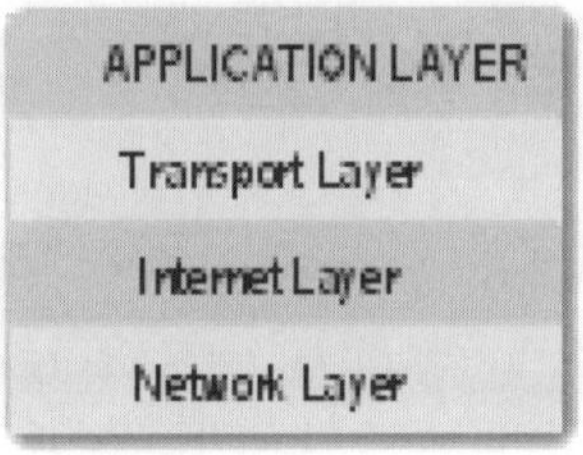

◄ **Fig. 9.5**
Représentation schématique du modèle TCP/IP

Application Layer / Couche application

La couche application regroupe les protocoles des couches supérieures du modèle TCP/IP. Parmi les premiers protocoles définis figurent par exemple FTP (transfert de fichiers) et SMTP (transfert de courriers électroniques). Plus tard s'ajouteront d'autres protocoles parmi lesquels HTTP (Hypertext Transfer Protocol).

Transport Layer / Couche transport

La couche transport règle la communication entre l'expéditeur et le destinataire. On y trouve notamment les protocoles TCP (Transmission Control Protocol) et UDP (User Datagram Protocol).

Internet Layer / Couche Internet

La couche Internet définit uniquement l'Internet Protocol (IP). Son rôle est de veiller à la bonne transmission des paquets IP. Cette tâche est réalisée en collaboration avec l'Internet Control Message Protocol (ICMP) qui sert à la transmission d'informations relatives aux erreurs et diagnostics.

Network Layer / Couche réseau

La couche réseau n'est pas définie avec précision dans le modèle TCP/IP. Il est indiqué qu'un hôte doit être relié à un réseau à l'aide d'un protocole, peu importe quel protocole. Dans la pratique, on utilise des protocoles tels que Ethernet (IEEE 802.3).

L'avantage du découpage en couches est que depuis chaque couche, il est possible d'accéder aux services des couches situées plus bas. Cela simplifie considérablement l'implémentation.

9.3 La famille de protocoles TCP/IP

IP - L'Internet Protocol

L'Internet Protocol fait partie de la couche Internet. Son rôle consiste à entrer en communication avec un autre ordinateur par le biais d'une adresse. IP détermine par conséquent entre quels ordinateurs seront échangées des données sur le réseau (voir fig. 9.6).

L'Internet Protocol reçoit de TCP ou UDP des segments de données qu'il organise en paquets que l'on appelle des "datagrammes". Ceux-ci sont envoyés à leur destination via un Internetwork, c'est-à-dire d'innombrables réseaux reliés entre eux par des gateways (portails).

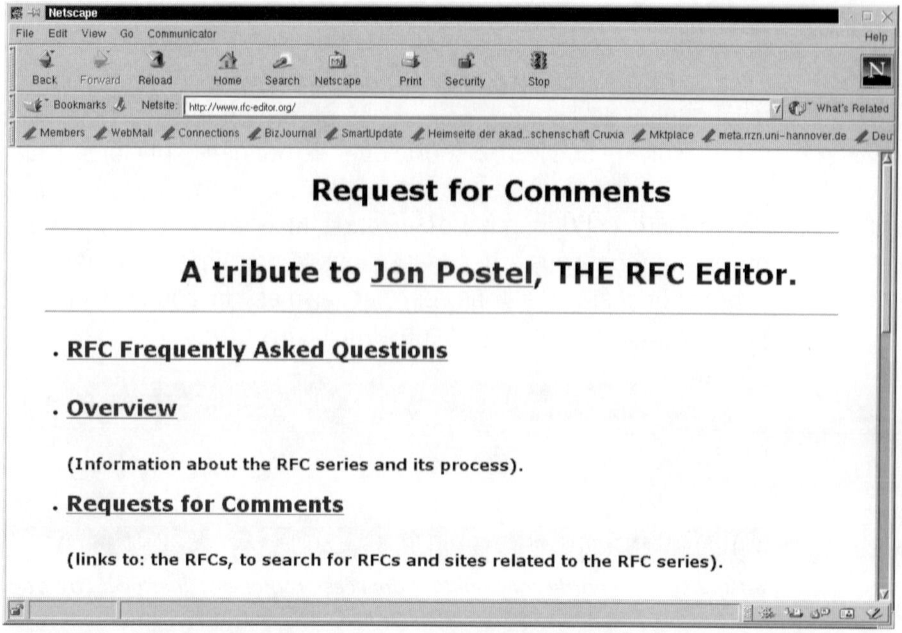

▲ **Fig. 9.6** *Les RFC constituent la base des protocoles sur Internet ; vous trouverez des informations à leur sujet sur http://www.rfc-editor.org*

L'en-tête d'IP ou IP-Header est un élément important du datagramme. Il précède les données proprement dites et contient des informations nécessaires au transport. L'en-tête contient l'adresse de l'expéditeur et de l'ordinateur destinataire ainsi que la longueur du paquet de données. Cette longueur doit être connue car une fragmentation sera parfois nécessaire, en fonction de la topologie de certains réseaux. Dans un réseau Ethernet, la longueur maximale d'un datagramme est de 1 500 octets, soit 524 octets de moins que sur un réseau de type Token Ring. Les différents fragments sont à nouveau assemblés sur l'ordinateur destinataire.

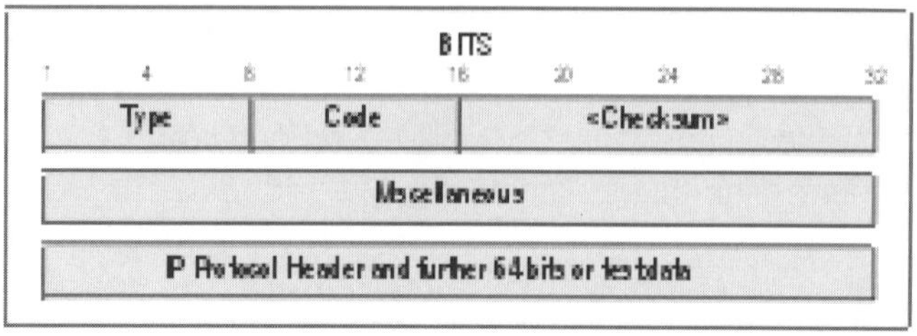

▲ **Fig. 9.7** *Structure d'un IP-Header ; il contient notamment l'adresse du destinataire*

IP dote tous les paquets de données de l'adresse exacte du destinataire mais ne vérifie cependant pas si les données arrivent effectivement à cet endroit. C'est la raison pour laquelle IP passe pour être un protocole non fiable car des paquets de données peuvent se perdre en théorie. Pour éviter cela, TCP vérifie, sur la couche transport, que les données sont bien transmises. Non fiable ne signifie pas, par conséquent, que les données qui arrivent chez le destinataire contiennent des erreurs, mais que les paquets n'arrivent pas nécessairement tous à destination dès la première tentative. Une fois arrivés à bon port, grâce à tous les mécanismes de contrôle et de sécurité, ils peuvent assurément être reconstitués sans erreur.

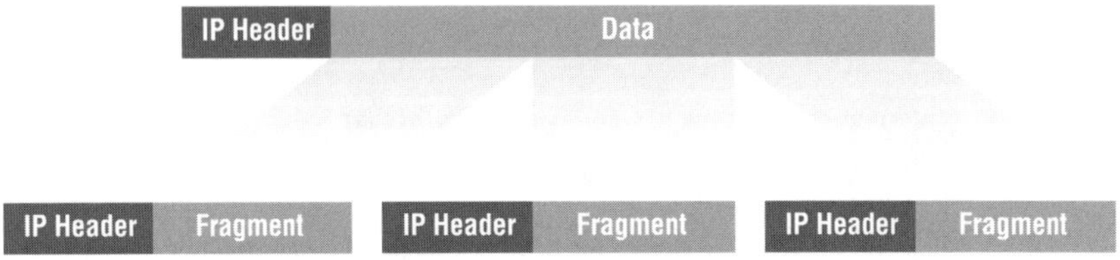

▲ **Fig. 9.8** *La partie contenant les données proprement dites peut être fragmentée si la topologie des réseaux par lesquels elle transite l'exige*

Les fonctions d'IP sont les suivantes :

- Découpage des données en datagrammes
- Définition du schéma d'adressage
- Transfert des données de la couche transport vers la couche réseau
- Routage des paquets à l'intérieur du réseau
- Fragmentation des datagrammes puis reconstitution des paquets une fois arrivés à destination

L'en-tête IP est constitué d'une partie fixe d'une longueur de 20 octets, suivie d'une zone de longueur variable. Il contient toutes les informations nécessaires pour que le paquet puisse arriver à destination. La taille maximale d'un datagramme est de 64 ko. Les paquets ne transitent toutefois pas seulement par l'Internet mais également par des réseaux locaux. Il s'est avéré que de petits datagrammes d'une taille de 1 500 octets environ peuvent être transportés de manière bien plus efficace.

L'IP-Header est découpé en différentes zones :

Version

La zone Version contient le numéro de version du protocole IP. L'indication du numéro de version permet de travailler sur une longue durée avec diverses versions du protocole IP. Sur de grands réseaux comme Internet, on peut ainsi imaginer sans problème que certains hôtes fonctionnent avec une ancienne version d'IP et d'autres avec une version récente du protocole.

Length

La zone Lenth ou IHL (Internet Header Length) contient la longueur de l'en-tête de protocole. Cette indication est nécessaire car ce paramètre n'est pas constant. La longueur minimale est de 20 octets. La longueur est indiquée en mots de 32 bits, la plus petite valeur étant 5. La longueur maximale est de 60 octets.

Type of Service

Cette zone contient généralement la valeur 0 et est ignorée. Le type de service peut cependant être activé en activant des bits. Son rôle est de régler la fiabilité et la vitesse à laquelle sont traités les messages. Les bits 0 à 2 permettent de définir la priorité (Precedence). 0 signifie priorité normale, 7 indiquant un paquet de contrôle à priorité maximum. Viennent ensuite trois flags (D, T, R) avec lesquels vous pouvez indiquer à l'hôte ce à quoi il doit être particulièrement attentif lors de la transmission de données. D signifie délai (Delay), T le taux de transfert (Throughput) et R la fiabilité (Reliability).

Total Length

La zone Total Length contient la longueur totale du paquet. Celle-ci englobe à la fois l'en-tête et les données proprement dites. Total Length est stocké sur 16 bits, la longueur maximale d'un datagramme pouvant être de 65 535 octets par conséquent. La longueur minimal devant être traitée par un hôte est de 576 octets. Dans la pratique, les longueurs de datagrammes dépassent cette valeur sans que cela ne pose de problèmes.

Identification

La zone d'identification est nécessaire en cas de fragmentation des datagrammes. Grâce à elle, le destinataire est capable de dire à quel datagramme appartient le fragment qu'il vient de recevoir. C'est l'expéditeur qui attribue l'identification, chaque fragment contenant le même numéro d'identification.

Flags

Deux bits définissent les flags DF (Don't Fragment) et MF (More Fragments). Ces bits déterminent par conséquent le traitement réservé à un paquet lors d'une fragmentation. Si le bit DF est défini, le paquet ne doit pas être fragmenté. Attention, cette règle est observée même si le paquet ne peut plus continuer son chemin, par exemple parce qu'il devrait traverser un réseau qui ne prend pas en charge la longueur de datagramme qui est la sienne. Si la longueur d'un datagramme ne dépasse pas 576 octets, les hôtes doivent être en mesure de le transporter, par définition. Le bit MF est défini si le datagramme a été fragmenté. Le destinataire sait ainsi que d'autres fragments suivront. Ce bit MF ne doit pas être défini dans le dernier fragment.

Flux de données avec TCP et UDP

Le protocole TCP est orienté liaison. Il maintient la liaison jusqu'à ce qu'elle soit arrêtée explicitement. Il est effectivement possible qu'un hôte établisse plusieurs liaisons TCP simultanées avec plusieurs autres ordinateurs. Il est donc nécessaire que chacune de ces liaisons puisse être clairement identifiée. C'est la raison pour laquelle l'hôte de l'expéditeur génère un numéro dit Sequence Number qu'il stocke dans l'en-tête. Ce numéro est envoyé par IP à l'hôte du destinataire. Celui-ci génère alors son propre numéro séquentiel appelé Acknowledgement Number et l'envoie à l'expéditeur qui répond par une confirmation. Ce n'est qu'à partir de ce moment que commence le transfert de données proprement dit. Ce procédé, appelé Three Way Handshake, doit garantir que l'hôte de l'expéditeur et celui du destinataire sont tous deux informés de l'existence de la liaison.

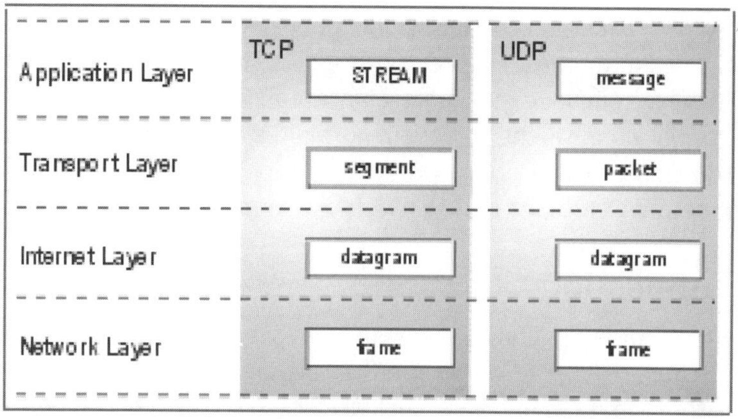

▲ **Fig. 9.9** *Structures de données différentes pour TCP et UDP*

Il n'est pas possible de définir à l'avance le chemin emprunté par les différents datagrammes sur Internet et il peut donc arriver que les premiers envoyés arrivent à destination après les derniers. Il faut donc s'assurer que le destinataire sera en mesure de les assembler à nouveau dans le bon ordre. On additionne à cet effet les numéros de séquence des datagrammes avec le nombre d'octets transmis. TCP utilise la taille standard de 536 octets par datagramme. Cela signifie que le premier commence par 0, le suivant par 536, le troisième par 1 072.

L'Acknowledgement Number permet de confirmer qu'un datagramme est effectivement arrivé à destination. Les datagrammes sont confirmés par groupes car la confirmation individuelle de chaque paquet aurait pour effet de surcharger davantage encore le réseau. Si un paquet d'un groupe n'est pas arrivé, c'est tout le groupe qui est transmis à nouveau. Le transfert est terminé lorsque tous les datagrammes sont arrivés à destination et ont pu être remis les uns à la suite des autres, dans le bon ordre.

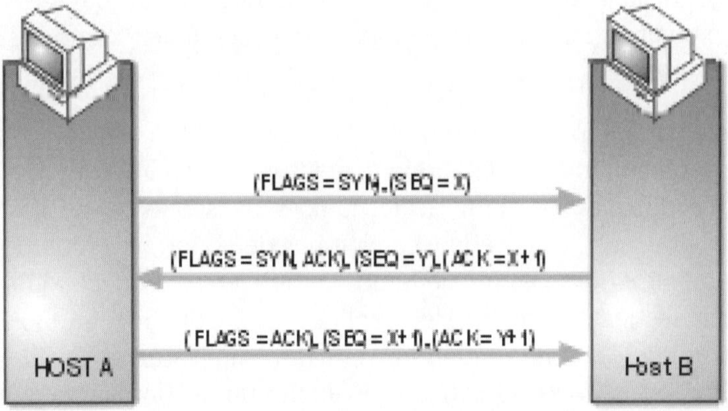

▲ **Fig. 9.10** *Triple Handshaking entre l'expéditeur et le destinataire pour une sécurité maximale lors de la transmission des données*

TCP se donne par conséquent beaucoup de mal lors de la transmission de données mais cette peine est récompensée par une fiabilité très élevée, nécessaire notamment pour la transmission de données de connexion dans le réseau. L'inconvénient est que cette procédure charge fortement le réseau du fait du nombre élevé de paquets de données circulant entre les hôtes.

Le Transmission Control Protocol a été défini pour être fiable (reliable) et orienté connexion (connection-oriented). Cela se traduit concrètement de la manière suivante :

Fiabilité

La fiabilité de la transmission des données est garantie par Positive Acknoxledgement with Re-Transmission (PAR). Le système expéditeur transmet les données jusqu'à ce que le destinataire en confirme la réception. Chaque datagramme contient une somme de contrôle. Lorsqu'une erreur est détectée par le destinataire, le datagramme est supprimé et l'expéditeur ne reçoit pas la confirmation de la réception. Si cette confirmation n'arrive pas à l'expéditeur dans un certain délai (timeout-period), il renvoie le datagramme.

Orientation connexion

TCP est un protocole orienté connexion. Les connexions sont en effet réalisées entre l'expéditeur et le destinataire par un triple handshake.

Tout d'abord, un expéditeur (hôte A) envoie à un destinataire (hôte B) un datagramme dans lequel le flag SYN est activé. Il l'informe ainsi qu'une connexion doit être établie. Le numéro séquentiel du datagramme envoyé par l'expéditeur indique au destinataire quel Sequence Number est utilisé par l'expéditeur.

Le destinataire peut accepter la mise en place de la communication en envoyant à son tour un datagramme dans lequel sont activés les flags SYN et ACK. Le destinataire confirme le numéro de séquence de l'expéditeur en l'augmentant de 1. Le Sequence Number de confirmation du destinataire à l'expéditeur informe en même temps ce dernier avec quel Sequence Number initial le destinataire recevra les données. L'expéditeur confirme à son tour le datagramme de confirmation en renvoyant un datagramme dans lequel le flag ACK est activé et le Sequence Number du destinataire augmenté de 1.

Ce n'est qu'à ce moment que l'expéditeur peut être sûr que le destinataire est prêt à prendre les données en compte. Un triple Hadshake a également lieu lors de la fermeture de la connexion. Le bit DIN est alors défini.

TCP a également pour but de faire suivre vers les applications les données que celles-ci attendent. Pour accéder aux applications, on utilise des numéros de port sur la couche transport. La longueur des numéros de port est de 16 bits et un hôte pourrait par conséquent entretenir 65 535 connexions TCP simultanées. Les protocoles utilisent des zones d'adresses différentes si bien que TCP et UDP peuvent théoriquement utiliser les mêmes adresses de port sans que ces deux ports ne coïncident.

Le numéro de port et l'adresse IP constituent à eux deux un socket. Sous Linux, vous trouverez généralement les numéros de port dans le fichier */etc/services*. Les services standard utilisent ce que l'on appelle des Well-Known-Ports auxquels sont affectés les numéros jusqu'à 253. Une connexion FTP utilisé généralement le numéro de port 21. Les services Unix utilisent les numéros de port entre 256 et 1 024.

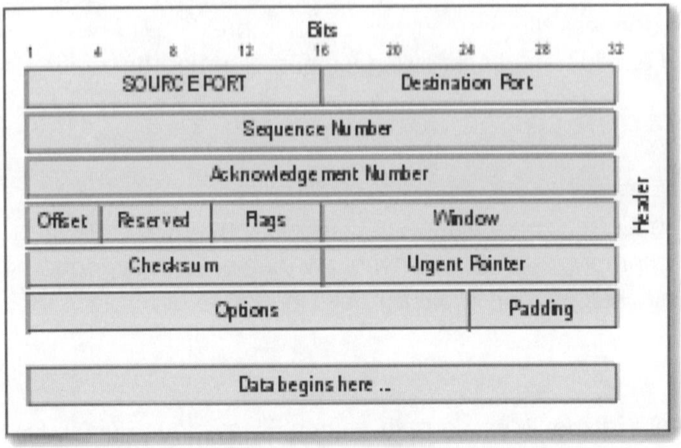

▲ **Fig. 9.11** *Structure du TCP-Header*

Les paquets de données transmis ne peuvent dépasser une taille limite. Sa taille, header compris, doit être de 65 535 octets au maximum et il doit en outre être plus petit que l'unité de transfert maximum (Maximum Transfer Unit = MTU) d'un réseau. Dans un réseau Ethernet, cette valeur est de 1 500 octets. Si le paquet de données est plus grand que la MTU, il doit être fragmenté. Chaque paquet de données comporte un en-tête construit de la manière suivante :

Source Port, Destination Port

L'adressage des points terminaux de la connexion se fait par les numéros de port. Source Port correspond au port source de l'expéditeur tandis que Destination Port est le port cible du destinataire. La taille de chacun des champs est de 16 bits.

Sequence Number, Acknowledgement Number

Pendant la connexion TCP, les deux partenaires de la communication génèrent un Sequence Number qui ne se répétera pas durant cette connexion. 32

bits sont disponibles pour ce numéro, ce qui donne beaucoup de latitude pour trouver des numéros non encore occupés. Ces numéros sont échangés durant la connexion. Chaque partenaire reçoit une confirmation pour un de ses numéros. Le Sequence Number est toujours augmenté par le destinataire qui y ajoute le nombre d'octets envoyés. Par l'Acknowledgement Number, le destinataire indique à l'expéditeur jusqu'à quel octet les données ont été reçues correctement. Ces numéros renseignent par conséquent sur la position des données. Le Sequence Number représente la position du point de vue de l'expédition, l'Acknowledgement Number du point de vue de la réception.

Offset

Le champ Offset contient la longueur de l'en-tête TCP. Celui-ci contient en effet le champ Options de longueur variable et il est donc nécessaire de spécifier ici la longueur totale du TCP-Header.

Flags

6 bits sont disponibles dans le champ Flags pour définir les paramètres suivants :

- **URG** : si le flag URG est fixé à 1, l'Urgent Pointer est utilisé.
- **ACK** : le bit ACK indique que l'Acknowledgement Number est à prendre en compte dans la zone correspondante. Si ce bit est effacé, la zone Acknowledgement Number est ignorée, ce qui signifie que le paquet ne contient pas de confirmation.
- **PSH** : si le bit PSH est fixé à 1, les données sont immédiatement passées à l'application auxquelles elles s'adressent.
- **RST** : le bit Reset (RST) permet de réinitialiser une connexion si une erreur de transmission s'est produite.
- **SYN** : le flag SYN (Synchronize Sequence Numbers) participe au triple Handshake, avec le bit ACK et l'Acknowledgement Number.
- **FIN** : le bit FIN met fin à une connexion. L'expéditeur peut ainsi indiquer qu'il n'y a plus de données à transmettre.

Window

Le protocole TCP fonctionne d'après le principe d'un Sliding Window. L'expéditeur et le destinataire peuvent envoyer autant d'octets qu'indiqué dans le champ Window. Ils n'ont pas besoin d'attendre la confirmation durant le transfert. Dans le champ Window est inscrit le nombre d'octets que le destinataire peut recevoir à la suite du dernier octet confirmé. C'est une manière de contrôler le flux de données. Si le paramètre Window a la valeur 0, cela signifie que les octets jusqu'à Acknowledgement Number -1 ont été reçus mais que le destinataire n'est pas en mesure d'en recevoir d'autres. Des données supplémentaires sont demandées par un paquet de données contenant le même Acknowledgement Number et une valeur Window supérieure à 0.

Checksum

Aux mots de 16 bits est ajouté un complément à 1 et la somme est calculée. Si la longueur est impaire, le champ de données est complété avec un octet nul. Le destinataire peut effectuer le calcul pour tous les champs, il devrait toujours obtenir la valeur 0.

Urgent Pointer

TCP peut informer le destinataire que le flux de données contient des données importantes qui devraient être lues immédiatement. Ce champ est pris en compte si le flag URG est activé. L'Urgent Pointer combiné avec le Sequence Number donne un pointeur montrant un octet précis.

Options

Le champ Options permet d'accéder à des fonctions qui ne sont pas définies pour l'en-tête dans le protocole TCP. Outre End of Option List et No Operation, vous pouvez utiliser l'option Maximum Segment Size avec laquelle un hôte peut indiquer le nombre maximum de données qu'il est en mesure d'accepter. Les deux participants à la communication peuvent définir ce paramètre lors de la mise en place de la connexion. La plus petite des deux valeurs est alors utilisée comme taille maximale de données. La valeur par défaut est 536 octets.

Padding

Padding est un champ pouvant être rempli avec des valeurs nulles afin que l'en-tête atteigne un multiple de 32 bits. Les données proprement dites commencent également à un multiple de 32 bits.

UDP, contrairement à TCP, est indépendant de la connexion. La définition de l'User Datagram Protocol (UDP) se trouve dans le RFC 0768. Aucune confirmation de la réception des données n'est attendue de la part du destinataire.

Il est évident qu'UDP n'est pas aussi fiable que TCP mais il est plus facile à implémenter. Sa maintenance est également plus simple et il charge le réseau à un niveau moindre que TCP. Non fiable ne signifie pas que les données arrivent avec des erreurs chez le destinataire. Si elles arrivent, elles sont dans tous les cas correctes mais rien ne garantit justement qu'elles arrivent.

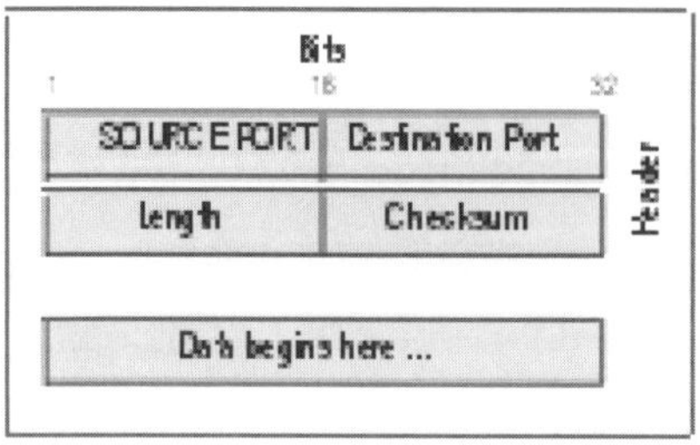

◄ **Fig. 9.12**
Structure d'un UDP-Header

UDP convient pour des applications pour lesquelles une petite quantité de données seulement doit être transmise. C'est le cas des applications client/serveur dans lesquelles est transmise une requête qui doit être validée par une réponse. Le paquet de données UDP est composé d'un en-tête d'une longueur de 8 octets suivi des données proprement dites.

Source Port, Destination Port

Ces champs ont la même fonction que pour le protocole TCP. Ils déterminent les numéros de port de l'expéditeur et du destinataire.

Length

Le champ Length contient la longueur du datagramme, c'est-à-dire la somme de l'en-tête et de la zone des données.

Checksum

Le champ Checksum est facultatif. La somme de contrôle est vérifiée du côté du destinataire si la valeur de ce champ est différente de zéro. Si la valeur est 0, cela signifie que l'expéditeur n'a pas généré de somme de contrôle.

Vous le voyez, l'User Datagram Protocol a une structure bien plus simple que TCP. Il contient uniquement les numéros de ports pour l'adressage et éventuellement une somme de contrôle. Contrairement à TCP, aucune confirmation n'est transmise. UDP est par conséquent très rapide et convient bien pour les applications pour lesquelles le critère de la vitesse est prioritaire.

Contrôle de flux dans le réseau IP avec ICMP

L'Internet Control Message Protocol (ICMP) est chargé de reconnaître les erreurs lors la mise en place d'une liaison IP et de les signaler. Ces erreurs peuvent avoir différentes causes. Si vous avez déjà quelque expérience des réseaux, vous connaissez probablement les messages du type "Connection refused" ou "No Route to Host". Il se peut que l'ordinateur auquel vous voulez vous connecter ne soit pas accessible, parce que son logiciel réseau n'est pas en cours d'exécution, ou parce que le chemin qui y mène ne peut pas être résolu.

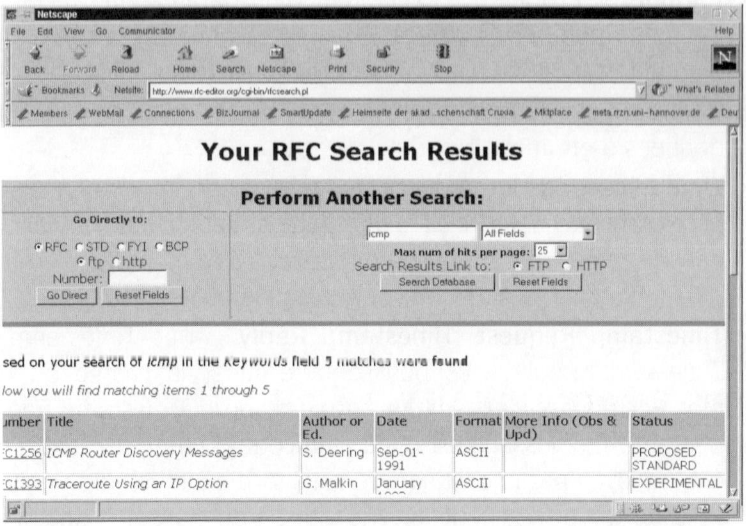

▲ **Fig. 9.13** *Le RFC 0792 d'ICMP est accessible à l'adresse http://www.rfc-editor.org*

ICMP est défini dans le RFC 0792. Ce protocole peut être utilisé pour transmettre des informations sur des erreurs mais aussi pour tester l'accessibilité d'un hôte.

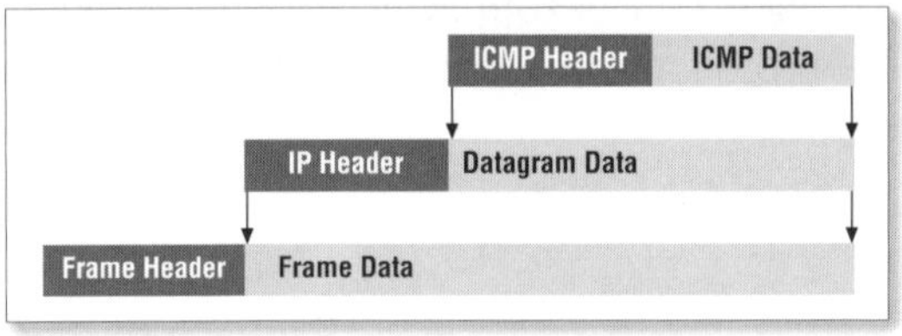

◄ **Fig. 9.14**
IP utilise ICMP ; ICMP est "emballé" dans un datagramme à l'aide d'IP et envoyé sur le réseau

L'en-tête d'ICPM répond à une définition mais comme les données transmises varient selon les cas, les champs de cet en-tête ont différentes significations ou rôles. Il convient de faire la différence entre les types de messages qui sont emballés dans un datagramme IP puis envoyés sur le réseau.

Vous devriez connaître les types de messages ICMP suivants :

- **Destination unreachable** : ce message désigne une erreur survenant lorsqu'un réseau, un hôte, un protocole ou un port est inaccessible. L'erreur est également signalée lorsqu'un datagramme ne peut pas être fragmenté.
- **Echo Reply**, **Echo Request** : grâce à ces messages, vous pouvez définir si un hôte est accessible ou non. Echo Request est envoyé au destinataire. S'il est en ligne, il renvoie Echo Reply.
- **Parameter Problem** : l'expéditeur d'un datagramme reçoit ce message lorsqu'un paquet n'a pas pu être réceptionné en raison d'une erreur ou d'une indication indéchiffrable dans l'IP-Header.
- **Redirect** : si l'expéditeur reçoit ce message, cela signifie qu'un paquet de données a été mal dirigé.
- **Time Exceeded** : les paquets de données sont munis d'un code de temps. Si ce code est écoulé, c'est-à-dire si le paquet n'a pas trouvé le destinataire dans le temps imparti, l'expéditeur reçoit ce message d'erreur. Il se peut qu'une surcharge du réseau soit la cause de ce problème.
- **Timestamp Request**, **Timestamp Reply** : avec Timestamp Request et Timestamp Reply vous pouvez déterminer la charge du réseau à un moment donné. L'expéditeur envoie d'abord Timestamp Request au destinataire. Ce message est muni d'un code de temps. L'heure de réception est renvoyée par le destinataire sous forme Timestamp Reply. Plus l'intervalle de temps est petit, plus la vitesse de transport des données sur le réseau est élevée.

Protocoles des services Internet

Vous avez appris dans les sections précédentes que la couche supérieure du modèle TCP/IP est appelée couche application. Elle contient en effet un nombre important de protocoles servant aux programmes d'application. Voici les plus importants :

CHAP

CHAP est le Challenge Authentication Protocol. Il s'agit d'un procédé d'authentification lors d'un accès Internet à l'aide du protocole de transmission PPP. Son principal avantage est que le mot de passe est codé et qu'il est par conséquent extrêmement difficile à pirater.

DNS

Le Domain Name Service sert à la conversion de chaînes de caractères ASCII en adresses Internet et réciproquement. DNS est basée sur les domaines et utilise un système de base de données pour la résolution des noms. Les noms d'hôtes et adresses d'e-mail sont convertis en adresses IP.

FTP

FTP signifie File Transfer Protocol. Il est utilisé pour copier des données d'un ordinateur vers un autre via Internet. L'échange de données est possible entre différents systèmes d'exploitation mais les deux ordinateurs doivent être équipés des logiciels appropriés, à savoir un serveur FTP et un client FTP. L'utilisateur se connecte sur le serveur, éventuellement au moyen d'un mot de passe, le client ayant alors différents droits sur le serveur. L'utilisateur pourra par exemple lire des fichiers mais pas en effacer.

Les serveurs publics réclament souvent le nom "anonymous" comme nom d'utilisateur et l'adresse d'e-mail comme mot de passe. FTP est défini dans le RFC 0959. Il utilise les ports 20 et 21, le premier étant utilisé comme canal de données et le second comme canal de commande. Il peut être tenu compte du type des données lors de leur transfert. Des fichiers de texte peuvent par exemple être convertis par l'ordinateur d'un jeu de caractères dans un autre. Aucune conversion des octets ne peut avoir lieu lors du transfert de fichiers binaires.

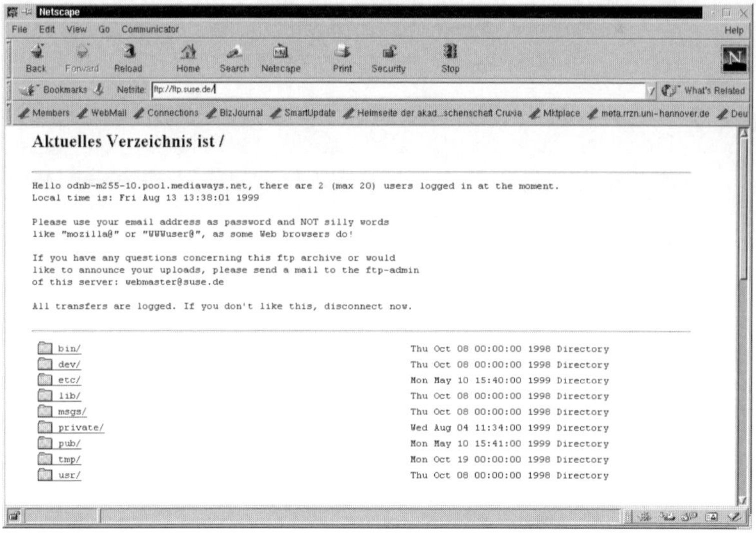

▲ **Fig. 9.15** *FTP constitue une possibilité intéressante de transférer des fichiers d'un ordinateur vers un autre avec un débit élevé*

HTTP

L'Hypertext Transfer Protocol sert au transfert de pages web contenant des informations liées. HTML (Hypertext Markup Language) est important dans ce contexte.

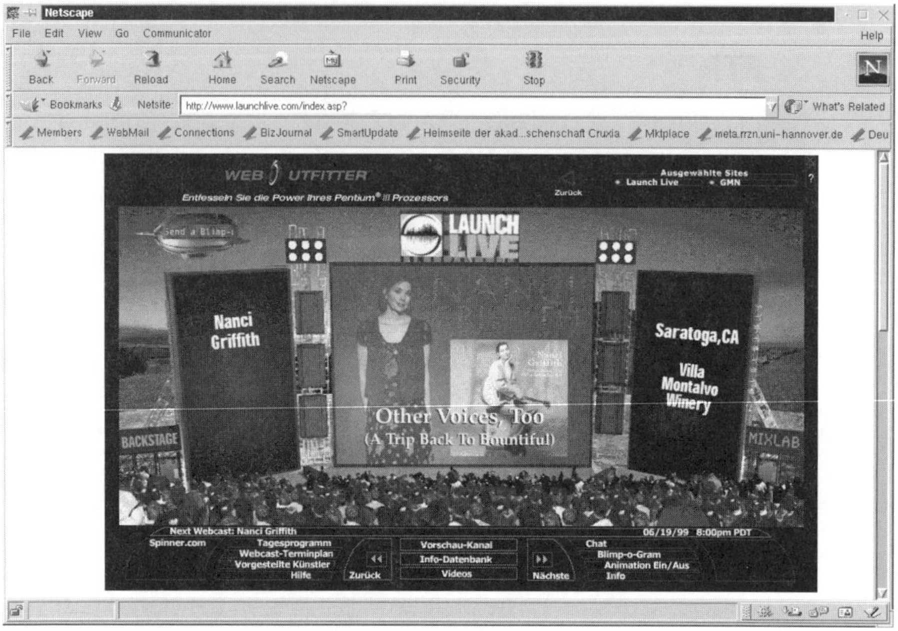

▲ **Fig. 9.16** *Les nouvelles pages web utilisées pour le transfert de données multimédia donnent une idée de la puissance exigée des protocoles de l'Internet : images et sons doivent sont restitués en direct*

IPCP

IPCP signifie Internet Protocol Control Protocol. Il s'agit d'une forme IP spécifique du Network Control Protocol (NCP). Un numéro IP dynamique peut être défini par l'intermédiaire de IPCP lors de l'établissement de la connexion.

NFS

Le Network File System sert à relier plusieurs ordinateurs entre eux de manière transparente. NFS génère un lien virtuel entre les lecteurs et les disques durs. Les systèmes de fichiers distants sont représentés de la même manière que le système local.

PAP

Tout comme CHAP, le Password Authentication Protocol est un procédé d'authentification lors d'un accès Internet avec le protocole de transfert PPP. Le mot de passe est transmis en clair et la sécurité de ce procédé est donc moindre qu'avec le protocole CHAP.

POP3

POP3 est l'abréviation de Post Office Protocol Version 3. Il s'agit d'un protocole de transfert des e-mails. POP3 sert uniquement à la réception des données.

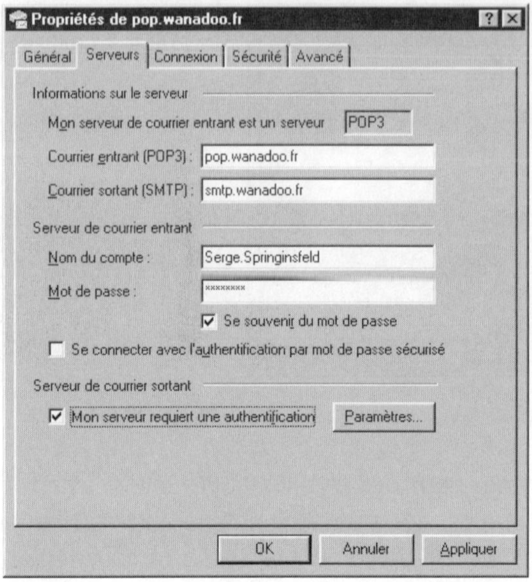

◄ **Fig. 9.17**
Les serveurs POP3 sont utilisés en standard sur Internet pour la réception de courriers électroniques

PPP

Le Point to Point Protocol est un protocole de ligne pour des lignes série. Il est généralement utilisé pour une liaison TCP/IP via un modem.

SLIP

SLIP signifie Serial Line Internet Protocol. Il s'agit d'un protocole permettant de réaliser une connexion Internet à part entière à l'aide d'un modem.

SMTP

Le Simple Mail Transfer Protocol sert au transfert de courriers électroniques, aussi bien en émission qu'en réception. Contrairement à UUCP, les courriers sont distribués au destinataire dès qu'ils sont accessibles. Le protocole de transfert est défini dans le RFC 0821, le format de message dans le RFC 0822.

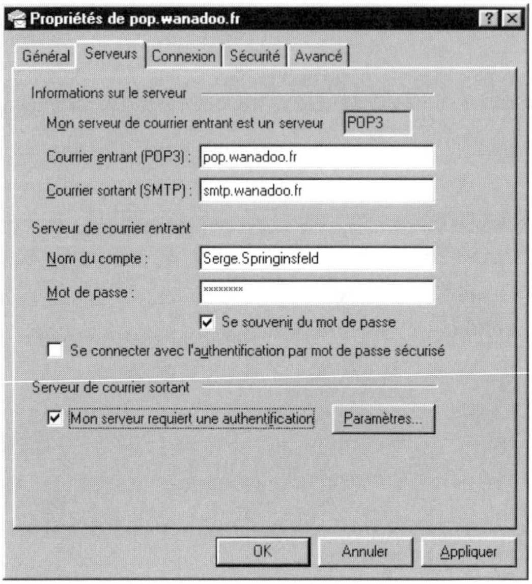

◄ **Fig. 9.18**
Le serveur POP3 utilise un autre numéro de port pour une connexion sécurisée que pour une connexion non sécurisée

TELNET

TELNET est un protocole pour des terminaux virtuels permettant d'accéder par l'intermédiaire d'une session de terminal à un autre ordinateur connecté au réseau. Cette session est également appelée remote login ou prise de contrôle à distance. Une fois la connexion réalisée, vous pouvez utiliser l'ordinateur distant comme si vous étiez assis directement devant son écran. Peu importe avec quel système d'exploitation les deux ordinateurs fonctionnent, TELNET représente une interface uniforme entre différents systèmes. Le service Telnet utilise le port TCP 23.

UUCP

UUCP signifie Unix to Unix Copy. Il s'agit d'un ensemble de programmes développé pour la mise en réseau de systèmes Unix par l'intermédiaire de modems. UUCP est utilisé essentiellement pour l'envoi et la réception de courriers et de news.

9.4 Protocoles et adresses Ethernet

La couche inférieure du protocole TCP/IP n'est pratiquement pas définie. On exige simplement un protocole reliant un hôte avec un réseau. Il n'existe pas d'indication précise quant à la manière dont ce protocole doit être construit. Ethernet est devenu un protocole standard pour cette tâche. Ethernet est une technologie réseau prise en charge par de nombreux fabricants et utilisée dans des réseaux locaux (LAN = Local Area Network).

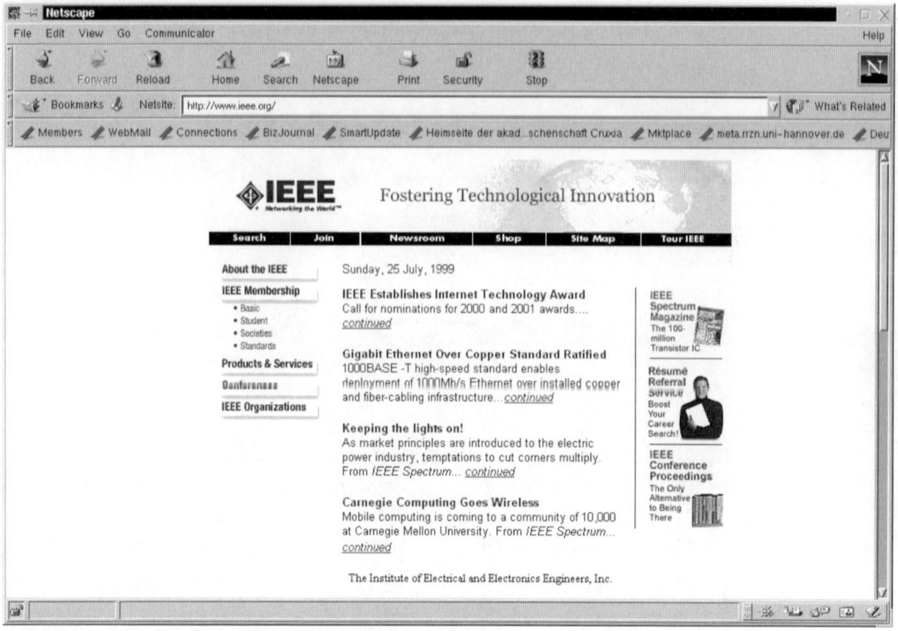

▲ **Fig. 9.19** *À l'adresse www.ieee.org sont discutés de nouveaux développements susceptibles d'être incorporés dans les standards*

La transmission des données se fait à 10 ou 100 millions de bits par seconde (Mbps). La désignation correcte pour Ethernet est IEEE 802.3 et elle contient la définition du matériel et des protocoles. Cette technologie IEEE 802 encapsule les données en paquets de données.

L'une des caractéristiques les plus importantes d'Ethernet est le protocole 1-persistent Carrier sense Multiple Access with Collision Detection (CSMA/CD).Ce protocole détermine quand les données peuvent être transportées sur le réseau et ce qui doit advenir lorsque des collisions de données surviennent.

Si un ordinateur relié avec le réseau local souhaite envoyer des données, le protocole CSMA/CD lui demande d'abord d'attendre que tout transport de données en cours ait cessé sur le support de liaison. L'ordinateur commencera ainsi à émettre ses données lorsqu'il aura été constaté que le trafic est nul sur la ligne.

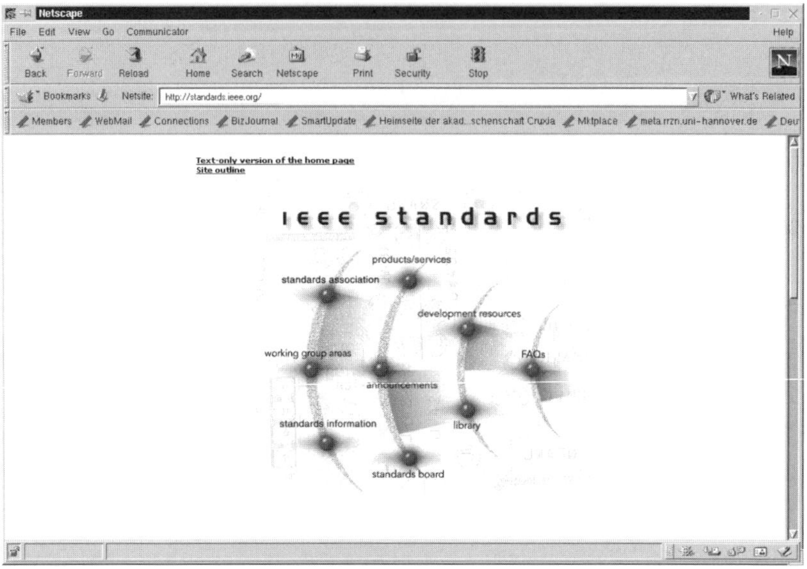

▲ **Fig. 9.20** *Vous pouvez obtenir les standards à l'adresse http://standards.ieee.org*

Il est bien entendu probable que tous les ordinateurs ayant des données à envoyer se mettent à émettre tous en même temps dès que le trafic s'arrête sur la ligne. Lorsque deux ordinateurs envoient leurs données en même temps sur le canal de données, les paquets entrent en collision. Les périphériques réseau détectent une telle collision en surveillant l'amplitude et la fréquence sur le câble. Une différence entre les données mesurées et le signal envoyé est le signe qu'un collision a eu lieu. La transmission est alors interrompue pendant un délai aléatoire. Les paquets défectueux sont effacés et une nouvelle transmission commence ensuite.

Des frames Ethernet pour le transport de données

Le standard Ethernet utilise un format de paquet de données caractéristique. C'est ce format qui rend le protocole CSMA/CD possible. Un paquet de données Ethernet se compose de différentes unités logiques.

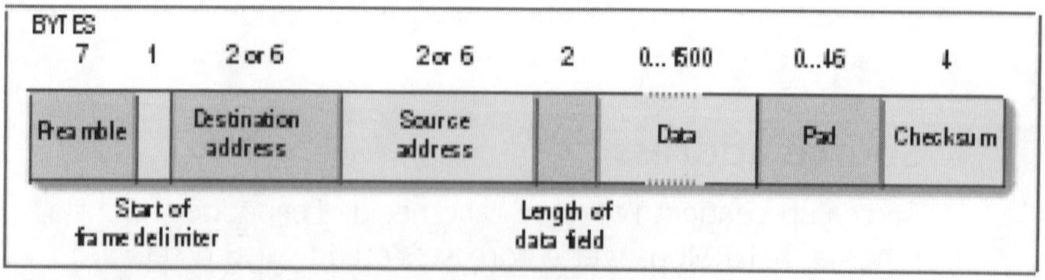

▲ **Fig. 9.21** *Structure d'un paquet de données Ethernet*

Voici la signification des champs :

Preamble et Start of frame delimiter

Le champ Preamble se compose de 7 octets contenant la séquence de bits 10101010. Grâce à ces octets, le destinataire peut se régler sur le timing de l'expéditeur. La lecture des octets se fait avec le codage dit de Manchester.

Le but de ce codage est de reconnaître exactement les 1 et les 0. Sur le réseau, ces valeurs ne peuvent pas être représentées simplement par une tension élevée pour les valeurs 1 et une tension basse pour les valeurs 0. Chaque bit envoyé est divisé en deux états de tension de même durée. Un bit 1 est représenté par une tension élevée (+ 0,85 V) suivie d'une tension basse (-0,85 V). Pour un bit 0, l'ordre est inversé. Le champ Start of frame delimiter qui vient ensuite contient la séquence de bits 10101011.

Destination address

L'adressage Ethernet peut s'étendre sur 2 ou 6 octets. 6 octets sont toujours utilisés sur un réseau Ethernet 10 Mbps. Chaque interface réseau connectée obtient une adresse globale, ce qui permet d'identifier chaque carte et d'y accéder sans équivoque. Chaque fabricant dispose à cet effet d'une plage d'adresses qu'il peut utiliser pour ses cartes. La probabilité que deux cartes aient la même adresse est infime. 46 bits sont disponibles globalement, le 46e servant à différencier les adresses locales et globales. Les adresses locales n'ont plus aucune signification à l'extérieur d'un LAN. Si le bit 47 n'est pas défini, le paquet est envoyé à une interface réseau, par l'adresse locale ou globale. Si le bit 47 est défini, les paquets de données sont envoyés à une adresse Multicast utilisée par un groupe de cartes réseau.

Si l'adresse de destination contient une suite de 1, il s'agit d'une adresse dite de diffusion (Broadcast) adressant tous les périphériques Ethernet. Cette adresse est utilisée lors de la détermination de l'adresse Ethernet d'un ordinateur dont on possède l'adresse IP. L'Address Resolution Protocol est utilisé à cet effet.

Source address

Ce champ contient l'adresse Ethernet de l'expéditeur. S'il s'agit d'un réseau Ethernet à 10 Mbps, cette adresse s'étend sur 6 octets.

Length of data field

Ce champ contient la longueur de la partie occupée par les données dans le paquet. La taille maximale est de 1 500 octets.

Data field et Pad

Dans la zone des données du frame Ethernet sont stockées les données des protocoles supérieurs. Les datagrammes IP y sont placés, par exemple, pour être transportés sur un réseau local. La taille du segment de données peut se situer entre 0 et 1 500 octets. Le champ Pad est utilisé lorsque la zone de données est plus petite que 46 octets. Remplir ce champ permet de garantir que le frame Ethernet aura dans tous les cas au minimum 64 octets. Cette taille est nécessaire pour la détection des collisions.

Checksum

Le champ Checksum contient un codage sur 32 bits des bits de données. Lorsqu'un frame arrive chez le destinataire, celui-ci vérifie la somme de contrôle avant de placer le paquet de données dans le tampon de réception. Si le mécanisme de contrôle découvre des bits modifiés, la transmission du frame est interrompue.

Résolution d'adresses avec ARP

Tous les protocoles de niveau supérieur tels que IP peuvent être encapsulés dans un frame Ethernet. Lorsqu'un paquet IP doit être transporté par un paquet Ethernet d'un hôte vers un autre, il faut indiquer l'adresse Ethernet du destinataire dans le paquet Ethernet. L'expéditeur peut obtenir cette adresse Ethernet s'il connaît l'adresse IP du destinataire. Il utilise dans ce cas le protocole ARP (Address Resolution Protocol).

Le déroulement est fort simple : imaginons que l'adresse IP du destinataire soit 65.42.11.16. L'expéditeur envoie d'abord un paquet Ethernet avec l'adresse de diffusion (Broadcast). Ce paquet contient une requête ARP par laquelle il demande à l'hôte dont l'adresse IP est 65.42.11.16 de communiquer sont adresse Ethernet à l'expéditeur du paquet. L'adresse de diffusion ayant été utilisée, tous les périphériques Ethernet recevront cette requête, y compris le destinataire, qui y répondra. L'expéditeur connaissant à présent l'adresse Ethernet du destinataire, le transport des données peut commencer.

9.5 Adressage sur les réseaux IP

La poste serait bien incapable de nous faire parvenir du courrier si nous n'avions pas tous un numéro de maison ou une boîte postale. De la même manière, un réseau ne pourrait pas transférer des données s'il ne disposait pas de l'adresse de l'expéditeur et du destinataire. Une adresse réseau sur 32 bits a été définie pour que tous les ordinateurs soient accessibles de manière ciblée. Cette adresse contient à la fois le numéro du réseau ainsi que celui de l'hôte. Ce système permet donc d'affecter un ordinateur hôte à un réseau.

Lorsque le nombre des ordinateurs faisant partie de l'Internet était encore relativement peu important, l'octet dont la valeur était la plus importante dans l'adresse IP était utilisée pour l'adresse réseau. Les octets suivants définissaient l'adresse de l'hôte. On ne pouvait donc accéder à plus de 255 réseaux avec cette règle.

On utilisa ensuite les premiers bits du premier octet pour définir une classe d'adresse. Les classes possibles sont A, B, C, D et E.

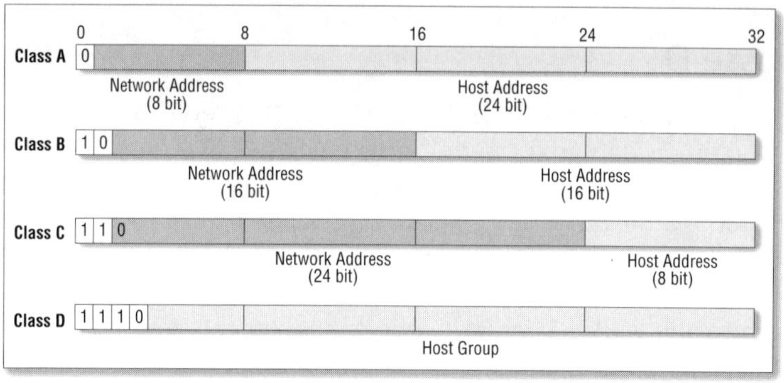

▲ **Fig. 9.22** *Pour que tous les réseaux puissent être identifiés clairement, quelle que soit leur implantation à travers le monde, il a fallu créer des classes d'adresses de réseaux*

Les adresses de réseaux doivent être uniques sur Internet. C'est la raison pour laquelle elles sont attribuées par une organisation centrale.

Classes de réseaux

Les classes ont leurs caractéristiques spécifiques. Les plus importantes sont les classes A à C, D et E étant prévues pour des fins spéciales. Les classes sont construites de la manière suivante :

Classe A

Le premier bit du premier octet est utilisé pour la définition de la classe. Il reste par conséquent 7 bits pour l'identification du réseau. Dans la classe A, il est donc possible de relier 127 réseaux entre eux. Il reste 24 bits pour l'adresse de l'hôte, ce qui permet de relier 16 777 216 hôtes.

Classe B

Dans la classe B, les deux premiers octets peuvent être utilisés pour définir l'adresse de réseau. Deux bits sont utilisés pour la définition de la classe et il en reste 14 pour l'adresse de réseau. Avec les 16 bits restant pour les adresses d'hôtes, vous pouvez relier jusqu'à 65 536 ordinateurs.

Classe C

Dans la classe C, les trois premiers bits sont utilisés pour la définition de la classe. Vous pouvez ainsi relier 2 097 152 réseaux, chacun pouvant contenir 256 ordinateurs.

Classe D

Les adresses de la classe D sont des adresses Multicast. Elles sont nécessaires lorsqu'un datagramme doit être envoyé à plusieurs adresses d'hôtes en même temps. Le premier octet d'une telle adresse Multicast peut avoir une valeur entre 224 et 239. Si un message est envoyé à une adresse de classe D, il est transmis à tous les membres du groupe correspondant.

Le protocole IGMP (Internet Group Management Protocol) est utilisé lors du Multicasting. Une requête détermine quels hôtes appartiennent à un groupe. Les réponses obtenues permettent de dire dans quels groupes on trouve tel ou tel hôte.

Classe E

La classe E est réservée pour le futur.

Voici un aperçu des principales classes de A à C :

▼ **Tab. 9.1** *Les classes de réseaux en chiffres*

	Bits pour ID de réseau	Nombre de réseaux maximum	Bits pour ID d'hôtes	Nombre d'hôtes maximum
Classe A	7	127	24	16 777 216
Classe B	14	16 384	16	65 536
Classe C	21	2 097 152	8	256

Adresses IP locales

Le schéma d'adressage présenté ci-dessus a un grand inconvénient : il était conçu à l'origine pour un petit nombre de réseaux. Le nombre des réseaux créés à travers le monde entier ayant toutefois fait un bond considérable dans les dernières années, l'administration de toutes ces adresses est également devenue de plus en plus difficile. Les tables de routage sont devenues si grandes qu'il a fallu chercher une autre solution.

C'est ainsi que le concept de sous-réseau a été ajouté au schéma d'adressage. Plutôt que d'attribuer une adresse à chaque ordinateur, de manière centrale, on ne donne plus qu'une seule adresse par organisation. À l'intérieur de l'organisation, l'adresse se subdivise en un champ réseau, un champ sous-réseau et un champ ordinateur. Cette structure locale reste invisible de l'extérieur de l'organisation. Les gateways (portails) externes ne nécessitent qu'une entrée de routage pour un tel réseau.

Mais ce mode d'adressage a également fini par atteindre ses limites, toujours en raison de la croissance du nombre de réseaux locaux. Plusieurs adresses de classe C sont ainsi attribuées aux organisations, ce qui permet de pallier la pénurie d'adresses de classe B.

Le masque de sous-réseau contribue également à multiplier virtuellement les adressages possibles. Le masque de sous-réseau existe dans une organisation lorsque des sous-réseaux y sont utilisés. Son rôle est de diviser le champ d'adresse local en une partie sous-réseau et une partie ordinateur. Comme l'adresse IP, le masque de sous-réseau compte 32 bits. La définition des bits détermine l'affichage des parties réseau et sous-réseau. Les parties composées de 0 correspondent à la partie ordinateur.

Le tableau ci-après montre la structure des masques pour les différentes classes :

▼ **Tab. 9.2** *Masques de sous-réseau et classes*

Classe	hexadécimal	décimal
Classe A	0xFF000000	255.0.0.0
Classe B	0xFFFF0000	255.255.0.0
Classe C	0xFFFFFF00	255.255.255.0

La communication se déroule de la manière suivante :

Lorsque deux hôtes doivent échanger des données entre eux, l'expéditeur doit déterminer si le destinataire se trouve dans le même réseau que lui. Il analyse son adresse en masquant la partie ordinateur à l'aide du masque de sous-réseau. Il compare ensuite l'adresse réseau ainsi obtenue avec sa propre adresse. Si les deux sont identiques, cela signifie que le destinataire se trouve dans le même réseau que le destinataire. Si ce n'est pas le cas, la communication se déroule par l'intermédiaire d'un portail.

Les zones d'adresses valables uniquement dans les réseaux locaux ont été définies dans le RFC 1918 (Address Allocation for Private Internets). Les adresses IP locales ne doivent pas être utilisées sur Internet. Il n'est donc pas possible que les mêmes adresses existent dans plusieurs réseaux locaux. Les adresses suivants peuvent être utilisées localement, sans autorisation préalable de l'IANA ou d'une autre organisation habilitée à attribuer des adresses Internet :

- **Classe A** : un réseau local de classe A peut utiliser les adresses entre 10.0.0.0 et 10.255.255.254.
- **Classe B** : un réseau local de classe B peut utiliser les adresses entre 172.160.0 et 172.31.0.0. Chaque réseau peut contenir jusqu'à 65 000 ordinateurs.
- **Classe C** : un réseau local de classe C peut utiliser les adresses entre 192.168.0.0 et 192.168.255.0. Chaque réseau peut contenir jusqu'à 254 ordinateurs.

Il existe aussi des adresses réservées pour des fins spéciales :

- **Adresses avec numéro de réseau 0** : ces adresses permettent aux hôtes de se référer à leur propre réseau, même s'ils ne connaissent pas l'adresse de réseau.

- **Adresse 127** : une telle adresse est réservée pour la fonction de rebouclage (loopback) d'un ordinateur. Un paquet envoyé à une adresse commençant par 127 est automatiquement renvoyée à son expéditeur. Cela permet de contrôler le bon fonctionnement du logiciel réseau.
- **Valeurs 0 et 255 dans l'adresse de l'hôte** : Les valeurs 0 et 255 sont réservées dans les adresses d'hôtes. Lorsque tous les bits de l'adresse d'hôte sont à 0 dans une adresse IP, c'est le réseau lui-même qui est identifié. Si tous les octets de l'adresse d'hôte sont à 255, il s'agit d'une adresse de diffusion (Broadcast). Les adresses de diffusion sont utilisées pour adresser tous les ordinateurs du réseau.

9.6 Noms de domaines sur Internet (DNS)

Vous connaissez probablement le problème suivant : vous voulez appeler une personne dans une autre société mais vous n'avez pas son numéro sous la main. Ce serait pratique, si vous pouviez simplement taper le nom de la société puis celui du collaborateur en question pour enter en communication avec lui.

C'est partiellement chose faite aux USA. On vous dira par exemple de faire le 1-00-HERO, pour obtenir un service. Derrière chaque lettre se cache un nombre mais les numéros étant plus difficiles à mémoriser, il est plus pratique de taper les lettres sur le clavier du téléphone. Ce serait bien plus difficile encore de se débrouiller sur Internet sans une traduction des adresses réelles. C'est tout de même bien plus simple de se souvenir d'une adresse telle que www.monsite.fr que d'une suite de chiffres telle que 194.175.173.75.

Principes de base de l'attribution des noms

L'idée de traduire ainsi les noms remonte aux premiers temps d'Internet. Le 20 septembre 1971, le RFC 226 se préoccupait déjà de ce sujet. Les questions de base de l'attribution des noms étaient discutées quelques mois plus tard. À l'époque déjà, le Network Information Center (NIC) enregistrait les noms des machines participant à l'ARPANET. Ces noms étaient stockés dans le fichier *Hosts.txt*. Les administrateurs des ordinateurs connectés au réseau devaient télécharger ce fichier régulièrement.

Les premiers problèmes sont survenus assez rapidement : le fichier devait être mis à jour de plus en plus rapidement car le nombre de machines croissait à une allure considérable. Par ailleurs, les conflits de noms étaient de plus en plus fréquents. Les administrateurs des ordinateurs locaux donnaient souvent à leurs serveurs des noms qui existaient déjà. La seule solution à cette misère était de définir des règles d'attribution des noms. À la fin de l'année 1981, on présente dans le RFC 799 le concept des Name Domains. Quelques mois plus tard, en août 1982, la nouvelle convention des noms entrait en vigueur avec le RFC 819. L'adressage se fera désormais à l'aide de Fully Qualified Domain Names (FQDN). La partie hôte de l'adresse est complétée par un domaine.

La structure du nom est construite de manière hiérarchique. À gauche se trouve l'indication très spécifique du serveur tandis qu'à droite l'indication la plus générale. Les administrateurs furent en outre chargés d'une tâche supplémentaire : chaque domaine ou zone DNS devait attribuer les noms d'ordinateurs et adresses IP. La nouvelle structure voulait en effet décentraliser l'attribution de noms. Pour chaque domaine doivent être installés des serveurs de noms qui se chargeront de traduire automatiquement les noms en adresses IP. Le DNS (Domain Name Service) est né.

Le premier Top Level Domain (TLD) fut `.arpa`. En 1984, d'autres le remplacèrent. Les ordinateurs durent être affectés à de nouveaux Second Level Domains (SLD). En octobre 1984 furent définis cinq nouveaux TLD : `.gov`, `.edu`, `.com`, `.mil` et `.org`.

À l'automne 1985, le NIC a changé les tâches qu'il assumait jusqu'alors et il fut décidé qu'il ne s'occuperait plus que de l'enregistrement des nouveaux SLD correspondant aux TLD qu'il gère directement.

Voici quelques exemples de Top Level Domains :

▼ **Tab. 9.3** *Quelques exemples de Top Level Domains*

Domaine	Description
`.edu`	Instituts de formation tels que des universités, généralement des USA
`.com`	Sociétés à caractère commercial
`.org`	Organisations d'intérêt général
`.mil`	Institutions militaires américaines
`.gov`	Organismes gouvernementaux des USA
`.net`	Fournisseurs d'accès et de services Internet

Il existe également les TLD avec lesquels un domaine est associé avec un pays :

▼ **Tab. 9.4** *TLD correspondant à des pays*

Domaine	Pays
.fr	France
.de	Allemagne
.ch	Suisse
.li	Lichtenstein

En pratique

Lorsque l'ordinateur A veut entrer en communication sur Internet avec l'ordinateur B par l'intermédiaire de son nom, A envoie une requête au serveur de nom local. Si B est connu auprès de ce serveur (les deux ordinateurs peuvent faire partie du même domaine), le serveur de noms peut renvoyer directement l'adresse IP correspondant au nom.

Si ce n'est pas le cas, le serveur de noms démarre un Recursive Lookup. Cette procédure est dite récursive car elle tente d'abord de déterminer le serveur de nom pour le SLD de l'ordinateur à rechercher.

Si cela échoue, elle regarde si le serveur de nom du TLD figure dans son cache. Si ce n'est toujours pas le cas, elle met en œuvre les Root Name Server. Si ce dernier recours échoue également, le serveur de noms renvoie un message d'erreur.

Si le serveur de noms a trouvé des indications sur le Top Level Domain, une requête est envoyée au serveur de noms correspondant concernant le Second Level Domain. Le résultat est une information sur le serveur de noms responsable et sur les serveurs de noms secondaires du Second Level Domain. Un de ces serveurs de noms pourra répondre à la requête concernant l'ordinateur B. Le serveur de noms local enregistre dans son cache l'adresse IP ainsi trouvée afin qu'il puisse la fournir plus rapidement si elle lui est demandée une nouvelle fois.

Recherche dans la base de données

La recherche d'adresses IP dans des bases de données DNS (Domain Name Service) est plus fastidieuse qu'une simple consultation dans un fichier *Hosts*. C'est la raison pour laquelle les données sont décentralisées et le transfert réparti. Un serveur de noms local s'informe sur la durée de validité d'une adresse IP. Lorsque cette durée est écoulée, l'adresse IP est effacée du cache local.

Le serveur de noms peut aussi faire le travail inverse. Pour chaque réseau IP de l'Internet, il existe un serveur de noms capable de traduire des adresses IP en noms.

Le Domain Name Service n'est en réalité rien d'autre qu'une base de données dont les données sont réparties sur des milliers de serveurs de noms. Les serveurs Root forment les racines de l'arborescence. Ils contiennent les informations sur les Top Level Domains. Ces informations constituent la Root Zone du DNS dans laquelle sont contenus les Authoritative Name Servers de tous les TLD. Ceux-ci connaissent à leur tour les Second Level Domains de leurs TLD et leurs serveurs de noms locaux.

Les données de la base de données DNS, c'est-à-dire la durée de validité, le nom et les synonymes sont appelées Resource Records (RR). Chaque Resource Record possède un type indiquant la nature de l'entrée. Le type A désigne une adresse IP, par exemple. Le tableau ci-après liste les différents types d'entrées.

▼ **Tab. 9.5** *Types d'entrées dans la base de données d'un serveur de noms*

RR	Description
SOA	Start of Authority. Si le serveur de noms est responsable pour le domaine, il propose une entrée SOA. Celle-ci contient le nom du serveur lui-même, une adresse d'e-mail d'un responsable technique, un numéro de série et des indications sur la fréquence prévisible des modifications de la base de données, quand une entrée est périmée et combien de temps une adresse IP doit être conservée dans le cache.
A	Associe une adresse IP à un nom.
NS	Liste le ou les serveurs de noms responsables.
CNAME	Désigne un alias pour un nom d'ordinateur.
PTR	Associe un nom à une adresse IP
MX	Serveur de messagerie responsable de ce domaine. Les courriers entrants sont automatiquement dirigés vers ce serveur de messagerie.
HINFO	Renvoie le matériel et le logiciel utilisé par le serveur de noms.

Pour chaque requête traitée, le serveur de noms renvoie généralement le nom d'hôte, l'adresse IP et les adresses IP des serveurs de noms adéquats. Plusieurs serveurs de noms sont normalement utilisés, pour le cas où l'un d'eux serait indisponible. Chaque entrée DNS a une valeur time-to-live (TTL) ou durée de vie. Lorsque cette durée est écoulée, les entrées sont effacées dans le cache local.

Les organisations enregistrent normalement leurs domaines sous les TLD. Les éditions Micro Application sont ainsi accessibles sous `www.microapp.com`. En Grande-Bretagne, il a été possible d'ajouter des SLD supplémentaires sous les TLD à deux caractères. On sait plus facilement à quoi correspondent les domaines. C'est ainsi que l'on trouve sous `.uk` les sous-domaines suivants :

- `org.uk` : non-commercial organisations
- `co.uk` : commercial zone
- `mod.uk` : Ministry of Defense
- `nhs.uk` : National Health Service
- `ac.uk` : academic zone
- `ltd.uk` : company names registered under the Companies Act with Company's House
- `gov.uk` : governmental zone
- `police.uk` : police zone
- `sch.uk` : schools
- `net.uk` : internet networks
- `pcl.uk` : public limited companies

Ce procédé n'a pas réussi dans la même mesure aux USA. L'US Domain Registry a développé un schéma de noms basé sur la géographie politique des USA. Il utilise les abréviations de noms d'états de l'US Postal Service. Le nom de domaine de Microsoft serait dans ce cas `microsoft.redmond.wa.us`. C'est beaucoup trop compliqué en pratique. `www.microsoft.com` est beaucoup plus simple et plus facile à retenir.

Serveur de noms en pratique

Sous Linux, il existe le serveur de noms named. Il s'agit d'un démon qui charge le fichier de configuration */etc/named.boot* au démarrage du programme. Il lit également des fichiers de zones contenant les Resources Records des domaines locaux.

Remarque

Différence entre les versions 4 et 8 de BIND

La version de BIND *(Berkeley Internet Name Domaine)* dont il est question ici est la version 4. La version 8 est disponible depuis juin 1999. Elle ne présente pas de grandes différences par rapport à la version 4. Si vous avez téléchargé la Source Distribution de BIND sur Internet (`www.isc.org`),

Remarque

rendez-vous dans le répertoire *bind8/src/bin/named*. Vous pouvez y effectuer la conversion du fichier *named.boot* qui s'appelle *named.conf* dans la nouvelle version. Utilisez la commande

```
./named-bootconf.pl < named.boot > named.conf
```

à cet effet. Vous trouverez d'autres informations sur Internet à l'adresse www.linuxhq.com/HOWTO/DNS-HOWTO-7.html.

named accepte différents paramètres au lancement du programme. Ils sont présentés dans la liste ci-dessous :

▼ **Tab. 9.6** *Les options de named*

Commande	Description
`-d level`	Définit le niveau de débogage en vue de la recherche d'erreurs.
`-p port`	named attend par défaut les requêtes au serveur de noms sur le port 53. `-p` permet de définir un autre port.
`-b config`	Charge le fichier `config` au lieu de /etc/named.boot.
`-q`	Consigne toutes les requêtes au serveur de noms reçues.
`-r`	Un serveur de noms résout normalement de manière récursive les requêtes auxquelles il ne peut répondre lui-même. L'option `-r` permet d'empêcher ce comportement.

Il n'est généralement pas nécessaire de passer des paramètres au démarrage du programme. Le fichier */etc/named.boot* contient les domaines dont il est responsable ainsi que des références à leurs fichiers de zones, un fichier contenant les Root Nameserver ainsi que les serveurs de noms vers lesquels il peut faire transmettre les requêtes auxquelles il ne peut répondre lui-même.

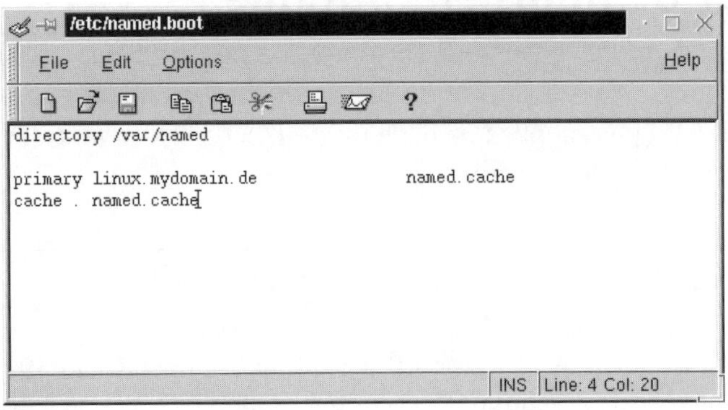

◄ **Fig. 9.23** *Un exemple de fichier named.boot*

L'instruction **directory** éventuellement contenue dans ce fichier indique à named dans quel répertoire se trouvent les fichiers de zones dans lesquels sont enregistrés les Resource Records. Le fichier *named.cache* devrait être rechargé régulièrement depuis **ftp.rs.internic.net** (**ftp://ftp.rs.internic.net/domain/named.cache**). Avec

```
nslookup www.ripe.net 127.0.0.1
```

vous pouvez tester si named fonctionne correctement. L'adresse IP 127.0.0.1 se réfère à l'ordinateur local. Vous pouvez remplacer 127.0.0.1 par l'adresse IP d'un autre serveur.

Division en zones

Si le serveur de nom doit également servir à gérer les ordinateurs du réseau local en plus de la résolution des noms d'ordinateurs, une nouvelle zone doit lui être ajoutée. Insérez à cet effet la ligne suivante dans le fichier de configuration */etc/named.boot* :

```
primary   societe.fr   named.societe.fr
```

Le mot-clé **primary** signifie au serveur de noms qu'il est le responsable principal du domaine **societe.fr**. Le fichier se trouve dans le répertoire */var/named*. Dans le fichier de zone figurent les définitions du domaine, notamment une liste des ordinateurs et adresses IP du domaine **societe.fr**. Un tel fichier de zone pourrait se présenter ainsi :

```
@    SOA  ns.societe.fr.  xyz.provider.fr. (
   99081601 ; serial
   28800 ; refresh
   7200 ; retry
   604800 ; expire
   86400 ; minimum
   )
    NS   ns.societe.fr.
ns     A     192.168.0.2
ordinateur    A     192.168.0.11
```

Chaque ligne du fichier de zone contient un Resource Record. Plusieurs lignes peuvent être regroupées entre parenthèses. Les commentaires sont introduits par un point-virgule. Le premier Resource Record est du type SOA (Start of Authority). Chaque serveur de nom primaire d'un domaine possède une entrée SOA pour son domaine. Elle règle la transmission du fichier de zone entre les serveurs de noms primaire et secondaires.

L'entrée SOA est construite de la façon suivante :

▼ **Tab. 9.7** *Les paramètres de l'entrée SOA*

Élément	**Explication**
`ns.societe.fr`	Nom du serveur de nom primaire
`xyz.provider.fr`	Adresse d'e-mail. Le caractère @ est remplacé par un point (.).
99081601	Numéro de série du fichier de zone. En cas de modifications, cette valeur doit être augmentée. On utilise normalement la date de modification ainsi que le nombre de modifications effectuées dans la journée. Dans l'exemple, le fichier a été modifié pour la première fois le 16 août 1999.
28800	Indique la fréquence à laquelle le ou les serveurs de noms secondaires doivent synchroniser leurs fichiers de zones avec le serveur primaire. Le délai est exprimé en secondes. Un deuxième serveur de noms du domaine societe.fr vérifierait par conséquent toutes les huit heures si le numéro de série a changé et demanderait le cas échéant le fichier de zone du serveur.
7200	Si une tentative de mise à jour du système secondaire échoue, il refait une nouvelle tentative dans 7 200 secondes.
604800	La base de données du système secondaire est périmée au plus tard après 604 800 secondes. Si le serveur de noms secondaire ne peut recharger des mises à jour dans ce délai, il ne répond plus à aucune requête.
86400	Indique la durée pendant laquelle les autres serveurs de noms peuvent conserver les requêtes en cache. Au plus tard après 24 heures, les autres serveurs doivent refaire une requête.

Un serveur secondaire peut aussi être employé pour un domaine, en plus du serveur primaire. Pour la configuration, vous avez uniquement besoin du nom de domaine, d'un fichier dans lequel le serveur de noms peut enregistrer le fichier de zone, ainsi que de l'adresse du serveur de noms primaire. Ajoutez la ligne suivante dans le fichier de configuration */etc/named.boot* :

```
secondary       societe2.fr 192.168.0.3 db.societe2.fr
```

Cette ligne installe un serveur de noms secondaire pour le domaine `societe2.fr`, avec le serveur primaire 192.168.0.3. Pour que ce serveur de noms secondaires puisse être trouvé, il faut une entrée NS correspondante dans le fichier de zone :

```
@   IN SOA  ns.societe.fr.  xyz.provider.fr. (
   99081601 ; serial
   28800 ; refresh
   7200 ; retry
   604800 ; expire
   86400 ; minimum
   )
   IN NS   ns.societe.fr.
ns   IN A    192.168.0.2
ns2             IN A    192.168.0.3
ordinateur   IN A    192.168.0.11
```

Reverse Lookup

Pour que le serveur de noms puisse également associer un nom à une adresse IP, il existe les zones Reverse Lookup. Pour un réseau de classe C, il existe par exemple un fichier de zone affectant un nom à chaque adresse IP employée. Ce fichier de zone a la même structure qu'un fichier de zone pour les domaines.

Au lieu du domaine, l'administrateur entre le numéro de réseau IP en ordre inverse et complète avec la chaîne de caractères `.in-addr.arpa`. Le dernier bloc IP est omis.

```
primary         0.168.192.IN-ADDR.ARPA  named.rev
```

Cette ligne configure un fichier de zone pour Reverse Lookup du réseau de classe C 192.168.0.*. Le fichier de zone se présente comme celui des domaines à la différence près que l'on n'utilise pas d'entrées A mais des entrées PTR. Une entrée PTR associe une adresse IP avec un nom. Le fichier de zone Reverse Lookup peut se présenter ainsi :

```
@   IN SOA  ns.societe.fr.  xyz.provider.fr. (
                     99081601 ; serial
                     86400 ; refresh
                     3600 ; retry
                     3600000 ; expire
```

```
                            604800 ; minimum
                            )
                 IN NS      ns.societe.fr.
1                IN PTR     ns
2                IN PTR     ns2
11               IN PTR     ordinateur
```

La commande **nslookup** renvoie le résultat suivant :

```
> nslookup 192.168.0.11 127.0.0.1
Server:  localhost
Address:  127.0.0.1
Name:    ordinateur.societe.fr
Address:  192.168.0.11
>
```

Chapitre 10

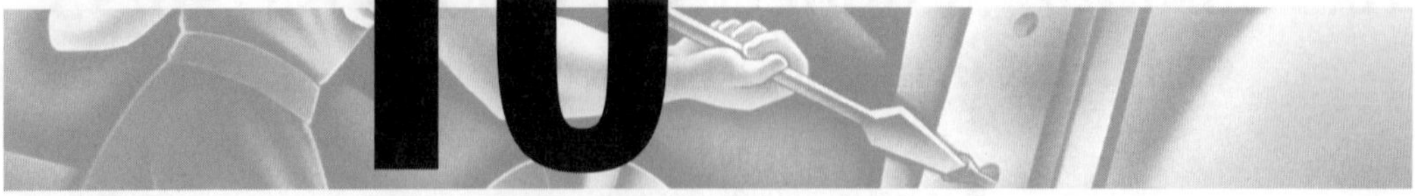

Utilisation de Samba et mise en place d'un serveur Intranet/Internet

10.1	SAMBA : Connecter Windows NT/98/95 et Linux en réseau local	402
10.2	Serveur Intranet/Internet	426

10.1 SAMBA : Connecter Windows NT/98/95 et Linux en réseau local

◄ **Fig. 10.1**
Le logo de Samba

Ce chapitre va décrire comment utiliser sous Linux le protocole SMB ("Session Message Block") également appelé le protocole NetBIOS ou LanManager.

Le protocole SMB est utilisé par Microsoft Windows 3.11, NT et 95 pour partager des disques et des imprimantes. En utilisant les outils Samba d'Andrew Tridgell inclus dans la distribution RedHat 6.1, les systèmes Unix (Linux inclus) peuvent également partager des disques et des imprimantes avec des hôtes Windows.

Pour utiliser Samba, vous devez disposer d'au moins 2 machines reliées à l'aide d'un réseau TCP avec l'une d'entre elles sous Windows et l'autre sous Linux.

Vous pouvez faire quatre choses avec Samba :

1. Partager un disque Linux pour des machines Windows.
2. Accéder à un disque Windows depuis une machine Linux.
3. Partager une imprimante Linux pour des machines Windows.
4. Utiliser une imprimante Windows à partir d'un hôte Linux.

Attention

Il ne faut pas utiliser Samba dans le cas suivant

Si vous voulez partager des fichiers entre machines Linux, il vaut mieux utiliser NFS (Network File System) qui est plus indiqué pour cette utilisation. Reportez-vous pour cela à la Bible Linux parue chez Micro Application.

Précautions à prendre avant d'installer Samba

Vous devez disposer d'une connexion TCP qui fonctionne correctement entre les 2 machines. Tester le fonctionnement dès maintenant permettra d'éviter bien des déboires par la suite. Il nous faut pour cela utiliser la commande **ping** sur les deux machines. Prenons par exemple le cas d'une machine sous Windows d'adresse IP : 181.36.10.131 et d'une machine sous Linux d'adresse IP : 181.36.10.91.

Sur la machine Windows faites un ping sur l'adresse IP de la machine Linux :

```
C:\WINDOWS>ping 181.36.10.91

Envoi d'une requête'ping' sur 181.36.10.91 avec 32 octets de données :


Réponse de 181.36.10.91 : octets=32 temps=1 ms TTL=64
Réponse de 181.36.10.91 : octets=32 temps<10 ms TTL=64
Réponse de 181.36.10.91 : octets=32 temps<10 ms TTL=64
Réponse de 181.36.10.91 : octets=32 temps<10 ms TTL=64

Statistiques Ping pour 181.36.10.91:
    Paquets : envoyés = 4, reçus = 4, perdus = 0 (perte 0%),
Durée approximative des boucles en millisecondes :
    minimum = 0ms, maximum = 1ms, moyenne = 0ms
```

Puis sur la machine Linux faites un ping sur l'adresse IP de la machine Windows :

```
[root@servlinux /root]# ping 181.36.10.131
PING 181.36.10.131 (181.36.10.131): 56 data bytes
64 bytes from 181.36.10.131: icmp_seq=0 ttl=128 time=0.7 ms
64 bytes from 181.36.10.131: icmp_seq=1 ttl=128 time=0.6 ms
64 bytes from 181.36.10.131: icmp_seq=2 ttl=128 time=0.5 ms
^C
--- 181.36.10.131 ping statistics ---
3 packets transmitted, 3 packets received, 0% packet loss
round-trip min/avg/max = 0.5/0.6/0.7 ms
[root@servlinux /root]#
```

Si votre réseau TCP est bien configuré, vous devez obtenir des résultats similaires aux exemples ci-dessus lors des deux ping. Passez directement à l'installation de Samba sous Linux. Si ce n'est pas le cas, nous allons voir comment configurer le réseau.

Configuration du réseau TCP sur la machine Windows

Configuration matérielle sous Windows

Cliquez avcc le bouton droiL sur le Poste de travail pour accéder aux propriétés système. Sous l'onglet **Gestionnaire de périphériques**, si vous voyez une carte réseau sans aucun conflit (qui n'a pas de petit point d'exclamation jaune sur son icône), c'est que votre carte réseau est convenablement configurée. Dans ce cas, passez directement à la section *Configuration logicielle sous Windows*.

Premièrement il faut installer physiquement la carte sous Windows. Pour cela, allez dans le Panneau de configuration puis cliquez sur **Ajout de nouveau matériel**. Vous arrivez sur la fenêtre suivante :

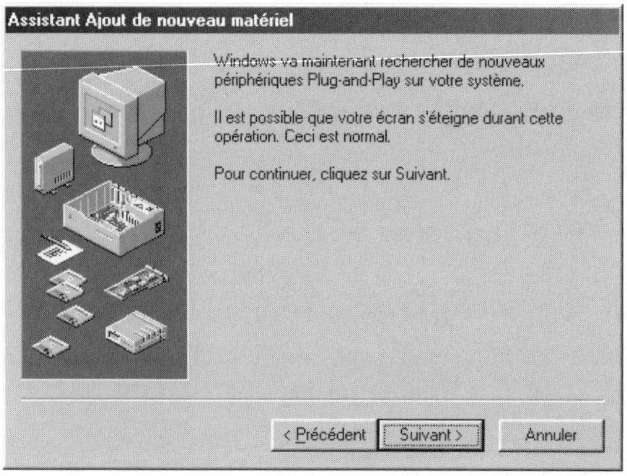

◄ **Fig. 10.2**
Ajout de matériel

Après avoir cliqué sur **Suivant**, Windows recherche les nouveaux périphériques Plug and Play. À la fin de la détection, s'il a trouvé votre carte, suivez les instructions qui s'affichent à l'écran, sinon choisissez **non, le périphérique ne figure pas dans la liste** puis **Suivant**. Choisissez ensuite **je veux choisir le matériel à partir d'une liste** puis double-cliquez sur **Carte réseau**. Vous arriverez sur la fenêtre suivante où vous choisirez **Disquette fournie** (voir fig. 10.3).

À ce moment insérez la disquette des drivers de votre carte réseau puis choisissez **Parcourir** pour localiser les fichiers de drivers. Après avoir cliqué sur OK l'installation s'effectue. Vous devrez ensuite redémarrer la machine Windows.

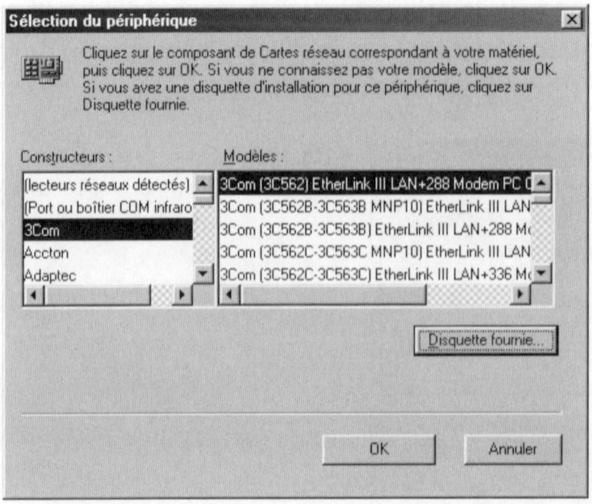

◄ **Fig. 10.3**
Recherche de driver sur un autre support

Configuration logicielle sous Windows

Cliquez avec le bouton droit sur le **Voisinage réseau** puis choisissez **Propriétés**, vous arriverez sur la fenêtre suivante :

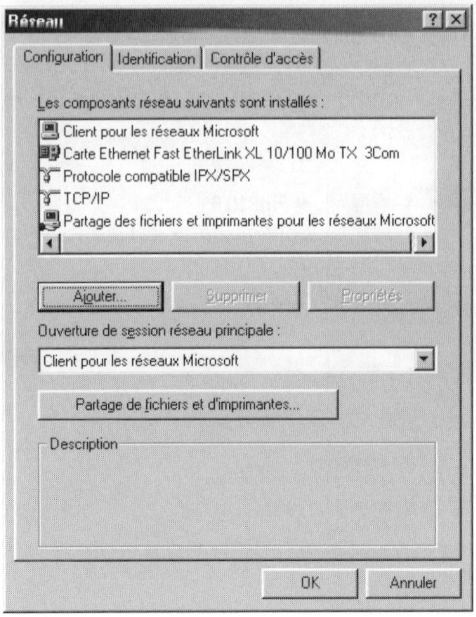

◄ **Fig. 10.4**
Les propriétés réseau

Vous devez installer le protocole TCP/IP. Pour cela cliquez sur **Ajouter/Protocole/Microsoft/TCP/IP**, le client pour les réseaux Microsoft (**Ajouter/Client/Microsoft/client pour les réseaux Microsoft**) et le service de partage des fichiers et imprimantes pour les réseaux Microsoft (**Ajouter/Service/**

partage des fichiers et imprimantes pour les réseaux Microsoft). Sous l'onglet **Identification**, vous pouvez configurer le nom de l'ordinateur ainsi que le groupe de travail de la machine Windows.

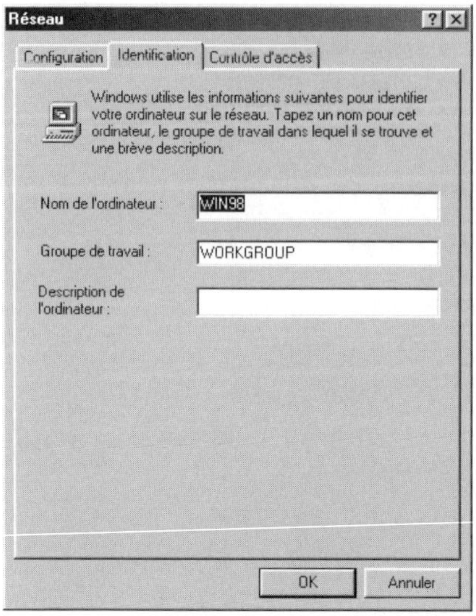

◄ **Fig. 10.5**
L'onglet Identification des propriétés réseau

Configurons ensuite le protocole TCP en lui-même en double-cliquant sur *TCP/IP* dans les propriétés réseau. Sous l'onglet **Adresse IP** spécifiez une adresse IP de votre choix.

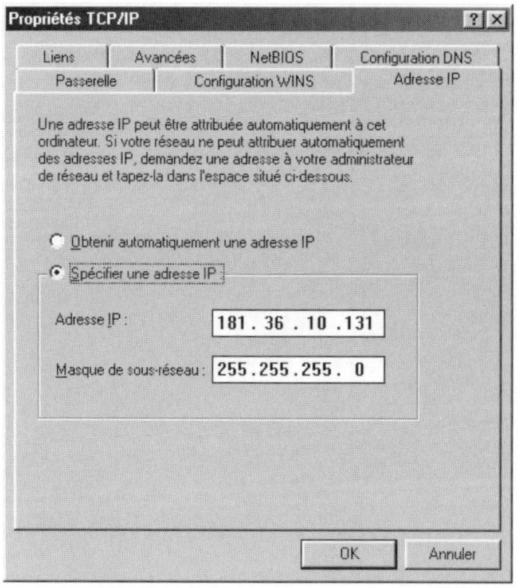

◄ **Fig. 10.6**
Configuration de l'adresse IP

La configuration de la machine Windows étant terminée, voyons maintenant le cas de la machine Linux.

Configuration du réseau TCP sur la machine Linux

Configuration matérielle sous Linux

Il existe une solution simple pour vérifier si la carte réseau est installée sous Linux : cette carte devrait apparaître lors du lancement du système, sous la forme d'une ligne ressemblant à :

```
eth0:NE2000 Found at 0x300 using IRQ 3
```

Si une ligne de ce genre est présente (commençant par `eth...`), et si elle n'est accompagnée d'aucun message d'erreur, votre carte réseau devrait fonctionner correctement.

> Astuce
>
> **Si vous n'avez pas eu le temps de lire les messages de démarrage**
>
> vous pouvez utiliser la commande **dmesg** pour afficher les messages du démarrage

Si votre carte réseau n'apparaît pas dans les messages de démarrage, les causes peuvent être multiples :

- la carte n'a pas été configurée correctement, voire pas du tout. En effet, certaines cartes nécessitent le lancement d'un logiciel de configuration, sous Dos, pour être initialisées lors de leur installation. Si aucune partition Dos n'est présente sur votre poste Linux, il faudra vous munir d'une disquette de démarrage Dos. Certaines anciennes cartes sont configurables par des cavaliers (*jumpers*) présents sur la carte même ;
- le noyau Linux n'est pas prévu pour gérer votre type de carte. En effet, Linux gère les cartes réseau dès la couche noyau (le cœur du système). Si votre carte n'est pas prévue dans le noyau utilisé, il faudra changer de noyau, en le recompilant ou en vous procurant un noyau déjà compilé pour votre carte ;
- la carte provoque un conflit avec d'autres périphériques ;
- la carte n'est pas du tout reconnue par Linux. Cette situation tend à se raréfier, mais peut encore se produire. Il vous faudra dans ce cas vous

procurer un noyau plus récent, ou changer de carte (une carte Ethernet compatible NE2000 vaut moins de 150 F chez certains distributeurs).

Cette liste n'est bien évidemment pas exhaustive. Si vous avez des problèmes d'installation, vous pouvez vous référer aux fichiers HOWTO livrés avec Linux, ou poser des questions sur Internet, via les newsgroups (`fr.comp.os.linux` est un des groupes les plus animés de la communauté francophone).

Configuration logicielle sous Linux

Sous Linux, TCP/IP est installé par défaut. Nous n'aurons donc pas besoin de l'installer. Pour réaliser cette configuration nous allons utiliser l'utilitaire *netcfg*. Configurez premièrement le *nom de la machine* et le *nom de domaine* de la machine Linux sous l'onglet **names** comme le montre l'écran ci-dessous :

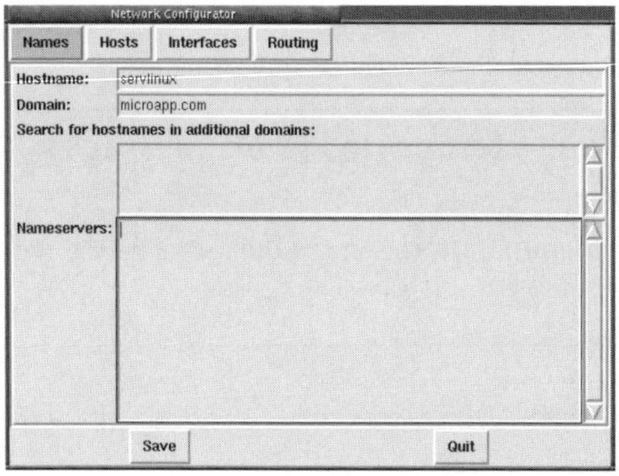

◄ **Fig. 10.7**
Configuration du nom de machine

Configurons ensuite l'adresse IP de l'hôte grâce à l'onglet **host**.

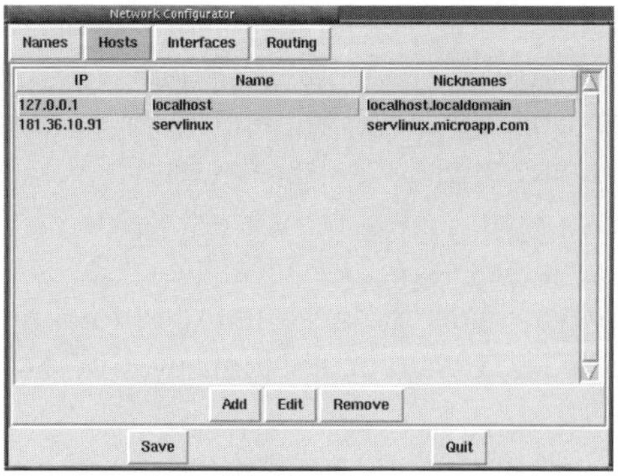

◄ **Fig. 10.8**
La configuration de l'IP

Cliquez sur **Add** puis entrez l'*adresse IP* que vous désirez attribuer à votre machine, le *nom* de votre machine (qui doit correspondre au nom déclaré sous l'onglet précédent) et un *nickname* correspondant à *<nom de la machine>.<nom de domaine>*. Terminons la configuration d'une nouvelle interface grâce à l'onglet correspondant. Ce panneau permet d'effectuer de nombreuses manipulations, depuis la configuration de l'accès Internet par un modem jusqu'aux opérations avancées de routage. Vous obtenez la liste des interfaces déjà présentes sur votre système.

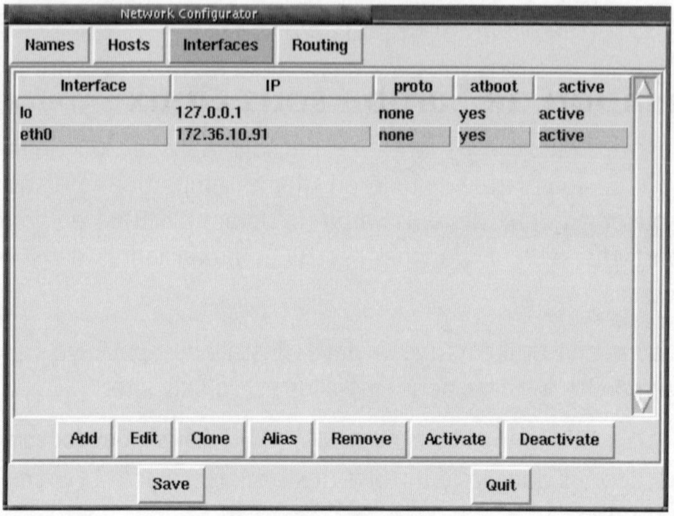

▲ **Fig. 10.9** *La configuration des interfaces*

Vérifiez si une ligne nommée `eth0` existe ; si tel n'est pas le cas, il va falloir la créer. Cliquez sur le bouton **Add**, puis sélectionnez *Ethernet*. Si la ligne existe déjà, sélectionnez-la et cliquez sur **Edit**.

Après avoir confirmé, vous obtenez l'écran de configuration de l'interface Ethernet. Vous devez remplir les paramètres suivants :

- *IP* : tapez l'adresse IP que vous voulez attribuer à la station Linux (à moins que votre serveur NT ne soit doté d'un serveur DHCP d'attribution automatique d'adresses IP) ;
- *Netmask* : la plupart du temps, cette ligne doit contenir `255.255.255.0` (réseau de classe C) ;
- *Activate interface at boot time* : sélectionnez cette option pour que l'interface soit disponible dès le lancement de Linux ;

- *Allow any user...* : désactivez cette option, sauf si vous désiriez donner la possibilité à n'importe quel utilisateur d'inhiber ou d'activer l'interface Ethernet ;
- *Interface configuration protocol* : sélectionnez **DHCP** si vous avez un serveur NT qui sert de serveur DHCP, **none** sinon.

Cliquez ensuite sur **Done** pour valider la configuration de l'interface Ethernet.

La ligne `eth0` devrait apparaître dans la liste des interfaces. Si cette ligne possède l'attribut *Inactive*, cliquez sur le bouton **Activate**.

Installation de Samba sous Linux

Samba est disponible sous forme de package dans le CD1 de la distribution RedHat6.1. Si vous l'avez installé en même temps que la distribution, vous devez trouver les deux démons *smbd* (le démon SMB) et *nmbd* (qui propose le support du serveur de nom NetBIOS aux clients) dans le répertoire */usr/sbin*.

S'ils ne sont pas présents, vous devez installer le package de Samba à la main. La marche à suivre pour l'installer est la suivante:

- Montez le CD1 de la distribution RedHat : `mount/dev/cdrom /mnt/cdrom`
- Déplacez-vous dans le répertoire des packages sur le CD : `cd /mnt/cdrom/RedHat/RPMS`
- Installez le package : `rpm - ivh samba-2.0.5a-12.i386.rpm`

Une fois cette opération effectuée, les binaires suivants devraient se trouver dans le répertoire */usr/bin* :

▼ **Tab. 10.1** *Binaires liés à Samba*

programmes	Description
smbclient	Un client SMB similaire à ftp en mode console pour machines Unix
smbprint	Un script pour imprimer sur l'imprimante d'un hôte SMB
smbstatus	Permet de lister les connexions SMB présentes sur localhost
smbrun	script pour faciliter le lancement d'applications sur des hôtes SMB
smbadduser	Permet d'ajouter des utilisateurs dans le fichier /etc/smbpasswd
smbpasswd	Permet de changer le mot de passe SMB d'un utilisateur
smbtar	Un utilitaire pour réaliser des backup de partage SMB directement au format tar

On doit ensuite s'occuper de lancer les 2 démons SMB (*/ust/sbin/smbd* et */usr/sbin/nmb*). Pour cela il existe plusieurs possibilités.

Si vous comptez utiliser régulièrement Samba pour un serveur de fichiers par exemple, la solution préférable est de lancer automatiquement les démons Samba au démarrage. Pour cela tapez **setup** dans une fenêtre de terminal puis choisissez **System services**. La liste de tous les services apparaît, cochez **smb** dans la liste à l'aide de la touche espace puis relancez votre machine.

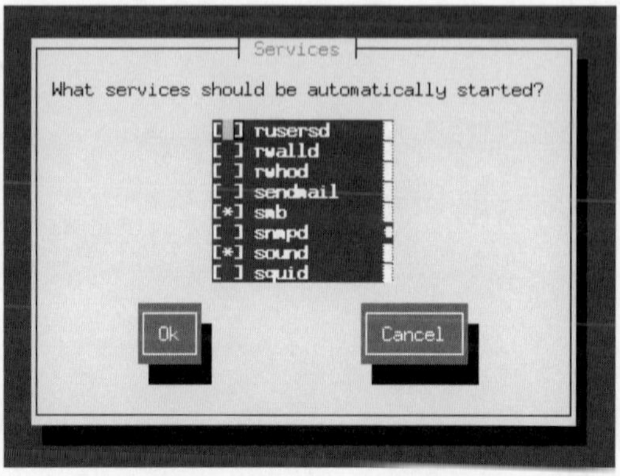

◄ **Fig. 10.10**
Le lancement des démons SMB avec setup

Si en revanche vous ne comptez utiliser les services SMB qu'occasionnellement, vous pouvez démarrer les démons grâce à un script (*/etc/rc.d/init.d/smb*) en tapant `./smb start` ou `./smb stop` dans le répertoire */etc/rc.d/init.d/*.

Configuration de Samba sous Linux

La configuration de Samba sur une machine Linux est contrôlée exclusivement par le fichier */etc/smb.conf*. Ce fichier indique quels répertoires et imprimantes vous désirez partager avec les autres utilisateurs ainsi que les restrictions à appliquer.

> **Attention**
>
> **Ligne nécessaire dans le fichier /etc/smb.conf**
>
> Lors de la configuration de votre fichier */etc/smb.conf*, n'oubliez pas la ligne **encrypt passwords = yes** qui permet la négociation des accès entre les deux machines.

```
#fichier /etc/smb.conf
[global]
```

```
workgroup = MYGROUP
server string = Samba Server
printcap name = /etc/printcap
load printers = no
log file = /var/log/samba/log.%m
max log size = 50
security = share
encrypt passwords = yes
socket options = TCP_NODELAY
dns proxy = no

#==================== Définitions des partages =======================
[root]
comment = Disk Root
path = /
valid users = ldemaret
admin users = ldemaret
public = no
read only = no
browseable = yes
printable = no

[homes]
comment = Home Directory
browseable = no
writable = yes

[tmp]
comment = Temporary file space
path = /tmp
read only = no
public = yes

[lp]
security = server
comment = Linux Printer
path = /var/spool/lpd/lp
public = yes
writable = yes
printable = yes
```

```
print command = lpr -b -P%p %s
```

La section `[global]` contient des variables utilisées par Samba pour tous les partages.

▼ **Tab. 10.2** *Variables de la section [global] du fichier /etc/smb.conf*

Variable	Signification
workgroup	Ce paramètre indique dans quel groupe de travail le serveur va apparaître quand il sera interrogé par les clients
server string	Correspond au commentaire correspondant au serveur qui apparaîtra sur la machine cliente
printcap name	Permet de spécifier le chemin du fichier printcap où sont déclarées les imprimantes du système Linux
load printers	Permet de partager toutes les imprimantes spécifiées dans le fichier /etc/printcap
log file	Chemin du fichier log de Samba
max log size	Spécifie la taille maximale en kilobytes du fichier log
security	Si les noms d'utilisateurs sous Windows n'existent pas forcément sur la machine Linux utiliser share, sinon user
encrypt passwords	Permet d'encrypter les mots de passe pour valider une connexion à Windows 98 ou NT (La valeur yes pour ce paramètre est nécessaire)
socket options	Mise à la valeur TCP_NODELAY, cette option permet d'optimiser la liaison réseau
dns proxy =	Indique au démon Samba de traiter le nom Netbios comme un nom DNS

Création du fichier /etc/lmhosts

Nous avons aussi besoin de créer un fichier */etc/lmhosts* sous Linux pour permettre le rapprochement entre l'adresse IP et le nom NetBIOS car Windows utilise NetBIOS au-dessus de TCP/IP. Sa syntaxe est la suivante :

```
#fichier /etc/lmhosts
181.36.10.131 win98
```

- Le premier paramètre correspond à l'adresse IP de la machine
- Le second correspond au nom de la machine Windows. Vous le retrouvez dans la zone de texte *Nom de l'ordinateur* de l'onglet **Identification** lorsque vous affichez les propriétés de *Voisinage réseau*.

Voyons maintenant les étapes nécessaires pour créer ce fichier de mots de passe Samba.

Copier et modifier le fichier /etc/passwd

Il faut d'abord copier le fichier */etc/passwd* sous un autre nom, par exemple */root/passwd.tmp*.

```
[root@servlinux /root]# cp /etc/passwd /root/passwd.tmp
[root@servlinux /root]#
```

Sélectionner les utilisateurs

Tous les utilisateurs (existants sous Linux, sinon créez-les auparavant avec `linuxconf` ou `adduser`) qui doivent être validés par Samba doivent être sélectionnés dans le fichier */root/passwd.tmp*. Dans notre exemple, il s'agit de deux utilisateurs. Tous les autres utilisateurs doivent être effacés du fichier.

```
root:ecFRG5LoPpaPs:0:0:root:/root:/bin/bash
ldemaret:LONwnu967lGvI:1000:5000:ldemaret:/home/ldemaret:/bin/bash
LEGENDE=Le fichier passwd.tmp
```

Créer le fichier /etc/smbpasswd

Un script du shell qui se trouve dans la distribution Samba permet de générer un fichier de mots de passe *Samba* à partir du format de fichier des mots de passe Unix, en exécutant la commande suivante :

```
[root@servlinux /root]# cat /root/passwd.tmp | mksmbpasswd.sh >
/etc/smbpasswd
[root@servlinux /root]#
```

Le contenu du fichier de mots de passe temporaire est transféré par l'intermédiaire d'un filtre dans le format des mots de passe *Samba*. Le résultat de cette opération est enregistré dans le fichier */etc/smbpasswd*, et se présente comme suit :

```
#
# SMB password file.
#
root:0:XXXXXXXXXXXXXXXXXXXXXXXXX:XXXXXXXXXXXXXXXXXXXXXXXXX:root:/root:/bin/bash
ldemaret:1000:XXXXXXXXXXXXXXXXXXXXXXXXX:XXXXXXXXXXXXXXXXXXXXXXXXX:ldemaret:
/home/ldemaret:/bin/bash
LEGENDE=Le fichier généré /etc/smbpasswd
```

Définir le mot de passe Samba

Il est alors possible de définir le mot de passe d'un utilisateur défini dans le fichier */etc/smbpasswd*, grâce à la commande **smbpasswd**, de la manière suivante :

```
[root@servlinux /root]# smbpasswd ldemaret
New SMB password:
Retype new SMB password:
Password changed
[root@servlinux /root]#
```

Le mot de passe est naturellement invisible lors de la saisie.

Ajouter des utilisateurs Samba

On peut ajouter des utilisateurs Samba avec la commande `smbadduser <UNIX_ID>:<WINDOWS_ID>` mais il faut d'abord disposer d'un compte Linux pour l'utilisateur (la création de comptes Linux est réalisée avec la commande **adduser**).

```
[root@servlinux /root]# adduser jean
[root@servlinux /root]# smbadduser jean:jdavias
Adding: jean to /etc/smbpasswd
Adding: {jean = jdavias} to /etc/smbusers
----------------------------------------------------------
ENTER password for jean
New SMB password:
Retype new SMB password:
Password changed
```

Partager un disque Linux pour des machines Windows

Le choix des répertoires à partager ainsi que des droits d'accès associés se fait via le fichier */etc/smb.conf*. La section `[root]` permet à un utilisateur privilégié (ici *ldemaret*) de pouvoir accéder à tout le disque dur avec les droits d'accès Root.

```
[root]
comment = Disk Root
```

```
path = /
valid users = ldemaret
admin users = ldemaret
public = no
read only = no
browseable = yes
printable = no
```

Voyons maintenant plus en détail les différents paramètres utilisés ici :

▼ **Tab. 10.3** *Explication des différents paramètres du fichier /etc/smb.conf*

Variable	Commentaire
comment	Spécifie le commentaire relatif au partage qui sera visible sur la machine cliente, par exemple dans le Voisinage réseau.
path	Spécifie le répertoire correspondant au partage.
admin users	Permet de spécifier une liste d'utilisateurs à qui seront accordés les droits d'accès Root. Cela signifie qu'ils pourront effectuer toutes les opérations qu'ils souhaitent sur les fichiers du partage, quelles que soient les permissions au niveau de ces fichiers.
valid users	Permet de spécifier une liste d'utilisateurs qui seront autorisés à se connecter à ce partage.
public	Si ce paramètre est positionné sur yes, aucun mot de passe n'est demandé pour se connecter au partage correspondant. Dans le cas contraire, comme ici, un mot de passe devra être validé pour pouvoir accéder à la ressource partagée.
browseable	Détermine si ce partage apparaît ou non dans la liste de partages disponibles chez le client. Dans le second cas, le partage est disponible mais est caché.
read only	Choix de l'accès en lecture seule ou non pour le partage.
printable	Spécifie si le partage correspond à une ressource d'impression.

Nous vous présentons ici les options les plus courantes, mais il faut savoir qu'il en existe de nombreuses autres. Si vous désirez de plus amples informations sur celles-ci, consultez le manuel de *smb.conf* avec la commande `man smb.conf`.

La section `[homes]` ci-dessous est une section spéciale qui permet à un utilisateur distant (sur une machine Windows) d'accéder uniquement à son répertoire maison sur la machine Linux, s'il y possède un compte bien sûr.

```
[homes]
comment = Home Directory
browseable = no
```

```
writable = yes
```

La section **[tmp]** permet en quelque sorte de créer un accès Anonymous à un répertoire */tmp* du système Linux.

```
[tmp]
comment = Temporary file space
path = /tmp
read only = no
public = yes
```

L'accès Anonymous est ici possible grâce au paramètre **public = yes**.

Après toute modification dans le fichier *smb.conf* veillez à redémarrer les démons Samba à l'aide des scripts **./smb stop** suivi de **./smb start** dans le répertoire */etc/rc.d/init.d/*.

Allez ensuite sur la machine Windows puis dans le Voisinage réseau où vous devriez voir votre serveur Linux. Il y a, sur certaines configurations, un bug dans le Voisinage réseau vous obligeant à rechercher la machine Linux à la main. Pour cela allez dans le menu **Démarrer/Rechercher/Ordinateur** et indiquez le nom de votre machine Linux.

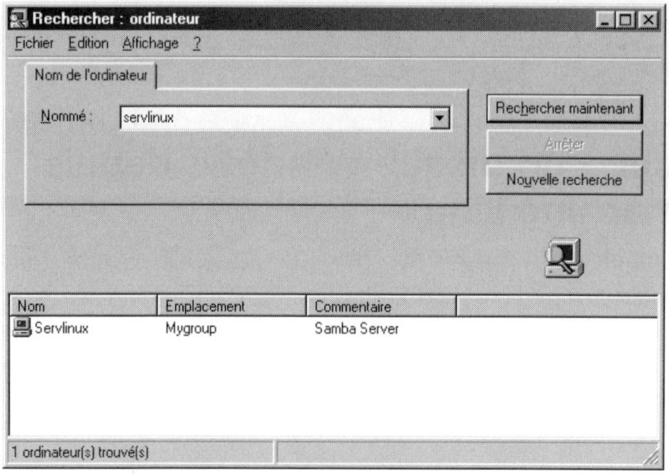

▲ **Fig. 10.11** *Outil de recherche dans le Voisinage réseau*

Vous pouvez ensuite créer un raccourci vers la machine trouvée sur votre Bureau.

Double-cliquez sur l'icône de la machine Linux et vous verrez apparaître la liste de tous les partages de celle-ci.

Suivant les différentes sections vues précédemment, nous obtenons les partages suivants :

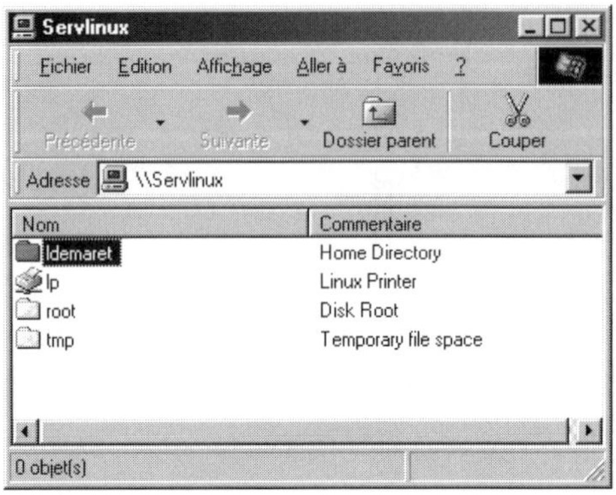

◄ **Fig. 10.12**
Nos répertoires Linux accessibles sous Windows

Pour les ressources root et le répertoire maison de chaque utilisateur, un mot de passe est demandé dans une fenêtre comme celle-ci :

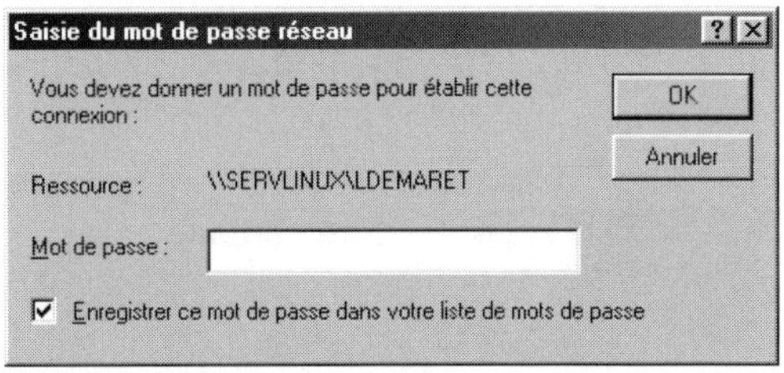

◄ **Fig. 10.13**
Demande de mot de passe

Accéder à un disque Windows depuis une machine Linux

Premièrement, pour pouvoir accéder à des disques ou répertoires Windows depuis une machine Linux, vous devez au préalable partager ces ressources sous Windows. Pour réaliser cette opération, allez dans l'Explorateur Windows, et cliquez avec le bouton droit sur le disque ou le répertoire que vous désirez partager. Un menu contextuel dans lequel vous choisirez *Partager* apparaît.

Vous arriverez sur une fenêtre identique à celle ci-dessous où vous pourrez choisir le nom de partage.

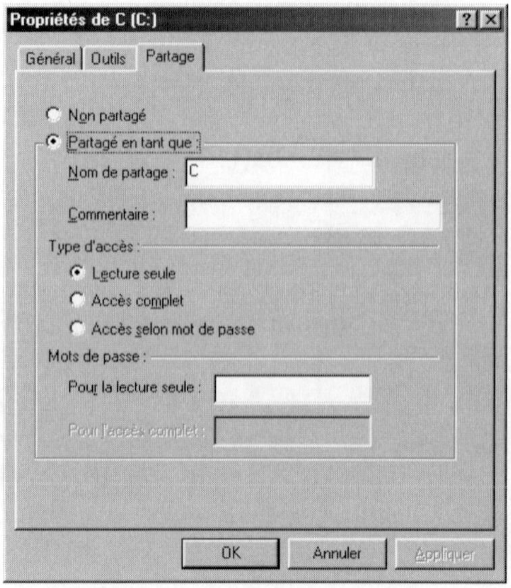

◄ **Fig. 10.14**
Partage du disque dur de la machine Windows en tant que C

Vous devez ensuite disposer d'un client SMB. Dans la distribution Samba, nous avons à notre disposition le programme *smbclient*.

Ce programme a plusieurs utilisations. On peut l'utiliser avec l'option -L comme dans l'exemple ci-dessous pour voir la liste des partages d'une machine dont le nom est donné en paramètre.

```
[root@servlinux /root]# smbclient -L win98
Added interface ip=181.36.10.91 bcast=181.36.10.255 nmask=255.255.255.0
Server time is Tue Apr 13 12:08:22 1999
Timezone is UTC+2.0
security=share

Server=[WIN98] User=[] Workgroup=[WORKGROUP] Domain=[MA_NT]

   Sharename      Type      Comment
   ---------      ----      -------
   C              Disk
   IPC$           IPC       Communication entre processus distants
[root@servlinux /root]#
```

On voit ici que la machine WIN98 partage son disque sous le nom C. Pour accéder à ce disque via SMB on utilise encore **smbclient** mais comme suit : `smbclient \\\\nom de la machine\\nom du partage`.

```
[root@servlinux /root]# smbclient \\\\win98\\c
Added interface ip=181.36.10.91 bcast=181.36.10.255 nmask=255.255.255.0
Server time is Tue Apr 13 12:09:28 1999
Timezone is UTC+2.0
Password:
security=share
smb: \>
```

Une fois connecté, on utilise le logiciel à la manière de ftp. On peut taper un point d'interrogation à l'invite **smb: \>** pour avoir la liste de toutes les commandes disponibles.

```
smb: \> ?
ls          dir         lcd         cd          pwd
get         mget        put         mput        rename
more        mask        del         rm          mkdir
md          rmdir       rd          pq          prompt
recurse     translate   lowercase   print       printmode
queue       qinfo       cancel      quit        q
exit        newer       archive     tar         blocksize
tarmode     setmode     help ? !
smb: \>
```

Parmi les commandes les plus utiles sont **ls**, **cd**, **get** et **put** qui permettent respectivement de lister le contenu d'un répertoire du disque Windows, de se déplacer dans l'arborescence Windows, de récupérer et de mettre un fichier sur le disque Windows.

Voici par exemple le résultat de l'utilisation de la commande **ls** pour lister le contenu de la machine WIN98.

```
smb: \> ls
  SCANDISK.LOG                    A      2793  Mon Apr 12 15:30:44 1999
  COMMAND.COM A      95864 Fri May 15 20:01:00 1998
  AUTOEXEC.BAT                    A       134  Wed Mar 24 17:09:10 1999
```

```
CONFIG.SYS                          A        100  Mon Apr 12 17:49:40 1999
SETUPXLG.TXT                        A        221  Thu Mar 25 11:32:22 1999
WINDOWS                             D 0  Wed Mar 24 16:41:38 1999
RECYCLED DHS            0  Wed Mar 24 17:15:08 1999
MSDOS.SYS                        AHSR       1676  Wed Mar 24 17:01:32 1999
IO.SYS                            HSR   222390 Fri May 15 20:01:00 1998
Mes Documents                       D 0  Wed Mar 24 17:14:02 1999
Program Files                       D 0  Wed Mar 24 16:47:12 1999

    65386 blocks of size 65536. 57002 blocks available
```

Partager une imprimante Linux pour des machines Windows

Pour partager une imprimante Linux pour des stations Windows, vous devez être sûr que votre imprimante est configurée pour fonctionner sous Linux. Si vous réussissez à imprimer depuis Linux, la mise en place d'un partage de l'imprimante par SMB est très rapide.

Installation d'une imprimante locale sous Linux

Utilisez l'utilitaire X-Window *printtool* pour installer l'imprimante locale. Après l'avoir lancé, choisissez **Ajouter** puis sélectionnez *imprimante locale* dans la boîte de dialogue qui s'affiche.

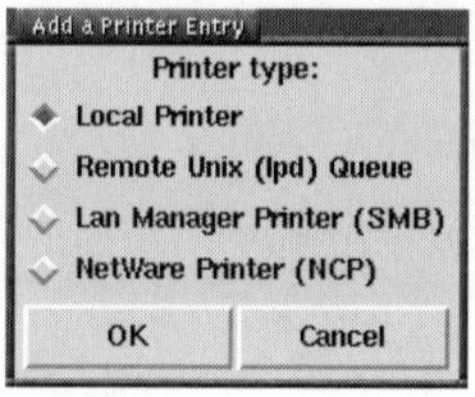

◄ **Fig. 10.15**
Boîte de dialogue pour l'ajout d'une imprimante locale

Dans la boîte de dialogue, vous pouvez configurer le répertoire de spool (file d'impression) et le nom de l'imprimante.

◄ **Fig. 10.16**
Configuration de l'imprimante

Il ne vous reste plus qu'à spécifier le filtre pour votre imprimante, c'est-à-dire à choisir précisément le type d'imprimante à installer pour pouvoir configurer en détail les caractéristiques (papier, résolution, marges, etc.).

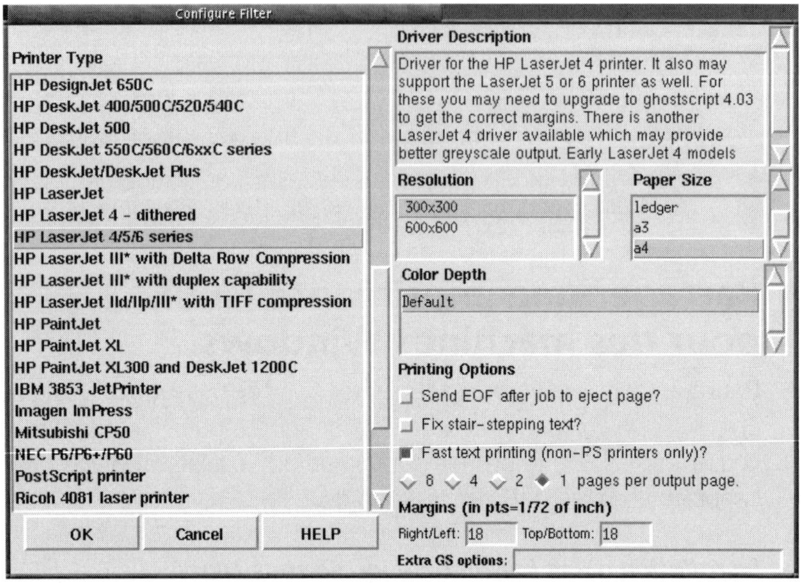

▲ **Fig. 10.17** *Menu de choix de l'imprimante*

Si votre imprimante n'apparaît pas dans la liste, vous pouvez essayer de spécifier une imprimante proche de la vôtre (même marque, même gamme) car il faut savoir que beaucoup de modèles sont compatibles entre eux.

Configuration du partage pour l'imprimante

La section suivante du fichier */etc/smb.conf* permet de partager l'imprimante Linux.

```
[lp]
security = server
comment = Linux Printer
path = /var/spool/lpd/lp
public = yes
writable = yes
printable = yes
print command = lpr -b -P%p %s
```

Le paramètre `public = yes` signifie que l'imprimante est accessible par tous les utilisateurs et `printable = yes` indique qu'il s'agit d'une ressource d'impression.

Assurez-vous que le path (dans cet exemple, à l'intérieur de la section `[lp]`) correspond bien au répertoire de spool défini dans la configuration de l'imprimante (*printtool*).

L'imprimante est ensuite visible sous Windows avec tous les répertoires partagés. Double-cliquez dessus, il vous sera demandé de l'installer avant de pouvoir l'utiliser. Veuillez donc l'installer avec ses drivers Windows en suivant les instructions de l'Assistant d'ajout d'impression.

Vous pouvez ensuite utiliser cette imprimante dans vos applications préférées.

Utiliser une imprimante Windows à partir d'un hôte Linux

L'imprimante doit être installée au préalable sous Windows. Pour cela cliquez avec le bouton droit de la souris sur l'icône *Ajout d'imprimante* dans le dossier Imprimantes du Poste de travail puis suivez les instructions pour installer les drivers fournis avec votre imprimante.

> **Remarque**
>
> **Installation des imprimantes**
>
> De nombreuses imprimantes récentes offrent maintenant un CD-Rom qui prend en charge toute l'installation sous Windows.

Il faut partager l'imprimante sous Windows d'un clic droit sur l'icône de votre imprimante dans le dossier Imprimantes du Poste de travail.

L'étape suivante consiste en l'installation de l'imprimante SMB sur la machine Linux. Nous utiliserons pour cela l'utilitaire graphique *printtool* qui se charge de modifier le fichier */etc/printcap* à notre place.

Lancez cet utilitaire en tapant `printtool` à l'invite du prompt sous une fenêtre de terminal.

Pour ajouter une imprimante, cliquer sur le bouton **ajouter**. Il faut alors définir le type d'imprimante à installer.

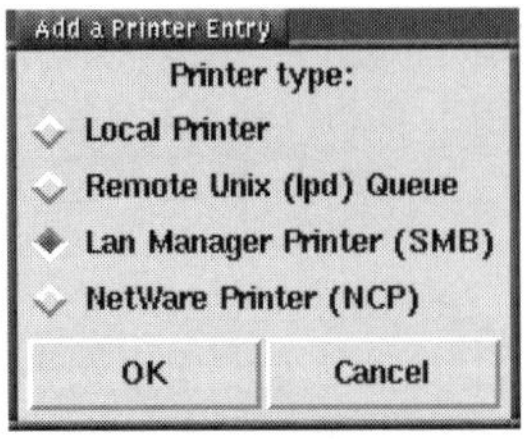

◄ **Fig. 10.18**
Choix du type d'imprimante

Les différents choix sont :

- SBM : installation d'une imprimante réseau TCP/IP avec Samba ;
- NCP Netware : installation d'une imprimante en réseau local Netware ;
- Lpd Unix imprimante : pour installer une imprimante dont le serveur est une machine UNIX ;
- Local port imprimante : imprimante installée sur le port parallèle.

Choisissez donc **Lan Manager printer (SMB)** puis cliquez sur OK.

Pour installer une imprimante Samba, il est nécessaire de connaître le nom du serveur d'impression, éventuellement son adresse IP, le nom de l'imprimante et le login ainsi que le mot de passe d'un utilisateur autorisé à imprimer sur cette imprimante si nécessaire.

Le menu de configuration de l'imprimante apparaît.

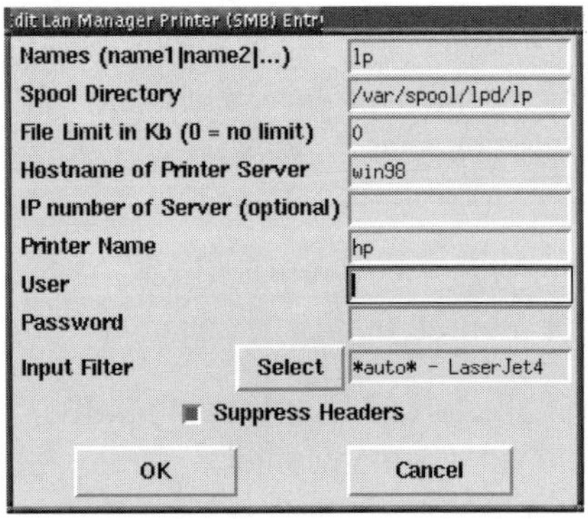

◄ **Fig. 10.19**
Menu de configuration de l'imprimante

- ***Nom (nom1|nom2|...)*** : indiquer le nom sous lequel l'imprimante sera désignée sous Linux. Si une imprimante est déjà installée, il faut bien évidemment donner un nom différent à la nouvelle imprimante.
- ***Répertoire de spool*** : indiquer le répertoire dans lequel les documents en attente d'impression seront stockés. Il est conseillé de ne pas utiliser le même répertoire de spool pour deux imprimantes. En effet, si l'on sou-

haite purger tous les documents en attente d'une imprimante, ceux de l'autre imprimante disparaîtront également.

- ***Taille maxi d'un fichier*** : permet de limiter le volume d'un fichier à imprimer.
- ***Nom du serveur d'impression*** : donner le nom du serveur d'impression Windows NT ou de la machine Windows sur laquelle est connectée l'imprimante.
- ***Numéro IP du serveur*** : si le nom du serveur d'impression n'est pas dans le fichier */etc/hosts*, ou si le DNS ne le connaît pas, il est nécessaire de spécifier l'adresse IP du serveur d'impression.
- ***Nom de la file distante*** : donner le nom de la file d'impression sur le serveur Windows NT ou le nom de partage de l'imprimante.
- ***Utilisateur*** : spécification du nom de l'utilisateur autorisé à se connecter sur l'imprimante.
- ***Mot de passe*** : mot de passe de l'utilisateur autorisé à imprimer sur l'imprimante réseau.

Dans le bas de cette fenêtre, il ne vous reste plus qu'à choisir le filtre pour l'imprimante.

Attention

Problèmes de compatibilité

Il est à noter que les imprimantes supportant le format Postscript offrent le maximum de compatibilité car le format d'impression de Linux est Postscript et celui-ci a des problèmes de conversion vers d'autres formats comme ceux supportés par Windows.

Vous devez obtenir au final dans l'utilitaire *printtool* une nouvelle ligne correspondant à votre imprimante.

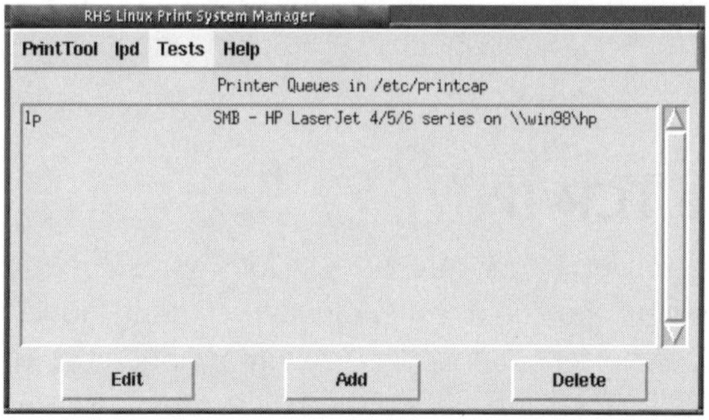

◄ **Fig. 10.20**
La nouvelle imprimante est installée

10.2 Serveur Intranet/Internet

Ce chapitre a pour objectif d'expliquer, et de montrer, comment transformer un petit réseau d'entreprise ou personnel en un Intranet complet proposant tous les services tels serveur web, mail, news, ftp et accès à Internet. Cette mise en place se fera sans remise en cause d'un serveur Windows NT éventuellement présent. Les deux types de serveurs peuvent parfaitement coexister.

Pourquoi un Intranet avec Linux ?

Les raisons susceptibles de convaincre un administrateur ou utilisateur d'un réseau local de s'équiper d'un serveur Linux pour la mise en place d'un Intranet sont diverses :

- C'est pratiquement gratuit, Linux est en effet un logiciel libre disponible sous forme de distributions. Celles-ci sont disponibles pour quelques centaines de francs contre plusieurs milliers de francs pour une licence NT server.
- Les outils serveurs disponibles sous Linux sont de très bonne qualité et fiables.
- Le support des éventuels bugs ou failles de sécurité est mis à jour très fréquemment (gratuitement).
- Le code source de Linux est accessible, il est donc parfaitement possible de développer un utilitaire spécifique si le besoin s'en fait sentir.

De toute façon l'investissement financier est minimal, et le temps consacré à l'installation peut se révéler fort rentable si le serveur Linux est adopté.

Ce chapitre s'adresse à des utilisateurs ayant les connaissances de base pour Linux et possédant quelques notions des réseaux. La personne idéale est bien évidemment celle qui s'occupe d'administrer les postes Windows. En effet, quelques informations essentielles sur le réseau local sont nécessaires pour la mise en place de l'Intranet.

Le protocole TCP/IP

Les machines Windows et Linux que nous allons faire cohabiter dans un réseau local ne parlent pas le même langage. Il faut donc une langue commune qui leur permettent d'échanger des informations et des données. Cette langue est le TCP/IP (Transmission Control Protocol/Internet Protocol).

Cette langue est celle d'Internet et permet de faire communiquer un Mac, un PC, une station Silicon Graphics...

Avant de mettre en place l'Intranet, il est donc nécessaire de rappeler quelques notions sur ce protocole qui sera utilisé par les machines pour communiquer entre elles.

Historique

Ce protocole a été développé par et pour l'armée américaine pendant la guerre froide. À l'époque, les militaires craignaient, en cas d'attaque nucléaire, de ne plus pouvoir établir de communications entre leurs bases. Ils ont donc mis en place un réseau similaire à une toile d'araignée (ARPANET), qui leur permette de communiquer même si plusieurs lignes sont interrompues. Ce protocole répond à un cahier des charges précis :

- Décomposition des données en paquets distincts susceptibles de suivre des chemins différents selon la topologie du réseau. Cela permet qu'un message arrive même si des lignes sont coupées.
- La décomposition en paquets implique le routage, c'est-à-dire la distribution des paquets vers la bonne destination. Le routage dynamique permet d'adapter l'échange des données à la configuration physique du réseau.
- Ce protocole doit permettre la communication entre des machines utilisant différents systèmes d'exploitation. Le protocole est donc une base commune sur laquelle s'appuie la communication.

Avec la fin de la guerre froide, ce réseau fut mis à la disposition des universités et des scientifiques. D'autres réseaux s'y sont connectés, utilisant eux aussi TCP/IP. Le réseau mondial qu'est Internet utilise comme protocole commun TCP/IP. Ce protocole est en fait une combinaison de deux protocoles agissant chacun à un niveau différent. Ces niveaux correspondent aux couches du modèle adopté par l'organisation internationale ISO qui définit de nombreuses normes.

Modèle en couches

Le modèle en couches OSI (*Open Systems Interconnection*) se compose de 7 couches : Application, Présentation, Session, Transport, Réseau, Liaison et Physique. Le protocole TCP se situe au niveau transport (couche 4) et IP au niveau réseau (couche 3).

TCP

TCP fonctionne en mode connecté, c'est-à-dire qu'une liaison est établie entre les deux ordinateurs. TCP est un protocole fiable dans la mesure où il est capable de déterminer si un paquet n'est pas arrivé ou s'il est corrompu. TCP s'occupe donc de la transmission des paquets, vérifie l'ordre d'arrivée et l'intégrité des données. Pour assurer cette fiabilité, un en-tête est ajouté au paquet. Cet en-tête contient toutes les informations sur l'adresse d'origine, de destination et de numéro de paquet, etc.

IP

IP est le nœud de transmission des messages en dessous de TCP, il s'occupe du transport des données. Mais il ne contient aucun outil de contrôle des données ni de vérification des paquets. Il permet d'adresser les paquets au bon endroit.

Adressage IP

L'adressage IP est le mécanisme d'identification d'une machine sur un réseau TCP/IP. L'adresse IP d'un ordinateur a la même utilité qu'une adresse postale. Nous verrons plus loin que sa structure est à peu près similaire. Les spécifications requises pour un bon fonctionnement d'une adresse IP sont :

- Chaque machine a une adresse unique dans le réseau permettant de l'identifier ;
- Le nombre d'adresses disponibles est suffisant pour la terre entière.

Cependant, cela ne suffit pas pour qu'une machine puisse échanger des données avec une autre. Il faut aussi :

- qu'un ordinateur possède un numéro d'identification unique dans le sous-réseau ;
- que les réseaux locaux connaissent les adresses des domaines des autres réseaux locaux. C'est la fonction des DNS (*Domain Name System*).

En pratique, une adresse IP est un nombre binaire codé sur 32 bits. Ce nombre est séparé en quatre parties de 8 bits chacune. Ce nombre s'écrit sous forme décimale : 192.171.43.12 par exemple, la valeur de chaque bloc va de 0 à 255.

Le nombre de machines adressables avec ce système est de 2 *puissance* 32 soit plus de quatre milliards. Cela peut paraître très élevé, mais, avec le nombre grandissant d'utilisateurs et de périphériques susceptibles d'être connectés (téléphones mobiles, appareils électroménagers...), cette limite que l'on a pensée pendant longtemps hors d'atteinte sera peut-être franchie au 21e siècle.

Le réseau global contient toutes les adresses. L'adresse d'un sous-réseau est déterminée par le premier bloc (ou les premiers blocs), qui est commun à toutes les machines du sous-réseau. On peut distinguer trois classes de sous-réseaux.

- Classe A : xxx.0.0.0. Ils permettent d'adresser plus de 24 millions de machines et sont réservés à des instituions américaines comme la NASA.
- Classe B : xxx.xxx.0.0. Ils permettent d'adresser plus de 65 000 machines.
- Classe C : xxx.xxx.xxx.0. Ils permettent eux d'adresser 255 machines, c'est un réseau de cette classe que nous allons utiliser.

Dans la suite de ce chapitre, nous utiliserons un réseau de classe C d'adresse 192.168.1.x.

On peut noter une similarité entre une adresse IP et une adresse postale. Soit xxx.yyy.zzz.www une adresse IP, on peut alors considérer qu'il y a correspondance entre xxx.yyy.zzz.www et pays.ville.rue.numéro.

À noter qu'en plus de l'adresse IP il y a un numéro de port qui correspond au nom de la personne à qui le message est destiné.

Bases du routage

Maintenant que nous savons comment identifier un ordinateur sur Internet et dans un réseau local, nous allons voir comment et par où les données transitent entre la source d'un message et son destinataire. Les machines chargées d'orienter les paquets sont appelées des routeurs.

Des données qui passent par un routeur peuvent être :

- orientées vers un réseau local si le destinataire appartient à ce réseau ;
- renvoyées à l'expéditeur si le routeur est en bout de chaîne, et ne reconnaît pas le sous-réseau de l'ordinateur destinataire des données ;
- redirigées vers un autre réseau, où un autre routeur réitère l'opération.

Les informations sur le routage sont contenues dans des tables, on y spécifie par des masques d'autres paramètres, l'adresse où doivent être envoyés les paquets selon leur destination (réseau local, renvoi vers une passerelle ou *gateway*).

Durée de vie d'un paquet

Il faut savoir que chaque paquet contient dans l'en-tête IP un chiffre, le TTL (*Time To Live*). Ce paramètre correspond à la durée de vie d'un paquet dans le réseau. Ce chiffre exprimé en secondes correspond globalement au nombre de routeurs traversés par un paquet.

À chaque passage par un routeur, la valeur du TTL diminue de 1. Quand la valeur est à 0, c'est que le paquet n'a pas trouvé son destinataire. On considère alors que celui-ci n'est pas joignable et le paquet est détruit.

Cependant, la plupart du temps, si le destinataire n'existe pas, le paquet est retourné à l'expéditeur qui selon l'application utilisée peut signaler un message d'erreur. C'est le cas pour un mail dont le destinataire est inconnu.

Installation de Linux en serveur (avec RedHat)

Pour une meilleure installation de Linux comme serveur, il est conseillé de choisir *Serveur* dans le menu de personnalisation de l'installation. Cependant, ce mode nécessite le formatage de toutes les partitions du disque, ce qui n'est pas forcément sans risque si vous aviez des données archivées.

Une autre solution moins radicale consiste à sélectionner l'installation personnalisée puis à installer les paquetages (*packages*) concernant les serveurs. Si vous avez de la place disponible (800 Mo), il est conseillé d'installer l'ensemble des packages. Cela vous évitera de perdre du temps à installer des packages supplémentaires.

Configuration réseau de Linux

La configuration du réseau est évidemment capitale pour la mise en place de l'Intranet. Elle peut se faire à deux moments :

- Lors de l'installation de Linux ;
- Après avoir installé tout Linux.

Il est vivement conseillé d'installer la carte réseau avant de commencer l'installation de Linux.

Détection de la carte réseau

Condition sine qua non pour la liaison au réseau : connecter une carte réseau au poste Linux.

> **Remarque**
>
> **Connexion sans carte réseau**
>
> En fait, il est possible de se connecter à un réseau par d'autres médias que la carte réseau (port série ou parallèle, entre autres), avec les couches PPP ou PLIP. Nous ne rentrerons pas dans les détails, et postulerons pour la suite que vous connectez votre PC avec une carte réseau Ethernet standard.

Il existe une solution simple pour vérifier la présence de la carte réseau sous Linux : cette carte devrait apparaître lors du lancement du système, sous la forme d'une ligne ressemblant à

```
eth0:NE2000 Found at 0x300 using IRQ 3
```

Si une ligne de ce genre est présente (commençant par `eth...`), et si elle n'est accompagnée d'aucun message d'erreur, votre carte réseau devrait fonctionner correctement.

> **Attention**
>
> **Conflits d'IRQ et d'adresse**
>
> Linux n'est pas pour l'instant un système d'exploitation compatible avec la norme Plug & Play : il ne résout, ni ne détecte, les éventuels conflits entre périphériques. Il faut donc prendre garde à dresser un tableau complet des IRQ ainsi que des adresses mémoire libres et occupées par votre PC avant d'installer la carte réseau.

Si votre carte réseau n'est pas reconnue, les causes peuvent être multiples :

- la carte n'a pas été configurée correctement, voire pas du tout. En effet, certaines cartes nécessitent le lancement d'un logiciel de configuration, sous Dos, pour être initialisées lors de leur installation. Si aucune partition Dos n'est présente sur votre poste Linux, il faudra vous munir d'une

disquette de démarrage Dos. Certaines anciennes cartes sont configurables par des cavaliers (*jumpers*) présents sur la carte même ;
- le noyau Linux n'est pas prévu pour gérer votre type de carte. En effet, Linux gère les cartes réseau dès la couche noyau (le cœur du système). Si votre carte n'est pas prévue dans le noyau utilisé, il faudra changer de noyau, en le recompilant ou en vous procurant un noyau déjà compilé pour votre carte ;
- la carte provoque un conflit avec d'autres périphériques ;
- la carte n'est pas du tout reconnue par Linux. Cette situation tend à se raréfier, mais peut encore se produire. Il vous faudra dans ce cas vous procurer un noyau plus récent, ou changer de carte (une carte Ethernet compatible NE2000 vaut moins de 150 F chez certains distributeurs).

Cette liste n'est bien évidemment pas exhaustive. Si vous avez des problèmes d'installation, vous pouvez vous référer aux fichiers HOWTO livrés avec Linux, ou poser des questions sur Internet, via les newsgroups (`fr.comp.os.linux` est un des groupes les plus animés de la communauté francophone).

Outils de configuration

La distribution RedHat est fournie avec plusieurs outils graphiques permettant de configurer la couche réseau de Linux presque aussi facilement que sous Windows.

Cet outil se lance sous XWindow. Vous devez donc préalablement configurer XWindow, si ce n'est pas déjà fait (normalement, le programme d'installation RedHat s'est chargé de tout configurer pour vous).

Après avoir lancé XWindow, demandez l'affichage d'une fenêtre terminal, puis tapez :

```
netcfg&
```

Au bout de quelques instants, vous devriez voir apparaître une fenêtre de configuration des différents composants réseau (voir fig. 10.21).

Ce panneau permet d'effectuer de nombreuses manipulations, depuis la configuration de l'accès Internet par un modem jusqu'aux opérations avancées de routage. Nous allons voir ici comment configurer rapidement l'accès à un réseau Microsoft :

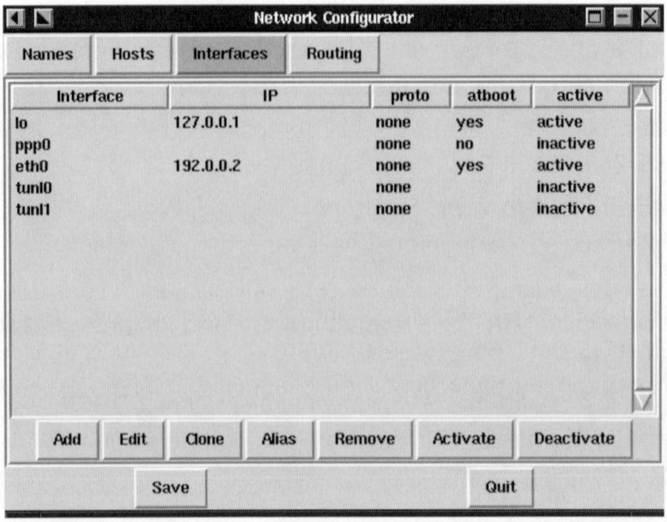

▲ **Fig. 10.21** *Panneau de configuration de la couche réseau de Linux*

1. Cliquez sur l'onglet **Interfaces**.
   Vous obtenez la liste des interfaces déjà présentes sur votre système.
   Vérifiez si une ligne nommée **eth0** existe ; si tel n'est pas le cas, il va falloir la créer :

2. Cliquez sur le bouton **Add**, puis sélectionnez *Ethernet*. Si la ligne existe déjà, sélectionnez-la et cliquez sur **Edit**.

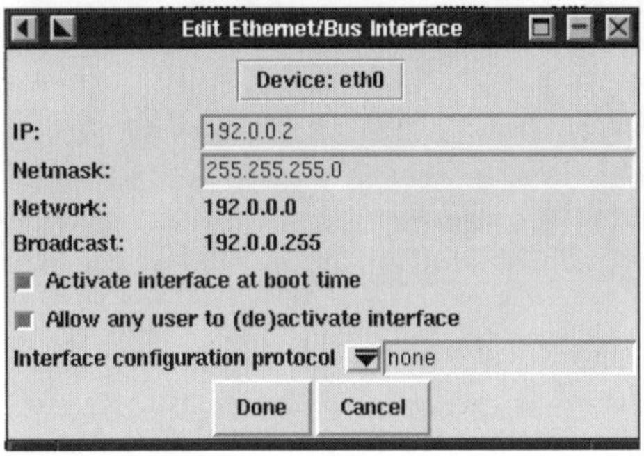

◄ **Fig. 10.22** *Configuration d'une interface Ethernet*

Après avoir confirmé, vous obtenez l'écran de configuration de l'interface Ethernet. Vous devez remplir les paramètres suivants :

- *Device* : si ce n'est pas fait, cliquez sur le bouton, et sélectionnez *eth0* ;

- *IP* : tapez l'adresse IP que vous voulez attribuer à la station Linux (à moins que votre serveur NT ne soit doté d'un serveur DHCP d'attribution automatique d'adresses IP) ;
- *Netmask* : la plupart du temps, cette ligne doit contenir `255.255.255.0` (réseau de classe C) ;
- *Activate interface at boot time* : sélectionnez cette option pour que l'interface soit disponible dès le lancement de Linux ;
- *Allow any user...* : désactivez cette option, sauf si vous désiriez donner la possibilité à n'importe quel utilisateur d'inhiber ou d'activer l'interface Ethernet ;
- *Interface configuration protocol* : sélectionnez **DHCP** si vous avez un serveur NT qui sert de serveur DHCP, **none** sinon.

3. Cliquez sur **Done** pour valider la configuration de l'interface Ethernet.
4. La ligne `eth0` devrait apparaître dans la liste des interfaces. Si cette ligne possède l'attribut *Inactive*, cliquez sur le bouton **Activate**.
5. Cliquez sur le bouton **Save** pour confirmer la création/modification de l'interface Ethernet.

Résolution des noms

La résolution des noms est un processus complexe avec TCP/IP.

Rappelons en quelques mots à quoi sert la résolution des noms : lorsque vous voulez vous connecter à un serveur présent sur un réseau TCP/IP, `www.yahoo.com` (car Internet est un réseau TCP/IP au même titre que votre petit réseau local !), votre ordinateur lance un processus de résolution du nom en plusieurs étapes :

1. Appel d'un serveur de résolution des noms, en lui fournissant le nom `www.yahoo.fr`.
2. Le serveur de résolution cherche le nom dans sa base de données, et renvoie l'adresse IP correspondant au nom (`195.67.49.44`) à votre ordinateur.
3. Votre ordinateur utilise l'adresse IP reçue pour appeler directement l'ordinateur gérant `www.yahoo.fr`.

L'organisation est la même pour votre réseau local. Linux dispose de deux médias différents pour résoudre les noms :

- le fichier */etc/hosts*, qui est un simple fichier texte contenant adresses IP et noms correspondants.
- le serveur DNS.

Voici un exemple de fichiers */etc/hosts* :

```
[root@linux essai]# cat /etc/hosts
127.0.0.1       localhost       localhost.localdomain
192.0.0.2       linux           linux.charly3.net
192.0.0.1       win             win.charly3.net
```

Les trois colonnes de ce fichier sont l'adresse IP, le nom réduit et le nom complet, incluant le nom de domaine.

Remarque

Nom localhost

Tout système d'exploitation recourant au TCP/IP utilise l'adresse `127.0.0.1` en tant que *localhost*. Cette adresse a été réservée dès la conception de TCP/IP, afin de pouvoir tester une couche IP quoi qu'il arrive ; en effet, même en cas de problème grave, l'instruction `ping localhost` devrait fonctionner en permanence.

Il est possible d'éditer ce fichier directement, en séparant chaque colonne au moyen de la touche Tab, ou en utilisant le Panneau de configuration graphique *netcfg*, en cliquant sur l'onglet **Hosts**.

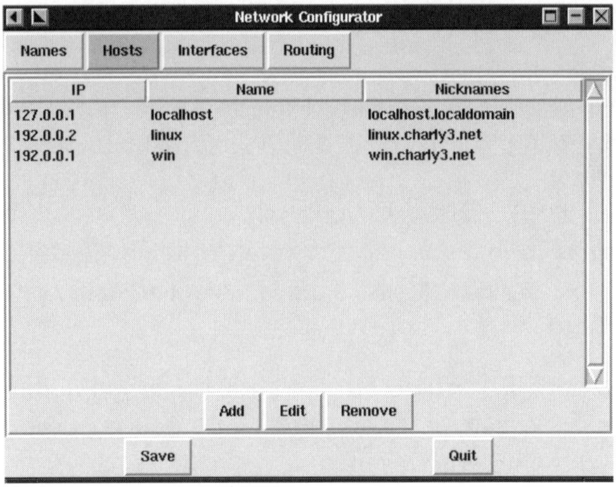

◄ **Fig. 10.23** *Édition du fichier /etc/hosts en mode graphique : idéal pour les débutants !*

Si vous avez un serveur Windows NT, il permet la création d'un serveur DNS. Il est parfaitement possible à Linux d'utiliser ce serveur. Pour cela :

1. Dans le Panneau de configuration réseau, cliquez sur l'onglet **Names**.

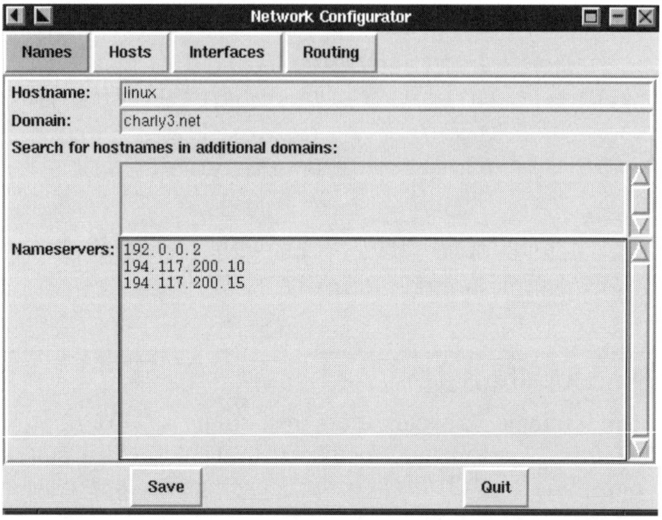

▲ **Fig. 10.24** *Déclaration d'un domaine et d'un serveur de noms*

2. Votre station Linux doit avoir son propre nom. Tapez-le sous la rubrique *Hostname* s'il n'y figure pas encore.
3. Donnez le nom de domaine que vous avez défini sous Windows NT dans *Domain*.
4. Enfin, sous la rubrique *Nameservers*, indiquez l'adresse IP de votre serveur NT.

Il faut ensuite déclarer, sur le serveur NT, le nouveau poste Linux :

1. Lancez le gestionnaire DNS, qui est situé dans le menu **Démarrer/Outils d'administration**.
2. Dans le menu **DNS**, choisissez *Nouvel Hôte*.
3. Renseignez les rubriques *Nom d'hôte* (avec le nom de la station Linux), et *Adresse IP d'hôte* (avec l'adresse IP de Linux), puis validez en cliquant sur **Ajouter un hôte**.

Votre poste Linux devrait ensuite être accessible par son nom depuis n'importe quel poste du réseau, et, inversement, vous pourrez joindre n'importe quel poste par son nom depuis Linux.

Connexion de base à Linux

La couche TCP/IP Microsoft est fournie avec quelques utilitaires de base : *Ping*, *Telnet* et *Ftp*.

Ces utilitaires représentent le strict minimum pour faire communiquer un poste Linux et Windows NT. Ils permettent de se connecter d'une machine à une autre (telnet), d'échanger entre elles des fichiers (ftp), de tester le bon fonctionnement du réseau (ping).

Ping

Cet utilitaire, minimaliste, permet de tester la validité de la connexion entre deux postes utilisant TCP/IP sur un même réseau.

La syntaxe de Ping est la suivante :

```
Ping X.X.X.X
```

(où `X.X.X.X` est à remplacer par l'adresse IP du poste à tester).

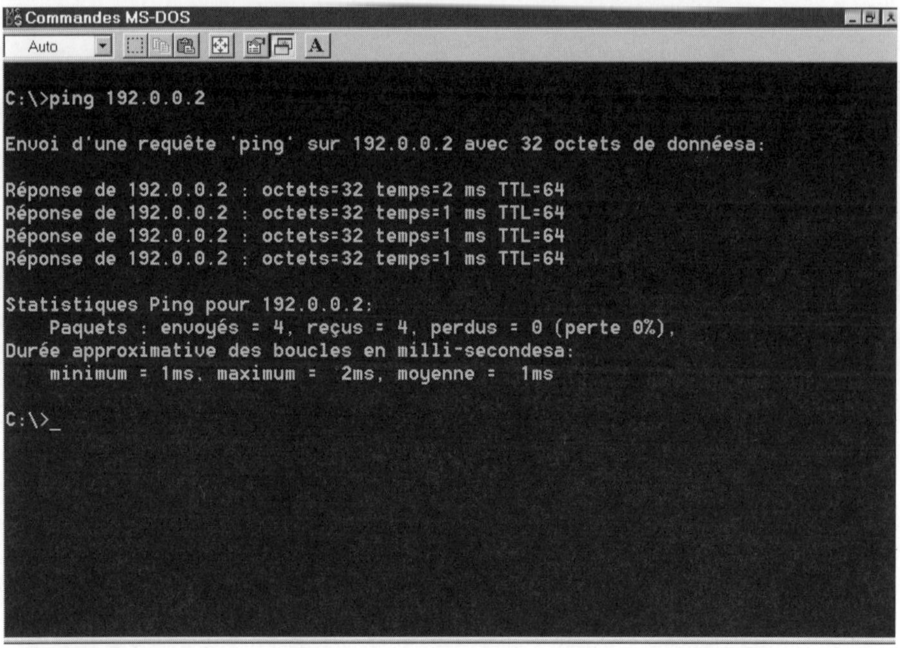

▲ **Fig. 10.25** *Résultat d'un ping vers un poste Linux*

Voici comment fonctionne cet utilitaire :

- Ping envoie une trame (c'est-à-dire un petit paquet de données transitant sur le réseau) depuis un poste A vers le poste à tester (B) ;
- Si le poste B reçoit la trame, il la renvoie immédiatement au poste A ;
- Lorsque le poste A reçoit la trame, il comptabilise le temps écoulé entre l'envoi de la trame et la réception de son écho.

Si aucune trame n'est retournée, la liaison ne fonctionne pas correctement.

Remarque

Ping au sein d'un réseau quelconque

Nous utilisons ici Ping pour tester la liaison entre un poste Linux et des postes Windows ou NT. Mais Ping fonctionne de la même manière entre deux postes Windows. Il est donc facile de tester tout type de connexion avec cet utilitaire, à condition d'utiliser TCP/IP.

Cet utilitaire est particulièrement utile lorsque rien n'est visible depuis le Voisinage Réseau. Il permet de déterminer la source du problème :

- Si le Voisinage Réseau ne montre rien, mais que Ping fonctionne, le problème provient d'une mauvaise configuration au niveau du réseau Microsoft (mauvais Workgroup, Master Browser inexistant, aucun partage de données activé...) ;
- Si Ping ne fonctionne pas non plus, le problème est soit matériel, soit lié au protocole (mauvaise configuration de l'adresse IP, etc.).
  Cet utilitaire, bien que simpliste, permet donc de déterminer plusieurs éléments concernant le fonctionnement de votre réseau :
- le bon fonctionnement d'une liaison ;
- le temps de transfert entre deux points.

Lorsque vous avez connecté Linux à votre réseau Windows, la première chose à faire est d'exécuter un Ping depuis un poste Windows, puis depuis le poste Linux, afin de tester à la fois le bon fonctionnement du réseau et de la configuration des couches TCP/IP.

Remarque

Syntaxe du Ping sous Linux

Vous pouvez utiliser Ping sous Linux avec la même syntaxe que sous Windows NT : `Ping X.X.X.X`. Cependant, la version Linux propose de nombreuses autres options, afin d'affiner votre test. Pour plus d'informations, tapez `man ping`.

Si le ping ne fonctionne pas du tout, plusieurs pistes sont à explorer :

- les câbles sont-ils correctement reliés ?
- le poste Linux et les postes Windows sont-ils sur la même classe d'adresse IP ?
- Tout autre problème matériel (routage, etc.) ou de système d'exploitation (couche TCP/IP à réinstaller, par exemple) est à envisager.

Telnet

Cet utilitaire est l'héritier des bons vieux terminaux texte qui étaient monnaie courante il y a quelques années. Il permet d'utiliser le poste Linux en mode texte depuis n'importe quel poste NT. N'importe quelle manipulation est possible, exactement comme si vous utilisiez la console Linux (c'est-à-dire l'écran et le clavier local).

Remarque

Telnet ne fonctionne que dans le sens Windows vers Linux

Il n'est pas possible de se connecter à un poste Windows depuis un poste Linux. En effet, Windows est composé d'une manière très différente, et ne permet pas ce genre de connexion, pour des problèmes à la fois de sécurité et de structure interne du système.

Cet outil vous permettra d'administrer à distance le poste Linux ; mais il est également possible d'utiliser toute autre application Linux à distance, à peu de frais.

Attention

Texte uniquement

Telnet ne permet d'utiliser que des applications en mode texte. Pour des applications graphiques (sous XWindow, par exemple), vous devrez utiliser un serveur XWindow (voir le paragraphe traitant de ce sujet).

Utilisation de Telnet

Telnet est aussi simple à utiliser que Ping. Sa syntaxe est la suivante :

```
telnet X.X.X.X.
```

(où `X.X.X.X` est à remplacer par l'adresse IP du poste Linux).

Vous vous retrouvez ensuite devant un écran de connexion, suivi de l'invite *Login*. Tapez votre nom d'utilisateur, puis le mot de passe.

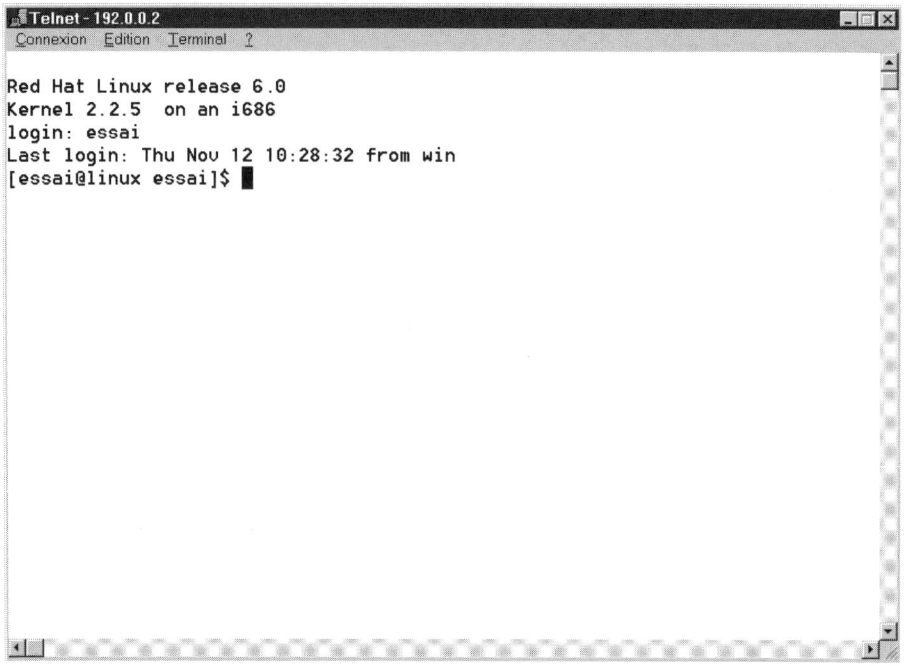

▲ **Fig. 10.26** *Connexion de l'utilisateur essai à un serveur Linux par le client Telnet de Windows*

Attention

Compte utilisateur

Lorsque vous utilisez Telnet, vous vous connectez au poste Linux exactement comme si vous lanciez une session locale. Ainsi, le nom de compte à utiliser est un nom de compte Linux, et non Windows.

Vous pouvez alors utiliser n'importe quelle instruction Linux. Pour finir la session, il suffit de taper la commande

```
exit
```

ou encore de cliquer sur **Déconnecter**, dans le menu **Connexion** de Telnet.

Pour installer le réseau de la machine Linux, si la configuration de TCP/IP n'est pas faite sur vos postes Windows, reportez-vous à la section qui lui est consacrée. Vous pouvez également le faire lorsque vous aurez installé l'ensemble des serveurs sur votre machine Linux.

Serveur web Apache, installation, configuration et test

Le serveur HTTP est l'élément principal de votre Intranet puisque c'est lui qui sera le diffuseur des documents web que vous aurez réalisés. Les fonctionnalités demandées à un serveur web :

- Être multitâche pour accepter plusieurs requêtes simultanément ;
- Supporter la maintenance à chaud du serveur ;
- Fonctionner rapidement pour répondre aux multiples requêtes rapidement ;
- Authentifier les demandeurs afin d'offrir éventuellement des services différents selon la personne qui exécute la requête ;
- Être sûr : le serveur HTTP ne doit pas mettre en péril la sécurité des données de la machine hébergeant le serveur web.

Les spécifications techniques réelles sont bien plus nombreuses, cependant celles citées ci-dessus sont les plus importantes. Le serveur web que nous allons installer et mettre en œuvre fourni dans la distribution RedHat s'appelle Apache.

Apache est distribué librement, tout comme Linux, et le code source est aussi libre. Plus de 1,2 million de serveurs web Apache sont utilisés dans le monde. Apache est très performant et se configure relativement simplement pour un serveur de base. De très nombreuses options permettent de créer des serveurs web très complets.

Installation d'Apache

Si vous avez installé Linux en tant que serveur, Apache est déjà installé et prêt à l'emploi. Il en est de même si vous l'avez sélectionné comme package lors de l'installation. Vous pouvez vérifier la présence d'Apache de plusieurs façons :

- Testez si Apache est lancé par :

```
[root@localhost /root]#ps aux | grep httpd
```

Si aucun processus httpd n'est en cours d'exécution (bien entendu, ne tenez pas compte de la ligne affichant le processus grep httpd lui-même), passons à la deuxième méthode :

- Lancez une recherche sur httpd à partir de la racine :

```
[root@localhost /root]#cd /
[root@localhost /]#find . -name httpd -print
./etc/rc.d/init.d/httpd
./etc/httpd
./tmp/tksysv-backup/rc.d/init.d/httpd
./var/log/httpd
./var/lock/subsys/httpd
./var/cache/httpd
./home/httpd
```

Si aucune ligne n'est trouvée, c'est qu'Apache n'est pas installé. Pour l'installer ou le mettre à jour, il faudra le télécharger sur Internet (`http://www.apache.org`) ou utiliser la version 1.3.9-4 disponible sur le CD-Rom numéro1 . Il se présente alors deux cas :

- Vous avez une distribution déjà compilée, vous pouvez l'installer directement (exemple à partir du CD-Rom) ;
- Vous devez compiler le code source d'Apache puis l'installer (exemple à partir d'Internet).

Installer la version du CD-Rom

1. Avant l'installation, connectez-vous en tant qu'utilisateur **root** (super-utilisateur) ou, le cas échéant, utilisez la commande **su** pour bénéficier des droits de l'administrateur.

```
[ldemaret@linux ldemaret]$ su
Password: (votre mot de passe d'utilisateur root)
[root@linux ldemaret]# cd /root
[root@linux /root]#
```

2. Placez le premier CD-ROM de Red Hat dans le lecteur et intégrez-le dans le système de fichiers avec la commande

```
[root@linux /root]# mount -t iso9660 -r /dev/cdrom /mnt/cdrom
```

3. Déplacez-vous dans le répertoire des packages sur le CD :

```
[root@linux /root]# cd /mnt/cdrom/RedHat/RPMS
```

4. Installez l'archive rpm :

```
[root@linux /RPMS]# rpm -ivh apache-1.3.9-4.i386.rpm
```

5. Sur certaines configurations, le programme httpd est créé dans */usr/sbin* et non dans */usr/bin*. Déplacez-le dans ce cas :

```
[root@linux /RPMS]# mv /usr/sbin/httpd /usr/bin
```

Compiler à partir d'un tar provenant d'Internet

La configuration et l'installation d'Apache sont presque automatiques :

1. Détarez l'archive reçue, par :

```
tar -xgz archive.tar
```

2. Placez-vous dans le répertoire Apache crée et lancez le script de confi guration :

```
./configure
```

3. Compilez l'exécutable :

```
make
```

4. Vous avez obtenu un fichier exécutable *httpd* dans le répertoire *src*. Apache est prévu pour fonctionner dans le répertoire où il a été compilé.
5. Si vous souhaitez utiliser Apache à partir d'un autre répertoire, n'oubliez pas de copier les répertoires *conf*, *logs* et *icons* dans le nouveau répertoire.

> **Remarque**
>
> **Lisez la documentation Apache avant toute chose**
>
> Ces indications peuvent varier d'une version à une autre, il faut donc bien lire la documentation fournie avec la version d'Apache que vous installez.

Installation de l'exécutable

La seule chose à faire est de copier l'exécutable *httpd* dans le répertoire */usr/bin* (si ce n'est déjà fait). Vous devez disposer de trois répertoires *conf*, *logs* et *htdocs* dans */etc/httpd*.

- *conf* : ce répertoire contient les fichiers de configuration du serveur http (*httpd.conf*, *srm.conf*, *access.conf*) ;
- *logs* : ce répertoire contient les fichiers d'information sur le fonctionnement du serveur. On peut y trouver notamment les messages d'erreurs concernant les documents non trouvés, les erreurs de connexion, etc. ;
- *htdocs* : ce répertoire contient généralement les fichiers à diffuser dans un sous-répertoire html. On peut aussi éventuellement y mettre tous les fichiers html que le serveur doit afficher en cas d'erreur. Par exemple il est possible de personnaliser la célèbre erreur 404 *Document Not Found* en la remplaçant par une page spécifique donnant plus de renseignements.

Personnaliser le serveur web Apache

La personnalisation de votre serveur web peut se faire de deux manières :

- Modification manuelle des fichiers *httpd.conf*, *srm.conf*, *access.conf* du répertoire */etc/httpd/conf*,
- Utilisation du control Panel et de l'utilitaire *Comanche* pour la configuration du serveur.

La seconde méthode consiste en une interface modifiant les fichiers **.conf*. Cependant, de nombreux commentaires sont inclus dans les fichiers **.conf*, ils permettent de comprendre chaque paramètre. Avant de procéder à la configuration, il est nécessaire de vérifier si le serveur fonctionne correctement.

Vérification et problèmes classiques

Une fois Apache installé, nous allons le lancer. Tout d'abord nous allons vérifier s'il n'est pas déjà lancé, c'est probablement le cas si vous venez d'installer Linux avec la package Apache. Il suffit d'exécuter la commande suivante :

```
[root@localhost /root]# ps aux | grep httpd
nobody     412 0.0 0.4 1916  1132 ?  S     11:52 0:00 httpd
nobody     413 0.0 0.4 1916  1132 ?  S     11:52 0:00 httpd
nobody     414 0.0 0.4 1916  1132 ?  S     11:52 0:00 httpd
nobody     415 0.0 0.4 1916  1132 ?  S     11:52 0:00 httpd
```

```
nobody     416 0.0 0.4 1916  1132 ?  S     11:52 0:00 httpd
nobody     417 0.0 0.4 1916  1132 ?  S     11:52 0:00 httpd
nobody     418 0.0 0.4 1916  1132 ?  S     11:52 0:00 httpd
nobody     419 0.0 0.4 1916  1132 ?  S     11:52 0:00 httpd
nobody     420 0.0 0.4 1916  1132 ?  S     11:52 0:00 httpd
nobody     421 0.0 0.4 1916  1132 ?  S     11:52 0:00 httpd
root       409 0.0 0.4 1844  1092 ?  S     11:52 0:00 httpd
[root@localhost /root]#
```

Si vous n'avez pas de processus httpd en cours d'exécution tapez juste **httpd** :

```
[root@localhost /root]# httpd
```

Il se peut que vous ayez un message d'erreur indiquant un numéro de ligne dans le fichier */etc/httpd/conf/httpd.conf*. Éditez ce fichier et mettez un # en face de la ligne provoquant l'erreur. Il s'agit a priori des lignes 159, 160, 161 et 162. Nous verrons en détail ce fichier de configuration avec la fonctionnalité de chaque ligne. Renouvelez la commande **ps aux | grep httpd**.

Nous aurons à lancer cette commande régulièrement lors de la configuration du serveur web. Nous vous conseillons d'éditer le fichier de configuration de votre shell et d'y ajouter un alias.

```
[root@localhost /root]# cd /root
[root@localhost /root]# emacs .bashrc
```

Le fichier peut ressembler à celui-ci :

```
# .bashrc

# User specific aliases and functions

alias rm='rm -i'
alias cp='cp -i'
alias mv='mv -i'
alias p='ps aux | grep httpd'

# Source global definitions
if [ -f /etc/bashrc ]; then
```

```
. /etc/bashrc
fi
```

Puis réinitialiser le shell :

```
[root@localhost /root]# source .bashrc
```

Maintenant il suffit de taper p pour obtenir les numéros de processus d'Apache.

Pour des raisons de sécurité, le processus Apache crée des fils dont le possesseur n'est plus celui qui a lancé le serveur mais l'utilisateur autorisé à se connecter au serveur. Cela explique pourquoi le premier processus (celui au numéro le plus bas) appartient au root et les autres à nobody.

Le serveur web fonctionne, mais que diffuse-t-il ? Pour le voir, lancez Netscape :

```
[root@localhost /root]# netscape &
```

Dans l'adresse, tapez :

```
http://localhost ou http://127.0.0.1
```

vous devriez voir apparaître :

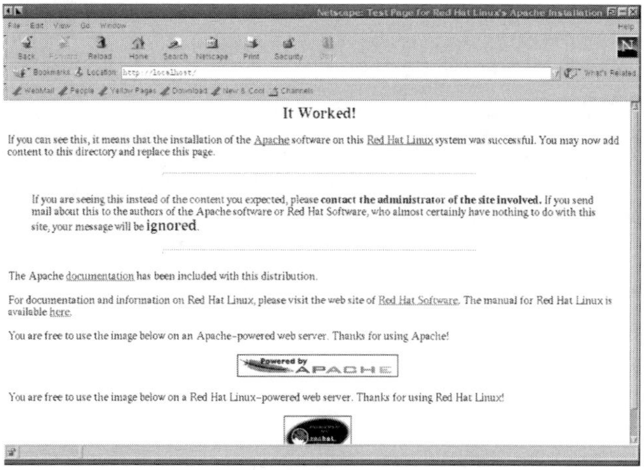

◄ **Fig. 10.27**
Votre serveur web

Comme la page web vous l'indique, le serveur fonctionne. Si vous n'obtenez pas une page de présentation d'Apache, c'est qu'il n'est pas lancé (voir section précédente). Une autre possibilité est une mauvaise installation du localhost (spécification du *loopback* erronée).

Création d'un serveur web de base

Nous allons voir comment personnaliser le nom de votre serveur web et comment indiquer une autre localisation pour les documents à diffuser. Rendez-vous dans le répertoire de configuration d'Apache (nous prendrons ici le cas le plus courant où Apache est installé avec Linux dans le répertoire */etc/httpd/*).

Exemple concret : vous souhaitez un serveur web s'appelant `www.blc.net`. De plus, vous souhaitez placer les documents à diffuser dans */usr/web*.

Il faut tout d'abord déterminer sur quelle adresse IP ce serveur va fonctionner. Le plus simple est de prendre l'adresse IP que vous avez donnée à votre machine lors de l'installation de la carte réseau.

Vous pouvez obtenir cette adresse en relançant **netcfg** ou par la commande **ifconfig**

```
[root@localhost /root]# ifconfig
lo        Link encap:Local Loopback
          inet addr:127.0.0.1  Bcast:127.255.255.255  Mask:255.0.0.0
          UP BROADCAST LOOPBACK RUNNING  MTU:3584  Metric:1
          RX packets:436 errors:0 dropped:0 overruns:0 frame:0
          TX packets:436 errors:0 dropped:0 overruns:0 carrier:0
          collisions:0

eth0      Link encap:Ethernet  HWaddr 00:40:05:66:31:63
          inet addr:192.168.1.1  Bcast:192.168.1.255  Mask:255.255.255.0
          UP BROADCAST RUNNING MULTICAST  MTU:1500  Metric:1
          RX packets:88 errors:0 dropped:0 overruns:0 frame:0
          TX packets:188 errors:0 dropped:0 overruns:0 carrier:0
          collisions:0
          Interrupt:10 Base address:0xd000
[root@localhost /root]#
```

Nous verrons plus loin comment définir plusieurs serveurs (avec des adresses IP différentes) en créant des alias sur votre carte Ethernet.

Éditez le fichier */etc/hosts* et vérifiez que la ligne 192.168.1.1 www.blc.net est présente. Si elle n'y figure pas, ajoutez-la ou lancez l'utilitaire *netcfg* pour spécifier le nom de domaine et de machine que vous voulez.

> **Remarque**
>
> **Choix du nom de machine**
>
> Comme cette machine ne dépend d'aucun lien vers l'extérieur (par la carte réseau), vous pouvez choisir n'importe quel nom de machine ou de domaine. (Si vous souhaitez que votre Intranet soit `www.microsoft.com`, vous le pouvez parfaitement.)

Passons maintenant à la configuration d'Apache. Dans le cas présent, nous allons éditer les fichiers manuellement, le nombre de modifications est très faible et ces modifications sont très simples :

Éditez le fichier *httpd.conf* avec emacs par exemple :

```
[root@localhost /root]# emacs /etc/httpd/conf/httpd.conf
```

> **Remarque**
>
> **Utilisation très pratique de la touche TAB**
>
> Lorsque vous tapez une commande contenant un chemin, vous pouvez utiliser la touche de tabulation pour compléter la ou les premières lettres d'un répertoire ou d'un fichier.
> Exemple : `cd /u [tab]` donne `cd /usr/`
> Si plusieurs solutions sont possibles, validez avec [Entrée]. La liste des possibilités apparaît et la commande est relancée automatiquement. Vous n'avez plus qu'à compléter pour lever l'ambiguïté.

Ce fichier peut paraître imposant et complexe, cependant il contient beaucoup de commentaires. De plus, il n'y a qu'une modification à faire pour personnaliser votre serveur web. Repérez la ligne de définition du nom du serveur :

```
#ServerName
```

Nous allons ajouter après cette ligne la commande qui va définir le nom du site :

```
#ServerName
ServerName www.blc.net
```

Sauvegardez le fichier *httpd.conf* puis éditez le fichier *srm.conf*. Repérez la ligne qui définit le répertoire où est stocké le site web que vous souhaitez diffuser. Cette ligne est :

```
DocumentRoot /home/httpd/html
```

Mettez cette ligne en commentaire en plaçant un # devant DocumentRoot. Maintenant utilisez la directive **DocumentRoot** pour désigner votre répertoire.

```
#DocumentRoot /home/httpd/html
DocumentRoot /usr/web
```

Relancez votre serveur web avec la commande **httpd**.

```
[root@localhost /root]#httpd
```

Lancez Netscape et tapez le nom de votre serveur web dans la barre d'adresse, le site web devrait apparaître (voir fig. 10.28).

Si ce n'est pas le cas, plusieurs solutions sont possibles :

- Server not found : cela peut signifier deux choses :
  1. Le serveur http n'est pas lancé. Vérifiez en exécutant la commande :

  ```
  [root@localhost /root]# ps aux | grep httpd
  Si vous n'obtenez aucun processus, relancez le serveur http.
  2. Le serveur est en cours d'exécution mais le nom du serveur
  spécifié est erroné. Vérifiez dans le fichier httpd.conf le nom
  que vous avez donné au serveur.
  ```

- / doesn't exist on this server : le chemin que vous avez indiqué dans le fichier *srm.conf* est incorrect. Vérifiez que le répertoire existe.
- Access forbiden : le répertoire contenant vos documents est protégé en lecture. Placez-vous dedans.

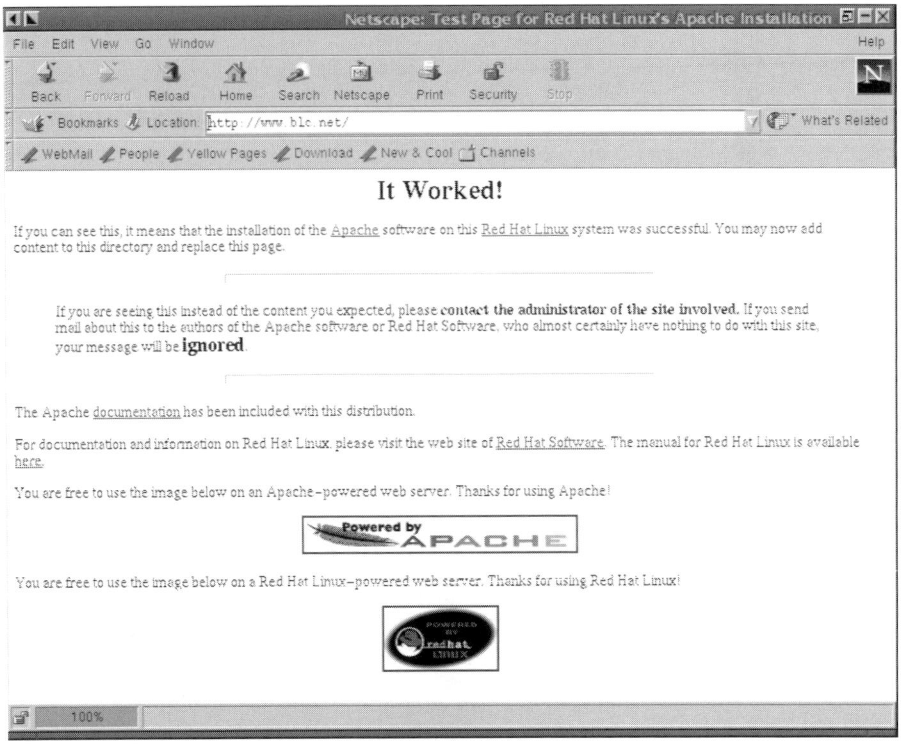

▲ **Fig. 10.28** *Votre serveur web*

```
[root@localhost /root]# cd /usr/web
```

Nous allons ensuite vérifier les droits et l'appartenance de ce répertoire.

```
[root@localhost /web]# ls -lsa
```

Nous allons changer les droits de ce répertoire :

```
[root@localhost /web]#chmod 744 .*
[root@localhost /web]#chmod 744 *
```

Il faut que tous les utilisateurs puissent lire dans le répertoire, donc il faut au moins 4 pour tout le monde. Le propriétaire du répertoire "root" doit donc pouvoir écrire et éventuellement exécuter 7 pour lui.

Remarque

Droits avec la commande chmod()

La valeur 744 pour positionner les droits des fichiers ne sort pas d'un chapeau. Elle correspond à un codage précis. Les droits d'accès à un fichier s'écrivent par exemple rwx rw- r-x, chaque combinaison de trois lettres (avec ou sans "-") correspond aux droits : du propriétaire du fichier, des utilisateurs appartenant au même groupe que le propriétaire, de tous les autres utilisateurs.

Chaque lettre correspond à une valeur : r = 4, w = 2, x = 1 ; pour changer les droits, il suffit de faire la somme des lettres correspondantes : pour donner tous les droits d'accès rwx, 4 + 2 + 1 = 7 ; pour pouvoir lire et exécuter r-x, 4 + 1 = 5.

Relancez httpd, votre serveur web devrait fonctionner.

Paramètres complémentaires du serveur Apache

Dans cette partie nous allons explorer les différents paramètres de configuration du serveur Apache. Le nombre de paramètres est grand, nous verrons en détail les plus utiles et les plus courants. Pour des explications plus techniques concernant la programmation de modules pour Apache, la documentation fournie avec le serveur web devrait vous permettre de résoudre les principaux problèmes.

Il se peut que vous vous contentiez du serveur web que vous venez de mettre en place ; dans ce cas vous pouvez vous rendre directement à la partie concernant la configuration des clients Windows.

Lancement d'Apache

L'exécutable Apache admet bon nombre de paramètres qui peuvent vous éviter de modifier les fichiers de configuration *httpd.conf* et *srm.conf*.

- `-d serverroot` : Permet de positionner la variable ServerRoot à la valeur *serverroot*. Par défaut elle se trouve dans */etc/httpd/*. Cette variable indique le répertoire dans lequel le serveur fonctionne. Ce répertoire contient normalement les répertoires *conf* et *logs*. Tous les chemins relatifs sont pris par rapport à cette variable.
- `-D name` : Permet de lancer httpd avec certaines directives contenues dans le fichier *httpd.conf*. Par exemple si le fichier contient les directives :

```
# httpd.conf
```

```
<IfDefine ReverseProxy>
LoadModule rewrite_module libexec/mod_rewrite.so
LoadModule proxy_module libexec/libproxy.so
</IfDefine>
```

Si vous lancez alors le serveur avec l'option httpd - D ReverseProxy la directive sera exécutée.

- `-f config` : Permet d'exécuter les commandes se trouvant dans le fichier config au démarrage du serveur. Si ce fichier ne commence pas par /, le chemin relatif est pris par rapport à la variable ServerRoot.
- `-C` "directive" : Exécute la directive donnée en paramètre comme si elle était dans le fichier de configuration. Cette directive est lancée **avant** la lecture des fichiers de configuration.
- `-c` " directive " : Exécute la directive donnée en paramètre comme si elle était dans le fichier de configuration. Cette directive est lancée **après** la lecture des fichiers de configuration.
- `-X` : Ce paramètre est très utile lorsque l'on teste différentes configurations du serveur http. Il permet en effet au processus httpd d'être toujours lié au terminal dans lequel il est lancé. Il est donc facile par un `ctrl ^c` de tuer les processus httpd. Ce mode ne doit pas être utilisé en utilisation normale car le processus serait tué lors de la déconnexion de l'utilisateur.
- `-v` : Écrit la version du serveur http ainsi que sa date de compilation, puis quitte le serveur http.
- `-V` : Écrit la version de base du serveur http, sa date de compilation, et la liste des paramètres de compilation qui peuvent intervenir sur le comportement et les performances du serveur http.
- `-h` : Donne la liste des directives avec les types de paramètres attendus et l'endroit où ces directives doivent se trouver.
- `-l` : Donne la liste de tous les modules compilés dans le serveur.
- `-S` : Montre la configuration telle qu'elle est retirée du fichier de configuration.
- `-t` : Ce paramètre teste la syntaxe du fichier de configuration (le fichier est lu, les paramètres sont interprétés) sans lancer le serveur http. Si le serveur contient des erreurs, elles sont affichées à l'écran accompagnées d'un message d'erreur. Sinon un message "Syntax OK" apparaît.
- `- ?` : Donne la liste des options du serveur httpd.

Le plus utile de tous ces paramètres est sans doute le `-X`, car il est souvent nécessaire de faire de nombreuses tentatives avant de trouver les bons paramètres du serveur web.

Configuration d'alias du serveur Apache

Pour créer plusieurs sites web sur la même machine en n'utilisant qu'une seule carte réseau, il faut créer des alias de l'interface correspondante. Puis les ajouter dans les fichiers de configuration du serveur Apache.

Création d'un alias de la carte Ethernet

Pour ce faire, lancer l'utilitaire de configuration du réseau :

```
[root@localhost /web]#netcfg
```

Sélectionner *Interface*, et sélectionner la ligne avec `eth0`,

choisir le bouton alias, donner une adresse IP comme si c'était une autre machine réseau, par exemple 192.168.1.10,

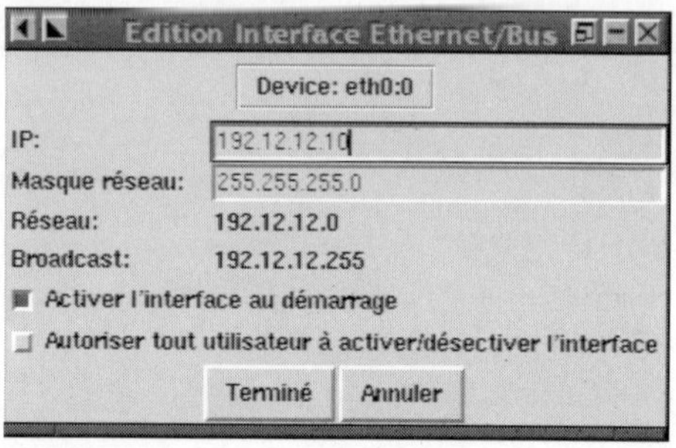

◄ **Fig. 10.29**
Création d'un alias de la carte réseau

puis donner le nom et l'alias (par exemple `verif.blc.net`) de cette adresse IP. Sauver puis quitter, activer ensuite l'interface.

Cette interface va permettre de faire fonctionner le second serveur web `verif.blc.net` qui nous permettra de tester les droits d'accès au serveur.

Création d'un second serveur web

Nous allons maintenant éditer le fichier *httpd.conf* afin de déclarer un second serveur web. Ce serveur est qualifié de virtuel car il utilise la même interface physique que le premier serveur web.

La directive que nous allons utiliser est VirtualHost (s'ajoute en fin de fichier *httpd.conf*) :

```
<VirtualHost verif.blc.net>
ServerAdmin root@eole.blc.net
DocumentRoot /home/httpd/html_verif
ServerName verif.blc.net
ErrorLog logs/verif.blc.net-error_log
TransferLog logs/verif.blc.net-access_log
</VirtualHost>
```

Les directives s'utilisent un peu à la manière des tags HTML, on commence une instruction en la mettant entre supérieur et inférieur (<>) et on indique qu'elle se finit par </>.

Pour déclarer le second serveur web il faut :

- donner l'adresse e-mail de l'administrateur ; il est conseillé d'ouvrir un compte spécifique pour chaque administrateur de site web afin de ne pas mélanger les erreurs qui pourraient être reportées par les utilisateurs. Si vous n'êtes pas sûr de votre adresse e-mail, envoyez-vous un petit courrier électronique :

```
[root@eole /root]# mail root
Subject: test pour le mail
Message de test pour le mail
.
Cc:
```

Vous pouvez ensuite lire votre mail :

```
[root@eole /root]# mail
Mail version 8.1 6/6/93.  Type ? for help.
"/var/spool/mail/root": 1 message 1 new
>N  1 root@eole.blc.net      Sat Mar 20 14:49 13/372   "test pour le mail"
&
```

Pour la création des comptes utilisateurs reportez-vous à la section correspondante.

- spécifier le répertoire contenant les documents du second serveur web par la commande DocumentRoot.
- spécifier ensuite le nom du serveur, dans ce cas nous prendrons **`verif-.blc.net`** (attention à bien le déclarer dans la configuration réseau de Linux).
- donner ensuite les fichiers de Logs qui contiendront toutes les informations sur les erreurs et le fonctionnement général du serveur.

Enregistrez le fichier de configuration puis relancez votre serveur http.

```
[root@localhost /httpd]#httpd -X
```

Testez avec Netscape votre second serveur.

Configuration des droits d'accès

Un aspect important d'un Intranet est la diffusion des bons documents aux bonnes personnes. C'est pourquoi il peut être utile de savoir changer le contenu de l'Intranet en fonction de l'utilisateur connecté.

Pour ce faire, nous allons éditer le fichier *access.conf* qui se trouve dans le répertoire */etc/httpd/conf*. Nous allons le modifier afin de faire que seuls quelques utilisateurs puissent se connecter au serveur verif.blc.net mis en place précédemment. À la fin du fichier *access.conf*, nous allons ajouter les lignes :

```
<Directory /home/httpd/html_verif>
AuthType Basic
AuthName Verif_commerce
AuthUserFile /web/ok_users/commerce
<Limit GET POST>
require valid-user
</Limit>
</Directory>
```

Par la directive `Directory`, nous spécifions le répertoire dans lequel les documents sont soumis à des droits d'accès. Nous allons ici restreindre les droits d'accès de tout un serveur web, mais il est possible de le faire sur une partie d'un serveur dont les documents sont répartis dans plusieurs répertoires.

Les commandes à utiliser sont :

- **AuthType Basic** : nous effectuerons un contrôle simple de l'accès ;
- **AuthName** : permet de donner un nom à la procédure d'authentification, c'est important pour le client qui se connecte car selon la procédure il peut être amené à changer de login. Par exemple, un commercial peut passer dans des pages sécurisées de manière différente selon les contenus ;
- **AuthUserFile** : détermine le fichier dans lequel sont stockés (en crypté) les mots de passe des utilisateurs autorisés à se connecter. (Nous reviendrons plus loin sur la façon de créer ce fichier et d'ajouter des personnes autorisées.)

On place ensuite une directive qui va indiquer sur quelle type d'action le contrôle doit être fait. Dans ce cas précis c'est sur toute requête entrante ou sortante (POST GET).

Par **require valid-user** on indique que l'on fait un contrôle sur les utilisateurs ; si on avait mis **valid-group**, on aurait fait un contrôle sur l'appartenance de l'utilisateur à un groupe.

Il faut ensuite "fermer" les directives par :

```
</Limit>
</Directory>
```

Il faut maintenant créer le fichier contenant les données liées aux autorisations.

Création du fichier d'autorisation

Ce fichier doit se trouver (pour des raisons de sécurité) dans un répertoire inaccessible aux clients du site web. Nous prendrons comme exemple un répertoire web créé à la racine. Dans ce répertoire nous allons créer un répertoire *ok_users* qui contiendra tous les fichiers de mots de passe.

```
[root@localhost /]#mkdir web
[root@localhost /web]#cd web
[root@localhost /web]#mkdir ok_users
```

Créons maintenant le fichier avec l'utilitaire *htpasswd* fourni avec Apache.

```
[root@localhost /web]#htpasswd -c ./ok_users/commerce sophie
```

Cette commande va créer un fichier commerce qui contient l'utilisatrice *sophie*, il faut taper un mot de passe puis le confirmer. Pour ajouter un utilisateur, utilisez la même commande sans le paramètre `-c` (sinon vous effacerez le fichier précédent).

Vous pouvez ainsi créer plusieurs fichiers contenant plusieurs utilisateurs. Chaque fichier permettra de restreindre les droits d'accès à tout ou partie de votre (vos) serveur(s) web.

Vous pouvez maintenant relancer votre serveur web et tester l'accès au serveur verif.blc.net.

Une boîte de dialogue vous demandera un login et un mot de passe pour avoir accès au serveur.

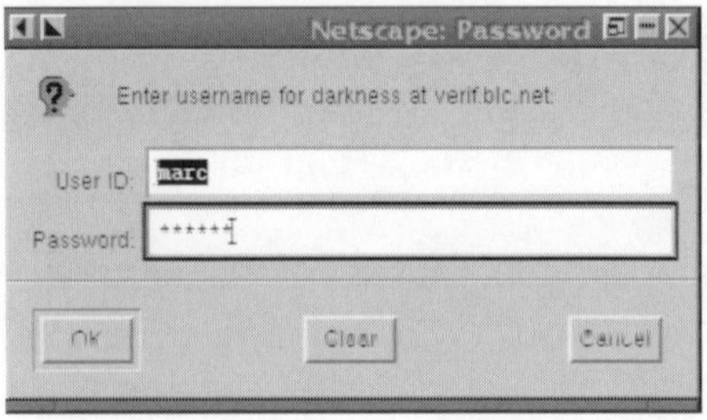

◄ **Fig. 10.30** *Demande d'autorisation pour la connexion au serveur web*

En cas d'erreur vous ne verrez rien du serveur.

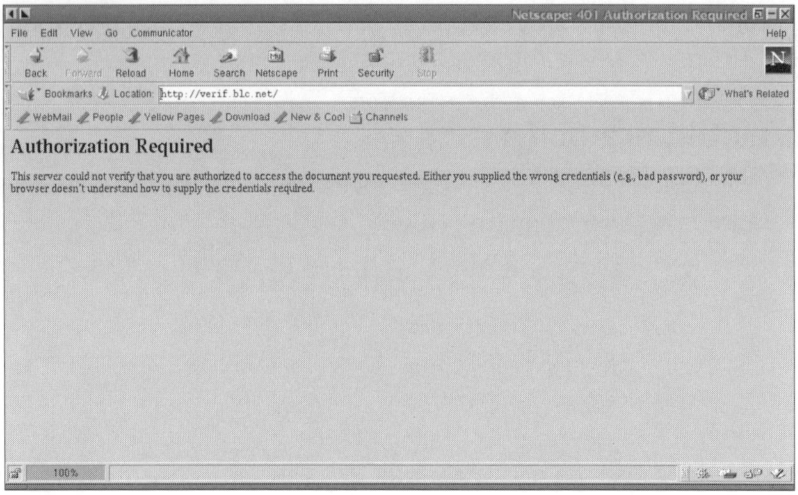

▲ **Fig. 10.31** *Accès refusé en cas d'erreur dans le login ou le mot de passe*

Serveur FTP

Un serveur ftp permet de mettre des fichiers à la disposition des utilisateurs. Selon les droits alloués à chaque utilisateur, il peut soit récupérer des fichiers soit en mettre sur le serveur ftp. Un serveur ftp peut faire office de serveur de fichiers. Le serveur ftp est installé par défaut dans Linux. Pour le vérifier, vous pouvez lancer une session ftp :

```
ftp localhost
```

Le répertoire de travail se trouve dans */home/ftp/pub*, c'est dans ce répertoire qu'un utilisateur en mode anonymous pourra consulter d'éventuels fichiers.

Où stocker les fichiers ftp ?

Selon le type de l'utilisateur qui s'est connecté sur la machine, le répertoire de travail ne sera pas le même.

1. Si vous vous connectez par un nom de user classique vous vous retrouverez dans votre répertoire de travail.
2. Si vous vous connectez en anonymous, le répertoire de travail se trouve dans */etc/ftp/pub*.

Pour une connexion en mode anonymous, il faut donner son adresse e-mail comme mot de passe. Reportez-vous à la section sur la création des utilisateurs pour plus de renseignements.

L'utilitaire ncftp

Un utilitaire sous Linux permet d'améliorer les sessions FTP. Pour le lancer, tapez la commande **ncftp** : (voir fig. 10.32)

Vous pouvez obtenir de l'aide en tapant `help` à l'invite de commande.

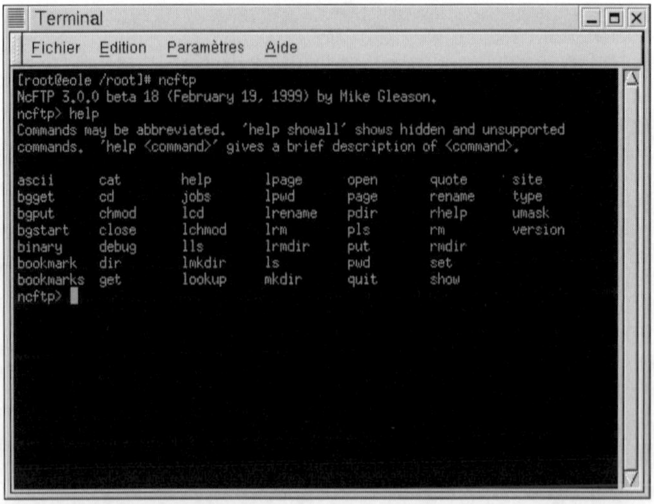

▲ **Fig. 10.32** *L'utilitaire ncftp*

Commandes ftp (Windows et Linux)

▼ **Tab. 10.4** *Commandes ftp courantes*

Commande	Explication
!	Permet de repasser au shell (ligne de commande)
?	Affiche les informations d'aide locales
cd	Change de dossier de travail distant
close	Termine la session ftp
dir	Liste le contenu du dossier distant
get	Pour télécharger un fichier distant
help	Pour obtenir de l'aide
lcd	Pour changer le répertoire local
lls	Liste les fichiers du répertoire local
ls	Liste les fichiers du répertoire distant
mkdir	Crée un dossier sur l'ordinateur distant
mget	Permet de récupérer plusieurs fichiers en une seule commande
mput	Permet d'envoyer des fichiers sur la machine distante
open	Connexion ftp distante
prompt	Active ou désactive l'interactivité sur les commandes suivantes
put	Envoie un fichier sur la machine distante
pwd	Donne le chemin actuel sur la machine distante
rename	Renomme le fichier
rm	Efface le fichier sur la machine distante
rmdir	Supprime le répertoire sur la machine distante

Voici maintenant quelques exemples de sessions ftp :

- Connexion ftp sur la machine locale avec listing des fichiers.

```
[root@eole conf]# ftp localhost
Connected to localhost.
220 eole.blc.net FTP server (Version wu-2.4.2-academ[BETA-18](1) Mon Aug 3 19:17:20 EDT 19
8) ready.
Name (localhost:root): anonymous
331 Guest login ok, send your complete e-mail address as password.
Password:
230 Guest login ok, access restrictions apply.
Remote system type is UNIX.
Using binary mode to transfer files.
ftp> ls
200 PORT command successful.
150 Opening ASCII mode data connection for /bin/ls.
total 6
drwxr-xr-x   6 root     root         1024 Feb 24 09:44 .
drwxr-xr-x   6 root     root         1024 Feb 24 09:44 ..
d--x--x--x   2 root     root         1024 Feb 24 09:44 bin
d--x--x--x   2 root     root         1024 Feb 24 09:44 etc
drwxr-xr-x   2 root     root         1024 Feb 24 09:44 lib
dr-xr-sr-x   2 root     ftp          1024 Sep 11  1998 pub
226 Transfer complete.
ftp> cd pub
250 CWD command successful.
ftp> ls
200 PORT command successful.
150 Opening ASCII mode data connection for /bin/ls.
total 2
dr-xr-sr-x   2 root     ftp          1024 Sep 11  1998 .
drwxr-xr-x   6 root     root         1024 Feb 24 09:44 ..
226 Transfer complete.
ftp>
```

▲ **Fig. 10.33** *Exemple de connexion ftp sur la machine locale Linux*

- Connexion depuis un client sous Windows. On se connecte en mode anonymous lorsque l'on n'a pas de compte personnel sur le serveur ftp. Il est alors possible de télécharger les fichiers mis en accès libre par l'administrateur. En mode anonymous il est impossible d'écrire ou de créer un répertoire sur la machine distante.

```
C:\WINDOWS>ftp 192.168.1.1
Connected to 192.168.1.1.
220 eole.blc.net FTP server (Version wu-2.4.2-academ[BETA-18](1) Mon Aug 3 19:17
:20 EDT 1998) ready.
User (192.168.1.1:(none)): anonymous
331 Guest login ok, send your complete e-mail address as password.
Password:
230 Guest login ok, access restrictions apply.
ftp> ls
200 PORT command successful.
150 Opening ASCII mode data connection for file list.
bin
etc
lib
pub
226 Transfer complete.
20 bytes received in 0.00 seconds (20000.00 Kbytes/sec)
ftp> lcd media
Local directory now C:\WINDOWS\MEDIA
ftp> mkdir test
550 test: Permission denied.
ftp> pwd
257 "/" is current directory.
ftp>
```

◄ **Fig. 10.34** *Session ftp en mode anonymous depuis un client Windows*

- Connexion depuis un client sous Windows. Marc utilise son compte sur la machine Linux pour ouvrir sa session ftp. Contrairement au mode anonymous, Marc a le droit de créer des répertoires ou d'effacer des fichiers comme s'il était physiquement sur le serveur.

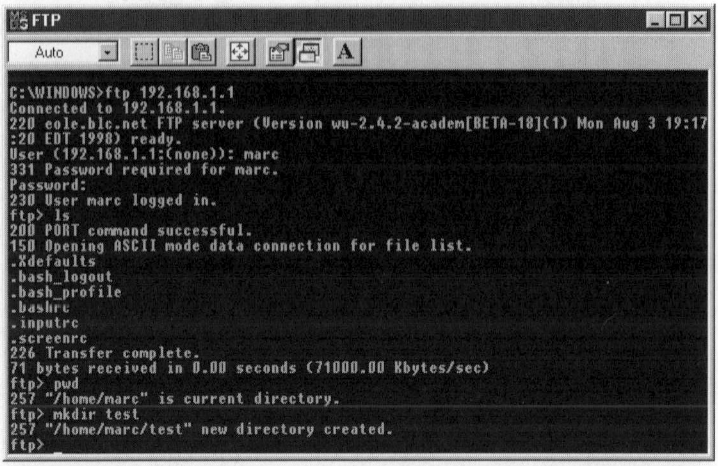

▲ **Fig. 10.35** *Marc, possédant un compte utilisateur sur le serveur Linux, ouvre une session ftp*

Utilisation du shareware Absolute FTP (sous Windows)

Un serveur ftp peut se révéler extrêmement pratique pour stocker des fichiers de manière sécurisée, cependant les transferts de fichiers entre une machine Windows et un serveur Linux sont assez laborieux à exécuter en ligne de commande.

C'est pourquoi il peut être agréable d'utiliser des sharewares du type Absolute FTP. Ils permettent de transférer des fichiers par simple Drag and Drop.

Serveurs de mail

Les serveurs de mail sont installés par défaut dans Linux. Ces services sont installés et fonctionnent sans qu'aucune intervention ne soit nécessaire de la part de l'administrateur. Lors du lancement de Linux, le processus *sendmail* est automatiquement mis en route. Pour vérifier qu'il est lancé :

```
[root@eole /root]#ps aux | grep sendmail
root       387 0.0 0.2 1388   872 ?  S    17:45 0:00 sendmail: accepting c
```

```
[root@eole conf]#
```

Pour vous en convaincre, vérifiez si vous avez des mails :

```
[root@eole /root]# mail
No mail for root
```

Si vous n'avez pas de mail, vous allez vous en envoyer un :

```
[root@eole /root]# mail root
Subject: test pour le mail
Message de test pour le mail
.
Cc:
```

Pour finir un mail, il faut saisir un point "." seul sur la dernière ligne.

Vous pouvez ensuite lire votre mail :

```
[root@eole /root]# mail
Mail version 8.1 6/6/93.  Type ? for help.
"/var/spool/mail/root": 1 message 1 new
>N  1 root@eole.blc.net     Sat Mar 20 14:49 13/372   "test pour le mail"
&
```

Remarque

Formation de votre adresse e-mail

Votre adresse e-mail est composée de votre nom de login suivi de "@" puis du nom de la machine du serveur de mail (eole ici). Enfin vient le nom de domaine que vous avez choisi.

Afin d'utiliser au mieux l'utilitaire mail, voici l'ensemble des commandes possibles. Pour les obtenir, tapez `help` :

```
& help
Mail   Commands
t <message list>              type messages
n                             goto and type next message
e <message list>              edit messages
```

```
f <message list>              give head lines of messages
d <message list>              delete messages
s <message list> file         append messages to file
u <message list>              undelete messages
R <message list>              reply to message senders
r <message list>              reply to message senders and all recipients
pre <message list>            make messages go back to /usr/spool/mail
m <user list>                 mail to specific users
q                             quit, saving unresolved messages in mbox
x                             quit, do not remove system mailbox
h                             print out active message headers
!                             shell escape
cd [directory]                chdir to directory or home if none given

A <message list> consists of integers, ranges of same, or user names separated
by spaces.  If omitted, Mail uses the last message typed.

A <user list> consists of user names or aliases separated by spaces.
Aliases are defined in .mailrc in your home directory.
&
Held 1 message in /var/spool/mail/root
You have mail in /var/spool/mail/root
[root@eole /root]#
```

Pour lire les mails, il suffit de taper le numéro du mail correspondant. À noter que l'adresse de l'expéditeur du message est complète, elle comporte le nom de la machine et le nom de domaine de l'expéditeur.

Création des comptes utilisateurs

Avant de configurer les machines clientes, il faut créer les comptes des utilisateurs amenés à se connecter sur la machine cliente. Pour l'instant, il n'y a qu'un compte, celui de l'administrateur (root).

Avant de créer les comptes, il faut tenir compte de ses besoins. Il se peut que certains utilisateurs n'aient besoin d'utiliser que le mail, d'autres un accès ftp, etc.

Il est possible d'ajouter des utilisateurs en utilisant *linuxconf*, nous allons montrer comment créer un compte utilisateur classique, puis un compte POP (juste pour le mail).

Création d'un compte utilisateur

Lancez tout d'abord *linuxconf* :

```
[root@eole /root]# linuxconf
```

puis sélectionnez les comptes utilisateurs :

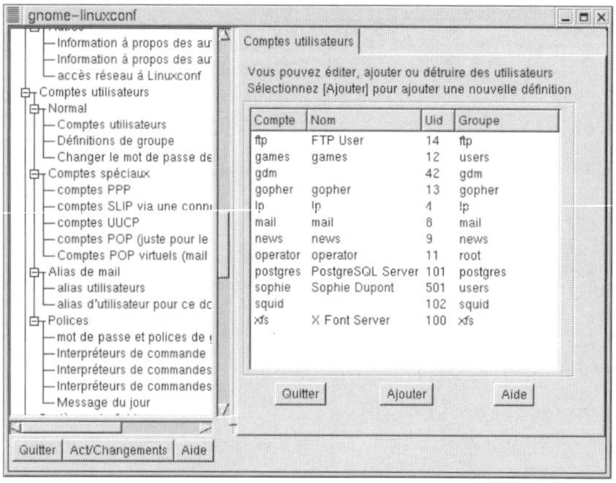

◄ **Fig. 10.36**
Ajout d'un utilisateur

Choisissez **ajouter**.

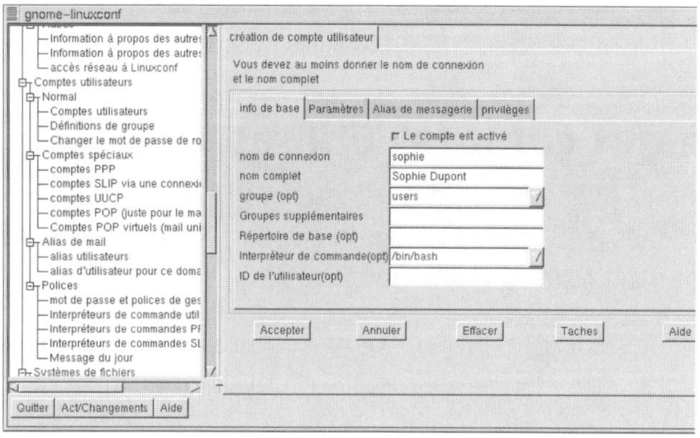

◄ **Fig. 10.37**
Ajout d'un utilisateur

Il faut alors remplir un certain nombre de champs :

- *nom de connexion* : c'est le login, mieux vaut qu'il soit explicite mais pas trop long ;
- *nom complet* : si vous utilisez le mail sur votre Intranet, c'est le nom qui apparaîtra dans les mails envoyés avec la commande **mail** ;
- *groupe* : permet d'indiquer à quel groupe appartient l'utilisateur, choisir *users* si vous n'avez pas besoin de groupes spécifiques ;
- *Groupes supplémentaires* : permet à un utilisateur d'appartenir à plusieurs groupes ;
- *Répertoire de base* : permet de spécifier un répertoire de travail. Si vous ne mettez rien, le répertoire par défaut est dans */home/nom_de_login/* ;
- *Interpréteur de commande* : permet de choisir un shell, *bash* est sans doute le plus pratique ;
- *ID de l'utilisateur* : permet de forcer un numéro d'ID. Mieux vaut laisser le système le faire.

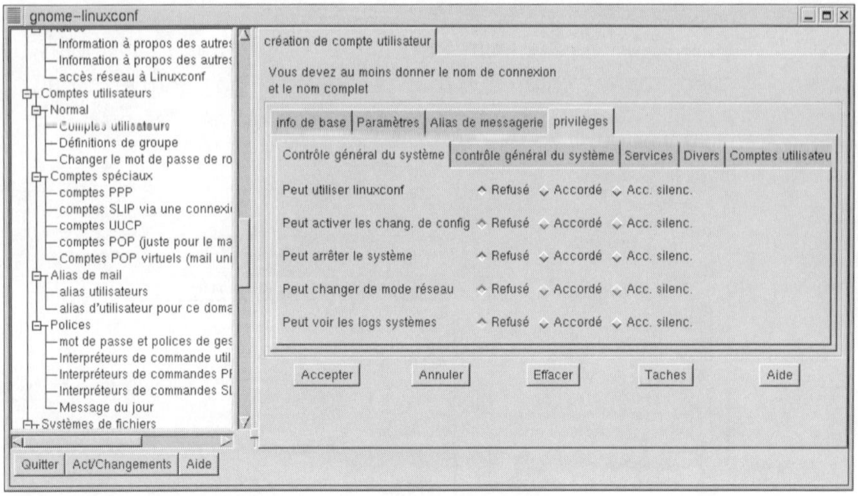

▲ **Fig. 10.38** *Configuration des privilèges de l'utilisateur*

Il est possible d'accorder des droits spécifiques à un utilisateur pour qu'il puisse par exemple arrêter le système. Si la machine n'est destinée qu'à être un serveur de Web, de mail ou ftp, mieux vaut n'accorder aucun droit. Vous pouvez maintenant accepter.

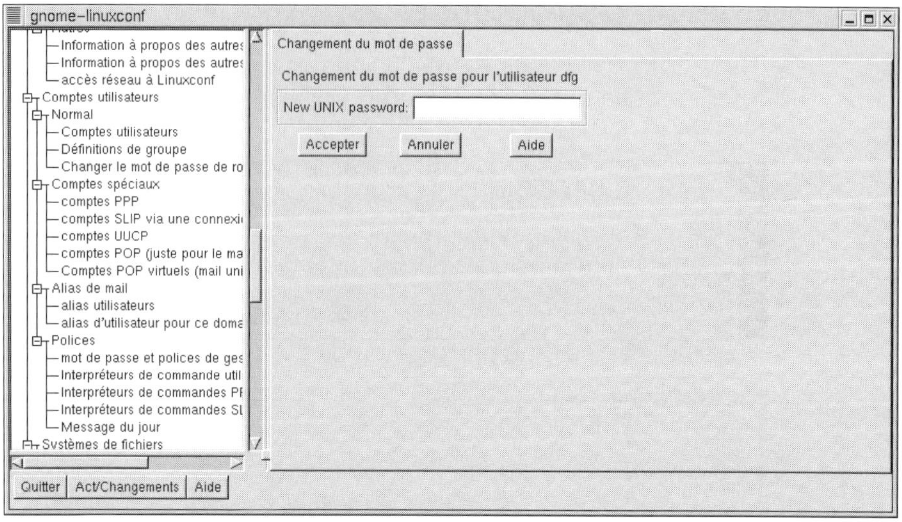

▲ **Fig. 10.39** *Choix du mot de passe de l'utilisateur*

Le mot de passe, pour être fiable, doit contenir au moins deux caractères spéciaux (les chiffres + tout ce qui n'est pas une lettre). Il faut absolument éviter les noms communs ou propres ainsi que les prénoms.

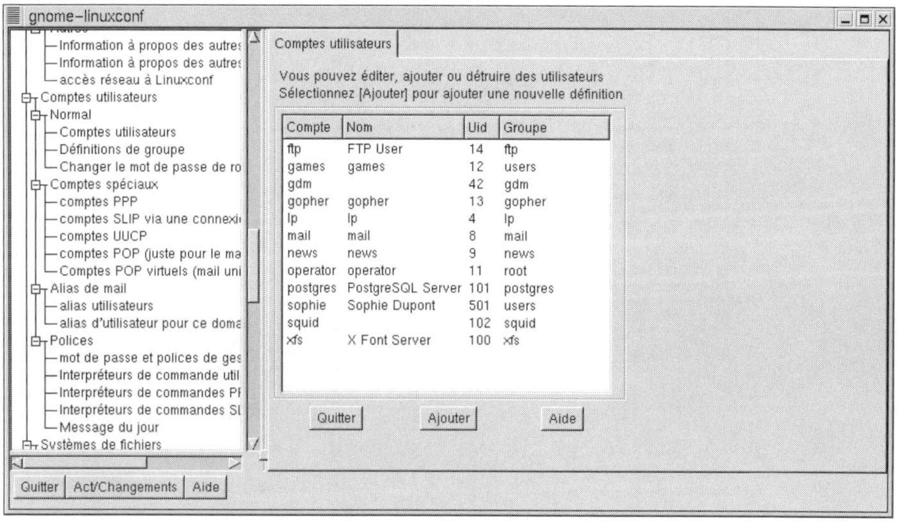

▲ **Fig. 10.40** *L'ensemble des utilisateurs avec sophie*

L'utilisatrice *sophie* est ajoutée à la liste des utilisateurs du système. Cette utilisatrice peut se connecter à la machine par ftp, telnet, etc.

Création d'un compte POP (pour le mail)

Nous allons maintenant créer un compte qui permettra à un utilisateur de se connecter à la machine Linux pour envoyer des mails et en recevoir.

> **Remarque**
>
> **Compte POP pour les utilisateurs du système Linux**
>
> Il n'est pas nécessaire d'ouvrir un compte POP pour sophie, les comptes utilisateurs classiques offrent automatiquement un accès au serveur de mails.

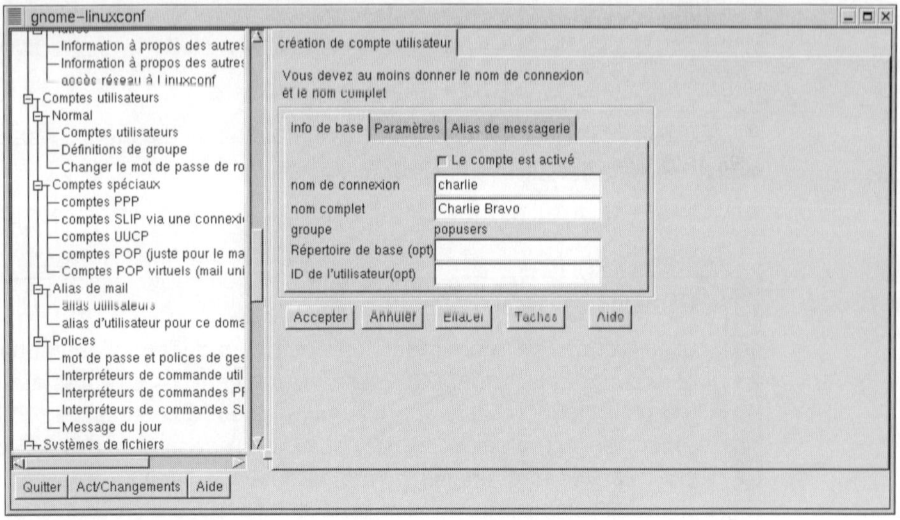

▲ **Fig. 10.41** *Ajout d'un compte POP pour le mail uniquement*

Il faut remplir un certain nombre de champs similaires à celui d'un compte normal.

- nom de connexion : login de connexion (c'est celui demandé dans les logiciels de messagerie) ;
- nom complet : ce nom sera remplacé par celui que vous donnerez dans les paramètres de vos logiciels de messagerie ;
- groupe : il est imposé (*pppusers*) ;
- Répertoire de base : permet de spécifier un répertoire dans lequel les mails sont stockés. Pour les utilisateurs classiques, telle sophie, ce répertoire est celui spécifié lors de l'ouverture du compte ;
- Interpréteur de commande : imposé */etc/ppp/ppplogin* ;

- ID de l'utilisateur : permet de forcer un numéro d'ID. Mieux vaut laisser le système le faire.

Le compte est prêt à être utilisé, nous allons pouvoir passer à la configuration des postes clients.

Configuration des machines Windows pour TCP/IP

Avant d'installer une machine Linux comme serveur d'Intranet, vos autres machines sous Windows doivent être capables de communiquer avec elle. Il faut donc installer le protocole commun entre Linux et Windows : TCP/IP. Il est donc nécessaire de vérifier que ce protocole est installé sur vos stations Windows. Selon votre configuration (existence d'une serveur NT ou pas), différentes options seront possibles :

- TCP/IP n'est pas installé, mode d'installation et configuration ;
- TCP/IP est installé sans serveur NT DHCP ;
- TCP/IP est installé, un serveur DHCP sous Windows NT est présent.

Remarque

Utilisation de DHCP

Un serveur DHCP a pour fonction d'attribuer dynamiquement une adresse IP aux machines clientes (les autres ordinateurs). Ces adresses sont prises dans une plage spécifiée par l'administrateur du réseau. Le serveur DHCP concerne généralement les réseaux d'entreprise dans lesquels la topologie change fréquemment (ordinateurs portables présents, absents, connectés ou pas). Un des intérêts d'avoir un serveur DHCP est de permettre d'avoir moins d'adresses IP que de machines (si celles-ci ne sont connectées qu'occasionnellement).

Dans le cas d'un petit réseau personnel ou d'entreprise, il est préférable de ne pas avoir ce type de serveur. L'administration du réseau n'en sera que plus simple.

Vérification, installation et configuration du réseau TCP/IP sous Windows 95/98

Dans cette partie, nous allons installer et configurer les postes clients sous Windows. Nous allons montrer la configuration type pour chaque application disponible sur le serveur Linux.

Vérification de vos paramètres réseau

Afin de vérifier votre configuration, allez dans le Panneau de configuration (**Démarrer/Paramètres/Panneau de configuration**). Cliquez sur l'icône *Réseau*. Dans la plupart des cas, vous aurez ces types de lignes :

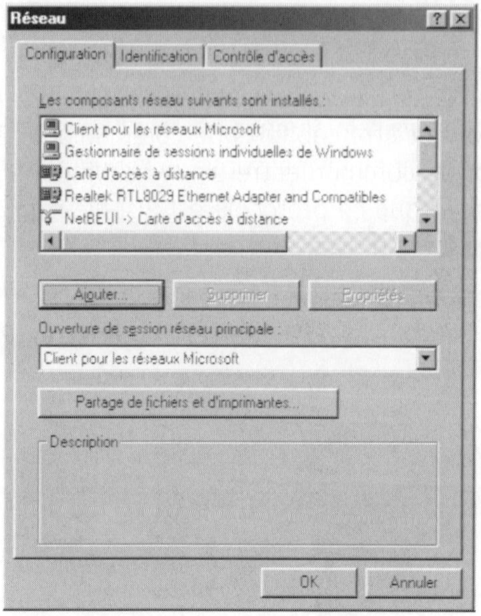

◄ **Fig. 10.42**
Panneau de configuration du réseau sous Windows

- Client pour les réseaux Microsoft ;
- Modèle de votre carte réseau ;
- Protocole IPX/SPX -> Modèle de votre carte réseau.

Deux cas se présentent :

- Soit vous avez une ligne : TCP/IP -> Modèle de votre carte réseau ;
- Soit vous ne l'avez pas.

Remarque

Paramètres réseau

Toutes les lignes finissant par "-> Carte d'accès à distance" concernent un accès à Internet, ou une connexion à un autre réseau par modem. Le fait que TCP/IP soit installé pour cette carte n'est pas suffisant pour notre Intranet.

Dans le premier cas, TCP/IP est installé sur votre machine, nous allons vérifier les paramètres et les modifier si nécessaire.

Dans le second cas, nous allons installer le protocole TCP/IP puis le configurer.

Installation de TCP/IP

Si le protocole TCP/IP n'est pas installé, sélectionnez la ligne où figure le modèle de votre carte réseau et cliquez sur **ajouter**. Sélectionnez le protocole, puis cliquez sur **ajouter** puis sélectionnez *Microsoft* et, en bas de la liste, *TCP/IP*. Redémarrez votre machine puis passons à la configuration de TCP/IP.

Configuration de TCP/IP

Maintenant que TCP/IP pour votre carte réseau est installé, revenez au Panneau de configuration du réseau (**Démarrer/Paramètres/Panneau de configuration/Réseau**).

Sélectionnez la ligne *TCP/IP -> Modèle de votre carte réseau.*

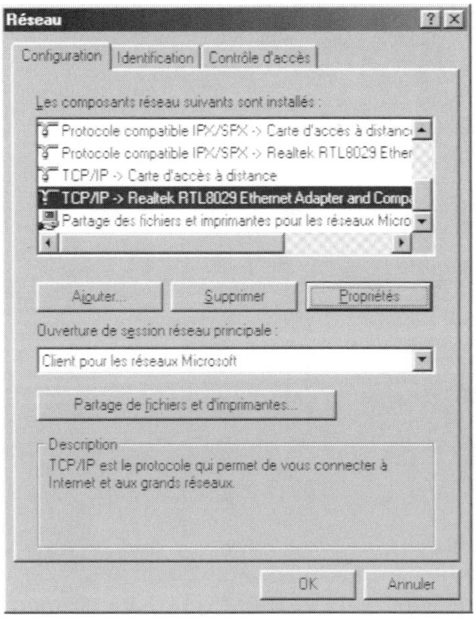

◄ **Fig. 10.43** *Sélection de la configuration de TCP/IP de la carte Ethernet*

puis cliquez sur **Propriétés**. Nous allons montrer onglet par onglet la configuration à choisir.

- **Adresse IP** : Si vous avez un serveur DHCP, vous pouvez laisser obtenir automatiquement une adresse IP. Sinon, il faut en spécifier une. Comme nous nous plaçons ici dans le cas d'un petit réseau local non connecté à Internet (sauf éventuellement par modem), nous pouvons choisir une adresse IP quelconque (valide tout de même), par exemple 192.168.1.1. Pour les autres machines de votre réseau, prenez les mêmes trois premiers numéros : 192.168.1.x. Le masque de sous-réseau doit être positionné à 255.255.255.0. Cela permet un filtrage plus efficace. Si votre machine doit envoyer des paquets vers une autre sur le réseau local, grâce au masque elle sait qu'il est inutile de passer par la passerelle (*gateway* en anglais).

Remarque

Adressage IP

L'Internet Assigned Numbers Authority (IANA) a réservé les trois plages suivantes pour leur utilisation par des réseaux privés :

10.0.0.0 - 10.255.255.255

172.16.0.0 - 172.31.255.255

192.168.0.0 - 192.168.255.255

C'est pourquoi nous utiliserons la troisième plage correspondant à un réseau de classe C.

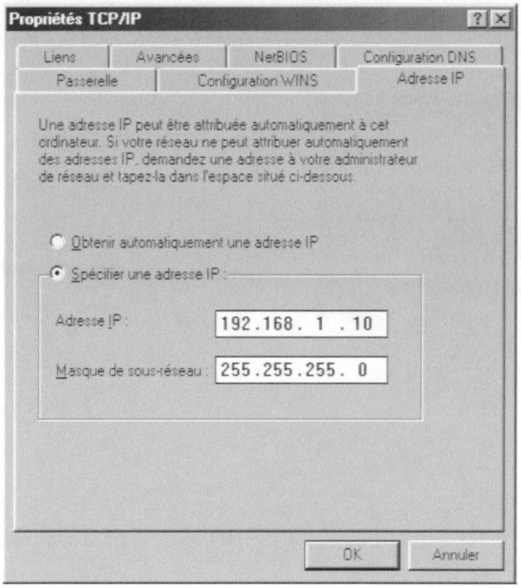

◄ **Fig. 10.44** *Configuration de l'adresse IP de la machine*

- **Configuration DNS** : Il faut désactiver le DNS, en effet vous n'avez pas de serveur de nom sur votre réseau local, nous verrons plus loin comment vous pourrez joindre un serveur du type `www.blc.net` sur votre réseau en utilisant un fichier hosts du répertoire Windows.

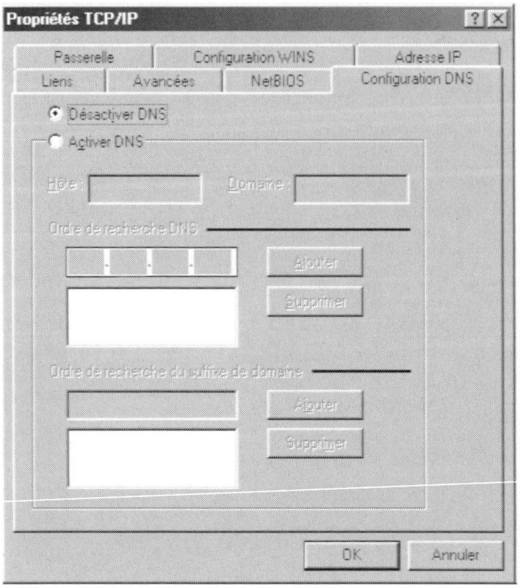

◄ **Fig. 10.45**
Configuration du serveur DNS

- **Passerelle** : Tant que vous n'êtes pas relié à Internet, vous n'avez pas besoin de passerelle pour passer vers un autre réseau (vous êtes seul).

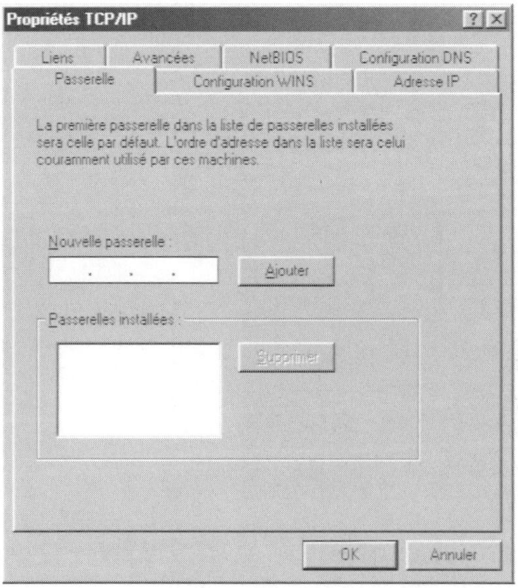

◄ **Fig. 10.46**
Configuration des passerelles (gateway)

- **Configuration WINS** : Si vous avez un serveur WINS, vous pouvez activer la résolution WINS, donnez alors l'adresse de votre serveur. Si vous ne savez pas ce que c'est, désactivez la résolution WINS.

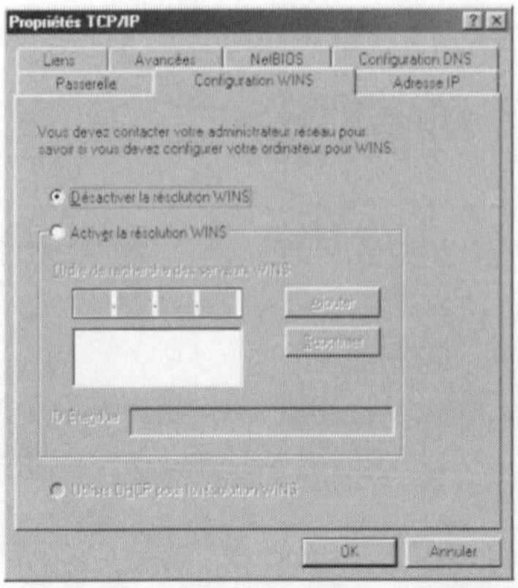

◄ **Fig. 10.47**
Configuration du serveur Wins

Les autres onglets (**NetBIOS**, **Liens**, **Avancées**) seront laissés aux valeurs par défaut.

Afin de bien administrer votre réseau, il est conseillé de noter l'adresse IP de chaque machine sur une étiquette placée bien en évidence sur la machine, cela vous permettra de gagner du temps par la suite.

Cliquez sur OK et redémarrez votre ordinateur. Il faut répéter l'opération pour toutes les machines clientes en prenant bien garde de ne pas donner deux fois la même adresse IP à deux machines distinctes.

Tests de fonctionnement de TCP/IP

Afin de vérifier que tout fonctionne correctement, dans une fenêtre MS-DOS, exécutez une commande **Ping** vers toutes les autres machines :

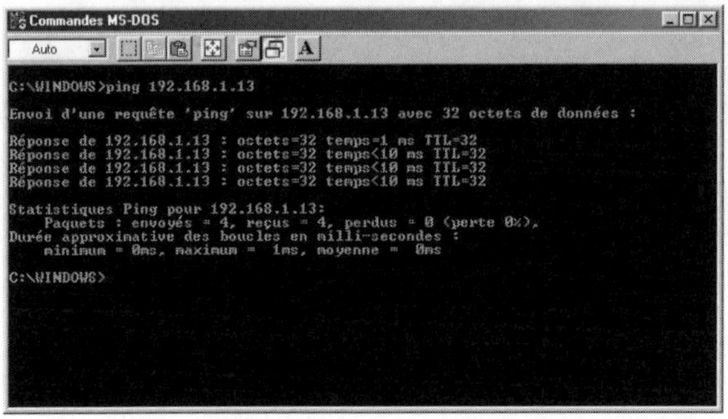

◄ **Fig. 10.48**
Exemple de Ping vers une autre machine

Si tout ne se passe pas correctement (si vous perdez des paquets), commencez par faire un ping vers l'adresse IP de la machine où vous êtes, cela permet de vérifier si le problème vient du câblage ou de la configuration.

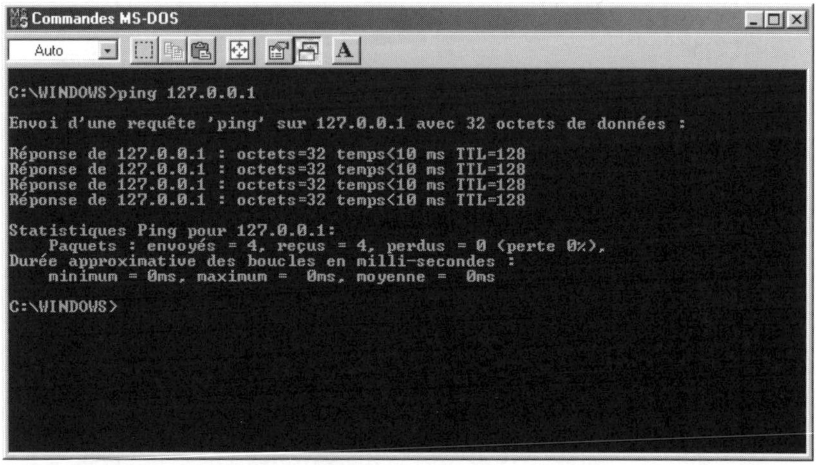

▲ **Fig. 10.49** *Exemple de ping local vers localhost*

Une autre commande (**ipconfig**) permet d'obtenir la configuration courante des cartes réseau de la machine. Les problèmes viennent souvent d'une adresse de passerelle non vide ou de la recherche d'un serveur DNS. Testez chaque machine afin de voir si toutes fonctionnent correctement.

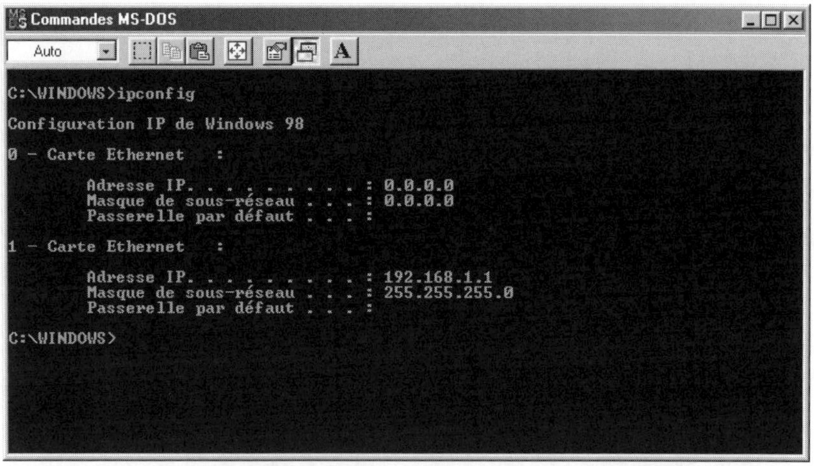

▲ **Fig. 10.50** *Test de la configuration réseau avec la commande ipconfig*

Tant que TCP/IP ne fonctionne pas correctement (échec de la commande **Ping**), il n'est pas possible de joindre le serveur Linux. C'est pourquoi il convient de "pinger" toutes les machines du réseau avant de configurer les clients Windows.

Installation du client pour se connecter au serveur httpd

La configuration pour permettre aux clients de contacter le serveur web est très simple, elle passe par la modification d'un fichier. Recherchez sous Windows le fichier *hosts.sam*. Éditez-le dans le Bloc-notes.

La seule modification consiste en l'ajout de la ligne `192.168.1.1 www.blc-.net` :

```
# Copyright (c) 1998 Microsoft Corp.
#
# This is a sample HOSTS file used by Microsoft TCP/IP stack for Windows98
#
# This file contains the mappings of IP addresses to host names. Each
# entry should be kept on an individual line. The IP address should
# be placed in the first column followed by the corresponding host name.
# The IP address and the host name should be separated by at least one
# space.
#
# Additionally, comments (such as these) may be inserted on individual
# lines or following the machine name denoted by a'#' symbol.
#
# For example:
#
#      102.54.94.97     rhino.acme.com          # source server
#       38.25.63.10     x.acme.com              # x client host
127.0.0.1 localhost
192.168.1.1 www.blc.net # Adresse et nom de mon seveur web
```

Si vous avez plusieurs serveurs sur des adresses différentes, il est possible de les ajouter de la même manière.

Configuration d'un navigateur Internet

Avant de pouvoir naviguer sur votre Intranet et consulter les documents mis en ligne, il faut configurer votre navigateur Internet. La configuration des différents navigateurs passe d'abord par la configuration d'accès à Internet.

Dans le Panneau de configuration de Windows, sélectionnez *Internet* puis, sous l'onglet **Connexion**, choisissez l'option :

- *Se connecter à Internet par l'intermédiaire d'un réseau local*

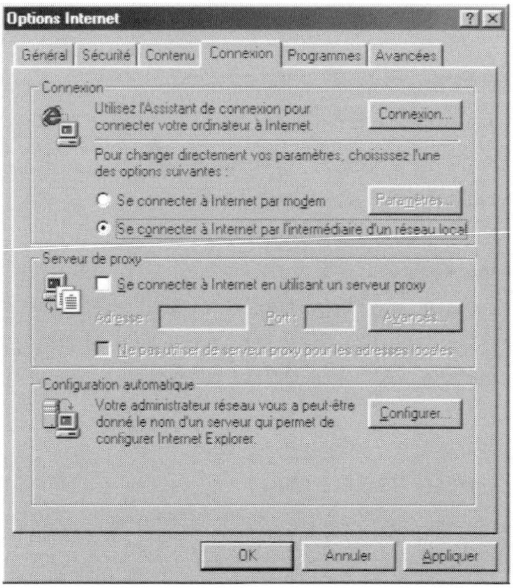

◄ **Fig. 10.51** *Configuration de l'accès à Internet par le réseau local*

Vous pouvez maintenant consulter les documents mis en ligne sur votre site web.

> **Attention**
>
> **Modification de la configuration**
>
> Si vous avez un accès Internet par modem, il faudra changer ce paramètre pour pouvoir surfer comme auparavant.

Installation du client pour les serveurs de mail et de news

L'installation du client de mail est simple, il est cependant nécessaire de vérifier quelques détails :

- Le client sous Windows doit avoir un compte sous Linux, soit un compte classique lui permettant de travailler sous Linux soit juste un compte pour le mail (compte POP). Si de tels comptes utilisateurs ne sont pas créés, reportez-vous à la section correspondante.
- Il est nécessaire d'avoir un logiciel de messagerie (mail et news), type Internet mail, Netscape Communicator, ou Outlook Express...

Configuration de Netscape Communicator

Lorsque vous lancez Netscape 4.x pour la première fois, un certain nombre de renseignements vous sont demandés :

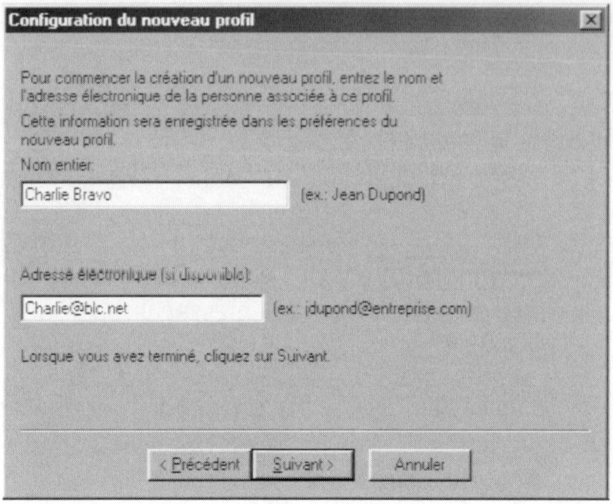

◄ **Fig. 10.52**
Saisie du nom et de l'adresse e-mail de l'utilisateur

Il faut donner le nom de l'utilisateur qui va utiliser le serveur de mail et de news ainsi que l'adresse e-mail de cet utilisateur. Dans l'exemple, l'utilisateur se nomme *Charlie Bravo* et aura comme adresse électronique `Charlie@blc.net`.

Remarque

Composition de l'adresse e-mail

L'adresse e-mail d'un utilisateur est composée de son nom puis du nom de domaine qu'il a choisi.

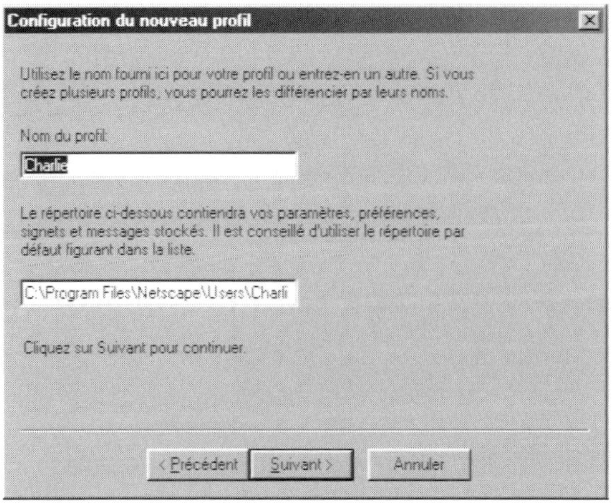

◄ **Fig. 10.53**
Saisie du profil de l'utilisateur et du répertoire de stockage des mails et news

Il vous faut ensuite donner le nom du profil, il s'agit en général du même nom que celui de l'utilisateur, mais, si une même personne souhaite se connecter sous différentes adresses e-mail, mieux vaut donner des noms clairs.

De même pour les répertoires de stockage, la plupart du temps on peut se contenter de prendre l'emplacement par défaut. Cependant, dans le cadre d'une entreprise, vous pouvez stocker les messages dans des répertoires spécifiques.

Prenons l'exemple d'un réseau avec trois utilisateurs (*Marc*, *Cécile* et *Léa*). Marc n'a besoin que d'une adresse e-mail, en revanche Léa et Cécile ayant plusieurs fonctions en ont besoin de deux chacune.

Il faut alors créer :

- un profil *Marc* stocké par exemple sur *d :\commerce\marc* ;
- un profile *Léa Commerce* stocké sur *d :\commerce\lea* ;
- un profil *Léa Comptabilité* stocké sur *d :\compta* ;
- un profil *Cécile Comptabilité* stocké sur *d :\compta* ;
- un profil *Cécile Support* stocké sur *d :\support*.

Pour la création des profils, il est nécessaire de changer de nom lors de la connexion à la session Windows. En bref : à chaque profil sa session Windows.

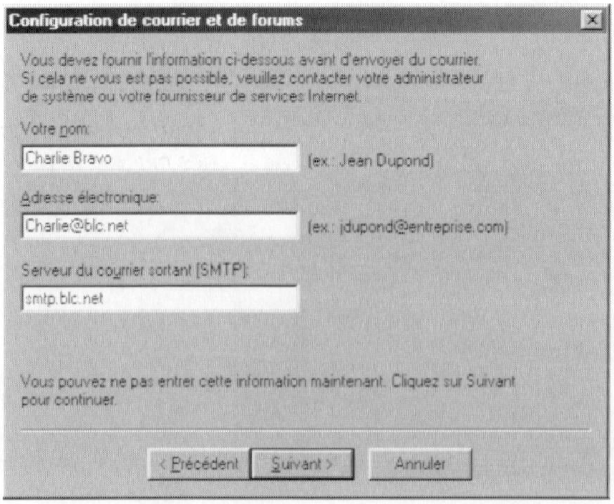

◄ **Fig. 10.54**
Saisie du nom de l'utilisateur, de l'adresse e-mail, du serveur de courrier sortant

Le troisième panneau concerne :

- le nom de l'utilisateur tel qu'il apparaîtra lors de l'envoi d'un courrier ;
- L'adresse e-mail de l'utilisateur, il faut mettre alors le login du compte Linux suivi du nom de domaine que vous avez choisi (par exemple `charlie@blc.net`) ;
- Le serveur de courrier entrant (pop.blc.net).

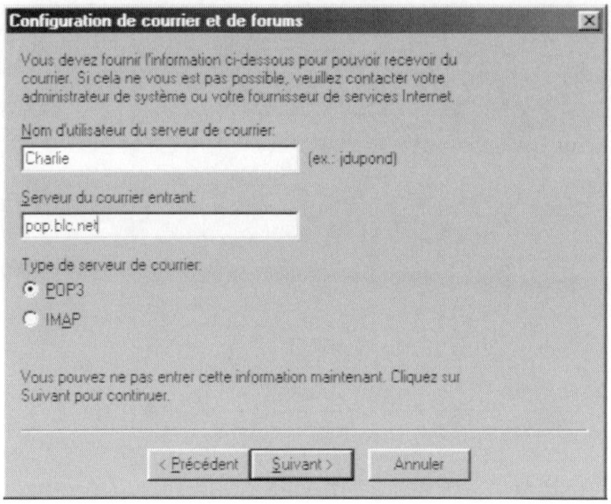

◄ **Fig. 10.55**
Saisie du profil de l'utilisateur et du répertoire de stockage des mails et news

Le dernier panneau concerne le login de l'utilisateur du compte mail sous Linux ainsi que le nom du serveur de courrier sortant (smtp.blc.net).

Configuration d'Outlook Express

Pour la configuration d'Outlook Express, il faut créer un compte. Pour ce faire, allez dans le menu **Outils**, puis **Compte** :

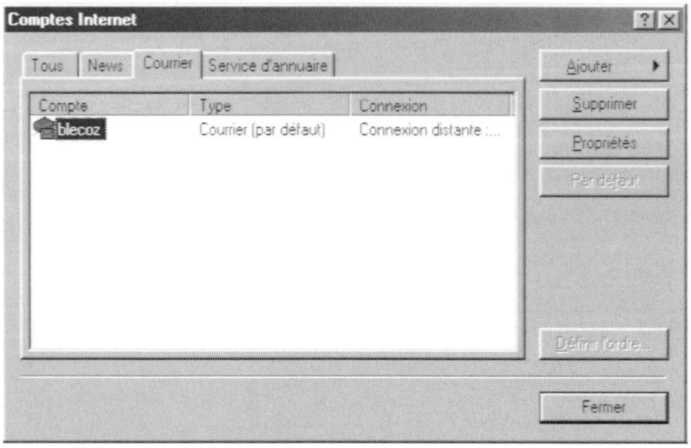

▲ **Fig. 10.56** *Fenêtre d'ajout d'un compte mail*

Sélectionnez **Ajouter courrier**.

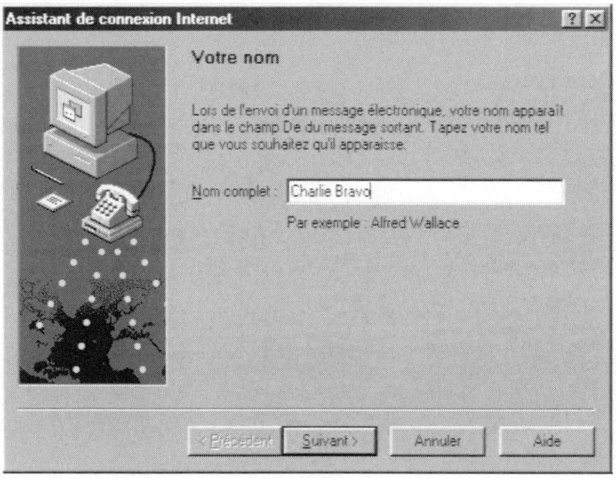

◄ **Fig. 10.57** *Fenêtre de saisie du nom de l'utilisateur*

Il faut ensuite saisir son adresse e-mail. Dans le cas de notre Intranet, il faut utiliser le nom de l'utilisateur du compte sous Linux suivi d'@ et du nom de domaine que vous avez choisi.

◄ **Fig. 10.58**
Saisie de l'adresse e-mail de l'utilisateur

Il faut maintenant configurer le nom des serveurs de mail pour le courrier entrant et sortant, ceux-ci sont :

- pop.blc.net (entrant) ;
- smtp.blc.net (sortant).

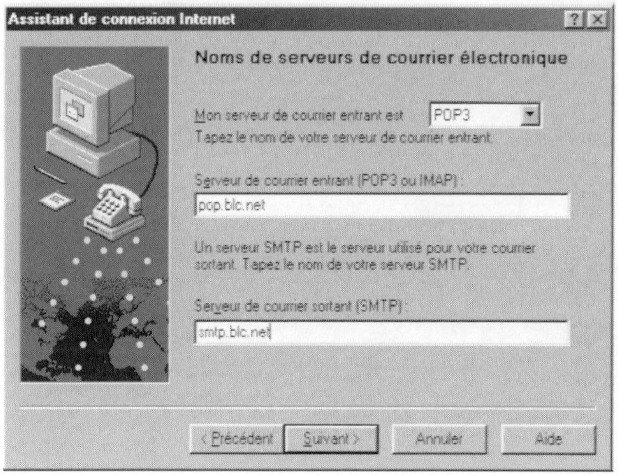

◄ **Fig. 10.59**
Fenêtre de saisie des serveurs de courrier électronique

Il faut maintenant saisir le login et le mot de passe du compte sous Linux.

Si des données confidentielles sont stockées sur le serveur Linux par l'utilisateur, il est préférable de ne pas utiliser un compte classique Linux comme compte de mail, le mot de passe est aisément accessible sous Windows. Il vaut mieux dans ce cas créer un compte POP sous Linux pour chaque utilisateur en plus du compte utilisateur classique.

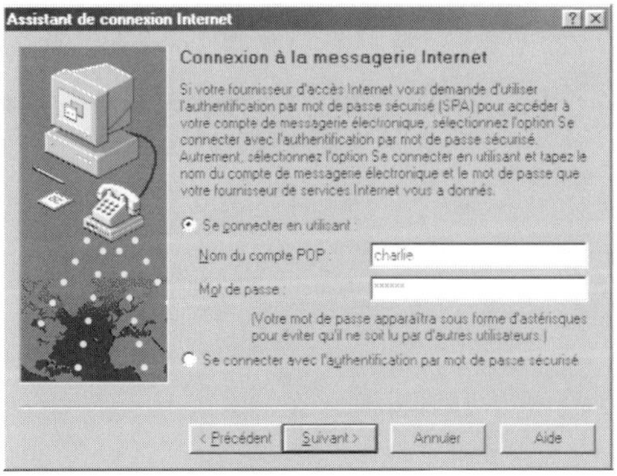

◄ **Fig. 10.60**
Fenêtre de saisie du login et du mot de passe du compte Linux

Vous devez ensuite saisir le nom de session pour le mail. Des noms très explicites sont préférables, surtout si vous êtes susceptible d'avoir plusieurs adresses de courrier électronique.

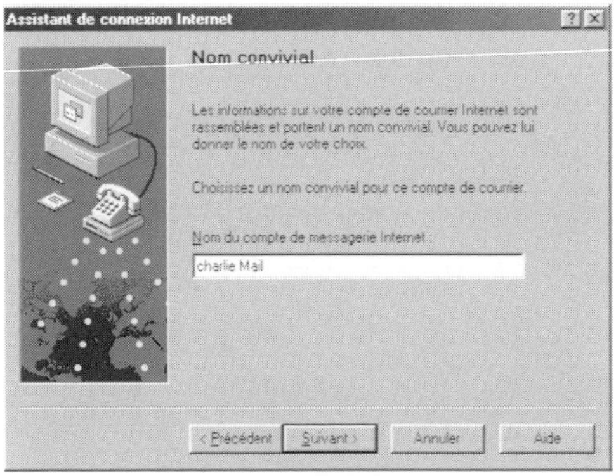

◄ **Fig. 10.61**
Fenêtre de saisie du nom de la session pour le mail

Sélectionnez ensuite la connexion par l'intermédiaire d'un réseau local.

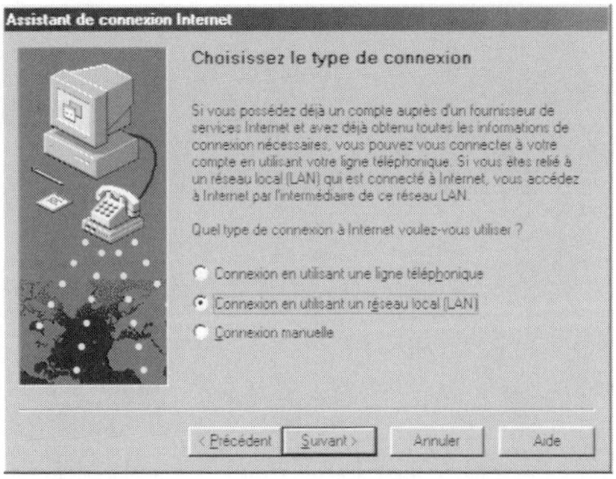

◄ **Fig. 10.62**
Choix du type de connexion

La configuration d'Outlook Express est terminée.

Comment faire pour déclarer les serveurs de mail

Afin que les logiciels de messagerie puissent trouver les serveurs POP et SMTP Linux, il y a deux solutions :

- Utiliser un serveur DNS (impossible puisque votre nom de domaine n'est pas déclaré) ;
- Déclarer les serveurs dans le fichier hosts.

Il faut donc éditer le fichier hosts se trouvant dans le répertoire Windows :

```
# Copyright (c) 1998 Microsoft Corp.
#
# This is a sample HOSTS file used by Microsoft TCP/IP stack for Windows98
#
# This file contains the mappings of IP addresses to host names. Each
# entry should be kept on an individual line. The IP address should
# be placed in the first column followed by the corresponding host name.
# The IP address and the host name should be separated by at least one
# space.
#
# Additionally, comments (such as these) may be inserted on individual
# lines or following the machine name denoted by a'#' symbol.
#
# For example:
#
#      102.54.94.97     rhino.acme.com          # source server
#       38.25.63.10     x.acme.com              # x client host

127.0.0.1 localhost
192.168.1.1  www.blc.net # Adresse et nom de mon seveur web
192.168.1.1  pop.blc.net
192.168.1.1  smtp.blc.net
```

Vous pouvez maintenant communiquer par mail dans votre réseau local. Ces comptes mail ne vous empêchent en rien d'avoir un accès à Internet par modem. Tous les comptes mail fonctionnent parfaitement les uns avec les autres.

De l'Intranet à Internet

Dans ce chapitre, nous allons étudier les différents aspects d'Internet appliqué à votre réseau local. Nous allons montrer comment partager une connexion Internet par modem. Puis, par la création d'un serveur proxy, nous optimiserons les ressources réseau et accélérerons votre accès à Internet.

Nous expliquerons ensuite comment déposer votre nom de domaine sur Internet, puis comment faire héberger votre site web. Nous montrerons comment partager des disques pour qu'ils soient accessibles depuis un site distant.

La sécurité étant un facteur important, nous allons étudier la mise en place d'un *firewall* afin de protéger votre Intranet de toute incursion.

Cette partie comme la précédente s'adresse aux personnes désireuses d'utiliser au mieux les nouvelles technologies dans le cadre d'un réseau local personnel ou de petite entreprise. Les connaissances de base Linux sont nécessaires pour mener à bien ce projet.

Partage d'un accès Internet par modem

Dans cette section nous allons partager un seul accès Internet avec un modem entre plusieurs machines. Cela permet aux postes sous Windows de se connecter à Internet en utilisant la machine Linux (connectée par modem). Nous allons utiliser les fonctions d'IP Masquerade qui sont accessibles après recompilation du noyau Linux.

Nous partons du principe que l'accès à Internet est correctement installé et fonctionne. De même le réseau local doit fonctionner avec le protocole TCP/IP. Nous changerons les paramètres de configuration donnés dans le chapitre précédent afin que vos machines sous Windows puissent utiliser la machine Linux comme passerelle (*gateway*).

Cette manipulation peu compliquée ne présente cependant pas que des avantages, il faut bien garder à l'esprit que la bande passante de votre accès Internet est divisée par le nombre de machines connectées à un même moment. En bref, si cinq utilisateurs naviguent sur Internet au même moment, la vitesse de connexion sera environ cinq fois inférieure à la normale. Cependant, pour des accès à Internet dispersés dans la journée, cela permet d'éviter l'achat de plusieurs modems.

IP Masquerade, comment ça marche ?

IP Masquerade route les informations pour les machines appartenant au réseau local. Le serveur Linux joue un peu le rôle d'une concierge redistribuant le courrier à chaque résident d'un immeuble. En fait Ip_masquerade identifie selon le numéro de port de l'application la provenance et la destination des paquets :

Cas concret :

1. La machine du réseau local d'adresse 192.168.1.10 envoie par l'intermédiaire d'un navigateur Internet une requête pour se connecter à un serveur Internet quelconque.
2. Le serveur Linux assigne un numéro de port à 192.168.1.10 puis prend en charge la requête à son nom (elle remplace 192.168.1.10 par sa propre adresse IP). La requête est alors transmise à son destinataire.
3. Le serveur Internet répond au serveur Linux. Dans les paquets adressés au serveur Linux, le numéro de port indique l'application à qui le paquet est destinée. La machine Linux reconnaît alors à qui le paquet est réellement destiné.
4. Elle remplace alors son adresse IP par 192.168.1.10 et transmet donc le paquet au PC sous Windows.

L'opération est totalement transparente pour l'utilisateur.

Mise en place d'IP Masquerade

Cette opération implique la recompilation du noyau Linux, nous prendrons ici l'exemple des noyaux 2.0.x à 2.2.x mais nous ne rentrerons pas dans les détails. Pour de plus amples détails sur la compilation du noyau, reportez-vous au chapitre correspondant.

Configuration et installation du noyau avec support IP Masquerade

Lancez la configuration par **cd /usr/src/linux** puis **make xconfig**.

Dans le menu **Code maturity level options**, répondre `YES` à :

```
* Prompt for development and/or incomplete code/drivers
```

C'est absolument nécessaire pour pouvoir sélectionner IP Masquerade qui est expérimental.

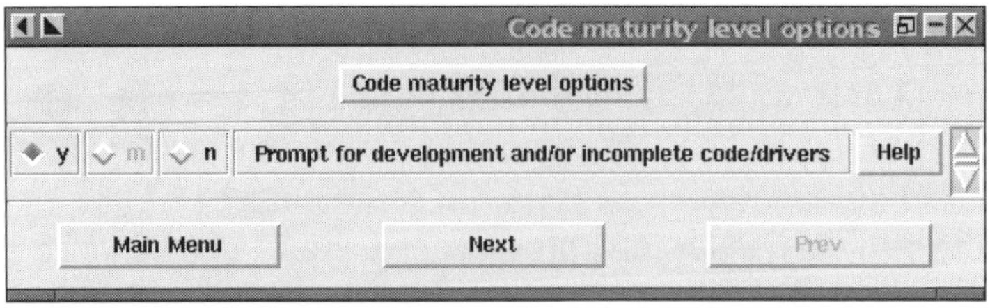

▲ **Fig. 10.63** *Choisir d'activer le mode expérimental*

Dans le menu **Loadable module support options**, répondre YES à :

```
* Enable loadable module support
```

Permet le chargement des modules en général.

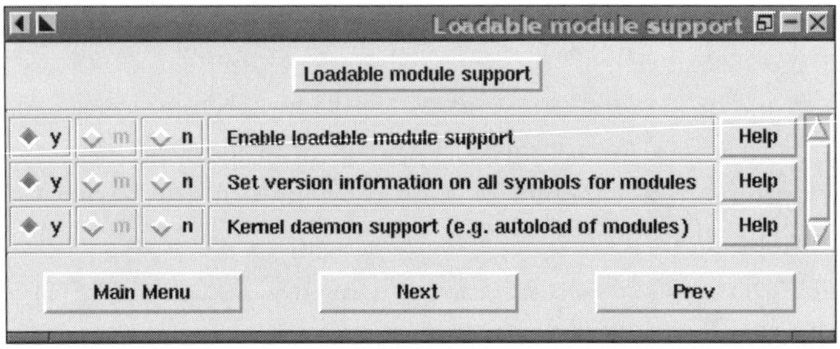

▲ **Fig. 10.64** *Rendre possible l'utilisation des modules*

Dans le menu **Networking options**, répondre YES à :

```
* Networking support

* Network firewalls

* TCP/IP networking

* IP: forwarding/gatewaying

* IP: firewalling

* IP: masquerading (EXPERIMENTAL)
```

Même s'il est indiqué que c'est expérimental, il est nécessaire de cocher YES (IP Masquerade est utilisé depuis longtemps déjà et se révèle stable, il n'y a pas de crainte particulière à avoir).

```
* IP: ipautofw masquerade support (EXPERIMENTAL)

* IP: ICMP masquerading
```

```
* IP: always defragment
```

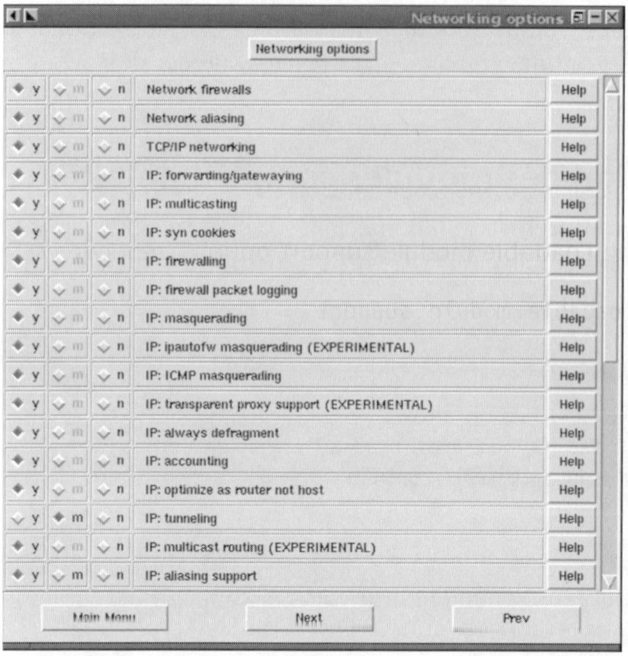

◄ **Fig. 10.65**
Choix des options pour la configuration réseau du noyau

Dans le menu **Network device support**, répondre `YES` ou `M` à :

```
* Dummy net driver support
```

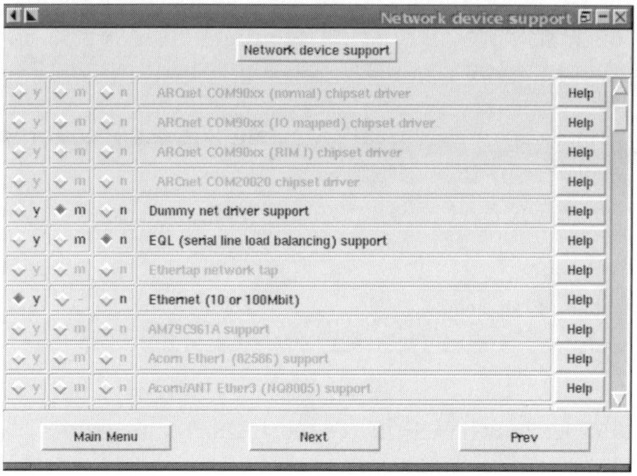

◄ **Fig. 10.66**
Choix supplémentaire

Il va de soi qu'il faut choisir en outre tous les modules et toutes les options indispensables à votre configuration. Sauvegardez la configuration puis quittez *xconfig*. Réinitialisez les dépendances par **make dep clean**. Compilez le noyau par **make bzImage** ou **make zImage**, installez ensuite les modules par **make modules** ; **make modules_install**. Installez le gestionnaire de démarrage lilo en ajoutant ces lignes au fichier */etc/lilo.conf*. Vous pouvez alors rebooter la machine.

Installation des modules complémentaires

Afin de pouvoir permettre aux machines Windows d'utiliser des applications supplémentaires telles que ftp, Real Audio, IRC, etc., il faut installer les modules supplémentaires par :

```
/sbin/depmod -a
/sbin/modprobe ip_masq_ftp.o
/sbin/modprobe ip_masq_raudio.o
/sbin/modprobe ip_masq_irc.o
...
```

Pour plus de renseignements sur l'installation des modules, consultez le chapitre relatif.

Permettre aux machines Windows d'utiliser l'hôte Linux

Le serveur est prêt à prendre en charge les clients Windows mais il faut tout d'abord dire lesquels sont autorisés à se connecter. Nous supposerons que les machines Windows ont comme adresse IP 192.168.1.x avec 1<x<255.

L'application principale utilisée par IP Masquerade est IP Fowarding, c'est elle qui s'occupe de la redirection des paquets IP.

On utilisera les commandes :

```
ipfwadm-wrapper -F -p deny
ipfwadm-wrapper -F -a m -S 192.168.1.0/24 -D 0.0.0.0/0
```

pour que toutes les machines du réseau local d'adresse 192.168.1.0 aient accès à Internet par le serveur Linux.

Pour spécifier uniquement quelques machines :

```
ipfwadm-wrapper -F -p deny
ipfwadm-wrapper -F -a m -S 192.168.1.4/24 -D 0.0.0.0/0
ipfwadm-wrapper -F -a m -S 192.168.1.18/24 -D 0.0.0.0/0
ipfwadm-wrapper -F -a m -S 192.168.1.25/24 -D 0.0.0.0/0
```

Seules les machines d'adresse 192.168.1.4, 192.168.1.18, 192.168.1.25 pourront accéder à Internet. Cela correspond à la mise en place d'un Firewall qui sécurise l'accès à votre réseau local. La fonction *ipfwadm-wrapper* est plus amplement expliquée dans le chapitre sur les Firewalls.

Configuration des clients Windows pour l'accès à Internet

Nous allons maintenant configurer TCP/IP pour Windows. Pour l'installation de la carte réseau et de TCP/IP, reportez-vous au chapitre sur l'Intranet. Dans la partie sur l'adresse IP, vérifiez que l'adresse correspond bien à votre réseau local. Nous utiliserons ici 192.168.0.x.

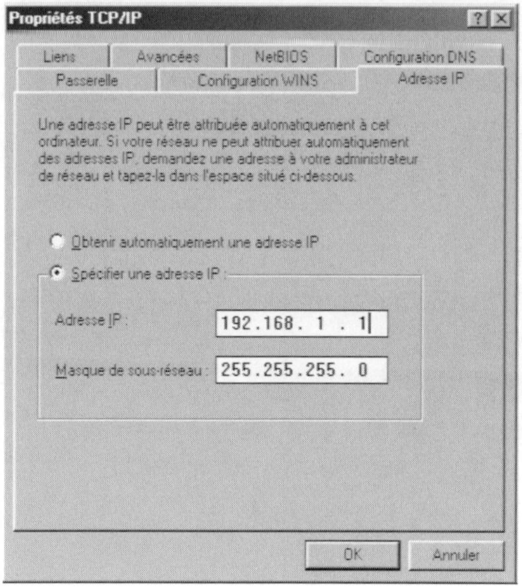

◄ **Fig. 10.67**
Choix supplémentaire

Dans la partie passerelle, indiquez l'adresse IP (Ethernet) de la machine Linux.

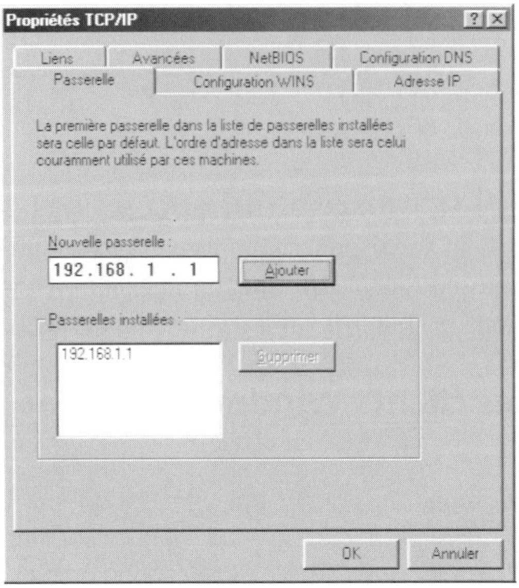

◄ **Fig. 10.68**
Configuration de la passerelle

Dans la partie DNS, indiquez les DNS du fournisseur d'accès à Internet, vous pouvez les lire dans le fichier */etc/resolv.conf*.

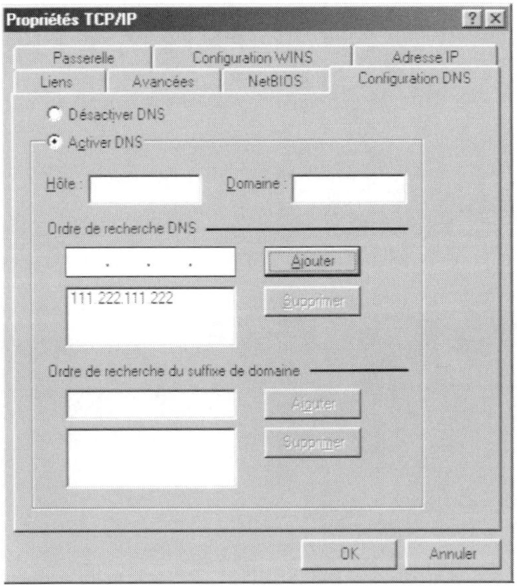

◄ **Fig. 10.69**
Configuration des DNS

Les clients configurés, connectez votre serveur à Internet avec la commande **ifup** par exemple, vos clients ont à leur tour accès au Web.

D'un point de vue sécurité, l'IP Masquerade est satisfaisant et peut faire office de Firewall, un certain nombre de paramètres supplémentaires permettront de sécuriser au maximum votre serveur. Reportez-vous à la section sur les firewalls pour plus de détails.

Mise en place d'un Firewall

Le terme anglais *firewall* désigne tout objet destiné à séparer de manière étanche deux zones. En informatique un firewall désigne un logiciel installé sur une machine qui protège la partie locale (privée) d'un réseau des incursions à partir d'Internet.

Le firewall peut accéder au réseau local, ainsi qu'à Internet, en revanche le réseau local est coupé d'Internet. Pour accéder à la toile, les utilisateurs du réseau local devront passer par le serveur Firewall.

Si vous avez partagé un accès Internet par modem, vous avez déjà mis en place un Firewall. En effet, l'accès à Internet se faisait par l'intermédiaire du serveur Linux. Les postes sous Windows n'avaient pas un accès direct à Internet ; vu de l'extérieur, seul le firewall (le serveur Linux) exécutait des requêtes.

Compilez le noyau Linux en ne sélectionnant pas *IP forwarding/gatewaying*. Ouvrez ensuite un compte Linux à tous vos utilisateurs qui se connecteront à Internet par l'intermédiaire de la machine Linux. Si l'accès à Internet n'est qu'occasionnel ou limité à quelques personnes, cette solution peut être intéressante.

Cette méthode n'est guère pratique et les services disponibles sont restreints (ftp, mails) si les utilisateurs ne peuvent accéder physiquement à la machine ; de plus il faut être sûr de tous les utilisateurs. Avec cette configuration seul le Firewall est connu d'Internet.

Il y a deux autres solutions pour mettre en place un Firewall :

- Firewalls filtrants qui empêchent tout trafic sauf celui indiqué. Correspond au firewall utilisé avec IP Masquerade ;
- serveur Proxy : l'utilisateur se connecte à Internet par l'intermédiaire du serveur Proxy qui prend en charge les requêtes à la place du client.

Firewalls filtrants IP

Pour pouvoir mettre en place le Firewall, il faut compiler le noyau avec un certain nombre de paramètres qui sont presque les mêmes que ceux pour IP Masquering.

Dans le menu **Networking options**, répondez comme sur l'image suivante:

▲ **Fig. 10.70** *Configuration du noyau pour un Firewall*

De nombreuses options sont similaires à la configuration d'IP Masquerade.

Optimiser la sécurité du Firewall

Les principales failles de sécurité proviennent d'applications ou de services présents mais non utilisés. Ces services peuvent permettre à une personne malintentionnée d'obtenir des informations sur votre système, ses utilisateurs, etc. Ces composants réseau "dangereux" peuvent être désactivés. Pour tester leur fonctionnement, il suffit d'exécuter un telnet vers le numéro de port du service concerné (par exemple 15 pour netstat).

Les services netstat, systat, tftp, bootp et finger peuvent présenter des risques, il est donc recommandé de les désactiver définitivement. Pour ce faire, éditez le fichier */etc/inetd.conf*, puis placez un # en face des lignes si ce n'est déjà fait :

```
finger  stream  tcp  nowait  root  /usr/sbin/tcpd  in.fingerd
netstat  stream  tcp  nowait  guest  /usr/sbin/tcpd  /bin/netstat  -f inet
systat  stream  tcp  nowait  guest  /usr/sbin/tcpd  /bin/ps  -auwwx
tftp  dgram  udp  wait  root  /usr/sbin/tcpd  in.tftpd
bootps  dgram  udp  wait  root  /usr/sbin/tcpd  bootpd
```

Il faut ensuite redémarrer le processus *inetd*. Pour trouver le numéro de processus d'*inetd* :

```
ps aux | grep inetd
```

ensuite tuez le processus avec l'option `-HUP` qui forcera le processus *inetd* à se relancer en lisant le fichier *inetd.conf*.

Filtrage IP (Fonction ipfwadm-wrapper)

Nous allons maintenant configurer les différents droits d'accès. La fonction *ipfwadm-wrapper* admet des règles qui permettent d'administrer le Firewall :

`-I` pour les paramètres d'entrée

`-O` pour les paramètres de sortie

`-F` pour la redirection des paquets IP

`-M` pour la configuration d'IP Masquerade

Au départ, il faut tout interdire :

```
ipfwadm-wrapper -F -p deny
```

on indique ainsi par le **-p** que l'on change de mode d'administration, par le **-F** la redirection des paquets, et le **deny** indique que l'on interdit. Aucun paquet IP n'est alors redirigé par le serveur Linux.

On va ensuite remettre à zéro l'ensemble des fonctions de traçage des paquets :

```
ipfwadm-wrapper -F -f
ipfwadm-wrapper -I -f
ipfwadm-wrapper -O -f
```

Comme dans le cas d'IP Masquerade, nous allons maintenant accorder des droits d'accès à des services pour certaines adresses IP.

```
ipfwadm-wrapper -F -a m -S 192.168.1.4/24 -D 0.0.0.0/0
ipfwadm-wrapper -F -a m -S 192.168.1.18/24 -D 0.0.0.0/0
ipfwadm-wrapper -F -a m -S 192.168.1.25/24 -D 0.0.0.0/0
```

Le **-S** permet d'indiquer une adresse précise et un numéro de port pour la machine source.

Le **-D** permet d'indiquer une adresse précise et un numéro de port pour la machine distante, le fait de mettre **0.0.0.0/0** indique que les clients sous Windows peuvent accéder à tous les sites web.

Autorisations intéressantes en cas d'accès permanent à Internet

Si vous avez la possibilité d'avoir une adresse IP fixe fournie par votre fournisseur d'accès à Internet, nous allons autoriser n'importe quel client à se connecter au serveur de mail Linux afin de pouvoir lire le courrier du réseau local à distance :

```
ipfwadm-wrapper -F -a accept -b -P tcp -S 0.0.0.0/0 1024:65535 -D xxx.yyy.zzz
.ttt 25
```

avec xxx.yyy.zzz.ttt représentant l'adresse IP externe de votre serveur (celle allouée par votre fournisseur d'accès).

Si vous avez un site web sur votre serveur Linux que vous souhaitez rendre accessible au public (différent de votre site Intranet), il est possible d'en accorder l'accès :

```
ipfwadm-wrapper -F -a accept -b -P tcp -S 0.0.0.0/0 1024:65535 -D xxx.yyy.zzz
.ttt 80
```

Si votre site web se trouve sur un autre numéro de port que 80 vous pouvez le spécifier. Une autre manipulation peut être intéressante pour la mise en place d'un extranet, vous pouvez autoriser quelques machines seulement à se connecter sur un serveur web :

```
ipfwadm-wrapper -F -a accept -b -P tcp -S 192.1.1.x/0 1024:65535 -D xx
x.yyy.zzz.ttt 80
```

En supposant que 192.1.1.x soit l'adresse IP d'une machine d'une de vos filiales (!), vos collaborateurs pourraient ainsi avoir accès au serveur web de votre Intranet sans que d'autres clients (non déclarés) puissent le faire.

Attention

Accessibilité des serveurs

Seuls les serveurs web présents sur le Firewall sont accessibles de l'extérieur, les autres serveurs http présents sur le réseau local sont uniquement accessibles depuis ce réseau local. La sécurité est à ce prix.

Options de traçage du trafic

La règle -A permet de compter les paquets entrants ou sortants ou les deux. Il convient de purger les traçages en cours avant de pouvoir mettre le traçage en place :

```
ipfwadm-wrapper -A -f
```

Pour tracer les sorties du réseau local vers l'extérieur :

```
ipfwadm-wrapper -A out -i -S 192.168.1.0/24 -D 0.0.0.0/0
```

Pour tracer les entrées de l'extérieur vers le réseau local :

```
ipfwadm-wrapper -A in -i -S 0.0.0.0/0 -D 192.168.1.0/24
```

Pour conserver ces données, vous pouvez les rediriger vers des fichiers.

Conclusion sur le filtrage IP

Cette méthode est sûre lorsque toutes les précautions nécessaires ont été prises. Elle implique cependant de laisser le serveur de mail Linux sur le firewall ainsi que tous les autres services susceptibles d'être nécessaires lorsque l'on travaille loin de son Intranet. Si vous avez oublié des données sur une machine du réseau local, il est impossible de les récupérer à distance.

Mise en place d'un serveur Proxy

La deuxième solution pour protéger son Intranet des intrusions externes est de mettre en place un serveur Proxy. Celui-ci va prendre en charge toutes les requêtes venant de l'Intranet et les faire à son compte. Le serveur proxy devient ainsi la seule machine visible de l'extérieur.

Avec Apache par exemple, il est possible d'accompagner un serveur web d'un serveur Proxy. Celui-ci va récupérer toutes les pages *.html* demandées et les rendre accessibles aux clients.

Serveur web Apache comme Proxy

Si vous avez un serveur httpd Apache fonctionnant correctement, en quelques manipulations vous pouvez bénéficier d'un serveur Proxy.

Rendez-vous dans le répertoire où se trouve Apache, et éditez le fichier *httpd.conf*. Repérez la ligne

```
#ProxyRequests On
```

Enlevez le "#" pour décommenter cette ligne, arrêtez votre serveur web et redémarrez-le. Si cette solution vous satisfait, vous pouvez aller directement à la configuration des clients Windows pour le serveur Proxy. Les clients sous Windows devront alors passer par le serveur proxy pour aller sur Internet.

Afin d'améliorer les performances du serveur Proxy, il est possible de spécifier un bon nombre de paramètres.

Optimisation du serveur Proxy

Les directives ou règles que nous allons indiquer maintenant se placent dans le fichier *httpd.conf* après la directive `ProxyRequests On`, si le proxy concerne le serveur principal. Si le proxy est basé sur un alias d'Apache, ces règles doivent se trouver après `ProxyRequests On` dans la partie encadrée par `<VirtualHost>.....</VirtualHost>`.

Augmentation de la taille du buffer de réception (ProxyReceiveBufferSize)

Une amélioration simple que vous pouvez apporter est d'augmenter la taille de stockage des fichiers reçus. Pour changer cette taille, il faut utiliser la directive suivante :

```
ProxyReceiveBufferSize 2048
```

La taille spécifiée dans ce cas est de 2 048 Ko. Selon la puissance de votre machine, vous pouvez augmenter ou diminuer cette valeur. L'accès à la mémoire étant beaucoup plus rapide que l'accès au disque dur, plus vous pourrez allouer de mémoire au serveur Proxy, mieux ce sera.

Répertoire du cache disque

Une autre amélioration possible est de s'assurer que le serveur Proxy stocke les fichiers sur le disque. Cela permet d'éviter de rechercher sur Internet plusieurs fois le même document. Il est nécessaire de spécifier le répertoire dans lequel le cache disque sera placé. La directive `CacheRoot` ne fonctionnera que si le répertoire est accessible aux utilisateurs du site :

```
CacheRoot /usr/cache
```

Le répertoire */usr/cache* doit être visible pour les utilisateurs.

Configuration du cache disque (CacheSize)

Afin de spécifier l'espace disque que vous souhaitez allouer au stockage des documents récoltés par le Proxy pour les clients, il est possible de spécifier cette valeur par :

```
CacheSize 100
```

100 correspond à la valeur en mégaoctets que vous souhaitez donner au cache disque. En pratique, il est préférable de spécifier une valeur d'environ 60 % de l'espace disque disponible pour le serveur. Si, par exemple, il vous reste 1 Go de libre sur votre disque et que vous souhaitiez laisser en permanence 600 Mo de libres pour travailler, il faudra spécifier 60 % des 400 Mo restants. Vous donnerez alors 360 Mo comme valeur.

Pourquoi 60 % ? Tout simplement parce que cette valeur n'est pas vérifiée en permanence. Il se peut donc qu'elle soit parfois dépassée. Mais, avant tout, la valeur que vous donnez dépend également de la directive qui vérifie (à intervalles donnés) la taille occupée par le cache et se charge de la réduire si elle dépasse une certaine valeur.

Attention

Limiter la taille du cache

Si vous utilisez le cache disque sans utiliser la directive qui suit (`CacheGcInterval`), la taille du cache augmentera sans cesse !!!

Période de vérification du cache disque (CacheGcInterval)

La règle CacheGcInterval teste la taille d'espace disque à intervalles réguliers. Lorsque l'espace disque occupé constaté dépasse la valeur spécifiée dans la directive `CacheSize`, le cache est vidé. Cette directive admet en paramètre le nombre d'heures séparant deux vérifications.

```
CacheGcInterval 0.5
```

Si vous spécifiez `0.5`, le proxy vérifiera la taille du cache toutes les demi-heures. Le choix de cette valeur dépend de 2 paramètres essentiels :

- Espace disque disponible pour le cache disque ;

- Capacité de la liaison à Internet.

Prenons plusieurs cas :

Supposons que votre espace disque alloué soit de 300 Mo et que votre accès à Internet se fasse par modem 56 Kb. En théorie, les clients surfant sur Internet peuvent charger au maximum 25 Mo (56/8*3600) en une heure. Il faudra donc une douzaine d'heures avant que les 300 Mo soient atteints. L'intervalle pourra être de 12 heures. Une autre solution est d'abaisser les 300 Mo à 30 et de vérifier toutes les heures.

Autre supposition : votre espace disque alloué est de 100 Mo et vous avez un accès Internet à 512 Ko/s (on peut rêver ;-)). En théorie toujours (si Internet est en grande forme), vous pouvez télécharger 1,8 Go en une heure. Il faudra donc vérifier la taille du cache 18 fois en une heure sous peine de voir le disque plein. Il faudrait choisir la valeur 0,05 environ toutes les 2 minutes.

Même si vous estimez votre consommation d'Internet relativement faible, ne diminuez pas trop la taille du cache disque, car ce n'est pas de l'espace perdu. En effet, un des principaux intérets du proxy est d'éviter de télécharger le même document plusieurs fois. Plutôt que d'aller le rechercher sur Internet, mieux vaut le lire directement dans le cache du Proxy. Cela ne veut pas dire qu'une fois un document chargé il n'est pas possible de le mettre à jour depuis Internet. Les documents sont parfois accompagnés de dates d'expiration qui indiquent aux clients qu'une page gardée dans le cache n'est plus valide. La directive suivante permet de mieux contrôler ces dates.

Remarque

Cache pour les navigateurs

Les navigateurs Internet tels Netscape Navigator ou Internet Explorer utilisent aussi un cache disque dans lequel il est possible de définir quand ils doivent aller chercher le document sur Internet et quand ils doivent le prendre dans le cache.

Date d'expiration des documents (CacheMaxExpire)

La règle `CacheMaxExpire` permet de spécifier au bout de combien de temps un document présent dans le cache disque n'est plus considéré comme étant à jour. Exemple d'utilisation :

```
CacheMaxExpire 24
```

Les documents sont considérés comme obsolètes après un jour de présence sur le serveur.

Cette directive considérera un document comme valable même si sa date d'expiration est passée à condition qu'il soit depuis moins de 24 heures dans le cache.

Évaluation d'une date d'expiration (CacheLastModifiedFactor)

Si un document ne contient pas de date d'expiration (ce qui est souvent le cas), il est préférable que le serveur Proxy puisse en déterminer une. La directive `CacheLastModifiedFactor` permet de l'évaluer à partir de la date de dernière modification qui est pratiquement toujours présente.

```
CacheLastModifiedFactor 0.1
```

La date d'expiration répond à la formule expiration = temps depuis la dernière modification * 0.1. Si le document a été modifié il y a 72 heures, alors la date d'expiration est dans 7,2 heures.

Optimisation du cache disque

La structure du cache disque influe de manière importante sur les performances du serveur Proxy. Afin d'accélérer l'accès aux données, il est important que tous les fichiers présents dans le cache ne soit pas stockés dans un unique répertoire.

Deux directives (`CacheDirLength` et `CacheDirLevels`) permettent d'organiser et de segmenter le cache disque. En pratique, les paramètres suivants conviennent pour la plupart des configurations.

```
CacheDirLevels 3
CacheDirLength 2
```

Les navigateurs Internet utilisent la même technique de segmentation de leur propre cache pour améliorer leurs performances.

Contrôler l'accès au serveur Proxy

Il est possible de spécifier :

- Les machines autorisées à se connecter au serveur Proxy ;
- Les machines interdites de connexion à Internet par le serveur Proxy.

La syntaxe de la commande pour autoriser une machine et interdire l'accès à une autre :

```
order deny,allow
deny 192.168.1.24
allow from 192.168.1.2
```

Il est également possible de spécifier que toutes les machines sont autorisées sauf une :

```
order deny,allow
allow from all
deny from 192.168.1.14
```

Il est possible de réaliser de nombreuses combinaisons d'autorisations et d'interdictions afin de contrôler parfaitement l'accès au serveur Proxy.

Configuration d'un client Windows pour un Proxy

Dans le Panneau de configuration, sélectionnez *Internet*. Sous l'onglet **Connexion**, sélectionnez l'option *Se connecter à Internet en utilisant un serveur proxy*, allez dans l'option avancée et donnez l'adresse IP du serveur et le numéro de port (80 a priori). Il est recommandé de ne pas utiliser le serveur proxy pour les adresses locales. En effet, le proxy reprend toutes les requêtes des clients, ce qui peut être relativement lent. Pour les sites locaux (serveurs Intranet), mieux vaut ne pas passer par le proxy.

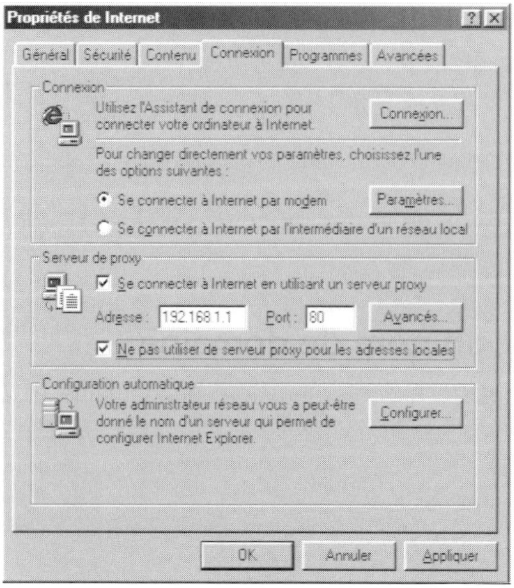

◄ **Fig. 10.71**
Configuration de la connexion Internet par un serveur proxy

Déposer son nom de domaine sur Internet

Votre entreprise possède un site web chez un fournisseur d'accès à Internet, mais vous voudriez que votre site web soit au nom de votre société : `www.votre-société.com` ou `www.votre-société.fr` et que vos adresses e-mail professionnelles soient du type `Martin.Durand@votre-société.com`.

Nous allons vous montrer comment vérifier si votre nom de domaine est déjà utilisé, puis comment déposer la demande de nom de domaine. Nous expliquerons également comment utiliser les nouvelles adresses e-mail, etc. Nous passerons par le site du "Relais Internet".

Tester, réserver et obtenir son nom de domaine .org, .com ou .net

La démarche pour déposer un nom de domaine diffère selon que vous souhaitez déposer un nom en .com, .net, .org ou alors en .fr. Pour les trois premières extensions, quelques jours sont nécessaires et aucun justificatif n'est demandé. Le premier qui dépose un nom domaine sera le premier servi. Dans le cas des .fr, il faut justifier notamment de la propriété du nom de l'entreprise. Tout cela sera expliqué dans la section suivante.

L'extension .com concerne plus particulièrement les entreprises, c'est l'extension conseillée si vous souhaitez être facilement trouvé sur Internet.

L'extension .org est plutôt destinée aux organismes et autres institutions à but non lucratif, il est plutôt mal vu d'utiliser une extension .org pour un site web d'entreprise privée.

L'extension .net était destinée au départ aux entreprises ayant une activité liée à Internet, elle peut cependant être utilisée pour d'autres types d'entreprise. Cette extension n'est cependant pas la meilleure pour que des visiteurs trouvent votre site facilement.

Choisir et tester un nom de domaine

La première étape consiste à choisir un nom de domaine et à vérifier sa disponibilité. Dans notre cas, nous souhaitons ouvrir le domaine micro-application.com. Vérifions s'il est déjà occupé :

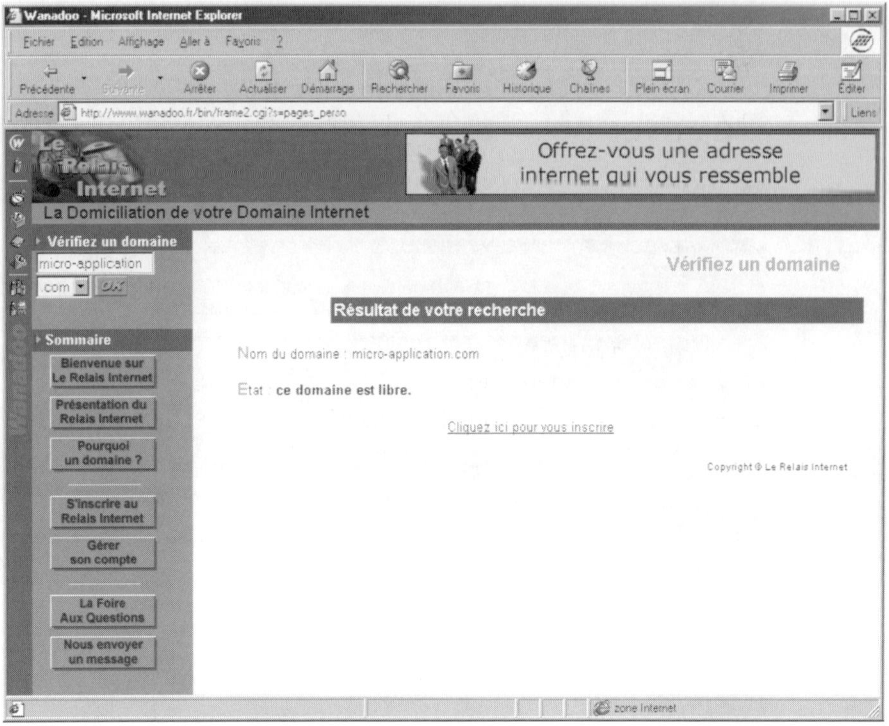

▲ **Fig. 10.72** *Domaine libre ou occupé ?*

Le domaine est libre, nous allons nous inscrire afin d'occuper ce nom de domaine.

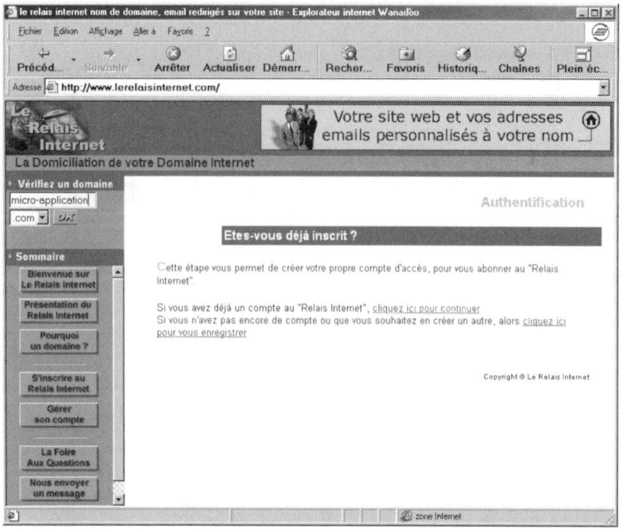

◄ **Fig. 10.73**
Authentification de l'utilisateur du compte du Relais Internet

Même si vous avez déjà ouvert un compte précédemment, il vaut mieux en ouvrir un autre : à chaque nom de domaine son utilisateur. Saisissez donc un nom d'utilisateur et un mot de passe, notez-le bien car il ne vous sera pas rappelé ensuite.

◄ **Fig. 10.74**
Entrée dans la partie sécurisée

Donnez le nom d'utilisateur et le mot de passe que vous avez saisi. Il faut ensuite remplir une fiche client :

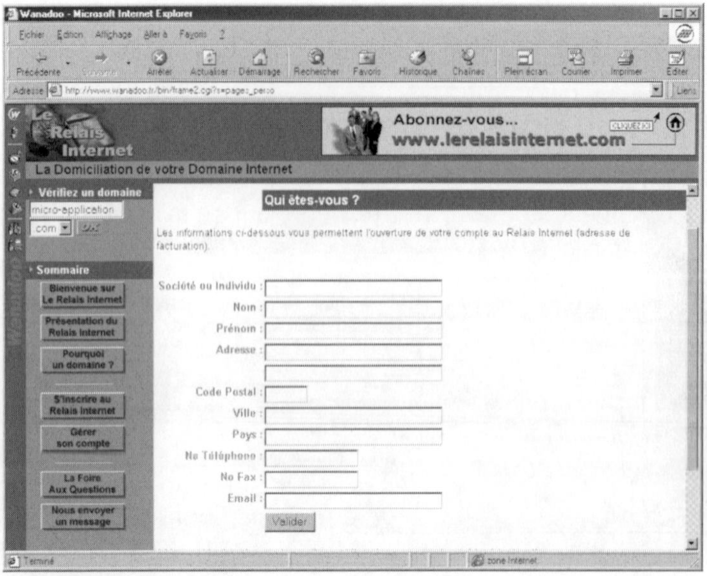

▲ **Fig. 10.75** *Fiche client*

Enfin vous pouvez payer directement par carte bancaire, cela permet la mise à disposition en quelques heures du nom de domaine. Il est également possible de régler par chèque mais cela augmente le délai pour la mise en œuvre du nom de domaine.

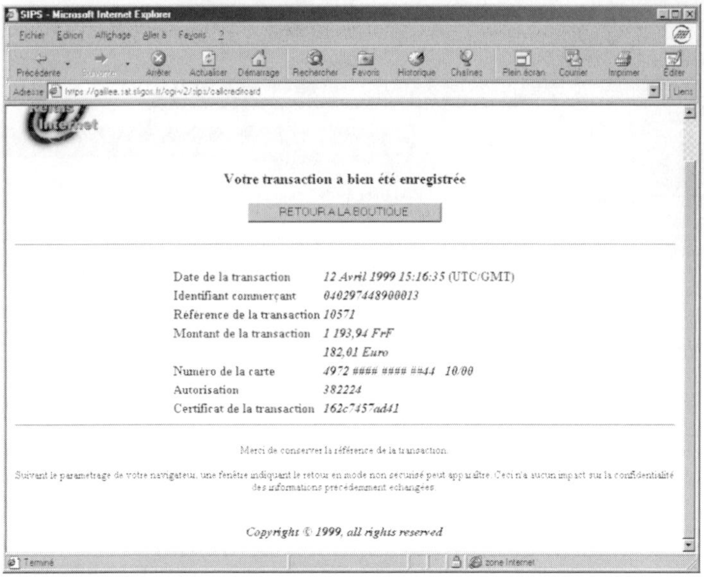

▲ **Fig. 10.76** *Confirmation de la transaction*

Ça y est, votre nom de domaine est déposé. Nous allons pouvoir créer des adresses e-mail et rediriger le nom de domaine vers le site hébergé.

Gestion du nom de domaine

Une fois le domaine "acheté", il va falloir effectuer le renvoi vers l'adresse où est effectivement stocké votre site web. Pour ce faire, connectez-vous au site du Relais Internet.

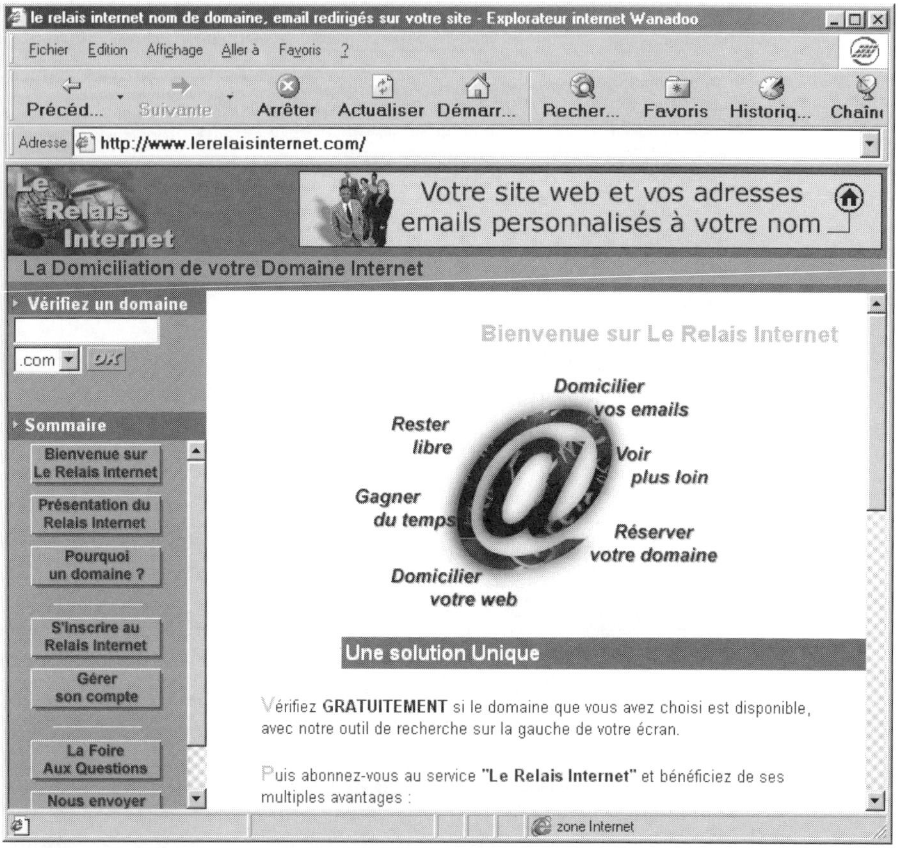

▲ **Fig. 10.77** *Gestion du compte client*

Cliquez sur le bouton **Gérer son compte**, choisissez l'option *Gestion du compte*. Vous accédez alors à une page indiquant la situation de votre ou de vos différents domaines. Différentes indications sont disponibles :

- L'*état du domaine*, c'est-à-dire si le nom vous a bien été réservé ;
- *Redirection web* indique si votre nom de domaine renvoie vers un site existant ;

- *Redirection mail* indique si vous avez redirigé des adresses e-mail (nous étudierons cela dans la section suivante) ;
- *Action de votre part avant le* indique si vous devez renouveler votre abonnement ou si vous devez payer, etc. ;
- *Duplicata du bon de commande* permet d'éditer le bon de commande et de l'imprimer si besoin est.

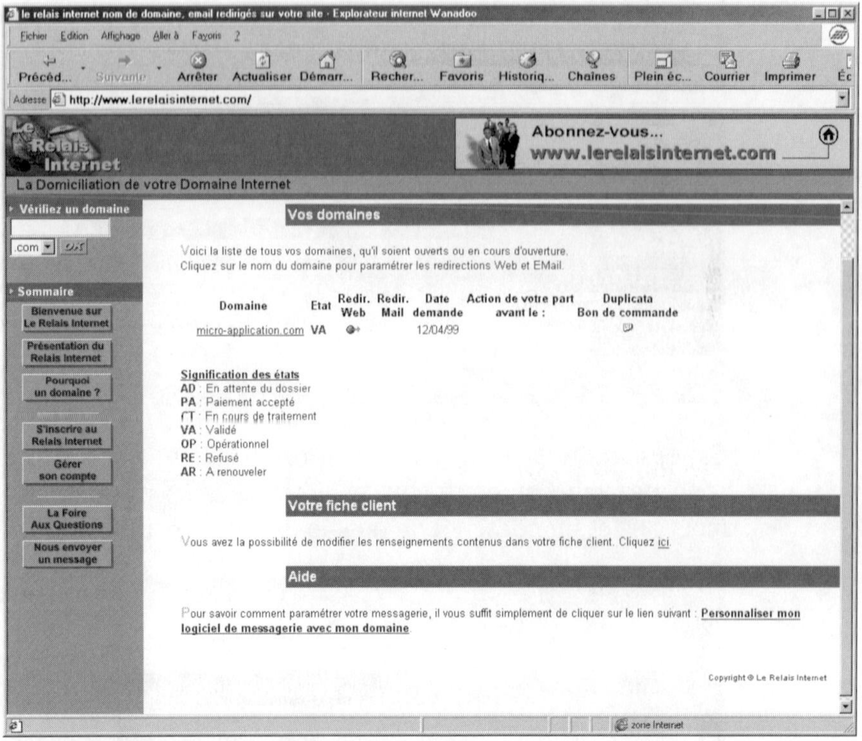

▲ **Fig. 10.78** *Situation des domaines déposés*

Cliquez sur le nom de domaine afin de pouvoir accéder à la redirection vers un site web valide (voir fig. 10.79).

Il ne vous reste plus qu'à indiquer l'adresse du site vers lequel vous souhaitez rediriger votre domaine. Une option vous permet de masquer l'adresse du site réel par le nom domaine que vous avez choisi. Il est évidemment préférable de cocher cette option, car cela peut être assez troublant pour l'utilisateur de se retrouver sur un site `perso.fournisseur-d-acces.com` alors qu'il a saisi `www.société.com`.

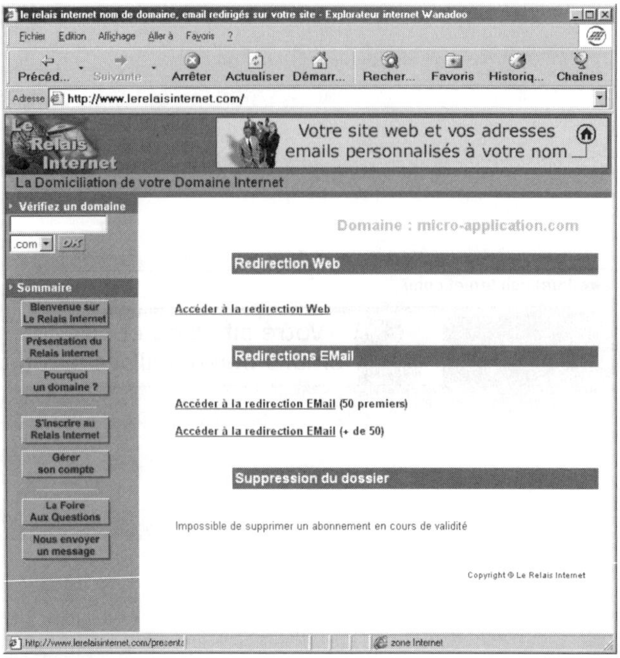

◄ **Fig. 10.79**
Gestion du domaine choisi

Ça y est, votre site est maintenant disponible à la nouvelle adresse. Si vous souhaitez diffuser et référencer votre site, il est conseillé de placer des mots-clés et une description du site dans les champs prévus à cet effet.

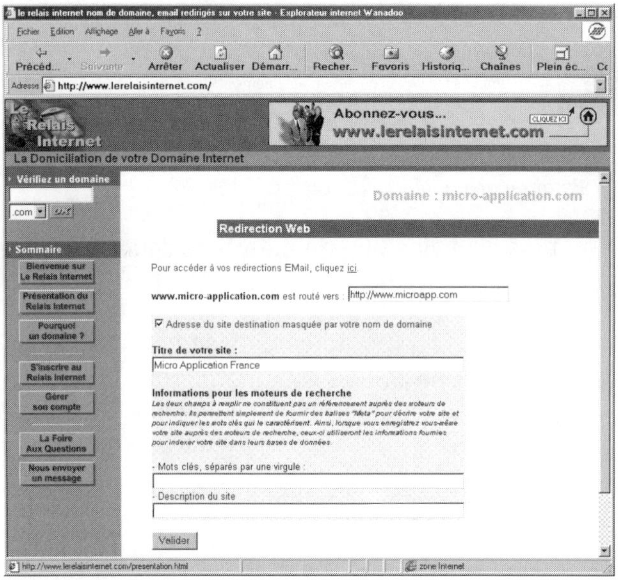

◄ **Fig. 10.80**
Redirection du site

Accès aux mails

La première étape consiste à créer des alias pour vos adresses e-mail. Pour ce faire, choisissez l'option *redirection des adresses e-mail*.

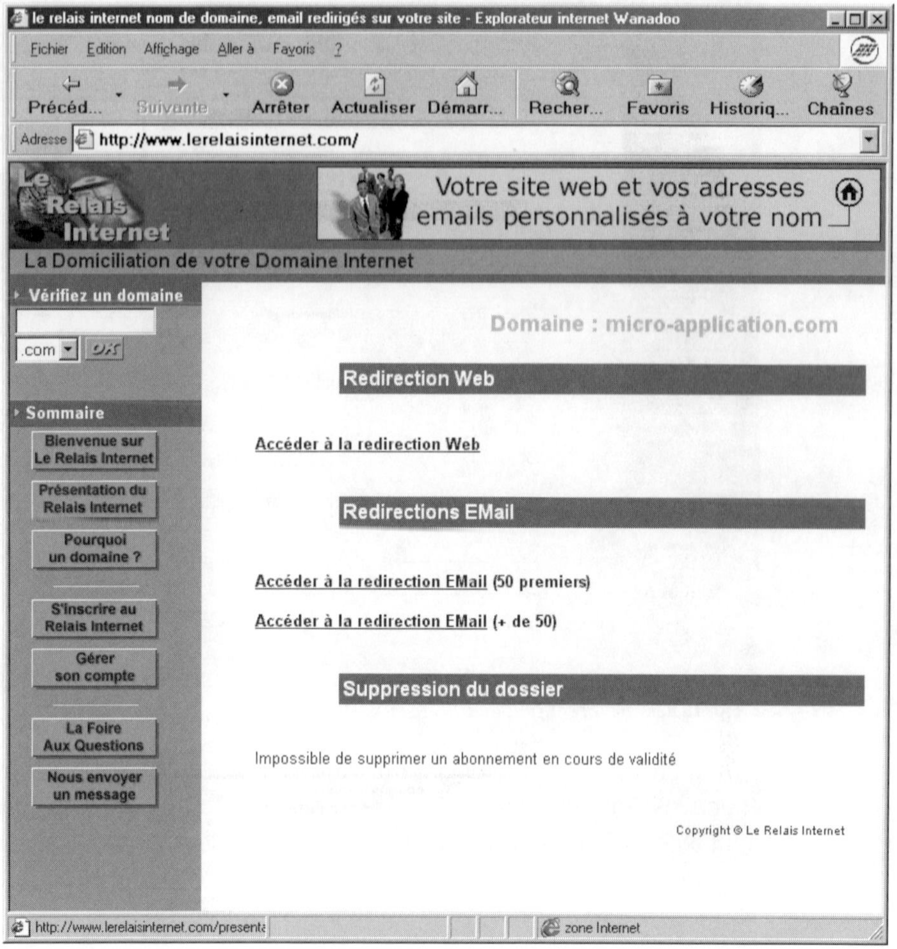

▲ **Fig. 10.81** *Gestion du domaine choisi*

Ensuite, dans la colonne de gauche, indiquez le nom choisi pour la nouvelle adresse e-mail. Comme il est précisé sur la page, il est inutile d'ajouter le `@nouveau_nom_de_domaine`, celui-ci est déjà pris en compte. Dans la colonne de droite, indiquez l'adresse e-mail actuelle que vous avez choisie auprès de votre fournisseur d'accès.

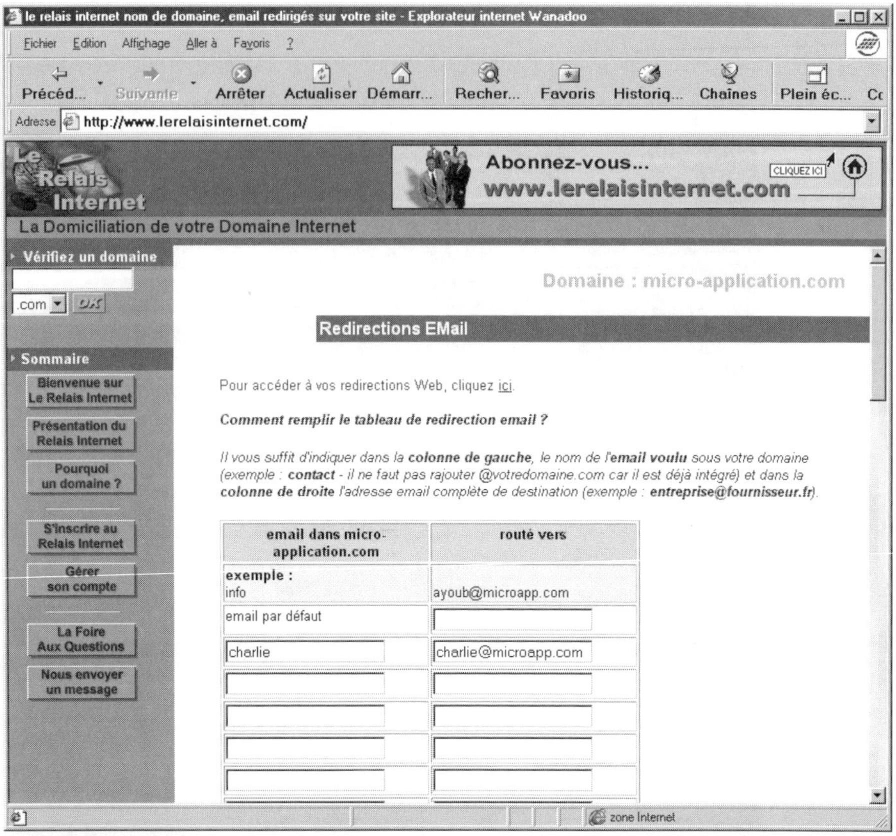

▲ **Fig. 10.82** *Redirection des adresses e-mail*

La modification à appliquer pour que vos nouvelles adresses e-mail soient effectives lors de vos envois de mails concerne un seul champ. Il faut remplacer, dans la configuration de votre logiciel de messagerie, l'adresse e-mail donnée par votre fournisseur par celle créée dans le relais Internet.

Démarches pour obtenir un .fr

Les démarches pour obtenir un .fr sont plus difficiles et plus longues. En effet, il faut pour obtenir un .fr démontrer que l'on est propriétaire du nom de l'entreprise ou de la marque sur laquelle on dépose un nom de domaine. Les documents cités sur le site du Relais Internet seront nécessaires pour obtenir le domaine .fr demandé (K-bis, inpi, parution au *JO*, identifiant INSEE...).

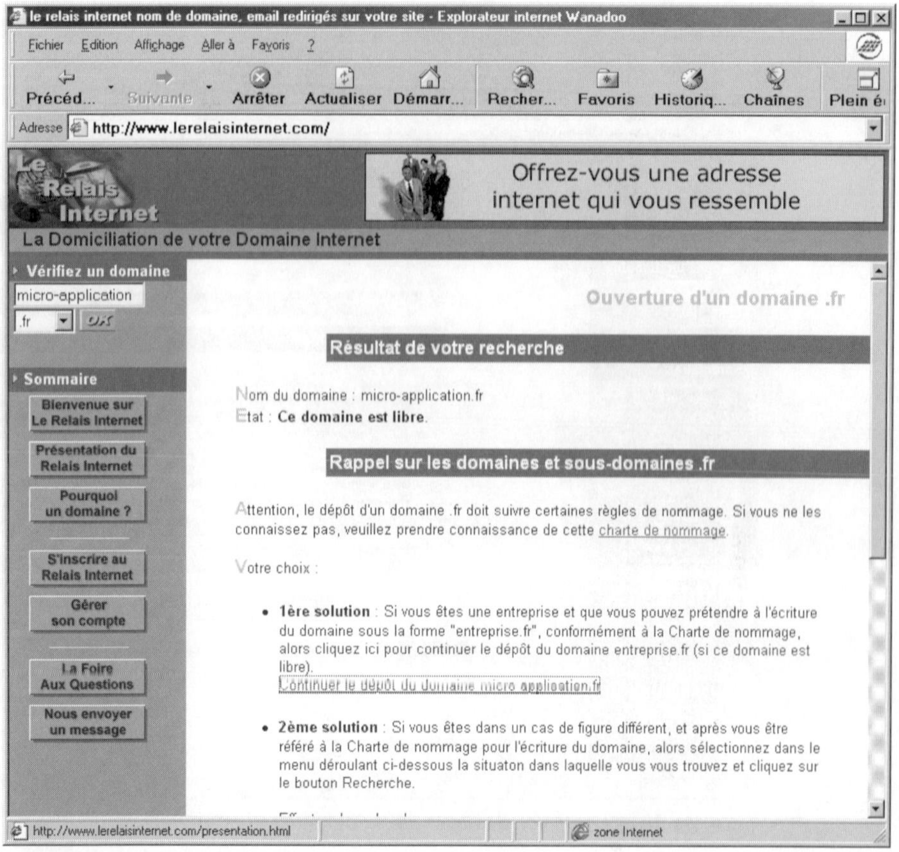

▲ **Fig. 10.83** *Domaine .fr libre ou pas ?*

La première chose à faire est de vérifier la disponibilité du nom de domaine. Dans le cas d'une entreprise, le domaine devrait être libre car deux entreprises ne peuvent pas avoir le même nom. La démarche est ensuite la même que pour l'ouverture .com, .org ou .net.

Il faudra ensuite imprimer le dossier, et l'envoyer accompagné

- d'un document officiel prouvant la possession du nom de l'entreprise (K-bis ou justificatif INSEE) ;
- de la lettre d'engagement pour un nom de domaine .fr ;
- de la lettre sur papier à en-tête déclarant déléguer à NordNet (pour le Relais Internet) les démarches en vue du dépôt du nom de domaine .fr.

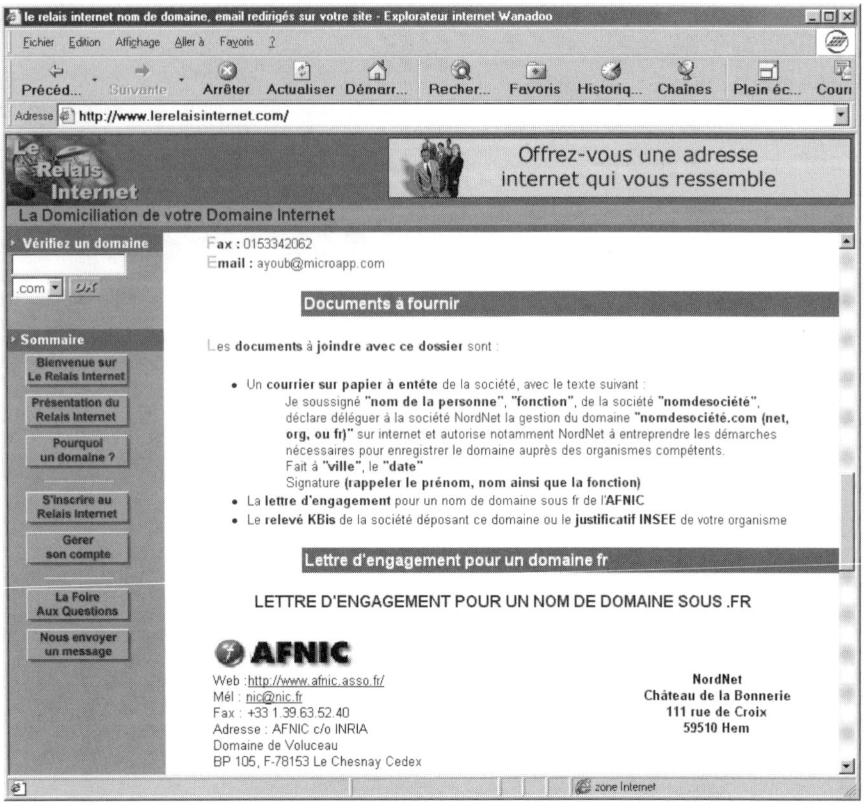

▲ **Fig. 10.84** *Dossier à fournir pour l'obtention du domaine .fr*

Chapitre 11

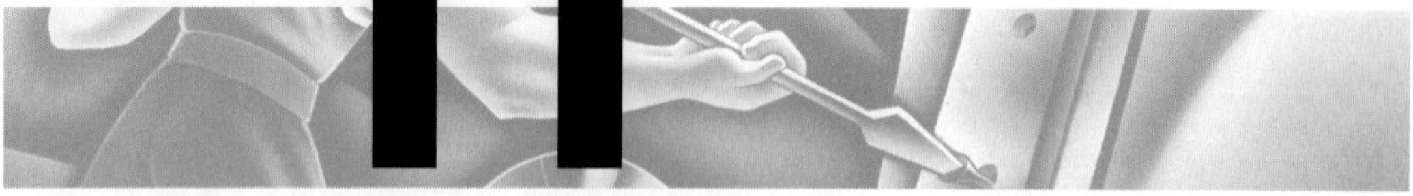

Index des mots-clés

!

/etc/conf.modules 29
/etc/crontab 98
/etc/dhcpd.conf 61
/etc/group 43
/etc/hosts 36, 435, 448
/etc/httpd/conf 444, 455
/etc/inted.conf 44
/etc/named.boot 56
/etc/password 43
/etc/rc.config 33, 37, 43, 60
/etc/route.cnf 34
/etc/route.conf 62
/etc/sendmail.cf 88
/etc/smb.conf 49
/var/named/named.cache 56

A

Absolute FTP 461
Accès Internet 484
Access.conf 444, 455
AccessConfig (fonction Apache) 125
AccessFileName (fonction Apache) 125
ACK 374
Acknowledgement Number 370, 374
Action (fonction Apache) 144
Actions de ipchains 342
AddAlt (fonction Apache) 150
AddAltByEncoding (fonction Apache) 150
AddAltByType (fonction Apache) 150
AddDescription (fonction Apache) 150
AddEncoding (fonction Apache) 162
AddHandler (fonction Apache) 162
AddIcon (fonction Apache) 150
AddIconByEncoding (fonction Apache) 150
AddIconByType (fonction Apache) 150
AddLanguage (fonction Apache) 162
AddModule (fonction Apache) 125
AddModuleInfo (fonction Apache) 160
Address Resolution Protocol 337, 386
AddType (fonction Apache) 162

Administration de réseau depuis Windows **276**
Adressage
Ethernet 385
IP 428
Adresse
127 391
de base en mémoire 322
de broadcast 32
de diffusion 385, 391
e-mail 69
IP : attribution dynamique 60
IP 309, 331
Multicast 388
réseau 31
Aide **24**
Alias **265**
Fonction Apache 145
AliasMatch (fonction Apache) **145**
Alimentation **13**
Allow (fonction Apache) **142**
AllowCONNECT (fonction Apache) **165**
AllowOverride (fonction Apache) **125**
Anonymous (fonction Apache) **148**
Authoritative (fonction Apache) 148
LogEmail (fonction Apache) 148
MustGiveEmail (fonction Apache) 148
NoUserID (fonction Apache) 148
VerifyEmail (fonction Apache) 148
Apache **441**
accesslog 218
Arborescence 182
Arrêter 188
Automatisation du démarrage et de l'arrêt 189
Configuration 173, 177
Consignation des accès 218
Décompresser les sources 174
Démarrer 185
Déterminer l'occupation 215
Documentation 175, 201
Domaine d'utilisation 200
État 216
Fichier de consignation des erreurs 214
Fichiers binaires 122
Fonctions centrales 124
Installation 177
Message d'erreur 207
Miroirs 120
Options de démarrage 186
Page d'accueil 120
Processus enfant 123
Processus parent 123
Serveurs virtuels 268
Software Foundation 119
Source tree 175
Sources 119
Sous-processus 123
Statistiques d'accès 219
Téléchargement 119
Tester la configuration 205
Apachectl **188**
ARCnet support **41**
ARP **337, 386**
Association francophone des utilisateurs de Linux **24**
Attribution des adresses **62**
AuthAuthoritative (fonction Apache) **147**
AuthDBAuthoritative (fonction Apache) **149**
AuthDBGroupFile (fonction Apache) **149**
AuthDBMAuthoritative (fonction Apache) **150**
AuthDBMGroupFile (fonction Apache) **150**
AuthDBMUserFile (fonction Apache) **150**
AuthDBUserFile (fonction Apache) **149**
AuthDigestFile (fonction Apache) **155**
Authentification avec PAP ou CHAP **329**
AuthGroupFile (fonction Apache) **147**
AuthName (fonction Apache) **125**
AuthType (fonction Apache) **125**

AuthUserFile (fonction Apache) 147
Autoconf 179

B

Base de données des utilisateurs 51
Bind 332
BindAddress (fonction Apache) 125
Bit
- DF 370
- DIN 372
- MF 370

Body 68
Boîte aux lettres 68
Boîtier du serveur 12
Broadcast 385, 391
BrowserMatch (fonction Apache) 169
BrowserMatchNoCase (fonction Apache) . 169

C

Cache disque 498
CacheDefaultExpire (fonction Apache) 165
CacheDirLength (fonction Apache) 165
CacheDirLevels (fonction Apache) 165
CacheForceCompletion (fonction Apache) . 165
CacheGcInterval (fonction Apache) 165
CacheLastModifiedFactor (fonction Apache) 165
CacheMaxExpire (fonction Apache) 165
CacheNegotiatedDocs (fonction Apache) . 164
CacheRoot (fonction Apache) 165
CacheSize (fonction Apache) 165
Caching-Only Nameserver 331
Carte
- graphique 24
- mère biprocesseur 15
- réseau 23, 431
- RNIS passive ou active 296
- RNIS 305

Cc, Bcc, Subject 76
CGI 224
- Fonctionnement 225
- Programme 224
- Variables d'environnement 227

Challenge
- Authentication Protocol 378
- Handshake Authentication Protocol 315

CHAP 315
Chap-secrets 316
CheckSpelling (fonction Apache) 170
Chipset RNIS 306
ClearModuleList (fonction Apache) 125
Client Windows 58
Codage de Manchester 385
Collecte du courrier entrant 95
Collision de données 383
.com 502
Comanche 444
Common Gateway Interface 224
Compilation du noyau 38
Composants de X-WinPro 283
Compte
- POP 467, 477
- POP3 90
- utilisateurs 463

Conditions requises pour une connexion Internet 292
Configuration
- client Windows 47
- de Linux 28
- des connexions réseau 28
- des machines Windows 468
- DNS 59
- du serveur 62
- d'un accès par modem 312
- exemple 45
- matérielle 12
- réseau 430
- RNIS 306

Configure (script Apache) ... 180
Connexion manuelle ... 292
ContentDigest (fonction Apache) ... 125
Contrôle de flux
  logiciel ... 310
  matériel ... 310
Contrôleur de domaine ... 51
  primaire ... 51
CookieExpires (fonction Apache) ... 172
CookieLog (fonction Apache) ... 160
CookieTracking (fonction Apache) ... 172
CoreDumpDirectory (fonction Apache) ... 125
Correction d'erreurs ... 18
Courrier électronique ... 66
  Redirection ... 90
Créer
  des index de répertoires ... 202
  sendmail.cf ... 92
  un nouveau noyau ... 301
Cron ... 88, 98
CSLIP ... 40
CSMA/CD ... 383
Cua ... 303
CustomLog (conditionnel) (fonction Apache) ... 160

D

Datagramme ... 366
Date, From, To ... 75
Déconnexion ... 292
DefaultIcon (fonction Apache) ... 150
DefaultLanguage (fonction Apache) ... 162
DefaultType (fonction Apache) ... 125
Define ... 105
Définition d'un utilisateur ... 43
Délais de réponse ... 15
Démon
  DHCP ... 61
  inetd ... 44
  PPP ... 304, 308
Deny (fonction Apache) ... 142
Déposer son nom de domaine ... 502
Destination unreachable ... 378
Détection d'erreurs ... 50
DHCP ... 60, 434, 468
Directory (fonction Apache) ... 125
DirectoryIndex (fonction Apache) ... 156
DirectoryMatch (fonction Apache) ... 125
Disk Arrays ... 18
Disque dur IDE ... 16
Distribution ... 24
  Red Hat ... 26
  SuSE ... 25
DNS ... 309, 392, 471
DocumentRoot (fonction Apache) ... 125
Domain Name Service ... 309, 379, 392
Domaine : connexion ... 54
Dummy net driver support ... 40
Dynamic Host Configuration Protocol ... 60

E

E-mail ... 66
Echo
  Reply ... 378
  Request ... 378
Effet de miroir (Disk Mirroring) ... 20
Émulation de terminal ... 276
En-tête d'IP ... 367
End of Option List ... 375
Entrées d'alias ... 29
EQL ... 40
Errorlog ... 214
ErrorDocument (fonction Apache) ... 125
ErrorLog (fonction Apache) ... 125
Espace web ... 265
Ethernet ... 366
  10 or 100Mbit ... 40
Expédition programmée des messages ... 89

ExpiresActive (fonction Apache) 157
ExpiresByType (fonction Apache) 157
ExpiresDefault (fonction Apache) 157
ExtendedStatus (fonction Apache) 171

F

FancyIndexing (fonction Apache) 150
FEATURE 109
Fetchmail 88
.fetchmailrc 95
Fichier
- d'autorisation 456
- de cache 56
- de consignation 213
- de domaine 109
- de zone 397
- hosts 483
- mailserver.cf 111

File Transfer Protocol 379
Files (fonction Apache) 125
FilesMatch (fonction Apache) 125
Filtrage IP 493
FIN 374
Firewall 293, 491
Flag
- ACK 372
- SYN 372
- URG 375

Fonction
- de rebouclage 391
- d'IP 368

ForceType (fonction Apache) 162
Fournisseur d'accès 295
.fr 502, 510
Fragmentation des datagrammes 368
Ftp 283, 365, 458

G

Gateway 366, 484
Gestion des utilisateurs 43
Group (fonction Apache) 125
Groupe de travail 43, 47

H

Handshake 298
Header 68, 72
- fonction Apache 158

HeaderName (fonction Apache) 150
High Level Data Link 308
HostNameLookups (fonction Apache) 125
Hosts.sam 475
Hot Plug 22
HTML 380
HTTP 365
Hypertext Markup Language 380
Hypertext Transfer Protocol 380
Hôte 59

I

ICMP 366
ICPM 362
IDA/m4 89
Identification 49
- du réseau 388

IdentityCheck (fonction Apache) 125
IEEE 802.3 366
Ifconfig 447
IfDefine (fonction Apache) 125
IfModule (fonction Apache) 125
IGMP 388
ImapBase (fonction Apache) 158
ImapDefault (fonction Apache) 158
ImapMenu (fonction Apache) 158
Include (fonction Apache) 125
IndexIgnore (fonction Apache) 150
IndexOptions (fonction Apache) 150
IndexOrderDefault (fonction Apache) 150
Installer la carte réseau 28

Integrated Service Digital Network 294
Interface
dummy 35
réseau 33
série 303
Internet 426, 484
Control Message Protocol 362
Group Management Protocol 388
Protocol Control Protocol 380
Protocol 362, 366
Internetwork 361
Interruption 322
Intranet 426
IP 362, 366
Fowarding 488
-Header 367
Masquerade 485, 488
Masquerading 337, 340
Ipchains 340
Ipfwadm 493
IRQ 322
ISDN 294
Isdn4linux 318
Isdnctrl 324
Isdnlog 331

K

KeepAlive (fonction Apache) 125
KeepAlive and linefill 40
KeepAliveTimeout (fonction Apache) 125

L

Lacunes de prise en charge 13
LanguagePriority (fonction Apache) 164
Lecteur de parité 21
Limit (fonction Apache) 125
LimitExcept (fonction Apache) 125
LimitRequestBody (fonction Apache) 125
LimitRequestFields (fonction Apache) 125
LimitRequestFieldsize (fonction Apache) 125
LimitRequestLine (fonction Apache) 125
Linux
France 24
Magazine 24
Linux.m4 107
Listen (fonction Apache) 125
ListenBacklog (fonction Apache) 125
Lister les imprimantes disponibles 288
Listes de compatibilité matérielle 13
Red Hat 14
SuSE 14
LoadFile (fonction Apache) 170
LoadModule (fonction Apache) 170
Location (fonction Apache) 125
LocationMatch (fonction Apache) 125
LockFile (fonction Apache) 125
LogFormat (fonction Apache) 160
LogLevel (fonction Apache) 125
Longueur du paquet de données 369
Loopback 391
Device 32
LPD 288

M

M4 104
Macroprocesseur 104
Mail 462
Delivery Agent 96
Transfer Agent 68
Make
menuconfig 41
xconfig 38
Makemap 112
Masque de sous-réseau 31, 389
Masquer la structure du réseau local 293
Masquerading 293
Master Browser 438

MaxClients (fonction Apache) 125
Maximum
  Segment Size 375
  Transfer Unit 373
MaxKeepAliveRequests (fonction Apache) . 125
MaxRequestsPerChild (fonction Apache) . 125
MaxSpareServers (fonction Apache) 125
Menuconfig 300
Message-ID 75
Messages
  de spam 79, 91
  d'erreur 172
MIME 77
MimeMagicFile (fonction Apache) 164
MinSpareServers (fonction Apache) 125
MMapFile (fonction Apache) 164
Modaccess 142
Modactions 144
Modalias 145
Modasis 146
Modauth 147
Modauthanon 148
Modauthdb 149
Modauthdbm 150
Modautoindex 150
Modcgi 155
Moddigest 155
Moddir 156
Modenv 156
Modexpires 157
Modheaders 158
Modimap 158
Modinclude 159
Modinfo 160
Modlogconfig 160
Modmime 162
Modmimemagic 164
Modmmapstatic 164
Modnegotiation 164
Modproxy 165
Modrewrite 167
Modsetenvif 169
Modso 170
Modspeling 170
Modstatus 170
Moduserdir 171
Modusertrack 172
Modèle OSI 362
Modem
  analogique 298
  RNIS 305
Module 38
  du noyau 301
MTA 68
MTU 373
Multicasting 388

N

Name Domains 392
Named 56, 395
NameVirtualHost (fonction Apache) 125
NAT 337, 340
Navigateur Internet 476
Ncftp 458
NCP 380
NE2000 23
.net 502
NETBEUI 47
Netbios 44
Netcfg 432
Netdate 354
Netscape 4.x 477
Network
  Address Translation 337, 340
  Control Protocol 380
  device support 40
  File System 380
Newsgroups 79

Niveaux RAID 18
No Operation 375
NoCache (fonction Apache) 165
Nom
de domaine 35, 502
de machine 35
NoProxy (fonction Apache) 165
Nslookup 57
Numéro
de port 372
de réseau 0 390
de version du protocole IP 369

O

Obtenir automatiquement une adresse IP .. 63
Open Systems Connectivity 362
Optimisation des programmes 180
Options 30
des chaînes ipchains 342
fonction Apache 125
Order (fonction Apache) 142
Ordinateur de communication 15
.org 502
OSI 362
Outlook Express 99, 477, 480

P

Packet loss 38
Page d'accueil
Création 209
Enregistrer 212
Insérer un lien 212
Insérer un titre 211
Insérer une ligne horizontale 211
PAP 315
Pap-secrets 317
Paquet de données Ethernet 384
PAR 372
Parameter Problem 378
Paramètres
de named 396
réseau 469
Pare-feu 293
Parity Data 18
Partage d'un accès Internet 484
PassEnv (fonction Apache) 156
Passerelle 49, 484
Password Authentication Protocol 315, 381
PCI Ethernet adapters 40
PDC 51
Périphérique loopback 35
Perl 178
PidFile (fonction Apache) 125
Pilote
HLDC 308
HiSax 320
Ping 37, 287, 437
PLIP 40
Plug & Play 23
Point to Point Protocol 307, 364, 381
POP 85
POP3 86
Port
d'entrée/sortie 322
fonction Apache 125
I/O 322
Portails 366
Positive Acknoxledgement with Re-Transmission 372
Post Office Protocol 85
Version 3 381
PPP 40
Ppp.chat 313
Pppd 308
Prise
de contrôle à distance 382
en charge Plug & Play 23
Procmail 88, 96

.procmailrc 97
Programme FTP 283
Protocole 360
  du canal D 322
  non fiable 368
  orienté connexion 372
  PPP 304, 307
ProxyBlock (fonction Apache) 165
ProxyDomain (fonction Apache) 165
ProxyPass (fonction Apache) 165
ProxyPassReverse (fonction Apache) 165
ProxyReceiveBufferSize (fonction Apache) . 165
ProxyRemote (fonction Apache) 165
ProxyRequests (fonction Apache) 165
PSH 374
PTR 399

R

RAID 17
  Level 18
ReadmeName (fonction Apache) 150
Received 74
Récupération des nouveaux messages 88
Recursive Lookup 393
Redirect 378
  fonction Apache 145
Redirection 265
  des paquets 488
  gratuite 91
  mail 507
  web 506
RedirectMatch (fonction Apache) 145
RedirectPermanent (fonction Apache) 145
RedirectTemp (fonction Apache) 145
Redondance 21
Redundant Array of Inexpensive Disks 17
Régler l'horloge 352
Remote login 382
RemoveHandler (fonction Apache) 162
Répertoire maison 47
Require (fonction Apache) 125
Réseau numérique à intégration de services . 294
Resent 78
Reset 374
Résolution
  d'adresses 337
  de nom 58, 434
Resource Records 394
ResourceConfig (fonction Apache) 125
Reverse Lookup 399
RewriteBase (fonction Apache) 167
RewriteCond (fonction Apache) 167
RewriteEngine (fonction Apache) 167
RewriteLock (fonction Apache) 167
RewriteLog (fonction Apache) 167
RewriteLogLevel (fonction Apache) 167
RewriteMap (fonction Apache) 167
RewriteOptions (fonction Apache) 167
RewriteRule (fonction Apache) 167
RLimitCPU (fonction Apache) 125
RLimitMEM (fonction Apache) 125
RLimitNPROC (fonction Apache) 125
RNIS 294
Root Name Server 393
Routage 368, 429, 432
Route 37
Routeur 297, 337
RR 394
RST 374
RTS/CTS 310

S

Samba 42
Satisfy (fonction Apache) 125
Sauvegarde 22
Schéma d'adressage 368
ScoreBoardFile (fonction Apache) 125
Script (fonction Apache) 144

ScriptAlias (fonction Apache) 145
ScriptAliasMatch (fonction Apache) 145
ScriptLog (fonction Apache) 155
ScriptLogBuffer (fonction Apache) 155
ScriptLogLength (fonction Apache) 155
Second Level Domains 392
SendBufferSize (fonction Apache) 125
Sendmail 88, 461
configuration 104
Sendmail.cf 106
de base 93
Sequence Number 370, 372-373
Serial Line Internet Protocol 381
ServerAdmin (fonction Apache) 125
ServerAlias (fonction Apache) 125
ServerName (fonction Apache) 125
ServerPath (fonction Apache) 125
ServerRoot (fonction Apache) 125
ServerSignature (fonction Apache) 125
ServerTokens (fonction Apache) 125
ServerType (fonction Apache) 125
Serveur
de fichiers 12
de mail 461
de messagerie 66, 71
de nom primaire 398
de nom 393
de noms de domaine 56
de noms secondaire 398
de noms sous Linux 395
de noms : principal 56
de réseau Windows 274
d'impression 12, 288
DNS 309, 337
ftp 458
hautes performances 15
HTTP 441
Messages d'erreur 172
proxy 345, 491, 496
web 441
Serveurs virtuels
basés IP (Apache) 269
basés noms (Apache) 268
basés sur les ports (Apache) 270
SetEnv (fonction Apache) 156
SetEnvIf (fonction Apache) 169
SetEnvIfNoCase (fonction Apache) 169
SetHandler (fonction Apache) 162
Simple Mail Transfer Protocol 70, 84, 382
Six bit SLIP encapsulation 40
SLD 392
Sliding Window 374
SLIP 40
Smb.conf 47
SMTP 70, 84, 365
SOA 398
Socket 373
Spam 73
Srm.conf 444
Standard SCSI 16
Start of Authority 398
STARTSMB 43
StartServers (fonction Apache) 125
Streamer 23
à bandes 23
DAT 23
Subnet 31
Suivi de l'activité de la ligne 331
SYN 374
Synchronize Sequence Numbers 374
Système
d'affichage 24
serveur 12
Systèmes multiprocesseur 15

T

Table de routage 338
Taux de transfert 297

TCP ... 362, 366, 428
TCP/IP ... 47, 307, 361, 426, 470
Telnet ... 274, 439
Terminal virtuel ... 382
TFTP ... 286
Three Way Handshake ... 370
Time Exceeded ... 378
TimeOut (fonction Apache) ... 125
Timestamp
  Reply ... 378
  Request ... 378
TLD ... 392
Token Ring driver support ... 40
Top Level Domain ... 392
Traçage du trafic ... 495
Trame ... 438
TransferLog (fonction Apache) ... 160
Transfert
  des données ... 368
  des e-mails ... 381
Transmission
  Control Protocol ... 366
  du courrier électronique ... 70
Transport Control Protocol ... 362
Triple handshake ... 372
Trivial File Transfer Protocol ... 286
TtyS ... 303
Types de RAM ... 15
TypesConfig (fonction Apache) ... 162

U

UDP ... 362, 366, 375
Unix to Unix Copy ... 382
UnsetEnv (fonction Apache) ... 156
URG ... 374
UseCanonicalName (fonction Apache) ... 125
User
  Agent ... 68
  Datagram Protocol ... 362, 366, 375
  fonction Apache ... 125
Usercfg ... 43
UserDir (fonction Apache) ... 171
Utilisateur exemple ... 43

V

Ventilateur ... 13
VirtualHost (fonction Apache) ... 125
VirtualHost ... 454
VisualRoute ... 81
Voisinage réseau ... 49

W

Webalizer ... 218
WINS ... 473
Workgroup ... 43

X

X-Mailer ... 75
X-Priority ... 78
X-WinPro ... 277
XBitHack (fonction Apache) ... 159
Xconfig ... 300
Xisdnload ... 331
Xon/Xoff ... 310

Achevé d'imprimer le 7 décembre 1999
sur les presses de l'imprimerie «La Source d'Or»
63200 Marsat
Dépôt légal : 4ème trimestre 1999
Imprimeur n° 8298